2017

浙江财政年鉴

Finance Yearbook of Zhejiang

(总第 17 卷)

浙 江 省 财 政 厅 主 办

浙江财政年鉴编辑委员会编

中華書局

图书在版编目(CIP)数据

浙江财政年鉴. 2017 /《浙江财政年鉴》编辑委员会编.
—北京:中华书局 2017.12
ISBN 978-7-101-12936-6

I. 浙… II. 浙… III. 地方财政—浙江省—2017—年鉴
IV. F812.755-54

中国版本图书馆CIP数据核字(2017)第281709号

责任编辑: 朱 慧
颜伟杰
盛滢婷

浙江财政年鉴2017

《浙江财政年鉴》编辑委员会编

*

中 华 书 局 出 版
(北京市丰台区太平桥西里38号 100073)
http://www.zhbc.com.cn
E-mail:zhbc@zhbc.com.cn
杭州日报报业集团盛元印务有限公司印刷

787×1092 1/16 24.125印张 44插页 1000千字
2017年12月第1版 2017年12月第1次印刷
印数:1—1100册 定价:260.00元

ISBN 978-7-101-12936-6

《浙江财政年鉴》编辑委员会

主　　任：徐宇宁

副 主 任：罗石林　金慧群　王广兵　赵立妙　杜祖国　沈　磊
　　　　　徐首红　邢自霞

委　　员（以姓氏笔画为序）：

王雯琳　尹红平　叶双猛　叶光胜　吕　丙　江中亮
许　农　李　军　李　俊　沈江平　余中平　陈百平
陈建中　何新星　张少荣　吴宝骏　金　涛　金　翔
林定刚　杨慧芳　杨维智　周建明　周　瀛　侯余兴
姚龙飞　顾央军　莫红民　徐来兴　倪学军　郭定方
章启诚　章忠良　董立国　童黛铭　楼梅芳

《浙江财政年鉴》编辑部

总 编 辑：徐宇宁

副总编辑：金慧群　侯余兴　章启诚　楼梅芳　莫红民　章忠良
　　　　　杨慧芳

编委会办公室主任：杨慧芳

编委会办公室副主任：冯　健

《浙江财政年鉴》2017 卷联络员

王　伟（国税）　夏文俊　王　琛　姜伟荣　王　伟（财政）
王　鹏　项　真　沈　维　张　静　朱卫品　何小康
徐佳梦　饶亚君　吴　翔　戴逢辉　罗　荆　陈燕燕
全龙江　彭新宇　汪毅俊　田　易　冯　华　毛明辉
吴　斌　徐　越　王洪俊　童联新　潘敏华　陆昉宇
蒋振成　蓝红伟　余素兰　刘　淮　翁公羽　李　侠
孙飞翔　朱晨龙　陈剑波　孔英瑛　毛怡青　徐颖娜
沈孔平　季圣康

编辑说明

《浙江财政年鉴》是浙江省财政厅主办的省级财政专业年鉴，以文为主，辅以图表，图文并茂，全面系统真实反映浙江省财政工作各方面的基本情况，是资料性与史实性相结合的工具书，为财政工作者及专家、学者提供可靠信息资料。

《浙江财政年鉴》每年出版一卷，2017卷（总第17卷）以翔实的资料和图表，记载了2016年浙江省财政改革与发展情况，综合反映全省各级财政部门在省委、省政府的领导下，全面贯彻党的十八大和十八届三中、四中、五中、六中全会及省第十三届历次全会精神，深入实施“八八战略”，适应把握经济发展新常态，遵循“促进发展、保障民生、科学理财、加强监管”的理财观，积极发挥财税职能作用，支持“创新、协调、绿色、开放、共享”五大发展理念在浙江的生动实践，加快构建具有浙江特色的现代财政制度，推动经济转型升级和民生持续改善，深化财税体制改革，依法加强财税管理，为高水平全面小康社会建设，谱写实现“两个一百年”奋斗目标在浙江的薪新篇章而努力。

本卷年鉴主体结构继续保持以往年鉴整体架构的稳定性和内容的连续性，全卷分八篇和附录共九部分，约计100万字，依次为：财经文献、全省财政工作、市县（市、区）财政工作、财政统计资料、财政法规选编、财政文选、财政工作大事记、财政机构人员以及附录。本卷年鉴的有关编辑情况说明如下：

一、根据财政部规定，自2016年1月1日起，原纳入政府性基金预算管理的政府住房基金收入等5项基金转列一般公共预算；自2016年5月1日起，营改增试点全面推开，相应改变增值税收入划分方法，包括原增值税、改征增值税收入，均纳入中央和地方共享范围，由中央和地方实行50:50比例分享。本年鉴所指的增长，均为对2015年基数作相应调整后的同口径增长。

二、本卷年鉴继续附赠全文检索数据库电子版年鉴光盘（不再另编文字索引），并在光盘内收录2016年浙江省财政重点工作的有关视频信息。

本卷年鉴在年鉴编辑委员会的领导下，由浙江省财政厅各处室局、直属单位和十一市及其所辖县（市、区）财政局提供文稿、图片及数据资料，经编审修改补充后成书。期间得到省国税局、省地税局的大力支持。在此谨向给予《浙江财政年鉴》编纂工作关心、支持和帮助的各级财税部门及所有单位和相关人员表示感谢。为进一步提高《浙江财政年鉴》的编纂水平，欢迎读者对本年鉴的不足之处给予批评指正。

《浙江财政年鉴》编委会

2017年12月

浙江省财政收支规模

单位：亿元

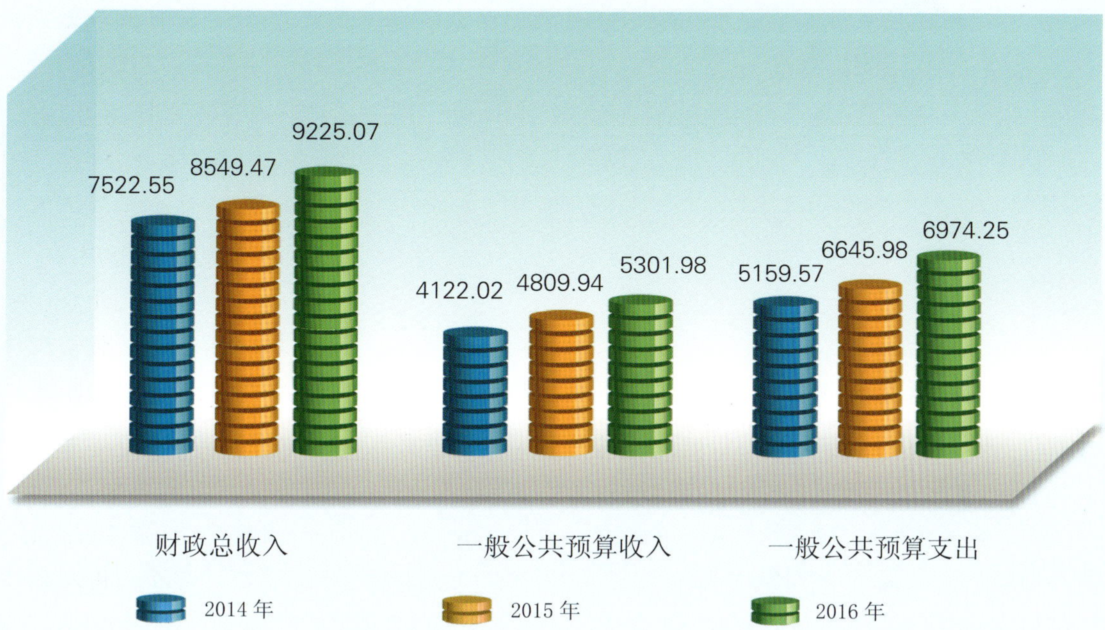

浙江省财政收支增长速度

单位：%

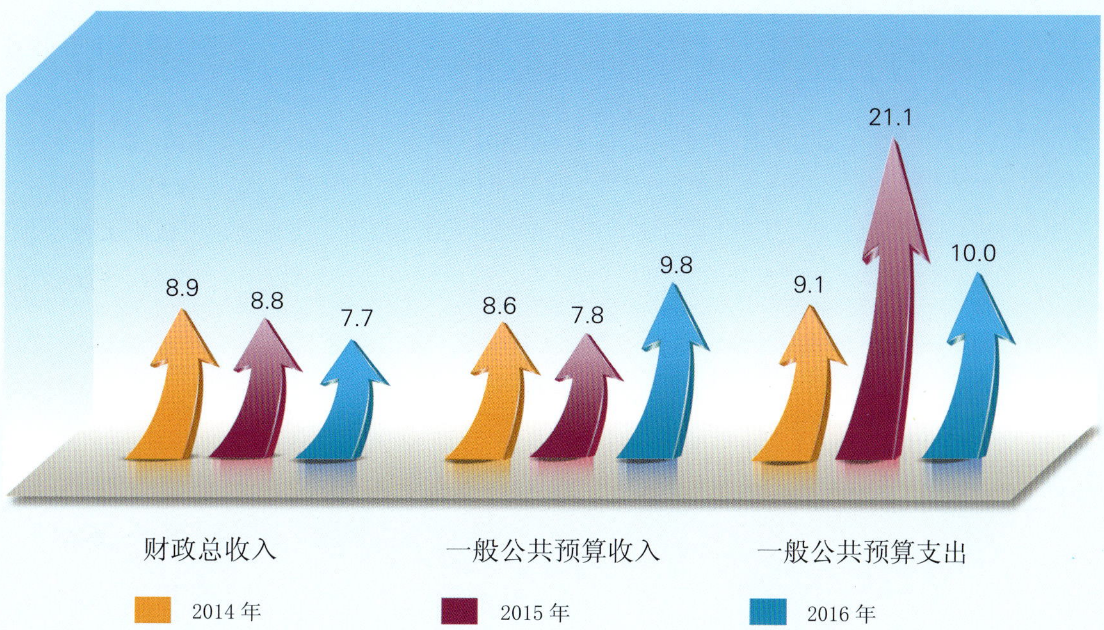

2016 年浙江省一般公共预算收入组成

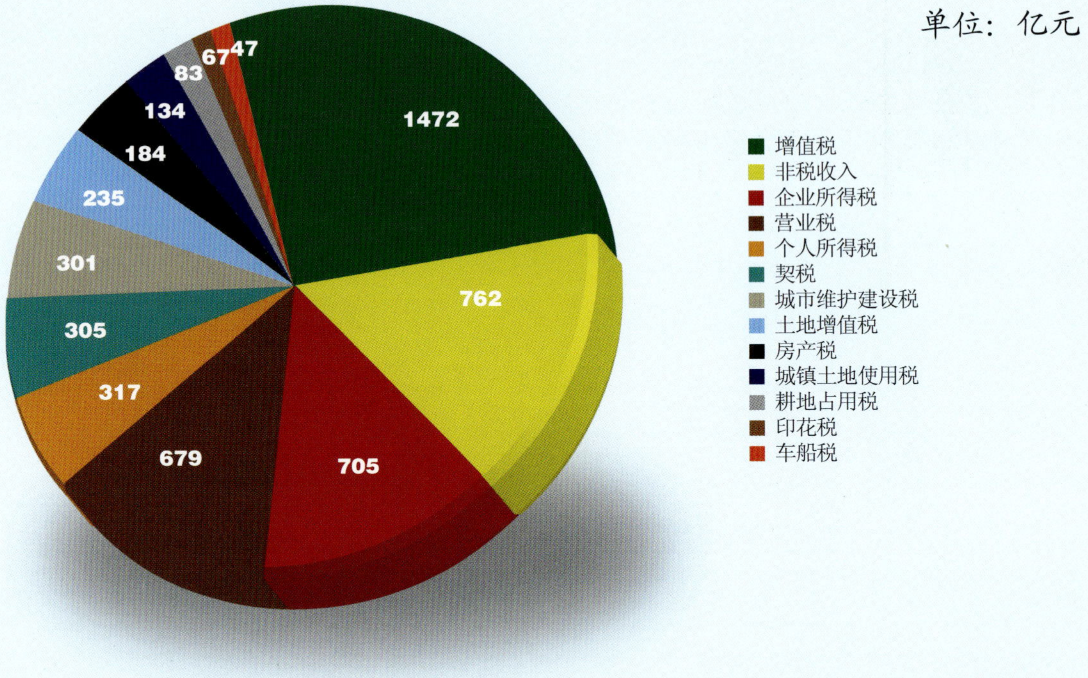

2016 年浙江省一般公共预算支出组成

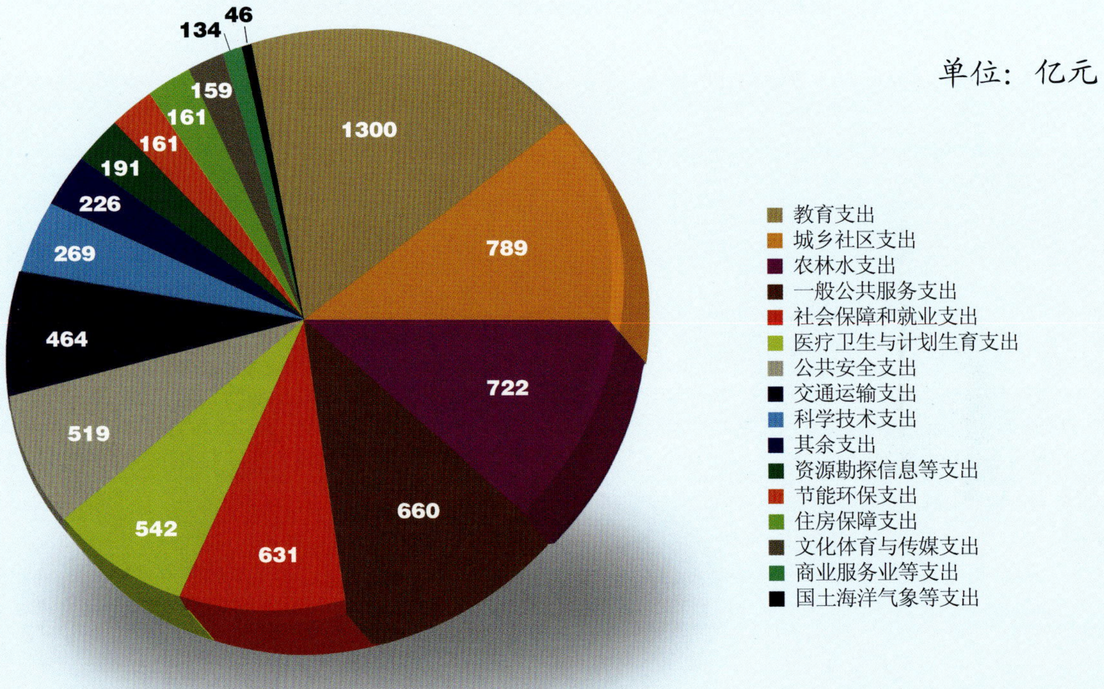

2017年1月11-12日，全省财政地税工作会议在杭州召开。会议总结2016年全省财政地税工作，分析当前财税经济形势，研究部署2017年财政地税工作。省委副书记、代省长车俊出席全省财政地税工作视频会议并作重要讲话。省财政厅党组书记、厅长、省地税局局长钱巨炎作工作报告。

省、部领导关心浙江财政

1 2016年9月，财政部部长楼继伟赴淳安、义乌等地调研
2 财政部副部长胡静林在湖州出席全国农业综合开发工作会议
3 省政协副主席陈小平到省财政厅调研农业综合开发工作

为全面了解2016年全省财政工作情况，谋划2017年及以后年度财政工作思路，结合“两学一做”学习教育，省财政厅厅领导带队的9个调研组，分赴全省10个市开展工作思路调研，了解当地经济社会发展和财税运行情况，听取基层对财税工作的意见建议。

1 厅长钱巨炎赴舟山调研
2 副厅长罗石林赴湖州调研
3 副厅长金慧群赴台州调研
4 副厅长王广兵赴绍兴调研
5 总会计师赵立妙赴杭州调研
6 省金控公司党委书记、董事长杜祖国赴衢州调研
7 副厅长沈磊赴丽水调研
8 纪检组长徐首红赴金华调研
9 副厅长邢自霞赴温州调研

2016 年，省财政继续规范全省政府产业基金的投资退出和合理让利制度，推进政府产业基金实质性运作，全省政府产业基金总规模达到 1122.91 亿元，撬动社会资本投资 5052.40 亿元，重点投资高端装备制造等八大万亿产业。

1 浙江省政府产业基金新闻发布会
2 协同推进区域基金运作研讨会
3 政府产业基金投资推进会
4 高端装备制造一角

2016 年 8 月 8 日，浙江省财政厅与阿里巴巴集团签署合作协议，并举行“浙江政采云网络有限公司”揭牌仪式，标志着浙江省政府与阿里巴巴集团在云计算大数据领域合作的“政采云平台”项目正式启动。

5 “政采云平台”项目启动仪式

2016 年，全省累计投入农业综合开发资金 27.42 亿元，支持高标准农田建设，扶持现代农业园区和特色产业集群，助推浙江农业现代化发展。

1 云和县沈溪片土地治理项目苏坑项目区
2 衢州市衢江区莲花镇龙海蔬菜科技园
3 丽水市莲都区国家农业综合开发现代园农业产业化项目
4 建德市高标准农田建设模式创新试点项目粮食基地
5 嘉兴市秀洲区现代渔业特色园项目标准鱼塘

2016 年，浙江省财政部门会同相关部门对全省第一批特色小镇创建对象进行实地考核评审，并参与第二批省级特色小镇创建对象认定，配合制定《特色小镇财政政策实施办法》，设立与特色小镇建设相关的子基金，并引导投资莲都古堰画乡等 11 个省级特色小镇 17.8 亿元，推进特色小镇建设。

6 互联网小镇
7 古堰画乡
8 青瓷小镇

2016 年 6 月，全省财政地税系统庆祝建党 95 周年暨第四届文艺调演在海宁举办。

此次文艺调演以“共筑财税梦想 增添党旗光彩”为主题，通过多种艺术形式，表达对建党95周年的诚挚祝福，充分展现了浙江财税人践行“实、稳、优”、共筑“中国梦”、推进“两富”“两美”浙江建设以及财税改革发展的坚定信念和昂扬斗志。

1 音乐情景剧信念
2 党旗颂
3 谢幕大合影

2016 年 5 月 –10 月，浙江省财政厅代表队参加全省第二届女子体育节，先后组队参加了 10 个项目的比赛，共有 107 人次参赛，取得了 4 个团体一等奖和 6 个团体二等奖的好成绩，被组委会授予全省第二届女子体育节团体一等奖和最佳组织奖。

4 省财政厅代表队参加广播操比赛
5 太极拳比赛

目 录

财经文献

●省十二届人大五次会议重要文件

●全省重要财经文件

●全省财政地税工作会议重要文件

全省财政工作

●全省财税工作

●财政分项工作

●学会协会活动

市县(市、区)财政工作

●杭州市财政工作

●宁波市财政工作

●温州市财政工作

●嘉兴市财政工作

●湖州市财政工作

●绍兴市财政工作

●金华市财政工作

●衢州市财政工作

●舟山市财政工作

●台州市财政工作

财政统计资料

财政法规选编

财政文选

●厅领导论财政

●处、县领导议财政

财政工作大事记

财政机构人员

附 录

●专题经验介绍

●调研报告精选

TABLE OF CONTENTS

财经文献

zhejiang caizheng nianjian

省十二届人大五次会议重要文件

政府工作报告(摘要)

——2017年1月16日在浙江省第十二届人民代表大会第五次会议上

浙江省人民政府代省长　车　俊

一、2016年主要工作和成效

2016年是实施"十三五"规划开局之年。面对错综复杂的外部发展环境和繁重的改革发展稳定任务,在党中央、国务院和中共浙江省委的坚强领导下,省政府全面落实党的十八大和十八届三中、四中、五中、六中全会精神,深入贯彻习近平总书记系列重要讲话精神和考察浙江时的重要指示,统筹推进"五位一体"总体布局和协调推进"四个全面"战略布局,以"八八战略"为总纲,认真落实省委各项决策部署和省十二届人大四次会议确定的目标任务,坚持稳中求进工作总基调,主动把握和引领经济发展新常态,积极推进供给侧结构性改革,坚定不移打好转型升级系列组合拳,扎实做好补短板各项工作,全面完成年初确定的工作目标,全省经济稳走向好、社会和谐稳定,实现了"十三五"良好开局。

(一)出色完成G20杭州峰会服务保障任务

举全省之力做好G20杭州峰会服务保障工作,实现了让习近平总书记和党中央满意、外国元首满意、全国人民满意、全省人民满意的目标。

把服务保障G20杭州峰会作为向世界展示中国精神、中国力量的重大政治任务。认真贯彻执行习近平总书记重要指示精神,以最高标准、最快速度、最实作风、最好效果,扎实做好基础设施建设、综合整治、场馆改造、交通保障、环境保护、安全保障、会场服务、文艺演出、舆论宣传等各项工作,落实了"西湖风光、江南韵味、中国气派、世界大同"理念,向世界贡献了中国智慧、中国方案,圆满完成了习近平总书记和党中央赋予浙江、赋予杭州向全世界展示中国印象、中国风采的政治使命。

把服务保障G20杭州峰会作为"秉持浙江精神,干在实处、走在前列、勇立潮头"的新实践。坚持识大体、顾大局、讲奉献,动员全省人民发扬主人翁意识、爱国主义精神、无私奉献精神,展现了浙江人民包容大气、事必尽善、文明重礼、热情好客的传统美德;坚持苦干实干、夜以继日,不到300天完成了数以百计的整治提升项目,展现了杭州历史和现实交汇的独特韵味;坚持敢闯敢干、敢为人先,把许多不可能变为可能,峰会过程近乎完美、惊艳全球;坚持对标一流、追求卓越,在G20进程中留下了深刻的中国印记、浙江印象。

把服务保障G20杭州峰会作为为"中国的明天"提供更多浙江素材、浙江实践的新起点。坚持以改革开放推进发展动力转换、发展方式转变,以创新创业推进新技术新业态新经济发展,以"拆治归"推进产业转型升级、生态环境整治和城乡建设,以人民为中心推进经济社会发展和平安建设,重实干、去清谈,积极放大峰会效应,开启打造全面小康标杆省的新征程。

(二)推动重大改革开放创新举措落地

按照"开局之年抓大事"的理念,积极谋划和实施既该干、又能干成、更能牵一发而动全身的大事,为"十三五"规划高质量均衡性发展打下扎实基础。

推动重大改革举措落地。以"四张清单一张网"为抓手,深入推进"放管服"改革。全省行政许可事项从554项减少到516项、四年累计减少779项。投资项目在线审批监管平台纵横贯通28个省级部门和所有市县区,综合行政执法改革、"双随机、一公开"市场监管改革全面推进,浙江政务服务网覆盖全省各级政府部门并向村级延伸。成立省行政复议局,全面行使集中承办省级部门行政复议案件职能。深化国税、地税征管体制改革,全面推开营改增改革试点。完成宁波舟山港与嘉兴港、台州港、温州港、义乌陆港的资产整合,省海港集团与宁波舟山港集团一体运营,省交投和省铁投集团合并重组,质监系统事企分离改革试点取得积极进展。深入推进农村"三权到人(户)、权跟人(户)走"改革,农村生产、供销、信用合作"三位一体"改革和户籍制度改革,全面建立耕地保护补偿机制。创建军民融合创新示范区,支持国防建设和军队改革。全面落实国家东西部扶贫协作和对口支援大战略,认真做好援疆援藏援青援川等工作。

推动重大开放举措落地。深入实施国家"一带一路"、长江经济带等重大战略,全面启动义甬舟开放大通道规划建设,金甬铁路顺利开工,义乌国际贸易综合改革、舟山江海联运服务中心建设扎实推进,中国(浙江)自由贸易试验区获批,宁波梅山新区规划建设积极推进。加快中国(杭州、宁波)跨境电子商务综合试验区建设。成功举办第三届世界互联网大会。积极推动长三角地区合作与发展。

推动重大创新举措落地。全面推进杭州城西科创大走廊规划建设,支持宁波、温州、嘉兴、金华、舟山等地加快建设科技城等创新平台,全省新增"国千"人才105人、"省千"人才215人。加快建设钱塘江金融港湾,加快省股权交易中心改革发展,省股权交易中心挂牌企业达到3859家。

(三)经济转型升级取得新进展

坚持供给侧结构性改革主线,坚决打好"拆治归"转型升级组合拳。预计全年生产总值4.6万亿元、增长7.5%左右,一般公共预算收入5301.8亿元、增长9.8%,节能减排降碳指标超额完成国家下达的任务。

大力推进"三去一降一补"。积极推进去产能,处置555家

"僵尸企业",淘汰改造2000家企业落后产能,整治3万家脏乱差小作坊,杭钢集团转型发展取得重大进展,省交通集团水运板块破产重组顺利推进。积极推进去库存,全省商品房去化周期从年初的22.2个月下降至年底的11.7个月,其中住宅从15.8个月下降至7.3个月。积极推进去杠杆,加大不良贷款处置力度,规上工业企业资产负债率从57.8%下降到56%。

积极推进降成本,制订实施企业减负三年行动计划,直接减轻企业负担1010亿元。积极补齐科技创新、交通基础设施、生态环境、低收入农户增收致富、公共服务有效供给、改革落地等六大短板,全社会研究与试验发展经费支出增长11.7%,交通基础设施投资增长25%,生态环保投资增长51.9%,低收入农户人均可支配收入预计增长19%,财政民生支出增长11.3%,一批重大改革举措落地。特别是交通基础设施建设加快推进,打通联通江西、福建的断头路,杭州萧山国际机场至城区地铁专线、龙丽温高速公路文泰段、京杭运河二通道、杭绍台铁路等一批交通项目开工建设。

深入实施创新驱动发展战略。积极推进全省国家信息经济示范区和杭州国家自主创新示范区建设,统筹抓好增加科技投入、集聚高端人才、加强研究开发、推进成果转化等工作,新增发明专利授权量2.66万件、高新技术企业2595家、科技型中小微企业7654家。大力发展信息、环保、健康、旅游、时尚、金融、高端装备制造等七大产业,加快培育文化产业,七大产业增加值平均增长8%以上。大力推进特色小镇建设,在集聚人才、驱动创新、扩大有效投资上发挥重要作用。积极推进"四换三名",完成工业技术改造投资7126亿元,新增工业机器人10820台,制定实施"浙江制造"标准120个,新增境内外上市公司32家、"新三板"挂牌企业493家。大力发展高效生态农业,加快粮食生产功能区和现代农业园区建设,积极推进畜牧业转型升级、浙江渔场修复振兴和海上"一打三整治",农林牧渔业增加值增长2.8%,同比提高1.2个百分点。

积极打造区域发展新动能。支持杭州、宁波、温州、金华—义乌四大都市区加快改革发展,四大省域中心城市城市化水平达到71%左右,高出全省平均水平约4个百分点;地区生产总值平均增长8.3%,高出全省平均水平约1个百分点。支持和鼓励省域中心城市周边有条件的县(市、区)规划建设高铁小镇,积极融入中心城市,实现与主城区一体化发展。支持区域中心城市与相邻县市一体化发展,加快县域经济向城市经济、都市经济转型。积极推进海洋经济发展示范区、舟山群岛新区建设,大力发展海洋经济。扎实推进湖州等生态文明先行示范区建设,主动研究并积极推动浙皖闽赣国家生态旅游协作区规划建设,支持衢州、丽水等生态功能区加快绿色发展。

(四)加力打造美丽中国浙江样板

积极践行"绿水青山就是金山银山"理念,深入推进"五水共治""三改一拆",全面实施新一轮"811"美丽浙江建设行动,大力整治生态环境,倒逼产业转型升级,全省各地天更蓝、水更绿、山更青、城乡更美丽。

加大污水治理力度。大力推进清淤泥、截污纳管和污水处理厂提标改造,全年完成河道综合整治2836公里,完成河湖库塘清淤1.37亿立方米,建成城镇污水管网3252公里、四年累计11625公里;完成27个城镇污水处理厂一级A提标改造、累计235个;完成4173个村的生活污水治理设施建设、累计23137个。全省221个地表水省控监测断面中,Ⅲ类以上水质断面占比77.4%,同比提高4.5个百分点;劣Ⅴ类水质断面占比2.7%,同比下降4.1个百分点。

加大雾霾治理力度。完成1186万千瓦燃煤机组超低排放技术改造、四年累计3563万千瓦,占全省30万千瓦以上统调燃煤机组装机总量的90%。淘汰改造燃煤小锅炉14203台、累计35246台。淘汰黄标车和老旧车18.6万辆,累计完成88.9万辆,提前全部消灭黄标车。全省69个县级以上城市日空气质量优良天数比例平均为88.4%,同比上升3.4个百分点;PM2.5平均浓度为37微克/立方米,同比降低6微克/立方米,全省大气环境质量持续改善。

全面推进治城治乡。全年拆除违法建筑1.54亿平方米、四年累计6.29亿平方米,改造旧住宅区、旧厂区、城中村3.38亿平方米、累计9.26亿平方米。积极打造珍贵彩色森林,新增珍贵树木2099万株、珍贵彩色森林20.6万亩,森林覆盖率达到60.96%。深入推进美丽乡村建设,培育美丽乡村示范县6个、示范乡镇100个、特色精品村300个、美丽庭院1万个。部署实施小城镇环境综合整治三年行动计划。全面启动现代城市建设,切实加强城市规划建设管理,智慧城市、海绵城市建设积极推进,城市面貌加快改善。

(五)民生福祉持续增进

坚持共享发展理念,着力解决人民群众最关心、最直接、最现实的利益问题,十方面民生实事件件落地。预计城乡居民人均可支配收入分别达到47237元和22866元,增长8.1%和8.2%。

加强就业和社会保障。加大高校毕业生等重点人群就业创业服务力度,新增城镇就业116万人,城镇登记失业率控制在3%左右。进一步扩大社会保险覆盖面,新增基本养老保险参保人数186万人、基本医疗保险参保人数35万人,累计分别达到3711万人、5175万人。实施机关事业单位养老保险制度改革,启动跨省异地就医联网结算试点。加大社会救助兜底力度,城乡居民平均低保标准稳步提高。

大力发展社会事业。加快教育改革发展,推进重点高校、重点学科建设,加强标准化中小学校和教师队伍建设,浙江音乐学院建成投用。制定实施《健康浙江2030行动纲要》,深入推进"双下沉、两提升",联动实施医疗、医药、医保改革,积极推行分级诊疗制度。顺利实施全面两孩政策。全面启动"七五"普法。加快建设基本公共文化体系,新建成农村文化礼堂1568个、累计6527个。切实加强老龄、妇女、儿童、残疾人、慈善、民族宗教等工作。大力开展全民健身运动,浙江运动员在里约奥运会、残奥会上取得优异成绩。

全面建设平安浙江。坚持以防为主、防救结合，健全防灾减灾救灾体制机制。有效处置遂昌苏村等地山体滑坡和鹿城双屿农房倒塌等重大突发事件，全力抓好抢险救灾、灾后重建和综合整治工作，保障受灾群众基本生活。加快推进下山移民、地质灾害搬迁和危旧房改造，完成异地搬迁4.5万人，其中地质灾害搬迁4760人，农村危房改造20559户、城镇危险住宅房屋解危15665幢。加强对安全生产、道路交通、食品药品安全、火灾事故等综合治理，保障人民群众饮食用药安全，安全生产事故、死亡人数分别下降9.1%和7.8%。积极创新城乡基层治理方式，切实加强社会治安综合治理，刑事案件立案数同比下降22.6%。

在取得成绩的同时，我们也清醒地看到，浙江省经济社会发展中还存在不少矛盾和问题。主要是：民间投资、工业投资增长不快，企业资金链、担保链风险依然突出，部分企业生产经营仍然比较困难，新旧动能接续转换还需要付出更大努力；基本公共服务供给仍然不足，环境、交通、教育、医疗等民生工作还有不少短板，城乡居民持续增收的难度加大；自然灾害灾前预防能力亟待提升，基层社会治理能力和水平有待提高，网络安全、食品安全、安全生产、社会治安等公共安全方面还有一些薄弱环节。同时，一些政府工作人员不作为问题没有根本改变，“四风”问题面临反弹压力，消极腐败现象时有发生，党风廉政建设和反腐败斗争任务依然艰巨。我们一定要高度重视这些问题，采取更加有力的措施认真加以解决。

二、2017年目标任务与重点

2017年是实施“十三五”规划的重要一年，是推进供给侧结构性改革的深化之年，也是本届省政府的收官之年，做好各项工作意义重大。当前，国际形势依然错综复杂，世界经济低速增长，存在许多不确定因素，国内经济发展进入新常态，挑战与机遇并存。我们要认清形势、坚定信心、奋发有为，深刻把握浙江当前所处的历史方位，坚持以“八八战略”为总纲，按照“秉持浙江精神，干在实处、走在前列、勇立潮头”的新要求，切实做好各项工作。

做好2017年工作，必须全面贯彻党的十八大和十八届三中、四中、五中、六中全会精神，统筹推进“五位一体”总体布局和协调推进“四个全面”战略布局，坚持稳中求进工作总基调，牢固树立和贯彻落实新发展理念，适应把握引领经济发展新常态，坚持以提高发展质量和效益为中心，坚持宏观政策要稳、产业政策要准、微观政策要活、改革政策要实、社会政策要托底的政策思路，坚持以推进供给侧结构性改革为主线，适度扩大总需求，加强预期引导，深化创新驱动，全面做好稳增长、促改革、调结构、惠民生、防风险各项工作，促进经济平稳健康发展和社会和谐稳定，以优异成绩迎接党的十九大胜利召开。

根据中央经济工作会议精神，结合浙江实际，建议2017年全省经济社会发展主要预期目标为：确保生产总值增长7%以上，争取更高质量、更高效益、更好结果；一般公共预算收入、城乡居民收入增长与经济增长同步，节能减排降碳指标完成或超额完成国家下达的目标任务。

在工作中，坚定不移推进“拆治归”，持续深入打好经济转型升级系列组合拳，深入推进“三去一降一补”，聚焦改革、聚焦发展、聚焦民生，切实加强政府自身建设，以政府自身建设的实际成效，推动各项工作取得新突破、新成绩。

（一）聚焦改革开放，增强发展活力

坚持以“四张清单一张网”为抓手，进一步加大“放管服”改革力度，促进经济社会各领域的改革不断深化，以政府权力的减法换取市场活力的加法。

加快推进“最多跑一次”改革。按照“群众和企业到政府办事最多跑一次”的理念和目标，从与企业和人民群众生产生活关系最紧密的领域和事项做起，逐步实现全覆盖。全面推进简政放权，继续精减行政事业收费，倒逼各级各部门减权、放权、治权，加快形成覆盖行政许可、行政处罚、行政征收、行政裁决、行政服务等领域的“一次办结”机制；全面推行“双随机、一公开”，制定实施全省统一的节能节地节水、环境、技术、质量、安全等市场准入标准，杜绝多头执法、重复检查，形成“部门联合、随机抽查、按标监管”的“一次到位”机制；全面推行“互联网+政务服务”，逐步形成各项便民服务“在线咨询、网上办理、证照快递送达”的“零上门”机制，通过改革给人民群众带来更多获得感。

联动推进行政审批制度改革和要素配置市场化改革。继续削减行政许可事项，积极推进政府核准投资项目目录“瘦身”，对关系国家安全、涉及全国重大生产力布局、战略性资源开发和重大公共利益以外的企业投资项目，一律不再核准审批，均实行备案管理。完善投资项目在线审批平台，实行统一登记、统一赋码、并联审批、网上办结，年内实现所有投资项目网上审批、核准、备案。加快政事分开改革和事业单位改革，积极推进“最多跑一次”改革向审批等涉政中介机构延伸，研究制定政府购买审批中介服务的具体办法，推动“区域能评、环评+区块能耗、环境标准”逐步取代项目能评、环评。按照“创新论英雄、亩产论英雄、节能论英雄、减排论英雄”的理念，建立健全企业分档评级制度，促进“创新强、亩产高、节能好、减排多”的企业加快发展。

积极推进重点领域和关键环节的改革。认真贯彻落实党中央、国务院关于完善产权保护制度、依法保护产权的意见，依法平等保护各类产权，确保公有制经济财产权和非公有制经济财产权同样不可侵犯，让每一位民营企业家都能安心经营、放心发展。继续深化海洋经济发展示范区、舟山群岛新区、义乌国际贸易综合改革、温州金融改革、台州小微金融改革、宁波保险改革等国家战略举措相关改革，加快推进国家标准化综合改革试点、国土资源节约集约利用改革试点、交通运输综合改革以及嘉善科学发展示范点建设。加快推进国企、财税、金融、社保等基础性关键性改革，加强社会信用体系建设，更好发挥经济体制改革的牵引作用。深入推进浦江等“四个全面”战略布局试点县建设，建立健全“三改一拆”“五水共治”“浙商回归”等长效机制。创新军民深度融合发展机制，大力支持国防和军队建设。建立健全促进放心消费的机制，积极创建放心市场、放心商店、放心网店、放心餐饮、放心景区，打响“放心消费在浙江”品牌。

深入推进对内对外开放。围绕打造“一带一路”战略桥头堡目标，加快建设义甬舟开放大通道。积极推进自由贸易试验区建设，加强自由贸易试验区制度创新，以油品全产业链为特色，着力提升大宗商品全球配置能力。积极推进宁波梅山新区、义乌国际贸易改革试验区规划建设。深入推进中国（杭州、宁波）跨境电子商务综合试验区建设，打造“网上丝绸之路”。深入实施优进优出战略，扩大高新技术产品和名优特产品出口，加强先进技术装备进口，扩大服务贸易，促进外贸提质增效。加快海关特殊监管区改革创新，大力发展保税加工区、保税市场和保税跨境电商园区，促进新型加工贸易、市场采购贸易和跨境电商贸易加快发展。支持有条件的企业瞄准先进技术、知名品牌、“专精特”企业开展跨国并购，高水平建设境外经贸合作区，推进浙商国际价值链新布局。办好第四届世界互联网大会，积极筹备2022年杭州亚运会。全面落实国家区域发展总体战略，主动接轨上海、推动长三角一体化，积极参与长江经济带建设，认真做好东西部扶贫协作和对口支援工作。

（二）聚焦转型升级，振兴实体经济

有违必拆、有污必治，坚决打破拖累浙江发展的坛坛罐罐。

深入实施“三改一拆”。建立有违必拆的工作机制，加快改造旧住宅区、旧厂区、城中村，积极推进城市街道、立面、道路改造、小城镇环境综合整治和“浙派民居”改造，加强山体地貌生态修复和水土流失综合治理，大力推进平原绿化和珍贵彩色森林建设，不断提高城乡建设质量和水平。

深入推进“五水共治”。协同推进截污纳管、河道清淤、工业整治、农业农村面源污染治理、排污口整治、生态配水与修复等六大工程，完善河长制，积极整治小微水体感官污染，完成所有城镇污水处理厂一级A排放达标改造，全面消除劣V类水体。

大力推进雾霾治理。全面完成大型燃煤电厂超低排放技术改造，全面淘汰改造燃煤小锅炉，开展钢铁、化工、水泥、玻璃、热电等行业清洁排放技术改造，加强石化、制鞋、涂装、印刷等行业挥发性有机化合物治理，加强机动车、船舶污染防治，加强建筑扬尘防控，努力减少重污染天气。

坚决淘汰落后产能。认真完成处置300家“僵尸”企业、淘汰1000家企业落后产能、整治10000家脏乱差小作坊的目标任务。

切实防范金融风险和房地产泡沫。制订实施“去不良”行动计划，继续加大不良资产处置力度，大力发展直接融资，完善担保体系建设，严堵非法集资渠道，坚决打击逃废债行为，积极防范和化解“两链”风险。坚持分类调控、因城施策，支持自住型和改善型购房，抑制投机性购房，鼓励农民进城购房，发展住房租赁市场，确保商品房库存保持在合理区间，促进房地产市场平稳健康发展。

大力推进传统产业改造，深入推进农业供给侧结构性改革，全面提高产品和服务质量。

加快传统产业改造升级。加大“四换三名”和“互联网+”“机器人+”“标准化+”力度，积极探索以特色小镇理念和方式分块改造提升开发区（园区）的有效途径，力争在纺织、服装、皮革、化工、化纤、造纸、橡胶塑料、建材、有色金属加工、农副食品加工和批发零售等“10+1”传统产业先行取得突破。支持绍兴开展传统产业改造提升试点。加大对实体经济支持服务力度，进一步清费减负，积极帮助企业去杠杆、降成本。滚动实施小微企业三年成长计划，加强小微企业园区建设管理，为小微企业发展营造良好环境。持续推进“个转企、小升规、规改股、股上市”，鼓励和支持优势企业特别是上市公司加大兼并重组力度，着力形成一批行业龙头企业和“隐形冠军”。

深入推进农业供给侧结构性改革，推动农业绿化、农村美化、农民转化。围绕“吃得安全、吃得放心”，把增加绿色优质农产品供给放在突出位置，统筹抓好土壤污染防治、化肥农药减量等各项工作，大力发展绿色种植、绿色养殖等高效生态循环农业，推动粮食生产功能区、现代农业园区和重要农产品保护区向绿色发展转型。积极培育种养大户、家庭农场、专业合作社、农业龙头企业和“农创客”等现代农业经营主体，加强农产品品牌建设，加快建设绿色农业强省。全面落实粮食安全市县长责任制和“大粮食安全观”，建设高水平粮食安全保障体系。加强农村环境整治，大力推进美丽乡村、美丽田园建设，积极创建全域旅游示范县、旅游风情小镇和休闲旅游示范村，力争有2000个村成为A级景区，其中3A级以上景区200个。大力推进农业科技创新，加快打造农业全产业链，积极推进“互联网+农业”，促进农村一二三产业融合发展。完善农村土地所有权、承包权、经营权分置办法。深入推进“三权到人（户）、权跟人（户）走”改革，加大宅基地空间置换力度，把愿意进城的农民转化为市民，把愿意留在农村的农民转化为新型职业农民，不断提高农民收入。

牢固树立质量第一意识，全面实施标准化战略，加快标准强省、质量强省、品牌强省建设，加快推进“中国制造2025”浙江行动计划、工业机器人行动计划、十万企业上云行动计划和绿色农业行动计划，新增“浙江制造”标准100个、工业机器人1万台、上云企业10万家、绿色农产品基地10万亩。

大力实施创新驱动发展战略，加大有效投资力度，不断发展壮大新动能。

加快提高自主创新能力。积极推进省部共建国家实验室，支持浙江大学、清华大学长三角研究院等大院名校做强做大，支持有条件的高等院校提升战略定位、建设创新型大学或创业型大学，支持企业加大科技投入、加强研究开发，着力提高原始创新、集成创新和引进消化吸收再创新能力。

大力推进科技创新市场化、科技成果资本化产业化。加快杭州城西科创大走廊、钱塘江金融港湾和中心城市科技城建设，大力规划建设以高新技术产业为主导的特色小镇。加快“两化”深度融合国家示范区、国家信息经济示范区、杭州国家自主创新示范区、宁波“中国制造2025”试点示范城市建设。深入实施高新技术企业和科技型中小微企业双倍增计划，新增高新技术企业1500家、科技型中小微企业6000家，每年推动1000个授权发明专利产业化。大力发展信息、环保、健康、旅游、时尚、金融、高端装备制造业和文化产业，推进各产业融合互动、业态创新，加快形成以八大万亿产业为支柱的产业体系。

积极推进空间发展格局创新。大力实施都市区带动战略，充分发挥四大都市区在推进新型城市化中的引领作用。大力发展海洋经济，积极实施大港口战略、大项目战略，加快推进港口经济圈建设。大力发展生态经济，支持衢州、丽水等生态功能区加快集聚和转化绿色财富，努力使生态经济成为新的增长点。深入推进全省海港、交通、机场资源整合，培育综合交通产业发展新优势，积极打造都市经济、海洋经济、开放经济、美丽经济交通走廊，高水平构建现代综合交通体系，加快形成“一体两翼”区域发展新格局。

进一步加大有效投资力度。把优化投资结构、提高投资效益放在更加突出的位置。切实抓好浙商回归、激发民资、对接央企、引进外资等工作，加强重大项目谋划招引和推进，大力支持企业技术改造，强化要素资源保障，确保完成“411”重大项目投资1万亿元以上，确保交通水利等重大基础设施投资、重大产业项目投资、重点技术改造投资和生态环保投资增长15%以上，确保浙商回归到位资金3800亿元、实际利用外资160亿美元。

（三）聚焦民生改善，促进和谐稳定

牢固树立以人民为中心发展思想，全面践行共享发展理念，坚持以标准化推进基本公共服务均等化，不断提高人民群众的获得感、安全感、幸福感。

鼓励创业、扩大就业、促进增收。积极落实人才新政，统筹做好人才引进、平台建设、创业服务、金融支持等工作，支持各类人才在浙创业、来浙创业。切实加强就业再就业工作，重点解决好高校毕业生、就业困难人员、农村转移劳动力等群体的就业问题，全年新增城镇就业80万人。深入开展“浙江无欠薪”行动，加大创建和谐劳动关系示范企业力度，强化企业社会责任，积极培育工匠精神，促进就业稳定有序、工资稳定增长、企业稳定经营。适时适度上调最低工资标准，促进城乡居民收入持续平稳增长。实施集体经济薄弱村消除行动计划，建立健全低收入农户档案，着力补齐低收入农户增收致富短板，确保低收入农户人均可支配收入增长10%以上。

加快教育改革，促进公平发展。制定实施学前教育标准，分步实施幼儿园达标改造、扩容。制定实施义务教育标准，分步实施中小学校提标改造工程，年内完成偏远地区中小学校的提标改造。继续放宽普高、职高分流限制，促进普高、职高协调发展。积极稳妥开展高考综合改革国家试点。积极推进高等教育改革发展，加大重点高校、重点学科支持力度，着力提高高等教育质量，争创国际国内领先的一流学科、一流大学。积极推进应用型本科院校和高等职业教育院校上水平。办好第十三届全国学生运动会。

深化医药卫生改革，努力解决看病难、看病贵。认真贯彻落实健康中国战略，全面实施《健康浙江2030行动纲要》。深入推进“双下沉、两提升”，确保每家三甲综合医院与2家以上县级医院建立紧密合作关系，每个县市每天有三甲医院派驻的不少于10名副高以上职称医师在县级医院工作，把优质医疗资源真正沉下去。制定实施乡镇卫生院、村卫生室建设管理标准，加快形成以县医院为主体、乡镇卫生院（社区卫生服务中心）和村卫生室为基础的基层医疗卫生服务体系。加快推进“互联网+医药价格”改革，形成“厂家网上销售、医院网上采购、部门实时监管”的运行机制。改革完善计划生育服务管理，加强妇幼保健工作。大力发展中医药事业。

加快社保改革，促进公平可持续。加快各级各类社会保障制度整合，逐步形成“多档次、可选择”和“多缴多得、长缴多得”的社保运行机制，实现社会保障全覆盖、更公平、可持续。积极推进养老保险制度改革，研究制定退休人员基本养老金、城乡居民基础养老金最低标准联动调整机制，稳步提高基本养老金和基础养老金标准。积极推进医疗保险制度改革，鼓励有条件的设区市探索建立统一的基本医疗保险制度。完善大病保险制度，降低起付标准，提高个人缴费比例和报销比例，切实减轻群众大病治疗负担。完善城乡最低生活保障制度。加强困境儿童保障，加强残疾人权益保障。大力发展慈善事业和红十字事业。大力发展养老服务业，研究制定农村集体经营性建设用地用于养老机构建设的相关政策，加快形成以居家为基础、社区为依托、机构为补充、医养相结合的养老服务体系。

加快发展文化事业、文化产业，不断丰富群众文化生活。大力弘扬社会主义核心价值观，切实加强社会主义精神文明建设。进一步完善浙江省基本公共文化服务体系，推进基本公共文化服务标准化、公共文化机构法人治理、基层综合性文化服务中心建设、农村电影发行放映体制改革等四项全国改革试点提质扩面。以“十百千”工程为抓手，大力推进公共服务重点县（市、区）及薄弱乡村建设，补齐公共文化服务短板。深入实施影视精品打造、网络文艺发展、文艺浙军培育等“七大工程”，建立实施文艺荣誉制度，推动文艺事业繁荣发展。扎实推进之江文化中心、浙江自然博物园等重大文化设施建设。深化传统戏剧保护和振兴，加强文化遗产保护利用。强化对外文化交流，提升国际传播能力，讲好浙江故事。

深入开展平安浙江建设。全面实施重大地质灾害隐患点村庄避让搬迁和综合整治工程，大力推进治危拆违攻坚战，统筹做好城乡危旧房排查、整治工作。大力实施“百项千亿防洪排涝工程”，加强山区小流域治理，完善基层防汛防台、防灾减灾体系。加快建立食品药品质量追溯制度，确保食品药品安全。深化安全生产体制机制创新，建立重点行业安全生产风险防控和隐患治理双重预防体系，坚决遏制重特大事故发生。探索建立公众责任保险制度。加强应急能力建设，提升突发事件处置能力。总结深化“平安护航G20”安全保障经验，建立健全安保维稳长效机制。坚持和发展“枫桥经验”，扎实做好各类社会风险排查管控，加强法律服务，及时有效化解社会民间纠纷。完善立体化、信息化、法治化社会治安防控体系，严密防范和严厉打击各类犯罪活动。

切实办好民生实事。按照民生实事“群众提、大家定、政府办"的理念,认真办好十方面民生实事,着力解决人民群众普遍关心的突出问题。

1. 加大治霾力度,全面完成大型燃煤机组超低排放技术改造,全面淘汰改造燃煤小锅(窑)炉。

2. 研究制定推进垃圾分类的具体办法,加快城镇垃圾处理设施建设和垃圾填埋场生态化改造,农村生活垃圾集中收集处理基本实现全覆盖。

3. 加大畜禽养殖废弃物处理力度,以沼气和生物天然气为主要处理方向,完成大规模畜禽养殖场粪污处理设施建设,完成城镇污水处理设施一级A达标排放改造,全面消除劣Ⅴ类水体。

4. 继续大力治理交通拥堵,加快公交、地铁等设施建设,新增公交线路500条、公交站点500个、公交车500辆。

5. 加强城乡居家养老服务中心建设,实现农村居家养老服务中心全覆盖。

6. 切实加强食品安全监管,新建放心农贸市场300个。

7. 基本消除地质灾害隐患点1000个,新建、扩改建避灾安置点1500个,完成全部D级危房和涉及公共安全的C级危房治理。

8. 对全省所有加油站加油机实施计量检定。

9. 全面启动适龄妇女免费"两癌"检查。

10. 新增农村文化礼堂1000个,新建3000个农村电商服务站、3000个城市社区智能投递终端。

(四)切实加强政府自身建设,全面正确履行政府职能

始终坚持正确的政治方向,强化政治意识、大局意识、核心意识、看齐意识,自觉在思想上、政治上、行动上同以习近平同志为核心的党中央保持高度一致。坚持改革创新、敢于担当,创造性地抓好工作落实。坚持政府过"紧日子"、让群众和企业过"好日子",努力使政府工作赢得人民群众的信任和支持。

加快建设服务政府。坚持把简政放权作为建设服务政府的重要基础,按照"最多跑一次"的要求进一步简政放权,能简则简、应放则放、该改则改,集中力量加强发展战略、规划、政策、标准等制定,加强公共服务、市场监管、社会管理、环境保护等职责,加强为基层和企业、群众排忧解难,当好企业和人民群众的"店小二"。

加快建设责任政府。坚持把提高执行力、落实力作为建设责任政府的重中之重,建立健全省级部门和设区市重点工作清单制度,改革完善考核办法,加强追责问责,做到政府各项工作有清单、有督查、有考核、有问责,确保党中央国务院的大政方针和省委的各项决策部署落到实处。

加快建设法治政府。坚持把诚信守法作为建设法治政府的基本要求,按照授予有据、行使有规、监督有效的原则,切实规范行政行为。坚持依法决策、民主决策、科学决策,完善重大事项公众参与、专家论证、合法性审查等制度。切实加强地方政府债务管理。深化行政执法体制改革和行政复议体制改革。加强政府信用建设,把诚信施政作为重要准则,说到做到,着力提升政府公信力。健全行政权力监督制约机制,自觉接受人大依法监督、政协民主监督和监察监督、司法监督,加强政府内部层级监督和审计监督,主动接受社会监督、舆论监督。

加快建设廉洁政府。坚持把改进作风、严明纪律、惩治腐败作为建设廉洁政府的重要遵循,把纪律挺在前面,严格落实各级政府党组主体责任,深入推进廉政建设和作风建设,着力在常和长、严和实、深和细上下功夫,推动中央八项规定精神风化俗成,做到越往后执纪越严,坚决防止"四风"反弹回潮,坚决惩处各类腐败行为,努力打造绝对忠诚、干事担当、干净自律、充满活力的铁一般干部队伍。

关于2016年全省和省级预算执行情况及2017年全省和省级预算草案的报告

——2017年1月16日在浙江省第十二届人民代表大会第五次会议上

浙江省财政厅

一、2016年预算执行情况

2016年,全省各地各部门全面贯彻党的十八届三中、四中、五中、六中全会、省委十三届历次全会和省十二届人大四次会议决议精神,认真落实预算法,秉承"促进发展、保障民生、科学理财、加强监管"的理财观,做好"生财、聚财、用财"三篇文章,积极发挥财政职能作用,促进全省经济社会平稳健康发展。全省和省级财政预算执行情况良好,实现了"十三五"良好开局。

(一)一般公共预算执行情况

1. 全省

2016年全省一般公共预算收入5301.81亿元,增长9.8%,剔除营业税清算等一次性收入因素,增长7.8%;加上转移性收入4056.13亿元,收入合计9357.94亿元。全省一般公共预算支出6976.33亿元,完成预算的105.4%,增长10.1%;加上转移性支出2381.61亿元,支出合计9357.94亿元。收支相抵,全省一般公共预算收支平衡。

2. 省级

2016年省级一般公共预算收入347.76亿元,增长5.5%,剔除营业税清算等一次性收入因素,增长5.0%;加上转移性收入3928.88亿元,收入合计4276.64亿元。省级一般公共预算支出509.53亿元,完成调整后预算100.1%,增长5.8%;加上转移性支出3767.11亿元,支出合计4276.64亿元。收支相抵,省级一般公共预算收支平衡。

重点支出预算完成情况:教育支出100.45亿元,完成预算的100.1%,增长8.0%。科学技术支出24.40亿元,完成预算的99.4%,增长22.1%。文化体育与传媒支出21.65亿元,完成预

算的98.9%，增长16.5%。社会保障和就业支出39.57亿元，完成预算的166.4%，增长11.9%；完成预算较多，主要是根据机关事业单位养老保险改革进展，充实省级社保基金。医疗卫生与计划生育支出38.43亿元，完成预算的101.1%，增长6.2%。农林水支出29.97亿元，完成预算的95.8%，增长5.9%。

2016年，经财政部核定，省人大常委会批准，全省地方政府债务限额9685.3亿元，比上年新增地方政府债务限额497亿元，债务率90.9%，低于警戒线（100%）9.1个百分点。2016年在批准的限额内，发行地方政府债券4065亿元，其中，新增债券492.7亿元，置换债券3572.3亿元。截至2016年末，全省地方政府债务余额为8390.8亿元（一般债务4814.5亿元，占57.4%；专项债务3576.3亿元，占42.6%）。

（二）政府性基金预算执行情况

1. 全省

2016年全省政府性基金预算收入3930.06亿元，增长53.8%；加上转移性收入1892.23亿元，收入合计5822.29亿元。全省政府性基金预算支出3756.82亿元，完成预算的155.3%，增长45.9%；加上转移性支出2065.47亿元，支出合计5822.29亿元。收支相抵，全省政府性基金预算收支平衡。

2. 省级

2016年省级政府性基金预算收入102.29亿元，下降5.6%；加上转移性收入1730.19亿元，收入合计1832.48亿元。省级政府性基金预算支出37.28亿元，完成预算的106.3%，下降13.7%；加上转移性支出1795.20亿元，支出合计1832.48亿元。收支相抵，省级政府性基金预算收支平衡。

（三）国有资本经营预算执行情况

1. 全省

2016年全省国有资本经营预算收入74.38亿元，增长48.7%；加上转移性收入6.55亿元，收入合计80.93亿元。全省国有资本经营预算支出37.75亿元，完成预算的102.4%，下降8.2%；加上转移性支出43.18亿元，支出合计80.93亿元。收支相抵，全省国有资本经营预算收支平衡。

2. 省级

2016年省级国有资本经营预算收入28.65亿元，增长1.3%；加上转移性收入4.51亿元，收入合计33.16亿元。省级国有资本经营预算支出10.97亿元，完成预算的85.5%，下降50.0%，未完成预算，主要是金融国有资本性支出结转下年使用；加上转移性支出22.19亿元，支出合计33.16亿元。收支相抵，省级国有资本经营预算收支平衡。

（四）社会保险基金预算执行情况

1. 全省

2016年全省社会保险基金预算收入3912.26亿元，增长21.0%。全省社会保险基金预算支出3607.31亿元，完成预算的95.9%，增长39.2%。收支相抵，本年收支结余304.95亿元。企业职工基本养老保险基金结余比预算增加较多，主要是被征地农民一次性缴费收入增加。

2. 省级

2016年省级社会保险基金预算收入213.54亿元，增长25.5%。省级社会保险基金预算支出141.84亿元，完成预算的64.8%，增长24.5%。收支相抵，本年收支结余71.69亿元。

（五）落实省人大预算决议有关情况

1. 认真研究落实省十二届人大四次会议有关决议

按照省十二届人大四次会议有关决议，以及省人大财经委审查意见，认真研究完善体制机制，努力做好财政工作，取得了积极的成效。

一是稳增长，促转型。紧扣供给侧结构性改革主线，继续实施积极的财政政策，不断推动政策加力增效，着力提升经济发展的质量和效益，促进全省经济稳中有进、稳中向好。积极争取中央基建投资资金51.2亿元，发行地方政府新增债券492.7亿元、置换债券3572.3亿元，筹措落实省级财政性资金178.6亿元，吸引带动民间投资，支持基础设施等重大项目建设。支持实施“拆治归”转型升级组合拳，省财政安排治水资金112.9亿元，重点用于水利及城乡污水处理基础设施建设等。出台支持特色小镇发展的财政政策，助力打造创业发展平台和新型城镇化有效载体。大力推进政府产业基金实质性运作，出台基金投资退出管理办法，支持八大万亿产业发展。支持开展海绵城市和地下综合管廊试点。安排省级海洋经济发展专项资金12亿元，支持海洋经济发展。筹措外经贸发展资金29亿元，优化外贸结构，促进外贸稳定增长。积极参与“一带一路”和义甬舟开放大通道建设，继续支持义乌国际贸易综合改革试点和杭州市跨境电子商务试验区建设。全省财政安排工业与信息化发展资金152亿元，深入实施“四换三名”工程，推进“机器人+”“互联网+”“标准化+”，促进传统产业改造提升。支持实施“小微企业三年成长计划”。

二是补短板，增优势。认真贯彻省委十三届九次全会精神，深入查找短板、扎实补齐短板，增创发展新优势。2016～2020年，安排创新强省资金100亿元，其中，2016年安排19亿元，重点支持杭州城西科创大走廊等重大平台建设和教育、人才、农业等各类创新计划实施。完善投融资机制，加大对交通、水利基础设施建设的投入，2016～2020年计划安排1636.5亿元，其中，2016年安排353亿元，支持实施“万亿综合交通工程”。落实新一轮省对市县财政体制，进一步加大对市县特别是财政困难地区的转移支付力度，优化转移支付地区分类分档体系，建立换档激励奖补机制。继续实施区域统筹发展收入激励政策，通过财政体制的引导和撬动，鼓励设区市加大对所辖县（市）的投入，促进区域统筹协调发展。大力支持光伏小康工程，安排2.1亿元在磐安等5县市开展试点，促进低收入农户和扶贫镇村集体经济增收。深化财政支农体制机制改革，落实各项惠农富农强农政策。加快推进省农业发展投资基金有效运作。支持开展农村垃圾减量化、资源化处理试点。扎实推进农业综合开发，全省财政投入20.7亿元，支持农业绿色、生态、可持续发展。安排省级生态环保财力转移支付资金20亿元，实施省级重点生态功能区示范区建设试点财政政策。完善森林生态效益补偿机制，将主要干流和重要支流源头县及国家级和省级自然保护区等重要区域省级以上公益林的最低补偿标准提高到35元/亩。

三是抓改革，强管理。落实《关于加快建立现代财政制度的意见》，进一步深化财税体制改革，加快建立具有浙江特色的现代财政制度。按照"四张清单一张网"建设要求，完善财政专项资金管理清单，加快财政项目库建设，推动专项资金监管系统全覆盖。建立健全省级支出标准体系和省级日常公用支出标准体系。探索建立项目支出标准化制度，对省级项目支出实行分级管理。加大存量资金盘活力度，健全动态管理和定期清理机制。加强省级部门预算执行进度管理，对2016年省级部门预算执行率偏低的19个部门，相应核减预算3398万元。推进预决算公开，出台《关于进一步推进预决算公开工作的实施意见》，除涉密事项外，省级96个部门公开了部门预算和"三公"经费预算。出台《关于进一步加强地方政府性债务管理的实施意见》，构建"1+8"债务管理制度体系。建立和完善地方政府债务风险预警体系，实行"红、黄、绿"三级预警。对高风险地区进行化债计划管理，对中低风险地区实施与债务风险管控质量挂钩的财政奖惩政策。推动政府和社会资本合作(PPP)项目落地实施，47个省级推荐项目完成签约。加快省基础设施投资(含PPP)基金运作，已设立首批7个PPP子基金，投资省内18个PPP项目，带动社会资本651.8亿元。深化政府购买服务改革，选择16项公共民生热点项目开展改革试点，全省政府购买服务预算金额达159.5亿元。积极开展政府综合财务报告试点工作，实施国库现金管理，持续深化公款竞争性存放。出台省级公务出行保障费用预算管理办法，细化分地市差旅住宿费限额标准，完善立体式公务支出标准体系。创新政府采购模式，与阿里巴巴公司合作，开发建设"政采云"平台，实现政府采购网上交易、监管和服务一体化运作，并率先在省级有关单位试点。

四是减负担，惠民生。落实各项减税降费政策，切实减轻企业负担。全面推开营改增试点，进一步完善增值税抵扣链条，减少重复征税，全年为企业减负320亿元。落实小微企业税收优惠等政策，小微企业税收优惠享受面达到100%。暂停向企事业单位和个人经营者征收地方水利建设基金，取消、停征、整合或降低标准34项行政事业性收费和政府性基金，每年减轻企业负担141亿元。实施临时性下调失业保险费单位缴费费率至1%、对部分企业职工基本医疗保险单位缴费部分临时性减征1个月、缓缴社会保险费等阶段性降低社会保险费政策，为企业减轻负担54亿元。认真贯彻落实中央和省委关于厉行节约的各项规定，据初步汇总，2016年省级一般公共预算安排的"三公"经费支出预计执行数2.79亿元，比2015年决算数下降15.8%。其中：因公出国(境)费用0.84亿元，下降3.0%；公务接待费0.41亿元，下降12.6%；公务用车购置及运行费1.53亿元，下降22.3%。坚持公共财政导向，统筹安排财力，支持政府十方面实事实施和民生事业发展，2016年全省财政民生支出增长11.3%。完善城乡一体化义务教育经费保障机制，支持民办学前教育发展，建立中等职业学校生均公用经费标准，启动高校新型运行保障机制改革。支持浙江音乐学院、浙江工程师学院建成使用。健全基本公共文化服务体系经费保障和运行管理机制，支持农村文化礼堂建设，保障浙江自然博物园等重大文化项目建设。调整提高企业和机关事业单位退休人员待遇标准。推进机关事业单位养老保险制度改革。开展基层医疗卫生机构补偿机制改革试点，深化"双下沉、两提升"实施。将城乡居民基本医保财政补助标准、基本公共卫生服务经费筹资标准分别提高至年人均430元、45元。积极开展农村综合改革示范试点，深化村级公益事业一事一议财政奖补政策运用，全省财政投入33.4亿元，带动社会力量共同建成村级公益事业项目5071个。

2. 认真办理人大代表建议

在省十二届人大四次会议上，人大代表共提出财政预算相关的建议319件。根据会议决议精神，省财政厅认真落实办理责任，主动及时与代表沟通，并按时办理完毕，满意率达100%。主办件中，所提问题及建议已经解决的占54.5%，其余问题均已列入计划逐步解决。在办理过程中，我们认真开展调查研究，较好地解决了代表所反映的问题，同时也有力地提高了财政管理工作水平。如杭61号《关于加强政府性债务管理的建议》中提出的"对政府债务限额要实现'全口径'"以及"加大政府债务管理考核及问责力度"建议，在省政府下发的《关于进一步加强地方政府性债务管理的实施意见》(浙政发〔2016〕17号)以及相关配套文件中予以采纳。在创新财政支持经济发展方式、加快设立产业基金方面，根据省政府有关要求，各地进一步加快了政府产业基金工作步伐，在基金募集、工作机制、制度办法、基金运作等方面进行了有益的探索。截至2016年底，全省政府产业基金总规模1123亿元，实际到位617亿元，撬动社会资本投资5052亿元。

在肯定成绩的同时，我们也清醒地看到，在财政管理过程中，还存在预算编制不够细化，部分项目预算执行率偏低，少数部门财政专项资金实质性整合不到位，预算公开透明度有待进一步提高，地方政府性债务风险需加强防范等问题。对此，我们高度重视，将通过深化改革、完善制度、严格管理等一系列扎实有效的举措切实加以解决。

二、2017年预算草案

(一)2017年财政经济形势

展望2017年，我省财政收支形势有望延续平稳态势，但同时影响财政平稳运行的不确定不稳定因素仍然较多。收入方面，受国内外发展环境等因素影响，我省经济在新旧动能转换和接续过程中还有不少矛盾和问题，经济下行压力仍然较大，财政收入可持续增长的基础尚不稳固。同时，营改增等结构性减税、普遍性降费政策的减收效应将进一步显现。支出方面，支出刚性增长的趋势没有改变，"三去一降一补"、稳增长、促改革、调结构、惠民生、防风险等增支需求依然较大，财政收支紧平衡已成为新常态。

(二)财政预算编制的指导思想

根据2017年度全省经济社会发展目标、国家宏观调控总体要求和跨年度预算平衡的需要，结合对2017年财政经济形势的分析和预测，并参考上年度执行情况，按照中央和省委对经济工作的总体部署以及财政改革总体要求，我省2017年财政预算安排的指导思想是：全面贯彻党的十八大和十八届三中、四中、五中、六中全会，以及省委十三届历次全会精神，坚持稳中求进工作总基调，牢固树立和贯彻落实新发展理念，适应把握经济发展新常态，遵循“促进发展、保障民生、科学理财、加强监管”的理财观，按照“划清边界、厘清事权、做好‘蛋糕’、集中财力办大事”的理财思路，积极发挥财税职能作用，推进高水平全面小康社会建设。有效实施积极的财政政策，大力支持实施“拆治归”转型升级组合拳，更好发挥财税政策在稳增长、调结构、促转型中的重要作用；深化财税体制改革，完善预算管理制度，推进预算公开透明；落实减税降费政策，支持实体经济加快发展，培育涵养财源，依法有为组织收入；调整优化支出结构，压一般、保重点；强化风险意识，积极防范化解地方政府债务风险和社会保险基金风险，促进经济社会平稳健康发展。

（三）2017年重点财政收支政策

1. 落实减税降费措施，依法依规组织收入。将全面推开营改增试点等已出台的政策进一步落实到位，减轻企业负担，支持实体经济发展。在依法征收、应收尽收的同时，坚决防止和纠正收取“过头税”以及采取“空转”方式虚增财政收入的行为，对发现的收入“空转”等行为，依法依规严肃处理。加强政府非税收入管理，稳步推广应用统一公共支付平台，深化政府非税收入收缴电子化改革。加大清费减负政策贯彻落实情况的监督检查，严格落实收费清单制度，坚决遏制乱收费行为，省级部门一般不再直接向企业收取行政事业性收费。

2. 完善财政支农政策，促进农业可持续发展。建立以绿色生态为导向的农业补贴制度，调整完善农业补贴政策，继续支持耕地地力保护和粮食适度规模经营，全面建立耕地保护补偿机制。积极推进现代农业组织制度创新和农业生产社会化服务体系建设，大力培育农民专业合作社联合社等新型农业经营主体，着力提升农业组织化和规模化水平。启动实施农业产业集聚区和特色农业强镇创建，支持农业农村一二三产业融合发展。继续支持浙江渔场修复振兴，促进海洋渔业可持续发展。围绕“五水共治”战略部署，加大对防洪水、保供水等重大水利项目支持力度，重点支持“百项千亿防洪排涝工程”建设。支持农田水利建设，推进区域规模化高效节水灌溉。加强高标准农田建设，支持小流域生态综合整治，提升农业综合生产能力；支持优势特色产业和农业综合开发园区建设，促进高标准农田建设和配套产业发展有机融合。深入推进农村综合改革和一事一议财政奖补工作，加大对农村公益事业建设、村级集体经济发展、美丽乡村建设、村级组织运转保障和集体经济薄弱村发展工作的支持力度。

3. 加强生态文明建设和加大扶贫力度，促进统筹协调发展。践行“绿水青山就是金山银山”理念，加大生态文明建设转移支付力度，健全生态保护成效和资金分配挂钩的绿色发展财力奖补政策，支持全面消除劣V类水质断面。建立“两山”建设财政专项激励机制，奖补资金实施竞争性分配。加大重点区域生态公益林补助力度，完善森林生态效益补偿机制。2017年，我省主要干流和重要支流源头县及国家级和省级自然保护区等重要区域省级以上公益林的最低补偿标准提高到40元/亩。加大对大气、水、土壤污染治理等的投入。理顺资源能源价格形成机制，研究调整新能源汽车补贴机制，大力发展清洁能源，促进节能减排。加大财政扶贫投入，建立特扶财政专项激励机制，奖补资金实施竞争性分配。进一步推进光伏小康工程试点，研究完善异地搬迁补助政策，促进精准扶贫、精准脱贫。加强与西部地区扶贫协作和对口支援，逐步增加对口支援财政投入。

4. 完善教科文投入机制，推动落实科教兴国战略。巩固完善城乡义务教育经费保障机制，推动义务教育均衡发展。稳步扩大普惠性学前教育资源。加快发展现代职业教育，完善职业教育提升发展激励机制。加大省属高校“双一流”建设投入，研究完善高校分类拨款制度。贯彻落实省委、省政府全面实施创新驱动发展战略加快建设创新型省份建设决定，进一步加大财政科技投入，加强科技创新能力建设，促进科技成果转化应用，提高科技产出绩效。落实省政府推进杭州城西科创大走廊建设、补齐科技创新短板政策，支持大平台大载体建设，汇聚创新资源创新要素。推进省级科技成果转化引导基金实质性运作，扶持科技型中小微企业创新创业，促进科技成果转化。落实省级科技专项管理改革方案，着力推进财政科技资金统筹整合。激励激发高校、科研院所科研人员创新创造，创新对科技资源和科技经费的管理。进一步推进现代公共文化服务体系建设，加强基本公共文化服务绩效考核，完善基本公共文化服务体系经费保障和运行管理机制。支持文化遗产保护传承利用。推进之江文化中心、浙江自然博物园等重大文化项目建设。

5. 健全社会保障和医疗卫生制度，确保民生事业可持续发展。建立更加公平和可持续的社会保障制度。合理确定机关事业单位和企业退休人员基本养老金水平，增强养老保险制度可持续性。适当提高城乡居民基础养老金标准，全省城乡居民基础养老金标准每人每月增加15元，达到135元。健全就业保障制度，继续支持促进重点群体就业创业。健全优抚对象等人员抚恤和生活补助标准体系。统筹社会救助体系建设，合理确定城乡低保补助水平，推进医疗救助，巩固脱贫成果。完善城乡居民基本医疗保险筹资机制，合理提高财政补助标准和个人缴费标准，城乡居民基本医疗保险财政补助标准每人每年提高40元，达到470元；同时，进一步提高个人缴费占整体筹资的比重。完善城乡居民大病保险制度，提高基本公共卫生服务经费人均财政补助标准，城乡居民基本公共卫生服务项目人均经费标准提高5元，达到50元；健全重大公共卫生服务经费保障机制。支持深化公立医院改革，加强医疗服务体系能力建设。深入推进“双下沉、两提升”工作，全面推开基层医疗卫生机构补偿机制改革。

6. 创新财政扶持方式，推进经济转型升级。促进“创新强、亩产高、节能好、减排多”的企业加快发展。顺应营改增改革要求,建立实体经济发展(传统产业改造)财政专项激励机制,奖补资金实施竞争性分配。用好工业企业结构调整专项奖补资金,推动传统产业转型升级,支持化解过剩产能。加强重点领域投资,加快发展战略性新兴产业和现代服务业,支出培育外贸竞争新优势。发挥政府产业基金功能,加快政府产业基金投资进度,发挥对社会资本的引导带动作用,力争撬动社会资本投入10000亿元左右。创新公共服务供给机制,在公共服务领域推广政府和社会资本合作(PPP)模式,提高公共服务供给质量和效率。对于采用PPP模式的项目,有关财政资金逐步由“补建设”转向“补运营”。

(四)2017年一般公共预算草案

1. 全省

(1)收入预算

2017年全省一般公共预算收入预期5068.00亿元,比上年调整后执行数(一是2016年1~4月按“营改增”收入划分过渡方案作同口径调整及剔除营业税清算等一次性因素;二是根据规定,2016年11月1日起停征地方水利建设基金,2017年1月1日起新增建设用地土地有偿使用费纳入一般公共预算管理)增长7.0%。主要科目收入情况如下:

2017年全省一般公共预算主要科目收入情况(单位:亿元)

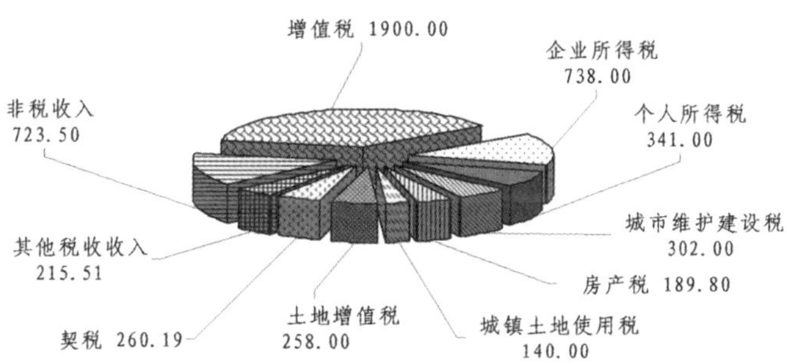

全省一般公共预算收入预期5068.00亿元,加上转移性收入2494.56亿元,收入合计7562.56亿元。

(2)支出预算

拟安排2017年全省一般公共预算支出6721.00亿元,比上年调整后执行数(按预算法规定,地方政府新增债券属于预算调整事项,因此,年初预算时,需先调减上年执行数中的地方政府新增债券)增长6.5%。重点支出情况如下:

2017年全省一般公共预算重点支出情况(单位:亿元)

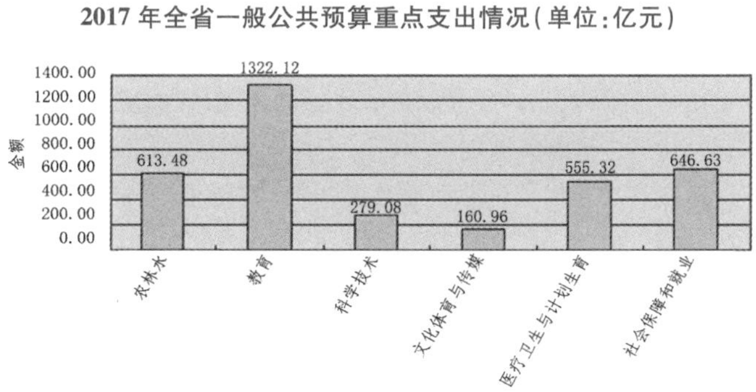

全省一般公共预算支出6721.00亿元,加上转移性支出841.56亿元,支出合计7562.56亿元。收支相抵,全省一般公共预算收支平衡。

2. 省级

(1)收入预算

2017年省级一般公共预算收入预期322.40亿元,比上年调整后执行数(一是2016年1~4月按“营改增”收入划分过渡方案作同口径调整及剔除营业税清算等一次性因素;二是根据规定,2016年11月1日起停征地方水利建设基金,2017年1月1日起新增建设用地土地有偿使用费纳入一般公共预算管理)增长5.0%。主要科目收入情况如下:

2017年省级一般公共预算主要科目收入情况(单位:亿元)

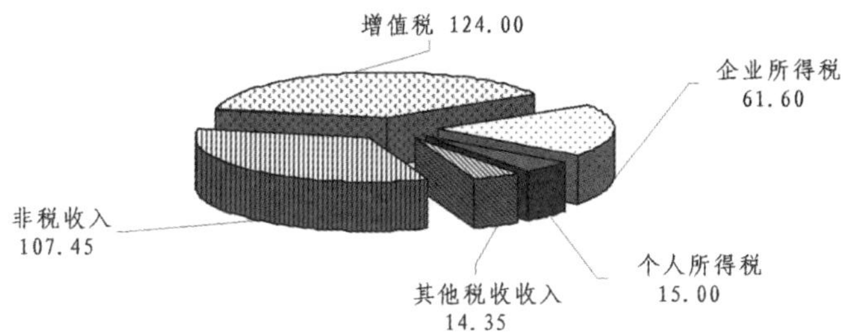

省级一般公共预算收入预期322.40亿元,加上转移性收入2426.82亿元,收入合计2749.22亿元。

(2)支出预算

拟安排2017年省级一般公共预算支出474.10亿元,比上年调整后执行数(调减一次性安排基础设施投资基金及铁路现代化建设后,调整后执行数为451.53亿元)增长5.0%。重点支出情况如下:

2017年省级一般公共预算重点支出情况(单位:亿元)

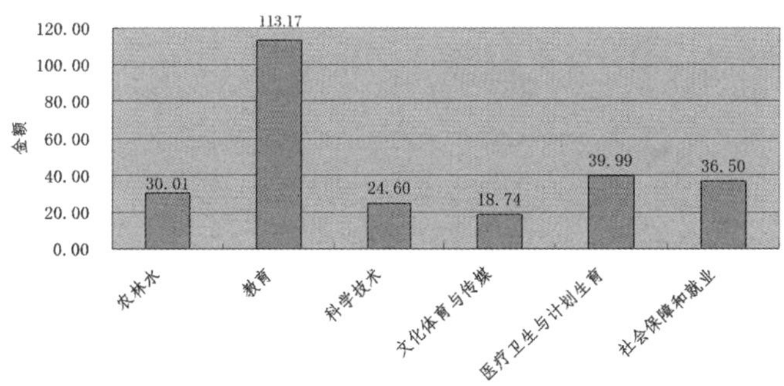

省级一般公共预算支出474.10亿元,加上转移性支出2275.12亿元,支出合计2749.22亿元。省对市县转移支付中:一般性转移支付1044.25亿元,专项转移支付551.21亿元,一般性转移支付比重达到65.5%。

收支相抵,省级一般公共预算收支平衡。

(五)2017年政府性基金预算草案

1. 全省

2017年全省政府性基金预算收入预期3562.67亿元,比上年调整后执行数下降8.8%,收入下降,主要是预计2017年土地出让市场行情不乐观;加上转移性收入671.72亿元,收入合计4234.39亿元。全省政府性基金预算支出3451.86亿元,比上年调整后执行数下降6.1%;加上转移性支出782.53亿元,支出合计4234.39亿元。收支相抵,全省政府性基金预算收支平衡。

2. 省级

2017年省级政府性基金预算收入预期62.93亿元,比上年调整后执行数下降21.7%,收入下降,主要是加大清费减负力度;加上转移性收入570.12亿元,收入合计633.05亿元。省级政府性基金预算支出16.79亿元,比上年调整后执行数下降54.9%;加上转移性支出616.26亿元,支出合计633.05亿元。收支相抵,省级政府性基金预算收支平衡。

(六)2017年国有资本经营预算草案

1. 全省

2017年全省国有资本经营预算收入预期58.31亿元,下降21.6%,收入下降,主要是电力企业利润下降及股利、股息收入、产权转让收入和清算收入减少较多;加上转移性收入4.76亿元,收入合计63.07亿元。全省国有资本经营预算支出37.10亿元,下降1.7%;加上转移性支出25.97亿元,支出合计63.07亿元。收支相抵,全省国有资本经营预算收支平衡。

2. 省级

2017年省级国有资本经营预算收入预期25.89亿元,下降9.6%,收入下降,主要是部分省属国有企业预计利润收入减少。省级国有资本经营预算支出10.44亿元,下降4.9%,加上转移性支出15.45亿元,支出合计25.89亿元。收支相抵,省级国有资本经营预算收支平衡。

(七)2017年社会保险基金预算草案

1. 全省

2017年全省社会保险基金预算收入预期3934.18亿元,增长0.6%。全省社会保险基金预算支出3884.06亿元,增长7.7%。收支相抵,本年收支结余50.11亿元。

2. 省级

2017年省级社会保险基金预算收入预期232.61亿元,增长8.9%。省级社会保险基金预算支出185.69亿元,增长30.9%。收支相抵,本年收支结余46.91亿元。

(八)2017年地方政府债务预算管理

2017年地方政府债务暂按财政部下达的2016年政府债务限额9685.3亿元控制,其中省级171.5亿元。积极争取地方政府置换债券1265.44亿元,按照预算法和财政部规定,其中一般债券621.38亿元,列入一般公共预算;专项债券644.06亿元,列入政府性基金预算。同时,根据地方政府债务置换和债券到期情况,在一般公共预算支出中安排债务还本支出684.88亿元,在政府性基金预算支出中安排债务还本支出644.06亿元。各地按期落实偿还计划,一般债券由一般公共预算收入偿还,专项债券由政府性基金或专项收入偿还,有稳定的偿还来源。新增债券待全国人代会批准并经财政部下达后,依法编制调整预算(草案)并提交省人大常委会审议批准。

三、认真抓好2017年预算执行工作

(一)进一步强化依法理财。认真贯彻落实预算法和《浙江省预算审查监督条例》的各项规定,强化法制意识,增强预算约束,规范政府收支行为,清理规范重点支出同财政收支增幅或生产总值挂钩事项,加快建立全面规范、公开透明的现代预算制度。深化部门预算改革,加快项目库建设,进一步细化预算编制,提高年初预算到位率,加快预算支出进度。深化预算绩效管理改革,逐步将绩效管理范围覆盖所有预算资金,推动预算全过程绩效管理。清理一般公共预算中以收定支事项,对相关领域支出统筹安排保障。加大政府性基金预算转列一般公共预算力度。全面推进国库集中支付电子化改革,深化国库集中支付改革。认真落实中央和省委厉行节约的各项规定,省级部门一般性支出压减5%。加快支出预算执行进度,确保财政资金尽快发挥作用。严格落实预算公开各项规定,扎实推进预算公开。加大预算公开考核力度,加强监督检查,确保预算公开及时、内容真实、形式规范。强化对财政收支活动全过程的监督检查,自觉接受省人大的监督,认真落实审计整改意见,严肃维护财经纪律。

(二)进一步深化财税改革。根据中央统一部署,加快推进省以下财政事权与支出责任划分改革。健全县级基本财力保障机制,提高县级财力保障水平。建立支持农业转移人口市民化的财政政策体系,促进基本公共服务常住人口全覆盖。全面梳理已出台的各项重大支出政策,压减和取消不合理支出或政策环境发生变化的支出,督促市县清理承诺过高、超出财力的重大民生政策。按照“四张清单一张网”建设和“两个一般不”的要求,厘清政府和市场的边界,明确产业类财政专项资金与政府产业基金的定位;优化支持方式和分配因素,重点支持公共服务平台创新以及土地、人才、环境、信息等资源要素提供;严格控制引导类财政专项资金,实施分类管理。加大竞争性分配的力度,组织实施好振兴实体经济(传统产业改造)、特扶和“两山”建设三项财政专项激励资金的竞争性分配工作。进一步盘活财政存量资金,结余资金以及连续两年未用完的结转资金,按规定全部收回财政统筹使用。推动中期财政规划管理。科学实施国库现金管理。

(三)进一步支持实体经济发展。利用好营改增及收入分成比例调整的政策窗口期和机遇期,大力支持实体经济特别是传统产业改造,培育一批可持续发展的优质财源,壮大地方可用财力。加快政府产业基金实质性运作。调整财政支持产业发展结构,优化财政支出方式,支持创新公共服务平台和中小企业发展平台建设,推进各类产业发展园区整合提升,促进要素资源集聚发展。推动发展新能源汽车产业。支持杭州城西科创大走廊建设。落实好高新技术企业所得税优惠、研发费加计扣除等税收优惠政策,推广应用“创新券”,健全研发风险分担机制,完善企业研发后补助政策,激发企业创新动力。坚持政府采购引导,鼓励国产优先、绿色优先,特别是对新能源汽车的采购,以价格为主要控制指标。对符合条件的首台套产品,可以采用单一来源采购方式进行采购,依法优先推荐“浙江制造精品”制造企业参加政府采购活动。大力推广应用“政采云”系统,逐步实现全省政府采购信息系统一体化。认真贯彻《关于进一步降低企业成本优化发展环境的若干意见》,暂停向企事业单位和个体经营者征收地方水利建设基金,切实减轻企业负担。

(四)进一步保障改善民生。完善民生保障长效机制,做好政府十方面实事和各项民生事业的资金保障工作,确保三分之二以上的新增财力用于民生。研究出台全省学前生均经费指导意见,统筹考虑城市化进程和新的人口政策,优化义务教育阶段经费管理,逐步实现教育经费可携带。探索支持中高职院校校企合作、产教融合的财政支持新模式。研究构建稳固的大社保体系,覆盖养老、医疗、救助等领域,统筹行政、事业、企业等单位,研究完善收入征收、支出管理等制度。继续推进机关事业单位养老保险改革,完善制度衔接。研究完善基础养老金待遇调整机制。逐步统一市域内基本医保缴费、待遇等政策,落实城乡居民基本医保整合政策,提高城乡居民医保财政补助标准,加快推进医保支付方式改革。采取资金补助和地方政府债券相结合的方式,支持推进小城镇环境综合整治。支持开展治危拆违攻坚战,适当安排"以奖代补"资金,加快推进农村危旧房鉴定工作。

(五)进一步强化地方政府性债务管理。严格执行预算法和国务院有关文件规定,地方政府举债一律采取在国务院批准的债务限额内发行地方政府债券方式。强化地方政府债务限额管理,将地方政府债务分类纳入预算管理。坚持"促发展与防风险"并举,落实国务院办公厅出台的地方政府性债务风险应急处置预案和省政府出台的加强地方政府性债务管理的实施意见,强化市县政府主体责任,督促高风险市县实施五年化债计划,重点关注融资平台公司、PPP、政府购买服务等可能产生的隐性负债,合理控制债务规模,有效防范债务风险。扎实推进地方政府债券发行管理,完成地方政府存量债务置换工作,缓解地方政府偿债压力,降低政府债务成本。推动地方政府融资平台公司市场化转型,创新政府投融资机制。

浙江省第十二届人民代表大会财政经济委员会关于2016年全省和省级预算执行情况及2017年全省和省级预算草案的审查结果报告

浙江省第十二届人民代表大会第五次会议审查了省人民政府提出的《关于2016年全省和省级预算执行情况及2017年全省和省级预算草案的报告》、2017年全省和省级预算草案。财政经济委员会在初步审查的基础上,根据各代表团的审查意见,对预算报告和预算草案作了进一步审查。现将审查结果报告如下:

一、2016年,面对复杂的外部环境和繁重的改革发展稳定任务,全省各级政府和财政部门深入贯彻中央和省委各项决策部署,认真落实省十二届人大四次会议决议,认真执行预算法,积极推进现代财政制度建设,优化财政支出结构,加强重点领域财政投入,推动经济转型升级,强化民生保障和改善,为促进全省经济平稳健康发展和社会和谐稳定提供了有力保障。同时,在预算执行和财政运行管理中还存在一些问题和不足:部分项目预算执行率偏低,资金使用绩效尚需提高,有的专项资金实质性整合还不到位,政府隐性债务风险和社会保险基金风险防范工作有待进一步加强。对此,必须高度重视,采取切实有效措施加以解决。

二、财政经济委员会认为,省人民政府提出的预算报告和预算草案,体现了中央和省委经济工作会议精神,贯彻了新发展理念,预算安排统筹兼顾,保障重点,注重绩效,符合我省国民经济和社会发展的目标要求,符合预算法的相关规定,预算草案总体可行。财政经济委员会建议,省十二届人大五次会议同意《关于2016年全省和省级预算执行情况及2017年全省和省级预算草案的报告》,批准2017年省级预算。

三、2017年是我省实施"十三五"规划的重要一年,是推进供给侧结构性改革的深化之年,做好今年的财政工作意义重大。财政经济委员会建议:

(一)牢固树立和贯彻落实新发展理念,充分发挥好财政职能作用。坚持以推进供给侧结构性改革为主线,落实积极财政政策,发挥对实施"拆治归"转型升级组合拳和重大规划、重大战略、重大项目的支撑作用。处理好政府与市场的关系,落实减税降费政策措施,推进政府产业基金实质性运作,发挥对振兴实体经济和创新驱动的引导作用。优化支出结构,完善民生事业可持续发展机制,建立健全绿色发展财力奖补政策,发挥对民生改善的保障作用。

(二)强化预算法治意识,切实增强预算的权威性和严肃性。要认真贯彻落实预算法和省预算审查监督条例,进一步增强预算法治意识,严格依法理财。坚持预算法定原则,强化预算约束,严格依照法定程序调整预算。清理规范重点支出同财政收支增幅或生产总值挂钩事项。加强预算执行管理和监督,进一步提高预算执行率。除涉密信息外,所有使用预算资金的地区和部门都要依法公开预决算信息,自觉接受社会监督。强化审计监督,充分运用审计结果,认真抓好审计查出问题的整改,严格查处违法违规行为,严肃财经纪律。

(三)积极推进现代财政制度建设,着力提高财政运行管理水平。规范财政事权和支出责任,完善省对市县的转移支付制度。推进专项资金的实质性整合,健全预算支出标准体系。强化预算绩效管理,充分运用绩效评价结果。坚持"促发展与防风险"并举,进一步加强政府债务监督管理,强化主体责任,切实管控和化解政府隐性债务风险。高度重视并切实防范社会保险基金运行风险。加快政府投融资体制改革,积极盘活政府性资产、资源和资金,增强财政资金统筹能力,提高理财能力和水平。

全省重要财经文件

浙江省预算审查监督条例

（2016 年 12 月 1 日
浙江省第十二届人民代表大会
常务委员会第三十五次会议通过）

目　录

第一章　总　则

第一条　为了加强对预算的审查监督，规范政府收支行为，强化预算约束，保障经济社会的健康发展，根据《中华人民共和国预算法》《中华人民共和国各级人民代表大会常务委员会监督法》和其他有关法律、行政法规，结合本省实际，制定本条例。

第二条　本省各级人民代表大会、县级以上人民代表大会常务委员会审查和批准预算、预算调整方案和决算，监督预算执行，适用本条例。

第三条　预算的审查监督，应当遵循全面规范、公开透明、突出重点、讲求实效的原则。

第四条　各级人民代表大会、县级以上人民代表大会常务委员会应当依法履行预算审查监督职责，建立健全预算审查监督制度，加强预算审查监督机构和队伍建设。

第五条　省、设区的市人民代表大会财政经济委员会对本级预算草案初步方案及上一年预算执行情况、本级预算调整初步方案、本级决算草案进行初步审查，提出初步审查意见。

县（市、区）人民代表大会常务委员会对本级预算草案初步方案及上一年预算执行情况进行初步审查，提出初步审查意见；常务委员会进行初步审查前，可以先交财政经济委员会研究，提出意见。

县（市、区）人民代表大会财政经济委员会对本级预算调整初步方案、本级决算草案进行初步审查，提出初步审查意见；未设立财政经济委员会的，由本级人民代表大会常务委员会预算工作委员会或者其他负责预算审查监督工作的机构研究提出意见。

常务委员会预算工作委员会或者其他负责预算审查监督工作的机构统称常务委员会预算工作机构。

第六条　县级以上人民代表大会可以根据需要成立预算审查小组。预算审查小组由各代表团推荐若干名具备一定专业知识的本级人民代表大会代表组成。

预算审查小组成员协助本级人民代表大会财政经济委员会做好人民代表大会会议期间的预算审查工作。

第七条　县级以上人民代表大会财政经济委员会、常务委员会预算工作机构和乡（镇）人民代表大会主席团开展预算审查监督相关工作时，应当邀请本级人民代表大会代表参加，并可以委托专家或者社会中介机构提供咨询和技术服务。

人民代表大会有关专门委员会或者常务委员会有关工作机构，应当参与预算审查监督相关工作。

第八条　各级人民政府应当加强预算管理，健全预算管理制度，完善预算绩效管理体系、预算基本支出和项目支出标准体系。

第九条　县级以上人民政府出台涉及重大财政政策的规范性文件前，应当征求本级人民代表大会常务委员会意见；规范性文件出台后，应当及时报送本级人民代表大会常务委员会备案。

财政部门制定的关于财政收支和管理的规范性文件，应当及时报送本级人民代表大会财政经济委员会或者常务委员会预算工作机构。

第十条　各级人民政府和各部门、各单位应当按照法律、法规规定的内容、程序、方式、时限，公开预算、决算信息，接受社会监督。

公民、法人或者其他组织对公开的预算、决算信息内容提出询问和质疑的，有关人民政府和部门、单位应当及时给予答复。

第二章　预算审查和批准

第十一条　财政部门在预算编制过程中，应当加强与本级人民代表大会财政经济委员会或者常务委员会预算工作机构的沟通，就预算编制的指导思想、基本原则、收支政策、支出重点等听取意见，及时通报预算编制工作进展情况。

第十二条　省、设区的市财政部门或者县（市、区）人民政府应当在本级人民代表大会会议举行的三十日前，将本级预算草案初步方案及上一年预算执行情况，提交省、设区的市人民代表大会财政经济委员会或者县（市、区）人民代表大会常务委员会进行初步审查，并提供下列相关材料：

（一）一般公共预算、政府性基金预算、国有资本经营预算、社会保险基金预算的收支表；

（二）部门预算；

（三）上级转移支付和对下级转移支付情况表；

（四）政府重大投资项目资金安排表及项目相关情况说明；

（五）政府债务的规模、结构、用途和偿还情况表；

（六）本级人民代表大会常务委员会要求的其他材料。

乡（镇）人民政府应当在年初召开的乡（镇）人民代表大会会议举行的十五日前，将本级预算草案初步方案及上一年预算执行情况，送交乡（镇）人民代表大会主席团征求意见。

第十三条　预算草案初步方案应当重点说明下列内容：预算的编制原则、政策要求、收入来源和支出依据；重点支出、政府债务、对下级转移支付安排情况；重大专项资金和政府重大投资项目资金使用的绩效目标和实现措施。

第十四条　省、设区的市人民代表大会财政经济委员会和县（市、区）人民代表大会常务委员会，对本级预算草案初步方案及上一年预算执行情况进行初步审查时，应当听取本级人民代表大会代表和公众的意见，并就相关重点内容采取专题调查、组织专家论证或者召开听证会等形式听取意见。

乡（镇）人民代表大会主席团对本级预算草案初步方案及上一年预算执行情况进行研究时，应当听取本级人民代表大会代表和公众的意见。

第十五条　街道办事处、开发区（园区）管理机构等人民政府设立的派出机关（机构）应当编制预算。设立派出机关（机构）的人民政府应当将派出机关（机构）编制的预算纳入本级预算，报本级人民代表大会审查和批准。

街道办事处将其编制的预算报送县（市、区）人民政府前，应当征求县（市、区）人民代表大会常务委员会街道工作委员会的意见。

第十六条　部门预算草案应当提交本级人民代表大会审查。

省、设区的市人民代表大会财政经济委员会和县（市、区）人民代表大会常务委员会可以选择若干本级部门预算草案或者开发区（园区）预算草案，由本级人民代表大会进行重点审查。

重点审查的部门预算草案和开发区（园区）预算草案，提交本级人民代表大会审查前，本级人民代表大会常务委员会可以先予审议。

第十七条　各级人民政府在本级人民代表大会举行会议时，应当采取多种形式向本级人民代表大会代表解读预算草案和上一年预算执行情况报告的内容。

第十八条　乡（镇）人民代表大会可以设立由本级人民代表大会代表组成的财政预算审查委员会，由财政预算审查委员会向乡（镇）人民代表大会主席团提出对本级预算草案的审查意见。

第十九条　各级人民代表大会会议期间，财政经济委员会或者财政预算审查委员会可以召开预算专题审查会。召开预算专题审查会应当邀请本级人民代表大会代表和有关专门委员会、预算审查小组成员参加。

第二十条　县级以上人民代表大会会议期间，各代表团审议预算草案和上一年预算执行情况报告时，财政部门负责人应当到会听取意见，回答本级人民代表大会代表询问。对代表提出的意见，应当及时予以反馈。

第三章　预算执行监督

第二十一条　预算执行应当重点监督下列内容：

（一）执行人民代表大会及其常务委员会决议的情况；

（二）预算支出进度情况；

（三）重点支出、专项资金、政府重大投资项目资金的拨付、使用和绩效情况；

（四）政府债务的举借、规模、结构、用途和偿还情况；

（五）重点审查的部门预算和开发区（园区）预算的执行情况；

（六）结转资金使用情况；

（七）上级转移支付资金的安排和使用、对下级转移支付情况；

（八）应当重点监督的其他事项。

第二十二条　各级人民政府应当在每年六月至九月期间向本级人民代表大会常务委员会或者乡（镇）人民代表大会报告本年度上一阶段预算执行情况。

财政部门或者乡（镇）人民政府应当在本级人民代表大会常务委员会或者乡（镇）人民代表大会举行会议审议本年度上一阶段预算执行情况报告前，将相关报告和材料送交人民代表大会财政经济委员会、常务委员会预算工作机构，或者乡（镇）人民代表大会主席团。

县级以上人民代表大会常务委员会听取本年度上一阶段预算执行情况报告时，可以单独听取重点审查的部门预算和开发区（园区）预算本年度上一阶段执行情况报告。

第二十三条　县级以上人民代表大会常务委员会组成人员或者乡（镇）人民代表大会代表对本年度上一阶段预算执行情况报告的审议意见，本级人民政府应当研究处理，并按照要求向常务委员会或者乡（镇）人民代表大会提出研究处理情况报告。

第二十四条　县级以上人民代表大会财政经济委员会或者常务委员会预算工作机构，应当选择若干重大专项资金、政府重大投资项目资金作为专项监督工作内容，跟踪监督其安排、使用和绩效情况。必要时，县级以上人民代表大会常务委员会可以听取和审议政府专项工作报告。

乡（镇）人民代表大会主席团应当组织本级人民代表大会代表，对本行政区域内环境保护、交通、农田水利、社会养老服务等领域政府投资项目资金的安排、使用和绩效情况进行监督。

第二十五条　县级以上人民代表大会常务委员会可以要求本级人民政府对特定事项进行审计或者专项审计调查，并报告审计结果。

第二十六条 县级以上人民政府有关部门应当按照本级人民代表大会财政经济委员会或者常务委员会预算工作机构的要求，报送与预算执行监督有关的经济、财政、金融、审计、税务、国有资产、统计等综合性报告及材料。

第二十七条 县级以上人民政府应当加强财政信息一体化平台建设，推进财政、税务等部门与本级人民代表大会财政经济委员会或者常务委员会预算工作机构信息共享。

第四章 预算调整审查和批准

第二十八条 各级人民政府在本级预算执行中，确需对预算进行调整的，一般应当在本年度十月底前将预算调整方案提请本级人民代表大会常务委员会或者乡（镇）人民代表大会审查和批准。预算调整方案应当说明调整预算的理由、项目、数额及措施。

第二十九条 财政部门应当在本级人民代表大会常务委员会举行会议审查和批准预算调整方案的三十日前，将预算调整初步方案送交本级人民代表大会财政经济委员会或者常务委员会预算工作机构进行初步审查或者征求意见。

乡（镇）人民政府应当在乡（镇）人民代表大会举行会议审查和批准预算调整方案的七日前，将预算调整初步方案送交乡（镇）人民代表大会主席团征求意见。

第三十条 对预算调整方案应当重点审查下列内容：

（一）预算调整是否符合预算法的规定；

（二）预算调整是否符合经济社会发展实际，调整的理由和依据是否充分；

（三）预算调整的资金安排是否合理，需要增加的支出是否有财政资金来源；

（四）预算调整提出增加举借债务的，是否有切实可行的偿还计划和稳定的偿还资金来源；

（五）应当重点审查的其他内容。

县级以上人民代表大会财政经济委员会向本级人民代表大会常务委员会提出关于预算调整方案的审查结果报告。

第三十一条 预算支出应当按照预算科目执行，确需在不同预算科目、预算级次或者项目间调剂使用的，应当按照国务院财政部门的规定办理。

不同预算级次间的预算资金调剂、部门的预算资金与本部门以外预算资金间调剂的有关情况，根据国家有关规定财政部门需要向本级人民政府报告的，应当同时报送本级人民代表大会财政经济委员会或者常务委员会预算工作机构。

第五章 决算审查和批准

第三十二条 各级人民政府应当在每年六月至九月期间，将上一年度本级决算草案提请本级人民代表大会常务委员会或者乡（镇）人民代表大会审查和批准。

县级以上人民代表大会常务委员会审查上一年度本级决算草案时，可以单独对重点审查的部门决算草案和开发区（园区）决算草案进行审查。

第三十三条 决算草案应当与预算相对应，按照本级人民代表大会批准的预算所列科目编制，并按照预算数、调整预算数以及决算数分别列出。

第三十四条 财政部门应当在本级人民代表大会常务委员会举行会议审查和批准本级决算草案的三十日前，将上一年度本级决算草案送交本级人民代表大会财政经济委员会或者常务委员会预算工作机构进行初步审查或者征求意见，并提供相关材料，重点说明下列内容：

（一）本级人民代表大会批准的预算决议执行情况；

（二）财政收支政策实施情况；

（三）预算安排与执行结果变动情况及原因；

（四）重点支出、重大专项资金、政府重大投资项目资金的使用及绩效情况；

（五）上级转移支付资金的安排和使用、对下级转移支付情况；

（六）政府债务的举借、规模、结构、用途和偿还情况；

（七）预算稳定调节基金、预算周转金的规模和使用情况，预备费使用情况；

（八）结转资金使用情况，资金结余情况；

（九）超收收入的安排情况；

（十）需要说明的其他事项。

乡（镇）人民政府应当在乡（镇）人民代表大会举行会议审查和批准本级决算草案的十五日前，将上一年度本级决算草案送交乡（镇）人民代表大会主席团征求意见。

第三十五条 对决算草案的初步审查或者研究，应当听取本级人民代表大会代表及专家的意见。

县级以上人民代表大会财政经济委员会向本级人民代表大会常务委员会提出关于本级决算草案的审查结果报告。

第三十六条 县级以上人民政府将上一年度本级决算草案提请本级人民代表大会常务委员会审查和批准的同时，应当提出上一年度本级预算执行和其他财政收支的审计工作报告。

审计工作报告应当如实反映预算执行和其他财政收支的审计工作情况、审计评价、审计查出的问题以及加强财政财务管理的意见。

县级以上人民代表大会常务委员会听取和审议审计工作报告时，可以要求被审计单位主要负责人到会听取常务委员会组成人员的审议意见。

第三十七条 审计机关应当在本级人民代表大会常务委员会举行会议审查和批准本级决算草案前，向本级人民代表大会财政经济委员会或者常务委员会预算工作机构报送上一年度本级预算执行和其他财政收支的审计结果，并提供相关材料。

第三十八条 县级以上人民政府应当在每年十二月底前向

本级人民代表大会常务委员会提出审计查出问题整改情况的报告。报告应当列明审计查出的问题，重点说明审计查出问题的整改情况以及进一步落实审计查出问题的整改措施。

第三十九条　县级以上人民代表大会常务委员会可以对审计查出问题整改情况进行满意度测评、专题询问、质询或者组织特定问题调查；必要时，可以要求被审计单位单独提出整改情况报告，并接受本级人民代表大会常务委员会组成人员的询问。

第四十条　县级以上人民代表大会常务委员会组成人员对审计工作报告和审计查出问题整改情况的报告提出的审议意见，本级人民政府应当研究处理，并按照要求向常务委员会提出研究处理情况报告。常务委员会应当跟踪督查审议意见研究处理情况。

第四十一条　县级以上人民政府应当建立健全审计结果运用机制，将审计结果及整改情况作为考核、奖惩、问责及预算安排的重要依据。

第六章　法律责任

第四十二条　违反本条例规定的行为，法律、行政法规已有法律责任规定的，从其规定。

第四十三条　各级人民政府及有关部门违反本条例规定，有下列行为之一的，由县级以上人民代表大会常务委员会、乡（镇）人民代表大会主席团责令限期改正：

（一）未按规定编制和提交预算草案、预算执行情况报告、预算调整方案、决算草案及部门预算、决算草案和有关材料的；

（二）未按规定将有关规范性文件报送本级人民代表大会常务委员会备案的；

（三）未按要求研究处理对预算草案、预算调整方案、决算草案的初步审查或者研究意见，或者未按要求及时反馈研究处理情况的；

（四）未按要求研究处理对预算执行情况报告、审计工作报告、审计查出问题整改情况报告的审议意见，或者未按要求及时报告研究处理情况的；

（五）未将派出机关（机构）编制的预算纳入设立该派出机关（机构）的人民政府本级预算的；

（六）其他违反预算审查监督规定的行为。

有前款规定的行为之一，逾期不改正的，县级以上人民代表大会常务委员会、乡（镇）人民代表大会主席团，可以责成或者建议有权机关对直接负责的主管人员和其他直接责任人员依法给予处分；县级以上人民代表大会常务委员会、乡（镇）人民代表大会对属于其任命或者选举的国家机关工作人员可以依法免职或者罢免。

第七章　附　则

第四十四条　本条例自2017年3月1日起施行。《浙江省省级预算审查监督条例》同时废止。

关于进一步加强地方政府性债务管理的实施意见

浙江省人民政府

（浙政发〔2016〕17号）

于2016年5月16日印发

各市、县（市、区）人民政府，省政府直属各单位：

为进一步加强我省地方政府性债务管理，防范和化解财政金融风险，促进我省经济社会持续健康发展，根据《中华人民共和国预算法》和《国务院关于加强地方政府性债务管理的意见》（国发〔2014〕43号）要求，现提出以下实施意见：

一、强化责任意识，发挥主体作用

（一）明确责任主体。地方政府性债务管理的责任主体是地方同级政府，各市、县（市、区）政府对举借的债务负有偿还责任，省政府实行不救助原则。各市、县（市、区）政府要按照“谁借谁还谁管”的原则，高度重视、积极防范和化解政府性债务风险。

（二）强化组织领导。各市、县（市、区）政府要建立地方政府性债务协调管理、风险预警和应急处置机制，统筹加强地方政府性债务管理。各市、县（市、区）政府主要领导作为地方政府性债务管理第一责任人，必须加强组织领导，认真抓好落实。

（三）严格归口管理。各市、县（市、区）财政部门作为地方政府性债务归口管理职能部门，负责完善债务管理制度，强化债务管理措施，做好政府债务的规模控制、限额管理、债券分配、预算管理、统计分析和风险监控等各项工作，及时预警和通报地方政府性债务风险监控信息。

（四）加强协调配合。各级发展改革部门要加强政府投资计划管理和项目审批，从严审批债务风险较高地区的新开工项目；财政部门要加大对地方和部门违规举债及债务风险的监控力度，规范管理，防范风险，提高债务资金使用效益；金融监管部门要加强监督、正确引导，严格制止金融机构等违法违规向地方政府提供融资，以及要求地方政府违法违规提供担保；审计部门要依法加强对地方政府性债务的审计监督，促进债务管理规范和资金有效使用。使用政府债务资金的部门和单位要切实履行职责，加强协调配合，全面加强地方政府性债务资金预算、使用、内控等各项管理工作。

二、强化限额管理，规范举债行为

（一）科学确定地方政府债务限额。地方政府债务余额依法实行限额管理，各地不得突破批准的限额举借政府债务。年度地方政府债务限额等于上年地方政府债务限额加上当年新增债务限额（或减去当年调减债务限额），具体分为一般债务限额和专项债务限额。省财政厅在财政部下达的限额内，统筹考虑宏观调控政策、全省建设投资需求、债务风险、财力状况等因素，提出全省地方政府债务限额建议并经省政府同意后，提请省人大常委会批准；根据省本级及各市、县（市）债务风险、财力状况等因素，统筹考虑各地建设投资需求，提出省本级及各市、县（市）当年政府债务限额，报省政府批准后下达市、县（市）政府（设区市下达所辖区政府债务限额）。各市、县（市、区）要根据本地实际，在限额内提出本地政府债务限额方案，提请同级人大常委会审批。

（二）严格限定举借地方政府债务的行为和资金用途。地方政府新增债务必须依法通过发行地方政府债券方式举借，要有偿还计划和稳定的偿还资金来源。各市、县（市、区）政府及其所属部门不得在预算之外违法违规举借债务，不得通过企事业单位等举借债务，不得运用建设—移交（BT）模式融资建设政府项目；企业债务不得转嫁给政府偿还。除法律另有规定外，地方政府及其所属部门不得为任何单位和个人的债务以任何方式提供担保。地方政府债务只能用于公益性资本支出，新增政府债务可用于适度归还存量债务，不得用于经常性支出。经清理甄别确定的地方政府存量债务，要按规定以发行地方政府债券方式进行置换。

（三）切实做好政府融资平台公司转型。取消融资平台公司的政府融资职能，在妥善处理融资平台公司政府存量债务的基础上，关闭空壳类公司，推动有经营收益和现金流的融资平台公司转型为自主经营、自负盈亏的市场主体；融资平台公司不得新增政府债务。

（四）加快创新融资体制机制。大力推广运用政府与社会资本合作（PPP）模式，鼓励社会资本通过特许经营等方式参与基础设施和公用事业项目建设运营。加快政府向社会力量购买服务改革进程，在推进棚户区改造等重点公共服务领域开展政府购买服务项目的试点与推广，拓宽投融资渠道。

（五）强化地方政府或有债务管理。妥善处置政府负有担保责任和可能承担一定救助责任的或有债务。对确需依法代偿的或有债务，各市、县（市、区）政府要将代偿部分的资金纳入预算管理，并依法对原债务单位及有关责任方保留追索权；对因预算管理方式变化导致原偿债资金性质变化为财政资金、相应确需转化为政府债务的或有债务，在不突破限额的前提下，经省政府批准后转化为政府债务。对违法违规担保的或有债务，由政府、债务人与债权人共同协商，重新修订合同，明确责任，依法解除担保关系。各市、县（市、区）政府通过政府与社会资本合作等方式减少政府债务余额腾出的限额空间，要优先用于解决上述或有债务转化问题。各市、县（市、区）政府新发生或有债务，要严格限定在依法担保的外债转贷范围内，并根据担保合同依法承担相关责任。要切实加强对或有债务的统计分析和风险防控，做好相关监管工作。

三、严格预算管理，强化公开监督

（一）分类纳入预算管理。地方政府债务要分门别类纳入全口径预算管理，防范和化解债务风险。属于新增债务的，要编制预算调整方案，报同级人大常委会审批，纳入当年收支预算。一般债务收入纳入一般公共预算管理，专项债务纳入政府性基金预算管理，政府与社会资本合作项目中的财政补贴等支出按性质纳入相应政府预算管理，属于置换债券的按规定纳入相应政府预算管理。对2014年底经清理甄别确定的或有债务中，确需依法代偿的部分债务，要将代偿部分的资金纳入预算管理。

（二）强化预算执行管理。市、县（市）政府申请省政府代发地方政府债券的，应与省财政厅签订代发和转贷协议；省级相关部门使用地方政府债券资金的，应与省财政厅签订转贷协议。各市、县（市、区）政府提交本级人大审议的上年预算执行及当年预算安排，必须包含政府债务收支情况，并应当定期向同级人大报告地方政府债务收支执行和管理情况。债券资金安排支出以及还本付息资金的拨付，根据国库管理制度有关规定执行，按照《财政总预算会计制度》进行核算。建立完善政府债券资金使用滚动项目库，实时了解债券资金收支情况。

（三）加大监督问责力度。对地方政府防范化解政府债务风险不力的，要进行约谈、通报。对脱离实际过度举债、在预算之外违法违规举债或违法违规提供担保、违规使用债务资金、恶意逃废债务等行为，要依法追究相关责任人责任。

（四）加快推进信息公开。建立地方政府债务限额及债务收支情况随同预算公开的常态机制。各级政府的债务要主动接受同级人大常委会和社会监督，定期向社会公开政府债务限额、举借、使用、偿还等情况。政府债务限额提请同级人大常委会审议批准后，向社会公开。新增债务限额使用情况及使用债券资金项目的建设情况要及时向社会公开，自觉接受社会监督。审计部门要将债务审计项目结果及时向社会公开。

四、强化风险管控，实施财政奖惩

（一）完善地方政府债务风险预警机制。以地方政府债务率作为风险指标，对各市、县（市、区）债务风险进行评估考核，并实行分类管理。省负责市、县（市）风险指标考核和预警，设区市负责对所辖区的地方政府债务考核和预警。对地方政府债务率高于100%的市县，作为高风险地区，进行红色预警；债务率处于95%（含95%）~100%的市、县（市），作为中风险地区，进行黄色警示；低于95%的市、县（市），为绿色安全的低风险地区。各地和省级有关部门要全面掌握资产负债、还本付息、财政资金运行等情况，加快建立政府综合财务报告制度，全面评估风险状况，跟踪风险变化，切实防范风险。

（二）实施高风险地区化债计划管理制度。省财政厅以2015年财政决算、债务余额等相关数据测算确定高风险地区市县名单。列入红色预警的高风险地区，原则上要求在2020年以前将地方政府债务风险指标降到警戒线（100%）以内，高风险地区市县政府要制定应急处置预案和5年化债计划(2016~2020年),在严格控制债务增量的同时,通过控制项目规模、减少支出、处置资产、引入社会资本等方式,多渠道筹集资金消化存量债务,逐步降低债务风险。对于不能完成化债目标任务的高风险地区,启动责任追究机制,并按未完成的程度分档扣减相应的财政资金。在高风险地区债务风险预警指标未降到警戒线以内期间,不予增加地方政府新增债券。

(三)实施中低风险地区政府债务风险管控财政奖惩政策。2016~2020年,对中低风险地区地方政府债务风险管控实施财政奖惩政策,债务风险管控质量指标由债务率水平、债务管理精准度等指标组成,省财政厅每年对中低风险地区的风险管控质量指标进行考核,按照指标分值分段进行财政奖励和扣减。

各地、各有关部门要进一步统一思想,提高认识,严格执行地方政府性债务管理的各项规定,结合本地区、本部门实际,明确职责分工、落实工作任务,积极研究解决新问题,及时总结经验做法,加强舆论引导,切实发挥规范地方政府债务管理对"稳增长"和"防风险"的积极作用,推动各项政策措施落实到位。

关于进一步推进预决算公开工作的实施意见

中共浙江省委办公厅　浙江省人民政府办公厅

(浙委办发〔2016〕56号)

于2016年8月5日印发

为建立健全全面规范、公开透明的预决算制度,根据《中共中央办公厅　国务院办公厅印发〈关于进一步推进预算公开工作的意见〉的通知》(中办发〔2016〕13号)等有关文件精神,结合我省实际,现就进一步推进预决算公开工作提出如下实施意见。

一、总体要求

认真贯彻落实党的十八大和十八届三中、四中、五中全会精神,按照党中央、国务院的决策部署以及《中华人民共和国预算法》《中华人民共和国政府信息公开条例》的有关规定,以公开为常态、不公开为例外,依法依规主动公开预决算信息,提高预决算透明度,强化社会监督,促进依法理财,转变政府职能,规范政府行为,使预决算公开贯穿预决算管理改革的全过程,加快建立现代财政制度。

二、公开主体与范围

各地各部门各单位应当依法主动公开预决算信息。各级政府预决算由财政部门负责公开,各部门各单位负责公开本部门本单位预决算。除依法确定为涉及国家秘密的信息(以下简称涉密信息)外,各市、县(市、区)政府应依法及时公开经本级人民代表大会或者本级人民代表大会常务委员会批准的预算、预算调整、预算执行情况、决算的报告及报表,具体预决算公开工作由当地财政部门执行;各部门各单位应当主动向社会公开经本级政府财政部门批复的本部门本单位预算、决算及报表等预决算信息。依法确定为国家秘密的信息不予公开;涉密信息履行法定解密程序,删除涉密内容后,予以公开。部分涉密事项多、尚不具备公开条件的部门要加强研究预判,确保预决算公开工作积极稳妥。

三、公开内容

(一)政府预决算公开。各市、县(市、区)政府公开的财政预决算包括一般公共预算、政府性基金预算、国有资本经营预算和社会保险基金预算,以及本级政府财政转移支付安排、预算的执行情况和举借债务的情况等。逐步公开重大投资项目资金安排及使用情况、政府综合财务报告。

各市、县(市、区)政府预决算支出应当全部公开到功能分类项级科目(涉密信息除外),按规定公开到经济分类科目(涉密信息除外)。各市、县(市、区)政府应当公开本级政府财政拨款"三公"经费预决算总额和分项数额,并对增减变化原因进行说明;应当公开分地区的税收返还、一般性转移支付和专项转移支付情况,专项转移支付预决算全部按具体项目公开;应当公开地方政府债务举借和使用等情况,包括经本级人民代表大会或其常务委员会批准的当地债务限额、债务余额和债务发行、使用、偿还等情况;应当公开新增债务限额使用情况及使用债券资金项目的建设情况,自觉接受社会监督。

(二)部门预决算公开。各部门各单位预决算公开的内容包括本部门本单位职责、机构设置、一般公共预算收支情况、政府性基金预算收支情况、"三公"经费情况、机关运行经费情况等,涵盖财政拨款收支情况、非财政拨款收支情况。

各部门各单位预决算支出应当全部公开到功能分类项级科目(涉密信息除外),按规定公开到经济分类科目(涉密信息除外)。应当公开本部门本单位财政拨款"三公"经费预决算总额和分项数额,按规定说明相关支出的详细情况,并对增减变化原因进行说明;应当对机关运行经费的预算安排、使用情况等重要事项作出说明;公务用车购置和运行维护费应当细化公开公务用车购置费和公务用车运行维护费数额;在决算公开时应当说明因公出国(境)团组数及人数,公务用车购置数及保有量,国内公务接待的批次、人数等情况;应当对关键数据的重大增减变化情况进行说明,对专业性较强的名词进行解释,便于公众理解。

各部门各单位应当公开政府采购情况(涉密信息除外)。采购活动开始前,在采购文件中公开项目采购预算,采购时尚未确定项目预算金额的,可不公开具体预算金额;采购活动完成后,公开中标、成交结果和政府采购合同;公开部门决算时,一并公开本部门本单位政府采购货物、工程、服务的总体情况,以及支持中小企业等政府采购政策的落实情况。

各部门各单位应当结合工作进展推进预算绩效信息公开。逐步在部门预算中公开部门和单位预算绩效目标，在部门决算中公开主要民生项目和重点支出项目的绩效评价结果。探索建立部门和单位国有资产公开制度，逐步公开本部门本单位占有使用国有资产的总体情况、分布构成、主要实物资产数据和资产变动情况。

（三）财政专项资金信息公开。加快推动财政专项资金管理清单改革，进一步推进财政专项资金全过程管理信息公开。各地在公开本级政府预算和部门预算的同时，应当公开财政专项资金管理清单；各级财政部门负责本级政府财政专项资金管理清单公开，各级行政主管部门负责其归口管理的财政专项资金管理信息公开。各地各部门应当及时、主动公开分配政策、分配过程、分配结果以及执行过程、执行结果等财政专项资金全过程管理信息（涉密信息除外）。

深入推进基层财政专项资金支出信息公开，进一步规范公开程序、细化公开内容。县、乡级部门和单位要积极通过门户网站、服务大厅、社区（村组）公示栏、便民手册等，重点公开与人民群众利益密切相关的教育、医疗卫生、社会保障和就业、住房保障、涉农补贴等民生支出情况，包括项目名称、预算规模、补助标准、发放程序、资金分配结果等。要积极发挥乡镇公共财政服务平台的作用，对于分配到人（户）的财政资金，应当由乡级财政部门公开补助对象的姓名、地址、补助金额等详细情况。

（四）其他财税信息公开。各地应当及时主动公开各类财税制度，包括税收征管、非税收入收缴、政府性基金项目、财政专户、税收优惠政策等财政收入制度，本级专项支出管理、转移支付管理、政府采购等财政支出制度，会计、国库、国有资产等其他财政管理制度。各地各部门应当及时、准确向社会公布财政收支预算执行情况，在门户网站定期发布财政收支情况并辅以说明。

四、公开时间

各市、县（市、区）政府应当在本级人民代表大会或者本级人民代表大会常务委员会批准后20日内，主动公开预算、预算调整、预算执行情况、决算的报告及报表等信息；各部门各单位应当在本级财政部门批复预决算及相关信息形成或变更之日起20日内主动公开；各地各部门应当在归口管理的财政专项资金全过程管理相关文件印发后20日内公开相关信息。各地各部门要严格按照上述规定集中公布相关信息，原则上应于每年10月31日前完成年度预决算公开工作。

五、公开方式

预决算信息公开要以政府或部门、单位门户网站为重要平台，并保持长期公开状态。要设立预决算公开专栏，充分发挥浙江政务服务网、政府公报、新闻发布会以及报刊、广播、电视、政务微博和微信等媒体传播政府信息的作用，汇总集中公开信息，拓宽信息公开渠道，确保公众及时知晓和有效获取公开的预决算信息，便于社会公众查询监督。

六、统计汇总

建立预决算公开情况定期统计和汇总报送制度。每年4月起，各地财政部门应当及时向上级财政部门报送本地截至上月底的预决算公开进展情况。每年10月底，各地财政部门须向上级财政部门报送上年全年预决算公开情况。各地完成政府预决算、部门预决算、“三公”经费公开阶段性工作，或推进本级预决算公开工作取得重大进展的，应及时向上级财政部门报送相关情况材料。

七、工作要求

（一）加强组织领导。各级党委和政府要加强对预决算公开工作的组织领导，牢固树立预决算公开观念，结合实际深化预决算管理改革，夯实公开基础，督促本地各部门和单位制定预决算公开实施方案，明确预决算公开具体操作规程，主动公开预决算信息，建立健全预决算公开长效机制，稳妥有序推进预决算信息公开工作。

（二）严肃保密纪律。各地各部门各单位应当严格按照《中华人民共和国保守国家秘密法》及有关法律法规要求，做好涉密事项的定密、解密及信息公开的保密审查工作，各级保密部门要切实做好指导工作，各级财政部门要在法定涉密信息的技术处理方面做好配合工作。

（三）密切跟踪舆情。各地各部门各单位要动态掌握本地本部门本单位预决算公开情况，加强社会反映评估和舆情引导，建立预决算信息发布及舆情处置联动机制，主动回应预决算公开过程中社会普遍关注的情况。公开前，要对公开后的社会反映进行预判，做好应对预案；公开时，要对其中涉及财税政策、规章制度的一些专业名词作出解释说明，增进公众对财税工作的了解和理解；公开后，要跟踪舆情，主动引导，及时解疑释惑，避免公众误解。要密切关注预决算公开中反映出的问题，认真研究整改措施。

（四）完善公开工作考核机制。各级党委和政府要按照方向明确、过程可控、结果可查、便于监督的原则，建立健全定期考核机制，加大预决算公开考核力度，督促本地各部门和单位主动公开预决算信息。对未按规定对有关预决算事项进行公开和说明的，依法追究负有直接责任的主管人员和其他直接责任人员的行政责任；对预决算公开工作进展落后的地区和部门，省财政厅应予以通报。各级人大要依法加强对预决算公开的监督。

全省财政地税工作会议重要文件

创新理财治税　服务转型大局(摘要)

——在全省财政地税工作会议上的讲话

浙江省人民政府代省长　车　俊

一、紧扣"生财、聚财、用财"三篇文章,全省财税工作扎实有效,为经济运行和改善民生提供了有力支撑

2016年,在经济下行压力较大的背景下,全省各级财税部门不畏艰难、围绕中心、服务大局、积极作为,切实做好"生财、聚财、用财"三篇文章,交出了一份亮眼的成绩单。

一是"稳"。经济稳中向好、稳中有进,离不开财政收支的平稳运行。2016年,全省财政总收入9225亿元,增长7.7%;一般公共预算收入5302亿元,增长9.8%;一般公共预算支出6976亿元,增长10.1%。这是在经济增长速度趋缓、减收增支系列政策的大背景下取得的,非常不容易。财政运行总体平稳、财政"蛋糕"不断做大、收支结构持续优化,不仅为经济社会平稳健康发展奠定了基础,更重要的是为我省坚定不移地推进转型升级增添了底气和信心。

二是"实"。财税部门紧扣供给侧结构性改革,围绕转型升级组合拳,出台了一系列务实、管用的招数,发挥了财税的杠杆功能和乘数效应。坚持把放水养鱼、为企业减负摆在突出位置,坚决落实结构性减税和普遍性降费政策,通过营改增为企业减负320亿元;暂停征收地方水利建设基金,为企业减负130多亿元;推动政府产业基金实质性运作,全省实际到位617亿元,撬动社会资本5052亿元;设立了100亿元的创新强省资金,支持创新驱动发展;设立了100亿元的省基础设施投资(含PPP)基金,支持交通、水利等项目建设。这些措施出手迅速、发力精准、含金量高,取得了实实在在的成效。

三是"优"。持续深化财税体制改革,加快构建具有浙江特色的现代财政制度,专项资金清单、竞争性分配、债务管理、税收信息化、税收征管体制等不少改革走在了全国前列。克难攻坚,打赢了营改增全面推开、存量债务置换、"金税三期"上线等攻坚战,圆满完成了G20杭州峰会的财税保障任务。当好财税"店小二",提供个性化、精准化、高效化的财税服务,走在了全国同行的前列。比如,统一公共支付平台荣获2016中国"互联网+政务"优秀案例50强称号,地税系统荣获全国纳税人满意度调查第一。

二、适应新常态、践行新理念,科学把握新形势下的理财治税新思路

在经济新常态下,如何在收入增速放缓、支出刚性增强的情况下,实现新的财政收支平衡;如何以新发展理念为指导,调准焦距、精准发力,助推供给侧结构性改革;如何贯彻稳中求进的工作总基调,将财税改革融入发展大局,做到该稳的地方稳、该退的地方退、该进的地方进,值得深入思考。科学谋划今后一个时期的财税工作,不仅要认清新形势、适应新常态,更要有新思路、新理念。把握新常态下的财税工作规律,必须做到"划清边界、厘清事权、做好'蛋糕'、集中财力办大事"四句话。

1. 划清边界。经济体制改革的核心是把市场的决定性作用和更好地发挥政府作用结合起来。但当前有些地方、有些领域仍存在政府越位、错位、缺位的现象,政府之"手"伸得过长、管得过宽。体现在财税上,就是支出边界模糊、支出责任泛化。公共财政该提供什么、保障什么,没有科学依据和制度区分,缺乏刚性约束。有限的财力被稀释,该办的事情没有办好,该提供的公共产品没有提供。政府不当参与还可能会扭曲市场机制,扰乱社会预期,降低资源配置效率。因此,新常态下的财税工作,首先要划清边界,将政府和市场、财政资金和社会资本、公共产品和私人产品的边界,通过清单、目录、标准等方式划清楚,做到"法无授权不可为,法定职责必须为"。各地出政策、排预算,首先要思考这件事该不该由政府承担、由市场来做是不是更有效率,而不是一味地由财政大包大揽。

2. 厘清事权。事权划分是现代财政制度有效运转的基础,是理顺政府间财政关系的逻辑起点。行政体系中,省、市、县、乡扮演着不同角色,相应承担不同的财政事权。目前,我省初步构建了权、责、利相对等的财权事权体系,但仍存在部分事权划分不清晰、不合理、不规范等现象。去年,国务院出台了《关于推进中央与地方财政事权和支出责任划分改革的指导意见》,明确了财政事权划分的基本原则。我们要结合浙江实际,研究提出省以下财政事权划分方案,科学安排财政事权和支出责任,使各级政府积极性最高、行政成本最低、财政效益最好。总的原则是,市县能做的事,由市县自己做,省里要做市县想做而做不了的、但对全省发展至关重要的事情。

3. 做好"蛋糕"。财税部门不仅要会管财、用财,更要会生财、聚财。只有做大做优"蛋糕",才能更好地分"蛋糕"。一方面,要做大"蛋糕"。实施积极的财政政策,强化放水养鱼意识,涵养一批可持续发展的优质财源。以亩产效益论英雄,与财税政策挂起钩来,体现奖优汰劣的正向调节。营改增后,我省地税部门仍是组织地方可用财力的重要力量,要持之以恒发挥地税作用,依法加强税收征管。深化财政、国税、地税三方合作,强化大数据应用,全面提升将税源、税基转化为财力的水平。盘活政府性资产、资源和资金,探索财政资金保值增值渠道,千方百计壮大地方可用财力。另一方面,要做优"蛋糕"。优化税费结构,合理控制行政事业性收费等非税收入。优化行业结构,增加实体经济税收、高科技税收、绿色税收,减少对房地产税收的路径依赖。统筹当前和长远,既要关注短期的收入增长,更要夯实中长期收入增长的基础,确保财力可持续。

4. 集中财力办大事。如果财政资金分散,到处撒"胡椒面",

钱花了不少，效果却不明显。今后要集中财力办大事。近年来，我省财政资金统筹力度不断加大，但有的地方仍存在支出挂钩、结构僵化、支出项目只增不减、“打酱油的钱不能买醋”等现象；有的部门热衷于设专项资金，分散了可用财力。十八届三中全会明确提出清理规范重点支出挂钩事项，元旦前夕，中央深改领导小组又对此进行了专题研究，这充分说明了中央对增强财政资金统筹能力的重视。下一步既要清理规范重点支出同财政收支增幅或生产总值挂钩事项，也要压缩一般性支出、保障重点支出。2017年，省级部门要压减一般性支出5%，各地也要根据实际，“压一般、保重点”。要进一步盘活存量资金，清理整合专项资金，协调好不同部门、不同口子之间的支出政策，集中财力去干一些既该干、又能干成、牵一发而动全身的大事，确保省委、省政府确定的重大计划、重大战略、重大项目实施。

三、紧扣供给侧结构性改革，发挥财政“四两拨千斤”作用，加快推动新旧动能转换

当前经济运行面临的突出矛盾和问题，虽然有周期性、总量性因素，但根源是重大结构性失衡，必须在供给侧、结构性改革上想办法，探索供求关系新的动态均衡。省委、省政府今年坚定不移推进供给侧结构性改革，坚定不移打好转型升级组合拳。财税部门要服务好这个大局，全力以赴给予保障。

1. 围绕“做加法”，重点向振兴实体经济发力。供给侧结构性改革对财税政策提出了更高要求，不能搞“大水漫灌”式的强刺激，要突出结构性导向，明确产业发展重点，真正将政策红利转化为可用财力。当前，省政府正在研究制定促进实体经济发展的“一揽子”财税政策，各地要结合实际，积极研究相关的扶持政策。今后三年，省财政将通过“增量调存量”，整合工业与信息化发展专项资金和新增财力，支持振兴实体经济。要落实好研发费加计扣除、小微企业税收优惠等政策，大力支持“10+1”传统产业转型升级。加快推进省级科技成果转化引导基金实质性运作，引导天使投资、创业投资、股权投资、并购重组等各类基金集聚发展，培育壮大经济新动能。深化财政支农体制机制改革，建立健全以绿色生态为导向的农业补贴制度，提高农业补贴政策的精准性，加快推进农业供给侧结构性改革。

2. 围绕“做减法”，重点向降低企业成本发力。中央经济工作会议和全国财政工作会议明确了减税降费的路线图，要求继续落实营改增政策，研究实施促进中小企业发展、科技创新等税收优惠政策，清理规范基金和收费，再取消、调整和规范一批行政事业性收费项目。去年我省也先后出台了两批降成本举措，力度很大。今年的重点在于抓政策落实。该收的不收，违反财经纪律；该免的不免，同样违反财经纪律。要通过监督、检查、考核等有效手段，打通政策落实链条上的各个环节，确保减负惠企政策落到实处，避免政策空转。要加强政策宣传，扩大政策的知晓度和透明度，让企业和群众听得到、看得懂、用得上。

3. 围绕“做乘法”，重点向政府产业基金绩效发力。目前，我省政府产业基金框架基本建立，运作机制不断完善，落地项目越来越多。下一步，要将主要精力放在基金的落地生根、开花结果上。切实发挥政府产业基金的引导功能，通过政府信用“背书”，吸引社会资本进入。加强项目甄选和对接，孵化一批潜力大、前景好的项目，真正发挥以点带面的效应。要将项目筛选、投资决策、进入退出等权力放给市场，由市场来发现和培育新增长点，避免基金成为专项资金的翻版。要回归基金的公益本位，健全退出和适当让利机制，一旦项目成熟就及时行权退出。

4. 围绕“做除法”，重点向淘汰落后产能发力。发挥好财税政策的正向激励和逆向倒逼功能，进一步淘汰落后产能、过剩产能，为先进生产力腾出空间。省政府已明确，今年任务是“1千+1万”，即淘汰1千家企业的落后产能、整治1万家“脏乱差”小作坊。这个任务担子不轻，各地要加大力度，多用市场化、法治化手段，少用行政手段。财税政策是很好的市场调控手段，可将落后产能的外溢成本内部化，并通过价值链条传递和利益引导，增强企业自觉转型的动力。

财政支持大型装备制造业发展之舟山造船厂鸟瞰

四、依法理财治税，深化财税改革，切实防范风险

1. 要有法治精神，严格落实预算法定和税收法定原则。一方面，要落实好预算法定原则。预算一经人大批准，就有法定效力，但目前仍然存在预算刚性执行不力的问题。有的同志认为，公家的钱只要用在公家的地方，怎么花都没问题；有的同志认为，政府举债也是为了地方发展，程序上、形式上打打“擦边球”，不是什么原则性的问题；有的同志认为，预算公开不公开、早点晚点公开，都没太大关系。有了这些思想，不该开的口子也开了，不该花的钱也花了。各地政府特别是一把手，要增强对预算的敬畏心和遵从度,把行政行为关进预算法的"笼子"里。另一方面,要落实好税收法定原则。各地要实事求是地确定收入指标,切忌盲目攀比。要依法应收尽收、应免尽免,不能通过"过头税"、乱收费、"空转"等方式虚增财政收入,避免"寅吃卯粮""竭泽而渔"等短期行为。要建立公平竞争的税制环境,不能为了招商引资,刻意打造"税收洼地"。加强税收政策宣传,防止纳税人误读误解。

2. 要有改革精神,深化财税体制改革。坚定不移推进财税改革,加强专项资金管理,完善专项资金管理清单。推进专项性一般转移支付和竞争性分配改革,严格控制引导类财政专项资金,加大竞争性分配的力度,从按行政权力分配转向按因素、按绩效分配,进一步约束和规范资金分配权和自由裁量权。健全支出标准体系,做到预算编制有标准、预算执行有依据、预算监督可量化,健全绩效评价结果与预算安排有机结合的机制。继续清理盘活存量资金,尽快形成实物工作量,避免二次沉淀,有效解决"一方面收支矛盾突出、一方面资金趴在账上睡觉"的问题。

3. 要有契约精神,加强政务诚信建设。当前,很多财税改革都需要用政府诚信来作保障。举债融资、政府采购、政府和社会资本合作、政府产业基金、政府购买服务等,政府都是以合同当事人的角色出现。这就需要有契约精神和诚信精神,该承担的责任要承担,该兑现的承诺要兑现,千万不能出尔反尔,朝令夕改,影响政府公信力,最终让社会资本顾虑重重,望而却步。特别是换届之年,有些市县政府、部门负责人进行了人事调整,但上一届政府作出的承诺、签订的合同,不能以各种理由和借口让其"打水漂"。前不久,国务院下发《关于加强政务诚信建设的指导意见》,各地、各部门一定要落实好。

4. 要有创新精神,优化公共服务供给。从长远看,公共服务需求越来越大,但财力毕竟有限,必须创新公共服务供给方式,吸引社会资本进入。当前,我们正在大力推进 PPP 项目,取得了一定成效,但仍有不少问题需要破解。下一步要把握四点:一是梳理现有公共服务领域的财政投入,对具备采用 PPP 模式的项目,从"补建设"转到"补运营"上来。二是操作要更规范。按照"市场化、法治化、规范化"的原则,规范项目实施,杜绝固定回报、"明股实债"等"假 PPP"项目。三是要用足用好省基础设施投资(含 PPP)基金,加快市县子基金落地,支持重大项目建设。四是要恪守契约精神,严格按合同办事,消除社会资本后顾之忧。

5. 要有底线思维,切实防范风险。要防范政府性债务风险。尽管我省债务风险总体可控,但区域性、结构性风险不容小觑。部分市县债务规模较大,有些指标超警戒线,特别是少数市县违反规定,通过融资平台举借需财政偿还的债务,违法违规出具承诺担保,增加了隐性政府债务。对此,各地要高度重视,分类施策,守住风险底线,服务发展主线。该开的"前门"要开大、开足。积极争取地方政府债券,加大存量债务置换力度,优化期限结构,降低融资成本。特别是低风险地区要利用好举债空间,统筹债务资金使用,真正将好钢用在"刀刃"上。该堵的"后门"要堵严、堵实。各地要切实承担起债务管理的主体责任,不得在预算之外违法违规举借债务,不得通过企事业单位等举借债务,不得违法违规出具承诺担保。

要防范社保基金运行风险。随着老龄化加剧,以及持续的"扩面""提标",社保基金收支形势日益严峻。与政府债务风险相比,社保基金风险波及面更广、持续时间更长、回旋余地更小。对此,各地、各部门既要尽力而为,更要量力而行,及时调整承诺过高、超出财力的民生政策,做到"稳起步、迈小步、不停步"。密切关注社保基金运行情况,建立预警机制,做好应对预案,确保可持续发展。

要严肃财经纪律。切实加强财税队伍建设,增强政治意识、服务意识和纪律意识,特别是财经纪律意识,持续推进政府系统和财税系统的反腐倡廉工作,不得滥用公共权力和公共资金。根据我省市县财政决算审计结果,目前市县财税管理仍存在一些问题,比如对新预算法的贯彻落实不到位、清费减负和简政放权政策执行不到位、财政资金使用效益有待提高、财政管理规范化程度不够高等。下一步要加强对地方政府债务、预算支出进度、预决算公开的监督力度,将其纳入党政领导干部任期经济责任审计和政绩考核。要强化财政收入质量监管,防止"虚收空转"。从制度上堵塞漏洞,防止虚报冒领、截留挪用专项资金。加快推进地税稽查体制改革,强化税收执法刚性。要高标准落实中央"八项规定"精神和厉行节约反对铺张浪费的要求,严格"三公"经费管理,严格执行纪律,持之以恒推进作风建设。

今年是市县换届后的第一年,很多新同志走上领导岗位,要切实把握好新常态下的理财治税新思路。各地政府特别是主要负责人要当好家,管好"钱袋子",把握财税工作规律,及时研究财税运行中的新情况、新问题,善于运用财税工具化解重点难点问题,推动经济平稳健康发展。财税部门是替党委、政府收税理财的部门,既要恪守财经纪律,又要尽量满足各种资金需求,经常会夹在法治规范性和现实需要性之间,成为"夹心饼干"。各地要关心支持财税工作,该破的要破、该挡的要挡、该立的要立。各部门要强化大局意识,克服部门利益本位,把财税改革与本部门、本领域的改革结合起来统盘考虑。不仅要算"最大公约数",而且要算"最小公倍数"。如果"局部的蛋糕少了,但全局的蛋糕多了",这样的改革就应该大力支持。财税部门要进一步提振精神、积极作为,坚守财经原则,严肃财经纪律,对不合法、不合规、不合理的资金需求,敢于说"不";要善于担当,围绕党委、政府中心工作,多谋实招、新招、硬招;要认真落实全面从严治党的主体责任,将主体责任层层传导落实到位,做到能干事、干成事、不出事,确保财税平稳安全运行。

新常态下的财税工作,机遇与困难并存,但机遇大于困难。希望各地、各部门特别是财税部门要坚定信心,立足我省所处的历史方位,既看到有利条件,又正视现实困难,按照习近平总书记"秉持浙江精神,干在实处、走在前列、勇立潮头"的要求,牢牢把握工作主动权,为经济社会持续平稳健康发展提供坚实的财力保障!

(2017 年 1 月 12 日)

在全省财政地税工作会议上的讲话（摘要）

浙江省财政厅党组书记、厅长、
省地税局局长　钱巨炎

一、回顾总结2016年财政地税工作

2016年，在省委、省政府的正确领导下，全省各级财政地税部门以“五大发展理念”为引领，遵循“促进发展、保障民生、科学理财、加强监管”的理财观，积极发挥财税职能作用，促进全省经济社会平稳健康发展，实现“十三五”规划良好开局。全省一般公共预算收入5301.81亿元，增长9.8%（剔除营业税清算等一次性收入，可比增长7.8%），一般公共预算支出6976.33亿元，增长10.1%。全省地税部门组织各项收入6548.1亿元，增长15.3%，其中税收收入3520.9亿元，增长17.1%。

（一）围绕促进发展，积极推动供给侧结构性改革

把促进发展作为财税工作的第一要务，紧扣供给侧结构性改革主线，实施积极的财政政策，不断推动政策加力增效，支持“三去一降一补”，全面提升经济发展的质量和效益。

着力稳增长。投资方面，发行地方政府新增债券492.7亿元、置换债券3572.3亿元，筹措省级财政性资金178.6亿元，争取中央基建投资资金51.2亿元，吸引带动民间投资，促进基础设施等重大项目建设。积极支持嘉兴市、杭州市分别开展全国海绵城市和地下综合管廊试点。消费方面，统筹财政政策，支持“电商换市”，推进放心农贸市场和电商服务网络建设。安排省级资金3亿元，积极推广应用新能源汽车等绿色产品。外贸方面，创新支持方式，全省财政筹措外经贸发展资金29亿元，优化外贸结构，促进外贸稳定增长。积极参与“一带一路”和义甬舟开放大通道建设，继续支持义乌国际贸易综合改革试点和杭州市跨境电子商务试验区建设。

着力促转型。坚持战略引领，强化资金供给和政策保障，推进实施“拆治归”等转型升级组合拳，省财政安排治水资金112.9亿元。出台支持特色小镇发展的财政政策，助力打造创新创业发展平台。坚持产业升级，全省财政安排工业与信息化发展资金152亿元，深入实施“四换三名”工程，推进“机器人+”“互联网+”“标准化+”，改造提升传统产业。安排省级资金5亿元，争取中央资金3.3亿元，超额完成化解钢铁过剩产能任务。支持实施“小微企业三年成长计划”。坚持基金撬动，大力推进政府产业基金实质性运作，出台基金投资退出管理办法，支持八大万亿产业发展。全省政府产业基金总规模1123亿元，实际到位617亿元，累计撬动社会资本5052亿元。坚持税收驱动，全面推进资源税改革，确定了37种资源税税目、计征方式和征税对象，促进矿产企业加快转型升级。继续实施城镇土地使用税分类分档减免政策，全年共减免城镇土地使用税13.4亿元，收储和盘活土地7.5万亩，有力地支持了优质高效企业发展。

着力降成本。落实好各项减税降费政策，切实减轻企业负担。推进结构性减税，全面推开“营改增”试点，进一步完善抵扣链条，避免重复征税，为企业减税320亿元。继续落实小微企业税收优惠等政策，小微企业税收优惠享受面达到100%。实施普遍性降费，暂停征收地方水利建设基金，34项行政事业性收费和政府性基金予以取消、停征、整合或降低标准，每年减轻企业负担141亿元。阶段性降低社保费，临时性下调失业保险费单位缴费费率至1%、对部分企业职工基本医疗保险单位缴费部分临时性减征1个月、缓缴社会保险费，为企业减负54亿元。

着力补短板。认真贯彻省委九次全会关于补短板的决定，将补短板与稳增长、调结构、增优势有机结合起来，精准聚焦、精准发力。针对科技创新短板，2016~2020年，安排创新强省资金100亿元（其中2016年19亿元），引导市县共建、社会资本等各类资金200亿元以上，重点支持杭州城西科创大走廊等重大平台建设。设立20亿元科技成果转化引导基金，促进科研成果市场化、产业化。落实好研发费加计扣除等税收优惠政策，全省企业研发费加计扣除金额337.6亿元（其中地税部门109.2亿元），高新技术企业所得税优惠金额107亿元（其中地税部门40.5亿元）。针对基础设施短板，完善投融资机制，加大对交通、水利等基础设施建设的投入，2016~2020年，计划安排1636.5亿元（其中2016年353亿元）支持实施“万亿综合交通工程”；计划安排267亿元（其中2016年38亿元）支持实施“百项千亿防洪排涝工程”。针对统筹发展短板，落实新一轮省对市县财政体制，强化设区市统筹区域发展的责任。大力支持光伏小康工程，安排2.1亿元在磐安等5县市开展试点，促进低收入农户和扶贫镇村集体经济增收。针对生态环境短板，省财政安排生态环保财力转移支付资金20亿元，实施省级重点生态功能区示范区建设试点财政政策。完善森林生态效益补偿制度，将主要干流和重要支流源头县及国家级和省级自然保护区公益林的最低补偿标准提高到35元/亩。

（二）围绕保障民生，稳步推进基本公共服务均等化

把保障民生作为财税工作的出发点和落脚点，坚持加大投入与完善机制并重，支持政府十方面实事和民生事业加快发展，不断提高基本公共服务均等化水平。

促进社会事业发展。完善城乡一体化义务教育经费保障机制，实施对经济困难寄宿学生的生活补助政策。扶持民办学前教育事业发展，学前教育入园率和质量水平位居全国前列。建立中等职业学校生均公用经费标准，启动高校新型运行保障机制改革。健全基本公共文化服务体系经费保障，推进基本公共文化服务均等化。保障浙江自然博物园等重大项目建设。支持农村文化礼堂建设，推进公共文化设施和公共体育场馆免费开放。

完善社会保障制度。推进机关事业单位养老保险制度改革。继续调整提高企业和机关事业单位退休人员待遇标准。做

好社保费缴费登记和费种认定，实行新办企业税费同步登记，缴费登记户数同比增长12.5%。推进基层医疗卫生机构补偿机制改革试点，深化“双下沉、两提升”工程，支持实施基层首诊分级诊疗。将城乡居民基本医保财政补助标准、基本公共卫生服务经费筹资标准分别提高至年人均430元、45元。支持养老服务体系建设，落实残疾人两项补贴制度。完善社会救助制度，提高最低生活保障标准。省财政安排43.7亿元支持保障性住房建设。

支持农业农村发展。深化财政支农体制机制改革，落实各项强农富农惠农政策。加快推进省农业发展投资基金有效运作，已投资9.6亿元，带动社会资本19亿元，银行跟贷21.3亿元。完善政策性农业信贷担保体系，出资4亿元组建省农业信贷担保公司。积极开展农村综合改革示范试点，深化村级公益事业一事一议财政奖补政策运用，全省财政投入33.4亿元，带动社会力量共同建成村级公益事业项目5071个。全面建立耕地保护补偿机制。支持开展农村垃圾减量化、资源化处理试点。扎实推进农业综合开发，全省财政投入20.7亿元，支持农业绿色、生态、可持续发展。省财政安排13.1亿元，推动农村基层党组织和基层政权建设。

（三）围绕科学理财治税，加快构建具有浙江特色的现代财政制度

把科学理财治税作为财税工作的目标导向，持续深化财税体制改革，推动关键领域和重点环节改革落地实施，加快构建具有浙江特色、更具活力、更加公平的现代财政制度。

深化财政管理改革。按照“四张清单一张网”建设要求，完善专项资金管理清单，加快项目库建设，推动专项资金监管系统全覆盖。建立健全省级支出标准体系以及日常公用支出标准体系。建立项目支出标准化制度，对省级项目支出实行分级管理。加大存量资金盘活力度，健全动态管理和定期清理机制。研究推动中期财政规划管理。深化预决算信息公开，省级96个部门公开了预决算。推动PPP项目落地实施，47个省级推荐项目已签约。加快省基础设施投资（含PPP）基金运作，已设立PPP子基金7个，投资省内PPP项目18个，带动社会资本651.8亿元。深化政府购买服务改革，完善制度体系，选择16项公共民生热点项目开展试点，全省政府购买服务预算金额159.5亿元。

推进征管体制改革。深化国地税合作，推动国地税服务深度融合、执法适度整合、信息高度聚合。全省国地税共建办税服务厅80个，共驻政务中心103个，在223个办税服务厅互设窗口。统一国地税行政处罚裁量基准，积极探索联合执法，形成打击税收违法犯罪的工作合力。建成富阳、瑞安、柯桥、安吉四个国地税合作示范区。加强税收征管信息化建设，“金税三期”在全省成功上线，实现了征管系统顺利过渡，成为全国运行最平稳的地区。联合省国税局打造电子税务局，实现纳税人“一次登录，通办国地税业务”、数据“一次采集，国地税共享”。率先引进支付宝缴纳税费。积极研究推进地税稽查管理体制改革，改革属地稽查模式，提升税务稽查管理层级。

（四）围绕加强监管，不断提升财税管理和服务水平

把加强监管作为财税工作的重要抓手，建立覆盖财税运行全过程的监督机制，切实防范财税运行风险，确保财税事业持续平稳健康发展。

创新财税管理。积极开展政府综合财务报告试点，实施省级国库现金管理，持续深化公款竞争性存放。启动社保基金保值增值运作，指导台州等16个试点地区开展实质性运作。出台省级公务出行保障费用预算管理办法，完善立体式公务支出标准体系。创新政府采购模式，与阿里巴巴公司合作，开发建设“政采云”平台，实现政府采购网上交易、监管和服务一体化运作，并率先在省级有关单位试点。完成全省行政事业单位国有资产清查，全面摸清资产家底，夯实管理基础。管理会计应用试点有序推进，管理创新初见成效。将纳税人遵从度评价纳入社会信用体系建设，开展A级信用纳税人联合激励和税收违法“黑名单”联合惩戒工作。强化纵向涉税数据集中和横向部门信息共享，建立财政、国税、地税三方合作机制，加强大数据分析应用，有效堵漏增收，全省通过第三方数据分析应用，实现增收逾130亿元。

加强财税监督。深入推进财税法制建设，推广“双随机一公开”监管模式，建立重点税源企业随机抽查和五年内轮查全覆盖机制，营造公平的财税环境。积极构建“内控、内审”和“外控、外审”相结合的财政监督机制，组建内部控制组织管理架构，成立

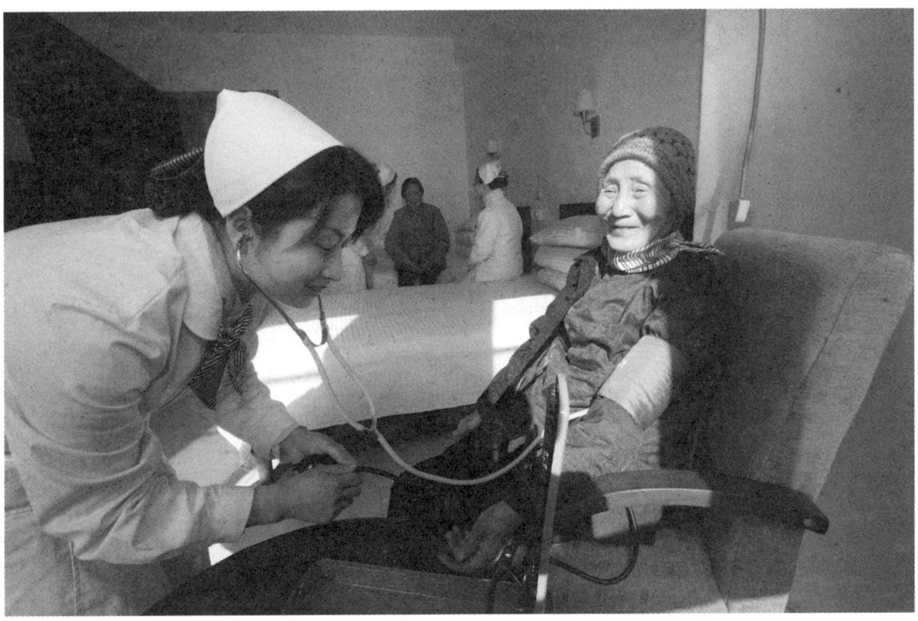

财政支持医疗资源“双下沉、两提升”

内部控制委员会，建立"1+8+X"内部控制制度体系，强化内部流程控制，防止权力滥用。完善国库集中支付动态监控体系。推进全省行政事业单位内部控制建设。完善地税督察机构设置，在省地税局增设督察内审处，加强内部监督。

防范财税风险。提请省政府出台《关于进一步加强地方政府性债务管理的实施意见》，构建"1+8"债务管理制度体系。建立地方政府债务风险预警体系，实行"红、黄、绿"三色预警。对高风险地区开展化债计划管理，对中低风险地区实施与债务风险管控质量挂钩的财政奖惩政策。积极开展存量债务置换，2015年以来，累计争取地方政府债券6965.6亿元，每年可节约政府融资利息支出300多亿元。密切关注社保基金运行情况，严格把好支出口子。强化税收风险管理，完善"统一组织、统一接收、统一推送、统一反馈"模式，全省通过风险管理增收税费111亿元。

优化财税服务。深入推进财税领域的"放、管、服"改革，全省地税系统实现"零审批"。积极推动"互联网+政务服务"民生实事，加快统一公共支付平台建设，逾千万人次通过平台缴纳公共款项27亿元，被评为中国"互联网+政务"优秀实践案例50强；全面推广会计从业资格证书"网上申领、在线服务、快递送达"；实现个人所得税纳税证明"全省通办、即办即得、自助打印、在线验证"。配合推进"五证合一""两证整合"商事制度改革。在注册会计师和资产评估师行业启动实施服务清单制度。简化地方税费减免办理手续，从"先征后减"向"征前减免"转变。积极推广"银税互动"模式，用税收"好信用"为企业信贷"增信"，金融机构据此向8750户小微企业发放信用贷款152亿元，被评为十大服务小微企业创业创新优秀项目之首。在2016年全国纳税人满意度调查中，浙江省地税蝉联全国地税系统第一名，其中在省会城市、地级市和县（市、区）3个层级，在"政策落实"、"规范执法"等5个方面均获得全国第一。玉环县地税局等14家单位，在全国400多家被调查单位中均位居前列，并包揽前6名。在全国开展的6次调查评估中，我省地税均位列三甲，其中3次荣获第一，是省级地税部门中唯一始终保持在高水平的单位。

我们还按照"四个满意"的要求，积极履行部门职责，举系统之力做好G20峰会经费保障以及财金副手磋商会的会务服务等工作，为峰会的成功举办作出积极贡献，被评为峰会保障突出贡献集体。

在推进财税改革发展的同时，财税干部队伍建设也取得明显成效。我们牢牢扛起全面从严治党主体责任，认真学习贯彻十八届六中全会和省委十三届十次全会精神，进一步增强政治意识、大局意识、核心意识、看齐意识，自觉在思想上、政治上、行动上同以习近平同志为核心的党中央保持高度一致。持续推进党风廉洁建设和作风建设，坚持挺纪在前、抓早抓小，正确运用监督执纪"四种形态"，严守政治纪律和政治规矩，配齐配强机关纪委力量，加大干部轮岗交流力度，积极预防腐败。我们深入开展"两学一做"学习教育，全面系统地学习党章党规以及习近平总书记系列重要讲话精神，着力解决党员干部在思想、组织、作风、纪律等方面存在的问题，进一步坚定理想信念，强化尊崇党章、遵守党规的意识，营造风清气正的财税政治生态，将合格党员的要求内化于心、外化于行。我们持之以恒地推进财税文化建设，通过举办岗位大练兵、业务技能比武、财税干部讲坛等主题活动，加强人才队伍培养。2016年，全省地税系统在税务总局领军人才选拔中入选6人，培养对象人数在全国国地税71个单位中位居第一。大力弘扬"实、稳、优"财税核心价值理念，切实增强干部队伍的凝聚力和战斗力。开展全省地税系统先进集体和先进工作者评选，发挥典型示范带动作用。我们坚持不懈地推进绩效管理，积极贯彻税务总局要求，切实发挥绩效管理"指挥棒"作用，提振精气神，在破解难题、落实大事上取得了新成效，在税务总局的考核中名列前茅。

同志们，这些成绩是在省委、省政府的正确领导和科学决策下取得的，凝聚着全省财政地税干部职工的辛勤努力和付出。特别是去年地税系统接连打了"营改增"全面推开、"金税三期"上线、纳税人满意度调查、绩效管理四场苦战、硬战。"营改增"期间，面对营业税纳税人数量全国第二的挑战，各级地税机关领导带头值班、靠前指挥，全省地税干部坚守岗位、加班加点，实现了税制平稳转换，"两个代征代开"工作有序开展；"金税三期"系统上线准备期间，全省地税系统统一思想、服务大局，共抽调320多名业务骨干，连续十个多月攻坚克难，为"金税三期"在全国圆满收官作出贡献；在迎接纳税人满意度调查和绩效管理工作中，全省地税系统上下一心、通力合作，圆满完成了各项任务，取得了优异的成绩，体现了浙江财税人良好的精神风貌。在此，我代表省财政厅、省地税局向全省财政地税系统广大干部职工表示衷心的感谢！

二、正确认识财税工作面临的新形势、新使命、新任务

财政是国家治理的基础和重要支柱，财税工作必须置身于经济社会发展大局中来谋划，做到识"形"明"势"、因势而动、顺势而为、乘势而上。近期，中央经济工作会议和省委经济工作会议深刻分析了当前经济形势，省委十三届十次全会全面分析了我省所处的历史方位，全国财政工作会议和税务总局有关会议具体部署了财税改革发展任务。这些大背景构成了财税工作的"形"和"势"，同时也为做好财税工作指明了方向、提供了遵循。

（一）切实肩负高水平全面建成小康社会的新使命

当前我省正处于高水平全面建成小康社会的关键节点，习近平总书记对我省提出"秉持浙江精神，干在实处、走在前列、勇立潮头"的新要求。夏宝龙书记要求各地、各部门进一步拉高标杆、自加压力，努力把"浙江的今天"建设得更好，为"中国的明天"提供更多的浙江素材、浙江实践、浙江经验。财税部门承担着理财治税的重要职责，更应该肩负起光荣使命，积极谋划既该干、又能干成的大事。关键要在"高质量、均衡性、可持续"三方面下功夫。

第一，高质量，具体体现在"民营、民富、民生"。这是浙江省改革开放以来探索形成的制度优势，也是推进未来经济发展的活力之源。

一是民营。十八届三中全会提出要让市场在资源配置中起决定性作用，更好发挥政府作用。浙江省是市场经济先发省份，民营经济发达、市场机制灵活、市场主体活跃，有条件、也理应在驾驭市场能力、市场配置资源等方面做得更好。财税部门要坚持“有所为、有所不为”，划清政府和市场、社会的边界，市场不愿做、做不了、做不好的事情，我们应在财力许可的条件下主动“埋单”；市场能自发调节的，应该由市场机制发挥作用。比如，在民办教育、医疗、养老等领域，我们就应当强化市场思维，遵循价值规律，多用市场手段和法治手段，把民营机制的潜力和优势最大限度地发挥出来。

二是民富。浙江省一直将居民增收作为发展的一条底线，城乡居民收入连续多年位居全国各省（区）之首。民富的关键是要处理好政府收入、企业收入和居民收入三者之间的关系，要充分发挥财税杠杆的分配和调节功能，合理分好“蛋糕”，确保居民收入增速与GDP增速、财政收入增速相协调，更好地共享改革发展成果。同时，大力支持创业创新，以创业带动就业，以民营促进民富，营造“大众创业、万众创新”的良好生态，使城乡居民在充满活力的经济中得到实惠。

三是民生。民生保障相当于二次分配，通过完善公共服务供给，稳定社会预期，减少后顾之忧，增加居民的获得感和幸福感。要加强政策顶层设计，支持教育、医疗、社保等民生事业加快发展，切实提高公共服务保障水平。要大力推进生态文明建设，将良好生态当成最大的民生，支持实施“三改一拆”“五水共治”等转型升级组合拳，保护好绿水青山、转换成金山银山，实现经济效益、社会效益、生态效益相统一，以优质生态吸引人才、创造财富。

第二，均衡性，主要体现在区域均衡和城乡均衡。这是高水平全面建成小康社会的核心要义和基本要求。

一是区域均衡。浙江省区域均衡水平一直走在全国前列。从财政看，近年来，我省坚持“财力下沉”的原则，建立了分类分档激励奖补、区域统筹发展激励奖补等政策，将财力向困难地区倾斜，并鼓励设区市加大对所属县（市）的投入，基本公共服务均等化水平不断提高，发达及较发达县与财政相对困难县人均财政支出的比率缩小为1.05∶1，人均财政支出前10位县（市）与后10位县（市）的倍差控制在3以内。对这些好的做法，要不断巩固、深化。

二是城乡均衡。城乡均衡也是我省的比较优势，城乡居民收入倍差在2左右，是全国省（区）中最低的。我们要继续落实各项强农富农惠农政策，大力推进以人为本的新型城镇化建设，支持发展乡村旅游、休闲、健康、养老、文化等“美丽经济”，搭建城乡均衡的平台，促进优质资源和要素向农村流动，进一步缩小城乡发展差距。

第三，可持续，主要体现在经济可持续、社会可持续、风险可控制。只有可持续发展，才能确保小康社会基础稳固、源远流长。

一是经济可持续。当前，实体经济特别是制造业面临着许多困难，供需结构性失衡、金融和实体经济失衡、房地产和实体经济失衡的三大失衡现象比较突出。对此，中央经济工作会议和省委经济工作会议明确部署了振兴实体经济的任务。我们要充分认识实体经济的重要作用，积极研究出台支持实体经济发展的政策举措，聚焦制造业，着力优化产业、产品、企业结构，全面提升浙江制造的市场竞争力和品牌影响力，使产业链迈向中高端水平，以此夯实经济可持续增长的基石。

二是社会可持续。通常来说，“两头小中间大”的橄榄型社会结构是最稳固的，也最有利于促进社会公平。当前，要着力优化社会结构，夯实社会基础。我们要在“托底”的基础上，通过调整公共财政政策，优化资源配置结构和利益分配机制，培育壮大中产阶级，避免陷入中等收入陷阱，缩小基尼系数，使城乡居民敢消费、敢投资，社会发展充满活力。

三是风险可控制。浙江省地方政府债务虽然风险总体可控，但区域性、结构性风险依然不容小视，部分市县风险超警戒线，少数市县违反《预算法》和国务院43号文件规定，通过融资平台公司举借需财政性资金偿还的债务，违法违规出具承诺担保，隐性政府债务风险值得关注。同时，随着老龄化加剧，以及持续的“扩面”“提标”，社保基金收支形势日益严峻，支付风险加速显现，支出缺口将越来越大。特别是被征地农民等人群一次性缴费纳入职工基本养老保险，迅速加剧了财政兜底风险。对这些潜在风险，我们要高度重视、未雨绸缪，避免引发系统风险。

（二）正确认识财税收支运行面临的新形势

2016年，我省财政收支运行总体平稳，完成了预期目标，但也要清醒看到，收入中有一次性因素，地区间、行业间存在不平衡现象，财税可持续增长仍面临较大压力。

从经济看，新常态“增速换挡、结构优化、动力转换”的大逻

绿水青山芹江秀色

辑没有改变，稳中求进的工作总基调也没有改变，为财税增长提供了合理的预期、奠定了扎实的经济基础。但当前我省仍处于爬坡过坎的动能转换期、夯实转型升级基础的关键期，传统制造业改造提升还不够快，部分行业产能过剩问题依然严重，实体经济发展面临诸多困难，市场预期有待改善，民间投资增速明显放缓，新经济、新业态、新模式的培育尚需时日，新旧动能转换和接续过程中还有不少矛盾和问题，经济下行压力依然较大。

从收入看，中央经济工作会议要求深入推进供给侧结构性改革，在减税、降费、降低要素成本上加大工作力度；全国财政工作会议明确继续落实并完善"营改增"试点政策，扩大减税效应，再取消、调整和规范一批行政事业性收费项目；省政府要求2016~2018年，全省年均降低企业成本1000亿元，其中降低税费负担约500亿元。上述因素叠加，政策性减收压力很大。同时，在房地产住宅功能回归以及宏观调控的背景下，房地产相关税收和政府性基金收入存在较大的不确定性。

从支出看，中央经济工作会议要求财政政策更加积极有效，预算安排要适应推动供给侧结构性改革、降低企业税费负担、保障民生兜底的需要。全国财政工作会议要求适度扩大支出规模，主要用于扩大有效需求、保障重点领域开支需要，并出台了养老金、医保等提标增支政策。总体来看，财政支出刚性增长的趋势没有改变，"三去一降一补"、稳增长、促改革、调结构、惠民生、防风险等增支需求依然较大，支出项目只增不减、支出结构僵化、使用绩效不高等问题依然突出，紧平衡依然是财政收支运行的常态。部分市县甚至可能出现平衡困难、资金链紧张等情况。

（三）牢牢把握财税体制改革的新任务

当前财税体制改革已进入攻坚期，中央推进财税改革的决心是坚定的、坚决的、坚持不懈的。中央经济工作会议要求稳妥推进财税体制改革，落实推动中央与地方财政事权和支出责任划分改革，加快制定中央和地方收入划分总体方案，抓紧提出健全地方税体系方案。元旦前夕，中央深改领导小组专题研究了预算管理改革有关问题，要求清理规范重点支出同财政收支增幅或生产总值挂钩事项，坚持优化结构、精准扶持、量力而行，改进预算编制方式，完善重点支出保障机制，增强财政资金统筹能力。全国财政工作会议具体部署了财税改革任务：着手修订预算法实施条例，清理整合专项转移支付，继续清理涉企专项资金；建立健全支持农业转移人口市民化的财政政策体系；研究推进综合和分类相结合的个人所得税改革，配合做好加快房地产税立法工作，继续深化资源税改革，起草环境保护税法实施条例；深化政府购买服务改革，扩大购买服务范围和规模；加快养老保险制度改革，提高制度覆盖面等等。这些改革任务很重，难度很大，但同时也是我们加强财税管理的"尚方宝剑"和有利契机。我们要保持战略定力，抓住机遇，以"四个有利于"的标准和钉钉子的精神锲而不舍地加以推进。

对于地税部门而言，尤其要提振精神、强化担当、积极作为。短期来看，地税主体税种暂时缺位，社会上、包括干部中也偶尔会有"无事"的误解、"无为"的困惑、"无手段"的茫然、"无位"的失落，但事实上，地税部门贡献不减、地位依然重要，仍是组织地方可用财力的主力军，而且还将承担环境保护税、个人所得税、房地产税等改革重任。因此，大家要进一步坚定信心、创新思路，当好改革的推动者和引领者，以"有为"促"有位"。

三、扎实做好2017年财政地税工作

2017年是实施"十三五"规划的重要一年，是供给侧结构性改革的深化之年，做好财税工作意义重大。总体要求是：全面贯彻党的十八大和十八届三中、四中、五中、六中全会，以及省委十三届历次全会精神，坚持稳中求进工作总基调，牢固树立和贯彻落实新发展理念，适应把握经济发展新常态，遵循"促进发展、保障民生、科学理财、加强监管"的理财观，积极发挥财税职能作用，推进高水平全面小康社会建设。进一步处理好政府和市场的关系，有效实施积极的财政政策，更好发挥财税政策在稳增长、调结构、促转型中的重要作用；深化财税体制改革，合理划分省以下财政事权和支出责任，完善预算管理制度，推进预算公开透明；深化国税、地税征管体制改革，落实减税降费政策，支持实体经济加快发展，培育涵养税源财源，依法有为组织收入，做大做优财政"蛋糕"；调整优化支出结构，压缩一般性支出，集中财力办大事；强化风险意识，积极防范化解财政风险，促进经济社会平稳健康发展。

2017年全省和省级一般公共预算收入预期分别为5068亿元、322.40亿元，比上年调整后执行数增长7.0%和5.0%；拟安排全省和省级一般公共预算支出分别为6721亿元、474.10亿元，比上年调整后执行数增长6.5%和5.0%。省级部门一般性支出压减5%。上述安排尚待省人代会批准。

围绕上述目标，我们将重点做好以下工作：

（一）进一步抓好组织收入征管。全省一般公共预算收入预期确定为7%，既考虑缓中趋稳、稳中向好的经济形势，也考虑到增值税收入划分调整、落实减税降费措施等因素的影响，同时也为实现财政可持续、应对未来可能遇到的风险预留政策空间。各地在确定收入预期时要实事求是、因地而异，把重点放在涵养税源和提高收入质量上。今年是党的十九大和省第十四次党代会召开之年，各地尤其要科学研判，提前谋划，抓住关键节点，努力保持收入平稳增长。一是增强组织收入的主动性。深化财政、国税、地税三方合作，加强收入分析、预测和管控，提高收入执行的计划性、均衡性和稳定性。二是始终坚持依法治税。严格依法征收、依法减免，不折不扣落实好税费优惠政策，防止采取收"过头税"、乱收费、"空转"等方式虚增财政收入。三是努力向管理要收入。深化"信息管税"，优化"金税三期"，完善横向部门信息共享机制，深度挖掘大数据应用价值。强化税费风险管理，加强大企业税收风险分析应对，有效堵漏增收。推进"信用管税"，拓宽纳税信用增值应用，加大纳税失信惩戒力度，打击偷逃税行为，提高税法遵从。深化"走出去"企业服务工作，加强国际税收治理，维护税收主权。

（二）进一步深化财税体制改革。认真贯彻落实《预算法》等各项财税法律法规，强化法治意识和绩效理念，硬化预算约束和税收刚性。一是完善财政体制。积极贯彻《国务院关于推进中央与地方财政事权和支出责任划分改革的指导意见》,稳妥推进省以下财政事权与支出责任划分改革,充分调动各方积极性。总的一个原则是,市县能做的事情,市县自己做,省里要做市县想做但做不了的事情。健全县级财力保障机制。建立支持农业转移人口市民化的财政政策体系,促进基本公共服务常住人口全覆盖。二是深化预算管理改革。加快项目库建设,进一步细化预算编制,提高年初预算到位率。完善基本支出标准体系,加快建立项目支出标准体系。清理规范重点支出同财政收支增幅或生产总值挂钩事项,增强财政资金统筹能力。全面推进预算绩效管理,健全绩效评价结果与预算安排有机结合的机制。优化国库集中支付方式,提高支付效率,建立预算执行进度和库款管理通报约谈机制。清理盘活存量资金,严格将结余资金以及连续两年未用完的结转资金收回财政统筹使用,避免二次沉淀。加大预决算公开考核力度,建立全省及省级部门预决算公开排行榜。三是推进专项资金管理改革。优化产业类财政专项资金支持方式和分配因素,重点支持公共服务平台创新以及土地、人才、环境、信息等资源要素提供。省财政将统筹财力,建立振兴实体经济(传统产业改造)、特扶和"两山"建设三项财政专项激励机制,实施竞争性分配,2017~2019年,共安排144亿元,择优支持42个市县,3年后进行绩效考核,考核结果未达到预期的,相应扣回。四是建立合理的支出调整机制。梳理已出台的重大支出政策,压减和取消不合理支出或政策环境发生变化的支出,督促市县清理承诺过高、超出财力的重大民生政策。五是加快推广运用PPP模式。完善制度体系,加强部门协同,规范操作流程,加强项目储备,培育统一规范、公开透明、竞争有序、监管有力的PPP市场,推进省基础设施投资(含PPP)基金运作,鼓励国有控股企业、民营企业、混合所有制企业等各类型企业积极参与PPP项目,财政资金逐步由"补建设"转向"补运营"。六是深化国税、地税征管体制改革。按照改革时间表、路线图,从制度保障、责任分解等方面持续发力,深入推进征管体制改革,进一步深化国地税合作。七是落实好税制改革。做好环境保护税法实施前的政策制定和征管准备工作。开展稽查体制改革试点,全面实施税务稽查"双随机"制度,优化完善地税执法体制机制。八是创新财税管理。推进政府购买服务改革,完善配套制度,进一步强化政府购买服务预算和绩效管理。大力推广应用"政采云"平台,从2017年1月1日起在所有省级预算单位和部分市县先行使用,7月1日起在所有市县全面推行,实现全省政府采购信息系统一体化。继续推进统一公共支付平台建设和运行。九是加强《预算法》宣传。积极举办面向各级、各部门领导的《预算法》培训班,争取将《预算法》列入同级党校、行政学院主体班次的必修课程,推动《预算法》的贯彻落实。

(三)进一步支持实体经济发展。加大对实体经济的财税支持力度,加快培育一批优质财源税源,壮大地方可用财力。加快政府产业基金投资运作进度,推动项目落地实施,有效发挥基金功能,撬动社会资本增加产业投入。用好工业转型升级资金,优化支出结构,支持公共服务平台建设,促进产业发展园区整合提升、要素资源集聚发展。实施创新驱动发展战略,提高我省科技创新能力,补齐科技创新短板。落实省级财政科技专项资金改革和科研项目资金管理改革,推进科技资金资源的统筹整合,激励激发高校、科研院所科研人员的创新创造。支持基础公益研究、重大共性关键技术研究开发。大力推进杭州城西科创大走廊建设,打造我省创新驱动发展的大载体、大平台。支持引进、培育领军型创新创业团队,完善企业研发后补助和奖励政策。落实企业研发费加计扣除、高新技术企业和众创空间发展等税收优惠政策,推广应用创新券。推进省级科技成果转化引导基金实质性运作,促进科技成果转化应用。坚持政府采购引导,鼓励国产优先、绿色优先,特别是对新能源汽车的采购,适当放宽排量标准,以价格为主要控制指标。对符合条件的首台套产品,采用单一来源采购方式进行采购,在"政采云"平台设立浙江馆,依法优先推荐"浙江制造精品"制造企业参加政府采购活动。充分利用"银税互动"、政府采购信用融资等政策工具,引导金融资本更多地为实体经济服务。

(四)进一步完善民生保障机制。按照"保基本、兜底线、建机制"的原则,完善民生保障长效机制,继续做好政府十方面实事和各项民生事业的资金保障工作,确保三分之二以上的新增财力用于民生。教育方面,研究出台全省学前教育生均经费指导意见,统筹考虑城市化进程和新的人口政策,优化义务教育经

财政大力扶持新能源汽车产业发展

费管理，逐步实现教育经费可携带。深入推进高校分类改革，完善以绩效为基础的省属高校分类拨款办法。探索财政支持中高职院校校企合作、产教融合的新模式。社会保障方面，研究构建稳固的大社保体系，覆盖养老、医疗、救助等领域，统筹行政、事业、企业等单位，研究完善收入征缴、支出管理等制度。继续推进机关事业单位养老保险改革，完善制度衔接。适度提高城乡居民基础养老金标准，研究完善基础养老金待遇调整机制。健全企业职工基本养老保险省级调剂制度，建立健全多渠道筹资机制。逐步统一市域内基本医保缴费、待遇等政策，落实城乡居民基本医保整合政策，提高城乡居民医保财政补助标准，适当提高个人出资比例，加快推进医保支付方式改革。医疗卫生方面，支持卫生重点县建设，深化公立医院综合改革，加强公立医院财务和预算管理。促进"双下沉、两提升"有效实施。全面推开基层医疗卫生机构补偿机制改革。支农方面，推进农业供给侧结构性改革，建立健全以绿色生态为导向的农业补贴制度。启动实施农业产业集聚区和特色农业强镇创建，加快农村一二三产业融合。推进光伏小康工程试点，加强地质灾害应对，研究完善异地搬迁补助政策。优化农业综合开发布局，大力支持高标准农田建设、新型经营主体培育。做好扶持村级集体经济发展和薄弱村转化的财政保障工作。城乡建设方面，采取资金补助和地方政府债券相结合的方式，支持小城镇环境综合整治。支持开展治危拆违攻坚战，适当安排以奖代补资金，加快推进农村危旧房鉴定工作。生态文明方面，建立健全生态文明建设财政政策体系，探索建立绿色发展财力奖补机制。加大转移支付力度，健全生态保护成效和资金分配挂钩的激励约束机制。完善森林生态效益补偿机制，将主要干流和重要支流源头县及国家级和省级自然保护区等重要区域省级以上公益林最低补偿标准提高到40元/亩。

（五）进一步防范财税运行风险。一是着力防范化解债务风险。严格执行预算法以及国务院、省政府有关债务管理规定，地方政府举债一律在债务限额内采取发行债券的方式，并实施限额管理和预算管理。市县政府要强化主体责任，高风险市县要继续实施化债计划，重点防范融资平台公司、PPP、政府购买服务等可能形成的隐性债务，合理控制债务规模。认真贯彻《地方政府性债务风险应急处置预案》，一旦发生债务风险事件，即启动应急响应，必要时实施财政重整计划。拓宽发债融资渠道，尝试通过上海证券交易所发行政府债券，完成地方政府存量债务置换工作，缓解偿债压力。研究制定融资平台公司市场化转型实施意见。按照中央巡视组整改要求，2017年起，财政部将加大对违法违规举债担保的查处问责力度，每季度至少开展一次专项核查，各地要引起高度重视。二是确保社保基金可持续运行。完善各项社保制度，严守准入门槛，严把支出关口，密切关注社保基金运行情况，建立预警机制。规范社会保险费缴费基数管理，夯实征缴基础。建立健全以国有资源、资产收益、土地出让收入为主的社会保障资金多渠道筹措机制，推进全省社保基金保值增值运作，夯实社会保障体系支撑能力。配合做好被征地农民等参加职工基本养老保险政策执行情况的专项审计调查。三是加大监督检查力度。统筹人员力量，坚持问题导向，改进监督检查方式，加大处理处罚力度，做到纠正错误、规范管理和严肃处理同步进行，切实提高财政监督威慑力和权威性。四是加强支付风险管理。健全转移支付资金调度与库款规模挂钩机制，强化预算执行管理，合理调度库款，保障项目融资需求和财政资金安全。

同志们，财税改革发展离不开一支绝对忠诚、干事担当、干净自律、充满活力的财税铁军。各级财政地税部门要认真学习贯彻党的十八届六中全会和省委十次全会精神，严格落实全面从严治党主体责任，坚持党建工作与中心工作一起谋划、一起部署、一起考核，抓深思想建设、抓紧组织建设、抓实作风建设、抓牢制度建设，做到真管真严、敢管敢严、长管长严，引导干部职工勤学、善思、践行，在干事创业中磨砺成长。

一要增强定力。财税工作事关国计民生和经济社会发展，地位重要、使命光荣。财税干部要强化政治定力，坚定理想信念和精神追求，坚守原则、坚守规矩；要强化职业定力，树立家国情怀，秉持职业精神，以从事财税工作为荣，坚定执着地干好财税事业；要强化执行定力，敢于担当、敢于负责、敢于碰硬，找准推进工作的着力点、政策实施的切入点、改革创新的关键点，确保各项财税改革举措落地生根、开花结果；要强化廉洁定力，始终绷紧党风廉洁建设这根弦，坚持驰而不息、正风肃纪，把纪律和规矩挺在前面，守住底线，完善制度，扎紧"篱笆"。

二要提升能力。2016年是地方政府换届之年，财政地税部门也迎来许多新的领导干部。应该说，财税工作综合性、专业性很强，专业能力是财税干部的"吃饭功夫"和"看家本领"，财税干部尤其是各位局长要注重提升专业素养，提高专业能力，争做财税领域的顶尖工匠和业务权威。要强化改革创新的能力，既要敢闯敢试，更要会闯会试；要强化解决问题的能力，顺应改革潮流、遵守法律法规、遵循发展规律、贴近地区实际，兼顾方方面面的利益和诉求，共同推动财税改革发展；要强化引导舆论的能力，加强财税正面宣传，及时发布权威信息，积极引导社会舆论，稳定预期、凝聚共识，形成工作合力。

三要激发活力。创新来源于活力。当前，财税工作压力很大，要求很高，局长们要积极研究新形势下激发干部队伍活力的有效方法。要搭好"台子"，搭建学习、交流、激励等平台，让干部施展才能有机会、见贤思齐有目标、脱颖而出有空间，2017年将在全省开展先进个人事迹宣讲会，以身边人、身边事教育干部职工；要架好"梯子"，畅通"能上能下"的通道，让有为者有位，更好地激励干部干事创业；要树好"牌子"，充分发挥党团工妇的作用，组织开展形式多样、丰富多彩的主题活动，丰富业余生活，促进干部职工身心健康，并着力营造严肃活泼、积极向上的工作氛围，将"实、稳、优"财税核心价值理念融入个人价值追求和实际工作中。

（2017年1月11日）

全省财政工作

zhejiang caizheng nianjian

全省财税工作

全省财政

【概况】 2016年,全省财政总收入9225.07亿元,同口径*增长7.7%;一般公共预算收入5301.98亿元,增长9.8%(剔除营业税清算等一次性收入,可比增长7.8%),其中税收收入4540.08亿元,同口径增长9.0%。全省一般公共预算支出6974.25亿元,剔除2015年省级使用结转资金盘活存量资金调入预算稳定基金等因素后,可比增长10.0%。

省级一般公共预算收入347.90亿元,增长5.6%(剔除营业税清算等一次性收入因素,增长5.0%);省级一般公共预算支出509.53亿元,完成调整后预算100.1%,同口径增长5.8%。财政总收入占全省生产总值的比重为20.1%。当年全省及省级财政收支平衡。

全省政府性基金预算收入3930.06亿元,增长53.8%;支出3756.02亿元,增长45.9%;省级政府性基金预算收入102.29亿元,下降5.6%;支出37.28亿元,下降13.7%。全省和省级政府性基金预算收支平衡。

全省国有资本经营预算收入74.38亿元,增长48.7%;支出37.74亿元,下降8.2%;省级国有资本经营预算收入28.65亿元,增长1.3%;支出10.97亿元,下降50.0%。全省和省级国有资本经营预算收支平衡。

全省社会保险基金预算收入3758.34亿元,增长16.3%;支出3298.55亿元,增长27.3%;省级社会保险基金预算收入212.11亿元,增长24.7%;支出124.76亿元,增长9.5%。全省和省级社会保险基金略有结余。

【增收节支保运行】 *提升财政收入质量*。2016年全省一般公共预算收入占财政总收入的57.5%,一般公共预算收入中税收收入占85.6%。在确保全省财政收入稳步增长基础上,争取中央财政政策和资金支持,扩大政府可用财力。

加强税收征管。坚持财税与经济协调互动,注重市县联动,关注重要时点收支情况,做好收入分析、预测和监控,实时跟踪收入走势,关注收入进度、结构,剖析原因。针对营改增全面推行后收入形势变化,与省国税局、省地税局协调推进各项工作,确保营改增试点改革全面推开。

规范非税管理。完善政府非税收入管理,建立健全行政事业性收费和政府性基金清单制度。推进非税收入电子化收缴改革,全面推进统一公共支付平台接入实施及应用工作。统一公共支付平台列入2016年国务院办公厅"互联网+政务服务"技术体系建设试点项目,被授予2016年中国"互联网+政务"优秀实践案例50强称号。加强源头管控,做好财政票据日常管理。全年全省收缴政府非税收入4915.70亿元。

合理安排支出。调整支出结构,合理安排财政支出,确保促进发展、改善民生等重点支出需要。全省新增财力用于民生支出的比重保持三分之二以上。落实厉行节约、反对浪费等各项规定,细化行政(参公)单位日常公用经费预算定额标准,明确省级商品和服务支出标准,建立省级日常公用支出标准体系。省级财政拨款安排的"三公"经费支出比上年下降15.8%。

【履职尽责促发展】 *保障实施重大战略*。发行地方政府新增债券492.7亿元、置换债券3572.3亿元,筹措省级财政性资金178.6亿元,争取中央基建投资资金51.2亿元,吸引带动民间投资,促进基础设施等重大项目建设。安排小城市培育专项资金,通过奖补结合和以奖促建等方式,推进小城市培育试点工作。支持海绵城市和综合管廊试点建设,杭州市入选中央第二批综合管廊城市试点,3年将获得中央补助资金12亿元。支持实施以浙商回归、"五水共治"、"三改一拆"等为主要内容的转型升级组合拳,安排治水资金107.3亿元,重点用于水利及城乡污水处理基础设施建设等。出台特色小镇财政政策实施办法,引导金融资本和社会资本加大投入,推动设立与特色小镇建设相关基金。

促进经济转型升级。安排工业与信息化发展资金152亿元,推进"四换三名",促进"两化"深度融合。推动市县加大去产能和"僵尸"企业兼并重组力度。争取中央财政资金3.3亿元,超额完成化解钢铁过剩产能303万吨任务。筹措中小企业专项资金26.4亿元,支持实施"小微企业三年成长计划"。推进结构性减税,落实小微企业税收优惠、研发费加计扣除、高新技术企业所得税优惠、加速折旧等国家统一出台的结构性减税政策。全面推开营改增试点,完善抵扣链条,减少重复征税,全年为企业减税362.7亿元。继续落实小微企业税收优惠等政策,小微企业税收优惠享受面达到100%。实施普遍性降费,暂停征收地方水利建设基金,34项行政事业性收费和政府性基金予以取消、停征、整合或降低标准,减轻企业负担141亿元。阶段性降低社保费,临时性下调失业保险费单位缴费费率至1%、对部分企业职工基本医疗保险单位缴费部分临时性减征1个月、缓缴社会保险费,为企业减负54亿元。

推动政府产业基金实质性运作。完善管理制度,出台政府产业基金投资退出管理办法,加快项目搜寻和市场化对接,推动政府产业基金项目落地实施,支持信息经济等7大万亿产业发展。全省政府产业基金总规模1123亿元,实际到位资金617亿元,累计撬动社会资本投资5052亿元,发挥政府产业基金的杠杆放大和示范引领作用。

促进区域协调发展。落实新一轮省对市县财政体制,加大对市县特别是财政困难地区的转移支付力度,优化转移支付地区分类分档体系,建立换档激励奖补机制。继续实施区域统筹发展收入激励政策,通过财政体制的引导和撬动,鼓励设区市加

大对所辖县(市)的投入,促进区域统筹协调发展。深化财政支农体制机制改革,坚持把"三农"作为财政支出的优先保障领域,确保财政支农投入力度不减弱、总量有增加。支持发展农业适度规模经营,入选中央农村一二三产业融合发展试点省。完善农业"三项补贴"改革,启动实施创新强省农业科技(循环有机农业)示范试点,推动农业可持续发展。支持光伏小康工程,安排2.1亿元在磐安县、龙游县、龙泉市、景宁县、江山市开展试点,切实增加农民收入。

助推生态文明建设。按照"有机整合、分类实施、奖惩结合、加大投入"的总体思路,研究健全生态文明建设财政政策体系方案,探索建立绿色发展财力奖补机制,调动各地保护生态的积极性。完善森林生态效益补偿制度,将主要干流和重要支流源头县及国家级和省级自然保护区公益林的最低补偿标准提高到35元/亩,公益林护林人员管护费用由2.5元/亩提高到3.5元/亩。

【集中财力惠民生】 支持教育事业发展。全省教育支出1300.03亿元,增长2.8%。完善城乡一体化义务教育经费保障机制,全面对接中央义务教育保障新机制,落实"两免一补"政策。继续安排省级财力,奖补市县安排外来务工子女入学,支持和鼓励市县吸收解决就学问题。扶持民办学前教育事业发展,学前教育入园率和质量水平位居全国前列。建立中等职业学校生均公用经费标准,启动高校新型运行保障机制改革。推进中小学教师"县管校聘"管理改革试点;启动教育信息化工作五年规划,提升教师队伍水平。启动高校新型运行保障机制改革,扩大高校自主权。完善省属高校学生奖学金制度,恢复设立"省政府奖学金",并制定《浙江省省政府奖学金管理办法》。

支持公共文化事业发展。全省文化体育与传媒支出158.72亿元。健全基本公共文化服务体系经费保障,安排4.06亿元推进全省基本公共文化服务标准化均等化。支持推进博物馆、纪念馆、美术馆、公共图书馆、文化馆(站)等公共文化设施免费开放。安排9.5亿元资金,保障浙江音乐学院正常运行,确保浙江小百花艺术中心、中国丝绸博物馆改扩建项目工程顺利实施,推进浙江自然博物园、之江文化中心建设,保障G20项目按时实施。支持农村文化礼堂建设,推进公共文化设施和公共体育场馆免费开放。

提升医疗卫生服务能力。全省医疗卫生支出542.4亿元,增长11.7%。深化"双下沉、两提升"工程,支持实施基层首诊分级诊疗,选择海盐、义乌、江山和嵊州4个县(市)启动基层医疗卫生机构补偿机制改革试点。修订《浙江省"双下沉、两提升"工作考核办法》和《浙江省"双下沉、两提升"省级补助资金管理办法》,强化工作目标引导机制和资金规范使用约束机制。规范省级医院资金下沉财务核算管理,推动7家省级医院下沉资金3亿元,构建合作办医长效机制。落实城乡居民基本医疗保险和基本公共卫生服务经费政府筹资责任,分别安排省级转移支付44.3亿元和9.6亿元,确保财政补助标准分别提高至每人每年430元和45元。鼓励多形式开展医疗机构与养老机构合作,推进政府购买基本健康养老服务。

完善社会保障制度。推进机关事业单位养老保险制度改革。继续调整提高企业和机关事业单位退休人员待遇标准。做好社保费缴费登记和费种认定,实行新办企业税费同步登记,缴费登记户数同比增长12.5%。将城乡居民基本医保财政补助标准、基本公共卫生服务经费筹资标准分别提高至年人均430元、45元。支持养老服务体系建设,落实残疾人两项补贴制度。完善社会救助制度,提高最低生活保障标准。省财政安排43.7亿元支持保障性住房建设。

支持农业农村发展。加快推进省农业发展投资基金有效运作,投资9.6亿元,带动社会资本19亿元,银行跟贷21.3亿元。完善政策性农业信贷担保体系,出资4亿元组建省农业信贷担保公司。开展农村综合改革示范试点,深化村级公益事业"一事一议"财政奖补政策运用,全省财政投入33.4亿元,带动社会力量共同建成村级公益事业项目5071个。全面建立耕地保护补偿机制。支持开展农村垃圾减量化、资源化处理试点。推进农业综合开发,全省财政投入20.7亿元,支持农业绿色、生态、可持续发展。省财政安排13.1亿元,推动农村基层党组织和基层政权建设。

【深化改革抓落实】 深化预决算管理。建立健全省级支出标准体系,试行行政、参公事业单位基本支出预算由系统自动编制生成。调整完善行政单位通用办公设备家具配置标准。探索建立项目支出标准化制度,对省级项目支出实行分级管理。加强省级部门预算执行进度管理,对2016年省级部门预算执行率偏低的19个部门,核减预算3398万元。推进预决算公开,出台《关于进一步推进预决算公开工作的实施意见》,除涉密事项外,省级96个部门公开部门预算和"三公"经费预算。加快推广实施转移支付项目库系统,完善转移支付项目信息采集。研究推动中期财政规划管理。

创新财政资金管理。按照"四张清单一张网"建设要求,完善专项资金管理清单,加快项目库建设,推动专项资金监管系统全覆盖。盘活存量资金,健全动态管理和定期清理机制。推动PPP项目落地实施,签约47个省级推荐项目。加快省基础设施投资(含PPP)基金运作,设立7个PPP子基金,投资省内18个PPP项目,带动社会资本651.8亿元。深化政府购买服务改革,完善制度体系,选择16项公共民生热点项目开展试点,全省政府购买服务预算金额159.5亿元。

强化政府债务管理。提请省政府出台《关于进一步加强地方政府性债务管理的实施意见》,构建"1+8"债务管理制度体系。建立地方政府债务风险预警体系,实行"红、黄、绿"三色预警。对高风险地区实施化债计划管理,对中低风险地区实施与债务风险管控质量挂钩的财政奖惩政策。开展存量债务置换,2015年以来累计争取地方政府债券6965.6亿元,每年可节约政府融资利息支出300多亿元。密切关注社保基金运行情况,严格把好支出口子。

【夯实基础强监管】 创新财税管理。开展政府综合财务报告试点，实施省级国库现金管理，持续深化公款竞争性存放。启动社保基金保值增值运作，指导台州等16个试点地区开展实质性运作。出台省级公务出行保障费用预算管理办法，完善立体式公务支出标准体系。创新政府采购模式，与阿里巴巴公司合作，开发建设“政采云”平台，实现政府采购网上交易、监管和服务一体化运作，并率先在省级有关单位试点。完成全省行政事业单位国有资产清查，全面摸清资产家底，夯实管理基础。有序推进管理会计应用试点。将纳税人遵从度评价纳入社会信用体系建设，开展A级信用纳税人联合激励和税收违法“黑名单”联合惩戒工作。强化纵向涉税数据集中和横向部门信息共享，建立财政、国税、地税三方合作机制，加强大数据分析应用，全省通过第三方数据分析应用，实现增收逾130亿元。

加强财税监督。推进财税法制建设，推广“双随机一公开”监管模式，营造公平的财税环境。构建“内控、内审”和“外控、外审”相结合的财政监督机制，组建内部控制组织管理架构，成立内部控制委员会，建立“1+8+X”内部控制制度体系，强化内部流程控制，防止权力滥用。完善国库集中支付动态监控体系。推进全省行政事业单位内部控制建设。

强化资金安全。组织开展财政资金安全检查，加大财政存量专户清理力度，强化管理薄弱环节。推进省级国库现金管理，常态化开展省级财政存款竞争性存放，累计规模达245亿元，平均年收益率2.1%。

优化财税服务。深入推进财政领域“放、管、服”改革，推动“互联网+政务服务”民生实事，全面推广会计从业资格证书“网上申领、在线服务、快递送达”。配合推进“五证合一”“两证整合”商事制度改革。在注册会计师和资产评估师行业启动实施服务清单制度。（省财政厅供稿　颜伟杰执笔）

全省国税

【概况】 2016年，浙江国税部门坚持组织收入原则，深化收入目标管理，增强全局统筹性、征管精准性、考核严肃性，实现了国税收入平稳增长。浙江国税总收入完成5868.70亿元，同比增长11.1%，增收584.99亿元；国税部门组织收入5154.59亿元，首次突破五千亿元大关，同比增长13.8%，增收624.23亿元，剔除新扩围营改增*增值税后国税收入同比增长1.8%；办理出口退（免）税1954.78亿元，总量跃居全国第二位。

【国税收入分析】 国税收入规模稳居全国第五。2016年，浙江国税部门（以下均不含宁波）组织收入3797.55亿元，仅次于北京、上海、江苏、广东（不含深圳），位居全国第五；国税收入增幅超过全国平均水平，同比增收519.69亿元，增长15.9%，超过全国国税收入增幅4.17个百分点，高于广东省（14.9%，不含深圳）、北京市（8.7%）、上海市（2.2%）、山东省（14.6%，不含青岛）等收入大省（市），位居全国36个省市区国税局第十五位。

原有税源税收收入稳步增长。浙江国税按照“客观地定、科学地分、合理地调、准确地考”的新型收入管理要求，采取分解计划、落实责任、加强监控、强化征管等多项措施，确保原有税源税收收入实现平稳增长。剔除新扩围营改增和调库因素后，2016年浙江国税不含调库和新扩围营改增同比增长5.7%。由于各项减税政策的推进，税收增速略低于全省经济增幅。

国税收入结构稳步向好。剔除新扩围营改增增值税后，2016年浙江国税收入中第三产业的占比为39.2%，较2015年上升0.8个百分点，处于稳步上升的通道之中。汽车制造（40.8%）、软件和信息技术服务（40.6%）等代表高技术、新经济的行业国税收入实现较快增长。

各市地国税收入普遍增长。2016年，因经济增长和营改增扩围因素，各市地国税收入均实现较快增长，其中：省局直属税务分局、舟山、丽水、杭州、衢州、湖州、台州等7个单位国税收入增幅超过15%，温州、金华、绍兴、嘉兴等4个单位国税收入增幅也在10%以上。剔除新扩围营改增和免抵调库因素后，各市地国税收入均实现同比正增长。

【服务地方经济发展】 全面落实税收政策。2016年全省国税部门办理各类减免税823.62亿元，其中鼓励高新技术减免234.40亿元，支持金融资本市场减免228.65亿元，促进小微企业减免65.83亿元，支持三农减免39.35亿元，改善民生减免48.35亿元，节能环保减免49.75亿元，支持文化教育体育减免12.76亿元。落实出口退税政策，加快出口退税进度，优化出口退税服务，严密防范和打击骗取出口退税违法行为，全省办理出口退（免）税1378.47亿元，位列全国第三，有力地促进了全省外贸止跌向好。

支持推动供给侧结构性改革。聚焦“三去一降一补”，推动处置“僵尸企业”，落实降低企业杠杆率税收支持政策，加强政策帮扶，优化税收服务，减轻企业负担，降低企业成本。服务全省国家战略和重大决策。落实跨境电子商务出口税收政策，助推“单一窗口”平台建设。完善市场采购贸易出口货物免税管理，促进义乌、海宁皮革城市场采购贸易方式落地。加大外贸综合服务企业支持力度，落实增值税零税率应税服务退（免）税管理办法。主动服务“一带一路”战略，全力对接中国（浙江）自贸区税收政策需求，联合省地税局创建全国首个国际税收服务点，为企业“走出去”营造良好税收环境。

【深化税收改革】 全面推开营改增试点。仅用43天时间完成建筑、房地产、金融、生活服务四大行业76.97万户纳税人税制转换，实现所有行业税负只减不增。2016年全省营改增增值税入库448亿元，对浙江国税收入的增收贡献率达86.2%，直接拉动全省国税收入增长13.7个百分点；营改增累计减税362.68亿元，其中5~12月新增四大试点行业减税66.11亿元，税负下降11.6%。分行业看，建筑业减税10.09亿元，税负下降6.8%；房地产业减税5.85亿元,税负下降5.7%;金融业减税11.47亿元,税负下降6.5%;生活服务业减税38.7亿元,税负下降27.2%。

深化国地税征管体制改革和国地税合作。健全领导机制,提请成立浙江省推进国税、地税征管体制改革工作领导小组,制定实施《浙江省深化国税、地税征管体制改革实施方案》。完善国地税联席会议机制,细化任务分解,层层压实责任。围绕6大方面28类改革事项,实施省级层面62项改革任务,其中57项落实到位,另有5项已着手实施。落实国地税合作规范3.0版及实施意见、工作指引、示范区建设方案、绩效考核和督导检查等系列制度,承接总局规范的51项合作事项,37项基本合作事项落实到位,14项创新合作事项有序开展,10个县级示范区建设各具特色,具有浙江特色的国地税合作新格局初步成型。

【推进依法治税】 加强法治示范教育。推进法治税务示范基地建设,建成1家全国、9家省级法治税务示范基地。首创税务、司法、教育多部门税法宣传教育共治模式,出台浙江省税务系统税法宣传教育"七五"规划。加强法治队伍建设,成立省国税局公职律师办公室,统筹公职律师管理,基本实现各级国税机关法律顾问全覆盖。

严厉打击涉税违法行为。开展打击骗税和虚开专项行动,推进重点稽查对象随机检查,优化县级稽查资源,尝试"风险推送、定向稽查"检查模式,实施营改增高风险企业专项行动,大要案查处成效显著。2016年全省国税稽查查补收入38.11亿元,增长56.12%。推进税收"黑名单"工作,实施联合惩戒。探索国地税联合稽查,深化公安派驻税务联络机制建设,推进税警协作常态化。

【完善征管服务】 推行系列便民办税措施。开展"便民办税春风行动",细化10类45项服务措施,落实税收征管规范和纳税服务规范升级版。推进办税服务综合管理系统建设,完善涉税事项"同城通办",实现7大类28项203个办税事项省内通办。规范自助办税终端管理,推进24小时自助办税服务。推进国地税联合办税场所建设,推行"一窗通办"。浙江国税系统在2016年全国纳税人满意度调查中排名第一。

优化升级纳税服务平台。完善网上办税功能,上线运行"浙江国税APP",打造掌上移动电子税务局。推行办税事项"二维码"一次性告知和双向预约服务,实现错峰办税。完善12366咨询服务,优化"纳税人需求、税收知识库、专业化团队"三项管理,加强省局网站与服务热线的网线互通及后续整合。加强涉税中介监管及行业党建工作。

加强纳税信用管理应用。开展2015年度纳税信用国地税联合评价,拓展"银税互动"合作,2016年为8256户小微企业提供161.56亿元信用贷款,"税银互动·税易贷"项目获得2016年"浙江省十大服务小微企业优秀项目"第一名。

【提速信息化建设】 金税三期*正式上线运行。制定金税三期工程优化版上线实施方案,成立核心业务工作团队,开展差异分析及交互确认工作,做好数据清理、迁移和初始化等前期准备工作,编写金税三期操作指引,优化改造特色软件,推进双轨运行和单轨切换,10月8日起金税三期系统在全省成功上线运行,系统运行平稳,办税秩序良好。

探索推进"互联网+税务"建设。积极推进杭州国地税电子税务局建设、涉税单证底账应用和"互联网+便捷退税"三项试点示范工作。建立国地税信息交换平台和信息共享机制,整合国地税门户网站,初步实现纳税人登录一个平台、办理两家业务。落实省政府"互联网+政务服务"要求,纳税证明网上开具功能在浙江政务服务网上线运行。

推进增值税管理信息化。推行增值税发票管理新系统,在全省推广增值税电子普通发票,落实取消增值税发票认证工作,开展小规模纳税人自开增值税专用发票试点。深化增值税发票数据应用,防范税收风险。

【激发队伍活力】 加强领导班子建设。培养选拔领导班子正职,优化领导班子年龄结构,加强后备干部队伍建设,增强班子领导能力和整体功能。7个市局领导班子得到加强,调整配备市局班子领导干部17人次。

规范人事管理。2016年省国税局共选拔任用处级干部63人(次)。制定出台《关于加强市、县国家税务局领导班子建设的意见》《处级领导干部交流工作办法》,规范干部选任工作。消化市县局科级非领导职务超职数配备问题,国地税联合开展干部相互挂职交流。改革个人绩效管理和数字人事制度。制定个人绩效考评工作办法,强化考评结果运用,实现"真考实用"。"数字人事"正式上线运行。

培养人才队伍。落实"素质提升'115'工程"*,5名干部入围第四批全国税务领军人才培养对象,领军人才入围总人数目前居全国第一。开展"岗位大练兵　业务大比武"活动,举办党规党纪知识竞赛和"党规党纪在我心中"主题演讲比赛,评选"最美国税人""纳税服务之星",营造学习先进、崇尚先进、赶超先进的良好氛围。 (省国税局供稿　王　伟执笔)

注:

*"营改增":营业税改增值税。

*"金税三期":全国统一的国地税合一的税收管理信息系统工程。

*"素质提升'115'工程":国税总局计划从2016年至2020年,打造一支拥有1千名领军人才、1万名业务骨干和5万名岗位能手的高素质人才队伍。

全省地税

【概况】 2016年,全省地税部门以"五大发展理念"为引领,围绕省委、省政府决策部署,立足本职,服务大局,抓好组织收入中心工作，完成了全面推开营改增试点、全面资源税改革、“金税三期”征管信息系统上线、全国税务系统纳税人满意度调查以及绩效管理等四项重点任务，地税收入实现较快增长。2016 年，全省地税部门共组织各项收入 6548.1 亿元，同口径增长 15.3%；其中：税收收入 3520.9 亿元，同口径增长 17.1%；非税收入 3027.2 亿元，增长 13.3%。

【收入分析】 营改增后地税贡献不减，仍是地方财力主力军。受全面推开营改增试点影响，全省地税系统组织的税收收入虽然总量下降(同比减收 88 亿元，同比下降 2.4%)，但组织收入总量仍小幅增长(同比增收 268 亿元，同比增长 4.3%)。从贡献度看，2016 年全省地税系统组织收入对一般公共预算收入的贡献为 3024 亿元，占比 57%，组织社会保险基金收入 2674 亿元，仍是组织地方可用财力的主力军。

营业税圆满收官，所得税成为地税增收主力。由于 2016 年 5 月 1 日起营改增试点全面推开，前期缓缴、欠缴税款在试点开始前集中入库，加之楼市持续升温等因素作用，2016 年 1 至 5 月营业税累计增幅高达 29%。全年入库营业税 770.8 亿元。企业所得税和个人所得税分别入库 555.7 亿元和 792.7 亿元，增长 9.7%和 19.3%，合计增收贡献率为 34.6%。企业所得税较快增长主要受益于房地产业企业所得税(37.5%)和商务服务业企业所得税(24.9%)的快速增长。信息服务业企业所得税虽然占比不高，但增速达到 62.6%。个人所得税保持快速增长的良好态势，一方面得益于工资薪金收入水平提高以及对高收入者税收管理的不断加强，另一方面是部分企业股权激励、股权转让个人所得税高幅增长的拉动。地方十税中，受房地产市场带动，土地增值税、契税、耕地占用税分别增长 11.6%、25.2%和 32.4%。得益于机关事业单位养老保险集中补缴入库，社会保险基金收入保持 16.1%的高增幅。地方水利建设基金 2016 年 4 月 1 日起减按 70%征收，并从 2016 年 11 月 1 日起暂停征收，全年入库 81.6 亿元，同比下降 29.4%。

地区间税收增幅差距拉大，杭州增长贡献近半。全省除两个地区以外，其余地区地税部门税收收入均实现了两位数的同口径增长，但差距有所拉大。2016 年杭州市地税部门税收收入同口径增长 30.2%，快于全省地税税收增幅 13 个百分点，对全省地税收入的增长贡献率达 47.1%。

【服务大局】 落实省委省政府重大决策部署。针对治危拆违、“五水共治”、浙商回归、“僵尸企业”处置等省委省政府中心工作，以“解难题、送服务、办实事”为原则，研究有效举措，制定助推政策，发挥税收职能，主动服务“拆治归”等转型升级组合拳，推进八大万亿产业和特色小镇加快发展，全力保障 G20 杭州峰会。对接舟山自贸区税收政策需求，服务“一带一路”战略，联合国税部门在义乌开展“国际税收专场对接宣讲会”，设立全省首个“国际税收服务点”和“国际税收专窗”。会同国税、工商部门在全省联合组织开展“深入推进‘个转企’百日专项行动”，对 5500 多户个体工商户进行“个转企”税务变更登记。继续实施城镇土地使用税分类分档减免政策，全年共减免城镇土地使用税 13.4 亿元，收储和盘活土地 7.5 万亩，支持优质高效企业发展。

推进“放管服”改革。落实“四单一网”改革要求，全省地税系统实现“零审批”。配合推进“五证合一”“两证整合”商事制度改革，切实做好信息传递、注销管理等工作。简化地方税费减免办理手续，从“先征后减”向“征前减免”转变。与公安、法院等司法部门协作，健全税收司法保障机制。联合多部门开展纳税信用 A 级纳税人联合激励和税收违法“黑名单”纳税人及当事人联合惩戒工作，推进事中事后监管和社会信用体系建设相衔接，促进税法遵从。

落实税费优惠政策。推进创业创新，落实好企业研发费加计扣除、高新技术企业所得税优惠政策、小微企业税收优惠政策、固定资产加速折旧扩围政策、股权激励和技术入股个人所得税优惠政策，小微企业税收优惠享受面达到 100%。落实支持大众创业、重点群体就业创业、棚户区改造等各项重点税收优惠政策，对符合产业发展导向的纳税确有困难的企业减免房产税、城镇土地使用税。落实好减按 70%征收以及全面暂停征收等地方水利建设基金优惠政策，2016 年为企业减负 82 亿元，惠及 290 余万户纳税人。临时性下调失业保险费单位缴费费率至 1%、对部分企业职工基本医疗保险单位缴费部分临时性减征 1 个月、缓缴社会保险费，为企业减负 54 亿元。

加强税收分析。对接国家和省委省政府重点工作，挖掘税收数据价值，以税收视角反映社会经济发展的“形”与“势”，为领导决策提供精准参谋。2016 年共向省委省政府和国家税务总局报送专报 60 余篇，其中 24 篇获得省部级领导批示肯定。

【推进改革】 全面推开营改增试点。克服试点纳税人数量占全国 1/10 的巨大挑战，如期移交 96 万户营业税纳税人基础信息，做好二手房和个人出租不动产代征代开工作，实现税制平稳转换。营改增试点全面推开至 2016 年底，全省地税系统共接待增值税办税人员超过百万人次，累计代开增值税发票 56.8 万张，代征增值税 29.6 亿元。

全面推进资源税改革。落实“绿色税收”理念，坚持“清费立税、税费平移”原则，深入调研、精细测算，通过开展行业、企业的逐户调研测算，确定 37 种资源税税目、计征方式和征税对象，平稳推进资源税改革。

落实税收征管体制改革。贯彻落实《深化国税、地税征管体制改革方案》，研究推进地税稽查管理体制改革，改革属地稽查模式，提升税务稽查管理层级。深化国地税合作，推动国地税服务深度融合、执法适度整合、信息高度聚合。全省国地税共建办税服务厅 80 个，共驻政务中心 103 个，在 223 个办税服务厅互设窗口，纳税人报送资料减少 20%，综合办税成本下降 20%以上。

【税收法治】 严格落实依法治税。坚持依法治税、从严治队。完善全省地税系统领导干部日常学法和年度述法制度，建立健全依法行政领导小组议事制度，推进公职律师和“法律顾问”制度，组建系统公职律师队伍和系统政府法律顾问团。联合省国税局统一下发《浙江省税务行政处罚裁量基准》和《浙江省税务行政处罚裁量基准实施办法》，统一国地税处罚裁量标准，增强执法透明度。制定《浙江省地税系统行政执法人员行为规范手册》，规范基层执法，严肃执法纪律。启动“七五”普法，在浙江大学开展普法进校园活动。在省政府“法治政府建设（依法行政）”考核中荣获省级部门第二名。

【税费管理】 *强化税收风险管理*。抓好风险管理统筹作用，统一推送风险管理项目，提高风险识别和风险应对能力，加强堵漏增收。联合国税部门确定税收风险管理合作重点行业、企业和项目，协同开展风险应对，形成风险管理合力。2016 年全省地税系统通过风险管理追征税费 114.8 亿元。

加强税种税源管理。对建筑业、房地产业、金融业、生活服务业等营改增行业开展专项评估，持续推进营业税专项辅导清理。进一步加强个人所得税全员全额明细申报管理，电子明细申报覆盖面达 100%。加强非居民税收管理工作，探索建立“走出去”纳税人风险管理，开展国际税收情报交换、反避税和协定执行工作。深化以地控税，做好存量房评估工作。制发《浙江省地方税务局印花税核定征收管理办法》，加强印花税征收管理。继续加大对房地产开发企业的土地增值税清算力度，完成清算审核项目 362 个。落实《耕地占用税管理规程（试行）》，进一步规范耕地占用税征管工作。

夯实社保费征管基础。做好缴费登记和费种认定工作，全面实行税费同步登记，缴费登记户数较上年增长 10.4%。加强缴费申报管理，落实催申报制度，社会保险费月均申报率稳定在 98%左右。完善零申报管理办法，加强零申报率管理。加强欠费清理工作。

深化信息管税。推进部门协作，扩大合作范围和领域，推动构建税收共治格局。强化纵向涉税数据集中和横向部门信息共享，建立财政、国税、地税三方合作机制，深化第三方涉税信息应用。2016 年全省地税系统获取各类涉税信息超过一千万条，通过信息共享和利用实现增收逾百亿元。

发挥税务稽查职能。继续试行税务稽查重点税源企业随机抽查。制发《浙江省地税系统税务稽查随机抽查管理实施办法（试行）》，明确税务稽查随机抽查事项的抽查依据、抽查主体、检查内容、抽查比例和频次、抽查方式等内容，全面落实“双随机、一公开”制度要求。加大发票违法行为查处力度，全省地税系统共查处发票违法企业 767 户，查处非法发票 1.6 万份，发挥税务稽查震慑作用。开展稽查“积案”清理百日专项行动，防范执法风险。

【纳税服务】 *实现“个税证明”网上自助查询打印*。落实省政府 2016 年十大民生实事之一——纳税证明“网上申请、在线办理、快递送达”工作，并创新实现个人纳税证明“网上查询、自助打印”。应用以来，在线自助查询个人所得税缴税情况 13 万余次，个人纳税证明在线打印 6100 余份。

拓展“税银互动”。推广“银税互动”模式，与 14 家银行签订合作协议，用税收“好信用”为企业信贷“增信”，金融机构据此向 9545 户小微企业发放信用贷款 166 亿元。“银税互动”被评为十大服务小微企业创业创新优秀项目之首。

优化纳税服务。2016 年，全省 234 个纳税人之家举办 838 次辅导培训，解决解答问题 2 万个，组建 338 个纳税服务志愿者队伍，开展 1535 场次志愿服务活动。开展“问需求、优服务、促改革”专项活动，组织座谈会 760 次，走访纳税人 3.4 万户。提高 12366 服务水平，做好全面推开营改增试点、“金税三期”上线期间的咨询服务保障工作。打造省市县三级联动的网上纳税人学堂，拓展多元化培训形式。在 2016 年全国纳税人满意度调查中，浙江地税蝉联全国地税系统第一名，其中在省会城市、地级市和县（市、区）3 个层级，在“政策落实”“规范执法”等 5 个方面均获得全国第一。

【信息化建设】 *成功上线“金税三期”*。抽调 320 多名业务骨干，经过 10 个多月集中攻坚，克服信息数据最多、对接工作最大、转换要求最高的困难，完成各阶段工作任务，2016 年 10 月 8 日“金税三期”成功上线，成为全国运行最平稳的地区。

创设“国地税联合电子税务局”。依托“金税三期”平台，联合省国税局打造“浙江国地税联合电子税务局”，与“金税三期”同步上线，实现纳税人“一次登录，通办国地税业务”、财务数据“一次采集，国地税共享”，并重点开发个性化服务，增加数据自动保存、放大镜、预约取号等功能，为纳税人提供“贴心”服务。

率先引进支付宝缴税。在全国率先将支付宝缴税（费）功能嵌入“金税三期”系统中，纳税人可以选择“第三方支付”缴款方式，通过支付宝手机端轻松、安全、便捷完成缴纳税（费）款。

建设 12366 智能坐席“智能小西”。利用浙江财税 12366 服务平台长期积累的“问库”数据，构建“智能咨询系统”——智能“小西”，提供全天候的智能咨询服务。完善“智能小西”自动升级功能，确保“智能小西”快速响应，准确答复。

【队伍建设】 *严抓党风廉政建设*。深入贯彻落实党的十八届六中全会精神，开展“两学一做”学习教育，推动全面从严治党向基层延伸。落实主体责任，成立督察内审处，与省地税局机关纪委合署办公，进一步理顺工作职责。落实监督责任，按照纪检组派驻全覆盖的要求，稳步推进地税系统纪检监察机构改革，有效衔接纪检监察、党风廉洁建设等工作。

狠抓绩效管理。建立并完善税务总局、省政府、省地税局机关、全省地税系统“四位一体”的绩效考核体系，发挥绩效管理结果导向、过程管理、关键指标作用，任务细化、量化、到人、到岗、限时、保质，取得显著成效，在国家税务总局绩效考核中，浙江地税荣获全国地税第四名，位列“优秀”等次，是全国位次提升最快的 4 个省市之一。

加强人才队伍培养。运用"领军人才"培养、岗位大练兵、业务大比武、"地税大讲坛"等载体加大人才选拔培养力度。在2016年全国税务系统"领军人才"选拔中,入选人数跃居全国71个国地税单位第一名,在全国税务系统"业务大比武"中荣获全国地税系统第四名,征管类单项荣获全国税务系统第一名。

(省地税局供稿　夏文俊执笔)

附表:

2016年浙江省地税组织收入情况统计

单位:万元

项　目	累计入库	上年同期	同口径增长%	同比增长%
税务部门组织的收入	65481494	62801608	15.30	4.27
一、税收收入	35209047	36088257	17.06	-2.44
1. 营业税	7708345	12013328		-35.84
2. 企业所得税	5556742	5066064	9.69	9.69
3. 个人所得税	7927377	6643365	19.33	19.33
4. 资源税	117613	115259	2.04	2.04
5. 土地使用税	1341339	1328558	0.96	0.96
6. 城建税	3055554	2825198	8.15	8.15
7. 印花税	675773	707271	-4.45	-4.45
8. 土地增值税	2345489	2101604	11.60	11.60
9. 房产税	1843029	1799810	2.40	2.40
10. 车船税	467093	429551	8.74	8.74
11. 烟叶税	139	131	6.11	6.11
12. 耕地占用税	826473	624415	32.36	32.36
13. 契税	3047897	2433703	25.24	25.24
14. 增值税(代征增值税)	296184		-3.71	
二、非税收入	30272447	26713351	13.32	13.32
1. 教育费附加	1423347	1311347	8.54	8.54
2. 文化事业建设费	4978	11899		-58.16
3. 社保基金收入	26739588	23031957	16.10	16.10
其中:(1)养老保险基金	16793388	14745775	13.89	13.89
(2)医疗保险基金	6569855	5998970	9.52	9.52
(3)失业保险基金	759302	840486	-9.66	-9.66
(4)工伤保险基金	486844	533554	-8.75	-8.75
(5)生育保险基金	362595	369821	-1.95	-1.95
4. 地方水利建设基金	815819	1155463	-29.39	-29.39
5. 地方教育附加	950626	875699	8.56	8.56
6. 残疾人就业保障金	326013	310667	4.94	4.94
附:地税部门代征工会经费	92591	81258	13.95	13.95

财政分项工作

财政预算管理

【概况】 2016年，浙江省财政预算工作积极适应经济发展新常态，秉承“促进发展、保障民生、科学理财、加强监管”的理财观，做好“生财、聚财、用财”三篇文章，坚持稳中求进，不断改革创新，积极支持经济社会发展，加快构建具有浙江特色的现代财政制度，财政收支运行总体平稳。2016年，全省一般公共预算收入5301.98亿元，增长9.8%，剔除营业税清算等一次性收入因素，增长7.8%，其中，省级一般公共预算收入347.90亿元，增长5.6%，剔除营业税清算等一次性收入因素，增长5.0%；一般公共预算支出6974.25亿元，完成预算的105.3%，增长10.1%，其中，省级一般公共预算支出509.53亿元，完成调整后预算100.1%，增长5.8%。

【深入推进各项财税体制改革】 推进省以下财政事权和支出责任划分改革，根据《国务院关于推进中央与地方财政事权和支出责任划分改革的指导意见》精神，结合浙江省实际，研究制定贯彻落实的初步意见。加强农业转移人口市民化与转移支付挂钩机制研究，根据《国务院关于实施支持农业转移人口市民化若干财政政策的通知》精神，研究支持农业转移人口市民化的财政政策体系，引导各地加快农业转移人口市民化进程。落实营改增改革各项措施，加强改革政策宣传解释，做好市县财力影响测算分析，及时调整相关预算管理办法，并做好各阶段收入调库等工作，促进营改增改革平稳推进。

【健全生态文明建设财政政策体系】 按照“有机整合、分类实施、奖惩结合、加大投入”的总体思路，研究制定浙江省生态文明建设财政政策体系方案。结合重点生态功能区试点政策的推广实施，形成浙江省绿色发展财政奖补机制初步方案，集中推进节能减排奖惩制度，深化开化县、淳安县重点生态功能区建设机制创新试点，以及生态功能区扩围、生态环保财力转移支付制度等方面改革，改进和完善相关机制体制。

【深化专项资金清单管理改革】 完成2016年财政专项资金管理清单的编制工作，起草《关于进一步深化财政专项资金清单管理改革的实施意见》初稿，做好2016年财政专项资金管理清单数据采集工作，加强对市县数据采集工作的指导督促，推动财政专项资金监管平台的全覆盖使用及常态化运行。

【深入推进国有资本经营预算改革】 扩大国有资本经营预算编制范围，将省级净利润100万元以上的一级国有企业全部纳入2017年国有资本经营预算编制范围，扩面38家。完善省属国有资本收益收取行业分类方法，结合省国资委对省属企业功能定位和分类监管管理方式转变，对省属国有资本经营预算企业进行重新分类，将原按基础性行业和竞争性行业分类收取修改为按功能类和竞争类分类收取，其中，功能类企业国有资本收益收取比例为20%，竞争类企业为15%。

【推进预决算信息公开】 报请省委、省政府下发《关于进一步推进预决算公开工作的实施意见》，要求全省各级政府部门严格贯彻落实，坚持“公开为常态、不公开为例外”原则，扩大预算公开范围，细化公开内容，拓宽公开渠道，提高预算透明度。探索建立全省及省级部门预决算公开排行榜制度，通过评比排名，提高全省各级政府部门对预算公开工作重要性认识。2016年，全省11个地市及其所辖县（市、区）均已公开本级政府预算，并不同程度公开本级“三公”经费预算汇总情况、本级部门预算及部门“三公”经费预算情况。

【做好省对市县年终结算】 兑现收入激励奖补、高新技术产业地方税收增量返还奖励、区域统筹发展激励奖补、营改增补助、“个转企”补助、重点生态功能区示范区建设试点等财政政策。落实海洋经济发展、山区经济发展专项资金政策，引导和支持地方加快经济发展，促进经济结构调整和产业转型升级。做好县级基本财力保障转移支付、均衡性转移支付、生态环保财力转移支付、财力性专项补助、市县运行和发展补助资金等资金分配，落实重点县特别扶持政策，加大对市县特别是财政困难地区的转移支付力度，提升基本公共服务均等化水平。完成监狱劳教企业增值税先征后返补助、矿产资源补偿费等单项结算事项。

【健全省级支出标准体系】 细化行政（参公）单位日常公用经费预算定额标准，明确省级商品和服务支出标准，建立较为完善的省级日常公用支出标准体系。试行行政、参公事业单位基本支出由预算系统自动编制生成，人员经费按实编制，其中，行政及参公单位人员经费预算编制按照省人力社保厅统发办提供的工资报表等资料按实编制。

【推动项目支出标准化建设】 对省级部门项目支出预算实行分级管理，完善项目设置规则，对项目进行规范整合。修改完善省级部门项目支出预算管理办法，内容主要包括项目分级管理、项目标准化设置、规范项目前置审批、项目支出科目规范化、加强项目绩效管理、项目中失责追究等，对项目支出预算的分类、申报、审批、执行、评价、监督等全过程管理做出进一步规范明确。

【加强地方政府性债务管理】 创新地方政府债务管理机制体系，制定并报请省政府下发《关于进一步加强地方政府性债务管理的实施意见》，建立“1+8”管债制度新体系。用足用好地方政府债务限额,发挥债券资金在促进经济发展与稳增长方面的作用,向中央争取地方政府新增债务 497 亿元,支持中低风险地区加快发展。优化支出结构,加大地方政府债券资金对基础设施、生态环境以及社会事业领域投入,实现"集中财力办大事"。加快推进置换债券置换存量政府债务进度,2016 年,全省争取地方政府置换债券 3672 亿元,发行置换债券 3572.3 亿元,降低地方政府债务成本,优化债务结构。

【创新债务风险管控奖惩机制】 建立"红、黄、绿"三色风险预警体系,对债务风险实施分类管理。对高风险地区(债务率高于 100%)进行红色预警,督促实施 5 年化债计划管理,要求地方在 5 年内将债务率降到警戒线以内,未降到警戒线以内之前不予增加新增债券,对未完成年度化债任务的市县进行财政扣罚。对于黄色警示的中风险地区(债务率处于 95%(含)~100%)和绿色安全的低风险地区(债务率低于 95%),实施与地方政府债务风险管控质量挂钩的财政奖惩政策,切实防范债务风险,发挥债务资金服务地方经济发展的积极作用。

(省财政厅总预算局供稿　王　鹏执笔)

财政税政

【全面推开营改增试点改革】 会同省国税局、省地税局协调浙江省全面推开"营改增"试点的各项工作,确保改革顺利进行。配合省国税局、省地税局和省委宣传部做好营改增专题宣传工作,营造良好舆论氛围。截至 2016 年 12 月底,全省试点纳税人 113.12 万户(不含宁波,下同),其中:一般纳税人 16.37 万户,占 14.5%;小规模纳税人 96.75 万户,占 85.5%。试点纳税人全年累计实现增值税应纳税额 682.10 亿元,减税 362.67 亿元,其中,营改增试点纳税人因税制转换净减税 228.82 亿元;原增值税纳税人因增加抵扣减税 133.85 亿元。

【开展矿产资源税从价计征改革】 协同省地税局、省国土资源厅,研究制定具体测算方案,收集整理测算数据,按照"清费立税、合理负担"的原则对《资源税税目税率幅度表》中列举名称的 21 种资源品目中涉及浙江省的 14 种矿产品目资源税费负担情况进行详细测算,提出各矿产品资源税具体适用税率建议,相关建议获省政府批准,并报财政部核准。对于《资源税税目税率幅度表》中未列举名称的其他金属和非金属产品,列举 25 种纳入全省资源税开征范围,并提出相应的适用税率建议,由省政府正式发文予以明确,确保全省矿产资源税全面从价计征改革顺利实施。全省(含宁波)资源税涉税企业 786 户,已税申报户 786 户,资源税申报率 100%,2016 年 8~12 月累计入库资源税 3.31 亿元,其中委托代征代扣代缴税款 1.06 亿元,纳税人自行申报税款 2.25 亿元,与改革前"资源税"和"矿产资源补偿费"合计负担水平相比,减轻企业税费负担 1.65 亿元,与按改革前负担率本期应征收资源税费比较,税负下降 41.9%。

【做好涉税政策调研】 做好 2016 年度重点企业税源调查快报工作。会同省地税局组织开展全省本年度重点企业税源调查工作,统计汇总全省年度重点企业名单 335 户并上报财政部,超额 15.5%。每季度终了后 15 日内填报快报报表,完成企业数据的收集、汇总、审核、上报工作。开展 2016 年重点产品国际竞争力调查研究。对 41 户箱包生产企业开展调查,并完成调研报告。调研发现,全省箱包企业主要集中在温州和嘉兴地区,属于劳动密集型企业,用工成本高,国际市场竞争激烈,利润率较低。

开展金融企业税负变化情况调研。选取省内 10 户金融企业法人单位开展税负变化情况调研,其中:实行简易计税的金融企业 4 户,实行一般纳税的金融企业 6 户。

开展内部车辆等车船税优惠政策调研工作。会同省地税局组织开展对已缴纳船舶吨税的机动船舶以及依法不需要在车船登记管理部门登记的机场、港口、铁路站场内部行驶或者作业的车船免征车船税相关专题调研工作。

开展节能节水、环境保护专用设备企业所得税优惠政策执行情况的调研。会同省国税局、省地税局和省发改委开展调研。2008~2014 年,全省共 944 户次企业享受该项所得税优惠,抵免企业所得税税额 4.67 亿元。

【涉税资格认定】 牵头会同省国税局、省地税局完成 85 户省级非营利组织免税资格认定,其中:社会团体 63 户、基金会 10 户、基层群众自治组织 8 户、民办非企业单位 3 户、事业单位 1 户。牵头会同省国税局、省地税局认定 6 户群众团体的公益性捐赠税前扣除资格。配合做好高新技术企业认定工作,2016 年由省高新技术企业认定管理工作领导小组*认定并通过国家备案的高新技术企业 2188 户。

【其他涉税工作】 贯彻落实监狱戒毒企业有关税收政策,会同省国税局、省地税局与省监狱管理局面商,落实好所得税、增值税征收政策衔接工作。

组织开展对全省承担省、市、县政府有关部门委托商品储备业务的商品储备管理公司及其直属库名单确认工作,经商省级有关部门和宁波市财政局,并报省政府批准确认的全省储备商品企业及其直属库 545 户,可享受相关税收优惠政策。

会同省国税局、省地税局、省经信委和省发改委落实好软件和集成电路企业所得税优惠政策。全省享受该项优惠政策的企业 228 户,其中:国家规划布局内的重点软件企业 28 户,一般软件企业 200 户,共减免所得税 95.24 亿元。

做好税式支出数据收集、审核和编报工作;完成《中华人民共和国烟叶税法(草案)》征求意见稿的反馈工作;配合做好中国(浙江)自由贸易区税收政策的争取,金义综合保税区预验收,杭州跨境电子商务综合试验区税收政策实施情况调研等其他涉税工作。

注：

＊"高新技术企业认定管理工作领导小组"：由省科技厅、省财政厅、省国税局、省地税局组成。

（省财政厅税政处供稿　项　真执笔）

预算执行

【发挥执行分析参谋助手作用】　加强与相关部门沟通交流，注重与厅内相关处室及市县联动，关注重要时点收支情况，把握组织收入的力度和方向，开展专题分析，升级改造财税库银横向联网系统，获2015年度全国预算执行分析一等奖，已连续十年获此荣誉。

【完成地方政府债券发行兑付工作】　2016年，浙江省通过招投标和定向承销方式累计发行地方政府债券4065.02亿元（其中浙江省政府债券3582.7亿元，宁波市政府债券482.32亿元）。按时归还地方政府债券本金53亿元（其中浙江省政府债券34亿元，宁波市政府债券19亿元），支付各期地方政府债券利息126.01亿元。

浙江省政府债券由省财政厅负责发行，共计5次34期。其中4次通过招投标方式公开发行2082.7亿元，1次通过定向承销方式发行1500亿元。从债券类型看，一般债券1900.7亿元，专项债券1682.0亿元，各期债券加权平均利率2.9%，年节约利息支出约250亿元。优化地方政府债务期限结构，降低地方政府融资成本，缓释地方政府债务风险。

【规范公款竞争性存放】　出台《浙江省省级国库现金管理实施细则》等制度，规范公款竞争性存放，防止利益输送和利益冲突，实现省级财政存款竞争性存放操作常态化。2016年，省本级竞争性存放资金505亿元，其中，12月通过公开招投标对150亿元库底资金进行国库现金管理操作，要求中标银行按照《地方国库现金管理办法》进行定期存款质押，并规范管理质押品，在保证安全性和流动性基础上，最大限度提高国库存款收益。建立竞争性存放评审专家库，规范账户管理，建立统计机制，完善预算单位公款竞争性存放。

【深化国库集中支付和公务卡改革】　2016年，省本级96家原杭州以外最终用款单位开始实行规范的国库集中支付，全省国库集中支付资金量（公共财政预算资金和政府性基金预算资金）4990.94亿元，增长21.2%，全省48个市、县的673个乡镇实现一般公共预算改革资金全覆盖。全省公务卡累计办卡78.20万张，增长12.8%，公务卡公务支出30.07亿元，其中省级累计办卡8.07万张，公务支出3.50亿元，现金结报与公务卡刷卡支出比大幅下降。

【推进国库集中支付电子化管理】　印发《浙江省省级财政国库集中支付电子化管理暂行办法》，制定地方国库电子支付管理工作实施方案，完善资金申拨和会计核算系统，完成财政、人民银行、代理银行电子支付业务"三方联调测试"，实现部分省级预算单位电子化业务和试点地市实拨业务上线试运行。

【实现国库集中支付代理银行扩招】　通过公开招标，新增中国银行、中国农业银行、浙商银行为省级财政国库集中支付代理银行，相关银行的信息系统顺利通过验收。

【开展政府综合财务报告试点工作】　部署全省各地财政试编2015年度权责发生制政府综合财务报告，按时完成省药监局、省林业厅2015年度报告编制。印发通知，拟定工作方案，举办培训班，为全面正式编制2016年度政府综合财务报告工作打下基础。

【建立资金支出监督机制】　统一审核口径，规范审批流程，加强沟通协调，加强对代理银行的业务监管，提高资金使用效率，增强预算执行严肃性和规范性。2016年，省级国库集中支付直接支付业务量11.74万笔，金额402.23亿元。其中集中核算单位3.3万笔，金额101.63亿元；非集中核算单位8.2万笔，金额278.09亿元；最终用款单位0.24万笔，金额22.45亿元。其他资金业务量8.07万笔，金额83.32亿元。

【完善预算执行动态监控机制】　2016年，全省开展动态监控的地区占比91.5%，累计动态监控资金量4003.36亿元，发现违规资金73.47亿元，纠正率98.38%。其中，省级国库集中支付累计动态监控、审核资金量454.30亿元，发现违规资金17.72亿元，纠正率99.3%。

【加强财政资金安全管理】　组织开展各级财政部门资金安全检查，反馈检查情况，跟踪整改落实，核查整改情况。各地重视检查中发现的问题和薄弱环节，整改完善，强化内控建设，逐步建立资金安全管理长效机制。

【开展财政专户清理整顿】　加强统计调查，全面掌握全省财政专户情况。加大存量财政专户清理力度，2016年全省共撤销财政专户587个，其中省本级7个。严把新设专户初审关，当年受理市县专户开设申请15个，经初审后报批财政部并全部核准。

【强化库款管理】　健全库款月报工作机制，加强库款监测分析，全面掌握全省库款情况。建立考核通报机制和约谈机制，强化转移支付资金调度与库款规模挂钩机制，全年省对市县安排资金调度20期，总计780.65亿元，保障市县正常的资金需求。

【加强财政决算管理】 完成省本级2015年度一般公共预算支出经济分类试编，选择部分地区进行试编，按要求将全省试编支出经济分类决算情况上报财政部，获2015年度全国地方财政总决算编审工作一等奖。部门决算公开力度进一步加大，获2015年度全国地方财政部门决算编审工作三等奖。

（省财政厅预算执行局供稿　沈　维执笔）

财政综合

【概况】 2016年，浙江财政综合工作围绕中心服务大局，以改革创新为主线，发挥政府非税收入支撑保障引导作用，深化财政综合改革工作，推进供给侧结构性改革。全年全省收缴政府非税收入4924.54亿元，其中：一般公共预算政府非税收入761.89亿元，政府性基金预算收入3930.06亿元，国有资本经营预算收入74.38亿元，财政专户管理资金158.21亿元。

【推进政府购买服务改革】 出台《浙江省政府购买服务工作联席会议办公室关于进一步深化政府购买服务改革试点工作的通知》，选取5个地区和11个省级部门深化改革试点，其中：试点地区包括温州、湖州、绍兴、金华和台州等5个设区市；试点行业部门和项目包括省民政厅、省人力社保厅、省公安厅、省卫生计生委、省交通运输厅、省环境保护厅、省住房和城乡建设厅、省教育厅、省质量技术监督局、省新闻出版广电局和省农业厅等11个部门共16个公共民生热点项目。2016年全省政府购买服务预算金额159.46亿元，同比增长90.3%。制定《浙江省政府向社会力量购买指导性目录（2017年度）》，下发贯彻落实政府购买服务指导目录编制管理工作意见的相关通知。推动省级有关部门完善制度建设。推动各地健全政府购买服务改革工作制度体系，全省所有市县已建立政府主导的联席会议制度，出台相关实施办法，颁布具体指导目录，全省制度框架体系基本建立。全省筛选出23个典型经验并汇编成册供各地学习借鉴。深化试点工作调研，完善激励通报机制。

【开展收费清理规范】 落实清费减负政策，将免征教育费附加、地方教育附加、水利建设基金的范围，扩大到10万元的缴纳义务人，将散装水泥专项资金并入新型墙体材料专项基金。落实国家政策，将18项行政事业性收费的免征范围从小微企业扩大到全部企业。简化新型墙体材料专项基金缴款结算程序。完善地方水利建设基金减免政策。自2016年4月1日至10月31日按现有费率的70%征收地方水利建设基金。经省政府同意，自2016年11月1日起，暂停向企事业单位和个体经营者征收地方水利建设基金。推行收费清单常态化公开和动态更新。落实收费公示制度，将收费清单在政务服务网、政务微信等平台公开。以目录形式公布《浙江省2016年政府非税收入项目目录》，提高部门收费透明度。

【深化非税收入收缴电子化改革】 推进统一公共支付平台接入实施及应用工作。统一公共支付平台列入2016年国务院办公厅“互联网+政务服务”技术体系建设试点项目，在中国智慧政府发展年会上，被授予2016年中国“互联网+政务”优秀实践案例50强称号。推进财政端接入平台实施工作，截至当年底，平台已覆盖全省所有市、县（市、区），累计为1000余万人次社会公众缴款提供服务和支持，缴纳资金逾27亿元。会同公安部门加快推进公安交通违法罚款接入平台实施工作，实现全省交通违法罚款全面接通统一公共支付平台；推进跨省异地缴纳交通违法罚款，自2016年5月1日起，实现跨省异地缴纳交通违法罚款，解决跨省交通违法缴款难问题。

【发挥政府非税收入调控导向作用】 配合落实国家有关“营改增”、资源税改革等相关政策。贯彻落实有关文化事业建设费政策及征收管理规定要求，配合落实矿产资源补偿费纳入资源税征收的相关政策。调整森林植被恢复费征收标准引导节约集约利用林地，发挥政策调控功能。加强卫生计生部门行政事业性收费项目管理，规范执收行为。加强罚没和扣押财物规范管理问题的政策研究，开展市政公共资源有偿使用收入专题调研，为国家层面制定相关政策提供材料。

【加强资金监管】 汇总审核2016年度全省（不含宁波，下同）土地出让收支预算，并报经省人代会通过后上报财政部。2016年土地出让收入预算1774亿元，支出预算1774亿元。抓好国有土地出让收入征管等工作。全年，全省共实现土地出让收入3453亿元，完成年初预算165.6%。从土地出让收入中计提地方农田水利建设资金50亿元，教育资金50.3亿元。审核省直单位住房公积金管理中心2016年住房公积金归集使用计划和财务收支及增值收益分配计划。督促各地及时、足额筹集保障性住房资金，共筹集政府住房资金80亿元，其中，从土地出让收入（收益）中计提安排用于保障性安居工程建设资金49.4亿元，从住房公积金增值收益中计提廉租住房建设资金26.7亿元，其他政府住房基金收入3.9亿元。做好省直单位职工一次性住房补贴审批发放工作。省直单位共审批发放职工一性次住房补贴2415人次，审批资金1亿元。全年全省共征收海域使用金7.67亿元、审批免缴海域使用金2709.07万元。落实彩票资金审计和互联网彩票检查整改工作，完善彩票资金管理办法，加强彩票管理制度建设。出台《浙江省省级体育彩票业务费专项资金管理办法的通知》《浙江省省级福利彩票业务费专项资金管理办法的通知》《关于调整我省体育彩票业务费分配比例的通知》《关于调整福利彩票发行业务费分配比例的通知》《关于调整我省地方福利彩票公益金分成比例的通知》《关于进一步规范彩票业务管理的通知》等六项管理制度，调整规范彩票资金的制度和管理机制。2016年，全省共销售彩票275.68亿元，比上年增长7.8%。做好彩票公益金征缴、清算和公告等工作，及时向省政府报告全省2015年度彩票公益金筹集、分配和使用情况，并向社会公布。

【严格政策和资金监管】 在全省范围内开展收费清理改革,落实情况监督检查工作,重点检查从2013年以来国家明令取消、停征、减免的收费基金政策和收费目录清单的落实情况,特别是2015年收费清理改革落实情况。委托社会力量开展对温州、湖州、丽水三地和省直住房公积金管理中心2015年度有关住房公积金及单位财务管理情况专项检查。开展政府非税收入和财政票据检查,检查范围为宁波、绍兴、舟山本级和所属县(市、区)执收单位,以及省级8家非营利性医疗机构、20家高校、4家其他单位;明确清费减负政策的执行、非税收入分成项目的划缴清算和票据使用管理等检查内容。协助财政部安徽专员办、省财政厅监督局做好部分非税收入收缴情况专项检查,督促市县整改落实,并提出合理化建议。制定严肃财经纪律、规范非税收入收缴管理的若干意见。开展差旅费等专项检查,加强归口单位部门预算和财务监管。

【加强财政票据监管】 发挥财政票据的源头管控作用,做好财政票据日常管理工作,按规定做好印制、发放、结报核销和销毁工作,规范单位用票行为。全年,共批印各市财政票据6.67亿份,批印省本级财政票据1.13亿份,结报省本级执收单位和社会团体票据总计4216.67万份。做好杭州市非营利性医疗机构单联式门诊收费票据试点验收工作。做好省本级国有资本收益和国有资产收入直接执收工作。全年,省财政直接执收国有资本收益75笔,金额28.66亿元,执收国有资产收入332笔,金额6.08亿元。 (省财政厅综合处供稿 张 静执笔)

会计管理

【概况】 2016年浙江省会计管理工作按照"转变职能、注重改革、规范管理、提升服务"的要求,围绕服务财政中心工作,服务社会经济发展的大局。

【转变管理职能】 制订会计职责调整工作实施方案,发布《关于省级及中央驻杭单位会计人员管理职责划转事宜的公告》。省级及中央驻杭单位会计人员管理权限下放杭州市按计划有序开展。当年9月底前完成移交工作,年底前取消省级办证窗口和会计从业资格考点,全省会计人员全面实行"属地管理"。全省会计专业技术资格考试和全省(宁波除外)会计从业资格考试组织实施工作及全省(宁波除外)会计人员继续教育日常管理工作职能由省财政厅会计处划转到省会计人员服务中心。两次召开会计工作联席会议,研究和布置工作。

【优化会计从业资格证书申办】 组织制订会计从业资格证书改革的实施方案,下发《关于全面开展会计从业资格证书"网上申请、在线服务、快递送达"工作的通知》。在总结金华市试点经验的基础上,经省政府办公厅同意,自主开发浙江省会计从业资格网上办证系统,并与省、市、县(市、区)三级政务服务网实现互联互通。2016年9月26日前实现全省所有市、县(市、区)"网上申请、在线服务、快递送达",提前、高质量完成省政府任务。11月2日全省(宁波除外)手机版(APP)网上申办系统正式上线。截至2016年末,通过网上申领会计从业资格证书2.15万本,网上办证率81.3%,超过省政府下达的30%考核目标。

【开展管理会计应用试点】 组织召开试点企业财务负责人和高校教师专家两个座谈会,研究解决工作中出现的问题和困难。组织省管理会计咨询专家,对省级试点企业的18个项目进行评估和验收,11家企业被评定为优秀项目,7家企业被评定为良好项目,项目优秀率61.1%。各市选择不少于3家企事业单位开展管理会计应用试点。召开全省管理会计应用推广会议,与40家管理会计应用的企事业单位、会计师事务所、高等院校分享做法和经验。在全国会计工作会议上,介绍浙江省管理会计应用试点情况、做法及成效,得到财政部的肯定。管理会计应用试点成效明显,取得经济效益和社会效益,形成企业与高校合作共赢的局面,相关工作得到省政府领导和厅领导批示。

【加强行政事业单位会计管理】 制订《浙江省加强行政事业单位会计管理工作意见》的实施方案。以发函、实地调研、座谈等方式,广泛征求省级行政事业单位、各级财政部门、中介机构、高等院校关于会计制度执行、会计核算与管理、会计队伍建设、会计信息化管理等方面的意见,先后开展14次调研和座谈,形成《浙江省加强行政事业单位会计管理工作意见》(征求意见稿)。

【推进行政事业单位内部控制建设】 会同省审计厅、省人力社保厅联合下发《关于加强行政事业单位内部控制建设的通知》,并随文印发《行政事业单位内部控制工作基本指引》和《行政事业单位内部控制年度自评报告(格式)》。在厦门国家会计学院举办由省级部门和市、县(市、区)财政部门有关人员参加的行政事业单位内控师资培训班。建立省级部门工作联络机制,明确联络员。制订内部控制实施情况检查方案,联合省财政厅业务处室对4个省级部门开展专项检查。深入省卫生计生委、省直机关工会等10多个部门进行内部控制实施交流和辅导。将内部控制制度建设工作纳入省政府工作责任制目标考核内容,当年纳入省政府目标责任制考核的省级单位有65%以上按规定开展自我评价,超额完成省政府下达的50%考核目标。

【做好会计专业技术资格评审】 做好2015年、2016年度高级会计师和2016年度教授级高级会计师资格评审组织工作。建立评审专家随机抽取机制、评审回避机制、电子化投票机制、评审专家考核机制,确保评审工作公平、公正。2015年和2016年度分别有825人和395人参加高级会计师评审,分别通过594人和291人,截至2016年底,全省具备高级会计师资格的会计人员达10488人。2016年度有25人参加教授级高级会计师评审,通过

13人,截至年底,全省具备教授级高级会计师资格的会计人员91人。完成高级会计资格评审系统业务需求的撰写和系统开发供应商的采购工作。

【开展高端会计人才培养】 完成浙江省第三、四期会计领军人才培训班毕业工作,经考核,分别有46人和52人顺利毕业。组织做好浙江省第五期会计领军(后备)人才(行政事业类)班培训承办单位的政府采购工作,加强与省委人才办和省人力社保厅的联系协调,共同做好51名学员的选拔和开班培训工作。

【确保会计类考试有序运行】 加强会计从业资格无纸化考试的监督、检查,改进完善无纸化考试软件,优化考试流程,加强题库安全保密管理,确保会计类考试安全有序运行。加强与省级相关部门、各市财政局和技术服务公司的协调配合,确保会计专业技术初、中级资格无纸化考试和会计专业技术高级资格纸笔考试平稳顺利。做好浙江省会计人员管理系统的升级改造,实现与省政务云平台对接。

【规范会计类收费资金管理】 对全省近3年会计人员继续教育收费资金、会计类考试用书发行费的收入、支出和账户管理情况开展全面检查。在各市自查的基础上,联合驻厅纪检组分2个组对4个市会计类收费资金开展重点抽查。梳理并及时反馈自查和抽查中发现的各种问题,按要求整改自查和抽查中发现的问题。研究制定《浙江省会计类考试用书发行管理暂行办法》,明确各类会计考试用书和《中国会计报》发行资金的收入、支出管理,规范资金使用。

【强化中介机构审批监管】 开发全省会计代理记账机构管理系统,规范会计代理记账机构管理。依法做好中介机构行政审批工作,提高审批效率。配合做好会计师事务所及其分所的执业质量检查工作,促进注册会计师行业做大做强和规范发展。规范管理境外会计师事务所入境执行审计业务,并将相关信息上报财政部。按照"属地管理、分级负责"的原则,建立省、市、县(市、区)三级财政联动机制,完成全省387家会计师事务所(含分所)100%的报备率。协助财政部做好调研工作,组织浙江省部分上市公司、新三板企业以及国有企业的会计管理工作负责人以及大中型会计师事务所审计负责人,就如何解决企业会计监管、企业财务报表审计、提高审计师独立性等问题展开研讨。

(省财政厅会计处供稿 朱卫品执笔)

行政政法财政财务管理

【概况】 2016年,浙江省行政政法财政财务管理工作围绕中心、服务大局,加强政策研究和专项调查,完善公务支出和财政财务管理制度建设,保障行政政法单位高效履职,推动归口部门财务管理工作,提高部门科学理财水平和财政资金使用绩效。

【做好G20峰会财政保障工作】 研究制定G20峰会(二十国集团领导人杭州峰会)安保经费保障机制,建立分级负担、分类承担的经费负担机制,按"四个一批"*落实峰会安保装备。会同杭州市财政局研究制定峰会开支标准,以标准化促进峰会预算精细化和支出规范化。加强省级峰会安保经费、峰会建设清单项目经费管理,指导市县财政部门落实和管理安保经费,确保峰会顺利举办。

【全面开展差旅费执行情况检查】 在全省范围内部署开展差旅费管理规定执行情况检查。全省财政部门对2441家一级单位、主管部门对2799家二级单位的差旅费管理规定制度建设情况、支出标准执行情况、审批和报销管理、出差纪律执行情况等进行重点抽查。全省共抽查差旅总人次334万次,差旅费总金额9.82亿元。针对重点抽查中发现的问题,及时反馈相关单位,督促落实整改规范。

【规范党政机关公务开支行为】 印发《浙江省财政厅关于重申公务支出开支标准 严肃财经纪律的通知》,明确党政机关会议费、培训费、差旅费、因公临时出国经费、因公短期出国培训经费、外宾接待经费等6项综合性公务支出开支标准执行时间以及市县职责权,并要求各地、各部门采取措施,认真梳理、对照检查。自2016年2月25日起,各地、各部门仍有违反公务支出开支标准的,严肃追究当事人、审批人等相关人员责任,超出开支标准部分的费用一律由当事人自行负担。同时,根据财政部统一部署,将差旅住宿费限额标准细化到设区市。规范机关工作人员夜餐费开支管理,明确夜餐费适用范围、适用条件、开支标准、报销审批以及常驻地内时间较长且路程较远公务用餐等,规范公务支出管理,保障机关工作人员身心健康。

【配合做好车改后续政策衔接】 明确差旅范围与车改范围边界划分,研究解答有关车改后赴机场费用及异地任职干部往返探亲问题,参与制定《浙江省省级机关工作人员公务出行经费预算管理暂行办法》等。做好省级公务用车平台筹建经费保障工作。做好财政部关于各地公务用车制度改革相关财政配套制度建议意见的调研汇报。补充完善《省级机关工作人员公务出行经费预算管理暂行办法》第四条中有关人大代表、政协委员、政府参事等履职出行租车费标准。按公车改革相关制度要求,加强对代表、委员履职出行租车经费的日常使用管理,完善租车审批管理、审核监控、财务报销等内控制度。

【做好涉外事务工作】 在全省开展2011~2016年外事经费投入统计工作,对用于涉外事务、在国(境)外开展专项活动、因公临时出国(境)、因公出国(境)培训、外宾接待,以及经济、科技、教育和文化领域的外事活动等的财政拨款资金,分基本支出、项目支出以及按功能分类汇总上报。服务全省教育科技领域对外交流与合作，促进教育科技进步，提出经费管理、预算先行审批优化等实施意见。

【支持"人才强省"建设】 贯彻落实中央《关于深化人才发展体制机制改革的意见》，加快实施创新驱动发展战略部署，配合省委人才办制定《关于深化人才体制机制改革支持人才创业创新的意见》。实施人才投资优先保证的财政政策。落实海外高层次人才引进专项资金，引进海外创业创新人才，对入选国家和省"千人计划""海鸥计划"的海外高层次人才给予奖励，如期发放249名到岗高层次人才奖励资金2.4亿元。实施高校毕业生"三支一扶"（支农、支教、支医和扶贫工作）计划与大学生村官计划，鼓励大学生扎根基层创新创业。提高"三支一扶"计划补助标准，实现与大学生村官并轨，2016年补助标准提高到每人每年1.75万元。

【支持"质量强省"建设】 推进质量强省、标准强省、品牌强省建设，增强质量创新能力和核心竞争力，引导和激励我省各行各业加强质量管理。对获得"2015年浙江省人民政府质量奖"的浙江万丰奥威汽轮股份有限公司、浙江西子富沃德电机有限公司等2家企业各奖励100万元，首次对获得"2015年浙江省人民政府质量奖提名奖"的浙江双环传动机械股份有限公司等7家企业各奖励30万元。安排专项资金2000万元，推动"浙江制造"品牌培育，加快实现浙江制造向浙江创造转变、浙江速度向浙江质量转变、浙江产品向浙江品牌转变，推动浙江省率先迈入质量时代、标准时代和品牌时代。

【支持"旅游强省"建设】 调整和优化财政支出结构，安排省旅游发展专项资金1.47亿元，打造浙江旅游整体形象，支持地方旅游公共服务基础配套设施建设、旅游综合改革和旅游业转型升级等。

【强化政法经费绩效管理】 完善政法经费管理和考核机制，印发《浙江省财政厅等五部门关于开展2015年度政法经费保障绩效考核的通知》和《关于开展2015年度浙江省政法经费保障绩效考核市县跨区域互查工作的通知》，组织89个市、县（市、区）财政、政法部门全面开展自查，对10个设区市、10个县（市、区）的120家单位开展跨区域互查。开展全省财政和政法部门业务人员集中培训、上门辅导互动，完成政法经费统计报表、政法业务装备报表编制、审核和上报，以及"十二五"政法装备达标审核工作。加强"平安浙江"考核结果在政法经费保障绩效考核的运用，将政法经费保障绩效考核作为因素运用到政法奖励性补助资金分配，考核情况向全省财政、政法部门通报。

【开展妇女儿童发展专项资金检查】 采用"市、县（市、区）自查—设区市审核—省级重点抽查"相结合的方式，对2014~2016年度省妇女儿童发展专项资金进行监督检查。在市县全面开展自查的基础上，对丽水市等28个市、县（市、区）进行实地检查，全面摸清专项资金在维护妇女儿童合法权益、促进妇女儿童事业发展等方面的实效，以及在资金使用管理、项目分配筛选、全流程跟踪监督等环节存在的不足。

【开展禁毒教育读本绩效考核】 开展2014~2016年禁毒教育读本绩效考核工作，选取省内66所中小学进行问卷调查，将毒情严重地区、乡镇学校、民工子弟学校等作为重点样本纳入考核范围，小学五六年级及初中一年级作为重点调查对象，完成绩效考核报告。

【推进法检两院省以下人财物统一管理改革】 拟定《浙江省省以下法院、检察院经费保障方案》，报省委政法委。总结司法体制改革进程，向财政部报送《浙江省司法体制改革试点工作情况汇报》。参与全省法院、检察院的司法雇员招录和管理办法研究。

【推进审计体制改革】 参与浙江省审计机关人财物管理改革试点的实施方案研究，制订《关于加强审计经费保障和使用管理工作的意见》，明确全省审计机关的经费和资产管理工作实行统一领导、分级管理。

【推进群团工作改革】 履行省委群团改革工作专项领导小组成员单位职责，多次与相关部门沟通，参与制订《浙江省群团改革总体方案》及工、青、妇各群团工作改革方案，组织起草《关于支持群团组织发展经费保障和管理办法（试行）》等配套文件。

【推进户籍制度改革】 牵头起草《浙江省财政厅关于推进户籍制度改革相关工作进展的报告》。参与全省户籍制度改革专项督查，会同省公安厅共同完成《关于"全面推进户籍制度改革"专项督察第四小组督察情况的报告》，对精确财政增支测算、农业转移人口市民化财政政策机制等提出建议。

注：

＊"四个一批"：向中央部委和兄弟省市借一批，省内调剂一批，社会有资质企业租赁一批，对峰会后还需用的装备根据财力可能适当购置一批。

（省财政厅政法处供稿　何小康执笔）

教科文财政财务管理

【概况】 2016年，浙江省教科文财政工作安排省级教育支出100.45亿元，同口径增长8%；科学技术支出24.4亿元，增长22.1%；文化体育与传媒支出21.65亿元，增长16.5%。

【支持基础教育均衡发展】 制定《政府购买学前教育改革试点指导意见》,总结浙江省扶持民办学前教育系列做法,有关经验被财政部认可并在全国推广。改革完善城乡义务教育经费保障机制,全面对接中央义务教育保障新机制。全面落实"两免一补"政策,自2016年秋季学期起开始实施对义务教育学校家庭经济困难寄宿学生的生活补助政策,对符合条件的小学生和初中生分别补助1000元/年、1250元/年。安排省级财力,实施外来务工子女入学奖补,支持和鼓励市县解决就学问题。支持推进基础教育重点县建设。

【完善高中段财政教育政策】 出台全省中等职业学校生均公用经费标准,省定标准设定为2500元/生·年,科学设置地区和专业差异系数,指导全省各地建立完善中等职业教育生均经费制度。实施中等教育质量提升计划,改善分配和奖补机制,加快推进中职教育内涵建设。按照精准扶贫要求,整合实施中央普通高中建档立卡贫困学生补助政策。

【提升教师队伍水平】 推进中小学教师"县管校聘"管理改革试点。启动教育信息化工作五年规划,解决薄弱地区师资结构性短缺等问题。阶段性实施浙江省杰出教师、省级优秀教师、农村教师突出贡献奖等评选,省财政奖励每位先进教师5万元。

【支持高校自主发展】 支持重点高校建设,实施一流学科建设,完善"一流学科建设"资金管理办法。启动实施高校新型运行保障机制改革,扩大高校自主权。完善省属高校绩效拨款办法,促进高校合理定位,分类发展。支持留学生教育,扩大来华留学生奖学金规模。完善省属高校学生奖学金制度,恢复设立"省政府奖学金",并制定《浙江省省政府奖学金管理办法》。推动基于现代职业教育提升计划的高等职业教育财政支持政策。启动实施重点高职院校建设和新一轮高职优势特色专业建设。

【推进科技管理改革】 出台《深化省级科技计划(专项)管理改革方案》,将竞争性财政科技专项整合为重点基础公益、重点研发、技术创新引导、创新基地和人才四大类,优化科技资源配置。

【支持科技平台和载体建设】 支持杭州城西科创大走廊建设,安排资金4.5亿元用于支持重大平台建设、创新载体引进、重大项目研发,以及对相应的科技小镇、众创空间、科技企业孵化器等建设与运行的绩效补助。对省内新增企业牵头承担国家工程实验室等国家级重大创新载体建设任务的,予以最高不超过3000万元支持;对布局国家重大科学工程、国家实验室和国家重大科技专项的,予以足额经费支持。支持科技创新团队培养、引进、提升和集聚,为人才培养和团队建设提供资金保障,对国家级高校、科研院所、企业在浙江省引入核心技术并配置核心研发团队的研发机构和研发总部,予以最高3000万元支持。

【促进科技成果转化】 出台省级科技成果转化引导基金管理办法,通过与社会资本、市县政府引导基金合资设立各种"子基金"的运作模式,投资种子期、初创期、成长期等创业早期的科技型中小微企业和高新技术企业,引导其加大创新投入和研发力度,促进科技成果产业化和资本化。

【推进现代公共文化服务体系建设】 实施浙江省基本公共文化服务重点市县建设工作,安排4.06亿元推进全省基本公共文化服务标准化、均等化。支持推进博物馆、纪念馆、美术馆、公共图书馆、文化馆(站)等公共文化设施免费开放,保障群众文化权益。探索完善全省基本公共文化服务体系经费保障和运行管理机制。加大文化遗产保护投入,安排专项资金1.6亿元,加强文化遗产保护利用,支持重点文物、可移动文物、非物质文化遗产等保护,扶持文物保护科技项目和国家文化遗产保护科技区域创新联盟(浙江省)建设。

【支持重点文化项目建设】 安排资金9.5亿元,保障浙江音乐学院正常运行,确保浙江小百花艺术中心、中国丝绸博物馆改扩建项目工程实施,推进浙江自然博物园、之江文化中心建设,保障G20项目实施。

【创新文化事业支持方式】 加强财政专项资金管理,组织开展全省基本公共文化服务绩效考核,完善全省基本公共文化服务体系经费保障和运行管理机制建设。参与落实文化体制改革实施方案,加大社会力量购买公共文化服务力度,落实农村电影统一供片中商业片采购占比不低于30%的政策。

【支持体育事业协调发展】 推进公共体育场地设施免费或低收费开放,落实公共体育场馆免费开放补助政策,支持全民健身工程。支持政府购买公共体育服务,鼓励社会力量参与。鼓励发展体育产业、促进体育消费,为优秀运动员备战奥运会、全运会提供资金保障。

【完善国有文化资产管理制度】 制定出台《浙江省省属文化企业国有资产监督管理实施办法》,制定出台《省属文化企业直接股权投资有关资产管理问题的通知》。完善省属文化企业绩效考核和薪酬制度改革,制定出台《浙江日报报业集团　浙江广播电视集团　浙江出版联合集团　东海电影集团绩效考核暂行办法》。落实中央精神,出台推动国有文化企业做强做优做大指导意见。

【支持国有文化企业改革发展】 完善省属文化企业法人治理结构,对浙江出版联合集团、东海电影集团股份制改造方案提出合理化建议。完成省属文化企业专题调研,并形成调研报告。完成"19楼网"上市股改方案、浙报传媒非公开发行融资和浙报控股认购股票方案、杭报下属风盛传媒上市股改方案等国有文化资产管理审批工作。　(省财政厅教科文处供稿　徐佳梦执笔)

行政事业单位资产管理

【行政事业资产清查】 根据《财政部关于开展2016年全国行政事业单位国有资产清查工作的通知》,组织完成全省行政事业单位国有资产清查工作,摸清资产家底。全省(不含宁波,下同)共有20996户行政事业单位纳入清查范围,资产总额9768.04亿元,负债总额3045.51亿元,净资产6722.54亿元。资产盘盈418.18亿元,财产损失75.99亿元。

【强化资产日常管理】 资产配置管理。按照《预算法》要求,推进资产管理与预算管理相结合,融入部门预算编制改革。修订《省级行政单位通用办公设备家具配置标准》,制定《2017年省级预算编制改革涉及资产管理实施方案》《资产配置预算审核规程》,实现资产系统与预算系统的实时联网,优化财政内部审核联动机制,发挥资产系统源头管控作用。

资产使用管理。严格单位资产出租和对外投资审批。加强与审计的协调配合,就同级审中发现的部分省级单位房产管理问题,督促单位抓好问题整改,并对整改情况进行跟踪督查,提高单位资产管理意识,防范违规出租出借行为。联合省机关事务局下发《关于进一步加强省级行政事业单位房产使用管理的通知》,重申省级单位房产管理要求。全年审批对外投资事项13批,涉及资产价值3.25亿元;审批、备案房产土地出租事项207批,合同价款6.29亿元。

资产处置管理。严格单位资产处置审批,加强对处置中心的辅导,规范处置行为,提高处置效率。全年审核办理行政事业单位资产报废、报损事项592批,核销账面资产9.96亿元;办理调拨、捐赠事项149批,核销账面资产15.53亿元;审核股权转让、企业改制、资产划转等事项49批。同时,按"春泥护花"行动要求,接收报废各类计算机24859台,通过整理修复计算机1400台,为11个经济困难县(市)40所中小学建立计算机教室,促进国有资产使用效益的最大化。

资产收益管理。实行收益缴存与资产出租审批、处置资产核销挂钩,提高资产收益入库率。当年省本级国有资产收益2.97亿元,其中出租收入1.78亿元,处置收入0.79亿元、对外投资收益0.4亿元。

【加强行政事业单位所属企业国有资产监管】 贯彻落实财政部及省有关规范和加强行政事业单位所属企业国有资产管理的相关规定,强化对行政事业单位所属企业关系国有出资人权益变动重大事项的审核审批,按照"政企分开、事企分开"的原则,建立以资本为纽带的产权关系,加强企业国有资产监管,完善国有资产管理体制。

【加强事业单位分类改革及混合所有制改革中国有资产监管】 制定各项改革中的国有资产管理配套政策,做好经营类事业单位改革、承担行政职能的事业单位改革试点、质检系统事企分离改革、培训疗养机构清理整顿、行业协会商会与行政机关脱钩等重大专项工作中涉及的清产核资、产权界定、资产评估以及国有资产处置、国有股权管理等审核审批工作,维护国有资产的安全完整,防止国有资产流失。

【做好省级单位资产管理问题整改】 根据《中共浙江省委落实中央巡视组反馈意见十大整改行动方案》要求,针对省直单位存在的经营性资产多头管理问题和非经营性资产管理薄弱环节,会同省机关事务管理局等相关职能部门共同做好整改工作,分类推进统一管理。

统一管理办公用房。根据《省级机关事业单位办公用房统一管理工作实施意见》和《省级机关事业单位办公用房统一管理工作实施方案》,推进办公用房统一管理工作。在2015年完成两证齐全单位办公用房产权划转的基础上,2016年着重对权证不齐或无权证单位的办公用房进行核实并划转省机关事务局进行统一权属登记。会同省机关事务管理局研究制定产权划转后的办公用房使用管理办法,督促做好办公用房的权属变更登记、账卡管理和日常监管。强化资源统筹,实行统一调配使用,将闲置办公用房调剂给办公用房配置不足以及向外租房办公的单位,节约财政开支。截至年末,已按要求完成省级在杭党政机关及全额拨款事业单位办公用房产权划转工作,划转房屋面积约80万平方米,划转土地面积约55万平方米。

统一管理省级行政事业单位所属培训中心、宾馆、饭店、招待所等经营实体。按照国有资产管理规定做好脱钩方案的政策把关,对明确划转的经营实体,组织相关单位开展清产核资、产权界定、资产划转、权属变更等工作;对拟注销关闭的经营实体组织举办单位按财务管理规定实施清算,确保统一管理工作顺利实施。截至2016年11月30日,按省政府领导要求,完成46家经营实体的划转工作。会同省机关事务管理局督促浙勤集团健全法人治理结构,完善内控制度,做好资源重组整合,确保国有资产保值增值。

【规范公务用车制度改革中涉改车辆处置】 通过公开招标,确定车辆鉴定评估机构和处置拍卖机构,按规定封存停驶、鉴定评估、公开拍卖。截至2016年12月31日,完成6批共753辆涉改车辆的公开拍卖,评估总价3594.75万元,成交总价7001.65万元,比评估价溢价3406.9万元,溢价率94.8%。

【推进事业单位及事业单位所办企业国有资产产权登记】 下发《浙江省财政厅关于加快推进事业单位及事业单位所办企业国有资产产权登记与发证工作的通知》,重申产权管理的重要性,组织市县财政部门和省级各单位对2014年产权登记工作查漏补缺,对部分尚未产权登记的单位进行补登记。截至2016年9月底,全省纳入产权登记范围的事业单位13769家,已申报事业单位产权登记12758家,已审核通过并发证的12295家。通过产权占有登记审核并发证的事业单位资产总额6961.79亿元,负债总额1582.12亿元,事业单位占有国有资产总额5379.67亿元。全省纳入产权登记范围的事业单位出资企业1868家,已申报产权占用登记1650家,已审核通过并发证1333家。通过产权占有登记审核发证的事业单位出资企业资产总额1263.07亿元,负债总额647.8亿元,净资产总额615.27亿元,占有国有资产总额234.03亿元。

【落实科技成果转化政策】 参与《浙江省人才发展“十三五”规划》《新形势下加强知识产权强省建设实施意见》《杭州市国家自主创新示范区先行先试政策》等文件的研究制定,完善科技成果转化机制,建立完善科技成果收益分配制度,激发科研人员创新活力,促进科技成果转化。贯彻落实《国有科技型企业股权和分红激励暂行办法》,组织各市县财政部门、省级单位和相关企业开展政策的学习培训,领会政策精神,加强政策引导,明确行为规范,为国有科技型企业技术人员和经营管理人员创新创业提供制度保障。 (省财政厅资产处供稿 饶亚君执笔)

农业财政财务管理

【概况】 2016年,浙江省农业财政管理工作主动适应财政支农工作新常态,深化财政支农体制机制改革,加大财政支农投入力度,强化财政涉农资金监管,提高财政资金使用绩效,保障现代农业加快发展和社会主义新农村建设。全省一般公共预算安排农林水支出733.44亿元,同口径比上年增长6.5%,其中省本级预算安排农林水支出31.7亿元,同口径比上年增长5.5%。

【完善农业农村投入机制】 推进省农业基金有效运作。放大财政资金的杠杆作用,当年省农业基金完成投资9.55亿元,带动社会资本投入18.98亿元,银行跟贷逾21.3亿元。完善浙江省财政支持政策性农业信贷担保体系建设实施方案,出资4亿元组建成立浙江省农业信贷担保公司。支持农民专业合作社联合社组建资金互助会,推进金融资源向农业农村倾斜,探索建立财政金融协同支农新机制。落实种粮大户贷款贴息、扶贫贷款贴息等政策,解决粮食生产及现代农业发展中“融资难”“融资贵”问题。

【推进财政支农体制机制改革】 会同相关农口部门下发《浙江省财政厅等八部门关于开展财政支农领域落实“两个一般不”改革示范工作的通知》,在湖州市、龙游县等10个市、县(市、区)开展改革示范工作,促进各市、县(市、区)加快推进各项改革,建立健全财政支农制度和资金管理制度,明晰相关部门管理职责,加快预算执行进度,提高财政资金绩效,实现省支农专项资金项目立项权下放后,“放得下、接得住、管得好”的目标。

【保障“三农”领域重点工作】 安排省水利建设与发展专项资金63.75亿元,重点支持“五原扩排”“六江固堤”“八大引调”“十库蓄水”“千塘加固”等防洪水、保供水工程建设,以及农田水利等面上水利建设项目和水利工程维修养护等管理类项目建设,保障水利改革和发展各项任务完成。安排美丽乡村建设专项资金16.63亿元,支持农村生活污水治理,深化“千村示范、万村整治”工程,支持历史文化村落保护利用,支持开展农村垃圾减量化、资源化处理试点,扩大试点范围,提高美丽乡村建设水平。

【加大农业基础设施投入】 安排造地改田专项资金14.1亿元,支持实施“812”土地整治工程、滩涂围垦、标准农田质量提升、粮食生产功能区建设、农田水利等,推动低丘缓坡、滩涂、农村建设用地等资源的合理开发利用。建立耕地保护补偿机制,安排6.14亿元对农村村级集体经济组织保护耕地进行以奖代补。支持永久基本农田示范区划定,落实永久保护。加大整合力度,在造地改田资金中安排10亿元支持启动新一轮高标准基本农田建设。安排9.86亿元,加大农业综合开发支持力度,突出解决农业发展中的基础性、瓶颈性问题,增强农业综合生产能力。

【完善农业“三项补贴”改革】 建立以绿色生态为导向的农业补贴制度。下达中央财政耕地地力保护补贴资金12.4亿元,保护耕地资源、提高耕地质量,完善政策措施,复制推广试点地区的成功经验和做法,将嘉兴市、湖州市全市域纳入改革试点范围。

【促进农业可持续发展】 支持浙江渔场修复振兴暨“一打三整治”专项行动,下达省级补助资金3.69亿元,加强生态渔业、海洋生态环保、渔业资源增殖放流以及海洋渔业执法能力建设,促进海洋渔业安全管理和可持续发展。

实施标准农田地力提升和沃土工程,推广应用商品有机肥,新增安排近3000万元,支持农业“两区”土壤污染防治三年行动计划,加快改善耕地质量。加大农产品质量安全监管支持力度,建立健全农产品质量安全可追溯体系。围绕国家现代生态循环农业试点省和畜牧业绿色发展示范省建设,推进区域性现代生态循环农业示范创建和畜禽粪污资源化利用试点,加快生态循环农业发展和畜牧业转型升级。

安排林业发展和资源保护专项资金4.13亿元,重点支持彩色健康林、木材战略储备林建设和古树名木保护等。

完善森林生态效益补偿制度,调整主要干流和重要支流源头县及国家级和省级自然保护区公益林的最低补偿标准,由2015年的30元/亩·年提高到2016年35元/亩·年。适当调整补偿资金支出结构,公益林护林人员管护费用由2.5元/亩提高到3.5元/亩。

【支持农业适度规模经营】 安排规模种粮补贴资金4.18亿元,引导发展粮食适度规模经营。安排省级以上财政资金6866万元,支持农民专业合作社规范化建设和改造提升,引导组建农民专业合作社联合社，提高生产组织化程度，促进土地、资金、劳动力、技术等资源要素的合理集聚和优化配置，提高农业效益和竞争力。督促试点地区加快推进农业生产全程社会化服务试点工作，培育政府购买农业公共服务承接主体。

【获批中央农村一二三产业融合发展试点省】 争取中央财政试点资金1亿元，支持带动或辐射农民分享二三产业增值收益的新型农业经营主体和农业产业化龙头企业。择优选择安吉、柯城、遂昌3个县（区）启动实施创新强省农业科技（循环有机农业）示范试点，按照生产、生活、生态"三生融合"的发展导向，重点支持农业特色产业，通过推进农业内部融合、延伸农业产业链、拓展农业多种功能、发展农业新型业态等多种形式，打造一批示范样板，促进农村三产深度融合发展。

【创新精准扶贫模式】 会同省扶贫办、省能源局和国网浙江电力公司制定《浙江省"光伏小康工程"实施方案》，在全省分步推进。2016年省财政安排2.15亿元，支持在磐安县、龙游县、龙泉市、景宁县、江山市开展光伏小康试点。会同省扶贫办完成入围企业招投标，下发《关于进一步做好"光伏小康工程"实施工作的通知》，指导各地加强组织实施，确保项目落实，提高财政扶贫资金使用的精准程度。

【完善财政专项资金管理制度】 修订《浙江省农业财政工作年度绩效考核办法》，完善对市县财政支农工作的激励机制。会同省级有关部门下发《关于修订〈浙江省美丽乡村建设专项资金管理办法（试行）〉若干条款的通知》《关于调整完善山区经济发展专项资金管理有关事项的通知》，优化财政资金支持重点。按照《预算法》规定，分地区细化并分解下达省级专项转移支付预算，加快预算执行进度。

【加强涉农资金监督检查】 会同省扶贫办、省林业厅、省水利厅等有关单位组织实施2015年度财政扶贫专项资金、林业发展和资源保护专项资金、水利建设与发展专项资金检查，及时通报检查结果，指导和督促各地落实检查问题整改。协助财政部浙江专员办做好扶贫资金核查，加强扶贫资金等重点领域资金监管。按照中央现代农业生产发展资金绩效评价的要求，组织做好2015年中央现代农业项目的绩效评价。委托中介机构对农产品质量安全追溯体系建设和农资监管与服务信息化建设两项政策的实施情况进行评估，为政策优化提供决策参考。

【推进省级转移支付项目库系统建设】 在部分市县试点基础上，逐步在全省推广项目库系统应用。实现采集省级专项资金分配因素，建立县级预算项目储备，省级项目报备、审核等多项功能，提高财政支农项目管理水平。

（省财政厅农业处供稿　吴　翔执笔）

基层财政管理

【概况】 2016年，全省基层财政管理（农村综合改革）做好"强基础、抓管理、优服务、保运转"四篇文章，完成乡镇财政建设目标任务。推进农村综合改革工作，部署开展扶持村级集体经济发展试点、一事一议财政奖补助推美丽乡村建设试点、中心镇示范试点、农村综合改革示范试点等一系列改革创新工作，形成一批典型经验和改革成果，保持浙江省农村综合改革试点工作走在全国前列。

【抓好乡镇财政组织建设】 按照"实基础、稳基层、优基本"建设目标，通过召开座谈会、定期通报督导、典型引导推进、组织开展乡镇财政管理干部培训班等措施，推进乡镇财政机构队伍建设和业务建设。对185名来自全省各市、县（市、区）财政局乡镇财政管理处（科）长和部分乡镇财政所所长进行业务培训，提高基层财政管理干部的业务水平和管理能力。截至2016年末，省、市、县、乡四个层面的乡镇财政管理机构已基本实现全覆盖。全省所有市、县（市、区）财政部门设立了乡镇财政管理处（科），951个乡镇设立了乡镇财政所（局、办），机构设置率达97%；乡镇财政机构有工作人员4351人，所均4.4人。乡镇财政作为整个财政管理链中的最基础层级，组织建设得到了明显加强。

【推动乡镇公共财政服务平台建设】 加强督促指导，通过协调有关部门获取人口数据、推动"一卡通"整合归并、现场检查督导等方式，推进乡镇公共财政服务平台建设，推动相关数据资源的整合共享，逐步实现"一个平台"集中管理。针对平台使用过程中发现的问题，研究对策措施，改进完善信息系统功能。建设平台数据库，对乡镇平台数据纳入浙江政务服务网工作提出具体要求，加快实现与浙江政务服务网数据实时对接。截至2016年末，全省纳入乡镇财政管理统计范围的74个市、县（市、区）中，已有71个市、县（市、区）建立了乡镇公共财政服务平台949个，占乡镇总数的97%；已有47个县（市、区）对财政补助性资金发放实现"一卡通"整合归并，占市县总数的64%；40个县（市、区）的平台与浙江政务服务网对接，占市县总数的54%，较上年新增15个县（市、区），超额完成年初省政府工作目标任务。

【组织开展乡镇财政规范化建设】 组织开展全省规范化建设先进财政所考评工作，首批评定108家乡镇财政所（局、办）为全省规范化建设先进财政所。督促县（市、区）落实乡财建设管理要求，规范和改进乡镇财政管理，提高乡镇公共财政管理服务水平。做好全省乡镇财政基本信息报表布置、审核和汇总工作。推进乡镇财政资金监管工作的常态化、纵深化。组织开展对县、乡两级财政部门乡镇财政资金就地就近监管工作的检查，在全省范围内通报检查结果，提升乡镇财政资金监管工作质量。

【落实完善涉村补助资金保障工作】 完善村干部报酬正常增长机制。对纳入补助范围的村书记、村主任和监委会主任等主职干部基本报酬转移支付补助资金由“三年一调整”改为“一年一调整”,下达省级补助资金8.96亿元。明确村级组织运转经费补助标准,落实村级组织运转经费保障政策,下达省级补助资金2.55亿元。落实城乡社区党组织服务群众、农村财务管理规范化和支持村级便民服务中心建设等专项资金保障,下达省级补助资金1.05亿元。做好扶持经济欠发达地区集体经济薄弱村发展村级物业经济工作,下达项目补助资金0.8亿元。保障农村土地承包经营权确权登记颁证工作,出台《浙江省农村土地承包经营权确权登记颁证补助资金管理办法》,下达中央及省级土地确权登记颁证补助资金1.62亿元。

【开展扶持发展村级集体经济试点工作】 落实财政部扶持村级集体经济发展试点工作部署,制定《浙江省财政厅关于印发扶持村级集体经济发展试点工作实施意见的通知》,指导各地开展项目申报。组织开展试点方案评审工作,通过竞争性立项,确定桐乡市等20个县(市、区)共307个行政村列入扶持范围。争取中央财政3亿元资金支持,下达中央及省财政扶持村级集体经济补助资金5.07亿元。组织开展扶持村级集体经济省以上财政补助资金(2012~2016年)绩效评价工作。

【推进美丽乡村示范村建设试点工作】 按照财政部关于进一步做好美丽乡村建设试点工作要求,结合浙江省实际,重点围绕生产、生活、生态有机融合,宜居宜业宜游“升级版”美丽乡村建设目标,开展美丽乡村示范村试点工作。制定下发《浙江省财政厅关于进一步做好一事一议财政奖补助推美丽乡村建设试点工作的通知》指导试点工作,组织开展竞争性立项评选,择优选择遂昌县等16个市、县(市、区)共74个行政村为2016年度财政奖补助推美丽乡村建设试点村,争取中央财政补助资金1.21亿元,下达中央及省财政补助资金2.96亿元。

【探索农村综合改革示范试点工作】 开展建立村级公共设施运行管护机制、探索农村产权“确权赋能”新途径、探索农村公共服务有效供给等农村综合改革示范试点工作。通过竞争性立项方式,确定永嘉县等18个县(市、区)为2016年度农村综合改革示范试点县,争取中央财政补助资金1.29亿元,下达省以上财政补助资金2.1亿元。做好建制镇示范试点工作,安排财政补助资金1.6亿元,指导临安昌化镇等6个中心镇开展城乡一体化体制机制、公共服务供给机制、投融资体制和优化产业发展环境探索试点工作。

【推进一事一议财政奖补工作】 重点抓好工作指导和省级财政奖补资金的分配管理,开展因素法分配,实现年度考核结果与奖补挂钩。强化奖补资金县级统筹,完善项目备案制度。提出财政奖补年度工作重点,指导各地围绕省委、省政府“五水共治”工作部署,适当集中财力解决农村生活污水治理问题。定期通报各地一事一议财政奖补资金支出进度和财政奖补资金项目落实情况。全年各级财政奖补资金支出33.4亿元,其中争取中央财政补助5.52亿元,省级财政安排奖补5亿元,建成村内公益项目5071个。 (省财政厅基层财政处供稿 戴逢辉执笔)

企业财政财务管理

【概况】 2016年,浙江省企业财政财务管理工作创新财政支持经济发展方式,调整完善财政支持企业发展的政策措施,筹措落实省财政支持产业发展和粮食安全各专项资金23.91亿元,争取中央财政资金25.93亿元,支持全省经济平稳增长和结构调整。

【推进政府产业基金实质性运作】 完善政府产业基金管理制度,出台《关于进一步做好政府产业基金工作的通知》《浙江省政府产业基金投资退出管理暂行办法》,修订完善《浙江省创新强省产业基金管理办法》。组织召开全省政府产业基金运行情况新闻发布会,会同省金控公司搭建政府产业基金项目服务平台,参与组织项目对接活动18次;督促、指导市县政府产业基金加快设立和规范运作,召开全省政府产业基金工作座谈会,举办培训班,加强工作交流和人才培养。截至2016年底,全省政府产业基金总规模1122.91亿元,实际到位资金616.94亿元,与社会资本合作设立市场化子基金355支,总规模2291.70亿元,子基金投资实体企业(项目)2239个,项目投资总额3580.70亿元;政府产业基金直投项目213个,投资总额285.77亿元,通过设立子基金和投资项目二级撬动,政府产业基金撬动社会资本投资5052.40亿元,发挥了政府产业基金杠杆放大和示范引领作用。

【支持工业经济结构调整和转型升级】 筹措落实省工业与信息化资金13.15亿元,推进“四换三名”“两化”深度融合和战略性新兴产业发展。配合做好重点企业研究院认定和管理工作,安排1.6亿元支持新材料、大数据、集成电路、服装、丝绸、休闲用品等领域的32家省级重点企业设计院。落实工业大县技术改造投资奖励政策,对2015年度技术改造投资增长20%及以上、工业增加值超过全省平均增速的15个县(市、区)给予财政奖励1.5亿元。

【推进服务业重点领域提升发展】 参与服务业强县(市、区)培育综合评价工作,会同省发改委组织开展2015年度省级服务业集聚区示范综合评价工作,清算下达生产性服务业集聚平台、省级现代服务业集聚示范区提升发展试点补助资金和评价奖励资金0.89亿元。会同省工商局做好2016年省级放心农贸市场建设工作,筹措落实专项资金0.37亿元,重点用于206家放心市场建设和农贸市场素质提升等试点工作。在省商务促进专项资金中安排0.22亿元,支持新建3000个农村电商服务站和3000个城市社区智能投递终端，推进农村和社区电子商务发展。筹措供销社扶持资金0.5亿元，支持供销合作社综合改革以及供销合作社基层社、农民专业合作社、农用物资、农产品、茶叶产业等体系建设。

【贯彻落实化解过剩产能政策】 落实省对市、县淘汰落后产能和“腾笼换鸟”考核奖励政策，对考核优秀的地方政府给予奖励资金0.9亿元，并将“僵尸企业”处置工作纳入省对市县“腾笼换鸟”考核奖励，推动市县加大去产能和“僵尸企业”兼并重组力度。争取中央财政化解过剩产能补助资金3.26亿元，会同相关部门制定《浙江省工业企业结构调整专项奖补资金管理实施细则》，督促有关市县和企业用好中央奖补资金落实政策措施，支持全省超额完成中央下达的化解钢铁过剩产能303万吨任务。

【推进节能降耗和新能源汽车推广应用】 参与省政府节能减排和生态经济发展相关政策的研究制定，安排1.31亿元支持节能降耗技术改造和清洁生产。牵头做好全省“十二五”新能源汽车推广的政策清算和“十三五”新能源汽车推广应用工作，研究出台“十三五”省级新能源汽车推广应用和新能源汽车充电基础设施财政奖补政策，统筹安排综合补助资金3亿元。牵头组织相关部门开展新能源汽车推广应用专项核查，按规定要求做好整改工作，争取中央新能源汽车推广应用补助资金6.35亿元。

【支持中小微企业创新发展】 筹措落实工业和信息化专项资金0.7亿元，支持“小微企业三年成长计划”相关重点工作、中小企业服务体系建设和全省中小企业公共服务平台运行维护等。协助杭州市研究制定示范工作相关考核指标，推进杭州小微企业创业创新基地城市示范工作，争取中央资金0.9亿元。做好《降低企业税费成本的思路和对策研究》课题研究，牵头会同相关部门制定出台降低企业税费成本的政策措施。

【支持特色小镇发展】 会同相关部门对第一批特色小镇创建对象进行实地考核评审，参与第二批省级特色小镇创建对象认定工作，配合制定出台《特色小镇财政政策实施办法》。推进省产业基金、区域基金及相关市县政府产业基金与社会资本合作，设立与特色小镇建设相关的子基金，并引导投资莲都古堰画乡等11个省级特色小镇共17.8亿元，推进特色小镇建设。

【支持外经贸平稳发展】 筹措外经贸促进资金5.33亿元，重点支持出口信用保险、开拓国际市场展会、出口增量奖励补助等。支持义乌国际贸易综合改革试点，加大对义新欧班列运行的省级扶持力度；支持杭州市跨境电子商务试验区建设，开展跨境电子商务产业集群试点和海外仓建设，促进实体产业与电子商务融合发展；修订完善《浙江省国际性展会管理办法（试行）》，加强对国际性展会工作的规范管理和绩效评价。研究外贸出口稳增长相关财政政策，分三年在省级外贸出口发展资金中各新增安排外贸出口奖励资金0.5亿元，促进全省外贸持续回稳向好。

【做好粮食安全保障和市场调控】 筹措落实粮食安全资金7.78亿元，重点支持省级储备粮油补贴、储备订单奖励、军粮差价补贴、危仓老库维修改造等。按照国家粮食安全省长责任制考核要求，做好自查自评工作，会同省粮食局等有关部门制订粮食安全专项资金绩效评价办法，完善粮食风险基金管理办法。会同省商务厅、省供销社、省农业厅、省经信委研究出台《浙江省省级重要商品应急储备管理办法》，提高应对各类突发事件的能力。及时下达2016年猪肉、食糖、化肥、棉花、农药、医药等储备计划，筹措拨付补贴资金0.64亿元。

【推进国有企业改革】 参与国企改革政策研究，会同省国资委出台《浙江省国有企业职工家属区“三供一业”分离移交工作方案》《关于开展国有控股混合所有制企业员工持股试点工作有关事项的通知》。参与研究《省国有资本运营公司运营管理方案》，推动建立按照《公司法》运作和管理的省属国资运营平台。支持国有企业改革和发展，从省转型升级产业基金中拨付周转资金25亿元支持杭钢集团转型升级，从国有资本预算中安排3.04亿元支持省国资运营公司新设产业投资基金、巨化集团改革脱困和省能源集团解决长广历史遗留问题及深化企业改革发展。

（省财政厅企业处供稿　罗　荆执笔）

省财政支持企业走出去——浙江企业并购的海外工厂

金融财政财务管理

【推广运用政府和社会资本合作(PPP)模式】 贯彻落实《国务院办公厅转发财政部发展改革委人民银行关于在公共服务领域推广政府和社会资本合作模式指导意见的通知》,并制定和转发关于推进PPP模式的一系列制度文件。加强项目储备,合计录入财政部PPP综合信息平台项目270个,总投资4312亿元,涵盖市政、交通、文化、体育、旅游、片区开发、教育、科技、医疗卫生、保障性安居工程、政府基础设施、能源、生态环保等领域。建立全省PPP推荐项目库,举办PPP项目推介会,向社会发布PPP推荐项目86个。推进项目实施,截至2016年底,省级项目库中75个项目完成签约。实施综合奖补政策,对签约项目的市县财政进行奖补,引导各地加快推进PPP工作。出资100亿元设立省基础设施投资(含PPP)基金,其中60亿元重点支持通过物有所值评价和财政承受能力论证的纳入省部级项目库的PPP项目,推动各地PPP项目落地。第一批7个子基金已完成投资程序。强化能力建设,组建省级PPP专家库,组织全省业务培训,提升推广运用PPP模式工作能力。

【加强地方金融企业国有资产和财务监管】 做好地方金融企业国有资产产权登记、财务快报、年报等基础工作。深化省级金融企业绩效评价,绩效评价结果用于核定省级金融企业负责人薪酬,并作为加强金融企业经营业绩考核的重要依据。

【健全金融企业激励约束机制】 制定《浙江省省管金融企业负责人经营业绩考核与薪酬核定暂行办法》,核定浙商银行、财通证券公司、省农信联社和省金融控股公司4家金融企业主要负责人薪酬。健全收入分配调控,按照中央及省委、省政府关于规范国有企业负责人薪酬管理的要求,做好省管金融企业和省财政厅管理金融企业薪酬制度改革工作。

【推动政策性农业保险工作和农村住房保险工作】 推广生猪保险与无害化处理相结合的模式。鼓励地方创新开展特色农业保险品种,对一般地区给予20%、26个加快发展县市30%的保费补贴。研究农业保险提标扩面提质工作,促使保险公司降低费率、地方财政补贴减轻压力、广大农户得到实惠。2016年省财政安排保费补贴资金2.4亿元,争取中央财政资金2亿元,为农户提供风险保障逾440亿元。实施政策性农房保险工作,全年拨付农村住房保险保费补贴资金3900万元。

【开展农业贷款风险补偿】 完善相关政策,将农业贷款风险补偿政策覆盖面扩大至全部银行业金融机构,发挥财政资金导向作用,鼓励金融机构加大支农信贷力度。省财政以上年度农业贷款的实际余额为基数,按农业贷款比上年末净增额的不超过5‰予以风险补偿。当年拨付银行业金融机构农业贷款风险补偿资金2957万元,撬动银行增加对农户和农村经济组织农林牧渔业贷款投放84亿元。

【加大对小微企业融资支持力度】 推进小微企业贷款风险补偿工作,以银行业金融机构的上年小微企业贷款月均余额为基数,按不超过小微企业贷款比上年净增额的5‰予以补偿。2015年省财政安排风险补偿资金3313万元,并允许银行业金融机构将风险补偿资金的50%用于个人奖励,激励金融机构支持小微企业融资。

【支持融资性担保体系建设】 推动省融资担保集团组建,指导完善各项管理制度,推动省担保集团公司健康运行。实施融资担保机构风险补偿政策,省财政以上一年度融资担保机构的小企业贷款担保总额为依据,按不超过小企业贷款担保总额1%的比例给予风险补偿,单户担保机构最高补偿100万元,全年下达风险补偿资金4900万元。

【加大对新型金融组织扶持力度】 争取中央财政定向费用补贴资金7772万元,省财政配套5724万元,增强新型农村金融机构的持续发展能力和抗风险能力。安排小额贷款公司风险补偿资金1500万元,引导小额贷款公司增加涉农涉小贷款,降低贷款利率。

【实施银行业金融机构直接债务融资奖励】 安排专项资金4000万元,奖励银行业金融机构28家,支持其在银行间交易市场为中小企业承销债务提供融资工具。该政策带动中小微企业直接融资1846亿元,拓宽企业融资渠道,降低企业融资成本,增强企业发展实力。

【推动政府外债在建项目的实施】 推动世行贷款浙江农村生活污水处理及饮用水建设项目实施,参加世行项目实地检查,根据项目检查情况,调整提款报账流程。该项目第一阶段完成经世行批准采购计划的合同49个,签订合同总额7亿元。截至2016年底,项目累计向世行提款2787.46万美元,占项目协议金额的13.9%。加快推进世行贷款钱塘江流域小城镇环境综合治理项目及林业综合发展项目实施,做好项目收尾工作。截至年底,世行贷款钱塘江流域小城镇环境综合治理项目累计完成提款报账8459.21万美元,占项目贷款总额的84.6%,大部分子项目已建成并发挥效益。截至年底,林业综合发展项目累计向世行提款2100万美元,占项目协议金额的100%,主要完成项目课题研究及服务咨询工作。

【积极推动新项目前期工作】 配合省城建环保项目办、淳安、建德两县(市)做好世行贷款千岛湖及新安江上游流域水资源和生态环境保护工程项目预鉴别工作;走访淳安、建德市财政部门及项目单位，帮助基层解决项目推进中的问题；争取项目前期专项经费1018.2万元。推动法国开发署仙居县域生物多样性保护和发展利用示范工程项目于2016年3月、9月分别通过项目现场鉴别及评估，于10月组织项目财务评审，12月获得法开署董事会批准。会同省发改委、项目单位与全球环境基金赠款绿色物流项目执行机构（联合国计划开发署）、项目赠款方（全球环境基金）的有关负责人员交流，修改并完善项目文件内容。当年11月该项目获得全球环境基金董事会批准。

【规范政府外债管理基础性工作】 按时还本付息并报送政府外债各类报表，及时做好财政部政府外债信息系统维护工作。

【做好G20系列会议服务保障工作】 全力配合财政部做好G20财金副手磋商及财长工作午餐会服务保障工作，获得财政部表扬及省委省政府表彰。

【加强政府外债项目全过程管理】 根据财政部要求，委托会计师事务所对世行贷款浙江可再生能源规模扩大化一期项目及清洁发展委托贷款项目进行绩效评价。配合省审计厅做好在建项目审计工作。举办世行贷款项目财务管理培训班，对财政部门及项目单位财务人员进行集中培训。召开全省外债工作座谈会。配合省城建环保项目办开展世行贷款绍兴古城保护项目案例完善工作，总结宣传绍兴古城保护模式与经验。做好对外交流风险防范及内控制度编写工作。

【做好非贸易非经营性用汇审核工作】 严格执行省里有关规定，加强和规范因公临时出国（境）用汇管理，在保障浙江省重要外事活动的基础上，从严控制因公临时出国（境）用汇。

（省财政厅金融处供稿　陈燕燕执笔）

社会保障财政财务管理

【概况】 2016年，浙江省社会保障财政财务管理工作以更加公平可持续更有效率目标为引领，坚守底线思维，在加大社会保障和医疗卫生投入的同时，注重调整财政社保资金投入结构，注重制度的统一性和规范性，提升民生资金绩效。全年全省就业和社会保障支出、医疗卫生支出分别为631.2亿元和542.4亿元，比上年增长16.5%和12.0%，两项支出占一般公共预算支出比重为16.8%。社会保险基金总收入3758.34亿元，总支出3298.56亿元，滚存结余5256.29亿元。

【优化就业创业环境和支持技能人才培养】 完善就业创业投入政策。安排省级就业资金3.45亿元，支持各地落实就业创业政策。出台高校毕业生就业见习管理办法和加强家庭服务从业人员职业培训等政策文件，推动高校毕业生就业创业，提升家庭服务从业人员服务能力和水平。

降低社会保险费。阶段性降低全省社会保险费，将失业保险单位费率由1.5%临时性降为1%，对部分企业职工基本医疗保险单位缴费部分临时性减征1个月，对部分符合条件的困难企业缓缴社会保险费等，进一步降低企业生产经营成本，全年减轻企业负担54亿元。

支持技能人才培养。省财政安排落实1亿元技能人才队伍建设专项资金，支持“金蓝领”高技能人才、技能人才师资、非遗技能人才培养。实施重点产业技能人才职业培训工程，将七大重点产业所涉及的职业（工种）纳入当地职业培训补贴目录，以资金引领产业人才培养需求。落实奖励补助，支持开展浙江省职业技能大赛和引进首批重点产业高技能人才，发挥引领示范作用。新建、扩建省级高技能人才公共实训基地8个，省级技能大师工作室46家，助推全省高技能人才培养平台建设，推动技能人才队伍增量提质。

【完善社会保险制度和加强社保基金管理】 完善养老保险政策。制定《关于做好机关事业单位养老保险基金清算工作的通知》，在全国率先启动机关事业单位2014年10月1日至实施时的养老保险缴费和退休人员待遇支出清算工作。会同有关部门印发《关于加快推进海洋捕捞渔民养老保障工作的指导意见》，明确由地方按照依法行政、分类解决、属地负责原则通过财政补贴、社会救助等渠道解决渔民养老保障问题。研究完善省级调剂补助办法。

优化医疗保险制度。支持推进城乡居民医疗保险制度整合优化，完善全省统一的城乡居民基本医保制度。调整完善职工基本医疗保险个人账户政策，实行个人账户家庭共济。出台省本级基本医疗保险办法和公务员医疗补助办法，同步调整省级机关事业单位医疗保险单位缴费财政补助政策。

稳步推进社保基金保值增值。结合预算管理和政府债务管理要求，制定出台《浙江省社会保险基金保值增值运作管理办法（试行）》，在确保社会保险基金可持续支付和安全运行的前提下，采取融资运作方式，推进社保基金保值增值运作，提高收益，降低政府债务融资成本。研究提出置换省交投集团债务支持“大交通”建设方案。指导台州等10个首批试点地区开展社保基金保值增值实质性运作，涉及资金22.36亿元。制定《省级社保资金竞争性存放商业银行定期存款业务操作办法（试行）》，组织开展省级社保资金竞争性存放招标评标工作，获得高于同期定期存款基准利率50%的优惠政策，初步建立起安全有序、运作有效、竞争择优的存放管理机制。

【调整社保待遇和规范津贴补贴发放】 调整退休人员养老待遇。根据国家基本养老金待遇调整政策，继续提高全省退休人员基本养老金，2016年企业退休人员月人均养老金2910元。同步调整精减退职人员、计划外长期临时工、生活困难遗属等三类人员待遇标准。

规范津贴补贴发放。加强地方津贴补贴督查，组织开展违规发放津贴补贴、奖金、福利问题监督检查工作。出台浙江省机关事业单位工作人员基本工资调整实施办法和法官检察官薪酬制度改革方案。

【支持社会救助和社会福利体系建设】 落实社会救助待遇。落实最低生活保障政策，安排低保省级补助14.47亿元确保各地稳步提高城乡低保待遇水平，城乡低保平均标准分别为每人每月678元和631元，补差水平分别为每人每月512元和361元，比上年增加65元和50元。启动两次困难群众基本生活价格补贴机制，全省各级财政落实价格补贴1.01亿元。继续加大对困难群众医疗救助力度，安排省级补助3.25亿元直接救助困难群众就医380万人次。省财政拨付2.1亿元助力开展"救急难"，解决群众的突发性、紧迫性、临时性生活困难。保障孤儿及困境儿童补助到位，支持建设全省农村留守儿童信息平台。下达4500万元救灾资金，应对强台风灾害。

支持统筹社会救助政策。推动全省罕见病医疗专项救助纳入医疗救助统一实施，基本实现在各类医保基金报销后剩余、合规的医疗费用由医疗救助(专项救助)全额解决，切实减轻罕见病患者负担。省财政下达各类移民资金15.45亿元，用于移民生活补助及库区移民安置区基础设施建设和生产开发性项目，推进移民避险解困试点，改善移民生活、生产条件。

提高优抚对象待遇。从2016年10月1日起调整伤残人员残疾抚恤金标准、城镇"三属"定期抚恤金标准，以及在乡复员军人、红军失散人员、带病回乡退伍军人等各类优抚对象生活补助标准，其中，首次实行城乡统一的"三属"定期抚恤金标准。提高建国前加入中国共产党、老游击队员、老交通员、精减退职职工和麻风病人生活困难补助标准。

发展社会养老服务业。支持养老服务机构和床位建设，全面整改养老机构消防设施，省财政安排敬老院消防设施改造资金1.05亿元。会同相关部门建立老年人长期照护保险制度。

落实残疾人事业发展扶持政策。会同相关部门制定印发《浙江省困难残疾人生活补贴实施办法》《浙江省重度残疾人护理补贴实施办法》，扩大残疾人受助面，明确困难残疾人生活补贴标准和重度残疾人护理补贴标准确定办法，全省已有7.68万人享受困难残疾人生活补贴、6.96万人享受重度残疾人护理补贴。制定《浙江省残疾儿童基本康复服务与补贴制度实施办法》，提高残疾儿童基本康复训练补贴标准至每年每人2.4万元，并对有适应指征的0~6岁残疾儿童全部实施免费基本康复训练，保障全省残疾儿童得到康复服务。会同相关部门进行残疾人就业保障金征收使用管理情况调研，启动修订《浙江省残疾人就业保障金征收使用管理办法》。

【支持深化医药卫生体制改革】 推进基层医疗卫生机构补偿机制等改革。加强基层医疗卫生机构补偿机制改革试点工作的跟踪指导，海盐、义乌、江山和嵊州4个试点县(市)出台改革方案并启动试点，同步开展相关信息化建设。会同省卫生计生委等部门制定《关于推进分级诊疗制度建设的实施意见》《关于进一步推进责任医生签约服务工作的通知》等政策文件，推动形成科学合理就医秩序，支持建立基本公共卫生经费、医保基金和个人多方共担的签约服务费筹集机制。

推动"双下沉、两提升"规范实施，统筹落实省财政专项资金2.5亿元。会同省卫生计生委委托第三方中介机构对开展"双下沉、两提升"合作办医医院进行绩效考核，考核结果与省级补助挂钩。修订《浙江省"双下沉、两提升"工作考核办法》和《浙江省"双下沉、两提升"省级补助资金管理办法》，强化工作目标引导机制和资金规范使用约束机制。规范省级医院资金下沉财务核算管理，推动7家省级医院下沉资金3亿元，构建合作办医长效机制。

支持卫生重点县建设。落实省政府有关工作要求，配合省卫生计生委、省人力社保厅等部门研究制定相关筛选指标，确定文成县等10个县(市)作为卫生重点县，从2016年起开展为期两年的重点强化建设工作，省财政在建设期间安排专项资金，根据各重点县建设任务完成和能力提升情况给予奖励，促进全省卫生事业均衡发展。

实施医疗卫生服务能力提升工程。会同省卫生计生委研究制定中心镇卫生院医疗服务能力提升工程实施方案。会同省卫生计生委研究全省疾控机构能力建设方案，提高全省疾病预防控制机构公共卫生安全保障能力。根据生育政策调整后的生育和妇幼保健需求变化，调整存量资金规模，加大投入力度，支持妇幼保健机构加强产科、儿科设备配置，提升全省妇幼保健机构服务能力。

健全公立医院运行补偿机制。会同省卫生计生委印发《省属公立医院运营目标责任制考核办法》，实行目标责任制管理，建立绩效考核与财政补助挂钩机制。制定印发《关于公立医疗卫生机构药品集中采购改革有关财政财务管理问题的通知》和《关于推进全省药品采购新平台建设工作的通知》，规范公立医疗卫生机构药品差价、采购平台资金及财政专户管理要求，确保公立医疗卫生机构药品集中采购机制改革顺利实施。建立省级公立医院财政补助与医院采购"浙江制造精品"目录内医疗器械产品份额挂钩机制，支持全省医疗器械产业发展。

加强医疗卫生服务保障。落实城乡居民基本医疗保险和基本公共卫生服务经费政府筹资责任，分别安排省级转移支付44.3亿元和9.6亿元，确保财政补助标准分别提高至每人每年430元和45元。会同有关部门制定全省参加城乡居民基本医疗保险的适龄妇女享受五年一次的宫颈癌和乳腺癌免费筛查方案，明确省财政补助办法。根据国家消灭脊灰工作部署，新增安排新脊灰疫苗补助762万元，保障按期实施脊灰疫苗转换，提高疫苗安全性。

推进构建多元办医格局。会同有关部门制定《关于促进社会办医加快发展的实施意见》，在混合所有制医疗机构收益分配办法、社会办非营利性医疗机构激励机制、社会办医疗机构变更退出机制等改革关键环节实现政策突破，健全对提供基本医疗卫生服务的社会办非营利性医疗机构的财政扶持政策。会同省卫生计生委出台推进医疗卫生与养老服务结合发展实施意见，鼓励多形式开展医疗机构与养老机构合作，推进政府购买基本健康养老服务。

*支持食品药品监管能力建设。*落实专项资金4000万元支持省食品药品检验研究院大楼建设。安排食品药品安全监管专项资金1.5亿元，支持5个设区市食品检测机构能力建设，推动县级食品检验检测资源整合，24个县级资源整合项目通过省级验收。　　（省财政厅社保处供稿　全龙江执笔）

经济建设财政财务管理

【实施积极财政政策】　*扩大有效投资。*争取中央基建投资资金51.12亿元，筹措落实省级政府投资项目财政性资金178.56亿元，支持省级政府投资项目投资1295亿元。

*补齐交通建设短板。*筹措落实铁路"八八计划"项目省级资本金29.56亿元，安排省级公共预算和地方政府债券公路水运建设项目资金256亿元，争取中央补助交通建设资金84亿元，加快推进铁路、公路、水运等重大交通基础设施建设。

*推进新型城镇化建设。*推进都市区和城市群规划建设，支持县城、中心镇加快发展。开展小城市培育试点工作，下达43个小城市培育考核奖励资金1.7亿元，加快小城市基础性、关键性领域建设，引导各级政府和社会资本参与全省新型城镇化建设。

*支持海洋经济建设。*安排省级海洋经济专项资金12亿元，支持沿海地区海洋基础设施、海洋产业转型升级、海洋科技及海洋生态环境保护。组织各地申报中央海洋经济创新发展和蓝色海湾整治行动示范城市，舟山市、温州市分别成功入选试点城市，各获得中央补助资金3亿元。

【推进生态文明建设】　*支持"治水""治气""治土"。*分配下达2015年省级生态环保财力转移支付资金18亿元，推进污染减排工作，促进生态环保和经济社会协调发展、互动双赢。深入开展"五水共治"，安排省级治水资金107.31亿元，推进防洪排涝、城乡供水和水环境治理等重点工程建设。安排大气污染防治专项资金7.67亿元，支持省属企业脱硫、脱硝技术改造和设备更新，支持各市淘汰黄标车、老旧车务和燃煤锅炉淘汰改造；争取中央土壤污染防治专项资金2.1亿元，支持全国土壤污染综合防治先行区、国家级重金属污染重点防控区等地区开展土壤污染防治。

*支持城乡环境改善。*推进"三改一拆"，支持创建"无违建县"，采取资金补助和地方政府债券相结合的方式，支持小城镇环境综合整治行动。安排资金4.21亿元，支持全省163个美丽宜居示范村建设，争取中央农村环境综合整治资金2亿元和中央农村节能减排资金1.17亿元用于传统村落保护，助推农村环境面貌改善。安排资金1.8亿元推进全省生活垃圾分类及垃圾焚烧厂基础设施建设，提高各地生活垃圾分类处理能力。

*加快节能减排、新能源发展。*争取中央节能减排（循环经济发展）补助资金2.2亿元，支持杭州大江东产业聚集区、吴兴工业园区成功申报全国园区循环化改造示范试点建设。安排省级可再生能源发展专项资金0.9亿元，采用竞争性分配方式，集中财力扶持一批技术先进、效益优良的清洁能源示范县（市、区）和新能源示范城镇，推动浙江省国家清洁能源示范省创建工作。新增城乡新型建筑工业化以奖代补资金1亿元，重点支持新型建筑工业化技术创新、示范基地、示范项目和农村装配式建筑试点项目建设，促进城乡建设领域节能降耗，推动建筑产业转型发展。

【保障民生领域投入】　*加快城乡保障性住房建设。*加大公共财政预算的保障性住房投入，争取中央保障性住房建设专项资金40.23亿元，安排省级住房与城市建设专项资金3.5亿元，支持全省城镇保障性安居工程建设。安排预算资金1.89亿元，改造全省农村危房2.51万户。

*推动农村公路提升改造和交通治堵。*安排资金2.5亿元用于提升全省6000公里美丽乡村公路，3302万元用于支持各地建成3000个港湾式停靠站，筹措落实并兑现"交通治堵"考核奖励资金4000万元。

*支持安全生产应急服务体系建设。*安排安全生产专项资金1460万元，推进化工自动化安全控制系统推广应用，创新实施政府购买安全生产应急救援服务，提高安全生产应急救援能力。

财政支持五水共治之开化龙门新村

【促进区域协调发展】 安排省山海协作产业园建设专项资金2.2亿元，加快山海协作产业园建设，深化“山海协作”工程，推动全省区域经济共同发展。安排浙商创业创新考核奖励资金1125万元，支持浙商回归，支持实体经济均衡发展。与安徽省对接协商新安江流域新一轮生态补偿方案。筹措落实对口支援建设资金19.33亿元，推进浙江省对口支援新疆、西藏、青海和四川藏区、青川工作。

【推动重点领域改革】 出台浙江省油补政策。调整城市公交车油价补贴政策，建立鼓励新能源公交车应用、限制燃油公交车增长的新机制。出台浙江省国内渔业油价补贴调整政策，建立渔业油补与渔业资源保护、产业转型升级相协调的新型产业政策机制；出台浙江省农村客运、出租车油价补贴调整政策，支持解决城乡居民“出行难”问题。

创新政府投融资方式。设立省基础设施投资（含PPP）基金100亿元，引导市县政府共同吸引社会资本进入浙江省基础设施和公共服务领域，其中40亿元用于基础设施建设。

推动交通投融资体制改革。重点研究全省交通基础设施投融资模式和财政支持政策，支持省级交通投融资平台和省交通基础设施投资基金组建。以市场化、资本化和创新方式统筹整合普通公路、高速公路、铁路、轨道交通等交通类资金，通过债务置换和注资等措施，支持平台做大做强。

做好国家试点项目建设。争取中央资金4亿元，推进嘉兴市海绵城市建设试点；安排省级住房与城市建设专项资金2亿元，在全省开展海绵城市建设试点工作，对衢州市、绍兴市和兰溪市、温岭市四个第一批省级海绵城市建设试点给予资金补助。组织各地申报中央第二批综合管廊城市试点，杭州市成功入选，2016年到位1.3亿元启动资金。

【贯彻落实基本建设财务规则】 贯彻财政部《基本建设财务规则》，组织全省经建管理业务培训，转发《财政部关于印发〈基本建设项目建设成本管理规定〉和〈基本建设项目竣工财务决算管理暂行办法〉的通知》，加强全省基本建设财务管理。

（省财政厅经建处供稿　彭新宇执笔）

财政监督

【概况】 2016年，浙江财政监督工作围绕财政中心工作，加快建立和完善“内控、内审”和“外控、外审”相结合，事前、事中、事后全覆盖，与预算编制、执行既相互协调又相互制衡的财政监督机制，补齐财政监督短板，推进财政监督在财政管理工作中发挥核心和基础作用。

【加强财政厅内控建设】 制定《厅内控委议事规则（试行）》，建立厅内部控制事项议决机制，成立厅内部控制委员会，下设办公室，厅各单位明确内控管理岗和内控管理联络员，组织召开厅内控委会议两次，基本建立由基本制度、专项内部控制办法和内部控制操作规程组成的三层次内部控制体系。

【指导市县内控建设】 印发《关于加强全省财政系统内部控制工作的实施意见》《关于加快推进财政系统内部控制建设的通知》和全省财政系统加强内控工作计划，召开各市及部分县（市、区）财政内部控制工作座谈会，举办全省财政系统内部控制工作培训班，指导各地加快推进内部控制工作。截至2016年底，全省89个市、县（市、区）均已设立内控组织管理架构。

【开展内部审计工作】 完成财政项目预算审核中心、会计人员服务中心、注册会计师服务中心、财政后勤服务中心、财税政策研究室、浙江致用印务中心及省世界银行业务培训中心等7家单位原领导干部离任审计。根据省审计厅《关于印发2016年省本级公务支出公款消费专项审计工作方案的通知》，对省注册会计师协会、省总会计师协会、省级机关会计核算中心、省农业综合开发审核中心、省财政干部教育中心等5家单位进行内审。

【加大监督检查力度】 贯彻落实《预算法》，开展各项监督检查工作，严肃财经纪律，提升财政监督的威慑力和权威性。省本级组织财政监督检查10项，其中全省上下联动检查项目4项，投入检查力量311人次，其中财政投入57人次，聘请会计师事务所专业人员254人次，检查企事业单位2778户，检查会计师事务所59户，检查涉及资金74.6亿元，发现各类违规问题金额3.8亿元。

【重点专项监督检查】 组织各级财政部门对全省农村生活污水治理项目财政补助资金开展重点检查，共抽查乡镇159个、省农村生活污水治理村项目2599个，涉及财政资金31.39亿元。开展对浙报集团广告费收入的专项调查，对省作家协会租用办公用房情况进行专项核查。组织开展省财政补助的高雅艺术进校园专项资金、高校捐赠配比资金等专项检查。

【会计师事务所行政监督检查】 联合省注协随机抽查会计师事务所59家，并会同相关处室及专业人员对存在较严重执业质量问题的事务所进行集中审理。

【非税收入收缴情况专项检查】 按照《财政部关于开展非税收入收缴情况专项检查的通知》要求，组织全省各级财政部门完成非税收入收缴情况专项检查工作，共检查10个设区市、81个县（市、区），延伸检查389个部门，查出各类违规问题金额7.6亿元，应上缴中央分成收入357.7万元，省级分成收入9845.9万元。完成全省预决算公开情况专项检查并形成全省检查情况总结。

【落实“双随机、一公开”工作】 制定《浙江省财政厅随机抽查工作细则》《浙江省会计师事务所执业质量“双随机”抽查工作细则》,建立全省财政监督检查系统执法检查人员名录库、分类监管会计师事务所检查名录库,2016 年在会计师事务所执业质量检查、非税收入收缴情况专项检查、全省预决算公开情况专项检查等工作中启用随机抽查方式。

【全过程预算绩效管理】 以全过程、全融合、全覆盖为目标,通过改进规范绩效目标填报审核、简化绩效自评并实现项目层面的全覆盖、对自评抽查结果实行红灯警示等举措,倒逼省级部门重视预算绩效目标编制的科学性,促进省级部门预算绩效管理工作与预算管理深度融合。在财政部预算绩效管理工作考核中获一等奖。

【开展重点政策评价】 实施开展就业创业、食品药品监管、文化大礼堂以及环境自动监测等 4 个重点绩效评价项目,涉及资金 60.1 亿元,其中,省财政资金 19.5 亿元。相关评价结果报送省政府作为决策的重要依据,并作为预算管理的重要参考。

【组织部门绩效评价】 组织开展 101 个省级部门的 181 个绩效自评项目,涉及资金 52.43 亿元,其中,省财政资金 14.27 亿元。组织开展 23 个省级部门的 26 个绩效监控项目、11 个省级部门的 14 个部门重点评价项目、21 个省级部门的整体支出项目的绩效自评工作。实施 2015 年度省级部门财政管理绩效综合评价工作。

【财政项目资金审核】 完成省级部门项目支出预算审核任务 394 个,送审金额 60.97 亿元,审定金额 52.89 亿元,核减 8.08 亿元,审减率 13.3%,平均每个项目核减 205 万元。完成政府采购类项目预算审核任务 81 个,送审金额 4.38 亿元,审定金额 3.85 亿元,核减 0.53 亿元,核减率 12.1%。完成国库直拨项目支付审核 426 笔,送审金额 7.70 亿元,审定金额 7.56 亿元,核减 1452 万元。完成 2 个建设工程项目竣工财务决算。

【规范审核业务体系】 规范项目审核意见及项目补充资料报告格式,有效避免报告形式多样,内容混乱不全的现象;梳理省级部门项目支出预算审核范围、具体职责及流程,划清项目审核内部组织分工,规范工作流程,明确审核工作与厅内各业务处室、局的工作职责划分。

【审核案例与标准建设】 配合部中心开展财政审核典型案例编报,通过分门别类、归纳总结、认真撰写、优选上报,有 12 篇案例被采纳入选;协助部中心做好项目支出标准体系建设基础工作,其中财政厅牵头制订的《陈列展览项目预算申报标准》获得部中心高度认可。

【财政监督制度建设】 出台《省财政厅财政监督内部管理办法》,统筹规范财政厅对外财政监督行为;草拟《监督局财政监督委托第三方内部操作规程》,规范监督项目委托行为,提高监督效率;草拟《省财政厅内部审计办法》,规范内部监督行为。

【审计联络保障】 重点完成省审计厅同级审计、审计署南京办、上海办等项目以及安徽专员办等项目的联络保障。

(省财政厅监督局供稿　汪毅俊执笔)

农业综合开发

【概况】 2016 年,浙江省农业综合开发以推进农业供给侧结构性改革为主线,发挥自身优势,强化管理、深化改革,为保障粮食安全、促进农业增效农民增收、推进农业现代化和可持续发展作出贡献。

2016 年,全省累计投入农业综合开发资金 27.42 亿元(不含部门项目、不含宁波市),其中中央财政资金 7.81 亿元,省财政资金 9.18 亿元,市县财政资金 3.71 亿元,各类经营主体和村群自筹资金 6.73 亿元。土地治理项目共建设高标准农田 40.94 万亩,实施小流域农业生态工程项目 48 个,累计投入农业综合开发资金 12.9 亿元;实施园区类项目 24 个,其中现代农业园区 8 个,特色园区 16 个,投入农业综合开发资金 9.44 亿元;实施产业化发展财政补助项目 92 个,投入农业综合开发资金 4.47 亿元,实施产业化发展贷款贴息项目 115 个,分别下达中央和省财政资金 0.33 亿元和 0.28 亿元,撬动各类金融机构贷款 19.21 亿元。

【开展 31066 行动计划】 转变开发观念、创新开发思路,以园区建设为突破点实施农业综合开发助推浙江现代农业发展 31066 行动计划*,得到浙江省政府分管领导肯定,推进全省农业转型升级和优势特色产业发展。

【创新管理模式】 制定《浙江省推进农业综合开发供给侧改革试点方案》上报国家农业综合开发办公室(以下简称国家农发办)审批,该方案围绕重点领域和关键环节,加大改革力度,改进管理模式,着力破解农业综合开发供给侧结构性问题。

【优化扶持政策,完善激励约束机制】 出台《关于调整农业综合开发土地治理项目财政投入政策的通知》,从 2017 年项目开始执行,调整土地治理项目县级财政资金投入比例,视各地财力情况,县级财政资金投入由占中央和省级财政资金之和的 20%、30%、50% 三档调整为占省级财政资金的 20%、30%、50% 三档,并鼓励市县结合当地实际,在此基础上加大投入。制定《关于加快农业综合开发项目建设进度的通知》,要求各地加快项目建设进度,合理制定施工计划,有序安排工期,提升项目建设进度。通报 2013 年及以前年度未申请省级验收的项目,约谈进度落后且整改不力的开发县,督促加快农业综合开发项目建设和资金支出进度。

【参与“送科技下乡”活动】 参加在磐安县、景宁县、岱山县开展的“送科技下乡”活动，助力改善当地农业基础设施条件、发展农业特色产业、提高农民收入。

【完善开发县管理】 对全省各开发县机构人员力量、现有耕地面积、农民群众开发意愿等情况进行摸底调查。结合财政资金规模和各地资源禀赋等因素，适当调整全省开发县结构，将柯桥区并入绍兴市本级作为一个开发县管理，新增青田县为国家农业综合开发县，国家开发县总量54个不变。同时，探索适宜浙江省的农业综合开发县管理模式，制定《浙江省国家农业综合开发县管理实施细则（试行）》。

【学习贯彻新制度】 修订《浙江省农业综合开发资金和项目管理实施办法》。通过实地调研、开座谈会等形式，深入学习和宣传财政部新修订的《国家农业综合开发资金和项目管理办法》的出台背景、重要意义和主要内容。在充分听取省级有关农口部门、省财政厅有关处室局、市县农发办等各方意见基础上，经反复讨论研究，修订《浙江省农业综合开发资金和项目管理实施办法》。（浙江省农业综合开发办公室供稿　田　易执笔）

注：

*“31066行动计划”：通过3年左右时间在全省范围内扶持创建10个农业综合开发现代园、66个农业综合开发特色园。

政府采购（控购）监督管理

【概况】 2016年，浙江省政府采购制度改革全面展开，各项主要工作有序推进，政府采购信息化建设取得重大突破。全年全省政府采购金额1459.58亿元，比上年增长31.8%。

【制度建设】 修改完善《浙江省实施〈政府采购法〉办法》《浙江省政府采购合同暂行办法》草案。研究制定《政府采购网上超市管理办法》，推动财政部加快制定《政府采购电子卖场管理办法》。拟定浙江省2017年度集中采购目录及采购限额（数额）标准，首次统一制定分别适用于省、市、县三级的分散采购限额标准和公开招标数额标准。简化高校、科研院所进口产品采购程序，对高校、科研院所进口仪器设备实行分散采购，进口产品审核管理实行清单制和备案制相结合。

【完善监管】 继续委托北京中关村指数操作单位对协议供货产品实施价格监控，改进监控办法，加强供应商履约监管。组织开展春、秋两届科研医疗仪器设备展览会政府采购。按照财政部统一部署，组织开展全省社会中介代理机构执业情况监督检查。组织开展《浙江省政府采购活动现场组织管理办法》和《财政部关于做好政府采购信息公开工作的通知》等规范性文件执行情况检查。做好社会中介采购代理机构网上登记，截至年底在浙江省登记的社会中介采购代理机构387家。加强评审专家管理，规范评审专家行为，提高评审专家使用效率。依法处理投诉、举报，配合处理行政复议，加大对违法违规行为处理处罚力度。

【信息化建设】 经省政府同意，浙江省电子商务工作领导小组办公室印发《2016年浙江省人民政府与阿里巴巴集团战略合作工作要点》及《关于加快推进省政府与阿里巴巴集团云计算大数据领域合作的通知》，依托浙江政务服务网，建设“政采云”平台，在省级单位中率先试点，成熟完善后再推广至各市、县（市、区），并按照财政部的统一安排，将电子卖场等交易和监管系统推广到中央单位和全国其他省市，将“政采云”平台提升为全国一体化平台的方案。7月11日，财政部批复同意《浙江省政府采购电子卖场试点工作方案》，7月18日，省财政厅与阿里巴巴（中国）有限公司签署《浙江省“政采云”平台项目建设框架合作协议》，成立合资公司，负责搭建、运营和推广“政采云”平台，以及未来的商业化运营和日常运维，并于7月26日注册成立浙江政采云网络有限公司。省财政厅5月在16家省级采购单位试点应用“政采云”平台电子卖场——网上超市子系统，并于8月扩大试点范围。12月底，省财政厅印发《关于在省级和部分市县试行“政采云”平台（外网系统）的通知》，在省级单位全面试行“政采云”系统。

【公车管理】 配合省车改办落实省级车改方案，完成省级100个单位的方案审批、保留车辆指标确定、车辆封存、补贴发放等工作，共封存公车1400余辆。配合省车改办对设区市车改方案的初步审查，对10个市方案提出审核意见。协调出台车改配套政策，省财政厅制定发布《浙江省省级机关工作人员公务出行经费预算管理暂行办法》。配合省车改办完成封存车辆移交处置，至6月底基本完成封存车辆移交工作，参与组织处置车辆的拍卖工作，组织六批拍卖，拍卖成交753辆，成交金额7001.56万元。（省财政厅采监处供稿　冯　华执笔）

财政政策法规

【概况】 2016年，浙江省财政政策法规工作按照全省财政工作总体部署，围绕财政中心工作，推进财政法制建设，加大财政普法力度，规范财政执法行为，提高财政法治化水平，推进法治财政建设，服务财政改革发展。

【推动财政立法工作】 做好《浙江省国家赔偿费用管理办法（草案）》一类政府规章立法各项工作，组织立法前评估、开展实地调研、修改完善草案。《浙江省国家赔偿费用管理办法》已经省政府常务会议审议通过。报送《浙江省实施〈政府采购法〉办法（草案）》及其立法可行性报告。

【加强行政执法监督】 2016年会签行政处罚、处理等案件78件，所有案件均按法定程序和期限作出处理。依法办理行政复议应诉案件21起，省财政厅均胜诉。组织开展全省财政系统行政许可案卷和行政处罚案卷评查工作。

【建立“双随机”机制】 协调省财政厅“双随机”抽查监管工作，制定《推行“双随机”抽查监管工作实施的方案》，发布《浙江省财政厅随机抽查事项清单》，配合厅监督局出台《财政厅随机抽查工作细则》，督促各部门单位分检查类别建立检查对象库和检查人员库，规范财政行政执法行为，提高监管效能。

【管理行政规范性文件】 修订《浙江省财政厅行政规范性文件管理办法》，建立健全行政规范性文件制定程序、合法性审查、施行期限、备案审查和统计分析制度。组织对厅机关53件行政规范性文件公开征求意见、合法性审查，并按规定报省法制办统一登记、备案，提高行政规范性文件的质量，被评为浙江省法制办行政规范性文件管理示范单位。

【规范合同审查工作】 完善合同合法性审查工作机制，依法履行合同合法性审查职责，2016年审核审核各类经济合同24件，提供法律咨询200多人次。

【组织法制教育培训】 组织干部参加网络学院法律知识学习和2016年度公务员年度法律知识学习考试，全厅在编公务员100%参加考试，100%考试合格。组织开展全省财政法制骨干培训，系统学习法律风险内部控制办法、行政复议应诉工作实务。组织编印《浙江省财政厅学法手册》，全年编发3期计9000册。

【开展财政法制宣传】 研究制定全省财政“七五”普法规划，组织召开全省财政“七五”普法动员会，推进和提升全省财政系统普法工作。组织发动全省财政系统公务员、其他社会人员1.4万多人次参加“第十届全国百家网站 微信公众号法律知识竞赛活动”。组织全省财政系统开展浙江“法治宣传月”“12·4全国法制宣传日”“宪法宣传浙江行”等主题活动。

（省财政厅法规处供稿 毛明辉执笔）

财政纪检监察

【深化全面从严治党主体责任】 2016年，省财政厅党组严格落实全面从严治党要求，推进党风廉政建设和反腐败工作，召开全省财税系统党风廉政建设工作会议，制定下发《2016年全省财税机关党风廉政建设工作要点》，确保反腐倡廉建设融入财政地税各项业务工作，做到同部署、同检查、同考核。厅党组两次专题分析履行党风廉政建设主体责任情况，30余次研究落实反腐倡廉工作，厅党组书记认真履行第一责任人职责，厅党组班子成员肩负起“双岗双责”，对厅局机关、厅属单位和各市地税部门领导班子落实党风廉政建设责任制等情况进行专项检查，制订责任清单，层层传导压力，推进主体责任落地生根。

【实现监督全覆盖】 按全省纪检体制改革要求，围绕地税纪检监察体制调整、内控机制建设、财税重点领域和关键环节风险防控等专题，赴8个市15个县、30多家基层单位开展调研，从加强派驻覆盖、充实纪检力量、强化系统指导等多方面提出工作建议，厘清派驻机构的领导体制、工作职责和监督范围。强化机关纪委作用，厅局本级分别任命一名副厅级领导干部担任机关纪委书记，配备机关纪委专职副书记，负责厅党组履行党风廉政建设主体责任的日常工作。省地税局设立督查内审处，在五个重点处室配备兼职纪检监察员，加固内部监督防线。举办全省财政地税系统纪检工作培训班，110名干部参加培训，提升财税纪检工作的业务水平。

【践行“四种形态”】 坚持抓早抓小、挺纪在前，综合运用“四种形态”。采取任前要求、交流汇报等形式，对123名处以上干部实行一般性约谈，对44名新提拔处级干部开展任前廉政谈话，实现廉政谈话全覆盖。集中分类管理问题线索，实行重要问题线索的重点核查，一般问题的转办核实。发挥派驻监督的“探头”作用，前移监督关口，重点对省财政厅信息化项目资金安排、公款竞争性存放招标等财税重点领域和关键环节进行专项跟踪，实现从现场监督、过程监督向规则审查、事后监督转变。

【持续正风肃纪】 巩固作风建设成果，落实中央八项规定精神。以“立足问题导向从严回头看、立足正风肃纪从严抓规范、立足建章立制从严立规矩”为重点，率先在全省财税系统开展中央八项规定精神落实“回头看”检查，对十八大以来厅局出台的公务开支标准、预算管理、公款存放、津补贴规范、监督检查等制度进行梳理、完善，逐项列出清单，制定整改措施，抓好整改落实。落实节日廉政短信提醒、书面提醒和每月处长例会通报典型案例制度，重申纪律要求，防患于未然。实地督查基层财税部门和窗口单位的行风建设情况，及时反馈情况、通报案例，释放警示信号。在全省财税系统开展《准则》《条例》征文活动，增强财税干部的纪律意识。

【推动干部轮岗交流】 以典型案例为警示，推动出台《厅岗位利益冲突风险内部控制办法（试行）》，定期界定容易产生廉政风险的关键岗位、高风险岗位，采取平职交流与提拔交流相结合、集中交流与个别交流相结合的方式，有计划地加大重点部门、重点岗位干部的轮岗交流力度，使干部轮岗交流常态化。推动干部轮岗交流，对同一部门、岗位任职时间较长的71名厅局处级干部进行轮岗，防范岗位廉政风险。

（驻厅纪检组供稿 王 伟执笔）

人事·党建

【机构和编制管理】 根据国库集中支付改革要求，报经省编委批准，省级机关会计核算中心更名为省级财政国库支付中心。会计处和省会计人员服务中心进行职能调整，并将原由省会计人员服务中心承担的省级及中央驻杭单位会计从业资格证日常管理、会计专业技术资格考试考务工作以及参加高级会计师资格评审人员申报材料的受理和初审工作等事项划转杭州市财政局。按照省政府有关经营性事业单位统一管理的工作部署，省财政厅招待所和省莫干山财政干部休养所机构和人员整体划转浙勤集团，撤销省世界银行业务培训中心。组建省农业信贷担保有限公司，推进全省农业信贷担保体系建设。分别以厅长办公会议纪要和厅党组会议纪要的形式，明确厅属金融类企业管理体制和选派到企业工作人员人事管理关系。按照省编办要求，补充完善财政厅权力清单，完成全省财政系统权力清单的省、市、县三级联审工作。

【干部选拔调配】 开展处级干部选拔调配工作，全年选拔任用正处级领导6名、副处级领导14名、调研员4名、副调研员10名。加大干部轮岗交流力度，促进廉政建设，39名处级干部进行岗位交流。梳理厅机关及厅属参公单位干部基层工作经历，选派22名基层工作经历未满两年的人员到企事业单位挂职锻炼。

【干部监督管理】 制定财政厅岗位利益冲突风险内部控制办法，梳理岗位管理中可能存在的利益冲突风险，通过规范岗位设置，实施岗位回避、交流以及其他内控措施，防范岗位风险。完成干部“三龄两历”认定与相关材料进档工作，巩固专项核查成果。依据新出台的计划生育条例、请假待遇等规定，修订工作人员请假制度，完善探亲假等的管理。加强对因公出国（境）任务的审查，从严把握选派标准，规范工作人员因公出国（境）培训、访问的审批工作。完善申请因私出国（境）审批程序。

【干部人事服务】 通过招录、招聘、选调和接收基层财政干部上挂锻炼等途径，解决厅内人手紧缺问题，全年公开招考2名参照公务员法管理人员、公开招聘7名事业编制人员、从系统选调8名工作人员、安置军转干部2名、接收基层挂职干部10名。完成厅机关及厅属参公单位基本工资和离退休费调整补发工作，做好干部特别是离退休干部的政策标准解释工作。做好年度总结、考核、评优，报表汇总、审核和上报，事业单位和社会团体年检，事业单位岗位设置管理，干部职工健康体检，领导干部重大事项报告，省管干部收入申报，晋升工资报批，以及各类高级专业技术资格评审的申报等工作。

【干部培训教育工作】 加强培训规划计划管理，制订《浙江省财政干部教育培训“十三五”规划》。制订《浙江省财政厅2016年干部教育培训计划》，突出预算编制、预算执行、财政监督、政府与社会资本合作（PPP）、政府产业基金、政府购买服务等财政中心工作。抓好厅本级干部培训，组织3期250余名科级党员干部“学党章党规、学系列讲话”集中轮训班。举办3期财政干部讲坛，10位财政干部上台主讲。做好系统培训教育的指导与服务，举办全省财政系统培训管理者培训班，结合开展年度干部教育培训特色工作交流。做好系统岗位培训观摩交流活动和《全省财政系统干部教育培训师资库》更新工作。

【财税文化建设】 举办“共筑财税梦想，增添党旗光彩”全省财政地税系统庆祝建党95周年暨第4届文艺调演，推动全省财政地税系统文化建设，活跃干部职工文体生活。全省11个市局以及省财政厅、省地税局选送16个参赛节目，三百多名干部职工登场演出。

【开展“两学一做”学习教育】 按照中央“学党章党规、学系列讲话，做合格党员”学习教育部署，以支部为基本单位，以“三会一课”为基本形式，以落实党员教育管理制度为基本依托，完成各项学习教育任务。突出以上率下，财政厅党组书记、厅长钱巨炎作为第一责任人，为全厅党员上专题党课。厅党组年度民主生活会聚焦“四个合格”要求、查找“六个方面”突出问题，开展批评和自我批评。突出问题导向，带着问题学，针对问题改，纠正“四风”，解决党员队伍中的思想、组织、作风、纪律等问题，坚持把纪律挺在前面，做“四讲四有”合格党员。突出围绕中心，把学习教育与实现“十三五”发展良好开局、服务保障G20杭州峰会等结合，与打好“五水共治”“三改一拆”“浙商回归”等转型升级系列组合拳结合，与推动财政各项改革、完成财政重点工作任务结合，发挥财政职能作用。

【机关党建工作】 学习贯彻习近平总书记系列讲话、十八届六中全会和省委十三届十次全会精神，引导党员干部树立“四个意识”，始终保持与以习近平同志为核心的党中央高度一致。厅党组理论学习中心组全年组织学习11次共19天，在工委组织的省直单位中心组学习检查中受到表扬，党组书记钱巨炎的学习体会文章入选省直机关《中心组学习资料》，并被评为优秀文章。组织开展党组织关系清查、补缴党费、党员发展记实工作。落实“三会一课”、民主评议党员等组织生活制度，严肃党内政治生活，评选出4个“五星级党支部”，42名“优秀共产党员”。厅党组履行全面从严治党主体责任，严格执行党内监督有关规定。开展全省财税系统贯彻八项规定“回头看”工作，受到省纪委领导好评。党组书记与厅机关各处室局、厅属各单位“一把手”签订《党风廉政建设责任书》，配齐配强机关纪委力量，任命一名副厅级干部担任机关纪委书记，配备机关纪委专职副书记。举办3期党纪党规专题学习轮训班，学习《准则》《条例》，为守住纪律“底线”打下基础。

【离退休干部服务工作】 落实离退休干部的政治、生活“两项待遇”。组织离退休干部深入学习十八届四中、五中、六中全会和习近平总书记系列重要讲话精神，参加省委省政府举办的各类情况通报会。办理离休干部医疗待遇提高手续。做好老干部走访慰问工作，解决实际困难。围绕纪念建党95周年及“两学一做”学习教育，请专家给老干部讲党课。开展“助老”活动，鼓励青年干部和老干部结对，为生活有困难的老干部做实事。

（省财政厅人事处[离退休干部处]、机关党委供稿　姜伟荣执笔）

办公室工作

【综合文稿】 强化大局意识，提高综合文稿质量。完成全省财政地税工作报告、年中会议讲话、预决算报告等综合材料近70篇。

【信息调研】 做好《每日财经要情》《浙江财政信息》《财政信息专报》《浙江财政信息（增刊）》《浙江省财政厅简报》《浙江财政专报》编报工作，向省委、省政府、财政部专报信息493期，获得省领导批示10条。组织全省财政系统课题调研，共完成课题86篇，评出优秀课题41篇。

【财政宣传】 加大财政宣传力度，在中央及省级媒体刊发各类新闻稿件80余篇，并围绕财政践行“五大发展理念”等专题作系列宣传。组织召开降低企业成本等6场新闻发布会，回应社会关切。发挥“三微一体”公共财政宣传矩阵效应，开展财政“双十佳”好新闻评选，财政微信关注量突破15万，重点信息转发量超过10万。编制《财政预算读本》，制作动漫视频，图文并茂解读预算报告。

【公文管理】 编制《公文处理手册》工具书，梳理出公文处理常见问题100例。开展公文处理技能比武，组织实施公文培训，提升干部职工公文处理水平。做好电子印章管理和电子公文传输相关工作，提高公文流转效率。严把公文数量关、质量关，2016年共收文3129件，发文2021件，发文较上年减少6.7%。

【政务督查】 做好省政府部门目标考核工作，连续14年获得优秀单位称号。做好各类交办事项的督查，全年共督办省领导批示件589件，办公交办件1060件，完成省政府工作报告重点工作等专项督查35个。办好建议提案，全年承办建议提案604件（其中主办46件），主办件按期办结率、面商率、答复满意率均为100%，1件人大建议被评为省优秀承办件。

【电子政务】 加快财税综合办公平台的升级改版，创新功能。加强市县版本的开发对接，并在温州、临安等地开展试点。做好数据归集共享工作，建立健全工作机制，率先实现目录下全数据的推送。加强与政务服务网的对接，配合做好行政权力事项在线运行。2016年在省政府政务服务网建设考核中排名第2，获优秀称号。

【信息公开】 制定省财政厅2016年政务公开实施方案，做好重点事项在厅门户网站和浙江政务服务网上主动公开工作。做好依申请公开工作，研究建立省与市县之间沟通协调机制，全年共受理申请43件，均予以办结，答复率100%。2016年，省财政在省政府组织的浙江省政务公开第三方评估中排名第2。

【保密、档案与信访工作】 出台《省财政厅关于加强涉密人员管理的通知》，与涉密人员签订保密承诺书。加强数字档案建设，出台《厅机关文件材料归档范围和档案保管期限实施办法》等配套文件，实现会计档案、科技档案、业务档案全面数字化，以总分第一的成绩被省档案局评为数字档案创建优秀单位。规范信访工作办理程序，加快接入浙江省统一政务咨询投诉举报平台。加强与12366平台的对接，对网上咨询件进行分流。全年共处理各类信访件75件，接访29批46人次。

【财务管理】 做好部门预决算编制和公开工作。改革专项经费“一事一报”制度，对年初预算编制准确、细化的经费使用不再进行审批。加强厅属事业单位和经营单位的财务管理，将财政学会、会计学会、总会计师协会、珠心算协会纳入审核范围。牵头做好省财政厅部门公款竞争性存放工作，截至12月底实际存放2.29亿元。

【资产管理】 做好办公用房清理整治及经营用房移交工作，将厅机关办公楼主楼及东附楼正式调拨至省机关事务管理局，成建制划转移交厅招待所和莫干山休养所，注销世行培训中心。做好房产租住管理，协调争取6套省级机关周转房，整修部分房产。做好工程结算工作，完成机关装修工程及万里楼外立面整治的经费结算。做好住房补贴及住房公积金补贴支取工作。

【后勤保障】 加强车辆管理，完成公务用车改革任务，妥善安置司勤人员，相关车辆封存移交。做好食堂工作，全年共接待就餐约30万人次。做好会务服务，全年共完成会议接待服务2500余场。做好安保、停车、保洁等物业管理，落实节能措施。

【工会工作】 加强学习型工会建设，举办“我行我主讲”公开课、“阅读成长心灵”等活动。布置12楼阳光房，开辟会员活动新基地。依托兴趣小组，组织参加摄影、书画大赛等活动，丰富会员生活。做好会员疗休养工作，组织350余名干部职工参加疗休养。

【G20保障】 配合做好万里楼沿街立面整治，对机关大楼进行全面安全排查。制发《关于进一步加强G20峰会期间安全保卫工作的通知》《G20峰会期间应急事务处理联络表》，落实G20峰会期间值班制度。落实G20期间的车辆、会务、接待保障。

（厅办公室供稿　王　琛执笔）

直属单位概况

浙江省金融控股有限公司

【概况】 2016年，浙江省金融控股有限公司扎实推进金融股权投资、政府基金管理、金融创新服务“三大平台”建设，全年实现净利润24亿元。

【建设金融股权投资平台】 推动浙商银行上市。协助浙商银行完成上市有关程序，2016年3月30日在香港联交所主板正式挂牌，全球发售34.5亿股，净募集资金130亿港元。支持财通证券加快上市。配合财通证券完成A股上市所有前期审批工作，正式获得证监会受理函。拓展金融业务领域。与中国太平保险集团共同发起组建太平科技保险公司，与浙商银行共同发起设立浙银金融租赁公司，分别获得保监会、银监会正式批筹。公司正式补齐7块主要金融业务牌照。促进参控股企业转型。支持浙商银行、财通证券、永安期货等参控股企业按照金融创新改革的要求实施转型升级。

【政府基金管理】 撬动资本促投资。截至2016年末，公司管理的省级政府产业基金（包括省产业基金、创新强省基金）220亿元，累计投资179亿元，项目总规模1201亿元，资金一级放大逾6倍，设立区域基金13家、市场化子基金35家，直接投资项目12个。2016年8月设立省基础设施投资（含PPP）基金，规模100亿元，第一批7个子基金项目过会。盯准项目抓落地。与阿里集团合作开发“政采云”平台，推进政府采购电子化交易管理。引进中国航天科技集团的商业遥感卫星项目。投资参与丽水古堰画乡小镇、舟山远洋渔业小镇、海宁皮革时尚小镇等特色小镇建设。投资组建首期杭州城西科创大走廊基金10亿元，天使梦想基金累计为171个大学生创业项目提供资助和全方位专业服务，助推全省创新驱动发展。推进省农业基金投资，投资组建传统古村落保护利用基金，参股设立丽水生态产业基金、衢州绿色产业引导基金，践行绿色发展理念。参股国家先进制造业基金，参股规模400亿元的中金国家新兴产业创投引导基金并成功争取注册杭州玉皇山南基金小镇。搭建服务平台。举办政府产业基金投资推进会4次，指导各地区域基金规范运作。为各地政府基金运作提供专题推介。规范管理制度。配合省财政厅等有关部门，初步建立区域基金量化考核指标体系。制定发布《区域基金运作管理导则》。

【创新金融服务】 打造“1+X”金融市场体系。截至2016年底，股权交易中心的挂牌企业3859家，“一所两中心”全年实现交易总额1088亿元，有效推动全省金融要素资源合理流动和优化配置。优化政策性融资担保体系。原省再担保公司增资更名为省担保集团，新增注册资金20亿元，加快完善全省政策性融资担保体系。构建战略业务协同体系。推动浙商银行等参与政府基金运作，提供投贷联动等支持服务。推动托管基金以及各区域基金、市场化子基金之间协同合作，形成投资联动效应。

【内部管理】 抓好党建工作。强化党风廉政教育，严格执行中央八项规定精神、浙江省“28条办法”等系列规定。完善公司治理。制定《公司党委工作规则》，强化党委核心作用。完善公司由战略发展投资委员会、风险控制委员会及管理层组成的“两会一层”机制。继续推行竞争性选择开户和资金存放银行招标，完成招标资金130亿元。加强队伍管理。设立人力资源部，加强人员管理的组织保障。做好“外引内培”，充实风险合规部专业人员配备，招聘引进多名新员工，规范选拔部门中层干部4名，优化公司人才队伍结构。 （省金控公司供稿　吴　斌执笔）

财税政策研究

【做好财政科研工作】 服务省政府政策出台。承接省政府重点课题“降低企业成本优化发展环境”中的子课题“降低企业税费成本的思路和对策研究”。开展问卷调查，邀请有关高校专家、政府部门政策制定者和企业代表参与学术沙龙，探讨降低企业税费成本的政策空间。完成课题并报送省政府，为省政府出台《关于进一步降低企业成本优化发展环境的若干意见》《关于进一步减轻企业负担降低企业成本的若干意见》提供参考。

研究财税热点问题。开展企业税费负担调研，联合省财政厅有关处室局，完成《降低企业税费成本的调研报告》《企业税费负担“痛苦感”辨析与思考》《全面清理规范收费，助力实体经济发展》和《降低企业税费成本的财税对策研究》等研究报告，其中《企业税费负担“痛苦感”辨析与思考》发表于中国财政学会内参《财政与国家治理：决策参考》，《降低企业税费成本的财税对策研究》在财政厅行政课题评审中获得二等奖。联合财政厅社保处，完成《整合背景下浙江省城乡居民基本医疗保险财政压力分析》，在财政厅行政课题评审中获得一等奖。联合国开行浙江省分行完成《PPP融资创新研究及政策建议》，从财政视角提出政策建议。完成全国协作课题“政府产业引导基金的实践与思考”课题总报告，总结浙江省政府产业基金经验，以简报形式报中国财政科学研究院。完成《关于浙江省政府产业基金的调研报告》，发表于《经济研究参考》。申请并获得省社科联立项课题“浙江省政府产业基金的实践与探索”。联合有关市县开展营改增改革对地方税收收入和税源建设的影响专题调研。委托上海财经大学完成《省以下地区间支出成本差异研究》。配合财政厅政法处执笔完成省社会治安综合治理委员会委托研究课题

《公共安全产品的供给效率与财政投入机制研究》。配合财政厅教科文处执笔完成《充分发挥财政作用 助力补齐科技短板》。

上下协同开展研究。利用财政部、中国财政科学研究院来浙调研契机,发出浙江声音。配合财政部政研室完成“供给侧结构性改革和财税体制改革”“开展相关改革专项调研”,配合财政部综合司完成“财政支出进度及绩效”调研。配合中国财政科学研究院完成“关于降低实体经济运营成本,推动供给侧结构性改革”“绩效预算管理”“经济形势分析”等调研。组织各市县协助中国财政科学研究院完成企业税费负担的网络问卷调查。参加国务院参事室“创新驱动发展的专项调研”,完成汇报材料《着力创新驱动,助推新经济发展》。

做好成果转化应用工作。办好《浙江财税参阅》,围绕厅领导关心的热点难点问题,积极推进科研成果转化,全年共编辑43期,供领导决策参考。向中国财政科学研究院报送优秀成果参加“第六次全国优秀财政理论研究成果评选”。

【做好财政宣传工作】 办好《浙江财税与会计》。全年完成12期杂志的编审、出版工作。做好历次重要会议精神宣传,第一时间将厅党组重要工作理念、各部门工作要求传达给全省各级财税部门与干部职工。围绕国地税征管体制改革、事权与支出责任划分、建立现代财政制度、营改增、政府购买服务等主题向专家及厅领导约稿;围绕“十三五”规划、五大发展理念、精准扶贫、地方债管理、政府产业基金、补短板、降成本、法制财政、PPP等经济社会发展重点及财税改革热点组织专稿。增加具有一定深度、能够引人思考、给人启示的专题报道及业务探讨性文章。与读者进行积极互动,搭建浙江财税部门与两会代表委员及广大群众沟通的桥梁。

【做好历史传承工作】 完成年鉴编纂工作。《浙江财政年鉴(2016卷)》(总第16卷)在保持以往年鉴整体架构基础上,增加了“十二五”时期全省财政工作篇目。附赠光盘中增加省级和市县插图文件包。载体形式由CD-ROM升级为DVD-ROM,提高年鉴数字化保存质量。在适当减少年鉴纸质印刷数量的同时,增加光盘数量,以最经济的成本实现赠阅(交换)覆盖面的最大化,有效扩大浙江财政年鉴影响力。完成“2015年浙江省财政工作”稿件撰写任务,呈报稿件被《中国财政年鉴》编委会评为全国二等奖。

推进《浙江通志·财政志》工作。在完成初稿撰写的基础上,开展了内部审稿、小样审稿、统稿和总纂等工作。按计划交省志办初评,并于12月底召开由财政和志办专家参加的初审会。

开展陈列室管护工作。2016年接待省委省政府、财政部以及兄弟省市参观者近百人次,其中省部级领导1人。协助财政厅机关党委和数字中心,建设数字陈列室子项目和数字刊物。更新展板中全省财政收支规模、民生财政等数据,同步更新财政厅大事记电子触摸屏。

(省财税政策研究室供稿 徐 越执笔)

财政信息化建设

【概况】 2016年,浙江省财政信息化工作推进数字财政建设,提升一体化软件和五大平台服务能力。依托省政府“四单一网”建设,财政业务“互联网+政务服务”创新应用推陈出新。加强信息和网络安全管理,软件运行维护工作顺利开展。完善信息系统风险防控制度建设,探索财政信息化建设新机制。

【推进数字财政建设】 推进数字财政五大平台建设,数据仓库建设取得进展。全省版本财政综合办公平台开发基本完成,在省本级和绍兴、温州、临安等地试点运行。进一步丰富预算单位应用平台服务内容。扎实开展数据仓库建设基础工作,全面完成全省集中支付数据和财政专项资金项目数据的采集工作,扩大全省乡镇公共服务平台城乡居民补助信息的采集市县范围。开展数字财政应用创新,启动全省预算项目监管系统开发,省级转移支付项目库信息采集模块已上线运行,完成全省56个省级转移支付项目的数据报备工作。推进政府采购云平台建设,开展网上超市试点和省级政府采购系统迁移准备工作。

举办全省财政科研骨干培训班

【推广完善一体化软件】 集中支付动态监控软件已覆盖全省58个县(市、区),区县版预算项目库管理系统完成开发并在23个县(市、区)推广应用。预决算公开信息系统开发完成并在省本级得到应用。国库集中支付电子化系统改造基本完成,针对浙江省业务特点,开发基于财政部电子化支付控件的电子凭证库子系统,对集中支付的用款计划、支付管理子系统做相应改造开发,系统已经在省本级和杭州、衢州、海宁、桐庐4个市县进行试点。

【深化电子政务服务】 完善统一公共支付平台,在全省范围推广应用,在当年6月底提前完成全省统一公共支付平台对接。2016年度平台受理业务逾910万笔,收缴资金超过25亿元,平台荣获2016中国"互联网+政务"优秀实践案例50强称号。开发会计从业资格网上办证系统并在全省推广应用,截至2016年底,通过系统办结"会计从业资格证书网上申领"事项2.1万余件,其中"网上申领、快递送达"超过1.4万件。推广会计从业资格证书网上申办以来,网上申办量占同期申办总量的比重超过80%。

【实施"四单一网"和大数据建设】 完成省级财政专项资金清单发布和财政专项资金监管系统推广应用。扩大乡镇公共服务平台纳入政务服务网的市县范围,2016年新增城乡居民财政补助查询市县15个,超额完成省政府下达的任务。完成厅门户网站集约化平台迁移工作。配合省政府大数据建设,参与大数据示范应用和数据资源管理服务平台建设。在民生地图大屏版系统中,利用数字财政建设成果,整合展现全省公共资源、民生项目、市县财经等信息。作为省政府大数据应用示范项目的电子政务搜索引擎开发工作进展顺利。

【强化运行维护保障】 加强财政系统的信息安全管理,做好重要信息系统的等级保护工作,全面排查全省财政系统门户网站和重要信息系统存在的问题,采取防范对策和改进措施。对厅门户网站和子网站进行深度安全评估和整改,确保G20峰会期间的安全稳定运行。继续做好系统级平台和软件的运维工作,保障财政业务的正常稳定运行。做好全省纵向备份线路和视频会议系统的技术保障工作。配合国库支付电子化改革,完善身份认证和授权管理系统,提高系统稳定性和可靠性。做好浙江政务云平台资源管理工作,确保政务服务网相关系统及时上线运行。根据财政部稳增长统计工作要求,完成浙江省地方预算综合管理系统部署应用。

(省数字财政管理中心供稿　王洪俊执笔)

会计人员服务工作

【组织会计资格考试】 组织省本级考点开展会计从业资格、初级会计专业技术资格的无纸化考试和全省会计的中、高级专业技术资格笔试,全年会计从业资格考试累计报名人数34604人,比上年增加7391人,实考人数27881人,实考率80.6%;初级无纸化考试报名706人,实际参加考试337人,实考率为47.7%;中级笔试累计报考182课次,实考67课次,实考率为36.8%;高级笔试报名2528人,实考1127人,实考率为44.6%。

【开展会计继续教育】 招标确认北京东奥时代教育科技有限公司、北京东大正保科技有限公司和北京国家会计学院为全省一般会计人员网络培训课件服务商,中国财经出版社培训中心为全省高级会计人员面授培训服务机构,除直接举办全省高级会计人员继续教育培训班外,还与北京、上海、厦门三大国家会计学院合作委托办班。全年开展会计人员继续教育网络培训报名440855人,学习完成303695人次,考试通过260748人次,比上年增加6352人次;举办高级会计人员面授培训班12期和总会计师素质提升班4期,参加培训人员5959人,比上年增加344人。

【职能调整】 撤销省级考点,整理与划转省级及中央驻杭单位45571名会计人员信息,办理职能调整过程中的会计从业资格新证215人、省外调入会计人员85人、省内调入会计人员707人、省外调出56人、换发会计从业资格证书7361本。

(省会计人员服务中心供稿　童联新执笔)

浙江省第四期会计领军(后备)人才培训班毕业典礼

财政干部教育

【概况】 2016年,省财政干部教育中心、省中华会计函授学校围绕财政中心工作,全面开展全省财政系统干部教育培训和财政支农政策培训工作、继续抓好学历教育工作,为全面深化财税体制改革提供智力支持和人才保障。

【财政干部培训】 按照“办班单位提需求,干教中心提供全程办班服务”的一体化办班管理模式,落实《浙江省财政厅2016年干部教育培训计划》,以服务全面深化财税体制改革为核心,以培养浙江财税铁军干部队伍为目标,围绕财政改革与发展重点任务,全年举办厅机关培训班28个37期、事业单位培训班10个17期,培训9318人次。协同办班单位,重点举办财政改革、从严治党、服务财政各项工作、干部素质提升等系列培训。摸索分解办班过程,设计“5+4”培训办班流程图,将培训班分前期沟通、开班准备、跟班服务、资料管理、后期工作五个环节,对每个环节从主要目的、准备工作、完成事项、注意内容四个维度加以具体描述。调整和充实全省培训师资库,建立以财政系统业务骨干为主的全省财政系统干部教育培训师资库,供全省各级财政部门培训单位办班选择参考。开展《财政干部教育培训一体化管理实践》课题研究。

【财政支农政策培训】 围绕财政支农政策培训工作常态化的目标,完善以“一本教材、一份手册、一张光盘、一支队伍”为核心的“四个一”培训体系,充实调整师资库,举办师资培训班;编辑出版《浙江省财政支农惠农政策解答(2016版)》。结合当年农村经济工作,提出2016年度财政支农政策培训重点和方向。组织参加2016年度全国财政基层培训课件(教案、微课)征集活动,荣获组织奖,1个课件荣获一等奖,2个课件获鼓励奖。全省农村财政支农政策培训完成29225人次,培训计划完成率134%。财政支农政策培训工作得到财政部总校的肯定,并在财政部总校会议上分别做了教材编写和信息通讯工作的经验交流。

【学历教育】 按照“从严治学、质量第一”的办学方针,做好学历教育工作。加强与联办高校的协调沟通,做好教务管理,抓好教学质量和考风考纪。全年新招收录取大专生125人,现有在校大专生276人;大专毕业431人,累计大专毕业21271人。

(省财政干教中心供稿 潘敏华执笔)

财政干部培训现场

道路交通事故社会救助基金管理

【概况】 2016年,浙江省道路交通事故社会救助基金管理中心省级共筹集基金10099.13万元,其中,从交强险固定比例提取资金8900.15万元。省中心按照管理办法向符合条件的市、县(市、区)合计拨付9292万元。2016年,全省基金垫付、其他支出合计2849.59万元,其中垫付抢救费用1856.17万元,垫付丧葬费用90.99万元,其他支出902.43万元。

【健全组织机构】 截至当年底,全省62个市、县(市、区)建立了救助基金管理机构;58个市、县(市、区)开设了符合规定的救助基金特设专户;52个市、县(市、区)出台救助基金管理制度,全省组织机构、工作机制和制度体系基本建成。

【加强制度建设】 开展调查研究,会同相关部门推动修订《浙江省道路交通事故社会救助基金管理试行办法》,报请省政府办公厅发文。

【工作亮点】 全面上线运行浙江省道路交通事故社会救助基金管理系统,提高业务工作效率。加强业务知识培训,合计举办培训班五期,培训工作人员521人次,提高业务人员的工作水平。加强宣传,在省财政厅网站公开救助基金政策和全省各级救助基金管理机构相关信息,提高政策知晓度,接受社会监督。加强协调,多次召开省级相关部门座谈会,协调解决跨区域转院等实际问题。加强指导,开展走访调研,了解各地救助基金工作开展情况,解决存在问题,推动救助基金工作全面开展。

(省道交救助基金中心供稿 陆昉宇执笔)

学会协会活动

浙江省财政学会

【开展上下协作课题研究】 组织部分市县开展政府产业基金上下协作课题研究，围绕在推进政府产业基金过程中面临的困难问题及下一步推进的思路进行探索。邀请省金控公司领导从实操层面给予专业的方向性指导，并组织专家进行课题点评和论证。组织全省各级财政部门开展课题研究，2016 年共完成课题研究 123 篇。

【搭建学术交流平台】 举办“构建合理的企业税费负担机制研究”学术沙龙。2016 年 7 月，学会邀请来自浙江大学、浙江财经大学等有关高校专家学者，浙江省政府研究室、省财政厅相关业务处室、地方有关市县业务骨干和企业代表参加会议。协助财政厅金融处承办浙江省第三轮 PPP 项目推荐会上“PPP 理论研究与发展”学术沙龙。组织召开全省财政科研工作会议和全省财政科研骨干培训班。来自全省各市、县（市、区）财税（会）学会的秘书长、政研室（科研所）负责人和科研骨干、财税政研人才库成员共计 140 余人参加会议和培训。宁波市江北区、杭州市、玉环县、桐乡市和省厅政研室科研骨干围绕财政改革与发展重点工作进行交流，并邀请高校专家点评，提升科研能力。安排学员前往基金小镇开展现场教学。委托上海财经大学对财税政研人才库成员进行一周的专业培训。

【推进科研成果转化】 做好课题研究成果出版发行。对各市、县（市、区）财税（会）学会上报的研究课题组织专家进行评审，将获奖的优秀课题汇编成《财政改革热点问题探讨——浙江省财政课题研究成果汇编》一书，公开出版发行。并选择部分获奖课题在学会会刊上刊发。办好《浙江财政研究》。全年出刊 6 期，根据财政改革与发展的需要，重点选择事权与支出责任划分、降低企业税费成本、政府引导基金、供给侧结构性改革、政府购买服务、现代财政制度建设等热点问题进行专题组稿。

（省财政学会供稿　徐　越执笔）

浙江省会计学会

【举办管理会计应用科普讲座】 11 月 23 日，浙江省会计学会举办“业财融合背景下的管理会计应用”科普讲座，政府部门、高校理论界、企业实务界以及普华永道会计师事务所的管理会计专家围绕“业财融合背景下企业管理会计体系建设与实施”作专题报告。中国移动浙江公司、省农发集团、中韩人寿保险有限公司的财务人员参加了科普讲座。

【举办浙江省社会科学界第三届学术年会分论坛】 12 月 3 日，浙江省会计学会联合浙江工商大学财务与会计学院、中国民营企业内部控制研究中心承办“中国会计学会内部控制专业委员会 2016 年学术年会暨浙江省社会科学界第三届学术年会分论坛——内部控制专题研讨会”。研讨会以内部控制标准化教材建设和内部控制建设中的难点和热点为核心议题。来自政府部门、高校、事务所、咨询公司、企事业单位的理论和实务界专家、学者以及东北财经大学出版社、高等教育出版社、《会计之友》和《商业会计》杂志社等媒体代表参加了研讨。

【编辑出版《会计实践与探索》论文集】 编辑出版《会计实践与探索——2015 年度浙江省优秀会计论文集》。论文集汇集 2015 年度全省会计论文评选活动的 45 篇获奖论文，是全省广大会计工作者进行会计实践与探索的文字凝结。

【开展全省会计科研课题研究】 经浙江省财政厅同意，围绕会计行政和注册会计师行业管理、会计改革与发展中亟待解决的重大问题，浙江省会计学会联合省注册会计师协会，组织开展 2016 年度全省会计科研课题研究，《行政事业单位财务管理基础研究》《中小企业事务所品牌建设研究》等的 30 项会计课题获准立项。

【开展全省会计论文征集活动】 为营造良好的会计学术氛围，繁荣全省会计理论研究，经省财政厅同意，浙江省会计学会和省注册会计师协会、省总会计师协会联合发布《关于开展 2016 年度会计论文评选活动的通知》。收到参选论文 162 篇。按照评审要求进行要件审核、会计学科相关性审核和相似性检测，在此基础上组织专家开展评审。

【高级会计师、教授级高级会计师评审送审论文相似性检测】 按照浙江省财政厅关于高级会计师、教授级高级会计师评审的申报要求和会计管理工作的部署，浙江省会计学会承接送审论文的相似性检测工作。完成全省高级会计师评审 2 次、教授级高级会计师评审 1 次，申报人员 1253 人，收到检测论文 2604 篇。通过“万方数据论文相似性检测服务系统”，圆满完成送审论文的相似性检测工作，为全省高级会计师、教授级高级会计师评审工作的顺利进行提供参考依据。

【全省会计教育科研人才资源统计工作】 根据财政部《关于做好 2015 年度全国会计人才资源统计工作的通知》要求，做好 2015 年度全省会计教育科研人才资源统计工作。据统计，全省会计教育科研人才 599 人（其中：教育部直属高校 24 人）；具有正高级、副高级和中级专业技术职称的会计教育科研人才，分别为 73 人、205 人和 264 人。

【会计人员培训工作】 举办省本级会计人员继续教育培训班 22 期,参加培训人员 1971 人(其中:省级单位委托办班 18 期 1326 人;省级会计人员个人报名办班 4 期 645 人)。按照浙江省财政厅的工作安排,2016 年 6 月,浙江省会计学会在厦门国家会计学院举办"浙江省行政事业单位内部控制相关业务培训"。省级行政事业单位和各市、县(市、区)财政部门共 230 多人参加了培训。围绕行政事业单位内部控制建设以及与内部控制相关的会计基础工作规范、政府综合财务报告制度、政府会计准则、会计人员综合素质等制度和业务知识进行了培训。

(省会计学会供稿　蒋振成执笔)

注册会计师、资产评估行业管理

【概况】 2016 年,浙江省注册会计师协会以"创新服务年"专题活动为抓手,落实各项工作部署,做好行业管理服务工作。截至当年末,全省共有注册会计师 6046 名,资产评估师 1608 名;会计师事务所 376 家;资产评估机构 163 家。

【实施服务清单,强化创新服务】 开展"创新服务年"主题活动,正式启动实施服务清单制度,推进协会服务制度化、透明化、长效化。创新推出会员增值服务,与银行、酒店、汽车销售集团等服务供应商合作,专门面向全省注册会计师、资产评估行业会员提供金融、生活、购物、出行等优惠待遇和服务。制定服务小微企业奖励基金的发放标准和范围,实施分类奖励,推进执业机构服务小微企业发展。

【制定行业五年规划】 围绕服务国家建设主题和诚信建设主线,以增强行业专业服务能力为核心,以创新行业体制和行业业务为支撑,以加强行业党建为政治保障,科学制定《浙江省注册会计师行业发展规划(2016-2020 年)》,指导和推进全省注册会计师行业发展。

【完善行业自律监管】 全年批准注册会计师注册 398 名,为 400 名注册会计师和 96 名资产评估师办理注册关系转移手续,依法注销执业注册会计师 133 名,批准非执业会员 492 名,为 87 名注册会计师、10 名资产评估师出具股东证明,出具执业机构近三年无不良执业证明 318 份。2016 年共 373 家会计师事务所的 5839 名注册会计师和 161 家资产评估机构的 1636 名资产评估师参加年检,其中 5766 名注册会计师和 1629 名资产评估师通过年检。

联合厅监督局、会计处对 61 家会计师事务所和 30 家评估机构进行执业质量检查。抽调 5 名检查人员对接到投诉举报的 1 家会计师事务所进行为期 5 天的专项检查。

【强化宣传评价】 发挥会刊传统优势,及时调整专栏设置,突出宣传行业重大活动、先进事迹和业务研讨,全年发行 4.5 万册。利用协会网站、手机彩信、微信公众号等现代传媒,发布信息、传达文件。

组织两期新注册会计师、资产评估师诚信宣誓暨专题教育培训活动,500 余名新注册人员参加执业理念、职业道德、风险警示、注册管理规定等专题教育培训。

修改完善《浙江省会计师事务所综合评价暂行办法》,将事务所在人才培养、执业检查、理论研究等方面为行业作出的贡献纳入评价体系,强化综合评价的系统性和权威性,使评价体系更加科学全面。

组织实施会计科研课题研究工作,20 个课题获得立项,并完成课题撰写。

【做好考试培训工作】 2016 年,全省共计 49442 人报考注册会计师专业阶段考试,合计参考 126271 科次;1553 人报考综合阶段考试,10 人报考注册会计师英语测试。专业阶段考试报名人数和参考科次分别比上年增长 22.2%、20.6%。全省共计 825 人报考资产评估师职业资格考试,合计参考 2576 科次。

全年组织注册会计师继续教育面授培训班 6 类 15 期,远程培训班 2 期,新业务拓展培训班 3 期,确认事务所内部培训班 7 期,培训注册会计师 6128 人次。组织资产评估师继教教育面授和远程培训班 10 期,确认评估机构内部培训班 2 期,培训资产评估师 1650 人次。

【强化资产评估行业管理】 贯彻落实《资产评估法》,为全省的资产评估机构和每位资产评估师征订《资产评估法》释本,组织做好学习和宣传工作,正确发挥引导作用,承接好法律赋予的新职责,推动资产评估行业健康发展。根据行业发展形势,新组建资产评估部,负责资产评估的日常管理工作,提升资产评估服务质量和水平。

【完成换届工作】 召开浙江省注册会计师协会第六次会员代表大会,审议并通过第五届理事会工作报告、《浙江省注册会计师协会》章程修改草案、2010~2015 年会费收支情况报告等,选举产生第六届理事会理事、常务理事、副会长、秘书长、副秘书长。

(浙江省注协供稿　蓝红伟执笔)

浙江省珠算心算协会

【举办 2016 年浙江国际珠心算大奖赛】 设杭州、温州乐清、慈溪、诸暨、湖州、衢州、舟山、义乌和海外组等九个赛区;按 10 级、9 级、8 级三个组别进行,每个组别设特等奖、一等奖、二等奖、三等奖和优胜奖。来自全省以及江苏、江西、湖南、甘肃等 4 省 154 支代表队、3608 名选手参加比赛;韩国、台湾珠协组队观摩交流。

大奖赛自3月16日启动，历时三个月，至6月26日闭幕，各赛区当地新闻媒体和浙江影视频道、浙江教育科技频道、杭州西湖明珠频道等媒体对赛事进行了宣传报道。

【举办2016年浙江省“心算王”大奖赛总决赛】 8月14日，浙江省财政厅会计处、浙江省珠算心算协会举办2016年浙江“心算王”总决赛。大奖赛于5月开始在全省7个赛区进行，3600多名选手参加选拔赛，历时近3个月层层选拔，来自全省的6支幼儿组代表队和8支小学组代表队的37名选手参加总决赛，省内外多家新闻媒体对比赛作了现场报道。

【组队赴港参加世界珠心算大赛】 7月28日，浙江省珠算心算协会经过层层选拔，选派15名选手分别代表中国浙江队和中国宁波队赴港，参加国际最高水平的“世界珠算心算联合会第六届珠心算比赛”，与来自中国、美国、日本、韩国、马来西亚、印尼、印度、黎巴嫩及中国香港、中国台湾等国家和地区的38支代表队、350多位选手同台竞技。浙江省获得团体一等奖金牌1枚，二等奖银牌3枚，三等奖铜牌1枚；个人一等奖金牌4枚，二等奖银牌9枚，三等奖铜牌2枚，共20枚奖牌。

【举办第36届财经类学生珠算比赛】 11月20日，浙江省珠算心算协会举办浙江第36届财经类学生珠算比赛，来自全省4所大专院校、6所中专（职高）的15支代表队、45名选手参加比赛，宁波职业技术学院和余姚市职业技术学校分别获得大专组、中专组团体特等奖；宁波职业技术学院和慈溪职业高级中学分别获得大专组、中专组个人特等奖。

【珠算“非遗”传承工作】 5月23日至24日，中国珠算心算协会“人类非物质文化遗产代表作名录——中国珠算”调研组来浙调研。根据联合国的相关规定，“中国珠算”项目正式列入联合国教科文组织“人类非物质文化遗产名录”后，应每6年提交一份履约报告。通过调研，中国珠算心算协会确定由浙江省珠算心算协会国华珠算博物馆，承担“中国珠算”项目首份履约报告的文件资料整理和相关视频制作等项重要工作任务。

【珠算技术等级鉴定工作】 按照《全国珠算技术等级鉴定规程》和《全国珠算式心算鉴定标准》，做好全省珠算、珠心算技术等级鉴定工作。完成各大专院校、中专（职高）学生珠算技术等级鉴定1215人；各幼儿园小朋友、小学学生珠心算技术等级鉴定3787人。

【组织开展珠心算论文征文活动】 为繁荣珠算心算学术研究，促进提高珠算心算教育水平，推动珠算文化的传承和发展，浙江省珠算心算协会积极组织开展珠心算征文活动，选送6篇论文，在中国珠算心算协会2016年珠心算论文征文活动中全部获奖，其中一等奖1篇、二等奖2篇、三等奖3篇。

（省珠算心算协会供稿　蒋振成执笔）

浙江省总会计师协会

【组织学术研讨】 组织多场学术研讨，强化会计人员认识观念，拓展新思维。3月18日，与上海高顿联合举办“2016年企业纳税风险实践中国行（杭州站）”活动，让财税从业者了解政策变化。4月22日，组织会员30人，赴上海参加中国总会计师协会主办的“第三届海峡两岸首席财务官论坛”，了解两岸产业发展投资机遇和创业机会。11月3日，组织会员17人，赴北京参加中国总会计师协会举办的“2016年中国管理会计论坛”，强化会员的管理会计新观念。11月15日，省总会计师协会非公工作委员会在杭州举办“企业财资力建设与评级有关问题思考”的学术沙龙活动，加强业界、学界和企业的合作，形成多方合作、共建财资力的新局面。

【开展学术研究】 组织会员参加2016年中国总会计师协会的课题研究和论文评审活动。省总会计师协会承担的《制造业面向管理会计信息系统建设的研究——理论模型、总体设计与实施应用》的课题，获得中国总会计师协会2016年度课题研究二等奖。选送的《PPP或解高速公路投融资机制“死循环”》《传化集团的战略管理会计创新》《巨化集团公司资金管控的新模式》等三篇论文分别获得一、二、三等奖。组织会员参加中国总会计师协会2016年度管理会计案例征集、评选活动，选送的《激励制度创新 提升企业效益》（浙江大华技术股份有限公司的管理会计案例）入选《中国管理会计案例选辑》。

组织开展管理会计应用、内部控制体系建设的专题研究。组织专家团队完成杭州汽轮机股份有限公司风险管理的案例研究；《信息化基础上的正泰管理会计实践》等5项管理会计应用研究成果，以论文形式在《财务与会计》（2016年06期）上发表。

【培训会计人员】 4月至12月，省总会计师协会联合嵊州工作委员会，举办嵊州市第二期企业财务总监（CFO）人才培训班，嵊州市68名企事业单位的财务负责人参加培训。6月至11月，浙江省总会计师协会举办省级会员单位会计人员继续教育培训班13期，培训人员1200余人次。

【发展协会会员】 浙江省总会计师协会全年吸收20余位本省大中型企事业单位的总会计师、财务总监为会员。

【表彰先进】 6月，浙江省总会计师协会表彰衢州、富阳、横店、流通企业四个工作委员会为2014~2015年度先进工作委员会，盛忠伟等33名同志为工作积极分子。

（浙江省总会计师协会供稿　余素兰执笔）

市县（市、区）财政工作

zhejiang caizheng nianjian

杭州市财政工作

杭州市

【概况】 2016年,杭州市实现地区生产总值11050.49亿元,按可比价计算,增长9.5%。其中:第一产业增加值304.84亿元,增长1.9%;第二产业增加值3977.39亿元,增长4.7%;第三产业增加值6768.26亿元,增长10.3%。三次产业结构比为2.8∶36.0∶61.2。按常住人口计算,全市人均生产总值为121394元,增长7.7%。全社会固定资产投资5842.42亿元,增长5.1%。社会消费品零售总额5176.20亿元,增长10.5%。外贸进出口总额4485.97亿元,增长8.7%。全市居民人均可支配收入46116元,增长8.1%,其中城镇常住居民人均可支配收入52185元,增长8.0%,农村常住居民人均可支配收入27908元,增长8.5%。全年全市完成财政总收入2558.41亿元,同口径增长14.0%。其中,全市一般公共预算收入1402.38亿元,同口径增长13.2%,占财政总收入的54.8%。其中税收收入1289.22亿元,占一般公共预算收入的91.9%。全市一般公共预算支出1404.31亿元,增长16.4%。全年市本级财政总收入410.02亿元,同口径增长2.3%;其中,市本级一般公共预算收入165.59亿元,同口径增长1.8%。市本级一般公共预算支出313.42亿元(含地方债券支出26.00亿元),增长7.0%。全市各级财政收支平衡,预算执行情况良好。

【组织财政收入】 做好收入分析。应对营改增全面推行后收入形势变化,建立财政收入联席会议工作制度,定期分析财税形势、预判发展趋势,协调国税、地税、人行及各区县收入相关部门,把控月度收入节奏,分解国税、地税和各区、县(市)收入目标,确保全年财政收入平稳、可持续增长。强化税收管理。“金税三期”系统上线,做好培训宣传工作,保障“金税三期”运行平稳。运用“互联网+”信息技术,全面实施大数据税收管理,累计开展风险推送5次,推送疑似问题企业9860户,查补入库税款10.22亿元,增长15.6%。夯实股权转让个人所得税管理,入库股权转让个人所得税27.75亿元。加强土地增值税清算管理,开展外包协审,初步建立项目化风险管理系统方案,全年安排清算项目98个,全市土地增值税入库85.17亿元,增长54.5%。完善非税征管机制。暂停征收地方水利建设基金,继续取消、停征和归并一批政府性基金、行政事业性收费,实施在杭企业临时性降低部分险种社会保险费等措施,全年减轻企业税费负担300亿元以上。全年市本级完成非税收入及其他资金680.48亿元,其中国有土地使用权出让金收入626.10亿元。

【支持经济发展】 构建“双创”政策体系。完善财政科技资金管理,创新资金投入方式,发挥政府引导作用,推进杭州国家自主创新示范区建设。完善主体培育、品牌培育、园区建设等扶持政策,推进中国(杭州)跨境电子商务综合试验区建设。出台专项资金、服务券、活动券等管理办法,推进小微企业创业创新基地城市示范工作。建设特色创新平台。争取各级资金支持,助推高水平规划建设城西科创大走廊、城东智造大走廊、钱塘江金融港湾。落实省市两级特色小镇创建扶持以及众创空间奖励政策,鼓励、引导更多社会力量参与创新载体建设。优化经济结构。安排专项资金10亿元,加快信息经济发展,支持新兴产业项目230个和纺织服装、食品饮料等传统产业升级项目900个,淘汰落后产能企业230家,整治和淘汰“低小散”问题突出企业(作坊)874家。制订高新技术产业地方税收增量返还奖励政策。放大产业基金撬动功能。新设10亿元工业投资基金,加快创业投资引导基金、天使基金等政府产业基金投资进度,市财政累计出资32.44亿元,合作设立各类子基金72家,撬动社会资本260亿元。

【保障民生支出】 加大民生投入。全市民生支出1084.37亿元,增长17.4%,民生支出占比超过75%。保障重点民生。办好市政府为民办实事项目,投入20.34亿元用于水环境治理、雾霾治理、交通改善、食品安全等十件实事。扶贫投入1.5亿元,主要用于支持农村集体经济薄弱村、低收入农户脱贫、下山移民、联乡结村等项目。投入1.37亿元用于廉租房、公租房和城镇危旧房改造,推进公租房保障向货币补贴为主转变。推进交通治堵。支持快速路网建设,市区快速通道基本建立。支持轨道交通建设,地铁线网日渐完善。推动城市公共交通优先发展。投入12.81亿元支持新能源汽车推广,出台新能源汽车地方配套补助办法,全市新增新能源汽车11767辆,主城区所有公交车辆更新为节能、新能源车,新能源汽车推广应用走在全国前列。促进城乡统筹。投入15.78亿元支持农村建设和发展,改进涉农资金支出管理,扩大因素法分配范围,完善竞争性分配方式,推进专项资金整合,完善财政支农惠农长效机制。按照全市户籍制度改革统一部署,开展配套政策梳理和财政增支测算,确保新老政策平稳过渡。实施地方财政收入和区域统筹发展激励奖补政策,调动各地积极性,促进区域均衡发展。

【落实峰会保障任务】 建立峰会资金统筹机制。建立跨年度、跨部门资金“大统筹”机制,通过预算安排、上级补助、政府债券、政策性融资、企业捐赠、以奖代补等方式,重点保障国际博览中心、道路交通、环境改善等重点项目建设,以及安全保卫、新闻宣传、文艺活动、医疗服务等工作。筹措落实各类资金,重点用于6大类605个城市环境整治提升项目,全方位提升城市面貌。服务保障财金渠道副手磋商。成立G20杭州峰会财金渠道副手磋商服务保障指挥部,选拔代表团联络官79名、志愿者219名,抽调干部100余人,连续67天无休,迎送和服务保障代表团33个、参会代表184人。规范峰会资金运行管理。出台峰会项目政府采购、峰会专项资金管理、峰会期间主要公务支出开支等制度办法,完善政府采购流程,规范峰会资金使用,加强峰会相关资产管理,确保峰会项目资金运行安全、用到实处、用出成效。被评为全省峰会服务保障先进集体,91名干部被省委省政府通报表彰,20名干部被市委市政府通报表彰。

【深化财政改革】 加速盘活存量资金。全年盘活存量资金31.00亿元。深化公款竞争性存放,市本级财政性资金竞争性存放400亿元,资金综合收益8.50亿元;完成市本级145家单位230个账户招标工作,招标率100%,涉及资金333.49亿元。推行项目库管理机制。完善专项资金管理清单,初步建立"未经评审不纳入项目库、未纳入项目库不安排预算"的项目库管理新机制,对项目支出实行分类滚动管理,推动专项资金监管系统全覆盖。提升预决算公开质量。除涉密部门外,市本级部门预决算公开部门数增至95个。加大政府和部门预决算按功能及经济科目的公开力度,细化财政转移支付和政府债务公开内容,推进部门机关运行经费、政府采购、绩效预算和国有资产公开,提升财政管理透明度。全年295个地级及以上市政府财政透明度排行榜杭州市名列第六。深化投融资体制改革。加快PPP支持基金的设立和运作,首期设立100亿元规模的PPP支持基金。争取地方政府债券、国开行棚改贷款授信和国开发展基金等各类中长期低息资金。防范债务风险。落实国家对地方政府债务实行限额和预算管理各项规定,完善政府债务管理制度,建立健全新增债券安排与风险程度挂钩机制,加大债券置换力度。

【加强财政监管】 加快支出执行进度。严格执行人大批准的预算,及时批复下达。推进政府投资类专项资金国库集中支付,开展财政资金安全检查。建立健全加快预算支出进度的约束机制,提高预算执行率,全市一般公共预算支出进度较上年显著提升,位居全省前列。推进"互联网+政府采购"。改进网上商城交易规则,优化电子批量集中采购方式,网上大卖场全年吸纳电商企业30家、本地线下供应商84家,实现采购全流程信息共享,连续五年获"中国政府采购年度创新奖"。严控行政运行支出。落实中央和省委、市委关于厉行节约的各项规定,健全差旅费、公务用车等公务支出标准制度体系,严控"三公"经费等一般性支出,全年"三公"经费6.24亿元,下降4.1%;其中市本级"三公"经费1.59亿元,下降2.5%。提升预算绩效管理。实施预算编制质量、绩效目标、重点民生政策和重大财政专项的重点评审,市本级全年实施绩效目标评审、绩效自评、重点评价项目102个,涉及财政资金60亿元。

【加强队伍建设】 推进"两学一做"学习教育。创新开设"党建讲堂",12名班子成员和2名副巡视员带头到基层联系点上党课,59名支部书记在系统内集中上党课。推进党风廉政建设。落实党风廉政建设责任制,专题召开局属各单位党风廉政建设主体责任和第一责任专题述职会。将党风廉政建设与业务工作同部署、同落实、同检查。强化人才培养。开展岗位技能大比武,实现岗位技能比武全覆盖。实施信息化人才、会计领军人才、法律专业人才、财税兼职师资库等专业人才培养计划,组建7个专题服务小组,为财政预算单位提供精细化贴身服务。加强财税文化建设。强化党建带群建,发挥工会、团委、妇委会、俱乐部等群团作用,落实各项关心、关爱机制。组织开展"永远跟党走·共筑财税梦"迎七一文艺汇演、"好家风好家训"、春节游园等系列主题文化活动,营造团结、温馨、和谐的财税文化。深化内部风险防控。制定《杭州市财政局内部控制基本制度(试行)》,坚持用制度管人、管事、管权;制定《杭州市财政局党委巡查工作实施办法(试行)》,对局系统5家单位开展集中巡查,守住"人安全"底线。连续9年在市直单位综合考评中被评为满意单位。

(杭州市财政局供稿 刘 淮执笔)

上城区

【概况】 2016年,杭州市上城区实现地区生产总值900.16亿元,增长6.1%。其中:第二产业增加值343.13亿元,下降0.2%;第三产业增加值557.03亿元,增长10.6%。三次产业结构比为0:38.1:61.9。全区财政总收入128.34亿元,同口径增长19.8%。其中:一般公共预算收入72.39亿元,同口径增长20.7%,占财政总收入的56.4%。全年一般公共预算支出29.80亿元,增长14.6%。全年财政收支平衡。

【组织财政收入】 强化财政收入分析。关注经济财政运行变化,加强苗头性、趋势性问题的预研预判,加强监测分析,编制每月财政收支分析手册。加快培育优质财源。分析和挖掘辖区现有财源潜力,加强政企信息联动。持续关注企业发展动向,通过走访、会谈等多种形式,与企业保持密切联系,稳定区域存量税源,开拓新兴税源。全年完成税收收入68.97亿元,占一般公共预算收入的95.3%。规范非税收入征管。完成非税系统升级,推进统一公共支付平台上线工作。落实减费降费相关政策,非税收入规模进一步缩减。全年组织非税收入3.42亿元,占一般公共预算收入的4.7%。

【促进经济发展】 加大企业扶持力度。落实各类财政扶持政策,发挥财政资金"四两拨千斤"的政策导向作用。2016年全区共申报财政扶持项目48个,落实财政资助项目81个,涉及企业508户次,资助金额2.47亿元。增强产业发展动力。把握产业结构调整大方向,整合完善财政扶持政策和后续配套政策,保障重点平台建设,促进五大主导产业加速发展。2016年全区五大产业收入占一般公共预算收入的56.4%。其中金融服务业、健康服务业以31.6%、28.6%的增速领跑,引擎作用发挥显著。加快特色小镇建设。推进金融服务业招大引强,玉皇山南基金小镇累计引进企业1090家,规模5900亿元,实现税收10.77亿元,增长151.6%。启动南宋皇城小镇项目,实现营业收入95.82亿元,增长6.6%。保障重点项目建设。保障峰会项目资金需求,做好重点建设项目融资支持,加快城市基础设施改造,推进区域环境整治提升。全面完成94个峰会整治项目,实施西湖大道、解放路等10个重点街容提升工程。

【加强民生保障】 改善提升保民生品质。坚持新增财力三分之二以上用于民生保障,2016年全区民生保障支出23.60亿元,占一般公共预算支出的79.2%。投入社会保障和就业支出5.78亿元,累计发放生活保障金及各类补贴3000余万元。开展居家养老专业化服务改革试点,稳步提升政府购买服务覆盖面,建成运营缘外缘、好地方等4家社会养老机构,新增553张养老床位。投入教育支出6.81亿元,建成杭六中艺体综合楼,续建新世纪外国语学校紫金校区,开工建设胜利小学新城校区及附属幼儿园。投入医疗卫生支出1.82亿元,推进医养结合试点,全年签约服务9.8万余人,社区就诊率达60%以上,区域分级诊疗体系建设稳步推进。完成第二轮社区卫生用房提升改造,基层卫生服务站点面积全部达到150平方米以上。落实"全面两孩"政策,优化计生服务,全市首家独立的妇幼保健和计划生育服务中心正式挂牌。加大文体事业投入,加快公共文体设施建设,续建区体育中心,建成美丽上城展示中心。加强文化遗产保护利用,成立南宋文物保护基金会,制定出台扶持非遗保护若干意见,完成《上城非遗地图》《上城区系列传说》等书籍编撰。

【推进财政改革】 加快预决算公开。2016年政府预决算和55家未涉密部门预决算全部公开。公开工作较以前年度在时效性、完整性上均有较大提升。加强财政专项资金管理。建立健全专项资金制度清单,制定及修订社会保障、公共文化、体育、科技、产业等方面财政专项资金管理办法,规范各专项资金的补助范围、补助标准及补助程序。规范国有资产管理。发挥财政监管职能,强化资产信息化管理,试编权责发生制政府综合财务报告,夯实全区国有资产总量,初步建立全区国有资产长效管理机制。深化国企改革,推进全区国有企业在组织架构、薪酬考核及运营监管等方面的改革。创新投融资方式。开拓筹资新平台、新渠道,提高国有企业融资能力,实现投融资主体多元化。助推望江地区PPP项目落地实施。用足用好国家开发银行棚户区改造贷款,支持符合条件区域的重大建设项目。

【强化财政监管】 加强财政监督。开展公款竞争性存放,严格规范单位公款管理,2016年累计通过公开招标方式确定单位开户银行78个,撤销银行账户24个,竞争性存放公款4.98亿元。组织实施会计监督、差旅费管理规定执行情况和政法经费绩效等专项检查。严控行政运行支出。严控"三公经费"支出,招待费、因公出国费、会议费、培训费持续下降。完成中央"八项规定"精神"回头看"工作,上线国库集中支付动态监控系统,加强节点管理,落实从严管理常态化,切实严肃财经纪律。推进绩效管理改革。深化参与式预算模式,发挥人大代表在预算编制审查和预算执行监督中的作用,与区人大联合开展部门预算专项资金绩效评价监督工作,对区文广新局"文艺团队联合会专项业务费"项目、区城管局"数字城管代整治费"和"红线外'四个损坏'长效管理配套经费"项目、小营街道办事处的"民生保障"项目进行绩效评价。规范地方政府债务管理。规范各建设单位举债行为,提出化解政府债务风险工作实施方案。2016年共置换债券4.82亿元,降低债务付息成本。

【提升队伍素质】 加强党风廉政建设。落实中央"八项规定"精神以及作风建设规定,落实民主评议、述职述廉、公述民评等廉政制度,按照"一岗双责"要求,将党风廉政建设与业务工作同部署、同落实、同检查,一级抓一级,层层抓到位。开展"两学一做"专题教育。开展学习教育、征求意见、整改落实各环节工作,开好专题民主生活会和专题组织生活会,落实各项整改措施。推进财政干部队伍建设。加强青年干部培养,设立导师制度,发挥导师"帮、传、带"作用,定期安排青年干部轮岗锻炼、下基层实践。优化干部年龄结构,加强干部梯队建设。

(杭州市上城区财政局供稿　沈梦旦执笔)

下城区

【概况】 2016年,杭州市下城区实现地区生产总值825.55亿元,按可比价计算,增长7.5%,其中第二产业增加值38.62亿元,增长2.0%;第三产业增加值786.93亿元,增长7.8%。三次产业结构比为0∶4.68∶95.32。全年实现财政总收入135.85亿元,同口径下降1.2%;全区一般公共预算收入79.41亿元,同口径增长1.1%,占财政总收入58.5%;其中税收收入75.16亿元,占一般公共预算收入的94.6%。全区一般公共预算支出30.06亿元,增长2.2%。财政收支平衡。

【组织财政收入】 强化收入分析。科学研判全面推开营改增后的形势,做好收入预测分析及任务分解落实。发挥财税联席会议平台功能,深化涉税信息共享和收入组织联动,提高组织收入成效。夯实税源基础。开展"找新挖潜"税收动态信息日报,全年挖掘一次性税收7.76亿元。实施"花落下城"专项行动,建立重点税源流失防控机制,强化财税、街道和部门协作。坚持依法征收。全年实现非税收入4.88亿元。

【支持经济发展】 助推科技创新。落实科技创新税收优惠政策,推动产学研一体化合作和协同创新,助力企业开辟"专精特新"发展道路。全年兑现区级产业和科技类经济发展扶持资金2.60亿元,争取上级各类政策扶持补助资金1.10亿元。加强平台建设。完善特色小镇及园区平台财政扶持政策,科学引导产业发展布局。支持人力资源产业园、创新中国产业园、艾博健康产业园等重点园区发展壮大,促进产业集聚和效益提升。跨境贸易小镇成功列入第二批省级特色小镇、第一批市级特色小镇创建名单。全市首个跨境O2O商业街区"海彼购"正式开街。优化企业服务。建立区街两级企业服务中心对接机制,开展由区四套班子领导带队的重点税源企业"集中走访月"活动,"一对一""扁平化""零距离"服务企业。培育企业上市。全年新增上市企业2家,其中杭州银行成为全省首家在上交所主板挂牌上市的法人金融机构,浙商银行成为国内唯一一家在港交所主板上市的全国性股份制商业银行。新增杭州艾博健康科技股份有限公司等7家"新三板"挂牌企业,全区"新三板"挂牌企业达12家。

【保障民生支出】 加大民生领域政策支持,优存量、调增量,一般公共预算新增财力三分之二以上用于民生保障。全区民生事业投入25.25亿元,增长3.3%,占财政支出的84.0%。其中,投入教育发展资金6.42亿元,加大教学设施更新维修力度,加快北部区块教育资源布局,促进教育现代化和均等化。投入卫计发展资金1.07亿元,加大食品药品安全检测力度,落实计划生育特殊家庭扶助和产前免费筛查等政策,推进"医养护一体化"签约服务,提升卫计服务水平。投入公共文化资金0.64亿元,基本公共文化服务体系建设卓有成效。投入社会保障和就业资金5.50亿元,完善养老服务事业,健全公共就业创业服务体系,提高城市居民最低生活保障水平,实施支出型贫困家庭生活救助,增强社会保障"兜底"功能。投入公共安全资金3.78亿元,加大安保维稳、治安反恐和执法装备等项目的资金投入。保障重点支出。投入为民办实事专项资金1.77亿元,持续在城市环境、基础设施、"五水共治"、交通治理、劳动保障、文化教育、助老扶困、公共卫生、食药安全等领域为群众纾困解难,确保G20峰会建设和服务保障。

【深化财政改革】 推进预算管理改革。坚持预算编制与预算执行有机结合,编制机关事业单位基本养老保险基金预算,同步编制部门预算和政府投资项目计划,减少财政专项资金二次分配,推行幼儿园保育费(非税收入)统一支付平台试点,实现项目支出预算编制、执行、调整等环节流程贯通、信息一体和动态更新。强化存量资金长效统筹管理,盘活部门结余结转沉淀资金6300万元。细化公用经费和项目支出经济分类设置,确保"其他商品和服务支出"科目列支比例不高于30%。推进财政信息公开。依法公开财政预决算报告和部门预决算信息(除涉密部门)。部门预算信息公开表式从三张增加到八张,一般公共预算基本支出按经济科目公开至"款"级;部门决算信息公开增加政府采购、"三公"经费情况说明。在区政府门户网站公开《2016年度杭州市下城区财政专项资金管理清单》和《下城区政府向社会力量购买服务指导目录(2016年度)》。完善国库集中支付管理。完善国库集中支付动态监控系统,加强重要领域和重点资金动态监控管理。落实《财政总预算会计制度》,改进会计核算方法,完善资产、负债及净资产核算等。加强国库现金管理,开展区级单位公款竞争性存放,实现220个银行账户的公款竞争性存放。

【加强财政监管】 加强财政监督检查。实行科技三项经费等4项专项资金、2013—2015年全区招商引资及财政扶持资金使用情况的绩效评价。针对62个100万元以上专项资金申报项目开展预算绩效目标审核。完成潮鸣街道等3个部门预算执行情况及2014—2015年非税收入监督检查,发现并整改问题10例。强化国有资产管理。完善《国有企业领导班子成员薪酬考核办法》,增加房产入驻企业税收贡献考核等方面内容。优化国有企业管理制度设计,推动企业长效管理。整合房产资源,明确经营用房、办公用房、拆迁安置房等统筹管理配套办法及操作流程。完成房产一体化管理平台功能升级,实现房产资源"大数据管理,高效率服务"目标。严控行政开支。全年"三公"经费支出1235万元,下降17.3%,节约资金258万元。其中,公务接待费、公务用车购置及运行费、因公出国(境)费分别支出87万元、1046万元和102万元,同比下降47.0%、9.8%和40.0%。防范政府债务风险。建设多元化融资格局,发行14亿元城建公司企业债券并引进国开发展基金等各类社会资金。推进政府与社会资本合作,解决城区建设资金需求。争取地方政府债券置换支持,将3亿元或有债务转化为政府债务,置换30.76亿元地方政府债务,降低利息成本1.20亿元。

【强化队伍建设】 抓实专题教育。建立"智慧党建+工作"模式,通过微信、微博平台及观看电教片等形式加深学习成效。围绕"坚定信念、严守规矩、担当有为""三问三查"等主题开展"三会一课"和各类专题研讨。落实"三张清单",查改突出问题,践行一人一诺。抓实重点工作。开展"深改革、强规范、提能效"专项整治,确立29项财政年度重点工作,与相关责任领导、责任科室、责任人签订"军令状",晒出"新目标",提振队伍精气神。

(杭州市下城区财政局供稿 裘文彬执笔)

江干区

【概况】 2016年,杭州市江干区实现地区生产总值555.79亿元,按可比价计算,增长10.5%;其中:第一产业增加值0.45亿元,下降10.3%;第二产业增加值119.66亿元,下降1.8%;第三产业增加值435.69亿元,增长14.7%;三次产业结构比0.1∶21.5∶78.4。按常住人口计算,人均生产总值76561元,增长7.6%。全区财政总收入142.71亿元,同口径增长24.0%,其中一般公共预算收入87.49亿元,同口径增长28.1%。全区一般公共预算支出47.80亿元,增长29.1%。全年财政收支平衡。

【组织财政收入】 坚持机制促动。围绕保存量、引增量,完善协税护税工作机制,推进税收网格化管理,提升部门和街道积极性,引进省盐业集团、省农信社等重点企业。坚持政策引导。借力省市特色小镇的财政政策、完善钱塘智慧城财政体制及区级产业平台政策，做大做强产业平台，为经济发展注入新动能。15个区级特色产业平台集聚企业2733家，全年实现税收12.31亿元，增长74.0%。优化收入结构。全区一般公共预算收入完成预算的109.5%，占财政总收入的比重为61.3%，比上年提高2%；一般公共预算收入中税收收入84.18亿元，占比96.2%，比上年提高3%。深化非税收入管理。推进非税收入统一支付平台建设，实现非税项目纳入浙江政务服务网统一公共支付平台，开展试点执收单位业务培训，扩大改革执行覆盖面。全年组织非税收入4.24亿元，下降33.1%，其中政府性基金收入4413万元，下降44.6%。

【支持经济发展】 以发展智慧经济为主线，强化资金供给、创新扶持方式和提升为企服务，推进实施"一号工程""浙商回归"等转型升级组合拳。全年投入区级产业扶持资金4.67亿元，增长31.6%，重点支持金融、信息和文创等产业发展。做大做强产业基金规模，投入2.81亿元与社会资本合作设立产业基金，基金总规模20.30亿元，扶持资金向智慧产业倾斜。运行"钱江时代"债权基金，惠及企业153家。深入企业大走访，落实结构性减税和普遍降费政策，协助167家企业申报各类财政扶持项目11个。深化人才强区战略，全年投入资金4400万元，加大人才的引进和培育力度。

【保障民生事业】 坚持一般公共预算支出增量的三分之二以上用于民生，推进基本公共服务均等化，提升群众"获得感"。区本级民生支出24.30亿元，占一般公共预算支出比超过66.0%。支持教育事业发展。投入8.40亿元，增长12.8%，重点保障笕桥、九堡、丁兰等区块新建学校的建设经费，加大优秀教师引进力度，提高生均公用经费支出水平。支持医疗卫生事业发展。投入2.19亿元，增长13.4%，支持公共卫生服务大楼建设，推进"医养护一体化"改革。支持社会保障事业发展。投入3.85亿元，增长14.5%，落实民生帮扶政策，提升全区养老、助残和就业服务水平。支持文化事业发展。投入3585万元，增长10.6%，重点推进公共文化服务体系建设，支持举办形式多样的文化惠民活动，加大公共文化体育资源向社会开放的力度。落实为民办实事工程。投入5.50亿元，着力解决河道治理、公共停车、城市管理、教育发展等热点难点问题。创新筹资模式，争取地方政府债券32.09亿元、国开行棚户区改造贷款14.95亿元，建立城市发展基金并筹资50.00亿元，通过政府购买常青夕照区块改造服务方式筹集资金42.00亿元，保障各项重点工程建设。

【深化财政改革】 深化预算管理改革。完善一般公共预算、政府性基金预算、国有资本经营预算编制，明确收支范围，建立定位清晰、分工明确的政府预算体系。细化预算编制内容，将2016年预算编制的支出功能分类细化到项，基本支出的支出经济分类细化到款，提高预算编制的精确性、科学性、合理性。深化财政体制改革。以九堡街道和钱塘智慧城经济职能整合为契机，提出财力与事权相匹配、事权与支出责任相适应的"城街合一、产城融合"的九堡街道与智慧城财政体制。全面分析本轮体制的优缺点和预判后三年全区及各区域经济发展状况，科学谋划新一轮街道财政体制改革。深化国库管理改革。推进新版国库集中支付系统建设和启用，开展新系统业务培训，实施系统升级。依托专项资金管理系统，提高区级专项资金管理力度。提高公务卡普及率，发放公务卡2500张，公务消费784万元。

【强化财政监管】 完善财政监管机制，提高财政资金和国有资产效益。规范资金存放。完成2016年度区级财政专户竞争性存放资金15.00亿元；代理金库参与市局组织的公款竞争性存放资金8.00亿元；16个区级部门（单位）和8个街道以及钱塘智慧城管委会全部开展公款竞争性存放，竞争性存放资金29.70亿元。提升绩效管理。开展"笕桥街道浜河社区美丽村庄建设"等重点绩效评价工作，改革和完善绩效自评机制，完成48个上会部门的项目绩效自评工作，自评范围全覆盖。优化资产管理。开展国有资产清查工作，健全街道公有资产长效管理制度，加大国有企业监管力度，加强国有资本运营考核，确保国有资产保值增值。统筹调度财政间隙资金，盘活存量，增强资金保障能力，节约融资成本。全年清理结余资金3300万元，盘活财政间隙资金18.30亿元，统筹调度用于G20峰会、区块开发、"五水共治"和"三改一拆"等重点项目建设和民生工程。

【干部队伍建设】 开展多形式的活动深入践行"两学一做"专题教育，把每月15日设为党员固定活动日。开展干部教育培训，邀请专家学者举办讲座，提高干部素质与能力。以保障G20峰会为重点，全员投身志愿服务，参与志愿服务1082人次，服务时长超过5000小时。修订内部财务制度，细化、明确相关规定和业务流程。组建内控组织管理构架（内控委员会），建立内控基本制度、专项内控管理办法和内部操作规程"1+8+X"三级制度体系，逐步构建事前防范、事中控制、事后监督和纠正财政业务风险与廉政风险相结合的内部控制体系。

（杭州市江干区财政局供稿　许彦阁执笔）

拱墅区

【概况】 2016年，杭州市拱墅区实现地区生产总值467.76亿元，按可比价格计算，增长8.0%；其中：第二产业增加值85.39亿元，增长0.6%；第三产业增加值382.37亿元，增长10.0%；三次产业结构比0：18.25：81.75。按户籍人口计算，人均生产总值137747元，增长5.0%。全区财政总收入130.98亿元，同口径增长18.0%，其中一般公共预算收入79.66亿元，同口径增长22.6%；全区一般公共预算支出32.19亿元，增长10%。全年财政收支平衡。

【组织财政收入】 全年税收收入75.03亿元,增长24.9%,占一般公共预算收入的94.2%。强化国税、地税、财政三部门联动,加强街道收入考核管理,协调抓好税源监控、企业服务等收入管理举措。强化分析研判。加强对宏观经济走势、经济税收协调程度、税源增长潜力等分析研判,掌握重点行业、骨干企业发展趋势,为收入管理提供支撑。加强非税征管。全年组织政府非税收入6.27亿元,增长3.3%。建成统一公共支付平台。落实减费降负政策,向社会公开收费清单,实行动态调整。

【助推经济转型】 完善扶持政策。支持企业培育"六大行动计划"*,出台配套扶持政策,形成涵盖初创、小微、潜力及骨干企业的分层次扶持政策体系。全年落实财政扶持资金1.76亿元,支持企业对接资本市场,鼓励科技研发投入。助力企业融资。牵头指导街道成立8个风险池基金,撬动资金2.4亿元,21家区内中小企业获得授信额度3110万元。开展商业银行专题对接,为区内8家园区争取信贷支持3亿元。吸引社会资本参与政府产业基金运作,首个子基金规模达到1亿元,支持发展新兴产业。优化服务举措。开展街道组团式协作,通过街道间分组结对、互助互补,推动区域经济协调发展。发挥中小企业担保公司政策性担保优势,为区内企业提供3430万元担保服务。

【保障民生支出】 支持教育现代化区建设。投入教育支出9.22亿元,完善教育资源布局,支持北部教育质量提升,培育引进品牌学校,构建幼儿园"公帮民"发展模式。推进公共文化服务均等化。落实文化体育与传媒支出4158万元,支持公共文化场馆建设和文化设施提升,扶持半山立夏节、运河文化节、休闲皮划艇赛等特色品牌活动,推进文化惠民实事工程。健全社会保障体系。投入社会保障和就业支出3.82亿元,支持机关事业单位养老保险改革,推进居家养老政府购买服务,保障城乡居民最低生活补助、临时救助、残疾人"两项补贴"等政策到位。支持医疗卫生事业发展。落实医疗卫生与计划生育支出1.82亿元,完善基层医疗机构财政补助政策,对城乡居民给予医疗保险财政补助,落实国家免费孕、产前优生检查、妇女"两癌"筛查等惠民工程。支持环境提升和城市管理。投入财政资金5.11亿元,支持道路街容提升改造、"美丽家园"环境综合整治、半山国家森林公园望宸阁建设等,加快水域环境治理,推进旧住宅区改造、生活垃圾"三化四分"等。

【深化财政改革】 深化预算管理改革。完善一般公共预算、政府性基金预算和国有资本经营预算编制,加强三本预算之间的统筹衔接。稳步推进政府预决算、部门预决算和"三公"预决算公开,公开内容更加细化。加强项目资金管理,启动项目库建设,完成项目库试点,修订项目支出预算管理办法。深化预算执行改革。搭建预算执行动态监控系统,实现对财政资金的全方位监管、全过程跟踪。实施公款竞争性存放,全区29亿元资金实施竞争性存放。深化总会计制度改革,规范财政核算,开展政府综合财务报告试编。加强政府债务管理,探索建立政府债券偿还机制,完成政府债券置换34.46亿元。对接政策性银行,加快国开行棚改贷款额度申请,获得农发行授信额度27.6亿元。指导融资平台公司进行市场化融资运作,探索资产证券化、产业基金等融资模式。

【加强财政监管】 加强预算绩效管理。将绩效目标申报管理嵌入预算编制系统,作为预算编制的先决条件,全区447个项目纳入绩效目标管理,涉及财政资金23.2亿元,占项目支出预算的82%。深化绩效目标"五审"*机制,建立评审反馈制度。扩大绩效自评范围,将50万元以上的预算项目全部纳入自评范围。加强政府投资项目管理。制定政府投资项目竣工财务决算批复工作规程,完善财政评审工作的管理职责,建立健全审价机制。建立政府投资项目信息管理系统平台,推进政府投资项目管理信息化建设。加强公务支出管理。规范夜餐费开支,开展全区行政事业单位差旅费检查,2016年全区一般公共预算"三公"经费支出1027万元,为年初预算的56.6%。对预算单位2013年~2015年津补贴发放情况进行全面检查。加强国有资产监管。构建全方位资产管理信息化平台,实现非经营性转经营性资产在线审批。出台《行政事业单位房产出租管理办法》,启动行政事业单位房产统一进场出租,规范国有房产出租管理。

【加强队伍建设】 加强班子自身建设。落实党委理论学习中心组定期学习制度,领导班子带头开展"两学一做"学习教育。完善工作议事规则和决策机制,深化党员旁听党委会议制度,在"三重一大"等事项上充分发扬民主。强化党风廉政建设。强化"一岗双责"意识,严格落实主体责任。加强廉政教育和廉政文化建设,更新廉政文化主题长廊,创作廉政宣传动漫,开展征文、演讲、知识竞赛等学教活动。加强作风效能建设,开展日常作风效能监督检查,完善廉政风险防控体系。打造"阳光团队"。把严格要求同关心关爱干部结合起来,突出对干部的人文关怀和心理疏导,培养财政干部。

(杭州市拱墅区财政局供稿 龙扬洋执笔)

注:

*企业培育"六大行动计划":高成长型企业培育工程(大树计划)、推进企业上市工作计划、推进科技型企业培育工程(旭日计划)、产业平台发展三年行动计划、众创空间建设行动计划、楼宇招商三年行动计划。

*"五审":基础审、集中审、复核审、综合审、专家审。

西湖区

【概况】 2016年,杭州市西湖区实现地区生产总值1001.61亿元,增长10.3%。其中:第一产业增加值3.88亿元,下降2.4%;第二产业增加值93.92亿元,下降5.5%;第三产业增加值

903.81 亿元,增长 12.4%。三次产业结构比为 0.4∶9.4∶90.2。按户籍人口计算,人均生产总值 149293 元。全区完成财政总收入 221.39 亿元,同口径增长 19.5%,其中:一般公共预算收入 123.11 亿元,同口径增长 20.5%,占财政总收入的 55.6%;全区一般公共预算支出 69.59 亿元,增长 10.5%。全区财政收支平衡,预算执行情况良好。

【组织财政收入】 抓好收入入库。全面研判营改增对收入的影响,加强与国税、地税部门对接,切实做好财政收入的入库、调库工作。加大协税护税监管力度。开展"双下沉、双服务"*活动,为企业排忧解难,保障优质企业发展。全年转入异地纳税企业 305 家,产生税收 5400 万元。发展楼宇经济。全年实现税收千万元楼宇 68 幢,其中税收亿元楼宇 17 幢。狠抓重点税源。全年第三产业实现税收 196.28 亿元,增长 23.3%。深入实施"一号工程"*,实现计算机信息、科研技术业税收 72.59 亿元,增长 58.7%。落实房地产业去库存,产生税收 36.29 亿元,增长 33.9%。全年税收收入 116.61 亿元,占一般公共预算收入的 94.7%。全年非税收入 6.50 亿元,增长 6.8%。

【支持经济发展】 加快创业投资引导基金运作。安排资金 3 亿元,稳步扩大创业投资引导基金规模。2016 年创业投资引导基金出资 9500 万元,撬动社会资本 4.05 亿元,投资区内初创型企业 5 家,投资金额 8900 万元。助推特色小镇发展。筹措各类资金 25 亿元,打造以云栖小镇、龙坞茶镇为代表的"一镇一业"特色小镇发展格局。优化企业发展环境。全面落实结构性减税和普遍性降费政策,减免水利建设基金 1.29 亿元。做好产业政策兑现工作,全区兑现各类扶持资金 7.72 亿元,扶持企业 2270 家。发挥财政资金乘数效应,政府累计出资 3000 万元设立科技风险池,撬动银行信贷资金 3 亿元,帮助 37 家科技型企业融资 9935 万元,累计贷款 4.18 亿元。吸引优质人才回归。落实"千人计划"、市"521"、区"325"人才计划*等引才政策,兑现创业启动资金、贷款贴息、住房补助等人才专项资金 6554 万元,引进施一公、饶毅等顶尖人才和团队项目。

【保障民生支出】 全区民生支出 55.70 亿元,增长 18.3%,占财政支出的 80.0%,确保新增财力三分之二以上用于民生。促进教育资源共享。统筹各类经常性教育资金 15.90 亿元。健全教师培养培训体系,投入 5300 万元加大农村地区、"两双"地区*教师培育力度,建成"教育人才蓄水工程",建设名师工作室及分站 167 个。健全社会保障体系。安排资金 4146 万元,支持建立以居家养老为基础、社区服务为依托、机构养老为支撑的社会养老服务体系。扩大政府救助范围,安排各级城乡低保资金 3681 万元。安排就业专项 2748 万元,落实职业介绍与培训补贴、高校毕业生求职补贴、创业扶持等就业政策。支持卫生医疗发展。投入资金 3.93 亿元,健全基层医疗卫生服务体系,提升公共卫生服务水平,实现"医养护一体化"全科医生签约 17 万人次。优化医疗资源布点,建成区二院、西溪社区卫生服务中心,改善基层卫生服务中心设施水平。保障基层文体事业发展。投入文化体育与传媒资金 6520 万元,推进省级公共文化示范体系建设,举办区第十届全民运动会。

【加强预算管理】 夯实财政预算管理基础。规范夜餐费、职工福利费、退休干部活动经费及工会经费等开支标准。规范国有企业法人治理结构,建立完善国资监管体系,打好国企混合所有制改革基础。西湖投资集团有限公司和西湖城市建设投资集团有限公司两大国有投资集团公司正式实体运营。强化支出刚性约束。继续扩大国库集中支付改革覆盖范围,支付资金 151.89 亿元,增长 28.0%。严格控制现金结算,全区累计开办公务卡 8642 张。完善基层财政公共服务平台建设,实现财政补助资金直接支付到个人账户,70 个补助项目共计发放补助资金 7895 万元,补助 14 余万人次。出台行政事业单位和国有企业公款竞争性存放管理办法,撤销不合规账户 213 个,完成 121 个账户的招投标,涉及资金 26.54 亿元,全区增加利息收益 3000 万元以上。合理控制政府债务规模,降低债务成本,置换 65.8 亿元政府债券。

【促进城乡统筹】 创新城市管理保障机制。设立 3 亿元基础设施建设投资基金,引导社会资本参与城市设施建设。取得政策性银行等专项贷款 30 亿元,推进城中村改造、"厚仁家园"安置房等项目。加快 PPP 项目进程,完成总投资 6 亿元的翠苑街道保亭安置房项目签约。支持新一轮区县协作。安排资金 6700 万元,深化区县协作、山海协作,支持援藏援疆援青项目及淳安等省内欠发达地区建设。推进美丽乡村建设。筹集各类资金 4 亿元,支持美丽乡村建设。完善农村地区长效管理机制,出台《农村地区环境及社会管理资金管理办法》。安排"一事一议"财政奖补资金 856 万元,支持 11 个村级公共设施项目建设,改善农民生产条件和生活环境。

【加强队伍建设】 开展"两学一做"学习教育,"一把手"上好专题党课。加强党风廉政建设,促进党员干部认真履行"一岗双责"。组织全体党员到杭州市廉政教育基地参观学习,进一步建设好"一廊、一栏、一屏、一室、一墙"五大阵地,开展廉政文化宣传,增强干部职工廉洁奉公意识。强化队伍建设,通过给机会、压担子、搭平台等形式,使一批具有实干精神、优良作风的年轻干部脱颖而出。 (杭州市西湖区财政局供稿 任 昕执笔)

注:

*"双下沉、双服务":机关下沉服务社区、社区下沉服务居民。

*"一号工程":西湖区发展信息经济、推广智慧应用。

*区"325"人才计划:围绕西湖区经济社会发展需求,从 2011 年开始,用 5 年时间,大力引进和培育带项目、带技术的海内外高层次创业创新团队 30 个,其中教授创业团队 20 个;大力引进海外高层次人才 50 人。

*"两双"地区:西湖区双浦镇和三墩镇双桥地区。

高新技术产业开发区(滨江)

【概况】 2016年,杭州高新技术产业开发区(滨江)实现生产总值901.44亿元,按可比价增长14.0%,其中第一产业增加值1.22亿元,下降15.7%;第二产业增加值461.13亿元,增长12.7%;第三产业增加值439.09亿元,增长15.4%。三次产业结构比0.1∶51.2∶48.7。全区财政总收入235.37亿元,同口径增长17.7%,一般公共预算收入125.37亿元,同口径增长18.6%,占财政总收入的53.3%,税收收入118.49亿元,占一般公共预算收入的94.5%;一般公共预算支出107.45亿元,增长51.4%。全区财政收支平衡,并有结余。

【组织财政收入】 坚持分析测算。定期采集税源信息数据,抓好月度、季度、年度财政运行分析;科学测算营改增等结构性减税政策对收入的影响,掌握财政收入情况。加强与国税、地税部门沟通协作,充分调动税收征管部门的积极性,落实责任、强化督查,确保各项税收按月均衡入库。加强税源管控。动态监控区内重点税源,聚焦现代服务业、制造业、房地产业等重点行业走势,摸清税收增减原因,对症下药;重点关注股权转让涉税事宜,落实属地征收工作。强化非税管理。理顺土地出让金收支业务流程,确保土地出让金应收尽收。全年组织非税收入85.11亿元,其中政府性基金收入78.24亿元。

【支持经济发展】 全年投入财政资金22.9亿元(其中:区级投入17.06亿元、争取上级转移支付资金5.84亿元),助推区域经济实现跨越发展。投入6.18亿元支持领军企业、总部企业跨越集聚发展;投入2.58亿元鼓励瞪羚企业*、科技型初创企业快速成长。全区新增上市企业3家,新增“新三板”挂牌企业37家。投入1.93亿元对309家企业人才实施薪酬贡献奖励;投入1.17亿元支持203名海外高层次人才创新创业;投入3490万元引进培育“千人计划”*专家190名;投入2848万元用于扶持998名大学生自主创业;投入6.23亿元用于补助企业研发与技术改造;投入6002万元用于企业知识产权奖励。投入11.3亿元合作设立26支产业引导基金,撬动社会资本24.66亿元;投入2500万元用于企业产业联盟、众创空间、孵化器建设,集聚创业投资机构202家,注册资本84.4亿元,投资基金规模超310亿元,区科技金融中心初具规模,深交所全景网路演中心建成投用。落实各项减税降费政策,减免税收173.48亿元;落实小微企业税收优惠政策,小微企业税收优惠享受面达到100%;实施普遍性降费,清理涉企行政事业性收费,取消、停征、定向免收或降低部分涉企收费项目,切实减轻企业负担。

【改善民生事业】 全年民生支出71.65亿元,增长35.71%,占一般公共预算支出的86.3%。投入保障性住房及农转居拆迁安置房建设资金26.7亿元;投入社保专项资金1.50亿元,用于医疗、养老、慰问、困难等补助支出;投入医疗卫生资金2.68亿元,推进区公共卫生中心和西兴街道社区卫生服务中心建设,完善医疗服务网络;投入区级就业专项资金1598万元,落实拆迁户、高校毕业生等特殊群体就业培训和就业援助政策;投入“阳光家园”建设与养老服务专项资金1.57亿元,加快城市养老事业发展。投入教育资金12.55亿元,保障春晖小学(原滨安小学)、西兴北单元中小学、省属单元学校、彩虹城西小学等17所学校(幼儿园)新建扩建和建成投用,推进教育优质均衡发展;投入1.07亿元用于中国动漫博物馆、区体育馆、区青少年活动中心等建设,丰富居民文化生活。全年核拨经费4835万元,保障社区正常运行,推进“智慧社区”平台落地;投入公共安全资金2.92亿元,推进“平安滨江”建设,维护社会稳定。

【支持城市建设】 全年投入城市建设资金157.03亿元,倾力打造美丽滨江。投入15.18亿元推进五大平台*建设。完成奥体博览城主体育场亮灯工程及40%精装修工程,基本完成智慧新天地“三纵三横一河一堤”*基础设施建设、物联网1500亩园区环境提升工程,中国动漫博物馆钢结构主体顺利结顶,互联网产业园核心区众创空间特色街一期主体竣工。投入34.1亿元推进基础设施建设。地铁4、5、6号线开工建设,望江隧道加快推进,新建、续建城市道路61条,完工21条。永久变扩建工程完工,白马变开工建设。新开工绿化项目17个,完工12个,完成绿化提升改造项目11个。投入93.93亿元推进“三改一拆”。22个社区整村拆迁,交地3000亩,拆迁2800户,拆除违法建筑3632处。投入8.85亿元推进“五水共治”。支持“清三河”“污水零直排区”建设,G20峰会核心区域河道综保治理初见成效,全面消除黑河、臭河、垃圾河,完成42公里的道路雨水管网清淤和封堵清除。投入4.97亿元改善城市环境。支持“两路两侧”“四边三化”综合整治,钱塘江南岸、时代高架、江南大道和西兴立交等4个重点区域夜景亮灯工程全部完工。

【深化财政改革】 深化预算管理体系改革。落实预算法,强化预算统筹力度,实施全口径预算管理;升级预算编制系统,搭建人员库、项目库模块,推进预算管理信息化建设;细化政府预决算公开内容,扩大部门预决算公开范围。深化专项资金管理改革。加大专项资金整合力度,制定财政专项资金管理清单并向社会公开,涉及专项项目11个,管理部门15个,资金95.1亿元。深化政府购买服务改革。建立联席会议制度,健全政府购买服务工作协调机制;调整2016年度政府购买服务指导目录,落实《关于政府向社会力量购买服务的实施意见》;建立重大政府投资项目关键设备、设施和用材的第三方价格对照制。深化国有企业改革。撤销整合10家国有企业,消除同业竞争现象;以资本为纽带,整合国有资源,初步形成以资产运营、资本运作、城市建设、公共服务等为主的五大区属直接监管国有企业;完善监事会制度,发挥监事会作用;完善国有企业现代法人治理结构;完善经营业绩考核机制和薪酬结构，规范国有企业健康运行。

【强化财政监管】 强化债务管理。全年争取省政府地方债券16亿元，新增地铁国家专项建设基金、国开行棚户区贷款9.3亿元，提前偿还商业银行贷款28.72亿元，调整优化债务结构，合理控制债务规模，节约财政资金6300万元。加强街道财政管理。出台征地拆迁资金管理办法，会同街道和相关部门对征迁资金进行统一分类并新设专户专账核算，规范征迁资金管理；出台《区级预算单位账户管理暂行办法》，清理街道银行账户34个，规范街道账户设立。实施公款竞争性存放。实现行政事业单位、国有企业存放主体和资金全覆盖，涉及资金51.03亿元，存款利率上浮25%~50%，提高财政资金收益。加大财政检查力度。开展财政资金安全检查，规范财政资金安全管理；开展差旅费执行情况和工资奖金福利发放情况检查。加强内部控制建设。建立"1+8"财政内部控制制度，健全预算编制、执行、监督相互制约、相互协调的财政运行机制，做到事前防范、事中控制和事后监督纠正。

【加强队伍建设】 注重干部学习教育。制定干部学习教育计划，通过学习、培训、锻炼等多种形式，提高财政干部综合能力素质；深入开展"两学一做"学习教育活动，把活动与财政中心工作结合起来；继续推送"微型廉政党课"8期。深化党组织建设。落实"双领"*项目，完成水电区域企业收购工作；开展"迎峰会、当先锋、作表率"系列活动，做好峰会各项保障工作；落实"扶贫帮困"关爱行动，走访慰问困难家庭6户。加强作风效能建设。开展"八项规定"回头看，切实落实整改措施；继续落实刷卡考勤、挂牌上岗、公务员日常考核等制度，规范机关工作纪律；加大作风问题的检查和整顿力度，全年组织开展效能检查12次。推进精神文明建设。开展社会公德、职业道德、家庭美德和个人品德教育；设立党员活动室、宣传栏、文化窗，营造开拓创新、朝气蓬勃、内涵丰富的机关文化氛围。

（杭州市高新技术产业开发区[滨江]财政局供稿　袁　骏执笔）

注：

*"瞪羚企业"：指成长性好、具有跳跃式发展态势的中小高新技术企业。

*"千人计划"：海外高层次人才引进计划。

*"五大平台"：指白马湖生态创意城、奥体博览城、智慧新天地、北塘河畔商务区、物联网产业核心区。

*"三纵三横一河一堤"：指鸡鸣山路、望水路、东冠路；滨浦路、闻涛路、西浦路；一河指陆家潭河；一堤指南沙支堤。

*"双领"：组织领项目，党员领任务。

萧山区

【概况】 2016年，杭州市萧山区实现地区生产总值1928.57亿元，按可比价计算，增长8.6%，其中第一产业增加值68.12亿元，增长2.9%；第二产业增加值909.11亿元，增长5.9%；第三产业增加值951.34亿元，增长12.1%；三次产业结构比为3.5∶47.1∶49.4。按户籍人口计算，人均生产总值151153元，增长7.5%。全区财政总收入345.99亿元，同口径增长19.3%，其中一般公共预算收入195.16亿元，同口径增长17.3%。不含大江东财政总收入267.41亿元，同口径增长12.0%，其中一般公共预算收入163.7亿元，同口径增长17%；其中，税收收入144.97亿元，占一般公共预算收入的88.6%。一般公共预算支出158.75亿元，增长9.4%。全年财政收支平衡。

【组织财政收入】 推进综合治税，分解镇街平台的收入目标和招商引税任务，加强与国税、地税、市场监管、国土资源等部门以及行业协会的沟通联系，强化收入预测分析，增强征管联动效能。重点清理房地产、建筑业、金融业，重点清查村级留用地项目，落实专人清算清缴政府投资项目，确保税收足额入库。抓住房地产销售回暖的有利时机，加强房地产税收专业化征收，房地产业共入库地税36.65亿元，增长39.9%。抓住G20峰会召开契机，加快土地出让，入库土地出让收入286.82亿元，增长168.5%。

【完成峰会保障任务】 积极对接G20峰会政府投资项目，统筹资金支持城区环境改善和景观提升，同时规范管理和按标准支出。累计完成峰会新增项目4批，涉及项目72个，全年支出12亿元。高标准、高水平完成G20杭州峰会主会场改造提升；机场高速公路、机场城市大道、通城高架等竣工通车；核心区71万平方米道路绿化景观提升及7公里河道完成整治。争取新增债券6亿元，全部用于机场路改建。加大经费保障力度，重点支持公安、交警、城管等部门加强峰会安保和开展城市环境整治。开通绿色通道，简化办事流程，加快项目审核和资金拨付进度，提高服务效能。

【支持经济发展】 充实产业基金，继2015年与杭州金投合作设立10亿元产投基金后，累计安排2.5亿元充实产业投资基金。兑现财政扶持资金19.55亿元，其中：安排各类科技、创新资金4.37亿元，淘汰落后产能资金1.21亿元，推动新兴产业发展和传统产业转型升级。落实各项税费优惠政策，减免税费11.42亿元，其中：落实研发费用加计扣除、高新企业税收优惠2.76亿元，房产税、土地使用税、契税、小微企业所得税减免1.74亿元；停征、减征行政事业性收费和政府性基金1.31亿元；减免、停征水利基金3.2亿元；减征医疗保险费、生育和失业保险费2.41亿元，减轻企业负担。加强缓缴税款管理，批准延期缴纳税款295户次，涉及税款18.61亿元。加快退税退费进度，退税退费8.47亿元。

【保障民生支出】 全年民生支出118.9亿元，占总支出的74.9%。社会保障日趋完善，新增各类就业再就业人员5.56万人。城乡居民养老保险和医疗保险参保率分别达到97%和99%。低保标准提高到每人每月819元。建立适度普惠型儿童福利体系,完成全区敬老院消防设施提升改造,启用社会福利中心公建民营项目及残疾人托养中心。创建成为省级教育基本现代化区,实现省级特色示范高中全覆盖。杭二中萧山分校、杭州崇文实验学校世纪城校区、杭州学军中学附属文渊中学动工开建,杭州惠灵顿双语教育项目落户。新建成投用5所学校,启动10所学校新建、改扩建工程。卫生计生工作稳步推进,全面启动分级诊疗模式,家庭医生规范签约服务率达20%。区中医院二期改扩建、区中医骨伤科医院改扩建工程建成投用。智慧医疗向社区卫生服务中心延伸。举办跨湖桥文化节等文化活动1000余场,新建农村文化礼堂20个,举办首届湘湖国际铁人三项赛等多项大型体育赛事。保障重点工程建设,积极筹措资金,加快推进区域重点工程。全年基本建设支出43亿元,确保机场路改建、建设四路东伸、市心路整治等重点项目建设,保障地铁、杭黄线等资本金支出。

【推进财政改革】 加强专项资金管理,连续第三年开展财政专项资金清理整合,大力压缩专项资金,全年安排部门性专项比2013年减少20%。控制行政成本,严控政府性楼堂馆所建设,严格办公场所装修标准和公务用车配备范围与标准,强化“三公经费”等行政支出管理,全年“三公”经费下降29.64%,其中:接待费下降27.87%。创新资金管理模式,组织实施区级财政资金竞争性存放招标4次,资金140亿元,提高资金收益2.26亿元。组织开展行政事业单位公款竞争性存放和银行账户招投标工作,完成69个单位58.82亿元公款和135个银行账户的集中招投标。创新投融资模式,探索棚改项目政府购买服务、PPP等新型建设方式。落实棚户区改造安置房项目政府购买服务贷款99亿元,投资市政府PPP基金5000万元,获省级财政PPP奖补资金600万元,推动钱江世纪城沿江景观带、铁路杭州南站综合交通枢纽东西广场、城中村改造等一批重点投资项目建设。推进国有资产分类处置,开展全区行政事业单位资产清查,摸清国有资产家底。按照“收回一批、划转一批、出售一批、调剂一批”原则,推进国有资产分类处置,提高国有资产使用效率。规范政府债务管理,完成政府债务置换134亿元;制定考核办法,开展政府债务“降规模、降成本”工作,推动湘湖、北干、新塘等30亿元政府投资BT项目置换工作,节约资金成本4亿元以上。2016年末全区债务融资成本比年初下降0.5%。

【强化风险防控】 完善财政财务制度,制定《行政事业单位内部控制规范(试行)》《行政事业单位经营用房出租操作细则》等,筑牢制度防线。加强执行纪律检查,先后对部门和镇街开展“八项规定”精神执行情况、财政资金安全、差旅费使用、津补贴发放、会计信息质量等专项检查,会同审计部门对国有企业公务支出、公款消费进行专项审计;针对发现问题编印财务文件汇编,组织培训,重申相关规定,维护财经秩序,防范廉政风险。加大财政监督力度,组织1000万元以上的全区性专项和区本级新增政府投资项目绩效目标评估;对14个项目实施重点绩效评价,涉及资金12亿元;加大政府投资项目审价力度,核减资金15亿元,核减率10.6%。加强财政内控体系建设,制定内控基本制度和9个专项风险管理办法,强化执法风险防控,规范财政管理行为。

【加强队伍建设】 开展“两学一做”学习教育,局党委制定下发实施方案,确定学习内容和步骤。局班子上好专题党课、开好民主生活会。坚持中心组学习制度,加大干部教育培训力度,开展“财税好师傅”评选,用师徒结对传帮带的形式提高年轻干部职工的业务素质和思想素质。与国税部门联合举办中层以上干部培训班。在市局岗位业务技能比武中,获得优胜单位第二名。加强廉政教育,开展党风廉政专题讲座和十八届六中全会报告,对新录用公务员上“廉政第一课”。

(杭州市萧山区财政局供稿 廖 强执笔)

余杭区

【概况】 2016年,杭州市余杭区实现地区生产总值1411.62亿元,按可比价计算,增长12.2%,其中,第一产业增加值50.04亿元,增长1.5%;第二产业增加值477.86亿元,增长4.1%;第三产业增加值883.72亿元,增长18.1%。三次产业结构比为3.5∶33.9∶62.6,第三产业占比同比提高3.2个百分点。按户籍人口计算,全区人均生产总值145867元,增长8.8%。全区财政总收入400.03亿元,同口径增长31.0%,一般公共预算收入244.29亿元,同口径增长30.2%,其中税收收入226.78亿元,占一般公共预算的92.8%。2016年全区一般公共预算支出221.50亿元,增长32.0%,其中区本级财政支出192.23亿元,同口径增长34.5%。全年预算收支情况良好,财政收支平衡。

【组织财政收入】 加强税收网格化、属地化管理,发挥镇街、平台税收管理工作的主动性和积极性,全年新增税款3.99亿元。推进国地税合作,成立合作领导小组,统筹全区税收工作,落实42项合作事项。提升税收征管水平,以“金税三期”征管系统上线为契机,摸清家底,夯实征管基础。做好营改增全面扩围工作,确保营业税应收尽收,保障税制改革平稳过渡。组成土地增值税清算小分队,加强全流程管理。推进税源经济工作,部署全区镇街、平台抓好招商引税和建筑业税源工作,培植优质税源,夯实财源基础。全年完成政府性基金收入169.36亿元,增长56.4%,其中土地出让金收入150.83亿元,增长55.2%。

【服务保障G20峰会】 成立G20峰会资金保障服务团队,提前安排装备采购及大部分卡点的建设资金。协调落实与公安、机关事务中心等各部门的安保资金分配细节,确定卡口事宜移交经费方案。预放应急资金,开通峰会资金拨付绿色通道,确保卡点人员吃、住、行经费落实,组织277名干部职工参与服务保障G20工作,其中6人参加全区服务保障G20护城河保障组,77人支援乔司、良渚、五常、崇贤街道志愿服务，135 人参与乔司 1 检查站值守工作。

【服务实体经济】 出台六大产业政策以及电子商务、家纺"恒阳产业"和"降成本、减负担、去产能"政策，配套出台 18 个实施细则，形成"6+3"产业扶持政策体系；加大专项资金清理和整合，根据企业不同发展阶段，设立梦想基金、天使基金、产业发展引导基金等多个基金，2016 年基金规模 104.34 亿元；支持"个转企、小升规、规改股、股上市"，落实个转企优惠政策，加大人才、科技和金融支持力度；缓解企业资金周转压力，累计为 151 家工业企业提供周转资金 41.98 亿元；减轻中小企业负担，全年减免各项税收 87.30 亿元、职工社会保险费 2.29 亿元。减免和停征水利建设基金 3.66 亿元。

【保障民生支出】 全年民生支出 165.06 亿元，占财政预算支出的 74.5%，增长 42.5%。教育、科学科技、社会保障就业、文化体育与传媒支出、医疗卫生与计划生育支出、节能环保、农林水事务分别占总支出的 22.6%、7.1%、11.0%、1.8%、6.1%、9.5%。支持"两美"浙江建设、大径山旅游开发、中泰民生实事工程等 16 大专项等重点中心工作，确保省市区重点项目资金需求。新增债券 16.00 亿元用于东湖快速路、星河路隧道、良熟三期多高层公寓等重大交通建设和棚改项目。

【加强财政监管】 完善国库集中支付运行机制，新增部分专项资金和政府投资项目纳入改革试点，提高预算执行效率。健全国库单一账户体系，232 个二级预算单位实有资金账户纳入国库单一账户体系管理，实行动态监控。建立健全行政事业单位内控制度，强化对各部门和镇街"三公经费"等支出监管，规范财务核算，提高财务管理水平。构建政府采购诚信体系，制定评审专家、供应商考核评价机制，推行不良行为公告制度和政府采购市场禁入制度，塑造公平诚信的政府采购市场环境。按照"调结构、降成本、促发展"思路，完成地方政府债券置换计划，运用 PPN、中票、公司债、企业债等直融工具，推出第二批创新政府投融资试点项目名单，优化融资结构，降低融资成本。推进国有公司管理体制改革，出台《关于全面深化我区国有企业改革的意见》等制度，通过整合重组、分类管理等措施，探索建立以管资本为主的国资监管体系，促进国有资本保值增值。

【强化队伍建设】 出台《余杭区财政(地税)局基层党风廉政巡查办法》，明确组织领导、巡查对象范围、巡查内容及有关要求，切实加强基层党风廉政建设；全面推进绩效管理。将绩效管理工作作为地税工作"主抓手"和"指挥棒"，加强指标动态监控，2016 年地税绩效年度考核位列杭州市第一。建立健全预防职务犯罪联动工作机制，制定《关于加强余杭区财政地税系统预防职务犯罪工作的实施意见》；制定《杭州市余杭区财政地税局谈心谈话制度》，通过全覆盖的谈心谈话，及时掌握干部思想动态，帮助其解决工作、生活上的实际问题；落实《余杭区财政、地税局培养年轻干部实施办法》；提升干部能力，开展中层干部选拔任用和轮岗交流，选派部分党员干部去中泰九峰、大江东新城、乔司等挂职锻炼；强化专业人才培养，抽调一线业务骨干，加强专业技能和实战经验培训。

(杭州市余杭区财政局供稿　姚　迪执笔)

富阳区

【概况】 2016 年，杭州市富阳区实现地区生产总值 697.40 亿元，增长 8.7%。其中第一产业增加值 44.94 亿元，增长 2.7%；第二产业增加值 323.00 亿元，增长 4.6%；第三产业增加值 329.50 亿元，增长 14.2%。三次产业结构比为 6.4 : 46.3 : 47.3。按户籍人口计算，人均生产总值 104123 元，增长 8.2%。全区财政总收入 97.20 亿元，同口径增长 6.1%，其中一般公共预算收入 57.60 亿元，同口径增长 6.0%，占财政总收入的 59.3%，其中税收收入 49.32 亿元，占一般公共预算收入的 85.6%；一般公共预算支出 68.20 亿元，下降 4.1%。全年财政收支平衡，略有结余。

【组织财政收入】 研究经济走势、税制改革对税费收入影响，提升税收分析质量。加强税源风险管控，强化信息管税。落实"金税三期"上线，确保顺畅运行。强化欠税监控，做好关停、破产企业欠税管理。完善非税收入管理。公布全区 40 项行政事业性收费目录清单。推进政府非税收入收缴电子化改革。全年实现非税收入 8.29 亿元，增长 10.7%。

【支持经济发展】 创新财政支持经济发展模式，设立政府产业基金，筹措母基金 5 亿元。助力企业创业创新，深入实施"四换三名""机器换人""互联网+"等。兑现各类涉企产业扶持政策资金 11.89 亿元。助力破解融资难题。帮助企业转贷 473 户次，金额 59.34 亿元，防范和化解企业"两链"风险。落实税费减免。落实各项税收优惠政策，为 1214 户小微企业减免税费 1232 万元；29 户高新技术企业所得税优惠 3271 万元；"亩产税收"城镇土地使用税减免 3654 万元，惠及企业 340 户。全面清理政府性收费项目，减免规费 1.40 亿元，下浮企业社会保险费缴费比例，减征 4000 万元。

【保障民生支出】 全年财政用于民生支出 48.17 亿元，占一般公共预算支出的 72.8%，其中教育、医疗卫生、农林水、社会保障和就业支出占 54.6%。加速融入杭州。以"一年启动、两年实施、三年融合"为目标，与杭州主城区接轨的 40 项民生政策支出 9.48 亿元，增资 2.93 亿元；全年投资基建项目 675 个，安排 50.68 亿元，释放撤市建区红利。推进"五水共治"工程。履行河长单位职责，实现城区河道污水零排放，整治排污口 62 个，完成

4条城区河道清淤13.3万方,保洁河道25.5公里,配水1.2亿方。支持"三农"发展。整合资源,促进村级集体经济发展,优化制度、资金、服务供给,推进文化礼堂、古村落保护、民宿开发,支持新农村和美丽乡村建设。围绕"服务G20,打好攻坚战",安排资金10.89亿元。

【深化财政改革】 完善预算决算公开。将一般公共预算细化至功能分类科目项级、经济分类科目款级,政府性基金细化至功能分类科目项级。公开"三公"经费和政府债务等,并督促各预算单位按规定公开相应内容。加强地方政府性债务管理。全年融资318亿元,实现债务置换139.6亿元。平均期限从2.72年拉长为7.66年,累计减少利息支出8.13亿元。平台公司实行备用金制度,存量资金用于统筹理财,全年投资收益5.1亿元。建立结转结余资金定期清理机制,全年统筹资金8.82亿元。推进支农资金改革。开展政府专项一般性转移支付"4+3"*改革试点。安排本级预算1.57亿元,涉及3个部门、7个乡镇(街道),增强乡镇(街道)实施涉农项目主动性,提高资金使用绩效。推进国资监管改革。摸清家底,盘活利用国有资产。对政府"五资"*进行摸排,涉及行政事业单位293家,国有及国有控股企业22家,乡镇工业功能区13家。完善多项国企运行管理章程,加强监督,强化管理,提升运营绩效。创新融资体制改革。转变财政资金扶持方式,发挥政府产业基金的引导、示范作用。建立PPP项目库,设立100亿元规模PPP母基金。实现首个PPP项目"富阳中学改扩建、松溪家园五期及阳光家园六期拆迁安置工程"成功落地,总投资6.6亿元。

【强化财政监管】 推进公款竞争性存放。组织开展社保资金竞争性存放招投标,涉及资金13亿元。全区72个行政事业单位公款实现竞争性存放,完成招标账户303个,金额37.94亿元。强化政府采购监管。加强政府采购基础建设和日常监管,完成政府采购4600批次,采购金额3.55亿元(剔除棚户区改造等因素),其中公开招标金额2.24亿元,占比63%,节约资金5843万元,资金节约率为16.4%。加强财政监督。严肃财经纪律,安排"四个十"*专项、津补贴专项等五项检查,共收缴或停拨财政资金306万元,补税46万元,预算调减建议336.72万元。严把审核关,全年审核项目1195个,送审造价净核减5.59亿元,核减率6.95%。累计纠正、拒付各类不合规资金285.59万元。

【加强干部队伍建设】 加强廉政建设。以"两学一做"专题教育为主体,落实党风廉政建设主体责任,制定实施方案,针对重要工作和关键环节,明确责任。提升干部能力。完善干部激励机制,通过岗位大练兵、业务技能比武、演讲比赛等主题活动,加强人才队伍培养,激发干部干事创业的积极性和创造性。推进帮扶活动。组织党员干部走访慰问场口、常绿、湖源等乡镇结对家庭98户196次,送出慰问金、慰问品10万余元。"春风行动"捐款14万元。加强作风效能检查。持续保持高压态势,强化干部职工正风肃纪意识,规范日常行为。

(杭州市富阳区财政局供稿 成 洁执笔)

注:

*"4+3":大源镇、场口镇、灵桥镇、永昌镇为综合性改革试点;东洲街道、银湖街道、常安镇为单项性改革试点。

*"五资":资金、资产、资源、资本、资权。

*"四个十":政府专项、部门项目各40个进行专项检查。

临安市

【概况】 2016年,临安市实现地区生产总值505.17亿元,按可比价格计算,增长8.6%;其中第一产业增加值42.24亿元,增长2.9%;第二产业增加值253.00亿元,增长6.9%;第三产业增加值209.93亿元,增长12.2%;三次产业结构比为8.4∶50.1∶41.5。按户籍人口计算,人均生产总值95226元,增长8.4%。全年财政总收入64.79亿元,同口径增长7.5%,其中一般公共预算收入37.34亿元,同口径增长14.7%,占财政总收入的57.6%,税收收入33.40亿元,占一般公共预算收入的89.4%;一般公共预算支出60.17亿元,增长20.0%。全年财政收支平衡,略有结余。

【组织财政收入】 强化预测分析。研判经济走势、税制改革、政策调整等因素对收入的影响,加强对制造、房地产和建筑等重点企业和行业的税源管理。严格落实全国税收征管规范,开展电子化缴款改革试点,有效落实重大项目管理、房地产税收管理、营业税专项清理等征管措施,房地产业贡献财政总收入9.81亿元,增长33.2%。组织非税收入22.69亿元,下降19.8%,其中政府性基金收入18.75亿元,下降22.6%。

【服务经济发展】 落实结构性减税和普遍性降费政策,全年减免各类税费9.08亿元。全年争取各类补助资金11.34亿元,兑现扶持资金23.06亿元,为企业办理资金周转6.81亿元。设立目标规模10亿元的杭州城西科创大走廊发展基金,并相继签订四项子基金合作框架协议,同时组建47.31亿元政府重点项目融资支持基金,为轨道交通临安线、三美临安建设和临中迁建等重点项目提供资金支持。推广"基金+招商"模式,引进2个重大产业项目并引入17家基金公司。市国有股权控股有限公司基本建成四级国资投资体系,全年共计承担86亿元贷款担保,为棚户区改造、"一横两纵"等提供落地保障,年综合利率控制在5.7%以内,公司争取政策性银行贷款项目17个,合计放贷12.73亿元。

【保障民生支出】 全年民生支出43.45亿元,增长11.9%,占一般公共预算支出的72.2%,教育、科技、文化、社保、卫生、医疗等事业领域的支出增幅均超10%。支持教育事业发展。全年教育支出13.00亿元,增长14.2%。完成临安中学新校区、博世凯实验小学、潜川小学、青云初中、板桥小学、晨曦小学西校区等一批新建、改扩建项目。支持科技事业发展。全年科学技术支出3.17亿元,增长20.5%。加快建设省科技孵化基地、青山湖科技城创业广场,成功创建中国产学研合作创新示范基地。支持文化事业发展。全年文化体育与传媒支出1.03亿元,增长11.3%。加快建设吴越文化公园、博物馆等项目。支持民生工程建设。顺利实施16个扶持村集体经济发展试点村项目,投放公共自行车1000辆,完成建设5个城市口袋公园,建成投用全长10公里的青山湖环湖绿道一期工程,开工建设轨道交通临安线、华立(青山湖)先进制造基地、临天路南延、滨湖新天地等一批重大项目。支持社会保障事业发展。全年社会保障和就业支出5.85亿元,增长17.1%。推进机关事业单位人员增资、津补贴托低及机关事业单位养老保险改革。支持医疗卫生事业发展。全年医疗卫生与计划生育支出4.71亿元,增长11.2%。提高城乡居民基本医疗筹资标准至每人1070元,提高城乡低保标准分别至人均709元和639元,实施"智慧医疗",完成各级医疗单位HIS系统和医保接口改造工作。支持农林水建设。全年农林水事务支出5.96亿元,增长12.2%。深化"三改一拆""百路千里""靓城行动"等整治任务,实施"一环一轴"六条精品街改造提升工程。

【深化财政改革】 加强预算支出项目库管理,细化预算编制执行,推进预决算公开,建立专项资金管理清单制度,推行产业化资金政策性分配。规范债务管理。增设债务管理科,规范政府举债融资,开展全市融资平台、国有企业及机关事业单位债务调查及存量债务置换,置换债券13.38亿元,新增债券资金9亿元,用于重大公益性基础设施建设项目。规范国有资产管理。落实市属国有企业国有资本收益收缴管理,开展行政事业单位国有资产清查,制定新一轮车改实施办法。

【加强财政监管】 出台《临安市加强行政事业单位内部控制建设实施方案》,开展财务制度落实情况监督检查、部门决算数据重点核查工作。深化预算项目支出绩效评价和镇街财政国库集中支付改革,强化财政支出结算支付管理,建立专项资金管理清单制度,清理财政专户,开展公款竞争性存放,实施编、审双控机制,审核政府投资项目504个,累计核减金额2.71亿元。严控行政运行支出。落实中央"八项规定",厉行节约,全年"三公"经费支出4974万元,同比下降25.7%。

【加强队伍建设】 加强党风廉政建设,落实主体责任和监督责任。深化党建工作,开展谈心谈话、党员固定活动日、党员进社区"圆梦微心愿"等活动。以"基层组织强化年"为载体,开展"两学一做"学习教育。以能力建设为核心,加强分层分类培训,开展"财税大讲台"和岗位练兵活动。强化内部控制,建立健全内部控制制度体系,成立市财政局内部控制委员会,构建财政系统"1+8+X"内部控制制度体系,提升部门内部风险防控能力和管理水平。 (临安市财政局供稿 孙力优执笔)

建德市

【概况】 2016年,建德市实现地区生产总值345.26亿元,按可比价格计算,增长8.5%;其中第一产业增加值32.75亿元,增长2.9%;第二产业增加值174.74亿元,增长7.9%;第三产业增加值137.76亿元,增长10.6%;三次产业结构比为9.5∶50.6∶39.9。按户籍人口计算,人均生产总值67816元,增长8.5%。全市财政总收入38.87亿元,同口径增长6.0%,其中一般公共预算收入22.71亿元,同口径增长6.1%;一般公共预算支出41.19亿元,增长0.1%。全年财政收支平衡。

【组织财政收入】 优化收入结构,一般公共预算收入占财政总收入的58.4%,其中税收收入20.48亿元,占一般公共预算收入的90.2%。推进营改增全面扩围,完成资源税改革,强化重点项目和房地产税收管理,开展碳酸钙产业提升整治,推进企业关联交易税收管理。实现地方财政收入6.69亿元,同比增收1.61亿元,占地方财政收入的29.5%。大力开展招商引税,实现税收1.16亿元,折合地方财政收入6492万元。加强非税收入征管,组织非税收入11.18亿元,下降42.6%,其中政府性基金收入7.93亿元,下降53.9%。积极对接国家、省、杭州市转移支付补助政策,全年向上争取补助资金18.30亿元。

【支持经济发展】 落实清费减税降费政策,减免各项税费3.19亿元,兑付各类政策扶持资金2.35亿元。发挥应急调头专项资金作用,实施扩面降息,日利率从3.33‱降到2‱,全年为153家中小企业办理转贷289笔,累计出借财政资金11.92亿元,撬动续贷20亿元以上,节约企业财务成本3500万元。整合产业政策,出台《关于加快经济转型升级创新发展的若干扶持意见》五大类27条扶持意见,设立2.40亿元建德市转型升级创新发展专项资金,以创新扶持实体经济为根本,突出产业扶持重点。推进新安江财富小镇建设,落实政府引导基金,助推11家企业新三板上市,吸引31家投资机构落户建德。设立100亿元杭州新安江千岛湖流域产业投资基金,以产业基金为支点,发挥金融杠杆作用,撬动建德市旅游文化、大健康等产业全面发展。

【保障民生支出】 全年用于民生支出32.17亿元,占一般公共预算的78.1%。支持教育事业发展。全年教育支出8.69亿元。推进教育资源均衡化,落实农村特岗教师津贴,建立健全学前教育公共服务财政保障体系,继续实施义务教育学生营养改善计划,促进高中教育优质发展,完善中等职业教育财政政策,实施校园食堂安全监控(二期)项目等基建工程。支持医疗卫生事业发展。全年医疗卫生支出3.83亿元。促进基层医疗卫生机构基层首诊、双向转诊和分级诊疗制,推进家庭医生签约,财政补助签约服务费5元/人每月。加强社会保障体系建设。全年社会保障和就业支出5.35亿元。出台支出型贫困家庭基本生活救助办法、困难残疾人生活补助实施意见、重度残疾人护理补贴实施意见等政策。扩大残疾人意外伤害保险参保范围,将60周岁以下残疾人纳入意外伤害险参保范围,保费标准20元/人每年。提高城乡居民最低生活保障标准,2016年12月起,城镇居民最低生活保障标准从每人每月612元提高到674元,农村居民最低生活保障标准从每人每月490元提高到607元。*支持农业农村发展。*入选浙江2016年度扶持村级集体经济发展试点县(市)范围,获得补助资金3915万元。依托"稻香小镇",创新农业综合开发高标准农田建设模式,争取上级财政资金5188万元;以莲花镇和下涯镇为试点,推进"一事一议"财政奖补助推美丽乡村建设,完成投资7028万元,财政拨付资金2400万元。全年落实村级公益事业"一事一议"财政奖补项目80个,财政奖补资金3010万元,有效改善农村村容村貌和基础设施配套,保障村级公益事业发展。

【推进财政改革】 推进大财政体系建设,构建大财政内部运转协调机制和外部联络服务机制,加大政府性基金预算、国有资本经营预算与一般公共预算的统筹力度。深化预算编制改革,实施全口径预算,试编中期财政规划。推进专项资金管理改革,建立市本级财政专项资金目录清单,出台市级财政专项资金管理办法,规范财政专项资金预算管理。整合清理专项资金,将专项资金项目从104个整合至40个,盘活资金2.80亿元。完善公款竞争性存放管理,全年完成30.82亿元公款竞争性存放,增加收益1785万元。在管理类型、基数确定、配套政策方面进行突破,完成新一轮乡镇财政体制改革。全面推广PPP模式,全市17个项目被纳入财政部PPP综合信息平台,项目总金额26.60亿元;10个PPP项目开工建设,投资总额18.44亿元;5个PPP项目被列为省级推荐项目,其中浙西国际心脏中心等3个第三批推荐项目已全部完成招标工作并开工建设,落地率100%。

【强化财政监督】 加大财政监督检查力度,开展政府专项资金、津贴补贴发放、差旅费等专项检查。开展重点资金、重点领域绩效评价,强化绩效评价结果的应用,将绩效评价结果作为次年预算编制或项目资金安排的重要依据。联合市纪委、市直机关工委、市总工会及市人社局对公用经费、福利费、工会费、党员活动费等有关费用支出标准进行规范明确。严控"三公经费"、培训费、会议费等行政成本费用支出,将"三公经费"支出全部纳入国库集中支付,实行全口径监控。制定财政联席会议制度,建立预算编制、执行和监督环节信息反馈机制,推进财政内部控制基本制度和专项内部控制办法"1+8"内控体系建设。加强国有资产管理,推进国有资产清查,汇总全市国有资产432.66亿元,净资产近199.09亿元。将游离账外未能有效监管的36.20亿元资产重新纳入国有资产管理,同时收回国有资产1.50亿元,撤并企业及临时机构28家。归类整合首批资产26.55亿元,用于项目融资和国有公司增资注资,其中配合国资发债完成第一批国有公司资产整合12.15亿元,对部分闲散国有资产进行公开处置,收回国资收益3600万元。

【深化投融资机制改革】 整合乡镇投融资平台,新设市级投融资平台国投公司,规范乡镇债务审批和管理,通过由市级平台公司担保、融资资金统一调度周转等方式解决乡镇建设资金融资17.50亿元,置换乡镇债务11.43亿元(其中债券置换6.28亿元),直接降低融资成本2.20亿元。创新地方债务管理方式,通过融资洽谈、利率重置、债券置换等手段优化债务结构,降低融资成本,年节约财务成本5亿元。2016年完成债券置换51.70亿元,负债期间累计节约财务成本22.50亿元。全力推进企业债券发行。

【加强队伍建设】 制定党风廉政暨反腐倡廉和作风效能建设工作意见,将主体责任细化为24项具体内容,完善"一岗双责"责任体系。开展中层干部廉情信息库和局廉政风险点查找,强化廉政意识教育。将党员全部纳入信息化系统管理,实现党员管理智能化。开展"两学一做"学习教育,开展"护航G20"、"党旗飞扬、楹联添彩"等活动,激发干部队伍活力。加强干部教育培训,制定每周夜学制度,坚持每周一集中学习,组织开展个性化培训。优化干部选拔任用机制,推进干部梯队建设均衡化,广泛开展干部轮岗交流。 (建德市财政局供稿 李 蕾执笔)

桐庐县

【概况】 2016年,桐庐县实现生产总值370.38亿元,按可比价格计算,增长8.7%。其中第一产业增加值24.48亿元,增长2.7%;第二产业增加值197.92亿元,增长7.3%;第三产业增加值147.98亿元,增长11.6%。三次产业结构之比6.6∶53.4∶40.0。按户籍人口计算,人均生产总值90246元,增长8.3%。全县财政总收入43.04亿元,其中一般公共预算收入26.17亿元,同口径增长0.4%。一般公共预算支出40.94亿元,增长1.4%。全年财政收支平衡。

【组织财政收入】 全年一般公共预算收入占财政总收入的60.8%,税收收入22.60亿元,占一般公共预算收入的86.4%。*培育优质税源。*制定税源招商政策,发展壮大税源经济。开发区实现财政总收入9.09亿元,增长25.3%;商务区实现财政总收入1.19亿元,增长26.9%。*夯实征管基础。*规范土地增值税清算管理,实行重大清算项目集体审议制度。加强个人年所得12万元以上所得税申报管理。*推进依法治税。*落实重大税务案件审理办法,共审理案件7件,补税1928万元。推行"双随机,一公开"抽查监管模式,促进阳光执法。强化与法院的欠缴税费执行协作,申请法院强制执行案件26件。*组织非税收入。*全年组织非税收入15.01亿元,其中政府性基金收入5.53亿元。

【服务经济发展】 加大产业政策精准扶持力度，助推电子商务等产业发展，全年全县电商销售50.00亿元，增长100.0%。发放创新券303万元，推进科技孵化园、海智基地、设计创客等创新创业平台投入运行。减免各类税费3.64亿元，推动营改增、资源税改革等政策落地。巩固涉企收费专项清理成果，建立行政事业性收费和政府性基金清单制度。推进政府产业基金运作，落实8000万元，设立子基金2支，带动社会资本17.20亿元。兑现企业奖励资金3.46亿元，其中小微企业奖励资金2.84亿元，占比82.1%。推动中小企业转贷基金、电子商务助贷基金和小微企业"银税互动"等运作，分别转贷7.95亿元、1.12亿元和1.52亿元。

【保障改善民生】 全年民生保障和社会事业支出35.01亿元，占财政支出比重为85.5%。安排教育支出9.82亿元，增长2.4%。完善职业和民办教育等财政支持政策，落实3670万元用于义务教育阶段学生免费爱心营养餐工程。调整家庭经济困难寄宿学生生活费基本补助标准，普通高中国家助学金、中等职业学校国家助学金、免学费三项标准均提高至生均每年2000元。安排医疗卫生事业支出4.21亿元，增长2.7%。落实2270万元保障"智慧医疗"，完善院前急救体系和分级诊疗制度建设。支持启动实施"健康树"综合签约服务*。健全社会保障体系。城乡居民医疗保险筹资标准提高到1100元，城乡居民最低生活保障标准分别提高到每人每月674元和607元。落实生态文明建设资金7850万元，提升城乡垃圾分类、城乡污水处理和优质水质治理。支持"五气共治"，投入2442万元推进高污染燃煤锅炉淘汰改造。优化"三位一体"居家养老模式，培育社会化养老服务机构。支持就业创业新政实施和农民工返乡创业。投入4000万元推进城乡公交一体化，实现桐庐市民卡与杭州"一卡通"功能互联互通。落实9403万元深化"平安桐庐"建设，维护社会和谐稳定。

【支持"三农"发展】 全年农林水事务支出23.20亿元，其中城乡统筹支出1.06亿元。出台财政支农体制机制改革三年行动计划，落实各项强农惠农政策，助推农业转型升级。开展农村综合改革试点，"农民之家"创业服务社达74家。保障美丽乡村全覆盖工程，获省级美丽乡村示范乡镇5个，特色精品村13个。投入463万元支持202户农村困难家庭危房改造。创新单一业主申报模式，实施农业综合开发项目13个，总投资2735万元，新建粮食功能区5003亩，提升标准农田2.7万亩。

【推进财政管理改革】 加大预算统筹力度，预决算信息实现全部公开。盘活存量资金，健全动态管理，清理结余结转资金1.25亿元。建立预算项目库，推动中期财政规划管理。落实政府债务管理主体责任，控制债务规模，推进存量债务置换28.77亿元，节约利息成本1.58亿元。对接券商、银行等金融机构，做好项目比选，共享融资信息，共协助融资87.42亿元，推进滩头安置房、杭黄铁路综合体、千岛湖配水等政府重点投资项目建设。清查292家行政事业单位和60家县属国有企业资产，夯实国有资产管理基础。推动县属国有企业改革，实行绩效考核，提高国有企业竞争力。推进政府购买服务，内容增至134项，金额增长96.1%。

【强化财政监管】 加强支出管理。修订差旅费和夜餐费等支出规定，推广县级预算单位公务卡应用，建立预算执行进度通报制度。深化财政专项资金清单建设，完善司法和信访救助等7个专项资金管理办法，专项资金管理清单实现网上公开。推动省财政扶持村级集体经济发展试点和扶持新型农村公共服务平台试点，强化财政涉农资金竞争性分配。全县财政资金、行政事业单位银行账户及定期存款首次实现竞争性存放，涉及公款13.70亿元。"三公经费"下降12.8%。建立G20审核政府投资项目库，审减金额3.70亿元，核减率17.0%。

【加强干部队伍建设】 执行党风廉政建设责任制，定期召开党风廉政建设专题会议和基层支部履行主体责任专题汇报会，落实主体责任。成立局纪检监察小组，围绕重要时间节点，开展正风肃纪检查12次。开设"两学一做"专题网页学习交流平台，组织全局党员集中学习，党员领导干部上党课，深化问题整改。组织开展全员业务培训，开拓干部视野，提高履职尽职能力。提拔任用干部20人，中层队伍中35周岁以下占一半，中层干部轮岗率达65.1%。组织805人次干部职工参加"百姓日"、保障G20峰会等志愿服务活动，树立财税志愿服务和文明品牌。深化文明单位创建，实现5个派出机构文明单位全覆盖。

（桐庐县财政局供稿　李　瑛执笔）

注：

*"健康树"综合签约服务：依托县、乡、村三级医疗资源，以乡镇卫生院（含街道社区卫生服务中心）为主体，通过组建综合服务团队，与居民签约服务的方式，为辖区居民提供综合、全程、优质的健康服务。

淳安县

【概况】 2016年，淳安县实现生产总值232.85亿元，按可比价格计算，增长10.5%；其中，第一产业增加值34.29亿元，增长4.2%；第二产业增加值81.66亿元，增长6.3%；第三产业增加值116.90亿元，增长16.0%；三次产业结构比14.7∶35.1∶50.2。按户籍人口计算，人均生产总值50614元，增长10.3%。全县财政总收入27.29亿元，同口径增长8.7%，其中一般公共预算收入17.36亿元，同口径增长8.6%；一般公共预算支出60.07亿元，增长18.7%。全年财政收支平衡。

【组织财政收入】 一般公共预算收入占财政总收入的63.6%；

税收收入15.55亿元，占一般公共预算收入的89.6%。强化税收分析预测。落实税源企业税收收入预测报表制度，实施按月常规分析、按季重点分析和按年全面分析，提高收入预测准确度，把握收入主动性。加强税源管理。实施税源专业化管理，重点税源监控企业从260户增加到300户，重点税源企业入库税收8.01亿元，占税收收入比重的62.3%。提高征管效率。优化税警协作，管查互动，推行团队式、约谈式稽查，实施"双随机一公开"机制。全年查补入库税费1308万元。规范非税收入监管。加强票据和结算专户管理，全年非税收入16.81亿元，其中政府性基金收入15.01亿元。强化社保基金预算管理。完善社保补贴实施办法，强化社保缴费基础数据比对和风险推送，组织社保基金收入10.89亿元，增长51.1%。

【支持经济发展】 支持科技事业发展。制定科技创新发展专项资金管理办法，全年科技事业支出1.07亿元，增长8.1%。扶持企业发展。规范政策审核兑现流程，加大财政奖励扶持力度，全年拨付涉企财政扶持资金2.14亿元。落实税费优惠政策，减征或降低社会保险费，全年减免各项税费1.91亿元。服务中小企业融资。全年提供中小企业转贷服务126户次，累计转贷资金5.41亿元，缓解企业融资困难，促进金融市场有序稳定。运作产业基金。农业产业基金对四家农业龙头企业的投资2700万元。

【促进城乡统筹发展】 全年落实城乡统筹建设资金10.13亿元。支持和鼓励社会资本进入基础设施和社会事业加大城乡基础设施投入，支持杭黄高铁、潭唐公路屏门至郑中段改建工程、千岛湖公共体育设施工程等城乡配套设施建设；保障千岛湖文化综合体、科技大厦、千岛湖汽车客运北站等城市建设资金。落实区县帮扶协作资金，促进薄弱村发展，原345个经济薄弱村全部实现收入超10万元。联合9部门制定《淳安县财政支农体制机制改革三年行动计划》和《淳安县落实财政支农领域"两个一般不"改革示范试点工作实施方案》，健全支农资金管理体系。

【保障民生事业】 全年民生保障和社会事业支出45.56亿元，占当年公共财政新增财力比重的75.4%。全年教育支出8.89亿元。保障教育经费投入，提高义务教育学校生均公用经费补助标准。落实农村特岗教师津贴、农村学校食宿改善和幼儿园提标工程资金。全年文化体育与传媒支出1.09亿元，增长56.8%。完成55处农村文化设施和19处农村历史建筑修缮。保障国际毅行大会、中国自行车联赛、千岛湖马拉松、千岛湖水上运动嘉年华等体育赛事活动开展。全年医疗卫生投入5.24亿元，增长13.3%。制定公立医院床位运营补助办法，推进乡镇卫生院医疗设备标准化建设。保障县级公立医院和基层医疗机构基本建设、设备更新、医疗资源"双下沉"和信息化建设。全年社会保障和就业支出7.21亿元，增长57.1%。完成1308套保障性住房建设，城乡低保标准分别提高到每人每月660元和594元。新建和改造居家养老照料中心155家，推动居家养老体系建设。加大城乡居民社会保障投入，城乡居民基础养老金标准从每月130元提高到150元。全年生态环保建设投入12.82亿元，保障城区、农村、湖区治污资金。率先建立"五位一体"农村治污设施运维机制，获得全省"五水共治"优秀县大禹鼎。实施湖区垂钓整治，推进湖面垃圾市场化打捞。保障淳安县创建全球绿色城市、国家森林旅游城市，纳入国家重点生态功能区。

【推进财政管理改革】 落实《预算法》，实行全口径预算管理，首次指导乡镇预算编制，夯实预算基础数据。落实部门预决算信息公开制度，64个预算单位全部完成信息公开。整合使用补助资金12.03亿元，有效形成资金合力。组织实施县级行政事业单位公款竞争性存放和预算单位银行账户招标管理，19家预算单位通过招投标方式实施公款竞争性存放6.73亿元。强化预算指标、用款计划管理，严格预算执行监督审核。制定民生财政地图、预算执行监控系统、财政支出项目库三项应用详细方案，开通统一公共支付平台，将非税收入缴费正式接轨互联网。把握政府债务管理政策，优化债务结构，新增地方政府性债券11.00亿元，政府债务规模控制在规定限额内。开展乡镇与部门组团竞赛，全面消除财政收入100万元以下乡镇。推进乡镇财政公共服务平台信息化建设，33项涉农民生补助资金纳入乡镇公共财政信息系统软件管理。探索"一卡通"与"市民卡"相关联，实现平台民生资金发放全覆盖。

【强化财政监管】 预算审核实行现场踏勘制，开展委托审核项目质量抽查管理，提高预算审核实效。全年完成政府投资项目预算审核978个，涉及资金43.83亿元，核减不合理资金1.59亿元。组织实施绩效评价项目89个，涉及财政资金24.82亿元。实施年度财务会计监督检查27家，发现违规问题资金2437万元。加强政府采购活动现场组织管理，组织采购活动313次，金额3.52亿元，中标金额3.12亿元，资金节约率11.9%。建立行政事业单位闲置资产统一调配机制，提升资产利用率。加强改制企业剥离资产审核，严防国有资产流失。完善国库集中支付制度，全年国库集中支付资金42.46亿元，预算单位公务卡结算支出1508万元。严格落实厉行节约政策，全年"三公"经费支出下降18.2%。组织清查往来款、差旅费、津补贴、小金库、财政资金安全、"无违建县创建"专项资金、农村污水处理项目补助资金等，执行中央"八项规定"回头看等检查，对执行财经纪律不规范的单位责令落实整改。

【加强干部队伍建设】 注重干部培养。组织实施服务强手、理财好手、查账高手、征管能手"财税四手"评选活动，提升干部综合业务技能。开展"青春沙龙"21期和"干部讲坛"9期，调动干部积极性和创造力。挖掘财税核心文化，各楼层及走廊布展财税廉政文化。县财政（地税）局当年获县级机关部门综合考评优胜（满意）单位第一名。（淳安县财政局供稿　唐　华执笔）

宁波市财政工作

宁波市

【概况】 2016年,全市实现地区生产总值8541.1亿元,同比增长7.1%。其中,第一产业增加值304.6亿元,增长2.1%;第二产业增加值4239.6亿元,增长6.5%;第三产业增加值3996.9亿元,增长8.1%。三次产业结构比为3.6∶49.6∶46.8。按常住人口计算,全市人均地区生产总值为108804元。全社会固定资产投资4961.4亿元,同比增长10.1%。外贸自营进出口总额6262.1亿元,增长0.9%,其中出口4359.4亿元,下降1.4%;进口1902.7亿元,增长6.5%。宁波舟山港货物吞吐量完成9.2亿吨,居全球第一位,其中宁波港域完成5.0亿吨。全市居民人均可支配收入44641元,同比增长7.9%。其中城镇居民人均可支配收入51560元,增长7.7%;农村居民人均可支配收入28572元,增长7.9%。全市实现财政总收入2145.7亿元,同口径增长3.4%,其中一般公共预算收入1114.5亿元,同口径增长7%,其中:税收收入924.2亿元,完成预算的102.1%;非税收入190.3亿元,完成预算的99.7%。一般公共预算支出1289.3亿元,增长2.8%。全市一般公共预算收入占财政总收入的比重为51.9%,税收收入占一般公共预算收入的82.9%。市本级一般公共预算收入和分享收入224.37亿元,增长5.5%。市本级一般公共预算支出294亿元,增长4.5%。全市财政收支平衡。

【组织财政收入】 强化三方合作和三级联动。深化财政、国税、地税三方合作,完善组织收入的三级纵向联动体系和三方横向合作机制,加强收入分析、预测和管控,提高收入执行的计划性、均衡性和稳定性。在全面实施营改增的大背景下,全市地税部门组织收入577亿元,贡献率达51.8%。注重涵养财源和堵漏增收。通过强化日常风险事项税收征管,入库税款20.7亿元。做精做细风险监控分析,补缴收入8.1亿元。开展税收专项整治和重点税源企业抽查自查,全年查补收入2.6亿元。提高依法治税力度和规范执行准度。开展企业所得税后续管理和“走出去”企业国际税收管理,加强高收入者的股权转让、限售股征税管理,分税种制定车船税、耕地占用税和城镇土地使用税管理规程,推进机关事业单位养老保险费和职业年金征收工作。

【推进财政改革】 推进预算管理制度改革。规范预决算公开格式,推进阳光财政建设。深化财政专项资金管理改革,全市财政专项资金管理清单全部实现对外公开。推进支出标准体系建设,细化公用经费定额,探索启用实物类和专项公用项目支出标准,推进基础信息库建设工作。强化资金统筹,加大政府性基金预算、国有资本经营预算与一般公共预算的统筹力度,全年全市共盘活各类财政存量资金312亿元。群策群力探索财政体制改革。围绕行政区划调整,做好市与区事权和支出责任梳理划分工作,形成以明晰的事权、规范的收入分配关系和科学的转移支付制度为框架的财政体制方案,为进一步完善市与区县(市)财政体制调整奠定基础。推动产业基金投资运作。完善产业发展基金制度体系,设立组建海洋、旅游、电商、文化、人力资源等专项产业基金,6支基金总规模23.3亿元,子基金6支共27.2亿元。产业基金已投项目10个,总金额8.9亿元。推进PPP工作。加快推进世行贷款厨余垃圾厂PPP项目,发挥教育示范作用。用PPP模式改造“五路四桥”和“东部新城”2个存量债务项目,降低融资成本14亿元。推动PPP模式市场化运作,明确基金管理机构,确定基金运作模式。推进政府购买服务。稳步扩大政府购买服务试点范围,发挥行业协会商会的专业化优势,完善购买服务流程,提高购买效率。规范政府购买服务专项资金管理,提升服务效率。成功入选2016年国家小微企业创业创新基地示范城市和第二批全国海绵城市建设试点城市。

宁波轨道交通1号线二期开通试运行

【深化财政监管】 强化资金监管绩效。推进国库集中支付制度改革,强化预算执行动态监控管理,加强财政库款管理,规范财政资金竞争性存放,提高资金使用效益。推进预算绩效管理,提高重点项目绩效评价工作质量。推进内部控制制度建设,对重要岗位和关键环节制定风险管理办法。做好管理会计应用试点,稳步推进行政事业单位内控工作。加强地方债务管理。制定债务管理办法，拟定政府性债务风险应急处置预案、政府债务风险评估和预警办法，建立健全激励约束机制。落实限额管理制度，规范政府债务的举借、使用、偿还和担保等环节。发行二批政府债券482.3亿元，缓解偿债和预算平衡压力，降低融资成本。

【支持经济发展】 集中财力为重大项目提供资金保障，2016年市本级共筹措118.7亿元资金用于三年行动计划等重点工程，促进经济稳定增长。加大对工业和信息化、商务促进、服务业等重点产业领域支持力度，制定支持股权交易中心、普惠金融综合示范区、农村金融机构和保险创新综合试验区的财政政策，引导金融积极支持地方经济发展。落实国家各项结构性减税政策和市委市政府降本减负“35条”政策，发挥财税在推动科技创新、减轻企业负担等方面的促进作用，降低部分社会保险费率，提振企业发展信心，全年全市财政、地税、国税部门共为纳税人减免各项税费427亿元，比上年增长47.4%。营改增税制试点改革效应明显，累计降税42.3亿元。

【加强队伍建设】 完善干部成长发展培养锻炼，通过学习进修、基层锻炼、上挂下派、外派轮岗以及以师带徒、联系培养等多种途径提高干部的综合能力。在系统内选拔15位法律顾问和3名公职律师，建立具有财税系统特色的法律顾问队伍。实施分类分级培训，依托智慧财税平台，举办五期“智慧财税”讲坛。开展“学业务、比技能、强素质”岗位练兵活动，选拔30名干部赴国家税务总局参加业务比武，1名干部受到总局通报表彰。开展“问计求策补短板、优化服务展形象”作风效能建设专项行动。

（宁波市财政局供稿　翁公羽执笔）

鄞州区

【概况】 2016年，宁波市鄞州区实现生产总值1380.97亿元，按可比价格计算，增长5.7%。其中，第一产业增加值41.59亿元，增长0.5%；第二产业增加值700.52亿元，增长3.7%；第三产业增加值638.86亿元，增长8.4%。三次产业结构比为3.0∶50.7∶46.3。按户籍人口计算，人均GDP为157832元。社会消费品零售总额556.85亿元，增长11.8%。全年固定资产投资769.88亿元，增长11.1%。城镇居民可支配收入54199元，增长7.9%。农村居民人均可支配收入31568元，增长8.4%。全年财政总收入338.45亿元（不含东钱湖、高新区财政总收入264.46亿元），增长8.1%，其中一般公共预算收入207.78亿元（不含东钱湖、高新区一般公共预算收入164.44亿元），增长9.4%，剔除“营改增”收入划分调整因素后完成数205.73亿元，同口径增长8.3%。不含东钱湖、高新区一般公共预算支出157.6亿元，增长-4.2%。全年财政收支平衡。

【组织财政收入】 加强与国地税的业务联系，做好收入定期分析和前瞻性预测工作，地方财政可用资金142.7亿元。收入结构保持良好。全区（不含东钱湖、高新区，下同）一般公共预算收入占财政总收入的62.2%；税收收入237.93亿元，占全区财政总收入的90.0%。全区23个乡镇（街道）完成财政总收入134.16亿元，同口径增长2.9%，其中14个乡镇（街道）财政总收入超5亿元。加强非税收入管理，全年完成一般预算非税收入26.52亿元。

【支持经济发展】 完善财政政策，安排经济扶持资金8.41亿元，重点支持实体经济发展。加大财政科技投入，支出5.47亿元支持企业研发投入、小微企业孵化项目、专利、科技金融服务等项目。出台促进中小微企业发展的各类资金管理办法45项，重点支持企业技术改造、科技研发、专利申报等项目，做好小企业贷款风险补偿。与鄞州区减轻企业负担领导小组办公室联合印发《宁波市鄞州区稳增促调专项资金管理办法》，按水利基金、土地使用税的60%建立稳增促调专项资金，用于企业补助，共拨付补助资金2.07亿元，补助企业3359家。严格按照“专户管理、统一拨付、封闭运行、分工负责”原则，共受理购房补贴30142户，补助资金2.71亿元，新政策商业办公用房1454户，补助资金3594.15万元。

【保障民生支出】 全年民生支出122.65亿元，占一般公共预算支出的77.8%。教育支出27.73亿元，重点巩固城乡统筹全免费义务教育，提高教育均衡发展水平。社会保障和就业支出13.48亿元，重点扶持高校毕业生、失业人员、退役士兵等群体就业创业。医疗卫生与计划生育支出16.4亿元，支持健全全民医保体系、促进基本公共卫生服务均等化。强化困难救助、养老服务等工作，拓宽社会保障覆盖面、提高待遇水平。

【支持“三农”发展】 建立财政支农稳定增长机制，全年“三农”支出69.27元。加大财政转移支付力度，安排1亿元专项转移支付资金，用于8个镇乡的31个民生项目建设，促进镇乡基本公共服务均等化和区域协调发展。全年农林水支出15.64亿元，重点用于优化农村环境、改善河网水质、完善基础设施、保障农民安居乐业。完善“一事一议”财政奖补机制，2016年共立项“一事一议”及美丽乡村项目33个，涉及14个乡镇（街道）26个行政村，总投资4921.81万元，其中：财政奖补2740万元，村镇自筹2117.39万元，社会捐赠32万元，村民筹资32.42万元，筹资人数7260人，受益群众达38010人。

【深化财政改革】 完善国库集中支付运行机制，23个镇乡（街道）实现国库集中支付改革全覆盖。完善综合预算改革，将部门预算编制与社保基金预算、政府采购预算、国有资金经营预算有效衔接。完善预算编制操作规程，拓宽部门预算编制范围，增强财力统筹能力。加强“三公”经费预算管理，做好“三公”经费按月支出统计。因公出国经费管理坚持指标、预算双控制制度，对照财政部出国经费标准，逐项审批出国经费预算明细。全年全区“三公”经费支出7300.13万元，同比下降15.8%。从2016年10月1日起试行互联网平台自行采购，已试行京东网、苏宁易购、当当网三家网上超市。

【加强财政监督】 2015年区级预算执行情况和61个部门预算向社会公开，16个部门89个项目纳入2016年度预算绩效跟踪管理，同比增长107.0%，预算总额33.8亿元，同比增长27.0%，占全区专项资金总额的46%。强化事中监管，对执行率较低的项目及时了解情况，督促其加快进度，并将执行情况通报相关部门。加强政府采购监管，出台《政府采购招标代理机构考核办法》，对采购代理机构实行“驾照式”计分管理。全年完成政府采购额（包括工程招投标）70.24亿元，节约资金6.97亿元，资金节约率为10%。出台《鄞州区政府性债务信息公开暂行办法》《鄞州区政府性债务计划编报办法》《鄞州区政府性债务风险预警和应急处置预案（试行）》《鄞州区政府性债务管理工作考核问责暂行办法》，全面加强鄞州区政府性债务管理制度建设，提高政府性债务管理工作质量与水平。

【强化国资监管】 厘清产权关系，规范产权登记，比对区属国企对外投资情况和产权登记情况，督促指导产权状态发生变动的企业及时办理登记。完善国有企业人事管理，规范国有企业领导人任命流程，加强国有企业工资总额管理。启动国有企业信息化平台建设，133家企业完成基本信息录入，财务快报和银行开户情况实现网上申报，绝大部分非经营性国有企业完成人员信息录入工作。开展全区行政事业单位国有资产清查工作。继续完善“国资部门—主管部门—行政事业单位”三级资产管理平台，完成全区镇乡（街道）国有资产管理信息系统建设任务。

【提升队伍素质】 以“两学一做”专题教育为载体，从严从实抓队伍、提素质、优作风，提振全局工作人员精神风貌。强化以人为本的财政文化价值取向，深入推进“学习型机关”创建，组织全局和镇乡（街道）财审办干部职工进行综合素质培训，积极开展爱心捐款、志愿服务等活动，丰富机关文化生活。

（宁波市鄞州区财政局供稿　杨宏云执笔）

海曙区

【概况】 2016年，宁波市海曙区实现地区生产总值595.17亿元（按区划调整前口径统计，下同），按可比价计算，同比增长6.5%。其中：第二产业增加值109.18亿元，增长3.1%；第三产业增加值485.99亿元，增长7.3%。三次产业结构比为0∶18.3∶81.7。按户籍人口计算，人均生产总值20.04万元，增长6.8%。社会消费品零售总额644.74亿元，增长10.5%。固定资产投资额158.50亿元，同比减少9.1%。全区城镇居民人均可支配收入55127元，同比增长7.7%；农村居民人均可支配收入30346元，增长8.0%。全年财政总收入80.21亿元，同口径减少11.9%。其中，一般公共预算收入51.65亿元，同口径减少16.1%，公共财政预算支出35.37亿元，减少4.1%。

【组织财政收入】 加大与税务部门及各街道协调力度，强化重点企业、重点行业税源监测，完善收入分析预测机制，提高组织收入的科学性和预见性。全年全区一般公共预算收入占地方财政总收入比重的64.4%，税收收入73.27亿元，占地方财政总收入比重的91.3%。加强非税收入管理，全年收缴非税收入7.39亿元。

【支持经济发展】 落实产业扶持政策，全年兑现各类扶持资金3.17亿元（含电商专项资金），其中市级产业扶持资金1.4亿元，区级产业扶持资金1.7亿元，惠及企业2000余家。创新财政扶持经济发展方式，制定特殊贡献奖励办法。设立稳增促调专项资金，向7704家企业兑现专项补助1492万元。拨付电商发展专项资金2648万元。常态开展精细化企业服务，了解并回应企业发展诉求，增强企业归属感。

【保障民生支出】 全年民生支出28.06亿元，占一般公共预算支出的79.3%。支持教育事业发展，安排教育支出7.58亿元，顺利通过省教育基本现代化区评估。推进基本公共卫生服务均等化，安排医疗卫生支出1.92亿元，建立基层医疗云诊室12家。加大就业及社会保障投入，安排社会保障和就业支出4.45亿元，全面启用“社会保障卡”，顺利并轨外来务工险，实施重点人群就业“无忧服务”，开展独居老人关爱服务，新增养老床位146张。推进住房保障工作，安排住房保障支出2.01亿元，基本建成保障性住房项目4个。安排城乡社区事务及环境保护支出6.05亿元，品牌社区建设成效初显，建成省市“对口见学”点6个，“81890”志愿服务品牌获评全国志愿服务优秀项目奖。

【深化财政改革】 推进预算管理改革，加强预算编制信息系统建设，预算支出执行进度实行动态预警考核管理。初步建成立体式公务支出管理体系，全年“三公”经费支出2276.15万元，同比压缩21.6%。加强政府采购监管力度，全区一级预算单位全面启用政府采购网络化管理，完成首个政府购买棚改服务项目。全年政府采购预算金额4.1亿元，实际采购金额3.79亿元，资金节约率7.49%。建立健全国资监管体制机制，引入国企直接监管（投融资企业）、委托监管（其他企业）分类监管方式。制定落实区国有企业改革实施方案，逐步推进国有企业改制重组。丰富国有资产处置方式，引入“网拍”模式，提升国有资产处置效率。

【强化财政监督】 加强政府债务管理，编制完善政府性债务计划，统筹做好资金平衡计划，优化债务结构，继续加强存量债务清理，通过直接融资、发行公司债、短期融资等途径拓展融资渠道,保障全区重大项目建设顺利推进。稳妥扩大预算绩效管理试点范围,引入"第三方"跟踪审计,强化事中绩效评价。启动公款竞争性存放工作,推进财政结余结转资金清理、财政专项资金管理清单等工作,开展公务用车、街道津补贴、"小金库"专项检查,强化财政资金监管力度。

【加强队伍建设】 启动"两学一做"学习教育。灵活运用"两学一做"知识竞赛、"才正党章学堂"集中培训、"党章党规学习手帐"评比、"系列讲话天天读"微信学习快车等载体深化党章党规党纪教育。落实党风廉政建设主体责任和"一岗双责",组织"正风肃纪"效能督查,深化科级干部廉政档案、定期报告等制度,提高党员干部廉政意识。开展"海财有爱、公益有约"党员服务系列活动,积极发挥党员模范带头作用。

(宁波市海曙区财政局供稿　王丽洁执笔)

江北区

【概况】 2016年,宁波市江北区实现生产总值370.0亿元,同比增长10.6%。第一、二、三产业增加值分别为8.4亿元、118.2亿元、243.4亿元,分别增长12.0%、8.2%和11.8%。三次产业结构比为2.3∶31.9∶65.8。按户籍人口计算,人均生产总值15万元,同比增长9.5%。全区财政总收入95.3亿元,同口径增长12.5%。其中一般公共预算收入60亿元,同口径增长12.1%。税收收入51.93亿元,占一般公共预算收入的86.5%。一般公共预算支出50.7亿元,增长0.3%。全年财政收支平衡。

【组织财政收入】 强化组织收入协作机制,完善区、街道(镇)、电商园区三级纵向联动体系和国地税、财政三方横向合作机制。制定出台《关于建立建筑业税收征控体系的实施方案》,保障营改增平稳推进和税源收入不流失。细化征收部门的考核激励机制,新增对电商创新园区税收(招商)量化考核办法,利用慈城卫星城体制和电子商务发展机遇,做好税源性招商牵头工作,加大对一次性财源招商考核力度,提出重大财源流失的实施负分考核,关注重点财源特别是股权转让等一次性财源的招引进度。全年实现招引百万税收项目20家,累计实现税收3.3亿元(含一次性税源)。全年实现非税收入8.08亿元。

【支持经济发展】 落实企业扶持政策,兑现扶持资金8.8亿元,扣除股改后实际兑现5.8亿元,同比增长38.1%。推进产业基金建设,拟定《江北区产业发展基金财政出资管理暂行办法》,加快各项子基金建设。支持"人才强区"战略,推进"北岸智谷"建设,加大科研投入力度,全年科技支出2.2亿元,同比增长18.9%。推进众创空间搭建,突出浙大宁波工研院示范作用,优化科技资源配置。保障重点项目建设资金需求,建立健全多元融资结构,通过公开、公平、择优选择合作银行,实现九院二期PPP融资,完成交投公司宁波银行资产管理计划、城投公司建行股权融资、交投公司企业债券公开选择承销商工作。

【支持"三农"建设】 全年一般公共预算内"三农"支出2.1亿元。支持"农旅融合",打造休闲旅游品牌。推进"五水共治",支持水环境治理,农村生活污水处理。姚江二通道(慈江)工程项目、江北大河(城区段)开工,孔浦闸站整治改造工程完成水下工程并具备通水条件,洪塘下沈村排涝工程、上沈村周陈村圩区泵闸工程完工。完善村级公益事业"一事一议"财政奖补工作制度,参与美丽乡村建设相关项目试点工作,拨付项目资金450万元,提高农村基础设施水平。

【支持民生事业】 2016年全区一般公共预算民生支出31.0亿元,同比增长4.0%,占一般公共预算支出的61.2%。加大教育、医疗卫生、计划生育、社会保障、公共文化、城乡社会管理、交通等社会民生事业的财政投入。上海世外、宁大附校等教育优质资源正式落户,市第九医院二期一阶段、文教街道社区卫生服务中心项目推进顺利,市小球训练中心、江北全民健身中心等开工建设。开展政府购买居家养老服务扩面提升工程,享受人群扩大到3100余人。完成城乡劳动力技能培训4000人。保障"三改一拆""四路两侧""五水共治"等专项整治,推进城区低洼积水地段改造、防洪工程全封闭等工程,基本实现"清三河"和禁养区畜禽整治目标。

【深化财政改革】 建设全口径预算编制和透明预算制度,深化预决算信息公开改革,完善部门预决算公开,细化公开内容,扩大公开范围。全区53家区级单位的2016年度部门预算和2015年度部门决算(含"三公"经费预决算)向社会公开。强化预算执行动态管理,盘活存量资金7000万元。加快财政重点支出进度,开展财政资金竞争性存放,完成账户梳理分类及招投标。推进政府购买服务,稳步扩大政府购买服务试点范围,推进环卫、道路养护等领域改革扩面。全年政府采购金额3亿元,资金节约率9.18%。加强政府性债务统筹管理。不断加强制度建设和管理体系,做好日常债务监管,落实整改举措,建立完善债务风险预警及应急处置机制,将全区债务限额提交人大常委会批准通过,消减一类债务,降低融资成本,优化债务结构。

【加强财政监督】 推进综合监督体系建设,提升全区53家区级单位财政预决算信息公开质量。加强国有资产全口径管理,推进国有房产信息化管理,并将国有公司纳入统一管理范围。开展以"三公"经费、公款竞争性存放、国有房产管理、公务员津补贴、市审计整改等为重点的财政纪律综合监督检查。推进行政事业单位财务内控制度建设,规范部门财务管理。加强国有企业监管,完善人员配置,发挥年审作用。强化会计管理工作,加强行政事业单位会计监督检查,完成会计人员继续教育工作,组织开展全区农村会计人员财政支农政策培训。

【加强队伍建设】 开展“两学一做”专题活动。履行好党风廉政主体责任。严格按照“一岗双责”，分3层次实行履责记录簿制度，与部门负责人签订党风廉政主体责任书。健全制度规定，修订党组工作规则。建立科学公正的用人机制。落实区重大廉政风险防控任务，抓好局内外风险防控，加强程序规范，确保干部和资金“两个安全”。推进全区财务内控制度建设，把牢资金规范使用关口。 （宁波市江北区财政局供稿 宗 理执笔）

镇海区

【概况】 2016年，宁波市镇海区实现生产总值753.72亿元，比上年增长7.9%。其中：第一产业增加值6.34亿元，增长1.3%；第二产业增加值539.93亿元，增长6.3%；第三产业增加值207.45亿元，增长12.5%。三次产业结构比为0.9∶71.6∶27.5。全区城镇、农村居民人均可支配收入分别为55127元和30346元，分别增长7.7%、8.0%。全年固定资产投资371.30亿元，增长12.6%。全年财政总收入105.52亿元，同口径增长3.4%，其中，一般公共预算收入64.96亿元，同口径增长6.8%；一般公共预算支出61.13亿元，比上年增长1.9%。全年财政收支平衡。

【组织财政收入】 强化税收分析预测。关注营改增、重大税收政策出台和征管办法调整、土地及房地产市场形势等变化对财税收入影响。注重信息管税，以税源信息管理系统为平台，加强对重点财源、重点行业、重点企业的信息跟踪，提高收入预测质量。建立健全区块收入考核机制，调动各镇（街道）园区、相关职能部门主动性和积极性。加快推进大型项目落户及开工进度，努力培植税源。规范非税收入征管。建立健全非税统一支付平台缴纳模式，加强排污权有偿使用费、有机物排污费、城建配套费等非税收入征管。全年税收收入89.39亿元，与上年基本持平，非税收入16.13亿元，增长22.4%。

【服务经济发展】 落实结构性减税的各项政策。全面清理涉企行政事业单位收费、强制垄断性事务涉企经营服务性收费等，全区财政、地税、国税部门共为纳税人减免各项税费8.09亿元，比上年增长27.4%。完善经济发展政策。参与制定稳增促调专项资金管理办法、轮渡公司新一轮政策、互联网金融政策等。力促产业基金领导小组成立，拟定产业基金财政出资办法初稿，对文创产业基金、慧谷基金等的设计思路提出意见，签订基金托管协议、三方协议。落实房地产去库存政策。做好购房补贴新政对接工作，全年购房财政补贴审核10753户，补贴金额6328.1万元。推进现代都市农业发展。做好2016年农业综合开发产业化贷款贴息项目申报工作，三个农业龙头通过审查；建设高标准农田0.51万亩，涉及投资732万元。

【统筹民生支出】 全年民生支出47.87亿元，增长9.6%，占一般公共预算支出的78.3%。加大重点工程保障力度。整合调度使用各类资金，重点推进棚户区改造提升、区域交通网络等基础设施建设。支持教育、文化、卫生等事业发展。推进新城中学、区职教中心扩建工程等建设；完善教师激励机制，提高外来务工子女学校财政资金使用效率。做好文化事业重点项目资金保障工作、基本公共卫生服务项目资金筹集工作和重点公共卫生服务项目支出。完善社会保障体系。城乡低保标准提高至744元；新推出独生子女家庭老年保障工程、残疾人康复进家庭、残疾人精神康复项目等政府购买服务；购买及优惠补贴由413元/月、330元/月调整至465元/月、372元/月；加快公办养老机构“改、扩、提、建”工程；保障慈善救助和就业工作。推进“三农”事业发展。全年新确认“一事一议”项目14个，预算安排700万元。全年完成招标项目13个，涉及工程金额1020万元，财政补助528万元；做好三年畜牧业整治提升收尾工作，关闭拆除79个畜禽养殖场，并完成复耕复绿验收，区级财政拨付补助资金1535万元。

【深化财政改革】 深化预算管理改革。细化人大预算审议内容，将功能科目、基本支出经济科目细化到款级，扩大部门预决算提交人大审议范围，首次对功能园区进行预算审议。全年除一家涉密单位外，全区67家一级预算单位全部实现预决算信息公开，公开财政专项资金管理清单，所有镇（街道）顺利完成国库集中支付上线操作流程。优化公共服务供给方式。设立PPP引导基金，引导和鼓励水环境治理等PPP项目落地，做好旧城改造PPP项目实施方案编制并组织力量进行项目评价论证，为政府决策提供参考依据；加大政府购买服务力度，全年完成政府购买服务项目162个，采购预算金额2.40亿元，节约资金2618万元，平均节约率为10.9%。加快国资监管体制改革。出台《关于进一步加强区属国资国企监管工作的实施意见》，增强国有资产监管的规范性、针对性和有效性。设立国有企业内审机构，建立三年轮审制度，提高监管效果。推进债务管理改革。严格执行《镇海区区属国有企业投融资监督管理暂行办法》及《镇海区镇（街道）债务管理暂行办法》，加强风险防控。

【强化财政监管】 严控“三公”经费。通过“制度+科技+专项检查”的模式提升监管实效，出台《宁波市镇海区机关工作人员赴各地差旅住宿费标准明细表》和《镇海区财政局关于重申公务支出开支标准》等文件，2016年10月份起实施新一轮公务用车改革。全年一般预算内“三公”经费支出同比下降8.7%，会议费下降10.4%。完善动态监控。全年累计财政监控非正常支付行为共计187笔，涉及单位48家，金额2289万元，较上年减少122笔，涉及单位减少8家，金额较上年下降19.2%。规范公款存放。出台《镇海区预算单位银行账户和公款存放管理暂行办法》和《财政资金竞争性存放管理操作细则》，首次对8亿元财政定期存款资金开展竞争性存放公开招标。制定并执行财政专户清理撤并方案。

【加强队伍建设】 深入开展“两学一做”专题教育。重点强化阵地教育、开展交流研讨、健全制度规范。推进党风廉政建设。推动主体责任有效落实,共制定班子责任清单26项,班子成员责任清单101项,科室责任清单96项。构建反对“四风”长效机制,加强财政内控机制建设。提升服务效能。深入开展“三大行动”*,组织干部职工联系企业、部门、群众,开展全方位走访活动;开展“金点子”征集工作,共征集到意见建议58条。

注:

*“三大行动”:2015年镇海区委区政府下发《关于深入开展“大走访、大帮扶、大招商”行动全力冲刺“十二五”目标工作方案》,要求通过大走访、大帮扶、大招商“三大行动”,积极应对错综复杂的经济形势,促进全区经济转型升级。

(宁波市镇海区财政局供稿 陶欢欢执笔)

北仑区

【概况】 2016年,宁波市北仑区(包括宁波保税区和大榭开发区)实现地区生产总值1153.13亿元,按可比价计算,增长7.8%。其中,第一产业增加值7.90亿元,比上年增长1.8%;第二产业增加值656.29亿元,增长8.3%,其中,工业增加值614.32亿元,增长8.9%;第三产业增加值488.94亿元,增长7.2%。三次产业结构比为0.7∶56.9∶42.4。按户籍人口计算,2016年全区人均生产总值288564元。区本级和开发区完成财政总收入241.53亿元,增长11.6%,区本级和开发区完成一般公共预算收入133.17亿元,同口径增长16.7%,一般公共预算收入占财政总收入的55.2%;一般公共预算收入中税收收入120.09亿元,占比90.2%。全区一般公共预算支出113.40亿元。全年财政收支平衡,预算执行情况良好。(以下数据仅指北仑区本级)

【组织财政收入】 深化财政、国税、地税三方合作联动,加强收入分析、预测和管控,堵漏增收,提高收入执行的计划性、均衡性和稳定性。加强税源管理,出台《各街道(镇)企业税源管理考核细则》和《招商部门企业税源管理考核细则》,做大存量,做优增量,涵养财源;持续升级税源管理平台,并与专项资金扶持平台、发改体检平台对接,实现数据交互共享,发挥大数据平台作用,剖析企业的经营情况及税收走势,深化企业税源动态管理。全年各招商部门及街道新增企业9250家(含个体工商户7280家),其中三产企业1587家,新增三产税收4.15亿元。全面监控非税收入收缴情况,推广非税收入管理软件,提升非税收入监管水平,全年完成非税收入13.08亿元。

【支持经济发展】 落实各项政策,及时审核兑现促进产业结构调整专项资金9.5亿元,引导帮助企业转型升级。发挥财政在推动科技创新、减轻企业负担等方面的促进作用,降低部分企业社会保险费率,提振发展信心。全年投入政府投资建设项目149个,投入资金45.8亿元。强化政府性债务管理,合理安排融资进度,做好到位融资资金的统筹工作。

【保障民生支出】 全年民生支出83.05亿元,占一般公共预算支出的73.2%。着力向教育、科技、住房保障、医疗卫生和社保就业等领域倾斜,其中:教育支出16.54亿元,持续提高教育经费保障力度,推进区域教育资源均衡配置改革;社会保障和就业支出13.29亿元,增长21.0%,落实企业退休人员和城乡居民基本养老保险基础养老金提标政策,构建有特色多层次的社会养老服务体系;医疗卫生与计划生育支出6.49亿元,合理提升城乡居民医疗保障财政补助标准,优化基本医疗保障体系;城乡社区支出20.20亿元,保障城市管理及日常维护,支持轨道交通、生态环境等基础设施建设;文化体育与传媒支出2.68亿元,增长53.3%,优化创新资金投入方式,引导文化产业发展。

【深化财政改革】 按照《预算法》要求,做好一般公共预算、政府性基金预算、国有资本经营预算和社会保险基金预算四本预算,强化资金统筹。2017年部门预算编制实行基本信息库和滚动项目库管理,开展中期财政规划试点。深化财政专项资金管理改革,根据《北仑区区级专项资金管理办法》,向社会公开专项资金34项,涉及17个部门,通过监管分析体系实施全过程监管。区级64家预算单位的“三公”经费预决算向社会公开。加强资金监管,以“先试点、逐步推开、全面覆盖”方式开展街道国库集中支付改革,完成所有财政性资金都纳入国库单一账户体系管理。规范行政事业单位公款竞争性存放。全年共发布公款竞争性存放招标公告30条,涉及金额19.7亿元。

【加强财政监督】 加强绩效目标管理,全年完成山塘治理、清淤工程、河道保洁、宁职院图书馆、社会养老服务体系建设等项目的绩效评价。引进第三方专业人士,对2012年7月以来区人才政策专项资金项目进行重点绩效评价。扩面优化政府采购服务。向社会征集电子反拍供应商,降低行政成本,节约财政资金。强化政府采购全过程监管,提高政府采购资金节约率。全年通过区招投标中心平台共采购1482次,实际采购5.86亿元,节约政府采购资金9841万元,资金节约率14.4%。其中采取公开招标方式采购1433次,公开招标采购比率达到96.7%。

【强化队伍建设】 开展党风廉政教育。通过党组中心组、党小组、支部大会等形式,多层次开展学习贯彻《准则》、《条例》活动。组织开展党风廉政教育课、党内法规知识测试,参观警示教育基地。在全局范围内进行岗位廉政风险排查,绘制工作流程图65张。对局内的规章制度汇编成册。

[宁波市北仑区(宁波经济技术开发区)财政局供稿 林 舒执笔]

奉化区

【概况】 2016年,宁波市奉化区实现生产总值488.27亿元,比上年增长6.1%,其中:第一、二、三产业增加值分别为31.2亿元、292.01亿元、165.06亿元,增幅分别为1.8%、5.2%、8.5%,三次产业结构比为6.4∶59.8∶33.8。按户籍人口计算,全区人均生产总值10.1万元,增长6.0%。社会消费品零售总额146.35亿元,增长10.5%。固定资产投资额208.02亿元,增长14.1%。全区实现财政总收入62.61亿元,增长0.1%,其中一般公共预算收入37.05亿元,同口径增长3.5%,占财政总收入的59.2%,一般公共预算支出63.07亿元,增长3.8%。税收收入29.45亿元,同口径增长13.4%,占一般公共预算收入的79.5%。全区财政收支平衡。

【组织财政收入】 推进财政收入分析管理。健全各级征收部门统筹联动的管理机制,保持组织收入的预见性和稳定性。深化非税收入收缴改革。严格执行非税收入国库集中收缴有关规定,实现非税收入10个工作日内足额缴库;认真清理非税历年结余资金,重点清理政策已停止执行的历年非税积余未缴库资金;完成政务服务网统一公共支付平台银联渠道的试运行,全年区本级入库非税收入7.61亿元。

【服务经济社会发展】 多渠道筹集资金支持经济社会转型发展"三年行动计划",加快城际铁路、滨海海湾路等区域内道路交通建设,完善市政配套设施;推进重点地区的环境综合整治,保障剿灭劣V类水行动,改善区域环境。落实稳增长、调结构政策举措,实施"五水共治""三改一拆"等经济社会转型发展"组合拳",支持工业经济、外经外贸、战略性新兴产业和现代服务业等转型发展。落实营改增等结构性减税和普遍性降费政策,帮扶企业共渡难关,全年共减免各项税费近1.4亿元,兑现各项工业、外经贸等政策扶持资金逾2亿元。

【保障民生支出】 全年民生支出49.33亿元,占一般公共预算支出的比重为78.2%,新增财力用于民生支出的比重保持在三分之二以上。全年教育支出11.2亿元,完成溪口中学、莼湖中心小学、新城实验小学改扩建及尚田中心小学迁建项目,支持数字化校园建设,落实义务段免学费、中职免学费及帮困助学资金等。全年社会保障和就业支出7.9亿元,健全完善基本医疗保险制度,实现城镇居民医保和新农合并轨;建立并实施困难残疾人生活补贴和重度残疾人护理补贴制度,提高城乡居民养老保险和被征地人员待遇,调整精减退职人员困难补助标准。全年医疗卫生支出4.5亿元,用于公立医院、基本药物制度、基本公共卫生服务等。全年文化体育支出1.7亿元,用于文化惠民工程、城乡群众文化基础设施建设及历史文化名城名镇名村创建等。

【推进财政改革】 推进预算管理制度改革。通过清理预算单位自有资金、加快预算执行等方法盘活财政存量资金,加大统筹力度,盘活资金2.3亿元;深化财政专项资金绩效管理改革,落实财政专项资金使用办法、过程、结果"三公开"机制,进一步规范专项设置,专项总数压缩率达75%。加强政府性债务管理。制定《关于加强债务管理的实施意见》及《镇(街道)债务管理的实施细则》,明确偿债责任主体,对全区债务进行归口管理、分级管理、考核管理;通过协商置换、企业债置换、政府债券置换等多种方式,消化高利率债务,减少债务利息支出2.1亿元。推动投融资体制改革。支持推广运用PPP模式,促成城投安置房、溪口雪窦山弥勒文化园等4个合作项目落地,与2家银行合作设立65亿元规模的PPP引导基金,与5家企业签订145亿元规模的PPP战略合作协议。破解国企改革难题。明确国企"大企业大集团"改革路径,整合重组区属国企中城市建设、交通、水利、园区开发、新农村建设及旅游等产业资源,提升国企核心竞争力;摸清国企"家底",开展清产核资及资产归口管理,确保国有资产保值增值。扩面镇(街道)国库集中支付电子化管理范围,实现全区所有镇(街道)国库集中支付系统应用全覆盖。

【强化财政监督】 提升政府采购质效。提高政府采购限额、公开招标限额和网上竞价三项标准,深度开发政府采购系统,提升政府采购执行效率;加强政府采购制度建设,规范政府采购代理机构行为,全年节约资金7216万元,节约率达10.5%。加强政府投资项目审核。实行重点应急项目"编审同步审查",提升标底造价准确度;推行项目审查小组会审程序,健全财政资金安全管理保障机制,全年完成投资评审项目144个,评审总额9.19亿元,核减投资9335万元。深化会计监督检查工作。将财政监督融入财政管理全过程,组织召开财政监督联席会议,加大对重大财税政策和制度执行、重大财税改革实施和重大财政资金使用情况的监督检查力度。经会计监督延伸检查,清理违规担保资金2830万元,收回结余资金2500万元。加强行政事业单位公款管理。清理和撤销不合规账户62个,完成预算单位银行账户公开招投标47个,预算单位实行竞争性存放金额16.57亿元。调研各镇(街道)财政收支、资产管理、津补贴发放等基本情况,进一步理清镇(街道)财政家底。加大财政预决算公开力度。组织开展预决算信息公开专项检查,全区74个部门公开2016年部门预算,56个部门公开2015年部门决算,公开率均为100%。

【加强队伍建设】 开展"两学一做"学习教育。组织领导干部专题党课,开展合格党员大讨论活动。加强党风廉政建设。制定《党风廉政建设和反腐败工作组织领导和责任清单》,制定党委工作规则。加强党员廉政教育,全年共开展廉政谈话280余人次。推进财税队伍建设。开展"学业务、比技能、强素质"岗位练兵活动,加强绩效管理考核,实行个人日常考核情况与部门绩效考评相挂钩、部门年度考核结果与个人年度考核先进挂钩机制。

(宁波市奉化区财政局供稿 王 晶执笔)

余姚市

【概况】 2016年,余姚市实现地区生产总值887.11亿元,按可比价格计算,比上年增长7.3%。其中,第一产业增加值45.15亿元,增长2.7%;第二产业增加值486.89亿元,增长6.3%;第三产业增加值355.07亿元,增长9.4%。三次产业结构比为5.1∶54.9∶40.0。按户籍人口计算,人均生产总值为105973元。社会消费品零售总额390.17亿元,增长11.0%。固定资产投资额584.97亿元,增长3.8%。城镇居民人均可支配收入48831元,增长7.7%,农村居民人均可支配收入28589元,增长7.9%。全市财政总收入139.11亿元,同口径增长3.8%,其中一般公共预算收入81.16亿元,同口径增长1.3%。全市一般公共预算收入占财政总收入的58.3%;一般公共预算收入中税收收入71.04亿元,占比87.5%。全市一般公共预算支出93.69亿元,增长1.2%。全市财政收支平衡。

【组织财政收入】 加强收入分析预测,围绕收入预算目标,层层分解落实任务。依法征收各项税费,深化税收征管体制改革,全面实施营业税改征增值税,推进资源税改革,做好"金税三期"上线工作。加强税费征管,推进税源专业化管理,强化涉税风险管理。深化国地税和第三方信息协作,推进国地税联合办税、相互进驻及国地税、法院三方征缴机制实质性运作。全市非税收入完成10.12亿元,增长26.6%。

【支持经济发展】 开展"助万企转型、促万众创新"和"携手企业、攻克时艰"走访服务企业专项活动,帮助企业解决有关困难和问题。出台余姚市产业发展基金指导意见及相关办法,按照"政府引导、市场化运作、企业化管理"的模式,设立产业发展基金。推进实体经济稳增促调、房地产市场平稳健康发展等财政扶持政策和各项减税轻费政策措施,切实减轻企业负担。全市减免各项税费23.24亿元,拨付市级及以上各项政策扶持资金6.45亿元。

【支持"三农"发展】 支持新农村建设,安排900万元用于中心村、幸福美丽乡村建设,安排1520万元用于村庄整体整治提升工程。加强饮用水保护,安排1000万元资金用于市级四大饮用水源水库保护,安排2000万元用于农民饮用水提升工程。支持生态文明建设,安排3300万元资金用于生态公益林建设,安排3500万元用于四明山区域生态发展。安排1500万元资金用于畜禽养殖场污染综合整治,安排1955万元支持打通"断头河"、水库除险加固、山塘治理、小流域治理、水环境整治、泵站改造等建设。

【支持社会事业】 全年民生支出74.37亿元,占一般公共预算支出的79.4%。其中,教育支出17.71亿元,用于教师绩效工资、校舍新建改造、免课本费、免职高和义务段学校学费、困难学生助学金、爱心营养餐等。社会保障和就业支出15.87亿元,用于城乡老年居民生活补贴、城乡居民基本养老保险、城乡低保对象等困难群体基本生活保障、残疾人共享小康工程、困难残疾人生活补贴和重度残疾人护理补贴、城乡职工就业等。医疗卫生与计划生育支出9.73亿元,用于城镇居民医疗保险、新型农村合作医疗、实施基本药物制度、市级公立医院改革、公共卫生等。农林水支出11.98亿元,用于"五水共治"、农业综合开发、高效示范农业、农田水利、四明山区域统筹发展、山塘治理、四明山片区供水保障、美丽乡村建设、村级公益事业"一事一议"等。

【推进财政改革】 加强项目库管理,完善有关支出定额,细化预算编制,努力做到预算编制科学合理。推进乡镇街道财政国库集中支付改革,实现乡镇街道财政国库集中支付全覆盖。规范市级财政国库集中支付,完善动态监控系统。实施行政事业单位银行账户及公款竞争性存放,基本实现全覆盖。全市财政预算、所有部门预算、乡镇街道预算、"三公"经费在政府网站上公开,主动接受社会监督。完善PPP项目管理制度,做好PPP项目物有所值和财政承受能力评价工作。实施新一轮公车改革。

【强化财政监管】 开展预算绩效全过程管理试点,对26个项目实施绩效评价。强化公用经费管理,调整差旅费、住宿费标准,实行会议、培训定点管理。压缩一般性支出,全市"三公"经费下降10.2%。加强会计管理,首届为期三年的全市会计领军(后备)人才培训班结业。加强政府采购监督管理,制定实施政府集中采购目标和限额标准。加强债务监督管理,做好政府存量债务债券置换工作,优化债务结构,强化债务动态分析和预警管理,着力防范债务风险。

【加强国资管理】 理顺国企出资方式,将原来由国资出资调整为由市国有资产经营公司出资。完善国有资本收益管理办法,提高收益收缴比例,明确非注册类国有资本的固定收益收缴和本金回收办法。做好全市行政事业单位国有资产清查和产权登记工作。建立投资公司银行存款管理制度,做好竞争性存放工作。制定实施国企费用管理办法,加强国企员工管理,实现国有资产保值增值。

【加强队伍建设】 开展"两学一做"学习教育,组织手抄党章、专题党课、党史党章知识测试、"十三五话担当"微型党课比赛和第二届"最美财税人、感动在身边"先进典型评选等活动。加强支部规范化建设,组织开展党员组织生活日等活动。落实党风廉政建设责任制,签订廉政责任状和保廉承诺书。加强廉政纪律教育,组织举办党风廉政建设讲座、纪律处分条例辅导报告会,参加廉政知识网上竞赛、职务犯罪庭审旁听、廉政教育基地现场教育。以“廉洁家风伴我行”为主题,组织开展廉政文化进财税活动。制定实施监督执纪“四种形态”实施方案、局中层干部个人重大事项报告制度和礼品、礼金、礼券登记上缴制度。加强对苗头性问题的监督提醒,开展廉政、信访谈话和作风效能常态化监督检查。完善干部管理机制,组织轮岗交流和中层副职后备干部公开选拔。　（余姚市财政局供稿　陈立军执笔）

慈溪市

【概况】　2016年,慈溪市实现地区生产总值1209.42亿元,按可比价格计算,比上年增长6.5%。其中第一、二、三产业增加值分别为52.67亿元、691.55亿元、465.20亿元,增幅分别为1.9%、7.8%、5.2%,三次产业结构比为4.3∶57.2∶38.5。按户籍人口计算,人均生产总值115378元。社会消费品零售总额518.88亿元,增长8.7%。固定资产投资额807.78亿元,增长12.4%。城镇居民人均可支配收入50828元,增长7.7%。全市实现财政总收入244.93亿元,同口径增长10.8%,其中:一般公共预算收入132.10亿元,同口径增长8.2%。全市一般公共预算支出145.72亿元,增长15.9%。全市一般公共预算收入占财政总收入的53.9%;一般公共预算收入中的税收收入为109.90亿元,占一般公共预算收入的83.2%。全市财政收支平衡。(杭州湾新区因体制调整,以下支出分析相关数据不包括杭州湾新区。)

【组织财政收入】　强化分析管理。全面把握经济财源发展趋势和全市收入情况。深化征管改革。全面推进营改增试点工作,共向国税部门移交营改增企业18651户;探索建立国地税联合办税服务厅,落实51项国地税合作规范事项,创建为全国百佳国地税合作县级示范区;提升信息管税水平,做好“金税三期”系统上线前的各类准备工作,并按时平稳上线。完善非税管理。编制政府非税收入计划,出台《慈溪市市本级非税收入征管绩效考核办法》;加强土地出让金征收计划执行督促和监管,完善社会保障基金长效征缴机制;全年组织非税收入22.20亿元。

【服务经济发展】　发挥财政政策调节作用。推进“上市培育”工程,支持鼓励企业利用多层次资本市场资源;推进房地产“去库存”,全年共兑现购房补贴8148户,金额1.07亿元。转变扶持方式。支持创业创新,打造环杭州湾创新中心,设立“科技创新券”,培育众创经济,支持特色小镇建设;加快政府产业基金实质性运作,出台《慈溪市产业基金直接投资管理暂行办法》;加快各线产业扶持政策兑现,全年共兑现一二三产业奖补扶持资金9.95亿元。改善发展环境。出台《稳增促调专项补助实施细则》,设立稳增促调专项资金,惠及企业6454户;落实减税轻费政策,取消或停征征地管理费等56项行政事业性收费,减征3项政府性基金和5项行政事业性收费,全年减免各类税费达4.73亿元;创新建立“银税互动”平台,全年为97家小微企业发放信用贷款8449万元。

【保障民生支出】　全年民生支出82.15亿元,占一般公共预算支出(剔除杭州湾新区,全市一般公共预算支出为105.18亿元)的80.2%。补“天蓝水清”短板。持续发力“五水共治”,继续淘汰改造高污染燃料锅炉345台,实现茶水供应点专项整治“清零”。补出行便利短板。支持交通建设,统筹投入9.12亿元用于胜陆公路(胜山至横河)建设等主干道贯通、公共自行车租赁服务等项目。补民生保障短板。优先保障城乡基本公共服务均等化专项行动、十方面30个惠民项目,全力支持社会养老服务体系建设、中小学德育工作三年行动计划、文化体育惠民工程、公立医院综合改革等民生实事,实现机关事业单位养老保险制度改革平稳接轨,建立“智慧养老”服务平台,慈溪中学、龙山中学新校区正式投用,文化公建群主体竣工等。

【推进财政改革】　推进预算管理改革。推进政府全口径预算编制,加大对一般公共预算、政府性基金预算、社会保障基金预算及国有资本经营预算的统筹力度,同时实现“四本”预算公开全覆盖。深化镇级财政改革。强化镇级财政管理规范化建设,稳步推进镇级财政内控机制试点,切实加强镇级行政事业单位资金安全管理。完善政府采购制度。创新公共服务供给方式,稳步推进政府向社会力量购买服务,探索推进政府与社会资本合作(PPP)模式。加强政府资产管理。全面推进行政事业单位权证补办工作,试点闲置资产公开处置,建成并启动“电子公物仓”。基本完成新一轮公务用车改革工作。加强政府债务管理。出台《慈溪市政府性债务管理暂行办法》,争取新增债券额度,置换政府债券25.81亿元。

【深化财政管理】　深化预算绩效管理。扩大预算绩效目标申报面,建立预算绩效管理平台,引入中介机构实施第三方评价,实现市镇两级绩效管理全覆盖,全年开展财政专项支出评价项目93个、资金36.83亿元。完善财政资金管理。盘活存量资金3.72亿元;建立健全财政存量资金动态管理机制和定期清理机制;加大专项资金管理,健全财政专项资金管理清单制度,实施专项资金公开;落实财政监督检查五年全覆盖行动计划,全面开展市、镇两级财政资金安全检查工作。强化“三公”经费管理。全年“三公”经费累计支出5088万元,同比下降9.2%。加强会计管理。组织各类会计考试及继续教育;实施会计从业资格证书申领“网上申报、在线办理、快递送达”服务模式,全年共受理办结各类事项13378件;加大珠心算特色文化教育品牌培育宣传力度,鸣鹤小学学生获小学生组2016年“浙江心算王”称号。

【加强队伍建设】　开展“两学一做”专题教育活动;加强基层党建,完成机关党总支的换届选举工作。全面加强党风廉政建设。

深入落实"两岗两责",继续配合开展"正风肃纪、强责问效"专项活动。探索及尝试青年干部成长性培训活动;积极开展系统比武、练兵活动,结合"金税三期"上线推进兼职师资队伍建设。规范人力资源管理,探索完善系统编外用工绩效考核办法。以群团组织为纽带,积极开展各项文体活动,加强对财税文化丰富内涵的宣传教育,开设并推广"慈溪财税"微信公众号;加强文明创建工作,被授予"宁波市地税系统先进集体"称号。

(慈溪市财政局供稿　宋开拓执笔)

宁海县

【概况】 2016年,宁海县实现生产总值465.36亿元,比上年增长6.9%,其中,第一产业增加值43.93亿元,增长2.2%;第二产业增加值233.16亿元,增长6.2%;第三产业增加值188.27亿元,增长8.9%。三次产业结构比为9.4∶50.1∶40.5。全县人均生产总值73997元,增长6.6%。2016年固定资产投资额311.59亿元,增长16.5%;社会消费品零售总额190.3亿元,增长12.2%。全县城镇居民人均可支配收入47702元,增长7.6%;农村居民人均可支配收入26233元,增长7.9%。全年财政总收入80.04亿元,比上年增长9.3%。其中一般公共预算收入48.79亿元,同口径增长12.5%,占财政总收入的61%;一般公共预算收入中的税收收入36.30亿元,占比74.4%,全年一般公共预算支出67.76亿元,比上年增长12.4%。全年财政收支平衡。

【组织财政收入】 落实重点税源监控制度,实施收入目标动态管理,强化月度税收预测分析,明确征收单位一把手责任,确保收入均衡稳定增长。密切关注税制体制改革,准确掌握营改增后中央与地方的分成比例调整及影响。加强征管举措,规范政策口径,继续加大对重点行业、大企业和高收入者的税收征管,强化所得税后续管理和土地增值税清算。继续规范税收秩序,强化税收风险监控、分析、评估,提高涉税风险管理水平。"金税三期"上线运行。全面监控非税收入收缴情况,提升非税收入监管水平,全年实现非税收入12.82亿元。

【支持经济发展】 落实稳增长、调结构政策举措,发挥财政资金、政策调控作用,落实引导扩大有效投入,出台降本减负35条助力"三去一降一补"工作,安排稳增促调资金4000万元,全年兑现市县两级二三产业扶持资金9.3亿元,推动实体经济企稳增长。发挥税收调节功能,落实营改增等结构性减税和普遍性降费政策,全年共计减免各类税费8.7亿元,助推企业"轻装上阵"。

【保障民生事业】 多渠道筹集资金用于支持经济社会转型发展"三年行动计划",推进农田水利、教育医疗、文化科技、公共交通等民生项目建设,全年民生支出51亿元,同比增长16.1%,占一般公共预算支出的75.3%,其中教育、公共安全、社会保障和就业、医疗卫生分别支出13.6亿元、4.7亿元、8.4亿元、7.0亿元,分别同比增长6.5%、13%、3%、17.3%。

【推进财政改革】 *深化预算管理改革*,健全全口径政府预算体系,实现"收入一个笼子、预算一个盘子、支出一个口子"的预算管理模式,提高预算执行规范性、科学性;推进预算信息公开,实现部门预决算和"三公"经费公开全覆盖。*创新投融资机制*。加快设立产业基金;引导社会资本跟进投入,推动城市基础设施建设、县文化综合体、沿海防洪排涝工程、智能汽车小镇基础设施等5个PPP项目实施,其中文化综合体项目列入财政部第三批PPP示范项目,G228西店至桃源公路工程列入国家发改委首批向社会资本推介传统基础设施领域PPP项目。*加快产业政策整合*。深化涉农资金整合改革,归整全县21个部门69项县级涉农资金5.18亿元,入选中国经济体制改革杂志社评选的中国改革2016年度十大案例。

【加强财政监管】 *推进绩效预算管理*。强化结果应用评价机制,对23个项目3.7亿元资金实施全过程绩效评价。加强预算支出管理,出台《宁海县部门预算支出进度考核办法》,深化乡镇(街道)国库集中支付改革,完善预算执行动态监控体系,提高预算执行效率。*加强财政资金管理*。收回部门2015年财政拨款一般公共预算3亿元、政府性基金预算5945万元,用于安排2016年重点支出。推进县级财政资金竞争性存放管理,完成7亿元财政间歇性资金竞争性存放,确保库款现金保值增值。*加强地方政府性债务管控*。严格债务限额管理,推进债券置换、转贷,优化债务期限结构,降低融资成本,防范债务风险。全年公开发行置换债券4.98亿元,新增地方政府债券1亿元。

【加强队伍建设】 围绕"两学一做"学习教育,抓好学习讨论、知识测试、心得撰写、党课宣讲、典型选树、问题整改等环节,切实履行党建工作主体责任。加强对作风建设的监督检查,明察暗访作风效能,整改存在问题,全年共开展各类自查自纠、重点抽查、明查暗访40余次。继续深化"两走进、两远离"活动,注重考学结合,建立"尚德、崇才、重实绩"的干部竞争择优机制。

(宁海县财政局供稿　葛晨晓执笔)

象山县

【概况】 2016年,象山县实现地区生产总值437.14亿元,按可比价格计算,比上年增长5.2%。其中:第一产业增加值67.23亿元,增长1.8%;第二产业增加值189.53亿元,增长4.6%;第三产业增加值180.37亿元,增长7.1%。三次产业结构比为

15.4∶43.3∶41.3。按户籍人口计算，人均生产总值79474元，增长6.4%。全县完成固定资产投资178.32亿元，增长11.4%；社会消费品零售总额171.08亿元，增长10.6%；完成自营进出口总额24.09亿美元。城镇居民人均可支配收入46836元，农村居民人均纯收入26113元，分别增长7.5%和7.8%。全县财政总收入62.61亿元，比上年增长2.0%，其中一般公共预算收入38.07亿元，同口径减少2.8%。全年税收收入30.14亿元，占一般公共预算收入的79.2%。全县一般公共预算支出61.37亿元，增长0.1%。全县财政收支基本平衡。

【依法组织收入】 开展增收潜力点分析，抓好重点产业、重点税源、重点税种的有效监控，全县414家重点税源纳税户入库地方税收11.2亿元。加强行政事业单位个人所得税征管，全年征收入库行政事业单位个人所得税9849万元，同比增长26.2%。加强与司法、市场监管、房管和国土等部门的协作，清理历年欠费2500万元。加强风险管控和税务稽查，查补税款2997万元。研究出台招商引资补充意见，利用部分象商创办的企业和信息资源，引进税收2400万元。*加强非税收入管理。*规范非税收入的收缴程序，入库各项非税收入7.93亿元，减少5.9%。建立社会保险费征管长效机制，全年征收社会保险费收入17.93亿元，增长10.1%。

【支持经济发展】 围绕“工业强县”战略，落实好工业发展“1+9”政策体系，审核兑现各类企业奖励扶持资金2.19亿元，惠及企业2437户次。落实结构性减税政策和降本减负政策，减免各项税费7.8亿元，受惠企业2850户次。临时性下浮医疗保险费缴费比例，全县3911家企业减轻负担约1912万元，惠及人数67347人次。发放首批稳增促调专项资金2590万元，受益企业603户次，减轻企业压力。落实3800万元专项资金，支持企业创业创新。启动科技贷款风险池项目，科技金融年度总授信额度达3000万元。联合县国税局、建设银行、宁波银行实施“税易贷”，全年审批贷款3700万元，惠及企业65家，缓解企业融资困难。围绕“全域旅游”发展战略，研究制定《服务旅游业跨越式发展实施办法》，联合县旅游集团统筹安排1亿元旅发资金，用于旅游基础配套、规划设计、营销策划等方面的补助和奖励。

【推进社会事业】 2016年民生支出45.70亿元，占一般公共预算支出的74.5%。*支持教育事业。*落实学前教育经费1553万元，免收义务段学生课本费、学杂费2943万元，惠及50394名学生，落实2.39亿元资金保障中职教育发展和提高教师绩效工资。*推进卫生事业。*为全县168万人次农民结报医药费5.05亿元，落实1亿元资金保障基层卫生机构正常性工作开展，确保医改政策落实推进。*支持社会保障事业。*投入3.04亿元用于健全社会保险体系，新增五险参保人员29000余人，本地户籍人员养老参保率达89%；落实培训经费及技能鉴定经费、再就业工作专项经费4757万元，新增城镇就业10080人；发放低保资金、物价补贴等5152万元。*支持新农村建设。*重点打造丹城至石浦沿海南线主干道等3条美丽乡村风景线，启动建设12个县级特色示范村，支持美丽乡村、美丽集镇、美丽县城等“三美”系列建设。扶持农业现代化建设，成功申报5个农业综合开发土地治理项目，获得上级补助资金2218万元；推进重点渔港项目建设，获得上级补助资金4000万元。

【推进财政改革】 *加强政府债务管控。*采取“外转内、短转长、高转低、贷转债、常转新、分转合”等办法，分三个阶段清理乡镇债务，节约利息支出9820万元。实行政府存量债务置换债券，置换债券27.33亿元，降低利息支出1.09亿元。积极化解存量债务，将部分交通和市政基础设施存量项目转型为PPP项目，五年期贷款基准利率分别下浮5%和8%。*创新财政支持方式。*出台《象山县产业发展基金的实施意见》和《象山县产业发展基金财政出资管理暂行办法》，完成浙报中天2000万元文化产业基金出资工作。拓宽科技金融渠道，设立资金规模1个亿的科技创业引导基金。支持“五大集团”*组建和运作，探索县域投融资新体制。*整合涉农专项资金。*以宁波市（财政）农业项目管理平台改革试点为契机，整合17个部门40余类涉农资金，提高支农资金使用效益。规范财政支农资金使用审核、拨付管理，首次引入社会中介参与农业设施大棚补助资金的审核，核减补助金额80万元。

【加强财政监管】 完善县级财政专项资金管理暂行办法，编制并公开科技、招商等20个部门35项财政专项资金管理清单。实施银行开户与财政资金竞争性存放管理办法，完成8.28亿元社保基金竞争性招投标存放。对7家行政事业单位、国有企业进行财务收支情况检查，共查处违纪违规和管理不规范资金4184万元。发挥委派会计作用，加大项目资金监管，共纠正违规违纪资金约2.16亿元。加强基建财务管理，规范资金拨付审批流程，审结工程项目233个，核减投资7201万元，核减率为7.7%。*加强预算执行管理。*实现乡镇国库集中支付全覆盖，并对违规支付行为及时预警，确保财政资金安全、高效运行。

【加强队伍建设】 以“两学一做”教育活动为契机，推进干部队伍素质建设。强化廉政风险防控机制，查找廉政风险点，制定出台《象山县财政局内部控制体系建设实施方案》和《象山县财政局内部控制基本制度（试行）》，防范财政业务风险和廉政风险。开展“问需求、补短板、优服务”作风效能建设专项行动，提高工作和服务质量。全年组织各类学习培训33次，培训人员1000余人次，提升干部的业务能力和综合素养。

（象山县财政局供稿　刘丹丹执笔）

注：

*“五大集团”：象山县水务集团、象山县城投集团、象山县交通集团、象山县旅游集团、象山县工投集团。

温州市财政工作

温州市

【概况】 2016年,温州市实现生产总值5045.40亿元,比上年增长8.4%。其中:第一产业增加值138.80亿元,增长4.1%;第二产业增加值2112.70亿元,增长6.3%;第三产业增加值2793.90亿元,增长10.4%。按户籍人口计算,人均地区生产总值55165元,增长7.8%。国民经济三次产业结构由上年的2.7∶45.5∶51.8调整为2.7∶41.9∶55.4。城镇居民人均可支配收入47785元,农村居民人均纯收入22985元,分别增长8.5%和8.2%。全年社会固定资产投资3905.70亿元,增长13.0%。社会消费品零售总额3006.90亿元,增长12.3%。全年实现外贸进出口总额1192.80亿元,下降1.3%,其中进口总额132.40亿元,下降9.5%;出口总额1060.4亿元,下降0.1%。全市财政总收入723.96亿元,同口径增长6.4%,其中一般公共预算收入439.87亿元,同口径增长7.7%,占财政总收入比重为60.8%;市本级财政总收入161.94亿元,同口径增长7.2%,其中一般公共预算收入100.08亿元,同口径增长7.8%。全市一般公共预算支出666.75亿元,增长16.9%;市本级一般公共预算支出89.89亿元,增长3.7%。全年财政运行状况良好,全市及市本级财政收支平衡。

【组织财政收入】 全市一般公共预算收入中税收收入为371.38亿元,增长5.4%,占一般公共预算收入比重为84.4%,下降2.3个百分点。加强重点税源分析。加强重点企业和行业税收收入分析预测,统筹部署组织收入预案开展收入动态管理,根据收入实际情况与目标差异,动态调整收入目标。挖掘税收新增长点。实地走访企业,寻找新的税收增长点,挖掘具有潜在发展性的税源。加强非税收入征管。制定非税收入管理规范文件,搭建系统性管理架构。全年组织非税收入68.50亿元,增长22.4%;政府性基金收入473.37亿元,增长22.7%。

【支持经济转型升级】 推进政府产业基金工作。全市政府产业基金规模64.00亿元,市级设立6支子基金,规模35.50亿元,撬动社会资本、金融资本27.00亿元。推进产业升级。设立温州市科技创新创业投资引导基金10亿元,重点推进产业项目发展。培育领军企业和高成长企业。统筹安排省、市两级财政转型升级专项资金1.25亿元,重点支持推进市区企业"机器换人"和对重点税源企业、成长型(工业)公共服务扶持。建设产业公共服务平台建设。安排民航专项补助资金5000万元、市现代港口物流发展资金2413万元,支持民航和港口物流等城市大公共平台发展;安排企业培育类项目高成长型企业房租补助及企业服务券和"小升规"企业奖励资金1025万元,强化对传统成长型企业(工业)公共服务扶持;安排市产品质量发展专项资金640万元,加强品牌建设。帮扶小微企业。发挥政府信保基金对小微企业扶持作用,全年信保基金共承保2644户,金额26.26亿元,其中为93户科技型企业承保1.87亿元。落实各项优惠减免政策。规范收费目录清单,落实取消免征和降低标准涉及13个部门的25项收费,全市合计减收4058万元。

【支持社会保障事业】 完善创业扶持政策体系。拨付专项资金1800万元,推进创业25条新政落地生根;发放稳岗补贴7400万元,推进企业减负工作。完善社会保障体系。全面实施大病保险制度,从职工基本医疗和城乡居民基本医疗保险基金分别划入3092万元和2436万元到对应的大病保险基金;投入资金1085万元,用于医保智能监管平台建设,实现医保智能监管平台全覆盖。改革医疗卫生服务体系。拨付奖补资金2200万元,健全公立医院改革补偿机制;拨付奖补资金246万元,落实社会资本办医财政奖补政策。健全社会养老服务体系。拨付2822万元,用于居家养老服务照料中心建设、养老机构基础设施建设、老年人伙食减免等各项补助。健全社会救助体系建设。安排残保金预算3854万元,保障残疾人基本民生支出。

【保障重点支出】 支持重点项目建设。安排建设资金58.36亿元,重点保障市域铁路、高速公路、国际机场等重大项目及"五水共治""交通治堵""市政管养提升",及教育卫生等民生工程建设。支持教育事业发展。全市安排教育支出162.44亿元,增长9.8%。落实高中教育教学质量奖906万元,助推市级高考一批录取率达到21.5%;下达政府购买民办教育服务经费1.28亿元,推进民办教育事业发展。支持文化体育事业发展。全年新建成文化礼堂204家,新建"城市书房"10家;推动社会力量办体育训练基地19个;向社会力量购买各类体育赛事服务80多项、体育培训服务15项。支持"米袋子"建设。安排市级储备粮油经费7200万元,确保"米袋子"安全。

【推进PPP工作】 落实PPP数据库建设。推出104个PPP项目进入项目库,2人入选浙江省PPP专家库,推出包含40家咨询服务机构的PPP咨询服务机构库。加大PPP项目推进力度。推动全市24个PPP项目完成采购签约进入项目执行阶段,全市16个项目被列入全省第三批PPP推荐项目,1个项目列入财政部示范项目。筹建PPP基金。设立PPP基金10.00亿元,按省市4∶6的比例出资,作为投资全市基础设施项目的资本金。

【深化财政改革】 深化部门预算改革。首次将政府投资项目预算纳入部门预算同步编制，实现部门预算编制全覆盖；调整完善公务交通、公务出行2项公务交通保障经费定额和临时人员经费预算定额。完善政府综合财务报告编制工作。以市政协及瓯海区为试点，推进权责发生制政府综合财务报告试编工作。深化国库集中支付改革。推行市级预算单位分类管理，实现远程审核支付财政资金。推进政府购买服务改革。建立购买目录的动态调整机制，市本级全年安排4700万元推进政府职能转移工作；开展省级购买试点改革，涉及全市45个公共服务项目资金2.40亿元；实施水利工程物业化管理和向小微企业发放服务补贴券等创新购买方式。加快“数字财政”建设。开发应用“数字财政服务平台”，全市通过统一公共支付平台缴款141万笔，共计2.61亿元。

【强化财政监管】 开展全市财政资金安全和市级公款竞争性存放专项检查。撤并账户79个（其中市级7个）；专项检查市级公款存放管理情况，自查338家、重点核查18家。加强财政资金支付监管。通过动态监控系统，核实纠正违规资金6552万元。清查行政事业单位国有资产。推进政府采购“直通车”改革，审批、审核事项精减率达91.0%。完成全市2976家行政事业单位国有资产清查，涉及资产总额1400.40亿元。完善会计诚信体系建设。建立市本级会计人员信用档案库，出台黑名单实施细则。

【加强队伍建设】 开展“两学一做”学习教育，抓好专题集中学习，局班子成员带头上党课，带头开展重点课题调研和查补短板。推进“五星争创”活动及“红色细胞工程”基层党组织建设，开展“十大党员先锋岗”评选、业务技能知识竞赛等工作。全面深化系统考绩，建立“周记实、月总结、季考评”全员绩效平时考核模式。严格履行党风廉政建设党组主体责任和纪检监督责任，落实“一岗双责”和“三必谈”制度。完善考勤管理和请假管理办法，开展党风廉政建设巡察和机关作风督察。

（温州市财政局供稿　李　侠执笔）

鹿城区

【概况】 2016年，温州市鹿城区实现生产总值877.05亿元，按可比价格计算，增长7.5%。其中：第一产业增加值1.85亿元，增长4.3%；第二产业增加值244.10亿元，增长2.1%；第三产业增加值631.10亿元，增长9.9%。三次产业结构比调整为0.2∶27.8∶72.0。按户籍人口计算，人均生产总值116578元，增长6.5%。实现外贸进出口总额217.37亿元，下降2.0%，其中进口总额18.07亿元，下降3.7%；出口总额199.30亿元，下降1.9%。完成固定资产投资372.73亿元，增长13.6%。全年财政总收入44.08亿元，同口径增长4.1%。一般公共预算收入28.53亿元，同口径增长7.1%，占财政总收入比重为64.7%。区级一般公共预算收入27.72亿元，同口径增长8.0%。一般公共预算支出38.25亿元，增长15.3%。区级一般公共预算支出37.62亿元，增长15.1%。全年财政运行情况良好，财政收支平衡。

【组织财政收入】 全年税收收入23.99亿元，同口径增长2.2%，占一般公共预算收入的84.1%。完善收入分析机制。实行定期常规分析与不定期重点分析制度，发掘收入增长点，提高财政收入分析预测的准确性、有效性。动态掌握税收入库情况，为完成收入任务提供决策支持。加强财税征管联动。深化财政、国税、地税三方沟通合作，保障收入稳步增长。出台《鹿城区税收征管保障工作实施意见》，搭建税源大数据平台，建立协税护税网络。强化非税收入征管。推进政府非税收入收缴电子化改革，将区城管系统和教育系统相关收费纳入浙江政务网统一公共支付平台。全年非税收入4.54亿元，增长43.7%。

鹿城区双屿街道中央涂片区拆除完毕

【支持经济发展】 扶持企业发展。落实市、区两级财源扶持政策，争取上级资金1.06亿元，区本级安排企业扶持专项资金5865万元。落实小微企业税收优惠等政策，实施普遍性降费，暂停征收地方水利建设基金。促进转型升级。推进城市转型升级。与国开行等金融机构合作设立棚改建设资金43.00亿元，支持城中村改造。开展土地收储及城市保洁政府购买服务工作，实施城市道路综合整治和城市精细化管理。全年安排资金1172万元,落实总部经济、规上企业培育等财税政策,吸引各类总部企业入驻和企业规范提升。支持科技创新。安排科技经费9269万元,落实科技强区、科技进步考核等财政投入要求。安排资金918万元推进"机器换人",提升企业技术自主创新能力。

【保障民生支出】 促进社会事业发展。全年安排教育支出9.62亿元,保障城乡一体化义务教育,建立中等职业学校生均公用经费标准,加大普惠型幼儿园投入。安排医疗卫生与计划生育支出4.17亿元,推进基层医疗卫生机构补偿机制改革,深化"双下沉、两提升"工程。安排文化体育与传媒支出4500万元,推进基本公共文化服务均等化,支持城市书房和农村文化礼堂建设。完善社会保障制度。社会保障和就业支出2.60亿元,推进城乡居民基本养老和新农合医疗保险,基本公共卫生服务经费筹资标准提高至年人均45元,落实残疾人两项补贴2600万元。完善社会救助制度,提高最低生活保障标准。支持"三农"建设。积极筹措农业财政资金1.21亿元,落实各项强农富农惠农政策。深化财政支农体制机制改革,加快出台现代财政支农政策,印发《关于推进财政支农体制机制改革的意见》《鹿城区财政支农体制机制改革三年行动计划》。继续支持农业产业化发展,制定《温州市鹿城区2016年度农业综合开发产业化经营项目申报指南》。

【推进财政改革】 完善并公开专项资金管理清单,加快项目库建设,推动专项资金监管系统全覆盖。区政府部门财政专项资金项目从2014年公布前的19项缩减至13项,总金额从2014年的3.42亿元缩减至3.04亿元。盘活存量资金,实施动态管理和定期清理。深化预决算信息公开,区级69个部门"三公"经费支出和预决算实行全公开。推进政府购买服务改革,建立政府购买服务工作联席会议制度。实行工程项目审核结果反馈制度,加大实效管理与问题处理力度。运行预算执行动态监控系统,加强预算执行规范化管理。推进公款竞争性存放工作,实行行政事业单位银行账户公开招标。推广会计从业资格证书"网上申领、在线服务、快递送达"。

【加强财政监管】 加强财政监督。开展财政法制建设,查处违规发放津补贴、福利等行为。实行国库集中支付动态监控,执行《鹿城区预算单位公务卡强制结算目录》。全年公务卡发卡8305张,激活7542张,激活率91.0%,通过国库集中支付系统报销公务卡公务消费支出1488万元。拓宽财政支出绩效评价范围,尝试部门整体支出评价,绩效评价覆盖预算单位44家,涉及财政项目资金1.26亿元,并向区人大常委会作专题报告。防范财政风险。组建内部控制组织管理架构,制定"1+8"内部控制制度。规范清理存量财政专户,财政专户从35个减至18个,撤销率达48.6%。加强专户资金风险管控。实行预算编制、执行、监督三分离,强化财政资金运行全过程监控。清查全区行政事业单位国有资产,处置固定资产56项金额4342万元。国企对外投资、或有事项实行备案制,防范国有资产流失。全年担保备案4件,担保金额3.06亿元。

【加强队伍建设】 开展"两学一做"学习教育活动,通过专题党课、专题会议、集中研讨、集体学习、夜学自学等方式加强机关理论学习。强化责任考核,建立并实行平时考核得分与年终评优考核相结合的考核机制。通过微信群、集体学习等形式促进全体干部增强纪律观念和法制观念,做到依法行政和廉洁自律。抓好干部教育和在职培训,选送优秀干部或组织全员参加行政执法培训和拓展知识系列讲座等业务培训,提高业务水平。

(温州市鹿城区财政局供稿 李冬冬执笔)

瓯海区

【概况】 2016年,温州市瓯海区实现生产总值487.01亿元,比上年增长8.6%。其中,第一产业增加值6.79亿元,增长4.0%;第二产业增加值257.17亿元,增长6.9%;第三产业增加值223.05亿元,增长10.8%。三次产业结构比由上年的1.3∶55.2∶43.5调整为1.4∶52.8∶45.8。按户籍人口计算,人均生产总值110886元,增长5.9%。城镇常住居民人均可支配收入49521元,农村常住居民人均可支配收入28062元,分别增长8.3%和8.2%。全区完成固定资产投资额401.15亿元,增长13.8%。全年实现财政总收入54.95亿元,同口径增长10.4%,其中一般公共预算收入32.19亿元,同口径增长12.1%,占财政总收入的58.6%;一般公共预算支出36.03亿元,增长18.5%。全年财政运行状况良好,财政收支平衡。

【组织财政收入】 加强收入运行分析。开发财政收入综合分析系统,提供镇街收入、税源信息平台,增强基层抓税源、引税源、保税源的积极性。全年税收收入29.51亿元,同口径增长12.0%,占一般公共预算收入的91.7%。强化部门协调配合。加强征管协作,落实营改增后税收衔接有关问题,控管重点税收领域的税源。重视非税收入征管。加快浙江政务服务网统一公共支付平台的应用进程,推进非税收入收缴电子化改革,实现非税收入2.68亿元,增长13.9%。

【支持经济发展】 加大企业扶持。拨付企业专项扶持资金1.69亿元,扶持领军型企业、高成长型企业、高新技术企业、科技型中小企业、传统优势企业以及总部经济、特色小镇、众创空间等市场主体与平台发展。落实企业优惠政策,整合涉企专项资金。优化产业结构。扶持楼宇经济、网络经济、旅游经济等新型经济业态的发展,加快整合产业平台,推进"四换三名",支持"机器换人"项目298个,拨付科学技术支出6983万元,增长19.5%。发行2支城市停车场建设专项债务,募集资金37.00亿元。

【保障民生支出】 支持教育事业发展。安排教育资金9.96亿元，小学、初中生均公用经费标准分别提高至710元、910元。安排教育基建和修缮经费4448万元，支持教育基础设施建设。投入专项经费4048万元，用于设施设备更新及信息化建设。安排专项经费1110万元，用于中小学教师的培训。支持教育提升三年行动和民办教育综合改革，通过省基本实现教育现代化区预评估。健全社会保障体系。落实城乡居民医疗保险经费1.63亿元，财政补助资金人均达850元，高出全国标准530元。安排农村独生子女家庭养老保险经费3150万元。落实卫生运行差额补助经费5796万元，强化基层卫生能力建设。安排城乡基本公共卫生服务专项资金2782万元，促进基本公共卫生服务均等化。加大低保救助投入，发放低保金3478万元，覆盖低保对象6503人。加大财政支农投入。安排"五水共治"专项资金1.50亿元，确保治水工程项目开展。拨付"旱改水"项目、建设用地复垦项目、高标准农田建设项目等土地整理项目资金3460万元。

【深化财政改革】 深化区街财政体制改革。出台系列抓税、引税措施，制定新一轮财政体制、事权和支出责任划分改革办法。完善预算执行管理运行机制。预算编制推行项目库管理，启动国有资本经营预算收支执行工作。深化国库集中支付与公务卡改革，全区111家区本级预算单位和14个镇街纳入国库集中支付，国库集中支付改革资金量20.80亿元，激活公务卡4595张，激活率为97.0%。开展综合财务报告试编及研究工作，瓯海区被列为全省地方政府部门财务报告试点区。盘活财政存量资金。规范政府性资金存放管理，完善公款竞争性存放管理制度，全区财政资金及行政事业单位政府性资金4.75亿元实行竞争性存放，清理收回并统筹使用部门结余资金2378万元。

【强化财政监管】 开展各类专项检查。开展区预算单位公款存放管理情况专项检查，涉及单位活期资金3.77亿元、定期存款4.14亿元。开展全区津补贴、奖金、福利监督检查，差旅费管理规定执行情况及乡镇资金安全检查工作，提升财政资金监管水平。强化项目资金和"三公"经费监管。加强项目资金全过程动态监管和分类精细监管，全年审核工程结算项目541个，审定造价2.35亿元，净核减2417万元，净核减率9.3%；一般公共预算"三公"经费支出1362万元，同比下降26.3%。加强债务管理与置换。清理甄别地方政府债务，用低利率的政府债券置换高利率的金融机构融资等债务，降低建设成本。累计置换政府债券50.52亿元、库款垫付2.05亿元、预算外垫付5.77亿元。严格政府采购管理。健全政府采购内控机制，强化政府采购资金监管，重点审查采购项目预算编制、采购方式确定、操作程序及信息公开等环节。加强对采购评审专家、政府采购供应商、政府采购投诉、举报和信访的监管。

【加强国资监管】 强化房屋出租监管。出台《区属国有企业产权管理试行办法》及《瓯海区各镇街（开发区）国有房产管理和经营考核办法》，考评各有关镇街（开发区），保证国有资产安全完整，实现国有资产保值增值。开展国有资产清查。涉及全区217家行政事业单位，检查单位基本情况清理、账务清理和财产清查三大内容，摸清行政事业单位"家底"。加强国资廉政建设。起草区属国有企业反腐倡廉建设机制实施办法，健全国资廉政风险防控制度、监督机制、专项整治机制、纪律审查机制等四大机制，制定"三重一大"*重大事项具体防控细则。

【提升队伍素质】 开展"两学一做"学习教育，召开专题党课暨学习教育部署会，推进学习教育日常化、常态化。制定业务学习交流平台建设方案，召开平台交流学习会，在局主页开辟工作专栏用以业务交流与指导。严格履行党风廉政建设党组主体责任和纪检监督责任，落实"一岗双责"制度。推进廉政风险防控信息化管理平台建设，实行重点防控科室管理，制定八大专项风险管理内部控制办法。（温州市瓯海区财政局供稿　吴雪芬执笔）

注：

*"三重一大"：1996年，中纪委十四届六次全会公报提出的重大问题决策、重要干部任免、重要项目投资决策、大额资金使用，必须经过集体讨论作出决定。

龙湾区

【概况】 2016年，温州市龙湾区（不含温州市经济技术开发区）实现生产总值384.44亿元，增长9.0%，其中第一产业增加值2.33亿元，增长3.5%；第二产业增加值213.78亿元，增长7.6%；第三产业增加值168.33亿元，增长11.0%。三次产业结构比从上年的0.6∶58.1∶41.3调整为0.6∶55.6∶43.8。人均生产总值167769元，增长8.6%。城镇常住居民人均可支配收入48217元，增长8.7%，农村常住居民人均可支配收入28855元，增长7.7%。全年财政总收入39.50亿元，同口径增长3.5%。一般公共预算收入25.07亿元，同口径增长8.0%，一般公共预算支出21.63亿元，增长5.3%。全年财政运行状况良好，财政收支平衡。

【组织财政收入】 优化收入结构。全年一般公共预算收入占财政总收入的63.5%，其中税收收入20.07亿元，占一般公共预算收入的80.1%。政府性基金收入22.07亿元，完成预算的117.7%。做好收入分析预测。关注财税体制改革动向，加强与税收征管部门沟通协调，开展楼宇经济调查，关注重点税源企业纳税变化情况，加强运行分析和收入预测，掌握收入变化趋势。完成土地分成结算。全年与市财政结算区级土地出让金分成19.13亿元。

【支持经济发展】 扶持实体经济。落实各项优惠政策，全年下达财政补助资金1.40亿元，其中区本级9673万元，上级财政补助4344万元。投入8000万元支持企业技改投入、节能降耗、新三板企业、互联网新型经济等。培育电商企业，国技互联、绿森数码等企业获评省电子商务百强企业，建成农业电子商务产业园，创成省级电子商务示范区。帮促企业融资。解决企业融资难担保难问题，全年企业应急转贷资金84笔，累计使用金额5.17亿元；专项信用贷款23户，贷款资金5115万元。实现不良贷款余额和贷款不良率"双降"。筹措建设资金。全年财政拨款28.26亿元(其中市级补助7.75亿元)，确保279个建设项目资金需求。完成朱垟村城中村改造等3个项目政府采购工作，金额21.71亿元。通过争取国家政策银行支持及设立政府产业基金等方式，筹集5年期以上城中村改造专项资金70.17亿元。

【保障民生支出】 全年民生支出占一般公共预算支出的79.4%，同比增长5.0%。加大教科文卫投入。安排教育支出5.80亿元，实施基础教育提升三年行动计划，引进上海欧顿等优质教育资源，创成省教育基本现代化区。安排医疗卫生支出2.68亿元，健全城乡居民基本医疗保险和新型农村合作医疗制度。安排养老服务体系建设资金1200万元，加快推动养老服务工作由补缺型向适度普惠型转变。加大财政惠农支农力度。拨付规模种粮补贴233万元；安排政策性农业、农房保险保费补贴126万元；发放耕地地力保护补贴、耕地保护补偿资金190万元。加大民生项目投入力度。全年投入11.30亿元用于交通建设。实施文化、体育惠民工程，新增城市书房2家，改造提升温州国际网球中心配套设施、国家级大罗山登山步道，建成健身苑点18个、健身步道2条。推进农贸市场改造，提升15个、新建3个、关闭4个。

【推进财政改革】 深化部门预算改革。完成2017年30个部门的预算草案分项审查，5个部门预算草案上人大常委会通过，2个部门预算草案举行听证。推进部门预决算公开。将所有区本级部门(除涉密部门外)2016年部门预算、2015年部门预算和"三公"经费预算向社会公开。向社会公开区财政专项资金清单24项，涉及资金3.34亿元。推进公共支付平台建设。目前执收单位5家，执收项目6个，全年支付笔数6704笔，金额118万元。深化国库集中支付改革。全年国库集中支付清算资金29.13亿元，国库集中支付当年指标收回1.76亿元，收回历年结余684万元，收回部门实有账户2年以上财政结余资金3697万元。推进财政支农体制机制改革。出台农业农村发展、林业发展与资源保护、扶贫、水利建设与发展等5个部门专项资金管理办法，制定支农政策清单48项，明确财政和农口部门、街道办事处的权力及各类资金分配方式。

【强化财政监管】 加强预算绩效管理。开展2015年预算项目绩效自评275个，涉及实际金额5.63亿元，分别同比增长11.8%和12.0%。选取28个部门预算项目开展绩效自评复核，复核结果作为2017年部门预算安排参考依据。省市上下联动重点评价项目2个，评价金额250万元。加强政府投资项目评审。建立健全专家评审制度等相关制度，公开招标15家评审中介机构入库，全年审结项目515个，送审金额7.83亿元，审定金额7.25亿元，核减5840万元，核减率7.5%。强化政府采购管理。全年政府采购预算29.75亿元，实际政府采购金额28.02亿元，节约资金1.73亿元。加强财政监督检查。上线运行预算执行动态监控系统，规范财政资金支出监管。完成169家行政事业单位资产大清查，处置历史遗留有账无物资产160万元，出台资产管理等5项制度。加强政府性债务管控。累计置换地方政府债券30.65亿元，节约财务成本2.20亿元。

【加强队伍建设】 推进廉政机制建设。制定《2016年党风廉政建设和反腐败工作组织领导与责任分工》，下发《责任分工报告书》和《牵头任务函告书》，实行"一岗双责"。推进制度运行流程优化。出台《关于财政投资结算项目提质增效的通知》《龙湾区财政局内控制度》等制度，梳理权力清单及部门责任清单，监督财政预决算及其公开制度落实。完善业务工作流程和规范性文件管理办法，接受社会监督。推进财政文化建设。开展中秋慰问送温暖——"两学一做"进村居、社区食堂等慈善活动。区局获2011~2015年温州市法治宣传教育先进集体、2016年度温州市财政监督工作先进单位称号。

(温州市龙湾区财政局供稿　邵海博执笔)

洞头区

【概况】 2016年，温州市洞头区实现生产总值66.77亿元，增长8.2%。其中：第一产业增加值4.71亿元，增长4.2%；第二产业增加值22.20亿元，增长5.4%，其中工业增加值13.54亿元，增长6.9%；第三产业增加值39.86亿元，增长10.4%。三次产业结构比为7.1∶33.2∶59.7。人均生产总值51035元，增长8.7%。限额以上固定资产投资154.55亿元，增长8.4%，考核完成口径56.45亿元，同比下降6.7%。城镇居民人均可支配收入37827元，增长9.1%；农村居民人均可支配收入19907元，增长8.4%。全区财政总收入11.51亿元，同口径增长20.1%。一般公共预算收入6.52亿元，同口径增长27.6%。一般公共预算支出20.34亿元，增长8.2%。全年财政运行状况良好，财政收支平衡。

【组织财政收入】 优化财政收入结构。全年一般公共预算收入占财政总收入的56.7%。税收收入5.41亿元，增长24.8%，占一般公共预算收入的83.0%。加强收入分析预测。完善财政、国税、地税部门联席会议制度，及时预测分析经济形势、税收政策及财政体制政策对地方财力影响。加强重点税源监管。全年纳税企业30强实现税收7.11亿元，增长27.0%，占财政总收入的61.8%。夯实税收征管基础。做好企业所得税汇算清缴、个人所得税全员申报和年收入12万元以上个人所得税自行申报工作,开展建筑用石资源税清欠工作。优化企业股权变更登记税收服务,落实房产交易契税新增政策。建立司法拍卖资产税收追偿制度。全面推开建筑业、房地产业、其他生活服务业营业税改征增值税工作。*强化非税收入征管*。全年组织非税收入17.49亿元,增长439.8%。启动机关事业单位基本养老保险和职业年金征缴工作,开展社保费结算和2014年10月以来机关事业单位养老保险基金清算工作,规范企业社保“五费合征”制度。加强国有资产资源性非税收入征管,做好瓯江口、瓯飞等建设项目采矿权出让金征收催缴工作。

【支持经济发展】 *助推产业转型升级*。全年拨付各项财政扶持资金4607万元,扶持中小企业、新兴行业和高新技术产业发展,对企业口拨付资金率先试行国库直接拨付,支持企业转型升级。*落实税收优惠政策*。全年落实小微企业和结构性减税等税收优惠政策,为企业减免税费6058万元。*加强企业金融帮扶*。发放应急转贷资金3750万元,助保贷资金100万元,完善企业应急转贷资金运作机制,健全产业基金管理机制,支持信息经济、环保、旅游等重点产业发展,助推大众创业、万众创新。

【保障重点支出】 *支持“三农”建设*。全年“三农”支出8.26亿元。投入600万元兑现渔农业优惠政策,投入904万元用于村级公益事业“一事一议”财政奖补项目。获中央补助蓝色海湾整治项目已到位资金1.50亿元、省级美丽乡村建设资金补助2000万元。*支持教育事业发展*。全年教育支出3.40亿元,增长8.6%。加快教育基础设施建设,调整完善教育校网调整建设,完善教育幼儿园新校区的内部配备和环境建设;支持普惠性民办幼儿园发展,出台新的普惠性民办幼儿园补助政策;落实农村教师特岗津贴和教师基本工资制度改革,推进省教育基本现代化创建。*完善社保体系建设*。全年社会保障和就业支出1.23亿元,增长17.1%。提高社保民生各项待遇水平,完成机关事业单位养老保险制度改革,推进责任签约医生制度、城乡医疗卫生一体化等医疗体制改革工作,建立残疾人两项补贴制度。*支持重大工作开展*。投入6.00亿元支持“五水共治”等专项行动,统筹资金保障全区环境综合整治、“一打三整治”“大拆大整”、智慧城市建设等专项资金需求。

【深化财政改革】 *推进预算管理改革*。全面推开财政预决算、部门预决算和“三公”经费预决算公开工作,全区“三公”经费下降36.6%。开展预算公开专项督查,实现部门预算公开率100%。出台新一轮乡镇和街道财政管理体制,提高乡镇、街道涵养税源的积极性和主动性。完善公款竞争性存放管理办法,将国有企业纳入公款竞争性存放范畴,首次试行3年期竞争性存放,开展2期区级财政资金竞争性存放公开招标,存放资金4.00亿元,实现财政闲置资金保值增值。完成区级财政资金会计集中核算转轨,启用国库集中支付动态监控系统,对财政性资金支出实行全面动态监控。*创新投融资体制*。全年完成筹融资23.67亿元。探索筹融资体制改革,推广PPP模式,深化政府与社会资本合作,举办政府投资PPP项目推介会,推出10大项目、78个子项目,总投资162.00亿元。目前,入选财政部PPP项目库1个,省库8个(2015年2个、2016年6个)。其中,洞头区本岛海洋生态廊道整治修复工程PPP项目成功入选财政部第三批示范项目,是浙江省13个入选项目之一,也是温州市唯一入选项目,并在省财政厅举办的政府和社会资本合作(PPP)论坛暨项目推介会上做典型交流。

【强化财政监管】 *强化绩效评价*。开展2016年区级财政支出政策重点绩效评价,涉及金额448万元。*完善政府购买服务机制*。全年节约采购资金925万元。严把政府采购关口,组建政府采购专家库。*强化财政建设项目审价*。全年完成政府性建设投资审核项目443个,核减资金3608万元。*加强国有资产管理*。全面清查全区188家行政事业单位资产情况,摸清家底。全区全部行政事业单位的资产账面数18.50亿元,负债账面数3.00亿元。公开拍卖第二轮公务用车改革23辆涉改车辆,回笼资金61万元。

【加强队伍建设】 开展“两学一做”专题学习讨论会、对照检查会、主题民主生活会等系列活动,组织参与“党员很美”广场活动、党员干部红色精神演讲等,走访调研基层村居、群众、企业1000余户。*加强干部队伍管理*。完善年度培训计划,加强培训形式、培训内容及培训人员分类管理,全年共组织人员参加各类培训2452人次。强化干部日常考核,创新开展双轨日志管理模式。规范干部进出队伍、提拔任用、奖励惩处等制度,公开招录公务员6人,提拔任用中层干部8人,岗位交流25人次。*加强党风廉政建设*。强化执纪监督,以规促廉,贯彻落实中央“八项规定”,强化正风肃纪,狠抓“四风”问题,落实党风廉政建设主体责任。推进内控机制信息化建设,建立廉政风险防控清单,排查重要岗位和关键环节。开展廉政提醒谈心、道德讲堂、党规党纪、四德教育等廉政教育活动,增强党员领导干部思想政治建设和作风效能建设。 (温州市洞头区财政局供稿 朱玲爱执笔)

瑞安市

【概况】 2016年,瑞安市实现生产总值783.84亿元,增长8.6%,其中:第一、二、三产业增加值分别为22.27亿元、338.75亿元、422.81亿元,分别增长3.6%、6.8%、10.5%。三次产业结构比为2.9∶43.2∶53.9。按户籍人口计算,人均生产总值63460元。全市固定资产投资564.15亿元,增长13.6%。城镇居民人均可支配收入50904元,农村居民人均可支配收入25570元,分别增长8.4%和8.0%。全年完成财政总收入98.01亿元,同口径增长3.1%,其中一般公共预算收入59.05亿元,同口径增长 4.0%;一般公共预算支出 92.80 亿元,增长 26.7%。财政运行基本平稳。

【组织财政收入】 全市一般公共预算收入占财政总收入的 60.2%。一般公共预算收入中税收收入 53.08 亿元,占比 89.9%;非税收入 5.96 亿元,占比 10.1%。健全领导机制。由财政、国税、地税“一把手”牵头,建立三方联席分析制度,跟踪财税经济形势,提前谋划征收措施。依法加强征管。专项辅导清理营业税,入库营业税 8.31 亿元,同口径增长 54.0%。清算土地增值税,破解清算过程中成本核算难题,入库税收 4.25 亿元。加强欠税清理,通过邮政催缴、阻止出境、限票控票等措施,清缴欠税 2992 万元。完善综合治税。联合国税开展税收社会化征管试点,飞云街道个人出租房税收纳入规范化管理,仙降街道规下企业和个体税收增长 12.0%。完善司法处置企业不动产涉税协作机制,办理过户手续 47 户,入库税费 1.30 亿元。盘活存量资金。加大结余结转资金清理力度,清理收回资金 14.85 亿元。开展国资盘活专项行动,盘活存量资产 11.76 亿元。

【助推经济发展】 支持产业升级。出台完善投资类企业发展、科技创新券、众创空间等产业扶持政策,落实财政奖补资金 3 亿元。实现政府产业基金实质性运作,与北京思致公司合作设立 10 亿元子基金,引进浙江马太新能源汽车项目。落实降本减负。推动供给侧结构性改革及“三去一降一补”,落实“营改增”全面扩围、暂停征收水利建设基金、免征部分涉企收费项目等减税降费政策,为企业减负 7 亿元。助解融资难题。运用应急转贷专项资金为企业周转资金 36.70 亿元。以“银税互动”形式为小微企业增信融资 4796 万元。出台“僵尸企业”涉税处置机制,解决瑞强标准件等企业拍卖难问题,为买受方盘活资产 6937 万元。保障项目建设。筹措建设资金 54.70 亿元,保障温州绕城高速西南线瑞安段、飞云江五桥、丁山三期围垦等一批重点项目建设。筛选第一批 PPP 项目 13 个,总投资约为 230.00 亿元,已顺利实施项目 4 个,总投资 26.30 亿元,其中东新产城道路工程等 3 个项目入选省推荐项目库,获评全省“政府和社会资本合作”示范县。

【保障民生支出】 全年一般公共预算用于民生支出 66.17 亿元,增长 20.9%,民生支出占比连续五年超过 70%。保障重大决策实施。安排“五水共治”建设资金 11.10 亿元,落实全国文明城市创建、全国卫生城市创建、“大拆大整”等经费 8156 万元。支持社会事业发展。投入教育经费 22.93 亿元,保障校网调整、校舍改造维修以及公益性和普惠性学前教育等发展;投入文化经费 1.40 亿元,用于公共文化体育设施建设和群众性文化活动;投入医疗卫生经费 5.79 亿元,深化公立医院综合改革和医疗卫生资源统筹配置,支持建成人民医院瑞祥院区;投入公共安全经费 7.22 亿元,深化“平安瑞安”建设。完善社会保障制度。城镇、农村低保标准月均分别提高 51 元、38 元,达 681 元、511 元。企业退休人员基本养老金月人均增加 191 元,达 2297 元。推动农业农村发展。全年农林水事务支出 12.34 亿元,支持天井垟综合治理等水利项目、“美丽乡村”建设、农村生活污水治理及农业综合开发等。推进农业供给侧改革,市农业三项补贴政策综合改革获得省工作奖补和政策补贴资金 3906 万元。

【深化财政改革】 深化预算管理制度改革。推进财政专项资金管理改革,实施清单管理,建立专项资金项目库并将水利、旅游专项纳入试运行,实施专项资金管理办法、资金分配及绩效评价结果等全过程信息公开。推进预算信息公开,实现部门、乡镇、街道预算信息公开全覆盖。深化公款竞争性存放改革。完善市级财政资金存放评标标准,组织招投标 9 期,涉及资金 54.50 亿元,增加利息 3580 万元;19 家市级预算单位开展竞争性招投标,涉及资金 11.16 亿元;23 个乡镇、街道全面实行银行存款资金协定利率管理,利息较人民银行基准利率上浮 40%。完善镇街财政体制。出台新一轮财政财务管理体制,加大财力向基层倾斜力度,新财政管理体制结算资金比原体制增加 1.50 亿元,增长 44.0%,同时乡镇公共财政服务平台接入省政务服务网。推行非税电子化收缴改革。开通银联、支付宝等 8 个支付渠道,42 个执收单位的 13 个收费项目纳入统一公共支付平台缴纳,实现教育系统在线收费全覆盖。开发政府非税收入项目管理系统,实时更新非税征收信息。

【强化财政监管】 加强政府债务管理。贯彻执行政府债务管理有关政策规定,制止平台公司为政府举债行为;设立债务管理科,落实专职管理人员,提高债务管理水平。将市存量债务置换为政府债券,平均年利率从 8.0%下降为 3.3%,全年政府综合债务率为 44.9%,低于全省平均 46 个百分点,远低于警戒线(100.0%)。加大财政资金监管力度。上线国库集中支付动态监控系统,变事后监控为事前监控。规范财政支出绩效评价工作,成立中介备选库,开展绩效评价项目 101 个,涉及资金 5.36 亿元。加强“五算”审核,审核 PPP 等项目 551 个,送审金额 35.72 亿元,核减 2.72 亿元。加强政府采购监管,组织政府采购 28.18 亿元,节约资金 6.40 亿元。控压行政运行成本。全市“三公”经费支出下降 27.2%,其中公务接待费降幅 11.1%。开展全市 417 个行政事业单位差旅费管理情况检查,发现违规资金 26 万元。加强国有资产监管。推广国企资产、劳动用工信息管理系统,并对 8 起国企资产违规处置事项予以通报。

【加强队伍建设】 依托专项整治、人大评议、作风巡查“三大载体”,集中查摆各类问题 384 个。建立局班子成员联系乡镇(街道)制度,确定 18 名优秀干部外派交流。出台全员绩效考核及平时考核方案,将考核结果与各类考核奖金、评先评优及末位淘汰等相挂钩,推行全员绩效考核“周记录”“月总结”。修订出台多项内部制度,自行开发考勤管理模块,实现“网上登记、在线审批”。

(瑞安市财政局供稿　白　帆执笔)

乐清市

【概况】 2016年，乐清市实现生产总值838.40亿元，增长8.9%。其中：第一产业增加值21.50亿元，增长3.7%；第二产业增加值404.20亿元，增长7.4%；第三产业增加值412.70亿元，增长10.9%。三次产业结构比为2.6∶48.2∶49.2，第三产业体量首次超过第二产业，对GDP增长的贡献率达57.1%，拉动GDP增长5.1个百分点，成为经济增长的主要动力。城镇常住居民人均可支配收入50263元，增长8.4%；农村常住居民人均可支配收入26943元，增长8.2%。全市财政总收入128.19亿元，同口径增长3.3%；其中一般公共预算收入72.23亿元，同口径增长4.2%，占财政总收入的56.3%，比上年提高4.5个百分点。全年一般公共预算支出86.21亿元，增长22.7%。财政运行情况良好，全年财政收支平衡。

【组织财政收入】 全市一般公共预算收入中税收收入62.38亿元，占比86.4%。加强税收预测分析。强化税收计划管理，调研经济税源和分析收入预算，开展国地税联合分析，加强营改增等税收政策效应分析。完善重点税源管控机制。全市重点税源监控企业增至942户，比上年增加74户。加强税收征管。强化部门协作，深化部门信息比对，落实国地税合作规范和税收征管规范，集中整治国地税相互代征、税收风险管理、税收违法行为、联查分析应对发票风险、审核大企业信息和税收，规范委托代征管理，堵塞征管漏洞。通过催报催缴、欠税公告、阻止出境、强制执行、依法诉讼等执法手段，严控新增欠税，压缩陈欠。完善非税收入征缴机制。按时完成社保费结算，实施欠缴社保费滞纳金制度，及时调整费种费率。全市一般公共预算中非税收入9.85亿元，增长22.5%。

【助推经济转型升级】 支持重点项目建设。统筹安排市本级82个项目年度支出20.99亿元，支持交通、道路、水利、市政、旧城改造等重大基础设施项目建设。安排"六城联创"相关经费1.40亿元，城乡危旧房治理改造经费1.32亿元。兑现财政奖补政策。对企业的各项补助3.12亿元，撬动涉农类贷款余额7亿元。推进产业基金和PPP运作。筹集政府产业基金7.40亿元，已公开征集基金项目库。推广运用政府和社会资本合作（PPP）模式，完成翁垟污水处理厂PPP试点项目签约落地。

【支持改善民生】 全年民生支出69.14亿元，增长26.1%。加大精准扶贫力度。整合扶贫资金1.20亿元，加快欠发达地区基础设施、重点项目和山区经济发展项目建设。保障教育经费。安排教育资金22.28亿元，增长9.5%，健全义务教育均衡发展经费保障机制，小学、初中生均公用经费均按省定标准上浮10%安排，分别达到715元、935元；新增安排公办学校高考成绩显著奖1100万元，提升公办高中高考质量。健全社会保障体系。落实社会保障和就业资金5.24亿元，增长2.6%，基础养老金最低标准调高至120元，农村、城镇居民低保标准每人每月分别调高至570元、670元。提高城乡居民健康水平。统筹医疗与计划生育资金10.96亿元，增长21.0%，城乡居民基本医疗保障每人每年筹资标准达780元，并按每人每年30元标准安排居民大病保险基金；城乡居民基本公共卫生服务经费标准提高到每人每年45元。加强公共文化建设。拨付文化体育与传媒资金1.21亿元，同比增长24.8%，落实2146万元资金，加快文化大市建设和文化产业发展；安排各类体育经费1440万元，保障公共体育设施维护经费。

【强化财政监督】 完善财政投资项目评审制度。完成286个结算完结项目，核减金额8670万元，核减率8.6%。加强政府采购监管。制定政府购买服务指导目录，组织316次采购，采购成交额12.45亿元，节约资金1.79亿元。严格绩效管理。紧扣部门职责和预算项目绩效目标，完成项目绩效评价94个，督促部门整改。严控"三公"经费支出。全市一般公共预算拨款安排"三公"经费支出3446万元，同比减少19.1%。

【推进财政改革】 规范清理专项资金。按照"四张清单一张网"建设要求，建立专项资金管理清单动态调整机制，专项资金由年初的278项缩减至234项。争取政府债券。向省财政厅争取31.27亿元政府债券置换额度，降低利息成本3000余万元；新增政府债券8.70亿元，转化或有债务为政府债券5.84亿元。深化公款竞争性存放改革。落实《乐清市级预算单位公款竞争性存放管理暂行办法》，共有9家单位完成银行账户开户招投标工作，3家单位金额4900万元定期存款招投标工作。深化国库集中支付改革。新增8个乡镇统一纳入镇（街道）国库集中支付改革，建立国库集中支付动态监控系统。推进公车改革。参与制定《涉改车辆处置办法》，协助办理封停验收车辆等收车相关事宜，共审批办理公车调拨130辆，其中拍卖102辆公车，拍卖成功95辆。

【重视队伍建设】 注重政治素质建设。开展"两学一做"教育活动，巩固和扩大"三严三实"专题教育活动，以局本级财税刊物《清风集》为载体，深化财税文化建设。注重党风廉政建设。对新提拔的29名中层干部及2名提名人选进行了任前集体廉政谈话。注重业务能力提高。组织干部职工参加地税系统"岗位大练兵、业务大比武"，3位同志取得了全省前10名的成绩；情景剧《给咱财税点个赞》在"全省财税系统第四届文艺调演"获一等奖。

（乐清市财政局供稿　王子平执笔）

永嘉县

【概况】 2016年，永嘉县实现生产总值359.27亿元，按可比价格计算，增长8.6%。其中，第一产业增加值13.31亿元，增长

4.3%；第二产业增加值176.98亿元，增长7.0%；第三产业增加值168.97亿元，增长10.6%。三次产业结构由上年的3.2∶51.7∶45.1调整为3.7∶49.3∶47.0。按户籍人口计算，全县人均生产总值为37104元，增长8.9%。城镇居民人均可支配收入38446元，增长8.8%；农村居民人均纯收入18391元，增长8.6%；限额以上固定资产投资完成额311.45亿元，增长13.7%；全社会消费品零售总额157.83亿元，增长14.4%；外贸出口总额41.25亿元，增长6.3%。全县财政总收入49.09亿元，同口径增长6.6%，其中一般公共预算收入29.59亿元，同口径增长11.5%。一般公共预算支出60.86亿元，增长13.3%。全县财政收支平衡，预算执行情况良好。

清清河水绕廊桥

【组织财政收入】 加强综合税收分析。关注、跟踪宏观经济形势和企业经营变化，开展经济税源、政策效应、管理风险和预测预警分析。制定组织收入预案，落实收入调控措施，加强税收征管力度，优化税收收入质量，扩大重点税源监控面，全年1107户重点税源监控户确保重点税源监控面保持在60%以上，对全县重点税源实行中央、省级、县级、分局级四级监控制度。全年组织税收收入18.50亿元，增长13.8%。强化政府规费收入收缴管理。完善社保费征缴信息实时联网平台，全面启用社保费个人缴费明细申报系统，建立重点费源监控管理。全年组织非税收入5.99亿元，增长51.8%，社保费收入35.09亿元，增长107.9%。

【支持经济转型升级】 推进清费减负。落实清费减负政策，对小型微利企业免征部分行政事业性收费；审批困难企业的减免税、缓缴税款，取消、降低和免收各类收费2.25亿元。引导企业转型升级。落实企业转型升级资金1.49亿元，支持和服务温商回归创业创新、退二进三，经济结构调整和产业转型升级。完善财政扶持政策，支持大平台、大产业发展，促进循环经济、开放型经济、民营经济转型升级等政策。拨付应急转贷资金107笔，累计转贷金额11.00亿元，防范和化解企业资金链风险，维护企业和社会稳定，促进经济健康平稳发展。

【保障重点支出】 全年全县公共财政预算中用于民生类支出48.45亿元，占比79.6%。落实教育优先发展政策。全年教育支出15.96亿元，健全教育经费保障机制，推进全县教育现代化建设。保障基层文化建设投入。支持农村特色文化、电影公益性放映、农家书屋、舞台艺术送农民等文化类公益活动。安排2.49亿元用于被征地农民转保职工基本养老保险财政配套，确保转保人员能及时享受职工养老待遇。保障重点工程投入。依据项目实际进度，累计拨付县内重点工程建设资金8.24亿元，支持诸永高速公路温州段延伸工程、41省道南复线岩头至大若岩段等项目建设。

【深化财政改革】 开展5期县级财政资金竞争性存放竞标，邀请18家银行参与，累计招标金额达19.20亿元，增收利息720万元。落实综合体制改革。被浙江省农村综合改革办公室列入农村综合改革示范试点县，争取上级补助资金1500万元，农村生活污水及垃圾分类处理工作稳步推进。

【规范财政管理】 规范基本建设资金管理。共审核拨款资金22.28亿元，审定拨款资金20.95亿元，核减1.33亿元，核减率6.0%。做好项目审核。健全基本建设项目事前、事中、事后的全过程监督机制，共计审核基本建设资金拨款1042件（不包括县重点工程），送审拨款金额8.11亿元，审定拨款金额7.37亿元，核减0.74亿元，核减率9.1%，保证财政性基本建设资金节约使用。控管“三公”经费。全县“三公”经费3520万元，同比下降15.6%。

【加强队伍建设】 开展群众路线教育实践活动，制订活动方案，实施走亲连心、“局长接待日”、国地税合作、“两学一做”等活动，做好对照检查，召开专题民主生活会，健全廉政风险防控与财税业务工作互促互进的工作。创建学习型机关，全年组织干部培训148人次。 （永嘉县财政局供稿　张家兴执笔）

平阳县

【概况】 2016年，平阳县实现生产总值372.91亿元，增长8.9%。其中：第一产业增加值15.97亿元，增长5.2%；第二产业增加值150.80亿元,增长7.0%;第三产业增加值206.14亿元,增长10.8%。三次产业结构比由上年的4.1∶43.4∶52.5调整为4.3∶40.4∶55.3。按户籍人口计算,人均生产总值42226元,增长8.9%。城镇常住居民人均可支配收入39628元,农村常住居民人均可支配收入18861元,分别增长8.9%和8.6%。财政总收入43.89亿元,同口径增长7.7%。一般公共预算收入27.77亿元,同口径增长8.0%,其中税收收入23.99亿元,同口径增长6.4%,占一般公共预算收入的83.8%。公共财政预算支出54.70亿元,增长19.7%。全年预算执行情况良好,财政收支平衡。

【组织财政收入】 强化收入分析。研判营改增全面推进以及增值税收入划分调整对财政收入的影响,加强收入目标动态管理,落实财政、地税收入分析联席会议制度,加强与国土、住建等部门信息共享,形成组织收入合力。加强税源管理。推进围填海税收管理常态化,入库21宗围填海项目,税款879万元。加强欠税清理,全年清理陈欠3090万元,压缩新欠9352万元。规范非税收入征管。扩大政务服务网统一公共支付平台试点应用。全年完成政府性基金收入8.30亿元,完成调整预算58.6%,下降72.0%,其中国有土地出让金收入完成4.98亿元,完成调整预算71.1%,下降79.0%。

【支持经济转型升级】 促进县政府产业基金与社会资本合作,由县金控公司出资4500万元,吸引社会资本1.05亿元,成立规模1.50亿元的平阳金投股权投资基金,投资启明新材料有限公司。参与制定落实"工业强县"X系列配套政策、建筑业健康发展政策、总部经济回归政策等,拨付财政资金1.81亿元,支持"四换三名"、科技创新、平商回归、企业上市等工作。推动南麂基金岛发展,南麂基金岛入选温州市首批市级特色小镇,截至年底共有193家私募基金及管理公司入驻,注册资本金58.73亿元,实现县内外投资8.40亿元。推广运用政府和社会合作模式,新纪元学校PPP项目(一期)已建成投入使用。

【保障重点支出】 加强民生保障,全年一般公共预算中教育、科技等民生类支出44.37亿元,增长28.2%,占一般公共预算支出的81.2%。教育支出12.50亿元,增长8.2%。全面落实民办教育发展扶持政策,全年累计吸引社会直接投资4.00亿元。社会保障和就业支出5.26亿元,增长14.2%。城乡低保标准再提升10%,每人每月达到635元。医疗卫生支出6.56亿元,增长36.9%。推进基本医疗城乡统筹,城乡居民基本医疗保险人均筹资标准由690元提升至730元,提高部分均由财政承担。文化体育与传媒支出1.01亿元,增长23.0%。农林水事务支出8.47亿元,增长40.5%,支持农业基础设施、农村基层组织、美丽乡村建设,扶持农业产业、开展财政扶贫、"一事一议"、村级物业、农村土地确权登记、村级财务规范化等工作。保障重点项目建设。拨付建设资金23.25亿元,推动红色旅游道路、甬台温高速复线平阳段及鳌江胜利路连接线、温州绕西南高速平阳段、57省道复线工程、104国道瑞安仙降至平阳萧江段改建工程等一批政府主导重大项目建设。棚户区改造贷款取得突破,昆阳和鳌江两个城中村改造项目分别获得15.00亿元项目贷款。

【深化财政改革】 深化部门预算改革。统筹政府性基金预算、国有资本经营预算与一般公共预算,将5项基金统一列入一般公共预算核算。推进预决算公开,除涉密信息外,县级所有部门完成部门预决算和"三公"经费公开。坚持财政存量资金定期清理和正常收回制度,盘活存量资金3000万元,加快回收资金统筹使用,形成实际支出。做好存量债务置换,完成债券置换14.05亿元,节约利息支出9000万元以上。

【强化财政监督管理】 开展资产清查。清查县属行政事业单位258家(行政单位64家、事业单位194家),清查行政单位资产34.99亿元,负债8.08亿元,事业单位资产33.08亿元、负债6.54亿元。开展部门绩效自评。对50个项目开展绩效评价部门自评,选取11个项目开展重点评价。推进财政资金竞争性存放,11.00亿元财政资金开展招投标。加强政府投资项目审核,全年工程结算审核项目58个,送审金额3.71亿元,审定金额3.42亿元,核减2900万元。强化政府采购监管,全年采购预算4.01亿元,组织采购3.25亿元,节约财政资金7700万元。推进财税内部控制工作,出台内部控制工作实施意见及相关配套文件,初步形成"1+8+X"内控制度体系。推进收费项目清算管理,更新收费目录清单。落实厉行节约。调整县级机关培训费定额、机关工作人员差旅费等,开展差旅费管理规定执行情况重点抽查和津补贴发放自查,从严控制行政经费和一般性支出,全年"三公"经费及会议费支出下降5.6%。

【加强干部队伍建设】 开展"两学一做"学习教育,制订《"两学一做"教育活动实施方案》,局党组书记上专题党课,部署全局党员干部及各支部开展学习讨论。认真落实干部廉政谈话制度,对新提拔或到新岗位任职的干部进行上岗前廉政谈话,强化廉洁意识。强化监督检查和严肃惩处问责,深入开展"懒政怠政、为官不为"集中整治,专题分析整改暴露出来的薄弱环节和问题。联合地税部门组建财税讲师团,开展财政优惠政策宣传。加强财税文化建设,开展各类党团工妇活动。

(平阳县财政局供稿 方绪新执笔)

苍南县

【概况】 2016年,苍南县实现生产总值460.17亿元,按可比价格计算,增长8.4%。其中:第一产业增加值31.93亿元,增长4.5%;第二产业增加值180.37亿元,增长6.3%;第三产业增加值247.87亿元,增长10.5%。三次产业结构比由2015年的6.7∶41.4∶51.9调整为2016年的6.9∶39.2∶53.9。人均地区生产总值 34428 元,按可比价格计算,增长 8.2%。全年城镇居民人均可支配收入 39729 元,增长 8.8%;农村居民人均可支配收入 18470 元,增长 8.5%。全县财政总收入 51.66 亿元,首次突破 50 亿元,同口径增长 11.3%;全县一般公共预算收入 31.82 亿元,同口径增长 9.2%;全县一般公共预算支出 70.13 亿元,增长 28.9%。全县财政收支平衡,预算执行情况良好。

【组织财政收入】 收入结构持续优化。全县一般公共预算收入占财政总收入比重 61.6%;一般公共预算收入中税收收入 26.87 亿元,占比 84.4%。强化收入分析预测。定期召开财政、国税、地税部门联席会议,加强重点税源监控。推进社会综合治税。完善与市场监管、住建、国土、法院等部门协作机制,做好"五证合一""两证整合"等商事制度改革衔接;扩大国地税委托代征范围,5~12 月地税共代征增值税 6282 万元。增强税收执法刚性。开展国有企事业单位等 20 户纳税人专项税收整顿,补缴税款 650 万元。规范非税收入征缴。推进统一公共支付平台应用扩面,完成缴款 8.8 万笔,共计 994 万元。全县非税收入 4.95 亿元,增长 25.0%。

【支持经济转型升级】 支持产业转型发展。统筹安排科技经费 7000 万元,支持重大科技创新、"机器换人"技术改造、科技企业孵化器等项目实施;落实补助资金 778 万元,扶持海西电商科技园、云创电商孵化园等电商创业平台建设;安排财政支农资金 2.61 亿元,支持发展放心农业、创意农业、立体农业。落实降本减负政策。落实营改增等结构性减税和普遍性降费政策,为企业减免各项税费 5.14 亿元。支持实体经济发展。参与制定出台《关于进一步促进实体经济创新发展的若干意见》等扶持政策,支持实施"小微企业三年成长计划",全年兑现涉企扶持资金 2.11 亿元;利用政府应急转贷资金,累计为 70 户规模企业提供转贷 188 次 22.11 亿元。为企业做好政策宣传服务。开展第 25 个税收宣传月活动,举办"五城联动"街头税收宣传、营改增政策解读微信直播等活动;组织开展会计继续教育、财政支农等各类培训 90 期 19867 人次。

【保障重点支出】 支持民生工程建设。争取中央、省级基建投资及省厅债券资金支持,筹措建设资金 26.40 亿元,推进鳌江流域跨江大桥、灵沙公路、县体育馆、县人民医院、横阳支江堤防加固工程等重大项目建设。完善社会保障体系。安排社保支出 8.69 亿元,提高孤儿、残疾人、"三老"人员等困难群体补助标准,农村居民每人每月最低生活保障标准从 480 元提高至 626 元,实现城乡低保标准一体化;统筹安排医疗卫生资金 12.11 亿元,支持"双下沉、两提升"工程,城乡居民医保覆盖面达 108 万人;落实资金 5015 万元,推进保障性安居工程建设。促进社会事业发展。安排教育支出 20.12 亿元,推动学前教育、职业教育及民办教育协调发展,生均公用经费高于全省平均水平;安排文化体育事业支出 2.33 亿元,完善全县公共文化服务体系建设。助推城乡统筹发展。整合财政资金 3.79 亿元,支持创建省级生态县和国家卫生县城,推进"五水共治""大拆大整"、城乡环境综合整治、美丽乡村建设,加强历史文化村落保护利用。

【深化财政改革】 深化部门预算改革。完善财政专项资金清单管理,2016 年纳入清单专项 99 个,涉及金额 19.00 亿元;收回 2016 年部门预算结余资金 2.00 亿元,统筹用于 2017 年预算安排。推进公务用车制度改革。完成全县 126 个单位 804 辆公务用车处置工作,规范公务用车管理。推进公款竞争性存放。组织招标会 3 期,完成财政资金竞争性存放 4.00 亿元,实现利息收入 820 万元。深化国库集中支付改革。通过试行国库集中支付动态监控,发现并纠正不合理支付资金 960 万元。推动政府购买服务工作。全年预算安排 2.34 亿元,实际采购 2.12 亿元,涵盖城镇水域治理、地质灾害治理等服务目录 35 个,实现节约率 9.4%。

【强化财政监管】 加强内控机制建设。出台《苍南县财政局内部控制基本制度(试行)》和八个专项内部控制办法。推进预算绩效管理。完成专项资金绩效自评项目 363 个,涉及金额 26.70 亿元,开展农村生活污水治理、残疾人扶持专项等重点绩效评价项目 11 个。加强财政资金使用管理。新增民办教育发展、扶贫和现代农业发展等三项专项资金事前审核监督;开展财政资金安全检查,清理撤并财政账户 6 个,涉及金额 4015 万元。加强国有资产管理。牵头开展全县 331 家行政事业单位资产清查,清查资产 61.47 亿元。强化政府债务管理。置换存量债务债券 16.88 亿元,全年节约政府支出 6700 万元。加强政府投资项目审核管理。全年送审结算金额 12.42 亿元,核减金额 3614 万元,核减率 2.9%。强化政府采购监管。安排政府采购预算 10.98 亿元,实际采购 9.58 亿元,节约资金 1.40 亿元,节约率 12.7%。

【加强队伍建设】 开展"两学一做"学习教育活动。每月开展党组理论中心组和各党支部学习活动,召开"两学一做"专题党课暨学习教育动员部署会,举办宣传贯彻十八届六中全会精神暨"激扬财税梦·弘扬正能量"青年财税干部主题演讲。加强党风廉政建设。每月开展"拉袖谈心"活动;组织干部到法院旁听公职人员受贿违法违纪案件庭审,开展"铁纪仁心"廉政公益讲座,编发《公务支出廉政提醒 100 条》读本。提升队伍履职能力。修订完善《一般干部轮岗交流暂行办法》,轮岗交流一般干部 22 名;出台《苍南县财政地税系统 2016 年工作人员个人平时考核暂行办法》,加强干部队伍日常管理。

(苍南县财政局供稿 吴高强执笔)

文成县

【概况】 2016 年,文成县实现生产总值 79.07 亿元,增长 8.4%。其中:第一产业增加值 8.44 亿元,增长 3.8%;第二产业增加值

22.51亿元，增长5.0%；第三产业增加值48.13亿元，增长10.9%；三次产业结构比为10.6：28.5：60.9。固定资产投资72.02亿元，比上年增长10.8%。全社会消费品零售总额38.57亿元，增长9.5%。全县城镇常住居民人均可支配收入32747元，农村常住居民人均可支配收入14414元，分别增长9.0%和9.4%。财政总收入10.00亿元，同口径增长10.4%；其中一般公共预算收入7.92亿元，同口径增长13.7%，占财政总收入的79.2%；一般公共预算支出41.23亿元，增长21.2%，其中民生支出30.86亿元，占财政总支出的74.8%。全县财政收支平衡，预算执行情况良好。

【组织财政收入】 一般公共预算收入中，税收收入3.70亿元，同口径增长18.7%，占一般公共预算收入的46.7%。*强化重点税源监控*。对10万元以上的重点税源实施重点监控，建立台账并实行动态管理。*开展收入分析预测*。掌握本地税源实情，把握税源动态和收入进度。*加强非税收入管理*。推动非税收入收缴电子化改革，试点银联网银支付、支付宝支付收费缴款，助缴非税210万元。*规范土地出让金管理*。加快重点项目土地出让，催缴清收土地出让金。全年组织非税收入4.22亿元，增长9.6%，占一般公共预算收入的53.3%。

【服务经济发展】 *保障重点项目建设*。着重抓好森林氧吧特色小镇、成职教、武阳书院、县人民医院迁建等省市重点建设项目，全年完成投资16.60亿元。利用银行融资、PPP、产业基金和政府购买服务等市场融资机制，保障重大民生项目建设。出台《文成县旅游产业基金管理暂行办法》，到位资金2.00亿元。*加快实体经济发展*。安排资金544万元推进农业"两区"建设，累计建成粮食生产功能区71个、面积4.2万亩；完成"一事一议"助推美丽乡村农村电子商务项目并投入运营，实现销售额8000万元，创造就业岗位5000个，实现综合社会效益4.00亿元；通过政策扶持、强化管理、优化服务、扩大宣传等措施发展总部经济，全年贡献税收1500万元。

【保障民生支出】 安排教育资金支出7.64亿元，支持公办和民办教育互促互进，创成全国义务教育发展基本均衡县。安排文化体育与传媒支出9263万元，创成全省农村文化礼堂建设先进县、省级文化先进县、省级体育强县。安排医疗卫生支出5.26亿元，推进分级诊疗、县级公立医院改革，基本实现基础卫生资源全覆盖。安排社会保障和就业资金3.57亿元，用于城乡居民最低生活保障、"五保"集中供养、农村医疗救助等。安排农林水事务支出7.71亿元，扶贫资金4100万元，村干部报酬及村级组织运转等工作经费3273万元，全面落实各项强农惠农富农政策。

【强化财政监管】 *加强行政事业单位经费标准化管理*。严控"三公"经费和一般性行政支出，全年县级预算单位"三公"经费支出1963万元，下降17.7%。*抓好政府性投资项目审价*。重点把握政府投资成本和规模，控制项目造价概算。全年完成预算项目140个，核减1258万元，综合核减率2.3%；完成概算2000万元以上项目2个，核减881万元，综合审减率5.3%；完成结算项目255个，审减1097万元，综合审减率为8.3%。*严格控制政府采购规模*。进一步规范政府采购程序，全年进入县资源交易中心交易的政府采购预算14.54亿元，实际成交合同金额13.89亿元，节约资金6496万元，节约率4.5%。*加强国资监管*。贯彻实施"1+10"国企管理政策，实行国有资本经营预算管理。开展第二批行政事业单位产权确权工作，加快"两证"办理。推行国企全面预算试点，试点推行国企领导人员职务消费预算和企业工资总额预算。

【深化财税改革】 *深化部门预决算公开改革*。在县政府政务网预决算公开专栏上，公开县级财政预决算报告、80个单位的部门预决算报告和"三公"经费预决算报告，公开面达100%。*开展财政资金和公款竞争性存放改革*。完成县本级财政资金6.50亿元和预算单位公款4.80亿元的竞争性存放。*加强财政专项资金改革*。出台《文成县人民政府办公室关于开展盘活财政存量资金工作的通知》，清理整合结余结转资金，共盘活财政存量资金345项2.70亿元。*推进乡镇财政管理改革*。规范乡镇财政预算编制，深化乡镇财政国库集中支付改革。

【优化队伍建设】 *开展"两学一做"系列教育活动*。出台《2016年党风廉政建设和反腐败工作组织领导和责任分工》《2016年党风廉政建设和反腐败工作考核办法》等文件，落实党风廉政"五个一"工作机制，完善党风廉政主体责任制、"三书两报告"和纪实手册等制度，开展谈心提醒36人次，排查廉政风险。*抓好干部教育培训*。全年开办财税干部读书班3期，参加省市组织的财政系统骨干等业务培训9期。优化干部知识结构。鼓励干部参加学历、职称教育，2人取得本科学历，3人取得高级会计师职称。*深化精神文明建设*。巩固"基层文明单位""青年文明号"等创建品牌，连续三年获全县千人评议机关满意单位第一名。*树好财税对外形象*。组织干部参与文成县全民健身跑、机关干部羽毛球赛、"三八"妇女节趣味运动会等系列活动，获县微型党课比赛优秀奖、县第六届青年辩论赛冠军等荣誉。

（文成县财政局供稿　赵林生执笔）

泰顺县

【概况】 2016年，泰顺县实现生产总值81.31亿元，按可比价格计算，增长8.3%。其中：第一产业增加值7.84亿元，增长3.9%；第二产业增加值23.71亿元，增长4.8%；第三产业增加值49.76亿元，增长10.8%。三次产业结构比由上年的9.1：31.4：59.5调整为9.6：29.2：61.2。按户籍人口计算，人均生产总值21968元，增长9.9%。城镇居民人均可支配收入31337元，增长9.5%；农村居民人均可支配收入14130元，增长8.9%。全县财政总收入10.66亿元，同口径增长14.1%，其中一般公共财政预算收入7.81亿元，同口径增长13.6%，占财政总收入的73.3%。全县一般公共预算支出38.85亿元，增长24.8%。全县预算执行情况良好，财政收支平衡。

【组织财政收入】 利用特别扶持和生态补偿等政策，争取各级财政转移支付补助资金25.63亿元，新增地方政府债券资金3.20亿元。实行月度、季度税收收入动态分析，加强财政、国税、地税三方协调合作，做到依法应收尽收。全县税收收入4.96亿元，增长30.2%，占一般公共预算收入的63.5%。强化重点行业、重点企业税收征管，各层级监控户115户，监控面75.4%，贡献税收3.96亿元，占全县地税税收收入的71.5%，发挥重点税源对财政收入的支撑作用。开展房地产和建筑业营业税专项风险应对，查补税款8462万元。组织各项规费收入7.78亿元，增长75.8%；规范政府非税收入项目管理，完成非税收入2.85亿元。

【支持经济发展】 *推动重点项目建设。*统筹资金6.15亿元，支持县城新区基础设施项目、县中医院迁建工程、县图书馆迁建工程、文福公路、红军路等政府投资重点项目建设；安排资金3750万元，支持仁和旅游综合体配套项目、廊桥文化园主入口工程、乌岩岭4A景区创建配套项目等工程建设。*支持实体经济发展。*落实扶工兴贸、网络经济发展、泰顺石产业发展等优惠政策，兑现奖补资金2577万元，发展新兴产业，促进转型升级；发放助保贷贷款1120万元，出借企业应急转贷资金5170万元，缓解小微企业融资难题；向上争取企业扶持资金527万元。*落实税费优惠政策。*落实固定资产加速折旧、个人所得税个体工商户计税办法、小微企业营业税优惠政策、金融支持服务“三农”税收政策等减负政策，减免税费4000万元。

【保障重点民生支出】 安排教育支出6.71亿元，增长5.0%，保障小学和初中生均公用经费，助推现代化教育县创建；文化和体育经费支出8977万元，加大基层文化补助，支持重点文物和非物质文化遗产的保护与传承发展；社会保障和就业经费支出3.93亿元，增长36.0%，提高城乡居民基本医疗保险筹资标准；医疗卫生与计生经费支出4.59亿元，增长13.2%，深化县级公立医院改革，提升城乡公共卫生均等化水平；公共安全经费支出1.79亿元，增长16.9%，推进“平安泰顺”建设。安排救灾资金8430万元，保障各地应急救灾和灾后重建，帮助灾区群众恢复生产生活。安排抗震安居建设工程专项资金9219万元，推进抗震安居小区、避灾中心等项目建设。

【支持农村生态建设】 落实支农、强农、惠农政策，下达各类财政支农资金6.59亿元，加强农村农业基础设施建设，帮助农民致富增收。投入资金4945万元，实施“一事一议”省级财政奖补项目89个。下达农村综合改革示范县省补助资金1500万元，实施9个农业土地治理项目和7个产业化发展项目。安排“五水共治”资金1.33亿元、珊溪库区管理资金4686万元、美丽乡村建设资金1804万元，推进农村生活污水治理和中小河流整治，保护珊溪库区水源水质。统筹财政资金1.00亿元，兑现县级要素生态化改革补助奖励，加快推进国家主体功能区试点、全国生态文明建设试点、国家级生态保护与建设示范区三大国家级试点建设，助推城乡统筹发展。兑现以奖代补资金500万元，保障“三改一拆”暨无违建县创建。

【推进财政改革】 优化公共财政预算、完善政府性基金预算、健全国有资本经营预算、规范社会保险基金预算，明确预算审核原则和要求，调整部门预算项目支出结构。加强财政库款管理，压缩财政库款规模，安排财政库存资金5.20亿元开展三期财政资金竞争性存放。盘活财政存量资金，收回各部门结转结余资金9410万元统筹安排使用。按照《预算法》，财政预决算和全县所有84家单位推行预决算公开。推进数字财政建设，完成财政专项资金和项目信息管理系统1.0版开发。推进财政统一支付平台建设，政务服务网缴费项目7个。推进政府与社会资本合作（PPP）模式，组建PPP工作成员专班，筛选35个项目作为县PPP项目库的备选项目，县城关生活垃圾无害化处理项目签约落地，新建污水总厂和老城区给排水项目完成项目识别。

【强化财政监管】 对90个项目实行绩效目标重点监控、79个项目开展项目单位绩效自评、10个项目实施重点评价，涉及财政资金4.59亿元。完成政府投资建设工程结算审核项目78个，核减661万元，核减率9.8%。制定水利、林业、农业、扶贫等专项资金管理办法，推进支农项目库信息系统建设，加强财政支农资金使用监管。出台《泰顺县县级国库集中支付动态监控管理暂行办法》，启动监控软件，实时监控财政资金支付清算过程。分解落实“三公”经费、会议费和培训费支出控制指标，全年“三公”经费下降9.7%。加强政府采购项目事前事中事后全程监管，执行采购预算1.48亿元，实际支出1.32亿元，资金节约率10.8%。审核或审批资产配置1809项、资产处置42项、资产出租136项，完成行政事业单位国有资产清查工作。

【加强队伍建设】 出台内部控制基本制度和8个专项内控办法，完成内部控制制度建设任务。强化干部教育培训，举办专题讲座、培训会11期，参训600多人次。开展“两学一做”专题学习教育活动。开展“敢担当、树标杆作风建设五大行动”，推进机关作风建设。开展“大起底、找短板”行动，发挥领导干部担当精神，落实全面从严治党主体责任。完善党风廉政建设责任制考核办法，增强干部法纪意识和自律意识。

（泰顺县财政局供稿　李　觉执笔）

嘉兴市财政工作

嘉兴市

【概况】 2016年,嘉兴市实现生产总值3760.12亿元,按可比价格计算,比上年增长7.0%。其中第一产业增加值143.85亿元,增长0.9%;第二产业增加值1911.57亿元,增长5.7%;第三产业增加值1704.70亿元,增长9.1%。三次产业结构比由上年的4.0∶52.6∶43.4调整为3.8∶50.9∶45.3。按常住人口计算,人均生产总值81751元,增长6.4%。全市固定资产投资额2790.16亿元,增长11.0%。社会消费品零售总额1638.49亿元,增长10.8%。外贸进出口总额313.48亿美元,增长0.8%。全市城镇居民人均可支配收入48926元,增长7.5%;农村居民人均可支配收入28997元,增长8.0%。全市财政总收入673.37亿元,同口径增长5.2%,其中一般公共预算收入387.93亿元,同口径增长6.6%,占财政总收入比重为57.6%;税收收入347.98亿元,占一般公共预算收入比重为89.7%。全市一般公共预算支出442.19亿元,增长4.1%。市本级财政总收入213.71亿元,同口径增长10.6%,其中一般公共预算收入124.2亿元,同口径增长12.2%。市本级一般公共预算支出152.67亿元,增长3.9%。全市及市本级财政收支平衡。

【组织财政收入】 *加强信息管税。*推进"金税三期"上线,清理数据96万条,国地税共同清理漏征漏管户532户,实现征管系统顺利过渡。深化部门涉税信息共享运用,全市采集740万条第三方涉税信息,涉及税费105.66亿元。*强化财税服务。*深化国地税合作,联合搭建办税服务平台,在全市范围内打造"半小时办税服务圈"。按税收入库数排名走访10130户纳税人,问需求,优服务,促改革。*培育优质财源。*支持浙商创业创新、个转企、"小微企业三年成长计划"、战略性新兴产业等,统筹安排涉企政府专项资金4.46亿元。*强化社保费征管。*改进嘉兴市社会保险费年度结算系统。全市入库社保费192.79亿元,增长15.5%。*加强非税收入管理。*污水处理费纳入政府非税收入管理。深化政府非税收入收缴电子化改革,支付渠道涵盖银联、网银、支付宝、交行MIS-POS等。全市非税收入359.79亿元,增长58.2%。其中纳入一般公共预算管理的非税收入39.95亿元,增长19.2%。

【助力供给侧结构性改革】 *支持去产能。*下达专项奖补资金3436万元,压减粗钢产能55万吨,完成化解钢铁过剩产能目标任务。完善"亩产税收"评价体系,继续差别化减免土地使用税和房产税,对市本级评价为D类和一票否决的1022家企业不予减免,倒逼集约利用土地。*支持去库存。*落实房地产交易环节契税、营业税税收优惠新政,14万户次受益。支持实施棚户区改造货币化安置,全市完成1.18万户。完善住房公积金贷款政策,出台提高最高贷款额度、实施保底贷款等惠民新政。*支持去杠杆。*加快推进地方政府债券置换存量债务工作,置换存量债务469.45亿元,争取到地方政府存量或有债务转化政府债务额度90.99亿元。制定五年化债计划,落实具体化债措施。*支持降成本。*涉企收费从50项减少到27项,减免各项税费332.70亿元。5月1日起,全面推开"营改增"试点,细化70项"营改增"试点工作任务,完成8.84万户纳税人的税制转换,减轻试点企业负担21.93亿元。*支持补短板。*针对科技创新短板,完善人才发展资金管理办法,支持实施人才改革试验区创建和"创新嘉兴·精英引领计划";支持推进"泛孵化器""众创空间"等科技平台建设,全市建成市级以上科技企业孵化器19家;加深科技金融合作,设立科技支行信贷风险补偿基金7000万元。全市科学技术投入17.94亿元,增长9.6%。*推进管理会计应用试点。*确定6家管理会计应用试点单位,建立院校与企业一对一合作机制,助推企业转型升级,降本增效。浙江亚特电器公司获得省管理会计应用试点优秀奖。

【保障民生事业发展】 完善民生投入长效机制,全市民生发展类支出353.84亿元,增长7.0%,占一般公共预算支出的80.0%,占比全省排名第一。*支持生态建设。*筹措资金保障重大水利工程,落实"河长制"和"清三河"工作,完善水源地生态补偿机制,全市投入"五水共治"资金42.55亿元。对各县(市、区)出台与PM2.5考核下降挂钩的奖补政策,全市投入"五气共治"资金3.67亿元。海绵城市建设试点项目完工36个,在建55个,累计完成投资17.01亿元,其中财政资金11.77亿元。*支持教育事业发展。*保障优质义务教育资源均衡,义务教育支出46.27亿元,增长8.8%,推动各县(市、区)通过"国家义务教育基本均衡县"评估,4个县(市)通过"省政府基本实现教育现代化县(市、区)"认定。*支持文化事业发展。*支持农村文化礼堂建设,农村文化礼堂覆盖率全省第一。特设1000万元专项资金支持创建全国公共文化示范区,以东部地区第一名的成绩创建国家公共文化服务体系示范区。*支持医疗卫生事业发展。*推进卫生信息化建设实施诊间结算,出台引进上海高端医疗资源的财政补助政策,安排基层医疗卫生机构财政补助资金1.77亿元。*完善社会保障。*推动居家养老服务照料中心实现城乡社区全覆盖,成为首批国家级医养结合试点。加大社会救助兜底力度,在全省率先出台支出型贫困家庭救助办法。全市社会保障和就业支出33.79亿元,增长22.0%。*支持美丽乡村建设。*修订市本级美丽乡村建设资金管理办法。健全村级公益事业"一事一议"财政奖补机制。制定财政支持农业"三项补贴"政策综合改革实施意见。

【深化财政改革】 加强政府专项资金管理。开展政府专项资金集中整治,堵塞管理漏洞,推进七大政府专项资金管理清单全部公开,内容细化到补助对象、补助资金和政策依据。推进预决算信息公开。全市所有县(市、区)财政总预算和"三公"经费预决算、市级部门(除涉密部门外)预决算全部公开。推进国库集中支付和公务卡改革。全市国库集中支付资金占比93.7%,比上年提高13.5个百分点。截至12月底,市级部门办理公务卡9819张,比上年增加753张;公务卡消费结算金额2739万元,增长15.8%。加大产业基金扶持力度。推动市政府出台《嘉兴市政府产业基金管理办法》,组建政府产业基金投资决策委员会,实现政府产业基金县(市、区)全覆盖,截至12月底,全市各级财政筹集政府产业母基金80.75亿元,增长9.45%;撬动社会资本投资额627.79亿元,增长207.15%。推进政府和社会资本合作。全市实施PPP项目21个,总投资574.33亿元。城东再生水厂工程入选第三批国家示范项目。深化政府购买服务改革。出台《市级政府购买服务项目审核管理办法》,建立政府购买服务项目联审机制,修订政府购买服务指导性目录,从90项调整扩大为142项,全市政府购买服务支出19.63亿元,增长13.0%。

【强化财政监督管理】 加强内部控制建设。组建内部控制组织管理架构,成立内部控制委员会,建立内部控制制度体系,强化内部流程控制。建设内控示范点,推进全市行政事业单位内部控制建设。深化公款竞争性存放。出台《市级行政事业单位公款竞争性存放管理暂行办法》,全市各级财政实施公款竞争性存放553.13亿元,到位率100%;各级单位实施公款竞争性存放141.55亿元,到位率100%。完善行政事业单位财务管理制度。出台预算单位课题研究经费、劳务费等一系列管理制度,结合新一轮公务用车制度改革,出台公务交通费、工作人员差旅费开支补充规定等配套财务制度。加强政府投资项目管理。市级政府投资项目结算审核298个,审定金额10.30亿元,净核减1.24亿元。项目竣工决算审核19个,审定金额17.60亿元,净核减0.15亿元。规范政府采购监管。规范市级政府采购工程项目管理,加强政府采购活动现场组织管理。推进政府采购支持中小企业信用融资工作,在全省率先建立政府采购信用融资全市互联互通机制。

【加强干部队伍建设】 开展"两学一做"学习教育。组织全体干部认真学习党的十八届四中、五中、六中全会精神和习近平总书记系列讲话精神。举办"两学一做"知识竞赛和纪念建党95周年表彰会、展示会、诗歌会,承办全省财税系统第四届文艺调演。落实全面从严治党主体责任。制定《财政局党委党建工作责任清单》,突出各级党组织一把手履行党建主体责任,7名党委委员结对16个党支部,做好党建指导、领学督查。加强党风廉政和作风效能建设。组建12个正风肃纪工作小组,按照每周不少于1次的频率常态化开展明查暗访活动。加强干部培养激励。地税系统领导干部异地交流任职和挂职锻炼实现县(市)局全覆盖。实施"选育优苗、岗位成才""岁月如歌、薪火相传"等工程,激发财税干部干事创业激情。2016年,市财政局连续第14年被市委、市政府评为目标责任制暨五型机关考核一等奖。

(嘉兴市财政局供稿 徐力超执笔)

南湖区

【概况】 2016年,嘉兴市南湖区实现生产总值451.63亿元,按可比价格计算,增长7.8%。其中:第一产业增加值14.60亿元,下降0.9%;第二产业增加值172.22亿元,增长7.6%;第三产业增加值264.82亿元,增长8.4%。三次产业结构比3.2∶38.1∶58.7。按户籍人口计算,人均生产总值102163元。全区财政总收入51.43亿元,其中一般公共预算收入21.23亿元,同口径增长7.6%,占财政总收入的41.3%;税收收入18.52亿元,占一般公共预算收入的87.2%。全区一般公共预算支出19.43亿元,增长5.6%。全区财政收支平衡。

【组织财政收入】 建立护税联动机制。国地税联合上线"金税三期",共建国地税办税服务大厅。建立税收社会化管理工作网络,加强个体化税收管理。强化财税服务。针对各主体组织开展财政税务和经济形势等相关内容培训,解决财税政策方面的疑难问题。加强重点税源监控。建立重点税源库,跟踪落实搬迁企业税收划转,强化外来建筑税收征管,消除收入征管盲点。强化税收分析。研判收入走势,关注个人所得税、车辆购置税、消费税等税种改革动向,把握财政收入组织节奏。健全非税征管机制。推进浙江政务服务网统一公共支付平台试点工作,全年征缴非税收入18.32亿元,增长82.3%。其中纳入一般公共预算管理的非税收入2.72亿元,增长2.6%。

【支持产业转型升级】 实施创新驱动战略。安排科学技术资金7300万元,增长8.0%。下拨领军人才补助资金2624万元,支持国家和省"千人计划"*。落实结构性减税和清费减负政策。稳步推进营改增,完善分级税源培育机制,落实小微企业、先进制造业、科技型企业等转型升级税费优惠政策,全年减免税费5.37亿元。鼓励发展特色楼宇。拨付扶持资金515万元,加快特色楼宇培育。推进产业基金运作。以南湖红船产业基金母基金为基础,设立4个子基金,总规模26.02亿元,4个子基金完成投资项目16个,投资额3.95亿元。

【保障民生事业发展】 全区民生支出15.99亿元,占一般公共预算支出的82.4%。完善社保体系建设。下拨补贴资金613万元,落实助残扶残政策,按生均公用经费的十倍标准保障残疾儿童随班就读。加快教育事业发展。全年教育支出5.18亿元,小学、初中生均公用经费标准分别提高至700元、900元。加大医疗卫生投入。医疗救助资金筹集标准由15元提高到20元,落实基层医疗卫生单位补助经费和基层公共卫生经费6380万元，推进基层医疗卫生机构综合改革。支持文化惠民工程。安排文化事业资金2000万元，创建国家公共文化服务体系示范区。推进平安建设。全年公共安全支出2.11亿元，增长14.0%，重点保障流动人口管理、安全生产监管、网格化管理等。支持农业农村发展。安排美丽乡村建设资金7350万元和统筹城乡发展资金1000万元。2个村通过省级美丽宜居示范村验收。推进海绵城市试点建设。出台《嘉兴市南湖区海绵城市试点建设财政资金补助管理办法》，纳入试点的43个项目中，完工8个项目，累计下拨资金1.56亿元。支持生态环保建设。安排城乡环境保洁经费7838万元，支持小街小巷整治行动、城乡环境卫生整治等工作，改善城乡卫生环境。

【深化财政改革】 推进预算管理改革。完善预算定额标准体系，试编2015年度政府综合财务报告。加大一般公共预算与基金预算的统筹力度，调入预算稳定调节基金1.57亿元，从基金预算调入一般公共预算4100万元。深化政府购买服务工作。出台2016年南湖区向社会力量购买服务指导目录，实施政府购买服务项目127个，涉及金额4117万元。加大财政信息公开力度。区级支出按功能分类细化到“项”，基本支出按经济分类细化到“款”，区本级除涉密单位外的其他所有预算单位全部向社会公开预决算信息。深化财政专项资金改革。试编财政专项资金管理清单，推进财政资金竞争性分配。利用浙江省转移支付项目库，建立申报统计制度，对上级转移支付中的稳增长项目实行常态管理，加快项目预算执行进度。

【完善财政监督机制】 开展财政支出绩效评价。根据项目资金规模、资金支出方向等情况，重点评价2015年度项目12个，涉及资金1.49亿元。抓好政府性债务管理。政府债务收支纳入预算管理，置换地方政府债券93.74亿元，节约利息支出2.22亿元。加强国有资产管理。建立从国资委至镇、街道、园区国有资产投资公司的多层级监管体制。整合优化国有资产，组建嘉兴市南湖国有资产投资集团有限公司、嘉兴市南湖新市镇开发建设集团有限公司、嘉兴市南湖城市建设投资集团有限公司、嘉兴科技城投资发展集团有限公司四大集团公司。出台南湖区国有公司中介委托业务管理制度，推进国有公司规范经营。加强政府采购管理。全年完成政府采购预算3.88亿元，实际采购金额3.45亿元，资金节约率11.1%。推进内控制度建设。成立南湖区行政事业单位内部控制规范建设工作领导小组，制定“1+8”内控监督体系。规范公款竞争性存放。全年开展公款竞争性存放专项督查3次，竞争性存放公款10.15亿元。

【加强队伍建设】 加强理论武装。开展“两学一做”学习教育活动，学习党的十八届六中全会、习近平总书记系列重要讲话和上级财税改革文件精神。深化基层服务。深入联挂村、社区推进“五水共治”、峰会安保等重点工作，收集基层对财政工作的意见建议。加强党风廉政建设。强化警示教育，组织全体干部旁听法院庭审。开展落实中央八项规定精神“回头看”工作，全面自查经费使用情况。南湖区财政局连续第二年获区级机关部门、单位工作目标责任制考核一等奖。

（嘉兴市南湖区财政局供稿　王灵洁执笔）

注：

*“千人计划”：海外高层次人才引进计划。

秀洲区

【概况】 2016年，嘉兴市秀洲区实现生产总值307.76亿元，按可比价格计算，增长7.4%。其中：第一产业增加值16.98亿元，增长2.6%；第二产业增加值148.70亿元，增长6.7%；第三产业增加值142.08亿元，增长8.7%。三次产业结构比5.5∶48.3∶46.2。按常住人口计算，人均生产总值72335元，增长6.7%。全区财政总收入41.42亿元，同口径增长8.7%，其中一般公共预算收入18.08亿元，同口径增长6.3%；一般公共预算收入占财政总收入比重43.6%，其中税收收入15.9亿元，占一般公共预算收入比重87.9%；一般公共预算支出24.37亿元，增长11.9%。全年财政收支平衡。

【组织财政收入】 强化税收管理。密切与国地税部门联系，定期召开财政形势分析会，加强收入预测分析和收入预案。全面落实“营改增”工作。加强信息管税，“金税三期”成功上线。强化非税收入管理。深化政府非税收入收缴电子化改革，实现公安交警和城市执法违法处罚网上缴款。增加支付渠道，拓展试点项目，引入二维码扫码付款技术。因国有土地出让收入大幅增长，全年非税收入26.01亿元，增长147.5%。其中纳入一般公共预算管理的非税收入2.19亿元。

【推进供给侧结构性改革】 加强资金扶持。兑现经济转型发展专项资金1.53亿元，支持实施“小微企业三年成长计划”。兑现工业发展专项资金1964万元，推动“机器换人”“两退两进”，支持“两化”融合示范（试点）建设。落实清费减负政策。全年涉企收费基金减免2139万元。开展政府非税收入规范清理工作，取消、暂停行政事业性收费项目7个，减免涉企收费项目7个。支持创新驱动战略。科学技术支出1.43亿元，增长53.6%。修订《嘉兴市秀洲区专利专项资金管理办法》，鼓励发明创造，激励自主创新。设立秀洲区科技支行信贷风险补偿基金并制定相应管理办法，基金首期规模为1000万元。继续实施“人才强区”战略，兑现领军人才企业创业资金2240万元。

【保障民生事业】 全年民生支出12.82亿元，占财政支出77.7%。支持教育事业发展。教育支出5.83亿元，增长6.2%，重点用于完善义务教学经费保障机制，改善学校基础设施条件，提高现代教育装备水平,加大扶困助学投入。支持文化事业发展。文化体育与传媒支出1801万元,增长13.7%,重点用于文化产业发展,文化礼堂和文化活动中心建设。支持医疗卫生事业发展。医疗卫生与计划生育支出6579万元,增长9.7%,重点用于保障基层医疗卫生机构实施基本药物制度,完善基层公共卫生经费保障机制,提升城乡基本医疗和公共卫生服务。完善社会保障制度。推进机关事业单位养老保险制度改革。筹集城乡居民社会养老保险配套资金7966万元。支持推进省级养老服务业综合改革试点。助推生态文明建设。区级财政投入“五水共治”资金1.63亿元,投入“五气共治”资金3908万元,投入“三改一拆”资金2397万元。支持农业农村发展。区级支农资金3.55亿元,比上年增长12.0%。组织开展“农业三项补贴”政策综合改革和财政支农领域落实“两个一般不”改革示范工作。申报省级财政资金竞争性分配项目,“田园秀洲·美丽乡村”项目列入省“一事一议”财政奖补助推美丽乡村建设试点名单,获省财政补助2000万元。

【深化财政改革】 深化预算管理改革。制定《秀洲区区级部门预算编制工作考评办法》,提高部门预算编制质量。推进部门预决算信息公开,区本级除涉密单位外的其他所有预算单位全部向社会公开预决算信息。深化政府购买服务改革。完善政府购买服务标准体系,印发《秀洲区政府向社会力量购买服务管理办法(暂行)》及若干实施细则,全年区级(不含乡镇)政府购买服务项目110个,金额3945万元。建立联席会议制度,修订政府购买服务指导性目录,从90项调整扩大为142项。深化国库集中支付和公务卡改革。规范镇(街道)财政收支管理,升级乡镇国库集中支付系统。全区公务卡刷卡支付金额291万元。

【强化财政监督】 推动公款竞争性存放管理。组织实施1.20亿元财政性资金竞争性存放招投标工作,财政性资金和部门公款资金竞争性存放到位率100%。强化政府投资项目管理。全年完成批复竣工财务决算项目71个,审定资金9.65亿元,净核减8820万元。深化绩效评价工作。全年实施区级绩效评价项目98个,涉及预算安排资金5.15亿元。开展高层次人才激励政策和工发资金政策两项政策绩效评价试点工作。加强政府采购监督管理。从采购文件制定、信息发布、采购现场、采购合同签订及备案等方面进行全面监管,保护采购人和供应商合法权益。强化政府性债务管理。规范债务管控,完成地方政府债券置换存量债务40.32亿元。制定五年化债计划方案,明确分年度化债目标。强化内控管理。推进全区行政事业单位内控建设工作,加强财政部门内控制度建设,成立内控委员会,建立“1+9”*制度体系。加强国资监管。整合组建5家镇级国资营运公司,提升担保能力。完成全区232家行政事业单位国有资产清查。

【助推秀洲国家高新区*发展】 优化财政体制。根据高新区两街道职责调整,完善区对高新区分税制财政管理体制。筹措发展资金。争取上级政策支持,获得市财政连续5年每年3000万元补助,专项用于高新区公共基础设施及相关配套设施建设。发挥政府产业基金作用,建立嘉兴米硕手游基金、北科建科技基金子基金2支,撬动社会资本4.00亿元。助推打造“人才特区”。支持“秀湖双百计划”*,出台《嘉兴秀洲高新技术产业开发区“秀湖双百计划”实施管理细则(试行)》,提供创业扶持,实施人才激励和住房补贴。

【加强队伍建设】 开展“两学一做”学习教育。开展“手抄党章”、晒出承诺、重温誓词、领导班子带头领学、听讲专题党课等活动。加强党风廉政建设。自觉履行“一岗双责”,全面开展“三评三报告”*。严格党员组织生活,组织观看廉政教育警示片和图片展等,加强党风廉政教育。注重干部培养。组织干部参加青年干部成长“墩苗工程”,推进青年干部成长导师制。组织网络安全意识讲座和信息编写、内控培训、财政法制等培训。2016年秀洲区财政局连续第四年获秀洲区工作目标责任制考核一等奖。 (嘉兴市秀洲区财政局供稿 陈旭霞执笔)

注:

***“1+9”**:指1个基本制度,9个专项风险管理办法(包括法律、政策制定、预算编制、预算执行、企业国有资产监管、公共关系、机关运转、信息系统管理、岗位利益冲突等9方面)。

***“秀洲国家高新区”**:全称“嘉兴秀洲高新技术产业开发

财政支持农村公路改造提升工程

区”。2015年9月，国务院正式批复同意嘉兴秀洲高新技术产业园区升级为国家高新技术产业开发区，定名为嘉兴秀洲高新技术产业开发区，实行现行的国家高新技术产业开发区的政策。秀洲国家高新区是嘉兴市第一家国家高新区。

＊**“秀湖双百计划”**：以秀洲区建设国家高新技术产业开发区为契机，围绕“创新驱动”战略目标，建立10亿元规模的高新区人才扶持资金，以市场化、专业化为导向，先行先试，创新突破，力争五年内，引进海内外高层次创业人才100名（其中符合“千人计划”、“万人计划”条件的30名），年销售收入超千万元的人才项目（企业）累计达到100个。

＊**“三评三报告”**：一评一报告为科室评，向分管领导报告；二评二报告为分管领导评，向主要领导报告。三评三报告为主要领导评，向秀洲区委、区纪委报告。通过层层传导压力，逐级落实党风廉政建设主体责任。

海宁市

【概况】 2016年，海宁市实现生产总值744.09亿元，按可比价计算，增长6.4%。按户籍人口计算，全市人均生产总值109575元，增长5.8%。其中：第一产业增加值22.53亿元，增长3.6%；第二产业增加值394.72亿元，增长5.0%；第三产业增加值326.83亿元，增长8.4%。三次产业结构比为3.0∶53.1∶43.9。全市财政总收入123.88亿元，同口径增长2.2%，其中一般公共预算收入72.00亿元，同口径增长1.0%，占财政总收入比重58.1%；一般公共预算收入中税收收入65.90亿元，占一般公共预算收入比重91.5%；全市一般公共预算支出78.09亿元，增长1.8%。全年财政收支平衡。

【组织财政收入】 深化国地税合作。推动服务深度融合、执法适度整合、信息高度聚合，建立国地税全口径税收分析机制，在袁花分局成立联合办税服务厅。深化涉税信息共享运用。全年应用第三方信息实现税收收入5.56亿元，增长11.6%。强化社保费征管。加强与社保部门、镇（街道）联系，全年社保费收入34.19亿元，增长13.9%。健全非税收入管理机制。出台非税收入管理办法，加快国有土地出让进度，推进电子化收缴改革，开通幼儿园保育费、交通违法罚款等支付宝付款渠道。全年政府非税收入62.20亿元，增长74.9%。其中纳入一般公共预算管理的非税收入6.10亿元，增长24%。

【落实积极财政政策】 落实结构性减税和清费减负政策。制定降低企业成本减轻企业负担37条意见，取消、停征收费项目9项，减免各类行政事业性收费6253万元。全面推开营业税改征增值税试点，完善抵扣链条，实现所有行业税负只减不增。全年国地税减免各类税收22.50亿元，比2015年增加7.01亿元。支持经济转型升级。制定《推进财政支持经济转型发展专项资金分配方式改革若干意见》，试行财政扶持资金竞争性择优分配，全年兑现财政扶持资金6.23亿元。支持创新驱动发展战略实施。参与制定《关于促进大众创业万众创新政策意见的实施细则》，完善创业创新贷款融资服务政策，支持人才引进，全年拨付领军人才、技术创新团队等奖励资金4654万元。支持去库存。落实促进房地产业健康发展政策，全年兑现商品房购房补贴4194万元。

【保障改善民生】 2016年，全市民生支出占一般公共预算支出的80.5%，比2015年提高0.7个百分点。加大教育投入。提高各教育阶段生均公用经费标准，其中小学、初中分别提高至1227元、1840元，中职学校生均公用经费2519元。支持农业农村发展。深化财政支农体制机制改革，市级财政支农资金支出8.78亿元，增长12.6%，实施“一事一议”项目37个。提高医疗卫生保障水平。支持完善医疗资源能级配置，城乡居民基本医疗保险财政补助标准每人每年从678元提高至778元。完善社会保障制度。支持养老服务体系建设，推进机关事业单位养老保险制度改革，落实企业退休人员基本养老金动态调整机制，月人均增加152元。支持文化体育事业发展。完善基本公共文化服务体系，全年文化体育投入1.94亿元，主要用于群众文化活动、文化阵地建设、文体设施开放等支出。支持生态文明建设。完善城乡环境卫生长效保洁财政补助政策，发挥财政资金激励作用，全年拨付长效保洁补助资金2265万元、环卫设施补助资金1025万元。推进“五水共治”“五气共治”，下达农村生活污水治理补助资金1.09亿元、城镇生活污水治理补助资金6500万元、新能源公交车补助资金2000万元。

【深化财政改革】 深化预算管理改革。推进全口径预算体系建设，一般公共预算、政府性基金预算、国有资本经营预算、社会保险基金预算全部提交人代会审议。盘活存量资金及基建专户结余资金1.50亿元，核减预算指标2.50亿元。推进预决算信息公开。在市政府网站公开《海宁市2015年财政预算执行情况和2016年财政预算草案的报告》及《2016年海宁市“三公”经费预算汇总情况》，指导市级部门及镇（街道）公开部门预决算和本级政府预决算。推进政府购买服务。全年安排政府购买服务支出5.74亿元，增长73.9%，项目129个，其中治安视频监控服务项目入选省第一批政府购买服务试点经验典型项目。深化国库集中支付改革。出台市级国库集中支付实拨业务电子化管理暂行办法，深化镇（街道）国库集中支付改革，资金覆盖率提高到95.0%。开展市级预算单位个人公务卡使用管理专项检查，规范公务支出。推进政府采购管理改革。创新政府采购模式，进入应用“政采云”平台全省试点县市名单。深化国资管理改革。合并重组海宁市城市发展投资集团有限公司、海宁市社会发展建设投资集团有限公司。深化基础设施投融资体制改革。推广运用PPP模式，引入省财政基础设施投资基金6.00亿元，设立规模为15.00亿元的市基础设施投资基金，争取中国政企合作基金出资13.00亿元共同参与杭州至海宁城际铁路项目建设。

【推进产业基金运作】 *发挥产业基金导向作用*。与社会资本共同设立东方天力创新产业基金，重点投向高端装备、高端材料、新能源技术等产业和领域，投资2.78亿元带动8个项目社会资本投资40.60亿元，充分引导社会资本、产业资本和金融资本向实体经济聚焦，发挥财政资金的杠杆效应。*支持产业转型升级*。发挥省、市、县三级转型升级产业基金的合力作用，投资1.00亿元、争取省产业基金2.00亿元、带动社会资本7.00亿元组建海宁皮革时尚小镇开发公司，支持皮革产业转型升级和省级特色小镇开发。*拓宽产业基金渠道*。对首期规模1.00亿元的影视产业基金和首期规模5000万元的民宿旅游基金完成合作洽谈。

【强化财政监管】 *实施公款竞争性存放*。全年竞争性存放76.00亿元，到位率100%，覆盖市镇两级财政及行政事业单位。*深化预算绩效管理*。对29个市级专项以及市级部门、镇(街道)开展绩效自评工作。做好旅游业发展专项资金、科技发展专项资金两个人大委托项目和食品农产品安全民生实事工程的绩效评价。*加强"三公"经费管理*。全年"三公"经费下降21.7%，其中公务接待费下降28.3%。实施公务用车制度改革，核减公务用车118辆，公务交通费用节支率8.1%。*加强政府投资项目管理*。全年完成政府投资概预算审核项目99个，净核减4.00亿元，综合净核减率7.6%。*加强政府性债务管理*。制定化解债务风险工作方案，规范国有公司融资行为，全年完成存量债务置换58.74亿元，节约财务费用2.30亿元。*推进内控建设*。牵头开展行政事业单位内部控制规范和示范点建设。加强财政部门内控制度建设，成立内控委员会，建立由1个基本制度、8个专项办法组成的内部控制制度体系。*优化财政服务*。深入推进"放、管、服"改革，强化审批服务事项事中事后管理，会计从业资格证申领办理权限下放至镇(街道)。推行会计从业资格证书"网上申领、在线服务、快递送达"，网上办证量占55.0%。开展企业管理会计试点，强化会计诚信考核。

【加强队伍建设】 *开展"两学一做"学习教育*。制定实施方案，开展书记党课、市党代表"先锋讲台""一刻钟讲堂"等活动。*推进绩效管理*。明确全局改革工作和重点工作，推行主办项目申领，实施常态化跟踪督办。*优化人力资源配置*。规范开展全员竞争上岗和中层干部选拔任用，实施岗位交流。推进青年干部成长导师制，2名青年干部入选省级人才库。*加强党风廉政建设*。落实党风廉政个性化任务，实施项目化管理。*深化财税文化建设*。2016年，海宁市财政局获嘉兴市财政地税系统绩效管理考核先进单位，获海宁市目标责任制考核优秀部门和党建工作先进单位。 (海宁市财政局供稿 许立锋执笔)

平湖市

【概况】 2016年，平湖市实现生产总值513.09亿元，按可比价格计算，增长6.6%；按常住人口计算，人均生产总值74909元，增长5.9%。其中：第一产业增加值16.04亿元，下降2.9%；第二产业增加值294.27亿元，增长5.9%；第三产业增加值202.78亿元，增长8.0%。三次产业结构比3.1∶57.4∶39.5。全年财政总收入99.10亿元，同口径增长0.6%，其中一般公共预算收入56.79亿元，同口径增长3.7%；全市一般公共预算支出56.41亿元，同比增长4.7%。当年财政收支平衡。

【组织财政收入】 *优化收入结构*。全市一般公共预算收入占财政总收入比重为57.3%，比上年提高5.9个百分点；税收收入51.50亿元，增长2.7%，占一般公共预算收入的90.7%。*实施信息化管税*。推动"金税三期"优化版上线，加强与国土、国税等部门的协作，强化税收征管保障。*加强非税收入管理*。完善政府非税收入征缴制度，推进收缴电子化改革，推进统一公共支付平台试点扩面，实现公安交通违法处罚、学校教育收费网上缴款，开通支付宝、网银和银联3种支付渠道，改革创新政府非税收入征管方式。全年非税收入47.76亿元，增长83.0%，其中纳入一般公共财政预算管理的非税收入5.28亿元，增长14.5%。

【支持经济发展】 *支持重大项目实施*。集中财力保障重点项目建设资金需要，全力推进"五个平湖"*建设。全年拨付政府投资项目资金5.57亿元，保障重点工程项目建设。安排"五水共治"资金6206万元，落实"三改一拆"和"四边三化"等城乡建设资金4.18亿元。*加大财政资金扶持力度*。支持全市"四换三名"、浙商创业创新、"个转企"等重点工作，支持实施"小微企业三年成长计划"。全年向上争取财政资金9.90亿元，兑现涉企扶持资金2.21亿元。*落实减税降费政策*。为企业减免各类税费5.62亿元。调整企业失业保险费单位缴费费率，落实下浮职工基本医疗保险缴费比例等优惠政策，全市4157家企业享受医疗保险优惠2416万元，4172家企业享受养老保险优惠3916万元。落实行政事业性收费减免政策，全年清理收费项目28条，减免各类行政事业性收费658万元。*支持实施创新驱动战略*。出台《平湖市推进经济转型升级创新发展若干政策意见》，全年财政科技投入2.10亿元，增长13.7%。投入1500万元建设科技创业孵化中心。推进"两化"深度融合国家试点，支持传统产业改造提升和新兴产业加快发展等工作。

【保障民生事业发展】 *完善民生投入长效机制*，全年民生支出45.04亿元，增长6.3%，民生支出占一般公共预算支出的79.8%。*加大财政支农投入*。全年安排农林水事务支出5.10亿元，重点支持农业产业化发展、生态循环农业发展、村级集体经济发展壮大、美丽乡村建设和土地复垦新社区建设。落实省级扶持村级集体经济发展试点项目工作，出台《平湖市扶持村级集体经济发展试点项目资金管理办法》，投入财政资金3789万元重点支持全市10个试点项目。支持教育事业发展。全年教育支出12.19亿元，增长4.4%，切实保障教育现代化、学前教育、中小学教育、职业教育等。提高生均公用经费定额标准，全面实施中小学校舍安全工程，做好农村中小学接送车经费保障工作，完善财政扶持民办学前教育和中等职业学校学生资助政策。支持社会保障事业发展。社会保障和就业支出5.02亿元，增长27.7%。完善社会救助体系建设，出台支出型贫困家庭救助办法，明确支出型贫困家庭救助范围；实行最低生活保障标准城乡一体化，全市最低生活保障标准调整至每人每月664元，同比提高12.9%。支持医疗卫生事业发展。全年医疗卫生支出4.00亿元，增长18.9%。开展分级诊疗推广工作，实施平湖智慧医疗项目，保障医疗服务工作有序开展。

【完善财政投入机制】 推进政府购买服务改革。完善政府购买服务体系，推进镇街道培育平台建设，新增社会组织24家。打造平湖市社会组织创益园，投入财政资金150万元。重点在民政和司法领域推进政府购买服务，先后实施养老服务、青少年帮教、婚姻危机干预、关爱"失独"家庭等政府购买公共服务项目。全年实施政府购买服务项目44项，执行资金1.89亿元，增长8.0%。筹建政府产业基金。严格执行《平湖市政府产业基金管理办法》，支持战略性新兴产业快速发展和重点项目加快推进。成立总规模5000万元的平湖汇富产业基金，重点支持旅游及相关产业发展；成立总规模1亿元的平湖体育发展基金，重点支持体育及相关产业发展。推广运用PPP模式。出台《平湖市人民政府办公室关于推广运用政府和社会资本合作模式的实施意见》，加快完善PPP项目库，加大项目推介力度，试点实施市东片污水处理厂和市体育中心两个项目。

【深化财政改革】 深化预算管理改革。细化预算编制，健全支出定额标准体系，推进市级预算项目库建设；建立跨年度预算平衡机制，试编2017~2019年三年滚动预算。推进"四单一网"建设。整合全市财政专项资金政策文件，实现专项资金统一口径管理。推行政府专项资金项目库建设，公开项目清单，公示财政专项资金管理办法、分配过程、分配结果。推进国库集中支付改革。完善国库集中支付情况定期通报制度，创新开展生育保险基金、城乡居民养老保险基金社保国库集中支付的新模式。加强债务风险控制管理。全年共置换政府存量债务89.12亿元，债务年均利率下降3.6个百分点，债务利息支出减少3.50亿元。加大投融资机制创新，组建平湖市国有资产控股集团有限公司，推动融资平台整合升级。

【深化财政监督管理】 完善绩效评价管理。实现全年部门预算绩效目标申报全覆盖，全年共评价重点项目57个，涉及财政资金6.10亿元，省级联动项目2个，涉及财政资金1.49亿元，41个部门开展整体支出绩效评价，涉及财政资金35.42亿元。深化重点项目绩效评价工作，成为全省首个将重点项目绩效评价报告搬上县级人大常委会会议的县市。盘活财政存量资金。集中收回各预算单位历年专项结转资金，统筹用于重点项目建设，全年盘活财政存量资金1.85亿元。开展财政资金竞争性存放。出台《市级行政事业单位公款竞争性存放管理暂行办法》，累计实施竞争性存放51.84亿元。开展内控机制建设。成立内控机制委员会及其办公室，搭建"1+8+X"内控机制，制定科室(单位)内部控制操作规程。开展全市行政事业单位内控机制建设，印发《行政事业单位内部控制基础性评价报告》和《行政事业单位内部控制自评报告》。加强政府采购管理。推进政府采购法实施条例落实，加强"全口径"政府采购预算编制和执行工作；扩大批量集中采购范围，首次开展小型装修工程、修缮工程入围定点招标。

【加强队伍建设】 开展"两学一做"学习教育。组织开展"手抄党章"、参观四明山浙东抗战革命根据地、拍摄支部全家福、"我身边的先锋"视觉创意大赛等主题活动，开展自查自纠问题整改活动。加强廉政作风建设。完善《内部财务管理办法》《公务接待管理规定》《会议、培训管理规定》等内部制度，签订《酒驾、赌博警示教育知晓承诺书》，征集廉政作品等。提升财税文化综合实力。打造机关党组织示范点，提炼形成"五心财税"文化品牌。2016年，市财政局连续第13年被市委、市政府评为目标责任制考核优秀部门。 (平湖市财政局供稿 喻晓霞执笔)

注：

*"五个平湖"："美丽平湖"、"文化平湖"、"幸福平湖"、"创新平湖"、"平安平湖"。

桐乡市

【概况】 2016年，桐乡市实现生产总值693.73亿元，按可比价格计算，增长6.4%。其中：第一产业增加值28.20亿元，增长0.5%；第二产业增加值331.94亿元，增长3.4%；第三产业增加值333.59亿元，增长10.2%。三次产业结构比为4.1∶47.8∶48.1。按户籍人口计算，人均生产总值100412元，增长5.9%。全市财政总收入100.45亿元，与上年持平；一般公共预算收入58.00亿元，同口径增长5.2%，占财政总收入57.7%，其中税收收入52.00亿元，同口径增长4.3%，占一般公共预算收入89.7%；一般公共预算支出64.01亿元，增长1.1%。全年财政收支平衡。

【组织财政收入】 加强税收征管。成功上线"金税三期"，实现征管系统顺利过渡。推进国地税合作，共建办税服务窗口，加强信息管税与风险管理。桐乡市被命名为全国百佳国税地税合作县级示范区。加强非税收入管理。推进统一公共支付平台应用，试点高中教育收费、公安交通违法及综合行政处罚网上缴纳。全年征收非税收入 58.29 亿元,增长 34.8%。其中纳入一般公共预算管理的非税收入 6.00 亿元,增长 13.9%。加强社会保险基金征管。密切与社保部门联系沟通,加强数据比对分析,全年组织社会保险基金收入 28.19 亿元,增长 11.0%。

【落实积极财政政策】 支持企业转型发展。拨付财政补贴奖励 5.45 亿元,惠及企业 1727 户,推进市场主体转型,发放 207 户"个转企"扶持奖励资金 332 万元。落实减税降费政策。全面实施"营改增",降低企业税负。实施城镇土地使用税分类分档等减税政策,减免企业各类税金 55.37 亿元。暂停征收地方水利建设基金,阶段性下调社保费,为企业减负 1.42 亿元。清理规范涉企收费,公开目录清单,取消或暂停行政事业性收费项目 4 个、减免企业收费项目 3 个,共计 893 万元。加强中小企业融资支持。支持银企合作,银行联合授信 829 户中小企业,授信总额度 89.51 亿元,贷款余额 49.90 亿元。加大政府投资力度。安排 30.81 亿元用于社会发展、环境保护、城市、交通等基础设施建设。安排资金 2.83 亿元,支持"五气共治"、"五水共治"、美丽乡村和森林桐乡建设。

【助推互联网经济发展】 办好乌镇峰会。编制"世界互联网大会·乌镇峰会"专项预算,落实承办资金 2.20 亿元,参与乌镇峰会招标采购,完成场地主要项目验收。支持"互联网+"科技创新高地建设。落实国家支持企业技术创新的研发费用加计扣除 9741 万元和高新技术企业所得税优惠 4353 万元。支持大数据产业园建设。参与创建省级乌镇大数据高新技术产业园区,引进互联网医院等 146 个互联网项目落地。每年安排不少于 3000 万元经费用于基础设施建设,连续支持 5 年,创建期内核心区域新设立企业的税收地方留存部分以全额奖励形式补助园区建设。增强产业基金带动效应。加强"互联网+"政府产业基金运作实效,参股星路鼎泰等 6 个子基金项目,总规模 20.46 亿元,撬动社会资本 14.96 亿元,带动 20 多家民间股权投资基金落户桐乡。

【保障民生支出】 全市民生支出 54.63 亿元,增长 3.8%,占一般公共预算支出 85.4%。推进农村农业发展。扶持农业现代化,加快现代蚕业特色园建设,推进农业补贴政策综合改革试点,建立以绿色生态为导向的农业补贴制度。桐乡市列为全省扶持村级集体经济发展试点县。支持文化事业发展。文化支出 1.58 亿元,增长 7.1%。推进公共文化体系建设,市本级投入资金 4972 万元,支持图书馆新馆建设及吴蓬艺术院、君匋艺术院景区化改造。支持教育事业发展。教育支出 16.38 亿元,占民生支出 30.3%。加快教育现代化建设,筹建技师学院,完善义务教育经费保障机制,扶持民办学前教育事业发展。支持医疗卫生事业发展。医疗卫生支出 5.48 亿元,增长 7.4%。加大城乡医疗卫生建设财政保障力度,将城乡居民基本医保财政补助标准、基本公共卫生服务经费筹资标准分别从年人均 540 元、40 元提高至 750 元、45 元。推进建立分级诊疗制度,构建多层次医疗保障体系。健全社会保障体系。社会保障和就业支出 4.05 亿元,增长 8.4%。支持养老服务体系建设,按入住老人等级补助养老机构。建立困难残疾人生活补贴和重度残疾人护理补贴制度,提高残疾人基本生活保障和照料服务水平。

【深化财政改革】 完善预算管理改革。完善全口径预算编制,建立专项资金管理清单和项目评审制度,规范项目申报,优化项目库运行。深化政府和部门预决算公开,细化公开内容,市本级 63 个部门、经济开发区和 3 个街道公开部门预决算和"三公"经费预决算。试编政府综合财务报告,完成行政事业单位国有资产清查,摸清政府家底。推进政府购买服务。出台政府购买服务指导目录,政府购买公共服务项目扩大至 52 项,预算金额 1.68 亿元,项目实际支出 1.64 亿元,执行率 97.6%。盘活政府存量资金。建立存量资金清理长效机制,清理存量资金 1100 万元。建立多渠道筹措社保资金机制,做好社保资金保值增值,通过财政存量资金配套,降低政府融资贷款利率,配套社保资金 41.69 亿元,节约政府融资成本 1.06 亿元。深化国库集中支付改革和公务卡改革。推进国库集中支付电子化,实施预算执行动态监控,首次启用单日提现金额过大、单月累计提现过大、违规采用现金方式结算三项监控指标,市本级公务卡报销 834 万元,增长 269.0%。试点管理会计应用。推广会计从业资格证在线申领,落实"互联网+政务服务"便民举措。

【强化财政监管】 实行财政资金竞争性存放。试点以支持政府

财政支持世界互联网大会·乌镇峰会召开

性贷款为引导的财政存款竞争性存放，通过招标存放公款32.72亿元，增加收益4246万元。推进内部控制建设。成立内部控制委员会，出台内部控制基本制度，建立内控组织管理架构。推进行政事业单位内部控制建设，纳入绩效管理综合评价。推进绩效评价。试点开展单位整体绩效评价。完成重点项目绩效评价6个，涉及资金2400万元，强化评价结果应用。提升政府采购监管能力。推行采购计划备案制，加强事中事后监管，依托信息化实行侧向监控。成功运行网上超市采购模式，提高采购效率，规范采购管理。

【完善国资管理】 深化国资国企改革。构建国有资产营运平台体系，整合盘活国有资产、资源、资本，实现股权在各国有企业间的重新配置，增强平台担保能力，提高资源配置效率。出台国资国企系列配套改革文件，健全公司治理体系。强化国资监督管控。明确国资监管权力清单，规范国有企业重大事项管理行为，推动国有资产和国有企业重大信息公开，明确议事程序和规则，规范资本运作，形成统一监管体系。降低政府融资成本。完成地方债券置换69.37亿元，减少利息支出2.00亿元。对接政策性银行，获得15年以上长期限贷款17.09亿元，资金成本低于银行同期贷款基准利率。

【加强队伍建设】 推进党风廉政建设。开展“两学一做”学习教育，补齐干部短板。完善党风廉政建设监督体系，严格监督执纪问责。实行一岗双责制，推进财政业务与纪律审查深度融合，防范业务风险。推进机关作风建设。加大效能建设检查力度，实行定期通报制，实现局领导巡查、工作日效能检查常态化。实施日志式管理，强化干部管理监督。推进财税文化建设。开展分层次分岗位干部培训，举办岗位大练兵等主题活动，加强人才队伍培养。开展“勤学修德正青春，明辨笃实筑梦想”主题活动，引导青年干部健康成长。2016年度，桐乡市财政局获桐乡市市级机关部门考核先进单位。

（桐乡市财政局供稿　陈　蓉执笔）

嘉善县

【概况】 2016年，嘉善县实现生产总值456.95亿元，增长8.3%。按户籍人口计算，人均生产总值117675元，增长8.1%。其中：第一产业增加值24.05亿元，下降0.9%；第二产业增加值246.22亿元，增长8.7%；第三产业增加值186.68亿元，增长9.0%。三次产业结构比为5.2∶53.9∶40.9。全县财政总收入73.17亿元，同口径增长9.2%，其中一般公共预算收入41.80亿元，同口径增长12.2%，占财政总收入比重为57.1%；税收收入38.65亿元，同口径增长14.1%，占一般公共预算收入比重为92.5%。全县一般公共预算支出47.51亿元，增长8.2%。全年财政收支平衡。

【加强财政收入征管】 强化税收管理。深化国地税征管体制改革，探索国地税税源共治机制，共建办税服务大厅，建立合作工作联席会议制度。推广“金税三期”优化版上线，清理数据17万条。开展房产税、城镇土地使用税税源信息比对，完善税种基础数据40万条。构建人民法院与地税部门案件执行、税款追缴协作机制，清理往年陈欠5800万元。提高企业所得税预缴率，预缴入库2.48亿元，增长45.9%。加强社保费征收。加强社保费风险管理，一次性补缴收入纳入地税征管，累计运用参保数据47万条。全县社保费累计入库18.02亿元，增长19.9%。加强非税收入征管。持续推进统一公共支付平台示范应用工作，实现公安交通违法处罚网上操作、高中阶段学杂费网上缴款。全年非税收入累计完成42.00亿元，增长85.1%。其中纳入一般公共预算管理的非税收入3.15亿元，增长-6.9%。

【支持供给侧结构性改革】 降低企业成本。配合县政府制定《关于降低实体经济企业成本优化发展环境的若干意见》，降低企业交易性成本，累计为企业减免各类税费14.20亿元。实施普遍性降费，暂停征收地方水利建设基金。开展促进土地集约节约利用试点企业城镇土地使用税税收优惠核准工作，1045户企业享受减免税额4482万元。取消、暂停、降低行政事业性收费项目10项，累计减免涉企收费5533万元。助推经济转型。全面推开“营改增”，涉及全县各类企业8000余户。配合制订支持楼宇经济、企业兼并重组、上市融资、电子商务发展、服务业发展等政策。工业企业绩效综合评价全覆盖。加快政府产业基金实质性运作，成立产业投资基金管理中心，设立2个子基金，基金规模20.00亿元。补齐科技短板。全年安排科技经费2.24亿元支持科技强县和人才强县建设。推行科技创新券制度，通过政府购买科技服务促进企业自主创新。出台专利专项资金管理办法，配套制定科技型小微企业专项扶持政策。支持大众创业促进机制改革省级试点工作，制定创业导师管理暂行办法。缓解企业融资难。由政府投资设立的同舟贷款担保有限责任公司累计为企业担保1.70亿元，中小企业转贷基金累计办理贷款45.13亿元。成立嘉善县农联担保有限责任公司，担保总额1.60亿元。深化“税银互动”工作，与4家银行签订业务合作框架协议，支持小微企业融资。保障县域科学发展示范点建设。配合制订嘉善县域科学发展示范点建设第二阶段五年行动计划，向上争取专项资金补助8500万元。

【支持城乡环境整治】 支持全县城乡环境整治百日攻坚行动。制定城乡环境整治及应急工程项目财政资金审批简易流程操作细则。足额安排以奖代补专项资金，用于小城镇（美丽城镇）环境综合整治行动考核奖励。支持“四美嘉善”*建设。编排交通拥堵治理工程、棚户区改造工程、高铁新城建设工程等170个项目，财政资金预算安排10.60亿元。安排2460万元保障全国县级文明城市创建。推进新市镇建设投资有限公司实体化运作，保障县级基础设施项目94个,涉及投资25.90亿元,累计支出1.60亿元。安排美丽乡村建设资金4000万元,为上年的4倍。推进“五水共治”。保障污水管网设施建设、水污染防治等工作,共计25个项目,涉及资金3580万元。安排农村生活污水治理资金5000万元,为上年的2.5倍。

【保障民生事业】 全县民生支出37.26亿元,同比增长9.4%,占全年一般公共预算支出的78.4%。支持“三农”发展。深化财政支农体制机制改革,开展涉农资金专项整治行动,涉及财政资金41.15亿元。创新构建农村产权“三权三抵押”机制,推出农村综合产权抵押产品,累计发放贷款3.05亿元。完善村级公益事业“一事一议”财政奖补工作流程,拨付奖补资金1014万元。支持教育事业发展。教育事业支出10.86亿元,增长43.1%,建立健全义务教育均衡发展经费保障机制。出台普惠性民办幼儿园发展奖补资金管理办法,确立中职学校生均公用经费标准为普通高中的1.5倍以上。支持文体事业发展。文化体育支出1.30亿元,增长12.0%。制定完善政府向社会力量购买公共文化服务制度,加强基层公共文化建设。提升医疗服务水平。深化医药卫生体制改革,探索建立长期护理保险制度,推动县乡村卫生一体化综合管理试点。增加城乡居民基本公共卫生服务经费,推进责任医生签约服务。完善社会保障制度。推进机关事业单位养老保险制度改革。落实残疾人两项补贴制度,全年支出残疾人两项补贴1481万元。实施企业稳岗补贴政策,累计发放补贴1205万元。完善社会救助体系,实施支出型贫困家庭基本生活救助办法。提高最低生活保障标准,调高社保缴费基数。全年安排677万元支持保障性住房建设。

【推进财政改革】 深化预算管理改革。深化“四张清单一张网”改革,取消非行政许可审批事项,做好财政专项资金管理清单自查,严格实行行政许可清单管理,保留财政行政许可事项2项,调整财政系统权力清单事项3项。建立健全基本支出预算定额标准体系,实施全省支出标准体系建设试点工作。改进预算控制方式,完善三年支出滚动规划,做好预决算信息公开工作。强化乡镇财政管理。出台乡镇财政财务管理文件,开展绩效考核和资金监管交叉检查,落实量化绩效考核。试点乡镇财政综合平台建设,拟定新一轮县与乡镇财政管理体制改革方案。全县5个镇(街道)获评全省规范化建设先进财政所称号。深化国库集中支付改革。制定管理办法,上线运行县本级国库集中支付动态监控管理系统,县本级集中支付76.49亿元,增长174.6%;镇(街道)集中支付7.74亿元,增长753.7%。加快推进PPP模式。健全PPP项目监管机制,全县PPP项目储备库入库56项,实施并运行总投资2.50亿元的生态能源发电PPP项目与总投资2.3亿元的惠民街道社区卫生服务中心PPP项目。推进政府购买服务工作。出台《政府向社会力量购买服务指导目录》,完善政府购买服务制度框架体系。按照“政府承担、市场承接、契约管理、评估兑付”方式编列政府购买服务,全年编列政府购买服务预算金额3.17亿元。

【强化财政监督管理】 加强存量资金管理。建立库款分析机制,盘活财政存量资金11.03亿元。推进财政资金竞争性存放,完成公款竞争性存放80.22亿元。开展财政支出项目绩效自评工作,涉及63个部门单位,216个项目。规范劳务费、夜餐费、差旅费、公务交通费等公务支出标准。全年向上争取专项资金6.93亿元。规范债务管理。落实政府债务限额管理,制定五年化债计划方案,完成37.34亿元债券置换工作。推进内控机制建设。制定加强财政内部控制工作实施方案、内部控制基本制度和8个专项内部控制办法。落实行政事业单位内部控制规范化建设,65个县级部门单位和镇(街道)制定实施方案,县行政审批服务中心、县教育局2个部门(含下属单位)作为试点单位着手示范探索。加强政府采购监管。推进政府采购信息化建设,正式运行金财工程政府采购管理系统。制订完善政府采购目录和限额标准,首次将50万元以下的零星工程纳入集中采购目录实行定点采购。加强国资管理。清理下放国资审批备案权限,实行国有资产评估报告分级审核制度。动态掌握监管企业债务状况和融资能力,落实253家行政事业单位国有资产清查,盘盈资产4099万元。开展国有企业公款竞争性存放,首期4家国有企业完成招标,涉及存放金额1.40亿元。

【加强队伍建设】 优化用人机制。开展全员聘任制工作,干部职工实施轮岗交流。强化党风廉政建设。集中开展“找短板、补短板,突出问题专项整治”行动,局机关党员查找问题并予以整改。加强廉政风险防控技术建设,开展党风廉政建设巡察。强化干部培训。推动“两学一做”学习教育全覆盖、常态化。组织开展“拓展训练、警示教育、党建知识竞赛”等系列学习活动,健全“周五学习日”“中心组扩大学习”等学习长效机制。2016年,被评为全县工作目标责任制考核优秀部门、县域科学发展示范点建设及综合配套改革优秀部门。

(嘉善县财政局供稿　颜亚芳执笔)

注:

*“四美嘉善”:美丽县城、美丽城镇、美丽乡村、美丽通道。

海盐县

【概况】 2016年,海盐县实现生产总值407.76亿元,按可比价格计算,增长7.0%。按常住人口计算,人均生产总值91980元,增长6.3%。其中:第一产业增加值21.45亿元,增长0.5%;第二产业增加值238.26亿元,增长6.6%;第三产业增加值148.06亿元,增长8.8%。三次产业结构比5.3∶58.4∶36.3。社会消费品零售总额124.36亿元,增长9.7%;城镇居民人均可支配收入50370元,增长7.0%;农村居民人均纯收入29565元,增长8.1%。全县财政总收入63.06亿元,同口径增长6.1%,其中一般公共预算收入35.18亿元,同口径增长5.4%;全县一般公共预算支出43.51亿元,增长8.6%。全县财政收支平衡。

【组织财政收入】 加强税收征管。成功上线“金税三期”工程优化版系统，征管系统顺利过渡。做好年度收入计划和月度、年度预测工作，实时监控收入进度。深化国地税合作。建立国地税合作工作领导小组，深化联席会议制度，建立多部门涉税事项信息日常交流机制，联合组建服务团队为大企业提供纳税服务。优化收入结构。一般公共预算收入占财政总收入比重55.8%，比上年提高2.5个百分点；税收收入31.35亿元，占一般公共预算收入的比重89.1%。加强规费收入管理。完善社会保险费网上结算申报系统，加强社保费汇算清缴，全年入库社保费18.95亿元，增长6.0%。加强非税征管。开展财政票据和政府非税收入执收全面检查。全年各项政府非税收入33.94亿元。其中纳入一般公共预算管理的非税收入3.82亿元，增长39.3%。

【推进供给侧结构性改革】 促进转型升级。落实支持二、三产业发展的各项优惠政策，全年兑现补助资金1.96亿元。安排2500万元专项资金用于支持小微企业“三年成长计划”融资服务，对小微工业企业贷款实施增信和风险补偿。实施政府采购支持中小企业信用融资试点工作。探索PPP模式，设立嘉兴市首个县级PPP管理中心。海盐滨海国际度假区PPP项目列入浙江省第三批政府和社会资本合作推荐项目。运作政府产业引导基金。增加政府产业基金投入5000万元，设立6支子基金。减轻企业负担。全面实施“营改增”，落实各项减税降费政策，为企业减免税费2.27亿元。推进行政审批制度改革，取消涉企行政事业性收费项目2项。支持科技创新。健全科技投入稳定增长机制，科技经费支出2.16亿元，增长12.2%；支持科技城平台建设、科技项目扶持等重大项目，入选全国科普示范县。补齐生态环境短板。支持生态治理工作，投入1.71亿元用于“五水共治”和城乡环境综合整治；落实专项资金2.84亿元用于实施公路沿线绿化提升工程和打造公路沿线生态廊道。

【改善社会民生】 全县民生支出36.62亿元，占一般公共预算支出比重84.2%，比上年提高3.0个百分点。促进基本公共服务均等化。推进全省基本公共服务均等化改革试点工作，坚持问题和需求导向，实施重点项目36个。推进农村综合改革。入围浙江省探索农村公共服务有效供给新途径、深化农村产权制度改革探索实现农村产权权能、扶持村级集体经济发展三项试点。投入3000万元，成立浙江省首个农村“三权”金融产品风险补偿基金。支持教育事业发展。教育支出11.13亿元，重点支持学前教育发展，完善义务教育经费保障机制，加大助学扶困、校园安保、现代教育技术装备等投入。支持文化事业发展。全年文化体育与传媒支出1.08亿元，增长24.3%，重点用于文化惠民工程、文化产业发展、公益性文化设施免费开放等。建成农村文化礼堂97个。支持医疗卫生事业发展。投入医疗卫生与计生经费2.94亿元，增长17.1%。城乡居民基本医疗保险人均筹资标准提高至1000元。开展浙江省基层医疗卫生机构补偿机制改革试点。完善城乡社保体系。筹集城乡居民基本养老保险基金2.44亿元，累计参保74933人，发放资金2.02亿元。开展机关事业单位工作人员养老保险制度改革，全县所有机关事业单位全部纳入浙江省机关事业养老保险系统。

【深化财政改革】 深化预算管理改革。一般公共预算、政府性基金预算、国有资本经营预算、社保基金预算提交人代会审查。推进预算公开，所有县级部门完成部门预算和“三公”经费预算公开工作。加强专项资金管理。建立县级财政专项资金管理清单和项目评审制度，确定12个财政专项资金并明确用途、使用范围、分配办法。2016年实际执行4.18亿元。盘活财政存量资金。加强结转结余资金管理，建立财政存量资金定期清理和正常收回制度。推动财政支农体制机制改革。完善财政支农政策和资金管理办法，明确财政部门与农口部门职责和权限，建立财政支农政策执行监督机制。深化国库集中支付和公务卡改革。规范镇（街道）财政收支管理，升级乡镇国库集中支付系统。累计发放公务卡3629张，刷卡金额538万元。推广政府购买服务。完成送戏下乡、镇（街道）棚户区改造等民生项目的采购，支出1.05亿元。推进“放、管、服”改革。优化财税服务，实施会计从业资格证书“网上申请、在线服务、快递送达”，网上申办证书196份。推进统一公共支付平台建设，实现义务教育阶段收费电子化征缴，全年电子化收缴21396笔，金额1000万元。

【强化财政监管】 加强政府性债务管理。加强政府债务预警分析，防范债务风险。政府债务纳入全口径预算管理，完成地方政府债券置换45.48亿元，节约财务成本1.40亿元。推进内控体系建设。成立海盐县财政局内部控制委员会，制定“1+8”（一个基本制度+八个专项风险内部控制办法）内控制度。推进预算绩效管理。开展预算绩效目标跟踪试点，完成县级部门单位自评项目118个，财政重点评价项目9个，追缴管理不规范资金727万元。强化财政监督。组织实施检查项目12个，追缴违规和管理不规范资金502万元。优化国库集中支付动态监控系统，纠正违规资金100万元。加强政府采购监管。政府采购预算7.63亿元，实际采购支出6.64亿元，节约资金0.99亿元，节约率13.0%。深化公款竞争性存放，全年实施公款竞争性存放23.75亿元。

【加强队伍建设】 开展“两学一做”学习教育。制定学习教育实施方案，主要领导领学、专家学者导学、全体党员创新形式学。加强党风廉政建设。印发局党组工作规则，落实主要领导“五不直接分管”制度，加强廉政风险防控机制建设。对重点工作开展党风廉政建设项目化管理，强化队伍作风建设。加强财税文化建设。开展工作品牌项目化建设、师徒结对、教育培训、财税青年论坛、道德讲堂主题宣讲等活动，促进干部素质提升。2016年，海盐县财政局连续第十年被县委、县政府评为工作目标责任制考核优秀单位。 （海盐县财政局供稿 陆梦婷执笔）

湖州市财政工作

湖州市

【概况】 2016年,湖州市实现生产总值2243.06亿元,增长7.5%。其中第一产业增加值127.8亿元,增长2.4%;第二产业增加值1058.1亿元,增长6.1%;第三产业增加值955.7亿元,增长6.5%。三次产业结构比为5.7∶47.2∶47.1。按户籍人口计算,人均生产总值84875元,增长7.2%。全年固定资产投资总额1592.2亿元,增长13.5%。全年社会消费品零售总额1068.9亿元,增长11.8%。全年外贸进出口总额674.1亿美元,增长6.5%,其中,出口594.37亿美元,增长8.2%;进口79.73亿美元,增长-5%。全年城镇居民人均可支配收入45794元,农村居民人均可支配收入26508元,未扣除物价因素,分别增长8.4%和增长8.6%。全市财政总收入360.89亿元,同口径增长9.8%;一般公共预算收入211.18亿元,同口径增长9.9%;一般公共预算支出288.62亿元,增长5.2%。市本级财政总收入148.70亿元,增长13%;一般公共预算收入87.83亿元,同口径增长12.2%;一般公共预算支出127.92亿元,增长5.4%。全市和市本级财政收支平衡。

【依法组织收入】 建立健全市局、县局、分局三级纵向协调机制,科学分解收入任务,做实做细组织收入预案。巩固优化税费征收管理,推进重点税源监控和深化税收风险管理。推进营改增改革,开展营业税专项清理,实现营改增平稳过渡。落实清欠计划,累计清欠入库税款13.06亿元。强化税收社会保障和涉税信息共享机制,初步构建起全社会的协税护税网络体系。落实税收专项检查和重点税源企业检查工作,加大稽查执法力度,依法打击涉税违法行为,共实施检查205件,入库合计4081万元。全年全市地税部门组织各项收入298.44亿元,增长10.2%。收入结构持续优化,一般公共财政预算收入占财政总收入的58.5%,税收收入151.53亿元,占一般公共财政预算收入的71.8%。加强政府非税收入管理,建立和完善涉企收费监管机制。全市地方政府非税收入完成167.94亿元,同比增长9.3%。其中纳入一般公共预算管理的非税收入28.53亿元,同比增长24.7%。

【助推经济发展】 全面落实工业强市战略和"六重"* 工作部署,安排工业口省市资金2.01亿元。支持创新驱动发展,拨付各类科技型专项资金和补助经费3267.58万元。对市本级上年度出口额300万美元以下的中小外贸企业统一投保全风险覆盖险,拨付各类专项资金4314.69万元。落实结构性减税和"清费减负"政策,全年实现各项税费减免24.73亿元。制定出台《湖州市政府产业基金管理办法》,探索建立产业投资引导基金。截至2016年末,设立政府产业基金14个,总规模41.12亿元。批准设立子基金24个,总规模159.23亿元,撬动社会资本127.45亿元。

【提升民生保障水平】 全市民生支出216.61亿元,新增财力用于民生支出比重75.1%。建立城乡统一的居民基本医疗保险制度,筹资标准提高到每人每年880元。提高城乡低保家庭基本生活保障水平,达到每人每月664元,实现城乡同标。落实退休人员待遇调整工作,月人均增加186元,增幅6.6%,惠及市本级企事业单位退休职工13.4万人。推进公共服务均等化,推动城乡供水一体化和二、三级管网改造工程。落实促进就业资金9175万元。落实财政资金3272万元,支持养老服务业发展。加大财政教育投入,落实资金2300万元用于完善教育部门维修改造、设备更新项目库;安排资金3800万元用于保障教育券、营养券、中职免费、国家助学金和义务教育免教科书等各项政策的执行。加大"三农"投入,安排资金121.04亿元,支持美丽乡村建设,切实改善农民生活质量和环境。

【支持生态文明建设】 制定《湖州市生态文明财政政策》,明确环境质量奖惩办法,调动县区生态文明建设积极性,推进国家生态文明先行示范区建设。支持水环境综合治理,安排"五水共治"各类市级资金6.65亿元,增长18.75%。支持全国生态文明示范区创建,推进"五水共治""318"治霾等中心工作,打好大气治理、城乡治水攻坚战。安排财政资金1.3亿元,保障黄标车淘汰、城镇生活污水管网建设、垃圾回收利用处理等重点项目。

【推进财税改革】 出台《关于加快建立现代财政制度的实施意见》,加快项目库建设和管理,推进全过程项目支出绩效管理。盘活财政存量资金,坚持结余结转资金"一年一清理"。清理甄别存量债务,拟定政府债券置换方案,全年共置换存量债务355.85亿元,其中市级136.15亿元,降低政府融资成本。推动市政府下发《关于进一步加强融资平台公司债务管理的通知》,规范融资平台公司融资行为。建立PPP市项目库,推进项目试点。96个项目纳入市项目库,其中公开推介51个项目,17个总投资177亿元的项目纳入财政部全国PPP项目综合信息服务平台,9个项目入选省第三批PPP推荐项目,1个项目入选国家第三批PPP示范项目。推进政府购买服务改革试点,全年政府购买服务5.86亿元,出台《湖州市进一步深化政府购买服务改革试点工作方案》,编制第一批市政府职能向社会组织转移事项目录和社会组织承接政府转移职能的购买服务推荐性目录,探索建立科学的评价指标体系和评价标准。

【强化财政监督】 建立由1个基本制度、8个专项内部控制办法和若干内部控制操作规程组成的“1+8+X”内部控制制度体系。深化财政资金绩效管理，对1455个项目分类开展绩效管理工作，涉及财政资金25.39亿元。加强政府投资项目评审，完成各类审核项目63个，审核金额91.31亿元，核减10.43亿元，核减率11.4%。抽查全市部分单位法人预算执行情况，发现违规使用金额4486.16万元。开展全市污水治理等3个专项资金检查，发现违规使用金额765.71万元。从严控制行政经费和一般性支出，压缩“三公”经费和会议费，“三公”经费支出下降16%，其中接待费下降22.4%。

【加强队伍建设】 开展“两学一做”专题教育和作风建设“巩固深化拓展”主题活动，对专项整治任务深化落实情况、长效机制建设情况等进行自查“回头看”。坚持全面从严治党，履行教育、管理、监督等职责，层层推动主体责任落地。健全财政运行机制，推进内控机制建设，加强廉政风险防控技术建设，强化权力运行制约。完善正风肃纪明察暗访工作机制，突出日常和重要节点作风效能监控，深化学习型机关创建。组织干部教育培训，深化岗位业务知识学习，突出业务骨干带头作用，提高队伍整体的业务素质和工作能力。 （湖州市财政局供稿 朱晨龙执笔）

注：

*“六重”：重大项目；重点工程；重大平台；重点产业；重大政策；重点要素。

吴兴区

【概况】 2016年，湖州市吴兴区完成生产总值476.54亿元，增长8.2%，人均生产总值104199元。其中，第一产业增加值20.49亿元，第二产业增加值200.03亿元，第三产业增加值256.02亿元，三次产业结构比为4.3∶42.0∶53.7。全社会固定资产投资291.92亿元，增长13.9%；社会消费品零售总额305.17亿元，增长11.2%。城镇居民人均可支配收入47170元，农村居民人均可支配收入27391元，分别增长8.3%和8.9%。全区财政总收入43.70亿元，同口径增长12%；其中一般公共预算收入26.37亿元，同口径增长14.2%，占财政总收入比重60.3%。一般公共财政预算支出25.80亿元，增长13.6%。全区预算收支平衡。

【组织财政收入】 做好收入预测和分析，探寻薄弱环节，促进财政收入持续增长。在探索与实践中逐步形成具有吴兴特色的“六位一体”综合治税机制*，全年税收收入为40.85亿元，同口径增长11.1%；非税收入2.84亿元，增长26.3%。

【优化支出结构】 强化财政支出分类管理，实行有保有压。压缩会议、接待、培训、因公出国（境）等一般性支出，降低行政运行成本，推进节约型政府建设。全面实施公务用车制度改革全面实施，参与制订《吴兴区公务用车制度改革实施方案》，实行集中管理和社会化提供相结合的公务出行保障方式。做好集中核算转轨的深入工作，在支出动态监控系统试点的基础上，加强对公务卡强制结算目录、政府采购等方面进行监控，增强预算执行约束力，提高财政资金使用效益，确保厉行节约各项要求落实到位。2016年全区“三公”经费支出同比下降25.9%。保障重点支出，全年用于教育、农业、社保、卫生等方面的民生支出达21.3亿元，新增财力的81%用于民生支出。

【推进财政改革】 加强政府债务管理，实施存量债务置换，近两年来争取省财政债券资金65.1亿元，累计节约财务成本近6亿元。转变财政支持经济发展方式，成立首期规模3亿元的政府产业引导基金，与社会资本、金融资本合作成立产业子基金5个，总规模13亿元；建立PPP项目库，推动PPP规范化运营，总投资15亿元的区文商综合体项目列入省级第三批PPP推荐项目。推进财政资金竞争性存放，集中开展7期财政资金竞争性存放招投标，争取各银行配套的竞争性设施改善资金支持2600万元以上；财政资金定存利率平均上浮45.6%，财政资金定期存款平均年收益率显著提高。

【强化财政监督】 推动财政法制建设，依法开展财政监督检查、资金绩效管理。强化财政收支监管，加强财政票据、资产与项目资金管理，规范财政财务行为、提高财政资金使用效益。强化国有资产监管，全年审批行政事业单位国有资产处置事项86批次，涉及报废、调拨、报损金额4603万元。依法推进经营性公司国有股权公开转让。规范政府采购办事程序，提高政府采购效率，资金节约率达12%。加强会计制度建设，采取分层、分批多点培训的办法，面培和网培等方式做好会计人员继续教育培训工作。注重预算绩效，组织各部门486个项目共2.35亿元资金开展绩效自评，自评率达100%。

【加强队伍建设】 注重理论学习，加强全局干部的廉洁从政教育。通过党组中心组理论学习、“党纪教育一刻钟”、举办青年财政干部培训班等，提升准确研究财税形势和持续创新能力。坚持重大事项集体讨论和民主决策，落实局领导“末位表态”制度，修订完善局党组对“三重一大”事项议事规则，建立健全党风廉政制度建设，做到用制度管人管事，落实主要领导“五不直接分管”制度。重视专业人才的引进与培养，注重全员培训，不断练兵、加强轮岗，重点选拔，采取定期组织辅导、以老带新、技能练兵等方法，引导干部增长实际工作才干。在全区年度综合考核中，连续14年获得一等奖。

（湖州市吴兴区财政局供稿 沈 超执笔）

注：

*“六位一体”综合治税机制：即积极发挥财政、国地税部门主力军作用，努力实现“依法征收，依法减免”，应收尽收与不折

不扣落实好税费优惠政策并举;发挥高新区、各乡镇、街道的主体积极性,切实履行好守土有责的主体责任;组织涉税部门及各大主体完善税收征管保障大平台,优化信息比对分析与共享应用;强化重点企业税源监控,完善税收评估和纳税服务体系;加强私房出租等零星税源社会化征管,尽力实现社会税负公平;做好面向全社会的财税宣传,营造依法理财治税的良好氛围,完善组织收入管理体系大格局。

南浔区

【概况】 2016年,湖州市南浔区实现生产总值352.45亿元,增长5.1%。其中:第一产业增加值23.48亿元,增长2.1%;第二产业增加值196.04亿元,增长3.3%;第三产业增加值132.93亿元,增长8.4%;三次产业结构比为6.7∶55.6∶37.7。全区财政总收入38.30亿元,同口径增长8.6%,其中:一般公共预算收入21.73亿元,同口径增长11.7%;财政支出27亿元,增长13.0%。全区财政预算执行情况良好。

【财政收入实现稳定增长】 建立财政收入目标考核责任制,实行"任务月分解,进度月考核",狠抓组织收入稳增长。关注财税改革,落实营改增扩面试点,抓好政策宣传和培训,确保数据顺利交接和正常运行。加强与国地税沟通协调,抓好股改企业税收征管工作,全年收入实现平稳增长。健全财税信息共享机制,重点企业、重点行业企业税收情况实行季度公示、动态监控,推进财源数据分析的准确性和科学性。全年实现税收收入19.77亿元,占一般公共预算收入的91.0%;非税收入1.96亿元。

【助推经济转型升级】 营造有利于创业创新的发展环境,全年拨付节能降耗及减排专项资金、"象牛"企业专项资金等资金3.5亿元。贯彻各项减税降费政策,全年减免税费及退库8.11亿元。推进农业转型升级,加大支农工作力度,配合相关部门做好农业两区建设、现代农业提升发展、生态循环农业发展等支农项目申报和资金筹措,全年争取资金4.89亿元。做好"一事一议"财政奖补助推美丽乡村建设试点项目工作,拨付资金2200万元。支持服务业做优做强,增强发展动力。拨付商业服务业专项资金3355万元,支持古镇旅游等事业发展。加快财政扶持经济发展方式转变,设立政府产业基金3亿元,引导民间资本投入实体经济。

【保障改善民生事业】 全年重点民生领域支出17.75亿元,增长14.6%,占财政支出65.7%。教育支出6.4亿元,增长13.0%。统筹义务教育资源配置,提高教师待遇,推进美丽校园建设,支持省教育基本现代化区创建。完善社会保障体系建设,城乡居民基本医保财政补助标准提高至每人每年590元,基本公共卫生服务经费筹资标准提高至每人每年45元。加大文化事业和完美公共文化保障体系建设。社会保障和就业支出3.5亿元,全面实施机关事业单位养老保险制度。农林水支出3.46亿元,支持推进"三改一拆""五水共治"等中心工作。全年加强一般性支出控管。坚持厉行节约,降低行政成本,"三公"经费支出2579万元,下降13.7%,其中,公务接待费下降18.4%。

【深化财政体制改革】 全面实行全口径的政府预算管理,细编"四本预算";除涉密部门外,全面公开区级预算单位部门预、决算和"三公经费"。继续做好国库集中支付改革工作,推行公务卡强制结算,规范现金使用。加强乡镇公共财政服务平台建设,将涉农、惠民类专项资金纳入乡镇公共服务平台,全年纳入资金从8个扩面至24个,财政专项资金实行就地就近监管。推广运用PPP模式,优化公共服务供给,编制《南浔区2016~2017年PPP项目库》,列入财政部PPP示范项目1个,省级推荐项目2个。积极推进政府购买服务,区本级10个部门12项政府购买服务预算资金进入采购程序,采购金额4707万元,其中,居家养老服务项目绩效评价体系推荐为全省示范项目并进行全市推广。深化财政专项资金管理改革,建立政府性专项资金清单并在政府网站公开,完善《南浔区财政专项资金管理暂行办法》,清理盘活财政资金1.07亿元,清理往来挂账资金2.15亿元。

【严格监管防控财政风险】 完成债券置换计划31.48亿元,争取新增和转化额度5.65亿元,建立融资审批制度,实行规模和成本控制,缓解偿债压力。制定《南浔区政府性债务(2016年~

南浔古镇夜景亮化工程

2020年)5年化解债务计划表》,倒排时间节点,确保责任落实。建立健全财政内控制度,聚焦预算管理、资金分配等业务工作,细化工作流程,规范工作行为。构建"规范、透明、竞争"的公款竞争性存放机制,涉及资金5.3亿元,增值800万元以上。深化财政评审管理,全年共审核项目77个,送审概算总投资26.59亿元,核减率9.5%。

【提升干部综合素质】 以"两学一做"为契机,组织全局干部学理论、学业务,提高干部职工业务知识水平。落实党组履行党风廉政建设主体责任、党组主要负责人履行党风廉政建设"第一责任人"责任,梳理、细化主体责任,扎实推进党风廉政建设工作。深化作风督察,及时纠正行政"乱作为、慢作为、不作为"问题。加强源头治理和廉政风险防控。

(湖州市南浔区财政局供稿 马君君执笔)

德清县

【概况】 2016年,德清县实现生产总值425.22亿元,增长8.3%,其中,第一产业增加值21.69亿元,增长4.3%;第二产业增加值221.11亿元,增长4.3%;第三产业增加值182.42亿元,增长14.1%;三次产业结构比为5.1∶52.0∶42.9,人均生产总值97109元。全县城镇居民人均可支配收入46444元,增长8.9%;农村居民人均纯收入27140元,增长8.8%。全县财政总收入72.79亿元,同口径增长8.9%,其中一般公共预算收入42.03亿元,同口径增长8.6%,占财政总收入的57.7%。全县一般公共预算支出46.04亿元,下降0.5%。全年财政收支平衡。

【依法组织收入】 完善税收风险管理,完成统一推送风险应对项目62个,入库税费104万元;自定义风险应对项目6424个,入库税费5186万元。注重日常评估与纳税评估相结合,全年纳税评估579户,入库税费6682万元。推进营改增,清理营业税纳税人1203户,补缴入库营业税9130万元,营改增后"两个代征代开"工作有序开展。全年税收收入37.30亿元,增长8.3%,占地方一般公共预算收入的87%。完善政府非税收入监管,严格执行"收支两条线",全年非税收入4.74亿元,增长16.2%。

【服务经济发展】 落实平台建设资金和基础设施建设资金1.31亿元,兑现选商引资、外经外贸政策资金1760万元。拨付扶持企业发展政策资金3.23亿元,落实高新技术企业所得税优惠1.24亿元,减征社会保险费和地方水利建设基金8118万元。加快推进政府产业基金实质性运作,设立3个子基金,实际实施项目4个。推广应用PPP模式,德清经济开发区污水处理厂一期、二期项目进入实质化运作。

【保障民生支出】 落实"小城市"和中心镇建设资金7880万元,拨付城乡供水、公交、垃圾、污水处理一体化建设资金1.43亿元,推进城乡一体化进程。拨付生猪整治和温室龟鳖整治补助资金2.79亿元,改善农村生活环境。推进农村综合改革,推动村级集体经济发展。支持医疗卫生体制改革,落实基层医疗机构基本药物制度和县级公立医院改革资金1.23亿元。兑现各类保障和救助对象的政策待遇1.04亿元,落实城乡养老、城乡医疗和城乡最低生活保障三项资金县级补助2.99亿元。加强政法经费保障,支持"平安德清"建设。

【推进财政改革】 加强预算管理改革,推进预决算信息公开,政府部门预算全部上人代会审议,所有有财政拨款的部门均公开部门预决算和"三公经费"预决算,县本级一般公共预算支出细化到项级科目。按"四单一网"建设要求,制定并公开2016年县级政府性专项资金管理清单。开展全县预算单位公款竞争性存放,推进社保基金保值增值工作。推进政府购买服务,建立政府购买服务项目绩效评价指标体系和信息发布平台。建立全国首个"农村集体经营性建设用地入市一体化信息管理平台",完善集体经营性建设用地入市增值收益征管机制。完成统一公共支付平台接入,推进政府非税收入电子化收缴改革。

【强化财政监管】 严控"三公"经费支出,全年"三公"经费下降4.1%。强化政府采购监管,完成政府采购预算5.57亿元,节约资金6084万元,节约率10.9%。加强政府投资项目监管,全年审核政府投资项目465项,核减金额5.74亿元,核减率5.6%。加强政府性债务管理,将政府债务收支纳入预算管理,完成存量债务置换。盘活存量资金,累计收回盘活各类存量资金1.74亿元。加强内控制度建设,逐步建立"1+8+X"内部控制体系。建立预算执行进度考核通报制度,提高预算执行管理。加大财政监督检查和支出绩效评价力度,全年完成财政监督检查和重点绩效评价项目16项。完成全县行政事业单位资产清查,摸清资产家底。开展对重点部门国有资产管理工作考核,提升国资监管质效。

【加强干部队伍建设】 组织开展"学党章,抄党章","重温入党誓词","专题廉政党课","知党建、感党恩、跟党走"红歌赛,"立足岗位担好责,志愿奉献当先锋"演讲比赛等学习教育活动,践行"两学一做"。组织开展信息安全专题培训、行政强制专题培训、采购政策与实务培训、上海财经大学财税知识等培训,提高财税干部综合素质。严守政治纪律和干部选拔任用程序,完成中层岗位交流和竞聘工作。(德清县财政局供稿 孙 伟执笔)

长兴县

【概况】 2016年,长兴县实现生产总值499.1亿元,增长8.0%。其中:第一产业增加值33.4亿元,增长2.5%;第二产业增加值

249.0亿元,增长8.4%;第三产业增加值216.7亿元,增长8.3%,三次产业结构比为6.7∶49.9∶43.4。全县财政总收入79.08亿元,同口径增长6.3%,一般公共预算收入45.46亿元,同口径增长5.2%,占财政总收入比重的57.5%;一般公共预算支出57.46亿元,下降2.7%。全年财政收支平衡。

【组织财政收入】 2016年,国税部门完成税收40.07亿元,同口径增长12.9%;地税部门完成税收31.73亿元,同口径下降4.9%;完成非税收入7.29亿元,增长31.6%。财政收入结构稳中有调。

【助推经济发展】 整合资源,创新财税支持经济发展方式,推广政府产业基金等市场化运作模式,吸引带动社会资本增加投入,全年共拨付扶持企业发展政策资金3.12亿元。落实税收优惠政策。落实高新技术企业所得税优惠3200万元,减征社会保险费和地方水利建设基金1.13亿元,减免城镇土地使用税3200万元。建立财税服务长效机制,深化联系服务企业制度,畅通与企业之间双向沟通反馈渠道,帮助企业解决实际问题,提升企业满意度。

【保障民生投入】 全年民生投入43.69亿元,民生支出占比继续保持在三分之二以上。安排教育支出12.17亿元,支持省教育现代化县创建,优化教育资源配置,促进学前、义务、职业等教育统筹发展。落实医疗卫生支出4.07亿元,推进省卫生强县创建,推进县级公立医院改革,支持县级医院、乡镇卫生院、社区卫生服务中心建设和改造,缓解"看病难、看病贵"。加大社会保障投入力度,拨付就业、优抚、各类保障和救助对象补助资金2.57亿元。提高城乡低保标准并实现城乡一体化。支持省级养老服务业试点和有序推进养医结合示范点建设。投入生态建设资金4.09亿元,用于循环经济、节能降耗、治水治气、美丽新农村建设等环境治理,支持"五水共治"和美丽城镇建设。

【服务"三农"发展】 加大财政支农投入,落实完善各项支农惠农政策,农村改革发展稳步推进,土地综合整治、美丽乡村建设取得新进展。全年累计安排各类农口切块资金11.3亿元,清理各类专项资金近9368万元,争取各类上级补助资金4.5亿元。推进农业三项补贴改革试点工作,配套建立粮食补贴整合机制。实施农综项目建设。全面推进小浦镇、林城镇、虹星桥镇三个乡镇土地治理项目建设,共建设高标准农田2.65万亩,总投资4134万元,争取中央、省两级财政资金3180万元,改善农村基础设施建设。

【推进财政改革】 按照《预算法》要求,编制一般公共预算、政府性基金预算、社会保险基金预算和国有资本经营预算4本预算,重点科目细化到项级,并全部纳入县人大审查监督范围。扩大部门预算草案人大上会审查的覆盖面,在全市率先实行县级部门预算接受县人民代表大会审查并向社会公开。除涉密信息外,政府财政预决算、部门预决算等相关信息全部按规定公开。降低行政运行成本,健全厉行节约长效机制,加强公务支出管理,细化各类支出标准,明确开支范围,一般公共服务支出下降1.38%。

【严格债务管理】 建立国有企业"资金池",成立县投融资服务中心,制定《长兴县国有企业资金集中管理办法(试行)》。落实债务"双控"(控成本、控规模),编制年度融资计划,严格立项审批,严控政府投资概算,对融资实行例会审查制。继续开展地方政府债券置换,置换77.96亿元。

【强化资金监管】 推进政府性资金竞争性存放,通过竞争性谈判、公开操作等办法,50余亿元政府性资金全部实行竞争性存放。推进社保基金保值增值,在规范执行社保基金征缴、管理和支出的同时,实行存款定期存放,既保证支付,又确保做到保值增值最大化。通过招投标实施2亿元1年期协议定期存款及竞争性存放,提高基金收益水平,全年社保基金保值增值2.29亿元。盘活存量资金。建立结转结余资金定期清理机制。

【加强队伍建设】 开展"两学一做"学习教育,紧跟形势,开展政治理论学习和业务知识学习。加强财税文化建设。组织干部职工参加县级机关运动会、财贸工会趣味运动会、主题征文、微型党课和单位内部论文比赛、辩论赛、演讲赛等活动,引导和培育健康向上的趣味活动,增强财税队伍凝聚力。加强廉政教育。

财政支持推进农村道路基础设施建设

严格执行工作纪律、财经纪律，认真落实“五不直接分管”“三重一大”事项集体研究、述职述廉、民主生活会等党内监督制度，认真履行教育、管理、监督等职责，层层推动主体责任落地。

（长兴县财政局供稿　赵　莹执笔）

安吉县

【概况】　2016年，安吉县实现生产总值324.87亿元，增长7.1%。其中第一产业增加值26.64亿元，增长1.9%；第二产业增加值144.24亿元，增长5.5%；第三产业增加值153.99亿元，增长9.7%。产业结构继续优化，三次产业结构比8.2∶44.4∶47.4。按户籍人口算，人均生产总值69848元，城镇和农村居民人均可支配收入分别为44358元和25477元。全年财政总收入60.33亿元，同口径增长8.1%，其中一般公共预算收入35.85亿元，同口径增长8.3%，占财政总收入59.42%；一般公共预算支出57.19亿元，增长19.9%。全年财政收支平衡，财政运行情况良好。

【组织财政收入】　夯实收入基础，强化税源管理，开展收入形势调研，实行以旬保月、以月保季、以季保年，保证收入均衡入库。完成税收收入31.70亿元，占一般公共预算收入88.4%；非税收入4.15亿元，增长24.6%。深化征管体制改革，制定并出台保增长、强征管“十项举措”，推进重点税源风险管理；做好房产税等财产性税收征管；启动机关事业单位和灵活就业人员社保费由地税征收；对接“在安吉建，进安吉仓”“两高一长”等重点项目，全年入库地方税收1506.58万元。推进国地税联合办税，深化国地税合作，推动国地税服务深度融合、执法适度整合、信息高度聚合。防范税收风险，落实以风险管理为导向的税源专业化管理工作，开展征管质量风险推送，提高行业税收风险防范能力。提升纳税服务质量，保障“金税三期”平稳上线，构建多渠道宣传模式，组织近万户纳税人集中培训；制定并实施《纳税人满意度调查工作实施方案》，完成3500余户纳税人走访工作；制作并发放《纳税服务宣化手册》，逐步推行办税事项“二维码”一次性告知措施；开发并推行二手房交易环节信息采集软件。

【支持经济发展】　落实各项税收优惠政策。推进依托“亩产税收”的城镇土地使用税政策调整试点，促进企业“腾笼换鸟”和经济转型升级，推进收费专项清理改革，全年共减免各项地方税费5.72亿元。完善政策助推产业转型。抢抓“两山”示范县建设重大机遇，优化各类财税扶持政策，累计拨付各类涉企扶持资金5.20亿元；修订应急转贷管理办法，完成转贷资金31笔3.40亿元缓解中小微企业融资困难。创新方式带动实体经济。创新财政支持产业发展投入方式，设立创业投资引导基金等五大政府产业基金。全年财政出资0.85亿元撬动社会资本2.89亿元，有效带动实体经济健康快速发展。推进PPP模式，新录入财政部PPP综合信息平台项目7个，实施PPP项目6个。

【保障民生支出】　支持农业农村建设。2016年“三农”投入31.64亿元，被省财政厅评为财政支农工作优秀单位。县特色农业小镇项目纳入创新强省农业科技示范试点项目，分三年补助5000万元。中央支持农民合作社创新试点项目取得显著成效，全年联合社为社员办理担保业务109笔，金额1.35亿元，涉农短融互助3.50亿元，初步形成支农发展新模式。支持社会保障事业。全年公共财政预算社会保障支出4.50亿元，增长17.5%。完善企业职工养老保险制度，确保养老金增加的待遇支出保障按时发放，深化医药卫生体制改革，提升社会救助水平，提高城乡居民最低生活标准，实施积极就业政策，加快推进残疾人事业发展。支持城乡基础设施建设。配合做好全县重大项目建设，全年政府投资项目支出7.50亿元，拨付美丽乡村、生态文明、农村生活污水等新农村建设资金3.50亿元；成功向国开行融资27.80亿元支持污水处理、城中村改造和美丽乡村建设等绿色项目；加强农村交通基础设施建设，拨付交通事业资金1.81亿元；落实财政公交补贴政策，促进公共交通稳定健康发展。

【推进财政改革】　推进政府全口径预算体系建设，建立政府基金预算和社会保险基金预算。健全透明预算制度，推进预算公开工作。继续扩大国库集中支付涵盖面，将教育系统纳入国库集中支付，基本实现全县行政机关和事业单位全覆盖。促进政府“四张清单一张网”建设，推进“互联网+政务服务”，实现城区两所幼儿园学费和交警罚没款网上缴纳试点运行。利用现代网络服务，在各级行政事业单位之间搭建了多个政策咨询平台，做好政策解读服务。开展公款竞争性存放工作，全年12家单位完成公款竞争性存放5.29亿元，累计完成竞争性存放财政资金8.16亿元。做好全县公务用车改革，出台相关管理办法，加快建立新型公务用车制度。开展国有资产清查，制定全县优化国有资源配置的初步建议。

【加强财政监管】　强化风险控制。制定全县五年化债计划，规范平台公司融资行为，加强融资计划审批。优化债务结构，通过地方政府债券置换将综合债务成本由9.07%降至6.86%。完善监督职能。不断强化监督各部门、各乡镇（街道）财政资金使用、财经纪律执行。探索分片区乡镇财政监管体制，改革财政监督管理模式，开展全县财政资金安全大检查和财务巡察回访。

【干部队伍建设】　开展“比新高、拼全力”主题实践活动。全面部署“两学一做”学习教育。成立学习教育领导小组，以各党支部为单位，每月开展学习教育，每季开展主题讨论，每个支部上报一个创新举措，找准载体促落实。抓好干部教育培训工作，坚持财税业务与思想政治素质、综合能力提升相结合。完成第三轮“双聘”工作，优化队伍结构，强化干部“比拼”意识。

（安吉县财政局供稿　冯秋芳　蓝嘉琪执笔）

绍兴市财政工作

绍兴市

【概况】 2016年,绍兴市实现生产总值4710.19亿元,比上年增长5.5%。其中:第一产业增加值209.86亿元,第二产业增加值2319.17亿元,第三产业增加值2181.16亿元,分别增长2.1%、4.5%、6.9%。三次产业结构比为4.5∶49.2∶46.3。全市固定资产投资2882.48亿元,增长11.6%。全市社会消费品零售总额1783.20亿元,增长11.3%。全市外贸进出口总额1821.10亿元,下降1.8%。全市城镇居民人均可支配收入50305元,农村居民人均可支配收入27744元,分别增长7.6%、8.2%。2016年,全市财政总收入630.08亿元,同口径增长4.5%,其中:一般公共预算收入390.30亿元,同口径增长5.9%,完成年度预算的100.3%;税收收入332亿元,同口径增长5.3%;非税收入58亿元,增长20.6%。市本级完成财政总收入147.12亿元,同口径增长10.4%,其中:一般公共预算收入89.88亿元,同口径增长10.8%。全市完成一般公共预算支出456.10亿元,增长8.2%;市本级完成一般公共预算支出101.83亿元,下降0.5%。全年财政收支平衡。

【稳定收入增长】 强化征收计划考核。制定2016年收入组织重点工作责任分解方案、税收收入计划分配方案,首次制订2016年政府非税收入计划。制订实施市级收入按季考核办法,非税收入实行按季度上报收入计划执行情况。建立预算执行、土地出让、开发区、中心镇、重点企业和重点行业收入月通报制度和市级税收质量综合分析制度,首次将预算收入预测工作列入对各区、县(市)局年度绩效考核内容。强化优质税源培育。开展税源经济培育建设调查和完善产业扶持政策调研,牵头建立全市税源培育联席会议制度,起草加强税源培育若干意见。支持浙越商创业创新工作"长效机制落实年"活动,深化浙越商回归项目跟踪管理和专项服务。强化财源管理服务。加强征管查、国地税、税收与非税、财政与税收"四个互动",建立区、镇(街)税务联系人制度,形成区域与税务部门合力"外引内挖"税源建设格局。组织开展市区税源普查,全市监控重点税源企业3750户,监控面达到65.58%。建立国地税稽查联席会议制度,健全随机抽查制度和案源管理制度,全面落实国地税稽查合作。顺利接入浙江政务服务网统一公共支付平台,稳步推进政府非税收入电子化收缴改革。完成财政专项资金、财政专户和行政事业单位国有资产清理清查,修订出台资产处置、配置及事业单位资产管理有关规定,盘活行政事业单位资产。

【支持经济发展】 保障重大项目建设。出台《进一步加强全市政府投资项目资金计划管理的实施意见》,首次编制全市2016年政府投资项目资金计划,汇总资金1100亿元,到位1062亿元,到位率96.55%。优化完善产业政策。参与制定推进实体经济健康发展、加快推进供给侧结构性改革、加快经济转型升级等政策文件,配合出台大众创业万众创新、互联网应用等政策意见,牵头起草制定2016年全市农业农村财政配套政策,扶持"八大产业"*发展,促进经济新旧动能转换。实质运作产业基金。对接省财政厅、省金控公司、县市政府和项目投资方,深化产业基金运作,基金总规模113亿元,到位资金51.8亿元。设立子基金20个,直投项目2个,子基金投资项目70个,带动社会资本投资273.85亿元。加大政策扶持力度。优化完善资金拨付流程,加快政策资金审核兑现速度。落实房产交易契税补贴政策,市级兑现资金8760.74万元,支持房地产去库存。支持实施"小微企业新三年成长计划",市级落实中小企业专项信用贷款4.06亿元,惠及企业203户。深化"银税互动"试点,全市发放信用贷款1.30亿元,惠及企业152户。开展重大融资服务。加强与国开行等银行的融资对接,全年全市共组织17次融资对接,落实资金341.04亿元,到账各类直接融资81.18亿元。积极拓展融资担保业务,提升政策性担保服务吸引力。通过债券置换等方式,降低融资成本,全市融资成本高于7%的债务减少480.83亿元,节约资金31.61亿元。保障"五水共治""四边三化""三改一拆""交通治堵"等重点工作资金需求,"五水共治"支出30亿元。

【保障民生事业】 完成机关事业单位养老保险改革,推进基层卫生综合改革试点。安排资金37.18亿元投入医疗卫生事业,深化分级诊疗试点,扩大医联体覆盖面,促进优质医疗资源共享。市本级兑现资金1328万元,深化智慧居家养老服务标准化试点。完善社会保障。坚持多渠道筹措机制,全市社会保险基金收入332.4亿元,比上年增长26.4%。建立城乡一体的最低生活保障制度,最低生活保障标准提高到693元/月,机关事业养老保险退休增加317元/月,企业养老保险退休增加156元/月,医疗救助提高到10万元/人,机构集中供养孤儿、基本公共卫生服务经费等均有不同程度提高。支持社会事业发展。支持职教与民办教育发展、绍兴大学创建、科技人才创新、文化发展等工作,落实资金130.06亿元。兑现落实各类就业帮扶和创业扶持资金1.08亿元,新增就业2.25万人,帮助1.06万名城镇失业人员、就业困难人员创业和再就业。

【深化财税改革】 深化"全口径"预算管理,编制"四本账"提交人代会审议,按时公开预决算信息。开展政府性投资项目国库集中支付试点,推进预算执行动态监控应用,组织财政专项资金、财政专户和国有资产清理清查。推广应用PPP模式。制订《关于在公共服务领域推广政府和社会资本合作模式的实施意见》,推进PPP项目落地,全市共有项目28个,1个列入财政部示范项目,17个列入省级重点项目,已签约落地6个。完善政府购买服务改革，建立联席会议制度，修订2016年政府购买服务目录，指导8个部门制定具体细则，已形成“一个实施办法、二个目录、若干个管理办法”的制度框架体系。加强政府采购监管力度，组织采购活动8078批次，节约资金11.91亿元。*强化地方债务管理*。制定《绍兴市地方政府性债务管理办法》，落实五年化债计划，积极筹措资金，按时归还2016年到期债务和付息工作。加快存量债置换，全市完成债券置换324.87亿元。*提升资金管理绩效*。制定市级行政事业单位公款竞争性存放实施细则和考评管理办法，开展公款和财政性资金竞争性存放，制度累计658.57亿元。全年市本级实施绩效评价项目37个，核减资金3400万元，收回2500万元。加快推进工程结决算，加强协调审核和考核督查，已办结项目122个，涉及资金26.84亿元，核减资金2950万元。开展乡镇财政规范化建设工作考核，获评8个省级19个市级乡镇财政规范化创建先进财政所。推进乡镇公共财政服务平台建设，规范开展“一事一议”财政奖补工作，落实项目7个。

【加强队伍建设】 贯彻学习党的十八届六中全会精神，开展“两学一做”学习教育和“三观四做”专题教育活动。*推进党风廉政建设*。实施局党委、机关党委、基层党支部“三级书记”党建工作清单，加强组织领导、明确责任分工、促进责任落实。推行节点式教育，加强警示教育，坚持每年一主题专题教育活动。*深化行风效能建设*。召开专题部署会，实施补齐财政地税工作短板工作。深入开展行风评议，全面整改完善行风评议中存在问题，确保上级组织的各类明察暗访零“查处”，继续获得市级部门行风评议优胜单位。*完善内部管理*。出台法治财税建设实施意见，实施法治财税五年创建计划，被中宣部和全国普法办评为全国法治宣传教育先进集体。加强内控制度建设，建立和完善财政“1+8+X”内控制度体系，建立局重要案件案审委审理制度，制定局“双随机”抽查监管实施方案和事项清单，修订出台财务、资产、档案管理等十一个内部管理制度。 （绍兴市财政局供稿　陈剑波执笔）

注：

*“**八大产业**”：高端纺织、先进装备制造、绿色化工材料、金属制品加工、生命健康、文化旅游、信息经济、现代住建业。

越城区

【概况】 2016年，绍兴市越城区实现生产总值515.58亿元，按可比价格计算，比上年增长3%。其中：第一产业增加值9.78亿元，增长1.1%；第二产业增加值118.75亿元，增长0.5%；第三产业增加值387.05亿元，增长4.2%。三次产业结构比为1.9∶23.0∶75.1。全区固定资产投资总额211.19亿元，同比下降4.4%。城镇居民人均可支配收入47292元，同比增长7.0%。农村居民人均可支配收入28078元，同比增长7.7%。全年实现财政总收入53.96亿元，同口径下降2.6%，其中一般公共预算收入32.94亿元，同口径下降9.8%；实现税收收入56.14亿元，同口径增长6.14%。一般公共预算支出23.13亿元，下降1.1%。当年财政收支平衡。

【组织财政收入】 及时研判经济形势和政策影响，加强研究分析，推进全年收支计划执行。*强化税源基础管理*。继续实行税源管理考核机制，完善考核办法。将培育“千万元”重点税源企业、个人出租房税收代征工作等列入镇街考核清单，增强考核引导作用。2016年新增千万税收企业8家。*培育潜在税源*。强化招商项目跟踪，关注重点项目税收落实情况，制定《关于加快推进区重点建设项目税收落地工作的意见》，落实2016年38个政府投资项目、38个重点产业项目的税收落地责任。*推进非税收缴改革*。提高非税征缴电子化水平，稳步推进财政票据改版，强化“以票控收”工作机制。2016年非税收入9213万元，完成计划数的108.9%。

【保障重点支出】 全年民生支出18.27亿元，占总支出的79%。其中教育支出8.58亿元；社会保障和就业支出、医疗卫生与计划生育支出、城乡社区支出、农林水支出分别为2.00亿元、1.79亿元、2.59亿元和1.45亿元。落实惠农惠企政策资金。积极筹措专项资金，加大“三农”资金投入，保障“五水共治”、美丽乡村建设等工作开展，确保农业补贴政策落地。2016年累计财政支农支出8488万元。落实企业帮扶政策，累计拨付应急转贷资金2000万元。保障重点项目。其中安排老小区整治经费2972万元、控违拆违经费1786万元、G20峰会安保经费和专职巡防队伍平安志愿者队伍建设1000万元、府山街道社区卫生院建设资金2128万元。

【承接划转事权】 有效应对区划调整涉及财政方面的事权划转，提前做好应对方案，确保区划调整后基础性工作的顺利承接。完成划转单位预算指标的调整核对，确保44家划转单位的机构正常运作和人员经费正常发放。完成高新区、原镜湖新区政府投资项目资金计划、政府性债务管理和土地出让收入等事权承接，建立土地出让金收支管理信息系统，与绍兴市财政实时动态共享相关信息。

【强化资金监管】 *推行公款资金竞争性存放*。设定银行存款利率、地方经济贡献度等考核兑现指标，定期存款利率比基准利率上浮50%，促进财政资金保值增值。*加强政府投资项目监管*。加快推进政府投资项目工程竣工结决算，完成38个政府投资项目资金来源审批，核批金额76.98亿元；完成40个政府投资项目预算标的审核，送审造价5.20亿元；完成49个政府投资项目竣工财务决算审核。*加强国有企业资金资产监管*。规范国有企业公款存放管理，全区14家国有企业完成公款竞争性存放，存放资金10亿元。出台《越城区国有企业银行账户管理办法（试行）》，注销国有资产银行账户64个。*加强政府债务管理*。督促平台公司做好高利率融资成本降息置换工作，制定2016～2020年五年化债计划。2016年越城区地方政府债务限额81.9亿元。当年新增置换政府债券15.47亿元,2016年末区级地方政府债务余额71.13亿元,比上年末减少3.4亿元。强化财政绩效监督。加强对区属机关事业单位会计质量信息监督检查、培训,强化预算源头项目绩效监管,实现预算项目资金绩效目标评审全申报。确定8个项目开展绩效评价,涉及财政资金6301.8万元。

(绍兴市越城区财政局供稿 龚 珂执笔)

柯桥区

【概况】 2016年,绍兴市柯桥区实现地区生产总值1239.25亿元,按可比价计算增长3.5%。其中:第一产业增加值35.95亿元,增长2.0%;第二产业增加值638.94亿元,增长0.9%;第三产业增加值564.36亿元,增长6.7%。三次产业结构比为2.9∶51.6∶45.5。第三产业占比比上年提高2.0个百分点。全区人均生产总值188497元,增长2.6%。规模以上工业总产值3368.64亿元,下降2.9%。固定资产投资746.67亿元,增长12.1%。社会消费品零售总额260.91亿元,增长11.8%。出口总额627.30亿元,下降2.9%。城镇居民人均可支配收入54410元,农村居民人均可支配收入31490元,分别增长7.2%和7.9%。全区财政总收入165.2亿元,同口径增长2.8%,其中一般公共预算收入106.0亿元,同口径增长8.1%。全区一般公共预算支出98.9亿元。当年财政收支平衡。

【组织财政收入】 优化收入结构。2016年,全区一般公共预算收入占财政总收入的比重为64.2%;同比增长3.2个百分点。一般公共预算收入中税收收入89.86亿元,占比为84.8%。精细化税费征管。对全区889家重点税源企业实行动态监控,比上年增加34户;开展工业小区税收征管秩序专项整治,292个工业小区全年入库出租税收1.6亿元,同比增长10.3%;开展印染企业税收专项检查,查补税费2145万元;建立社保征缴信息共享机制和协作会议制度,征收社保费45.6亿元,同比增长24.0%。规范非税收入征管。加大非税收入监控和征管力度,收缴各项非税收入38.4亿元;推出"互联网+非税缴费"模式,将教育收费项目纳入浙江政务服务网统一公共支付平台,共完成教育收费45760笔,收缴资金3700万元。

【服务经济发展】 加大财税扶持力度。累计拨付转型升级资金11亿元;加强结转结余资金跟踪管理,盘活存量资金3.6亿元,用于经济转型及民生支出。因落实政策措施成效明显,柯桥区被国务院通报表扬,获中央财政提前调度资金2亿元,并奖励资金900万元。落实财税优惠政策。落实支持小微企业发展、鼓励创业创新等税收优惠政策及营改增等结构性减税政策,累计减免各类税收8.73亿元;实行普遍性降费,从2016年11月起暂停征收地方水利建设基金,临时性下调失业保险费单位缴费率至1%,对部分企业职工基本医疗保险单位缴费部分临时性减征1个月,累计减免1.55亿元;完成营改增、"金税三期"上线等重大改革任务,减轻企业税负。提升财税服务质效。开展"百名税干进千企、深入基层补短板"活动,走访联系1854户纳税人;开启会计从业资格证书申领"网上申请、在线服务、快递送达"新模式;深化"银税互动"试点,支持金融机构,为70户纳税人提供信用贷款4665万元。

【创新财政扶持方式】 推动产业基金创新发展。成立普华天勤文化产业投资基金、锦聚科技人才创业投资基金、盈实新兴产业引导基金和东方山水文化旅游基金等四个政府产业基金,基金总规模250亿元,参与投资重点项目16个,投资规模50.3亿元,撬动社会资金200余亿元。孵化新兴产业、引领转型升级。加快金柯桥基金小镇建设。建成集信息发布、宣传招商、政策解读、企业展示于一体的"基金小镇客厅",完成小镇区域内各项标识、路标等设施布局。组织私募投资推介会13次,协助32个项目开展路演,推出"一站式专属顾问",吸引入驻金融投资类企业76家,注册资金规模达86.6亿元。

【支持民生事业】 全年民生支出78.04亿元,占一般公共预算支出的78.9%,增长9.7%。完善社会保障体系。健全社会救助体系,全年落实各类社会保障补助资金10.1亿元,增长14.8%;支持基层医疗卫生机构和公立医院改革,投入医疗卫生补助资金8.1亿元;落实失土农民参保工作,保障失土农民合法权益。推进社会事业发展。建立健全义务教育均衡发展经费保障机制,完善城乡义务教育资源均衡配置,建立职业教育生均经费制度,推进中等职业教育内涵建设和教学改革,教育支出19.34亿元,同比增长4.6%。推进"五水共治""五气合治"、美丽乡村工程等重点项目建设,区本级财政投入资金9.5亿元。加强对基础设施和公共配套建设的投入力度,累计拨付中小学校舍建设、妇女儿童医院、老年医院、保障性住房等建设资金13.5亿元。加大农业综合开发项目平台应用,推进平水镇大外畈高标准农田建设,惠及农户4396户。

【深化财政改革】 调整完善新一轮区对镇(街道)、开发区财政体制。合理划分区镇两级事权与支出责任,稳妥推进新老财政体制有效衔接。深化国库集中支付改革。制定国库集中支付动态监控内部工作规程,推行国库集中支付动态监控系统,全方位监控财政支出行为,区本级集中支付金额达7463亿元,同比增长17.6%;深化公务卡结算制度改革,公务卡消费4221万元,同比增长27.2%,现金结报量与公务卡刷卡消费量之比为1∶1。配合开展公务用车改革。出台涉改车辆的处置办法,对全区1214辆公车进行信息核对、权属确认和评估调查,并做好车改经费保障、公务交通补贴与差旅费制度衔接等工作。

【加强财政监管】 加强专项检查。检查并整治违规多头开支、多头报销以及违规公务接待、违规发放津贴补贴福利、违规开支差旅费等问题,落实省委巡视组巡视整改任务;开展行政事业单位国有资产清查行动,392家单位完成“清家底”任务,资产总计108.3亿元。加强规范管理。起草《预算编制风险防控管理办法》等8个专项风险防控办法,搭建起“1+8+X”三级内控制度体系,规范权力运行;建立政府债务风险预警体系,置换地方政府债券54.4亿元;出台《柯桥区行政事业单位公款竞争性存放管理暂行办法》,对6.8亿元公款实行竞争性存放。加强绩效管理。完善《柯桥区预算绩效管理办法》,实现预算绩效目标、跟踪、监督全覆盖;对502个项目69.6亿元资金实行绩效跟踪管理,对16个重点项目19.02亿元资金进行绩效评价;加强政府投资项目标底预算审核,严控“超投资、超标准”行为,核减资金1.7亿元;实行部门“三公”经费动态监测,“三公”经费支出同比下降5.6%。

【加强队伍建设】 推进“两学一做”学习教育。开展“一把手上专题党课”“支部书记讲党课”“局领导讲党课”和党员干部“微党课”等活动;开展“党员干部护水日”、联系河道综合治理等活动,开设“两学一做”学习专栏,营造浓厚学习氛围。加强文化建设。组织青年干部培训班,开展“无悔税月,财税基石——寻找身边的好税官”评选活动、井冈山红色之行、“老革命对话新干部”等活动,掀起学习先进、崇尚先进的热潮;注重干部梯度建设和结构性建设,对18名干部进行轮岗交流;加强群团组织工作,开展“美丽煮妇”厨艺大赛、“财税印象”摄影比赛等活动,丰富干部的业余生活。深化廉政建设。出台2016年党风廉政建设主体责任清单,分解落实16大类59项重点任务;开展正风肃纪行动13次,发出通报提醒10次;依托基层站所科技监督系统、“三重一大”事项监督系统等平台,防范业务风险;在绍兴市局对各县市区局绩效考核中荣获第一名。

(绍兴市柯桥区财政局供稿 曾晓琴执笔)

上虞区

【概况】 2016年,绍兴市上虞区实现地区生产总值773.22亿元,增长7.0%。其中:第一产业增加值45.34亿元,增长2.2%;第二产业增加值408.63亿元,增长6.8%;第三产业增加值319.25亿元,增长7.9%。三次产业结构比为5.9∶52.8∶41.3,三次产业对GDP增长的贡献率分别为1.8%、52.5%和45.7%。按户籍人口计算,全区人均生产总值99125元,增长7.0%。全年财政总收入103.72亿元,同口径增长6.3%;一般公共预算收入59.65亿元,同口径增长11.3%,占财政总收入的57.51%。全年一般公共预算支出65.03亿元,增长8.3%。当年财政收支平衡,略有结余。

【组织财政收入】 深化国地税征管体制改革,推进国地税合作,扩大委托代征范围,加强国地税信息共享。开展经济税收调研,提高税收预测水平。强化税费风险管理,提升大企业税收管理水平。加强税收征管信息化建设,确保“金税三期”系统上线和平稳运行。开展回归经济税源工作,设计税源引进方案,全年实现回归经济税源3.73亿元。地税部门组织收入76.7亿元,增长4.4%。全年实现税收收入53.32亿元,占一般公共预算收入的89.39%;加强土地出让金征收管理,推进非税收入电子化收缴改革,开展非税收入和财政票据检查。全年征收非税收入9.44亿元,同比增长8.3%。

【促进转型升级】 发挥财税引导和杠杆作用,聚焦产业发展短板,梳理完善205项财税扶持政策。推进产业基金实质性运作,基金总规模达65亿元,实质性运作投资项目2个,政府资金投资2.85亿元,带动股权投资27.7亿元。深化亩产税收改革试点,共减免2015年度城镇土地使用税5426万元,受惠企业542家。推进银税互动合作,缓解小微企业融资难困境,28家企业获取信用贷款累计1600余万元。建立局领导联系督导制度,积极开展“问需求、优服务、促改革”专项走访,联系走访企业2291家。

【保障基础设施建设】 扎实做好政府投融资项目资金保障,全年政府投资项目财务支出70.23亿元,其中财政保障28.24亿元。加大国家文明城市和卫生城市创建、城市路网、标准海塘、高铁、跨江通道等重大基础设施建设投入,做好环境整治工作资金保障,助推e游小镇、花田小镇等特色小镇建设,提升新型城镇化发展水平。做好住房建设资金保障,统筹城市棚户区改造资金5.65亿元,加快城市棚户区改造、城镇危旧房治理。投入资金1730万元,加大老旧小区、城市截污改造。

【保障民生事业】 一般公共预算支出中民生支出50.43亿元,增长9.1%,占一般公共预算支出的77.5%。继续提高养老保险人员享受待遇,全面实施机关事业单位养老保险制度。推进医疗保险政策“三区”融合,调整城乡居民基本医疗保险财政补助标准。深化医疗卫生体制改革,增加医疗投入1.42亿元,支持医疗资源“双下沉”。建立健全困难人员救助制度,实施残疾人两项补助制度,完善支出型贫困家庭基本生活救助、困难群众医疗救助办法。加强地质灾害救助,拨付地质灾害救助1300万元。投入环卫保洁资金8500万元,推进垃圾分类处置。壮大村级集体经济试点,争取到位省级补助资金3200万元。入围美丽乡村试点县,争取到位专项补助资金1000万元。强化农村基层党组织和基层政权建设保障,到位村主职干部报酬、村监委主任报酬等区级补助资金4038万元。

【深化财税改革】 做好“四本”预算之间的相互衔接和统筹协调,将地方政府债务纳入预算管理。推进财政信息公开,规范预决算公开操作规程。加强行政事业单位财务管理,制定出台系列制度。深化国库集中支付改革和公务卡改革,完成全区19个乡镇集中支付转轨。做好财政资金竞争性存放工作。夯实政府采购管理基础,完善并规范协议供货定点采购。深化政府购买服务改革试点工作,探索编报政府购买服务预算。优化实施流程，建立政府购买服务平台，扩大项目范围，基本养老服务、政保合作服务、基层医疗卫生服务等十余项服务已全面推开试点。开展预算绩效目标评审，12个评审项目共核减预算资金5427万元，核减率达56.83%。开展“小金库”专项治理活动，强化源头控制。加强财政内控制度建设，制定八大风险防控管理办法。推进国有企业集团化、实体化、资本化运行，组建区环卫集团。规范国有资产处置，开展行政事业单位资产清查工作，组织开展新一轮国有产权评估、拍卖机构及报废资产定点回收机构的公开招标工作。继续推进落实行政审批制度改革，公开税务行政审批目录。推进会计从业资格证书申领电子化，实现“网上申请、在线服务、快递送达”。

【提升队伍素质】 抓实“两学一做”，通过个人自学、集中研学、专题讨论、党课教育、中心组领学等形式，引导干部争做“四讲四有”的合格党员。落实党风廉政建设主体责任，完善制度体系，将反腐倡廉工作细化为5个大项和56个小项任务，细化责任落实。出台《个人绩效管理实施办法》，推行“日志式”日常考核管理系统。举办财税大讲堂，开展岗位大练兵。深化群团组织建设，抓好工、团、妇等各项活动载体，积极组织各类文体活动。以纪念建党95周年为契机，开展系列主题党日活动，增强干部积极向上的精神面貌。（绍兴市上虞区财政局供稿　倪　娜执笔）

诸暨市

【概况】 2016，诸暨市实现生产总值1099.06亿元，按可比价计算，增长7.3%。其中：第一产业增加值51.88亿元，增长2.3%；第二产业增加值571.25亿元，增长6.7%；第三产业增加值475.93亿元，增长8.5%，三次产业结构比为4.7：52.0：43.3。按户籍人口计算，2016年人均生产总值为101695元。全市共完成500万元以上固定投资741.05亿元，增长14.2%；社会消费品零售总额395.2亿元，增长11.6%。城镇和农村居民人均可支配收入分别为53547元和30224元。全市财政总收入112.59亿元，同口径减少0.3%，其中：一般公共预算收入71.79亿元，同口径增长0.3%。全年一般公共预算支出97.24亿元，同口径增长20.2%。当年财政收支平衡。

【组织财政收入】 2016年，全市地税部门组织各项收入113.25亿元，同口径增长18.54%，其中：税收收入57.68亿元，同口径增长18.0%；非税收入55.57亿元，增长19.1%。强化税费征管，积极探索营改增全面推广后的地税征管模式，深化风险应对、加强信息比对、优化税收保障。加大欠税整治力度，“压缩旧欠、杜绝新欠”，优化纳税环境，全年共清缴欠税6264万元。开展重点税源企业抽查、轮查，对旅游、投资管理、房地产和建筑安装行业实施专项检查，全年共检查企业55户，查处大案要案2件，入库查补税费3551万元。

【推进经济转型升级】 落实财政奖补政策，严格审核，加快兑现效率，共兑现“创新驱动政策三十条”“工业经济政策三十条”等各项财政贴息奖补资金6.94亿元。推动政策加力增效，落实“营改增”、小微企业税费优惠、水利建设基金减免、失业保险费率下调、临时性下浮医疗保险费比例等结构性减税和普遍性降费政策，累计减免各项税费12.2亿元。缓解企业融资压力，做好应急资金转贷工作，累计为1059家企业提供转贷1405次，金额268.6亿元，为企业节约融资成本3500万元。健全财税支持小微企业融资的体制机制，拓宽“税银互动”合作范围，累计为120家信用等级A、B企业提供授信额度1.66亿元。

【保障民生支出】 坚持公共财政导向，补短板、惠民生，全年累计执行民生支出76.87亿元，增长16.5%，占总支出比重为79.1%。加大科技投入，重点支持科技创新和人才集聚；强化交通基础设施和公共交通建设，三环线建成通车，美丽乡村公路改造提升，诸暨至杭州城际通勤列车开通，城乡公交一体化深入推进；建立小城镇环境综合整治投入保障机制，助力特色小镇建设，完成G20峰会和十方面惠民实事经费保障。完善社会保障制度。支持养老服务体系建设，推进机关事业单位养老保险制度改革；完善社会救助制度，提高最低生活保障标准，城乡居民最低生活保障标准提高到693元；落实残疾人两项补贴制度；提高基本公共卫生服务补助标准，深化“双下沉、两提升”工程，推进全科医生签约服务。支持农业农村发展。深化财政支农体制机制改革，确保财政支农投入力度不减弱、总量有增加。积极开展农村综合改革示范试点，扶持村级集体经济发展，深化村级公益事业“一事一议”财政奖补政策运用，助推美丽乡村建设。

【深化财政改革】 健全预决算公开制度，部门预决算全公开。推广运用政府和社会资本合作（PPP）模式，环城东路延伸段工程、智能综合物流产业基地项目以及浙江农林大学暨阳学院教师公寓三个项目落地，成立规模5亿元的诸暨基础设施投资基金，引导金融资本和社会资本支持基础设施和公共服务项目。创新财政支持方式，按照“121”基金发展计划，推进产业基金实质性运作，母基金已参股设立5支子基金、1个直投项目，财政出资3.8亿元，撬动社会资本投资逾29亿元。深化政府投融资体制改革，以改革健机制、调结构、降成本，直接融资和政策性银行融资占比72%，同比提高30.29个百分点；综合融资成本4.48%，同比下降2.12个百分点，降幅达到32%，平台融资和政府债务管理机制、风险防控机制进一步完善。

【强化财政监管】 严肃财经纪律，按照“镇乡（街道）全覆盖，部门两年轮一遍”的要求，对27个镇乡（街道）和38个市级部门开展财经纪律执行情况专项督查和“三公”经费回头看，督促问题单位完善内控制度，及时整改到位。提升财政资金绩效，严格工程项目概算审核，全年完成448个项目审核，总送审金额32.4亿元，净审减金额2.94亿元，审减率为9.1%；全年政府采购总金额 27.02 亿元,节约资金 3.42 亿元,节资率 11.3%;加强国有资产监管,加强和规范行政事业单位房地产管理,以房产权证为重点,以规范管理为抓手,基本形成产权统一、管理规范、处置有序、保值增值的行政事业单位房地产管理机制;做好国有企业负责人薪酬制度改革工作,推进国有企业健康发展。

【加强队伍建设】 开展"两学一做"学习教育,学习党章党规以及习近平总书记系列重要讲话精神,围绕"学""评""做""建"四个环节把学习教育融入财税日常工作,丰富"实、稳、优"财税核心价值理念,落实好党风廉政建设主体责任,积极配合市纪委派驻纪检组工作,营造风清气正、敢于担当的政务环境和工作氛围。积极组建财政内部控制管理架构,建立"1+8+X"内部控制制度体系,强化内部流程控制,防止权力滥用。优化内部控制建设,结合征管形势变化,及时调整基层分局机构设置,优化人力资源配置。 (诸暨市财政局供稿 傅 晶执笔)

嵊州市

【概况】 2016 年,嵊州市实现生产总值 480.49 亿元,比上年增长 7.5%。其中,第一产业增加值 40.52 亿元,增长 2.0%;第二产业增加值 234.56 亿元,增长 7.6%;第三产业增加值 205.41 亿元,增长 8.6%,三次产业结构比为 8.4∶48.8∶42.8。按户籍人口计算,全市人均生产总值 65805 元,增长 7.7%。全市财政总收入 48.78 亿元,同口径增长 4.2%,其中一般公共财政预算收入 32.01 亿元,同口径增长 9.6%。全年一般公共预算支出 51.63 亿元,增长 25.3%。全年财政收支平衡,略有结余。

【组织财政收入】 坚持依法征收。以"金税三期优化工程"上线为契机,组织数据比对应用,夯实征管基础。加强对重点税种、重点行业、重点企业的税收风险监控,探索税源专业化管理。完善国地税合作联席会议、重大案件联合稽查等制度,深化国地税合作,提升征管质量和纳税服务水平。全面推广营改增,开展清缴欠税和"积案"清理百日专项行动,落实税收违法"黑名单"制度,打击涉税违法行为,打造公平公正的执法环境。2016 年全市地税部门组织各项收入 47 亿元,增长 8.6%;其中税收收入 20.6 亿元,社保基金入库 24.3 亿元。全年非税收入 52.78 亿元,增长 40.3%,其中纳入公共预算管理的非税收入 5.03 亿元,增长 69.4%。

【服务经济发展】 梳理完善产业发展政策,强化资金供给和服务保障,激发市场主体活力。全年兑现工业、建筑业、服务业等扶持奖补资金 1.5 亿元。其中兑现"四换三名"资金 4716 万元,兑现人才工作、科技创新资金 2000 万元,兑现股改上市奖励 1390 万元,兑现重点总部型企业培育专项资金 1770 万元。坚持减税降费,减轻企业负担。落实企业研发费加计扣除 1.08 亿元,落实残疾人员工资加计扣除 4082 万元,落实失业保险费、工伤保险费等社保费优惠 3800 万元,减免高新技术企业所得税 3228 万元,减免小微企业所得税 1897 万元。创新财政支持发展方式。加快产业基金运作,政府产业基金规模从 5 亿元扩大到 10 亿元,通过与社会资本合作,吸引万丰科技智能化装备和零部件产业化项目落户嵊州。

【统筹城乡发展】 安排财政资金 3.5 亿元,支持"五水共治""三改一拆""四边三化""五气合治"等专项行动,改善城乡面貌和生态环境。安排保障性安居工程建设资金 1.23 亿元,改善城乡居住条件。安排中心镇培育资金 5000 万元,促进新型城镇化建设。安排新农村建设和"一事一议"财政奖补资金 7800 万元,筹集农村生活污水治理资金 1.32 亿元,改善农村居住环境。落实山区发展资金 2000 万元,促进低收入群体致富。投入 1200 万元,开展蔬菜生产全程社会化服务试点,探索适应现代化农业发展的经营新机制。拨付资金 550 万元,持续提升"越乡龙井""嵊州香榧"等一批农业品牌含金量。

【保障民生支出】 全年投入民生领域资金 38.15 亿元,增长 12.4%,占一般公共预算支出的 82.4%(剔除债券及付息)。支持教育事业发展。全年教育支出 13.8 亿元,小学、初中生均公用经费定额标准分别提高到 650 元、850 元,职业学校生均公用经费标准提高到 2500 元。支持文化事业发展,安排越剧繁荣工程专项资金 663 万元,打响越剧文化品牌。支持医疗卫生事业发展。完善基层医疗卫生机构财政投入和分配激励机制,实现市级医疗资源下沉全覆盖。建立乡村医生签约服务医保、财政补助等配套政策,全年签约服务对象 20 万人。建立专项补助与付费购买相结合、资金补偿与服务绩效相挂钩的财政补偿新机制,提高基层积极性。支持社会保障事业发展。完善社会保障政策,企业退休人员、机关事业单位退休人员基本养老金分别提高到每人每月 1990 元、5326 元。落实最低生活保障金待遇,城镇低保提高到每人每月 673 元,农村低保提高到 543 元。健全社会救助体系,提高医疗救助比例和救助限额。

【深化财政改革】 深化预算编制改革。统筹编制涵盖一般公共预算、政府性基金预算、社会保险基金、国有资本经营的"全口径"预算。推进政府财政预决算、部门预算和"三公"经费信息公开,63 家部门预算和"三公"经费预算向全社会公开。试点预算项目库管理,增强政府整合资源、统筹财力的调控能力。建立专项资金管理清单,以清单的方式管权、管钱、管事。完善政府与社会资本合作(PPP)配套机制,推动嵊新污水处理厂二期工程 PPP 项目落地。出台《政府购买服务采购管理办法》与《政府向社会力量购买服务指导目录》,吸引民间资本进入养老、医疗服务等民生领域。推进乡镇财政建设。全市乡镇非财政拨款收入全部使用非税收入征管软件,实现以票管钱。完善乡镇财政体制结算和各项考核工作,兑现 2015 年度超收分成和转移支付资金 3038 万元。开展规范化财政所(局)创建工作。

【强化财政监管】 开展全市财经纪律执行情况、行政事业单位公款竞争性存放、会计监督等专项检查，严肃财经纪律。落实省委巡视组反馈意见，清理、收回违规津补贴1554万元。加强政府投资项目信息系统一体化监管工作，强化政府投资项目预结算管理。清理结转结余资金，盘活资金1.29亿元。组织实施市本级竞争性存放财政资金4.26亿元，增加利息330万元，获得银行支持工业企业新增贷款承诺额17.73亿元。争取省新增债券资金9.8亿元，置换存量债务21.73亿元。全市"三公"经费下降25.2%，其中：因公出国（境）费下降46.1%，公务接待费支出下降32.4%，公务用车购置和运行费下降18.2%。

【加强队伍建设】 开展"两学一做"学习教育。严格落实"一岗双责"，层层落实廉政责任，与每一个责任科室、责任人签订党风廉政建设责任书，强化责任链条。加强监督，以制度管人、以制度管事，严格执纪问责，全年问责追责2人/次。组织开展技能比武、业务考试等活动，鼓励干部练内功、学业务、干实事，提升业务水平和综合素质。发挥党、工、团、妇作用，组织活动，愉悦身心，组队参加绍兴市机关羽毛球队比赛获团体第一名。

（嵊州市财政局供稿　黄小明执笔）

新昌县

【概况】 2016年，新昌县实现生产总值368.46亿元，增长6.6%，其中：第一产业增加值22.40亿元，增长2.6%；第二产业增加值184.40亿元，增长6.5%；第三产业增加值161.66亿元，增长7.2%。三次产业结构比为6.1∶50.0∶43.9。人均生产总值84441元，增长 %。全社会固定资产投资171.10亿元，增长12%；社会消费品零售总额156.5亿元，增长11.7%；出口总值116.34亿元，增长8.1%。全县财政总收入52.65亿元，增长2%；其中一般公共预算收入30.94亿元，同口径增长4.2%，一般公共预算收入占财政总收入58.8%；一般公共预算支出41.42亿元，增长7.4%。当年财政收支平衡。

【组织财政收入】 夯实收入征管工作基础，实现地方可用财力持续平稳增长。落实税收法定原则，强化税种税源基础管理，确保税收收入及时足额入库。全年实现税收收入25.64亿元，占一般公共预算收入的82.9%。加强社会保险费征管，规范地方水利建设基金、残疾人就业保障金征管措施，提升规费收入管理水平。推进政府非税收入收缴电子化改革，完善和规范票据管理，夯实非税收入征管基础，优化政府非税收入结构，全年非税收入入库5.3亿元，增长34.8%。

【助推经济发展】 落实财政扶持政策，加快市场主体培育和升级，累计兑现各项财政性政策奖励扶持资金3.24亿元。落实各项税费优惠政策，支持实体经济加快发展，累计减免税费3.83亿元。优化政府债务结构，全年完成债券置换存量债务23.09亿元。完善企业贷款担保服务，提供融资担保业务64户次，担保金额2.59亿元，办理中小企业银行到期借款短期周转业务50户次，提供周转资金2.33亿元，推荐中小企业专项信用贷款34户次，金额0.76亿元。

【规范产业基金】 成立产业投资发展有限公司，积极与金融机构、基金管理公司合作，通过参与上市公司定向增发和参与设立医疗健康基金、中小企业转型升级成长基金、中小企业新三板挂牌成长基金等方式，推进产业基金规范运行。全年政府产业基金投出前期资金1.5亿元，撬动社会资本9.9亿元。

【加强民生保障】 全年民生支出33.53亿元，占一般公共预算支出的81%，人均公共财政民生支出7657元，增长9.5%。其中教育支出9.93亿元，科技支出2.66亿元，社会保障和就业支出3.83亿元，分别增长17.65%、24.14%、7.63%。统筹财政支农资金，加大财政支农投入，2016年财政安排"三农"投入6.94亿元。以"一事一议"财政奖补方式，以"五水共治"、美丽乡村建设为重点，开展农村生活污水治理三年行动，改善农村人居环境。

【保障重点项目】 健全财政资金调度机制，全年审拨财政配套资金3.15亿元，保障重点项目建设。加强政府投资项目概算、预算审核管理，2016年审核工程立项34个，审核资金83.37亿元；审核初步设计80个，概算23.79亿元，调整不合理投资1.08亿元。鼓励和引导社会资本参与基础设施及公共服务建设，2016年对新昌高新园区沃西大道至三花路接线工程项目计划实施PPP模式进行建设，项目总投资3.5亿元，其中PPP投资2.8亿元。

【深化财税改革】 深化政府购买服务改革，完成安保、保洁、绿化养护服务、电路租赁服务和审计（造价审核）等5个定点采购项目。深化国库集中支付改革，加快推进公务卡改革，实施公务卡强制结算制度，累计发放公务卡6044张，2016年公务刷卡消费743万元。推进乡镇公共财政服务平台建设，充实乡镇公共财政服务平台工作内容，扩大资金补助项目，2016年58项涉农资金通过平台发放，受益农户达18.01万人次，涉及资金0.96亿元。规范财政资金竞争性存放，全年开展3次竞争性存放，中标资金24.1亿元，增加收益4800万元。完善绩效评价方式方法，对61个项目开展绩效自评，涉及财政资金6.95亿元，2个项目实行重点评价，涉及财政资金5942万元。

【加强队伍建设】 深入开展"两学一做"学习教育，坚持支部为主体、班子作表率、督查促整改，紧密结合工作实际，制定实施方案。落实内部管理制度，完善干部教育培训机制，组织干部开展岗位业务练兵活动。完善廉政风险防控机制。加强财税文化建设，以方圆读书俱乐部、财税大讲坛为平台，培育具有财税特色的文化理念和行为体系，增强干部队伍凝聚力、向心力。

（新昌县财政局供稿　俞美娜执笔）

金华市财政工作

金华市

【概况】 2016年,金华市实现生产总值3635.01亿元,按可比价计算,同比增长7.5%。其中:第一产业增加值148.06亿元,增长1.9%;第二产业增加值1585.61亿元,增长4.9%;第三产业增加值1901.34亿元,增长10.3%。三次产业结构比为4∶44∶52。全社会固定资产投资2084.01亿元,增长13.5%。社会消费品零售总额1977.87亿元,增长11.2%。外贸进出口总额3186.03亿元,增长4.7%。全市城镇居民人均可支配收入46554元,增长7.8%,全市农村居民人均可支配收入21896元,增长7.9%。全市财政总收入555.20亿元,同口径增长7.3%,其中一般公共预算收入338.1亿元,同口径增长9.0%;全市税收收入完成290.5亿元,增长7.0%;全市一般公共预算支出544.90亿元,增长17.3%;市本级财政总收入136.60亿元,同口径增长14.0%,其中一般公共预算收入82.10亿元,同口径增长13.2%。市区税收收入完成68.6亿元,增长8.4%;市本级一般公共预算支出139.40亿元,增长4.6%。全市及市本级财政收支平衡。

【组织财政收入】 开展税种专项清理。开展营业税清理,2016年1~4月,全市营业税入库35.23亿元,占2015年全年入库数的48.5%。开展耕占税清理,全市共征收耕占税9.80亿元,同比增长163.2%。创新欠税清理手段。分类实施书面催缴、欠税公告、阻止出境、税收保全、强制执行等措施,共清理欠税5.26亿元。加大稽查查补力度。突出约谈型执法,推进"团队化"运作,全市稽查查补入库数1.92亿元,其中市区查补入库数为7054万元,连续两年处于历史高位。强化部门协同治税。做好国税、地税征管衔接,实现营改增平稳过渡。组织非税收入。全市组织非税收入47.80亿元,增长22.5%。推进统一公共支付平台深化应用,在全省率先实现全市范围公办学校教育收费统一公共支付平台收缴。强化城市基础设施配套收入管理,市本级共征收4963万元,同比增长794.0%。盘活资源。加强公房出租管理,市区共组织8期公房拍租,年租金收入共计1373万元;开展财政资金竞争性存放,市区共组织5期合计63亿元财政资金招投标,增加额外收益8017万元。

【助推经济发展】 支持企业自主创新。全市科学技术支出18.22亿元,增长13.2%。市区设立1亿元人才专项资金,围绕"五大千亿产业"*引进高层次人才。推进政府产业引导基金运作,累计撬动社会资本有效投资220亿元。助力企业降成本减负担。代拟《金华市人民政府关于进一步降低企业成本减轻企业负担的若干意见》,为企业减轻负担84.10亿元,其中市本级20.31亿元。做好企业应急转贷资金服务,共为3320家企业办理转贷业务6578笔,涉及资金449.54亿元。构建线上线下服务平台。线下,创建"金华蓉英地税工作室",打造"个人领衔+团组服务+全线运作"的新型财税服务模式。线上,聚焦"互联网+",建立微信服务矩阵,打造金华财税微政务服务体系,全国首本会计从业资格证书网上申请、快递送达在金华送出。

【保障民生事业】 全市民生支出399.4亿元,增长13.3%,占全部支出的73.5%。全市投入教育支出98.87亿元,农林水事业支出57.42亿元,医疗卫生与计划生育支出48.06亿元,分别增长8.2%、9.5%、11.7%。保障重点项目建设。创新全省棚户区改造项目资金筹集和区块建设资金的监管,推进国家现代服务业综合试点,累计争取中央财政资金9亿元。推进金义综保区建设,争取政策支持并配合做好项目投融资及招商工作。在全省率先建立市域内水质生态考核补偿机制。保障重点群体。扩大市区老年人意外伤害保险范围,提高市区孤儿年基本生活费待遇,实施困难残疾人补助按低保标准30%发放。推进机关事业单位养老保险制度改革,行政事业单位退休人员基本进入社保发放。推进农业三项补贴政策综合改革,市区安排6461万元重点保障粮食安全生产和农业产业扶持,组织实施16个国家农业综合开发项目建设。

【深化预算管理】 提升预算编制质量管理。加强部门预算编制管理,试编政府投资预算。建立部门(单位)绩效目标管理机制,将预算编制质量与预算执行相挂钩列入政府对部门的考核。推进存量政府债务置换。全年全市通过发行地方政府债券形式置换债务230.68亿元,减轻财务负担8.07亿元。提高预算执行进度。加快下达预算指标,各部门在收到财政预算批复后的15日内需将专项资金批复到实施单位。建立部门(单位)绩效目标管理机制,建立市本级部门专项支出情况和全市八项民生支出进度情况每月通报制度,对预算执行率偏低的单位启动约谈。深化财政监督绩效管理。推进预算规范化管理,建立内部风险防控制度。严控"三公"经费支出,全年全市"三公"经费支出2.91亿元,下降18.4%。开展会计监督、转移政府资金等财政专项监督检查。强化预算绩效管理,探索由人大开展的第三方绩效评价新模式。

【加强队伍建设】 强化党风廉政建设。出台监督执纪"四种形态"实施意见,以党支部为单位设立纪检监察组,配备组长和检察员各一名。两次组织中层干部到警示教育基地开展教育活动。强化作风效能建设。依托"日志式"管理考核系统开展日常考勤,被金华市委组织部列为试点单位。加强正风肃纪,每月两次开展作风效能检查。强化干部素质建设。完善教育培训学分制管理办法，分批次组织开展全市财税系统业务培训，组织全员练兵、业务大比武等，提升财税干部业务素养，全市共有5名干部进入省地税系统“115人才工程”。开展财政业务“三创”比赛。在全市财政系统开展“创新创效创优”业务比赛，对全市财政系统24个财政项目进行展示评比。（金华市财政局供稿　孔英瑛执笔）

注：

*“五大千亿产业”：信息网络经济产业；先进装备制造产业；健康生物医药产业；文化影视时尚产业；休闲旅游服务产业。

婺城区

【概况】 2016年，金华市婺城区实现生产总值256.00亿元，比上年增长6.1%。其中：第一产业增加值13.05亿元，增长2.2%；第二产业增加值63.57亿元，增长1.9%；第三产业增加值179.38亿元，增长7.9%。三次产业结构比为5.1∶24.8∶70.1。全区人均生产总值66560元，增长5.5%。城镇居民人均可支配收入44503元，增长7.2%；农村居民人均可支配收入19357元，增长8.0%。全区财政总收入42.51亿元，同口径增长14.2%，区本级一般公共预算收入10.79亿元，同口径增长12.4%，占财政总收入的25.4%。一般公共预算支出20.91亿元，下降14.4%，其中区本级一般公共预算支出11.73亿元，增长9.4%。当年财政收支平衡。

【组织财政收入】 加强税收收入管理。联合国地税分析研判经济走势，把握税源变化趋势，制定年度收入目标，细化组织收入预案，按月做好财税收入情况统计分析，关注收入变化趋势。加强对重点行业、重点企业、重点项目税源的监控分析，关注区域内出租房税收和建设工程类流动税源税收入库情况，杜绝税源流失。全年组织税收收入8.74亿元，占一般公共预算收入的81.0%。加强非税收入管理。开展行政事业性收费和基金收费项目清理，落实国有资源有偿使用制度，强化国有资产收益收缴。全年组织非税收入2.05亿元，增长17.7%。

【支持经济发展】 健全财政激励奖补机制，全年兑现各类奖补资金6772万元。落实减税降本政策，减轻企业负担1.11亿元。实施应急周转金制度，全年共办理应急周转金107笔，周转金额4.35亿元，惠及企业54家。建立科技金融风险池基金，全年6家企业获得贷款，累计贷款金额960万元，推出科技创新券，发放创新券80万元，使用率100%。

【保障民生支出】 全年民生支出16.98亿元，占一般公共预算支出的81.2%。投入教育经费5.25亿元，加大教育基础设施设备建设，提高特殊教育学校、寄宿制学校、职业教育学校生均公用经费标准。安排基层医疗卫生机构专项经费2300万元，推进“双下沉，两提升”工程和分级诊疗、双向转诊制度建设。安排城乡居民医疗保险、养老保险资金5880万元，民政事业费3206万元，残疾人保险专项经费551万元，居家养老服务专项经费900万元，健全社会保障体系。加大山区扶贫力度，到位帮扶资金835万元。全年安排农林水支出6.54亿元，确定“一事一议”助推美丽乡村试点项目12个，投资总额4154万元，申报“一事一议”财政奖补项目79个，投资总额5522万元，改变乡村风貌。申报2017年度扶持村级集体经济发展项目11个，争取省级资金2000万元。

【推进财政改革】 加强预算管理。加强预算指标管理，推进预算项目库建设。出台《婺城区部门结余结转资金管理办法》，收回两年以上结余资金2286万元。扩大预算绩效评价项目覆盖面，强化评价结果与预算编审结合，累计上报绩效目标项目505个，涉及金额17.72亿元。推进政府债务置换。全年共置换政府债券20.56亿元，降低利息成本4962万元。深化统一公共支付平台应用。在银联、支付宝缴款基础上，新增手机政务服务网APP，实现“互联网+政务”服务新模式。通过政务服务网公共支付平台累计收取伙食费、义务教育阶段住宿费等2719万元。加快政府购买服务改革。全年完成16个政府购买服务试点项目，实际购买金额1923万元，实现全部政府购买服务项目列入部门预算编制范围。

【加强财政监督】 加强行政支出管控。全区财政“三公”经费支出1610万元，同比下降47.0%。推进政府预决算信息公开。明确预决算信息公开的范围、内容、公开形式等，部门公开比例达100%。强化监督检查。开展津补贴发放、财政资金使用、预决算公开、财政资金安全管理、差旅费标准执行情况等检查，严肃财经纪律。对全区195家行政事业单位开展资产清查。完成公务用车涉改车辆集中处置。规范和完善政府采购。全年预算采购1.44亿元，实际采购1.21亿元，资金节约率15.9%。加强政府投资项目预算审核。累计完成各类财政投资评审项目219个，净核减资金1.69亿元，核减率11.7%。

【加强队伍建设】 开展“两学一做”学习教育。制定机关干部政治业务学习计划，共举办各类培训班7个。加强党风廉政建设。落实“一岗双责”机制，定期开展廉政教育，强化考核奖惩机制和作风建设。强化财政内控管理。重点梳理政策制定、预算编制、预算执行、机关运转等财政改革风险点，通过流程再造，建立事前防范、事中控制、事后监督和纠正的机制。婺城区财政局连续五年获得区级岗位目标责任制考核先进单位。

（金华市婺城区财政局供稿　杨秀清执笔）

金东区

【概况】 2016年，金华市金东区实现生产总值168.91亿元，增长8.5%，其中：第一产业增加值14.56亿元，增长2.0%；第二产业增加值77.09亿元,增长5.3%;第三产业增加值77.26亿元,增长11.0%。三次产业结构比为8.6∶45.7∶45.7。按常住人口计算,区人均生产总值51641元,增长6.2%。城镇居民人均可支配收入38120元,增长8.6%;农村居民人均可支配收入21029元,增长7.5%。财政总收入29.70亿元,同口径增长20.8%,一般公共预算收入19.10亿元,同口径增长20.4%,占财政总收入的64.3%;一般公共预算收入中税收收入16.54亿元,占比86.6%。一般公共预算支出(包括区级预算指标和专项补助指标)37.17亿元,增长28.0%,其中区本级一般公共预算支出25.06亿元,增长26.8%。当年财政收支平衡。

【组织财政收入】 强化分析预判。加强各涉税部门之间的沟通协调和信息共享,发挥财政协调作用。强化税源管控。组织开展区域内重点企业和项目纳税情况调查。加强非税收入征缴。开展行政事业性收费和基金收费项目清理,清缴各项非税收入1.71亿元。全年完成非税收入2.56亿元,同比增长150.4%。

【助推经济发展】 落实稳增长政策。拨付各类补助资金5626万元,支持企业技术创新、电子商务、对外贸易和品牌建设等。探索财政扶持方式转变,出台产业引导基金运作实施意见和管理办法。深入开展帮扶解困,办理企业应急周转金转贷215笔,周转资金8.35亿元,惠及企业74家。开展科技金融工作,89家企业列入推荐名单,发放科技信贷资金6960万元。全面清理落实各项涉企收费取消、停征政策,减轻企业负担。服务保障重点项目建设。拨付江东区块项目资金2.59亿元,保障江东-岭下污水管网等工程实施。投入5000万元推进火车南站广场建成启用,拨付新城区项目资金3.95亿元,打通断头路、铺设污水管网和提升道路绿化。安排专项资金800万元支持旅游景区基础与配套设施建设。

【保障民生事业】 全年全区民生领域支出13.71亿元,占一般公共预算支出的78.8%(不包括债务还本支出)。农林水支出5.99亿元,增长9.9%。金东区被列为金华市首个省级扶持村级集体经济发展试点县(市、区),获省财政补助2000万元。城乡社区建设支出1.46亿元,增长109.0%。安排资金2500万元推动"无违建"先进区创建,拨付4776万元启动小城镇环境综合整治。投入资金1046万元补助农村环卫队伍建设,支持美丽乡村建设、农村生活污水治理、农村生活垃圾"三化"长效管理工作。完善社会保障制度。全区社会保障与就业支出1.80亿元,增长19.5%。推进机关事业单位养老保险制度改革,支持养老服务体系建设,完善社会救助制度。全区教育支出4.07亿元,推进教育事业均衡发展,安排教育发展项目资金5000万元,扶持普通教育、学前教育、民办教育和薄弱学校建设。全区医疗卫生和计划生育支出2.09亿元,增长42.3%,支持"双下沉、两提升"工程和基层首诊分级诊疗。

【深化财政改革】 推进预算管理改革。选择3家部门探索试编三年滚动财政规划。加强预算执行管理。试行区对乡镇财政转移支付制度,对执行率偏低的重点部门、重点项目进行通报反馈。加强政府债务管理。推进存量政府债务置换,全年置换存量债务5.12亿元,累计置换债务10.03亿元,每年减少利息支出3500万元。推进政府购买服务改革。27个项目纳入政府购买服务试点范围,伤残军人基本康复项目受到群众好评和省市肯定。推进非税收入征缴改革。教育收费纳入统一公共支付平台收缴。

【强化财政监管】 推进预决算信息公开。规范预算公开内容和样式,开展预决算公开专项督查,43家部门单位公开了预决算信息。严控"三公"经费。全区"三公"经费、会议费、培训费同比分别下降25.3%、8.9%、14.3%。加强行政事业资产监管。开展行政事业单位资产清查,配合做好公务用车改革,开展涉改公车拍卖和处置工作。规范财政性资金存放管理。出台《金东区财政性资金竞争性存放管理实施细则》,分两期组织15家部门单位开展财政性资金竞争性存放,共存放资金4.53亿元。开展津补贴发放、资金安全、账户管理等专项检查。出台局内部控制基本制度及相关业务风险内部控制办法,建立公开服务承诺预警机制,提高财政服务效能。

【加强队伍建设】 开展"两学一做"学习教育。通过集中学习、干部自学、召开研讨会和上专题党课等形式,深入开展学习教育活动。深化党风廉政建设。落实每周夜学制度,建立"三重一大"事项清单,健全完善财政权力运行廉政风险防控机制。组织开展谈心谈话活动,强化正风肃纪,开展常态化内部监督检查,防止"四风"问题反弹。

(金华市金东区财政局供稿　曹姗姗执笔)

兰溪市

【概况】 2016年,兰溪市实现生产总值303.7亿元,按可比价计算,比上年增长7.5%。其中:第一产业增加值26.0亿元,增长2.0%;第二产业增加值153.9亿元,增长6.4%;第三产业增加值123.8亿元,增长10.1%。三次产业结构比为8.5∶50.7∶40.8。人均生产总值45720元,增长7.2%。全社会固定资产投资200.7亿元,增长15.4%。社会消费品零售总额135.02亿元,增长11.6%。外贸进出口总额15.21亿美元,下降3.9%。城镇居民人均可支配收入35041元,增长8.9%;农村居民人均可支配收入16608元,增长8.5%。全市财政总收入37.39亿元,同口径下降5.8%,其中一般公共预算收入22.65亿元,同口径增长2.0%。全市一般公共预算支出27.00亿元,增长0.3%。

【组织财政收入】 全年一般公共预算收入占财政总收入的

56%,与上年持平。一般公共预算收入中税收收入18.57亿元,占比84.7%,下降2.7个百分点,实现非税收入2.08亿元。推进“金税三期工程优化版”推广应用。组建推广机构,制定《“金税三期工程优化版”推广工作实施方案》,累计清理数据17余万条,组织全市3000多家企事业单位开展业务培训。做好系统初始化工作。推进国地税合作。加强委托国税代征工作,将个人所得税纳入代征范围,加强地方税费征管,堵塞征管漏洞,方便纳税人办税,全年共代征入库1723万元。强化税种管理。清理耕地占用税征收情况,补征入库4000万元。年所得12万元以上个人所得税自行申报1443人,完成计划的133.5%。加强欠税管理。通过制定《欠税管理操作指引》、完善民事执行余税费征缴个案协作机制等手段,加大清缴欠税力度,清理欠税2856万元。开展税收风险管理。分批推送风险应对项目,自主选取部分异常风险指标开展自主风险管理,以金融业为重点选择部分风险较高的纳税人开展行业专项纳税评估。强化社会保险费征管。完成养老保险费收入考核任务,争取省养老保险调剂金补助。核对全市机关事业单位基本信息、费种登记、参数设置,确保参保单位、参保人能够如期缴费。

【支持经济发展】 做大做强总部经济。全年实现总部税收2.68亿元,完成年度的107%。支持重点项目建设。落实资金,支持棚户区改造、城中村改造、安置房建设、镇级污水处理厂建设,以及金角大桥及金角路、兰荫路延伸工程、迎宾大道景观改造工程等重大项目建设。优化财税服务。持续开展“便民办税春风行动”,拓宽与纳税人沟通渠道,全面推广涉税事项“二维码”一次性告知。加大财税政策宣传辅导力度,建立税企微政务群,上门走访纳税企业1300余家,电话访问800余家,完成纳税人满意度调查。落实各项规费优惠政策,全市3310家企业减征、免征各项基金规费3370万元,水利基金2360万元。小微企业减免税费1961万元,高新技术企业减免所得税2772万元。加大企业信贷支持。为989家次企业办理转贷43.87亿元,帮扶企业破解融资瓶颈。实施城镇土地使用税差别化征收政策,183户次企业减免城镇土地使用税1700万元。做好技改奖励、科技奖励等工作,兑现各项涉企财政奖励1.70亿元,其中工业扶持政策奖励1.58亿元,服务业发展政策奖励1171万元。推进产业基金运作。子基金兰溪市普华聚力股权投资合伙企业(有限合伙)完成投资项目6个,投资总额47029万元;与杭州锦江集团有限公司设立浙江兰锦投资管理合伙企业;与北京引航聚力设立股权投资合伙企业。

【保障民生事业】 提升城乡社会保障水平。规范社会救助制度,出台《兰溪市支出型贫困家庭基本生活救助办法》;安排城乡基本公共卫生服务均等化资金2975万元;调整农村居家养老服务中心建设补助制度,安排建设运维经费2030万元。支持教育文化事业发展。落实扶困助学专项资金1799万元,发放农村特岗教师津贴和乡镇工作补贴1198万元。安排中小学校舍维修改造及校安工程资金4073万元。安排基本公共文化服务均等化资金1091万元。落实支农惠农政策。支持美丽乡村建设,安排新农村建设资金4000万元,争取村级“一事一议”农村生活污水财政奖补项目87个,资金2197万元。统筹解决农村生活垃圾分类资金3000万元。重点支持水利等农业基础设施建设、现代农业发展建设等。投入钱塘江堤防加固工程资金1.37亿元、芝堰水库除险加固资金2400万元、梅溪治理资金3225万元。加快垦造耕地,拨付造地改田资金9900万元。

【深化财政改革】 全面推开营改增工作。全市累计纳入营改增纳税人4413户,通过开展营改增效应分析,新纳入营改增纳税人基本实现减负。强化预算管理。完善预算编制,加大政府性基金预算与一般公共预算的统筹力度,政府住房基金收支转列一般公共预算。细化预算编制,一般公共预算支出全部按其功能分类编列到项级科目。推进预算绩效管理,出台《兰溪市人民政府关于推进预算绩效管理的实施意见》,完善项目绩效目标申报管理,实现50万元以上项目专项资金申报预算绩效目标。创新公共产品(服务)供给方式。相继出台《兰溪市政府投资项目资金管理办法》《关于推广运用政府和社会资本合作(PPP)模式的实施办法(试行)》,规范PPP项目运行,6个项目进入执行阶段,撬动社会资本31.4亿元,项目情况及时列入财政部PPP综合信息平台。加大政府购买服务力度。出台《兰溪市2016年深化政府购买服务改革试点工作实施方案》,实施政府购买服务项目16个,安排政府购买服务预算资金2228万元。推进政府非税收入收缴电子化改革。通过统一公共支付平台缴款15914笔,金额1121万元。

【加强财政监督】 规范公务支出管理。制订《兰溪市公务用车制度改革实施方案》,推进公务用车制度改革。出台《兰溪市公务交通费管理暂行办法》,开展涉改公务用车公开拍卖处置工作。加强财政系统内控建设,制订《兰溪市财政局内部控制基本制度》、《兰溪市财政局内部控制委员会议事规则》和8个专项内部控制办法。推进全市行政事业单位内部控制建设,牵头开展全市行政事业单位内部控制建设培训,部署内部控制基础性评价工作。加强债务管理。完成政府债券置换存量债务19.68亿元,其中公开发行债券6.28亿元,定向发行债券13.40亿元。与各银行协商将国有企业年利率高于6.5%的贷款利率全部降至6%以下。

【推进队伍建设】 加强党风廉政建设。开展“两学一做”学习教育,落实第一责任人的主体责任和领导班子成员履行“一岗双职”,建立中层干部廉政档案。通过开展逐级廉政谈话,有效控制岗位风险。经常性开展作风效能检查,严肃处理检查中发现的违纪问题。激发队伍活力。组织开展读书交流、知识培训、业务考试、“三创”比赛等活动,强化干部业务能力和综合素养。开展中层干部竞聘,优化干部资源配置,进一步激发干部创业创新能力。

(兰溪市财政局供稿　唐旭兵执笔)

东阳市

【概况】 2016年,东阳市实现生产总值499.66亿元,按可比价格计算,比上年增长7.5%。其中:第一产业增加值18.62亿元,增长1.7%;第二产业增加值231.10亿元,增长5.5%;第三产业增加值249.95亿元,增长10.0%。三次产业值结构比为3.7∶46.3∶50.0。按户籍人口计算,人均生产总值为59573元,增长7.1%。全市固定资产投资295.64亿元,同比增长16.3%。全市累计实现社会消费品零售总额250.46亿元,同比增长8.9%。全年进出口总额185.22亿元,增长9.0%。全市居民人均可支配收入36461元,同比增长8.6%。其中:城镇居民人均可支配收入44542元,增长8.0%;农村居民人均可支配收入24556元,增长9.5%。全市财政总收入92.40亿元,同口径增长13.8%,其中:一般公共预算收入56.26亿元,同口径增长16.8%。全市一般公共预算支出71.42亿元,增长17%。全年财政收支平衡。

【组织财政收入】 优化收入结构。全年一般公共预算收入占财政总收入的60.9%,比上年上升1%。一般公共预算收入中的税收收入50.30亿元,占比为89.4%,比上年提高1.39%。推进"金税三期工程优化版"推广应用。组建推广工作组,印发《"金税三期优化版"推广上线工作任务分解表》,完成系统数据匹配,开展"金税三期"系统初始化设置。推进国地税合作。新增横店全智能国地税合作办税分厅,设立东阳木雕城、横店影视产业实验区等9个国地税便民办税网格点。完善"五证合一、一证一码"登记制度改革,全年共办理企业新办、变更税务登记1388户。强化税收保障体系。实行股权转让税收前置,全年共办理股权转让608户,入库税款3.76亿元。地税部门组织收入76.03亿元,同口径增长31.6%,其中税收收入45.85亿元,同口径增长32.7%。入库社会保险基金27.21亿元,增长34.4%。加强非税收入管理。全年非税收入30.18亿元,同比增长29.8%。国有土地使用权出让金全市收入8.6亿元,同比下降69.5%。

【支持经济发展】 保障重大项目实施。拨付政府项目投资11.09亿元。提升横店城市风貌,推进"影视名城"设施建设。促进企业转型升级。安排专项资金1830万元,支持企业发展共性、关键性技术的研究与开发,建立研发中心,推进产学研协作。落实高新技术的税收减免优惠政策,全年共落实研发费加计扣除、高新技术减免等各类税费减免3.09亿元,增长78.6%。创新激励引导机制。强化财政转贷资金扶持能力,完成审批转贷797家,使用转贷资金58.36亿元。扶持特色产业发展。审核入区570家影视公司、278家艺人工作室,共兑现资金4.84亿元。

【支持改善民生】 全市民生支出54.53亿元,增长16.7%,占一般公共预算支出的76.4%。支持"五水共治"工程。统筹安排社会各类资金2.02亿元用于660个村落的"五水共治"项目。支持教育文化事业。全年教育支出14.50亿元,下降10.3%,占一般公共预算支出的20.3%。保障农村教师待遇,下发农村教师特岗津贴。新建东阳二中、开发区初中等学校,提升教育办学水平。调整义务教育段学校和幼儿园新建项目财政保障机制,根据新建项目用地指标按每亩3000元的标准给予工作经费补助。完善社会保障体系。全年社会保障和就业支出8.08亿元,增长54.4%。制定残疾人生活困难补贴和护理补贴两项补贴办法,强化残疾人生活保障。支付1400万元提高医疗救助标准,支付500万元对因灾、因病、交通事故引起的群众生活暂时性困难提供救助。推进卫生体制改革。安排医疗卫生事业支出5.74亿元,增长4.3%。制定基层医疗机构收支核定结算及结余分配方案,安排2000万元用于医疗卫生机构设备采购,加快基层医疗机构设施升级。

【深化财政管理】 推进预算信息公开。公开市级财政"三公"经费,一般公共预算支出科目细化到款,教育、科技、农林水支出细化到项。推进统一支付平台应用。扩大统一支付平台收缴范围,全年通过统一公共支付平台收缴77.20万笔,金额2.90亿元。深化政府购买服务。推进城区保洁和社区矫正服务两个政府购买服务试点项目,安排资金2756.60万元。整合重组国有企业。推进原融资平台公司实体化运行,完成国有投融资公司8.45亿元资产注入。组建交投集团、城投集团。推进国有资产登记管理。做好公务用车制度改革涉改车辆的保留、移交、处置等工作。下发《关于进一步加强经营性国有公房出租管理的通知》,规范国有资产收益管理,全年共组织拍租(卖)10期,取得收入2808万元。

【加强财政监督】 加强财政绩效管理。对50个部门开展50万元以上专项资金绩效目标编报,涉及财政资金9.70亿元。对42个部门、73个单位开展财政支出项目绩效单位自评,涉及财政资金7.90亿元,开展专项资金绩效检查。严控行政经费支出。落实"三公"经费专项整治行动,加大压减力度,全年"三公"经费支出下降15.0%。加强政府投资项目管理。做好投资项目估算、概算、预算、结算审核,审核项目336个,核减投资额33.55亿元。

【加强队伍建设】 加强"两学一做"学习教育。开展"一把手上党课"专题活动,建立"周一夜学"学习机制。深化干部廉政建设。积极落实党风廉政责任制,开展廉洁自律自查,签订2016年党风廉政建设责任书,对照《关于新形势下党内政治生活的若干准则》和《中国共产党党内监督条例》开展学习教育和党性分析。

(东阳市财政局供稿　严　靖执笔)

义乌市

【概况】 2016年,义乌市实现地区生产总值1118.10亿元,按可比价格计算,增长7.7%。其中第一产业增加值22.44亿元,增长2.0%;第二产业增加值384.82亿元,增长4.3%;第三产业增加值710.84亿元,增长9.9%。三次产业结构比为2.0∶34.4∶63.6,第三产业比重比2015年提高1.7个百分点。按户籍人口计算,人均生产总值143976元,增长6.7%。城镇居民人均可支配收入60773元,增长7.4%;农村居民人均可支配收入30570元,增长7.5%。完成固定资产投资581.67亿元,增长13.6%。实现社会消费品零售额586.36亿元,增长11.6%。实现进出口总额2229.46亿元,增长5.0%。全市财政总收入130.69亿元,同口径增长1.7%,其中一般公共预算收入81.79亿元,增长5.3%。一般公共预算支出114.40亿元,增长18.5%。全年财政收支平衡。

【组织财政收入】 优化财政收入结构。全年一般公共预算收入占财政总收入的62.6%,比上年提高0.8个百分点。一般公共预算收入中税收收入73.13亿元,同口径增长3.5%,占比89.4%。强化税收征管。完成营改增和"金税三期"上线;全面推广取消税收管理员管户,建立"管事制"税源管理新模式,设立全国首个国际税收服务点,提供国际化税收服务;开展不动产涉税转移登记一体化改革,发放全国首本记载有契税完税信息的不动产权证。加强欠税管理。加大税收清欠打击力度,累计清理欠税4559万元。加强房地产企业欠税管理,累计清缴欠税6243万元。强化非税收入征缴。深化电子化征缴改革,推广统一公共支付平台应用,全年实现非税收入8.66亿元,增长23.7%。全年实现国有土地使用权出让收入59.95亿元。

【支持经济发展】 服务企业促发展。开展便民办税、简化流程、清费减负、上门问策、税企结对等十大行动,全年拨付财政扶持企业资金21.70亿元,其中科技平台建设及产业化扶持企业资金1.37亿元,市场采购扶持资金2.96亿元,现代服务业专项资金3.68亿元。推行清税减费政策。全年减免各项税费7.39亿元,其中暂停征收行政事业性收费2043万元、减免水利建设基金2.16亿元、减免社保费1.70亿元。保障重点工程建设。协助做好城市有机更新、市重点工程政策处理难题攻坚、市"三改一拆"等。

【保障民生支出】 全年民生支出77.48亿元,增长14.8%,占一般公共预算支出的67.7%。支持教育发展。全年教育支出20.06亿元,投用8所公办学校及复旦实验学校,引进杭州新世纪外国语学校,完成12所山区学校饮用水保障工程,实现所有学校安全用水。完善社会保障体系。启动镇街养老服务中心建设,完成改造5家。城乡低保标准从每人每月640元提高到705元。提高普通门诊统筹待遇。拓展职工基本医疗保险个人账户支付范围,实现个人账户家庭共济。扩大职工基本医疗保险参保对象,办理退休手续后的退休(职)人员可一次性缴费参加职工基本医疗保险。支持改善城乡面貌。保障"三改一拆""两路两侧""四边三化""五水共治"以及精品城市、美丽乡村建设等项目实施,拨付"五水共治"资金5.73亿元。

【深化财政改革】 深化预算管理改革。扩大部门预算三年规划试点范围,探索编制中长期财政规划,试点单位从3个扩大至14个。对参与式预算改革进行扩面,选取10个部门和30个项目纳入参与式预算评审,评议预算金额33.89亿元。改革财政专项资金分配方式。成立义乌市产业发展投资管理有限公司,实质运作政府产业基金,政府出资1.25亿元,设立子基金2个,总规模3.48亿元,投资项目7个。与省金控公司签订区域基金合作备忘录,共同发起设立规模为5亿元的义乌产业转型升级投资基金。推广PPP合作模式。列入浙江省2016年推荐PPP项目5个,列入财政部示范项目1个,争取到省PPP项目综合奖补资金378万元。推进政府购买服务。购买服务指导目录涵盖公共服务、政府履职所需辅助性事项两大领域100类项目,实施政府购买服务项目超过指导目录的60%。推行会计实名登记改革。实施会计信用管理,新增代理记账机构100家,建账企业会计实名登记率超过70%。

【强化财政监管】 推行绩效目标全过程管理。跟踪170项绩效目标运行情况,抽查46个2015年绩效目标管理项目。强化工程项目稽核管理。全年审核项目1131个,核减概算资金11.28亿元。盘活存量国有资产。制定分批处置方案,全年实现处置收入25亿元。加强政府债务管理。向上争取地方政府债券67.66亿元,节省利息支出1.13亿元。制定政府采购绩效管理办法。建立"过程监管、后续评估"的协同机制,提高政府采购资金使用效益。强化重点支出政策执行监督。对会展业扶持、节能减排补助、民办教育补助等扶持政策开展检查评价,提升政策执行绩效。开展镇街财政财务监督检查。检查范围覆盖7个镇街,下发问题整改通知书并全部督促整改到位。

【加强队伍建设】 开展"两学一做"学习教育。开展一次手抄《党章》、一次参观学习教育基地、一次重温入党宣誓、一次合影留念展示、一次上党课等"五个一"活动,成立2支专业化志愿服务队,落实每月"党员义务日"活动。强化内部管理和监督问责。落实"一岗双责""一案双查"机制;主动督查工作纪律、效能、作风20余次;开设"清廉茶吧",建立"喝茶聊天"谈话机制,约谈16人次。

（义乌市财政局供稿　吴夏樱执笔）

永康市

【概况】 2016年,永康市实现生产总值517.46亿元,按可比价计算,增长7.8%。其中:第一产业增加值9.00亿元,增长1.9%;第二产业增加值304.38亿元,增长6.4%;第三产业增加值204.08亿元,增长10.4%。三次产业结构比为1.7∶58.9∶

39.4。按户籍人口计算，全市人均生产总值86263元，增长6.8%。全社会固定资产投资额239.28亿元，增长15.0%。社会消费品零售总额209.19亿元，增长13.8%。城镇居民人均可支配收入46463元，增长8.5%；农村居民人均可支配收入23625元，增长8.8%。全市财政总收入81.84亿元，同口径增长6.3%，其中一般公共预算收入48.53亿元，同口径增长5.5%；一般公共预算支出67.89亿元，增长37.7%。

【组织财政收入】 开展税源调研，加强政策过渡期收入分析、预测和管控。推进营改增改革，完成“金税三期”上线，深化财政与国地税合作。强化税收征管。加强所得税管理，制定企业所得税风险预警指标体系。提升国有企业税收征管水平，查补国有企业房产租赁营业税4386万元。加强欠税管理和风险监控，全年清缴入库欠税3265万元。开展耕地占用税清理，入库耕地占用税2428万元。完善非税收入管理。加强政府性基金管理，推进非税收入电子化收缴改革，扩大统一公共支付平台应用范围，全年执收政府非税收入8.64亿元，增长12.7%。

【服务经济发展】 强化资金供给。争取省财政厅新增政府债券15亿元，用于政府投资项目建设。落实产业基金筹建，推进小咖影视文化基金达成合作意向，规模2.80亿元。开展政府和社会资本合作(PPP)项目，完成古山小城市培育综合开发项目签约落地，规模53.62亿元，引入社会资本45.58亿元。促进企业转型升级。支持企业“机器人+”“互联网+”“标准化+”改造，拨付扶持企业发展专项资金3.63亿元，鼓励对接多层次资本市场，兑现上市奖励8258万元。落实“降成本”34条意见及考核细则，夯实结构性减税、普遍性降费和金融创新工作，全年减轻企业负担7.71亿元。

【保障民生支出】 全年民生支出48.54亿元，增长18.5%，占一般公共预算支出的71.5%。促进“三农”发展。全年财政农林水事务支出5.56亿元。支持现代农业园区、粮食生产、生活污水治理等重点项目建设，推进农业三项补贴综合改革。落实村级公益事业“一事一议”财政奖补项目62个，投入资金2969万元。推进街角小品建设，营造美丽乡村。推动社会事业进步。全年教育、文化事业支出分别为14.61亿元和7698万元。支持教育振兴工程，推进公共文化设施和公共体育场馆免费开放，支持西溪、方岩影视产业资源整合与集聚，保障“五水共治”重点项目建设，全年拨付建设资金11.60亿元。完善社会保障。完成全市384家机关事业单位养老保险制度改革，调增机关事业单位人均月退休金318元。推动基层医疗卫生机构综合改革，加强医疗卫生专项资金管理，全年医疗卫生与计划生育支出7.33亿元。开创道路交通事故社会救助基金的政府购买服务模式，在全省作为经验推广。

【深化财政改革】 实现全口径综合预算编制管理，细化部门预算编制，推进预算信息公开。加强政府债务管理。加强项目管理源头控制，建立债务归口管理。控制地方债务及或有债务规模，防范地方性政府债务风险。盘活行政事业单位结余资金3.47亿元用于各项社会事业，推进教育系统及乡镇财政国库集中支付改革，实现预算单位国库集中支付全覆盖，加强国库集中支付动态监控，全年直接支付比例95.4%。夯实乡镇财政规范化建设。加强乡镇财政工作辅导和监管，规范财政资金使用，推进乡镇公共财政服务平台建设。

【强化财政监管】 加强政府投资项目管理。强化重点工程项目审核管理，全年审核工程概算、预算和结算项目376个，核减资金2.61亿元。严控经费支出。规范部门资产管理和行政经费开支，全年“三公”经费下降27.4%。完善政府采购监督管理，全年完成政府采购项目998项，采购金额2.41亿元，资金节约率12.8%。构建“内控、内审”和“外控、外审”相结合的财政监督机制，组建内部控制组织管理架构，制定出台八个专项风险内控办法。启动行政事业单位资产清查，推进出租房产规范及房土确权工作，提升房产确权率至93.8%，土地确权率至94.8%。强化招拍租管理，组织公开招拍租17批次，累计成交年租金2246万元。推进行政事业资产信息化推广应用，建立资产动态管理制度。

【加强队伍建设】 开展“两学一做”学习教育，组织一把手上主题党课，坚持周一夜学、固定组织生活日、支部专题学习会活动，开展中层干部廉政谈话和新录用人员专题廉政教育。落实党风廉政建设主体责任制，实行“三重一大”事项集体决策、痕迹管理制度，规范局党委班子用权行为。开展廉政风险排查，强化财税干部廉洁自律意识。 （永康市财政局供稿　章程瀚执笔）

浦江县

【概况】 2016年，浦江县实现地区生产总值211.06亿元，按可比价增长7.6%，其中第一产业增加值10.44亿元，增长2.7%；第二产业增加值117.25亿元，增长5.8%；第三产业增加值83.37亿元，增长10.9%。三次产业结构比为4.95：55.55：39.50。按户籍人口计算，人均生产总值达52944元，增长7.2%。完成固定资产投资121.97亿元，增长15.4%。实现社会消费品零售总额111.36亿元，增长12.3%。城镇居民人均可支配收入38413元，增长8.3%。农村常住居民人均可支配收入17857元，增长7.9%。全县实现财政总收入25.00亿元，同口径增长0.9%，其中一般公共预算收入16.61亿元，同口径增长8.8%；一般公共预算支出42.51亿元，同口径增长45.7%(剔除省市专项补助和债券支出，县级支出20.79亿元，比上年实绩增长12.1%)。全年财政收支平衡。

【组织财政收入】 优化收入结构。一般公共预算收入占财政总收入的66.4%,比上年提高5.2%。一般公共预算收入中税收收入14.06亿元,增长7.1%,占比为84.6%。加强地方税费征管。地税部门组织收入21.84亿元,同口径增长26.7%,其中税收收入11.08亿元,同口径增长17.4%。推进营改增,累计代开增值税发票1268张,代征增值税1759万元。强化财产性税收征管,核查经营性土地房产和个人房屋出租信息,同比增收8284万元。协调有关部门推进企业过户、拍卖等交易,入库税款4500万元。加大欠税清缴力度,做好欠税监控分析,约谈恶意欠税企业,首次启用法院网络拍卖平台拍卖欠税纳税人房产抵缴税款,累计收缴欠税4606万元。深化国地税合作,互在办税服务厅设置业务窗口,实施水晶、制锁等传统行业联合征管及国地税稽查合作。加强信息管税,完成一期经济数据集中分析平台建设,落实"金税三期"优化版上线工作。提升信息共享、数据应用水平。强化非税收入管理。实现非税收入3.0亿元,增长17.6%,土地出让金25.02亿元,增长225.6%。推进电子化征缴改革,扩大统一公共支付平台应用范围,完成缴费7.90万笔、5231万元。

【支持经济发展】 发挥财税政策引导作用。兑现工业发展扶持资金、科技扶持奖励等1.10亿元。落实结构性减税及普遍性降费政策,减免地方税费2.33亿元。运作通济转贷基金,转贷2215笔,周转资金101.91亿元,惠及企业1384家。运作政府产业基金。建立5亿元浦江县政府产业基金(母基金),出台《浦江县政府产业基金运作管理实施意见》,完成对浙江百川导体技术股份有限公司定向投资3000万元。支持传统产业转型升级。投入3239万元支持水晶集聚园区、挂锁产业园区建设,与浙江金控投资管理公司、金华转型升级产业基金签订5亿元浦江水晶产业转型升级基金合作协议。优化财税服务。实施提高办税效率、创响服务品牌等10类29项便民措施,落实限时办结、预约服务、一次告知等服务制度。加大财税政策宣传辅导力度,开展意见建议征集工作,组织各类政策宣讲培训活动6次,走访企业8825家。

【保障民生支出】 全年民生支出28.66亿元,增长13.8%。完善财政教育经费保障机制,落实2866万元保障中小学义务教育,760万元支持中等职业学校免学费政策,投入1.12亿元改善学校基础设施建设。健全社会保障体系。提高城乡居民最低生活保障标准统一至每人每月660元,调幅最高30%。发挥就业资金作用,为大学生、就业困难人员、城镇复退军人、残疾人等提供就业创业支持。落实残疾人共享小康工程,为6960名残疾人落实护理及生活补助1173万元。以奖代补方式扶持居家养老照料中心,落实建设费、运行补助、就餐补助资金等2782万元。保护开发历史文化。投入1374万元支持历史文化村落保护利用,投入739万元开展"百幢历史建筑保护工程",投入2900万元推进上山遗址开发。完善医疗卫生服务。安排补助资金1584万元直接拨付至落实服务项目的乡镇卫生院。开展责任医生签约工作,补助40元/人,优化群众健康服务。健全财政支农机制。落实1.41亿元支持农业基础设施建设、农业发展等。加强农业综合开发力度,安排资金1560万元建设高标准农田,增加粮食蔬菜生产能力。开展"一事一议"财政奖补工作,落实全县38个项目奖补资金1200万元。改善人居环境。深化"五水共治"成果,投入4.77亿元开展系列治水治污工程,投入9804万元开展"美丽乡村"建设。完善生态补偿机制,落实932万元开展饮用水水源保护和生态补偿工作,投入1518万元落实森林生态效益补偿机制。

【深化财政改革】 实行全口径预算,建立财政预算项目库管理制度及中期财政规划试点制度,严格预算执行。盘活存量资金。收回结余资金2463万元,统筹用于全县重点项目支出。加强财政专户管理,撤并专户15个。创新财政资金保值增值方式,完成两轮社保资金及两期行政事业单位资金竞争性存放。开展政府和社会资本合作。建设PPP项目库。推进政府购买服务,完成政府购买服务制度框架体系建设,实施购买服务项目58个。加强行政支出管理。落实政府预算源头管控,严格执行会议费、培训费、公务接待费支出管理等规定,全年"三公"经费下降20.4%。实施养老、工资、公车等改革。完成全县271家机关事业单位养老保险制度改革,落实县以下职务与职级并行制度,开展全县公务用车制度改革。

【强化财政监管】 推进预决算公开。开展政府和74个部门(除涉密部门)预决算及"三公"经费等事项公开。强化财政项目预算审核。办结各类资金审核项目713个,核减资金2.90亿元。完善全县政府投资项目材料信息库建设,充实材料品牌及价格信息,提高工程造价合理性。开展财政绩效监督,对2个省联动项目和8个县专项资金项目实施评价。推开财政内控制度建设,强化内部流程管控,规避行政执法风险。加强政府债务风险防控,开展存量债务清理甄别,健全债务动态管控体系。做好地方政府债券置换存量债务工作,新增地方政府债券15亿元、置换债券15.24亿元,降低融资成本。

【加强队伍建设】 落实从严治党主体责任。学习贯彻从严治党有关精神,持续推进党风廉洁建设和作风建设,对各类违纪问题早抓早管、实抓实管。开展"两学一做"学习教育。查找、解决党员干部存在问题,开展整改,号召全体党员争做合格党员。提升干部综合素质。持续开展"周一夜学",安排党课教育、业务培训、礼仪指导、生活技能讲座等学习内容,举办毅行、气排球、书画摄影展等丰富多样的主题活动。开展志愿服务,组织"两富两美"指导员进村指导工作,选派优秀干部赴软弱涣散村担任"第一书记"。

(浦江县财政局供稿 方 怡执笔)

武义县

【概况】 2016年,武义县实现生产总值216.55亿元,比上年增长7.0%,其中:第一产业增加值16.24亿元,增长1.8%;第二产业增加值108.94亿元,增长4.1%;第三产业增加值91.37亿元,增长11.8%。三次产业结构比为7.5∶50.3∶42.2。全县人均生产总值63290元,增长6.3%。城镇居民人均可支配收入32894元,增长7.1%;农村居民人均可支配收入14834元,增长8.5%。全年财政总收入37.46亿元,同口径增长11.0%,其中一般公共预算收入22.04亿元,同口径增长11.1%。一般公共预算支出44.54亿元,增长27.7%。全年财政收支平衡。

【组织财政收入】 优化收入结构。全年一般公共预算收入占财政总收入的58.8%,比上年提高3.5个百分点;一般公共预算收入中税收收入19.31亿元,占比87.6%,比上年提高2.3个百分点。全年地税部门组织收入25.59亿元,增长15.9%,其中税收收入13.61亿元,增长5.2%。做好全县493户重点税源企业信息核对工作。根据预算管理办法将非税收入分类缴库,全年征收非税收入2.72亿元。加强与国土等部门协作,完成武义县2016年土地出让收支预算编制,全年出让土地49宗,收入1.59亿元。

【服务经济发展】 加强政府投资管理。加强政府投资项目支出管理,坚持以"按计划、按预算、按合同、按进度"原则拨付工程进度款。全年审核拨付项目建设资金20.30亿元。落实降本减负政策。全年为企业减免税费超2亿元,其中减免水利基金1367万元,减免房土两税5983万元,降低工业企业土地税2860万元。发放转贷资金71.20亿元,惠及企业345家。提升财税服务。全年走访企业2000余家,开展涉税政策业务专项培训7期,召开支农政策培训讲座3期。利用财税QQ群、公众微信平台多渠道发送财税资讯,发放财税宣传资料2万份,寄送宣传资料3.1万份。

【强化民生保障】 全年民生支出35.13亿元,占一般公共预算支出的78.9%。加大支农惠农投入。全年整合财政支农资金3.96亿元,增长13.1%。推进美丽乡村提升工程,安排500万元奖励资金用于村庄绿化建设;安排3000万元奖励资金用于美丽乡村精品村建设。拨付村级公益事业"一事一议"财政奖补政策资金3853万元。支持教育文化事业发展。投入教育事业经费7.41亿元,落实各项学生资助政策,累计资助学前教育贫困幼儿270人次、资助全县低收入农户子女入学教育1725人次、农村义务教育学生营养改善惠及8000人次、发放高中国家助学金1631人次。推进医疗卫生体制改革。完善城乡居民医疗保险制度,城乡居民医疗保险筹资标准提高到每人每年650元,其中财政补助提高到每人每年450元。城乡居民基本公共卫生服务财政补助标准提高到每人每年45元。加强养老服务体系建设。调整居家养老服务照料中心运行财政补助,根据居家养老服务照料中心照料人数分类按2万元/年、2.5万元/年、3.5万元/年、4.5万元/年不同的标准进行补助。

【深化财政改革】 健全预算编制体系。首次将提前下达部分上级返还收入和转移支付补助资金纳入年初预算编制范围,共纳入上级补助资金5.87亿元。清理盘活财政存量资金,梳理单位结余结转资金,盘活单位结余资金1.05亿元。加快政府产业基金运作。出台《武义县政府产业基金管理办法》,设立产业基金管理科(内设科室经济建设科挂牌)。政府产业基金总规模5亿元。推进政府购买服务改革。预算安排资金1.17亿元实施政府购买服务项目93项,其中,2014年县环境卫生管理所申报的路面保洁服务项目入选省首批政府购买服务试点先进典型。推广统一公共支付平台应用。开通道路交通违章罚款等8项业务支付服务,开设工商银行等5种支付渠道,共计缴费62815笔,金额3378万元。

【加强财政监管】 推进预决算公开。公开本级政府财政预决算和"三公"经费预决算。加强政府性投资项目投资评审。完成财政投资评审项目179个,核减资金6517万元。扩大预算绩效评价项目覆盖面,强化评价结果与预算编审有机结合。加强国资管理。强化国企保值增值责任制考核,推进目标责任制经济指标测算与签订,与10家企业签订责任书。出台《武义县国有资产出租管理办法》,规范全县行政事业单位、乡镇(街道、度假区)、社会团体及国有企业的资产出租。完成全县行政事业单位资产清查,开展资产清查确权补证工作。全年县清查办召开确权审批协调会议97次,现场确权审核246次。严肃财经纪律。开展全县差旅费管理规定执行情况重点抽查,共抽查26家单位、乡镇街道,对发现问题督促整改到位。

【加强队伍建设】 抓好党风廉政建设。全程纪实党委履行党风廉政建设主体责任情况,全年共纪实主体责任情况工作61项。组织党员干部学习《准则》《条例》,观看"贪污反腐"警示教育纪录片,并赴浦江"郑义门"和武义监狱接受教育。开展党团志愿者活动。组织全员参与护航G20维稳安保联防联控工作,开展志愿活动助力"五水共治"、关爱儿童和孤寡老人。

(武义县财政局供稿 刘娅芸执笔)

磐安县

【概况】 2016年,磐安县实现生产总值82.73亿元,按可比价计算,增长7.0%。其中:第一产业增加值11.41亿元,增长2.5%;第二产业增加值37.78亿元,增长5.0%;第三产业增加值33.55亿元,增长11.1%。三次产业结构比为13.8∶45.7∶

40.5。全县人均生产总值达到38990元,增长6.8%。全年完成固定资产投资63.47亿元,增长13.7%。全县实现社会消费品零售总额32.59亿元,增长14.5%。全年实现财政总收入13.75亿元,其中一般公共预算收入8.22亿元,同口径增长7.5%和8.0%。其中,税收收入6.67亿元,同口径增长6.4%,占一般公共预算收入的81.1%。全县一般公共预算支出25.27亿元,增长17.7%。

【依法组织收入】 强化税收收入征收。建立组织收入会商制度,每月开展收入形势预测分析,建立收入完成情况每月通报制度。开展建筑业、房地产业清票清税,耕占税清理,重点企业欠税清理等专项行动,全年耕地税清理入库5514万元,同比增长280.54%,累计入库欠税1570万元。规范非税收入管理。将交警罚没收入、学校缴费等事项纳入公共支付平台收缴,累计完成线上收缴业务3.3万余笔共3265万元。盘活国有资产收益1485万元。处置7个单独采砂场获招标款4090万元。研究探索国有资本收储闲置(低效)用地模式,全县土地出让金收入3.4亿元,增长61.6%。开展财政资金竞争性存放,2亿元5年期社保基金每年增加利息收入500万元。财政专户资金1.63亿元实行定期存放,每年增加利息收入336万元。

【促进转型升级】 优化产业扶持政策。制定推进工业经济转型升级、建筑业和房地产发展等产业扶持政策,优化茶产业、光伏应用产业及现代农业发展政策。出台《特色小镇财政政策实施细则》,扶持江南药镇、古茶场文化小镇建设。全年兑现工业、农业发展奖补资金5053万元、2000万元;兑现高新技术企业奖补、科技创新补助等资金3920万元。降低企业税费成本。落实各项税费优惠政策,全年共为企业减负19621万元。为274家企业提供应急周转资金25.06亿元。优化财税政策环境,主动为名仕科技、益纸淀粉等企业提供股改上市政策服务。推进营改增改革,联合国税、建设等部门开展"税入药镇"等宣传活动。

【改善社会民生】 支持社保事业发展。推进机关事业单位养老保险制度改革。提高城乡居民医疗保险平均筹资标准,财政补助标准由原500元提高到540元;大病医疗保险报销比例由原50%提至60%。落实残疾人"两项"补贴,累计向2858名残疾人发放财政补贴855万元。完善医疗基础设施,推进医疗服务能力建设。支持食品药品安全、平安磐安建设等工作。保障教育等事业投入。加快教育现代化建设,全年教育支出5.07亿元。推进村级公益事业建设。组织实施2016年村级公益事业"一事一议"财政奖补项目64个,补助资金3900万元。安排财政资金1.53亿元,用于农村污水治理、农村赤膊墙整治等工程。累计投入生态补偿、环境保护资金1.99亿元,支持"五水共治"、农村环境综合整治、PM2.5空气质量检测等。

【深化财政改革】 推进预算管理改革。完善定员定额和费用支出等预算标准体系,提高预算精准化水平。首次将财政、建设等5个部门的部门预算提交县人代会审议。建立财政追加资金项目库,按照"部门报告、财政预审、政府审查、人大审定"程序严格预算追加。完善财政专项资金管理清单。完善和公开专项资金清单,统筹、整合县级财政专项20项,共计资金2.86亿元。按照"一个专项资金一个管理办法"的要求,指导主管部门制定专项资金管理办法。深化财政支农体制机制改革。出台《财政支农体制机制改革实施意见》,梳理完善财政支农政策。制定《涉农(涉企)项目资金管理流程责任清单》,规范财政支农资金管理模式。改进乡镇财政体制考核方式。出台乡镇(区块)过渡期财政管理体制,实行"划定收支、核定基数、超收分成、激励奖补、自求平衡"的财政管理体制,加大乡镇财政保障力度。

【规范国资运作】 推进国有企业改革。提请县政府出台《磐安县国有企业改革方案》,形成"1+3+2"改革框架*,新组建三家行业性国有公司和两家区域性实体运作公司。开展行政事业单位资产清查。全县172家行政事业单位国有资产情况全部录入资产管理系统。督促各乡镇开展闲置资产属地管理清查,清查国有资产144宗,并先行处置具备条件的七宗资产。

【强化财政监督】 推进绩效评价。对美丽乡村建设专项、工业奖补政策等13个专项或政策实施绩效评价,涉及财政资金2.14亿元。创新政府采购监管。制定政府购买服务指导性目录(2016年度),全面实行政府采购网上审批制度,试行小额货物网上在线询价采购。加强政府投资项目管理。在金华市率先开发应用政府投资项目管理信息系统,实现政府投资项目"网络+流程"管理。累计稽核项目332个,核减财政资金3600多万元。加强行政支出管理。规范会议费、培训费、出差补贴等公务支出标准;开展津贴补贴、奖金福利发放问题检查。

【深化队伍建设】 健全责任机制。出台《中层干部管理暂行办法》,制定科室及岗位(个人)责任清单,梳理科室内部岗责分工。邀请纪委派驻纪检组参与局"四重一大"事项决策研究,组织开展党风廉政建设和机关效能建设的明察暗访,全年共问责处理3人次。制定全局工作目标责任、绩效考核管理、人大专项工作评议和县委巡察反馈意见整改任务等8项工作清单,建立半月或每月督查情况通报制度。制定财税系统内控基本制度和内部控制委员会议事规则,出台《磐安县财政局岗位利益冲突风险内部控制办法(试行)》等制度。

(磐安县财政局供稿 陈飞江执笔)

注:

***"1+3+2"改革框架**:1家政府性国有公司即国有资产经营公司;3家行业性国有公司即交通水利建设集团有限公司、城乡建设集团有限公司、旅游发展有限公司;2家区域性国有公司即江南药镇投资有限公司、玉山台地开发建设有限公司。

衢州市财政工作

衢州市

【概况】 2016年,衢州市实现生产总值1245.49亿元,比上年增长7.1%。其中:第一产业增加值88.18亿元,增长1.8%;第二产业增加值562.63亿元,增长5.2%;第三产业增加值594.68亿元,增长9.8%;三次产业结构比为7.1∶45.2∶47.7。人均(常住人口)生产总值57997元,增长6.1%。全社会固定资产投资981.74亿元,增长11.3%。社会消费品零售总额609.31亿元,增长11.7%。进出口总额281.89亿元,增长3.2%,其中:出口201.95亿元,下降0.9%;实际利用外资6109万美元,增长1.7%。全市城镇居民人均可支配收入36811元,增长9.0%;农村居民人均可支配收入18421元,增长9.1%。全市财政总收入155.03亿元,同口径增长7.1%;一般公共预算收入102.56亿元,同口径增长9.4%,其中税收收入82.78亿元,同口径增长5.0%;全市一般公共预算支出268.08亿元,增长16.1%。市本级财政总收入85.23亿元,同口径增长9.0%;一般公共预算收入55.1亿元,同口径增长9.7%,其中税收收入44.82亿元,同口径增长6.5%;市本级一般公共预算支出107.51亿元,增长11.5%。全市和市本级一般公共预算收入占财政总收入的比重分别为66.2%、64.6%;一般公共预算收入中税收收入占比分别为80.7%、81.3%。财政运行情况总体良好,全市及市本级财政收支平衡。

【组织财政收入】 强化分析预测。分解一般公共预算收入和地方税收收入预期目标,加强与发改、统计等重要经济部门信息互通。建立财政、国税、地税联动机制,依托“大数据”查找增减因素,定期开展收入分析。持续挖潜增收。实行“先税后证”、股权转让、企业注销、资产过户等环节管理,开展营业税专项清理,推进土地增值税清算,保障陈欠入库。完善社保费“五费合征”征收机制,开征机关养老保险费和职业年金。推进政府非税收入信息化建设,实现交警罚没等非税收入在浙江政务服务网统一支付平台收缴,全市非税收入19.78亿元,增长32.7%,市本级非税收入10.28亿元,增长26.1%。加强税源监控。完善重点税源监控管理办法,对市级以上重点税源企业进行重点监控,着重强化对新的税收增长点和潜在税源的监控力度。

【服务经济发展】 支持重大项目建设。加大资金筹措力度,落实海绵城市建设试点和特色小镇创建培育专项资金,探索采取特许经营模式和工程总承包(EPC)方式,保障“五水共治”“四边三化”“三改一拆”等专项工作和城市建设新“十大专项”等政府投资项目建设。推广运用PPP模式,谋划设立PPP项目库,探索运用基础设施建设投资基金运作模式(含PPP)。着力减轻企业负担。加强涉企政府专项资金统筹管理,全年拨付涉企专项资金2.48亿元。安排1亿元资金设立市中小企业融资担保有限公司,落实工业企业还贷周转金制度,2016年还贷周转专项资金规模增加至1亿元。开展行政事业单位收费专项清理,建立以“亩产税收”为导向的评价机制。推动产业转型升级。加快政府产业基金运作,与省金融控股公司合作设立衢州市金融控股有限公司,引进52家基金公司入驻市花园258创业创新园,实现绿色产业引导基金独立运作。与社会资本合作,设立重点行业子基金,完成6个项目7亿元投资。开展科技金融合作,科技产业基金追加投入1000万元,出台企业并购重组、专利补助、电子商务发展等扶持政策,鼓励企业科技创新和转型升级。

【保障民生支出】 全市民生支出206.30亿元,占一般公共预算支出比重77.0%。支持文教事业发展。深化市级公办中等职业学校生均财政预算定额制度,中职学校生均公用经费最低标准提至每年2800元。推进基本公共文化服务重点县建设,落实文化产业引导资金。加大“三农”投入。推进全市域农业补贴综合改革,依托财政支农体制机制改革规范各类涉农专项资金,全年到位资金9.37亿元。实行村级公益事业“一事一议”财政奖补制度,重点支持村级办公场所和便民服务中心建设。争取上级资金1.12亿元,助力实施金屋顶光伏富民工程,推进柑橘特色园创建和柑橘产业转型发展。强化环保投入。多渠道筹措“五水共治”资金9.73亿元,落实“四边三化”和“三改一拆”专项投入7500万元,保障生猪养殖整规、乌溪江河道综合治理、高铁沿线环境整治等专项行动。安排以奖代补专项资金2000万元,支持“洁净集镇”创建,推进城区生活垃圾分类和农村生活垃圾集中收运,支持“两美衢州”建设。

【深化财税改革】 建立财政支出执行情况每月一报和约谈制度,推进国库集中支付电子化改革。强化专项资金管理,调整完善专项资金管理办法,编制并公开2016年市级财政专项资金清单。深化市级公务用车改革,出台市级公务出行经费预算管理办法。开展市级行政事业单位账户清理,将部门结余结转资金纳入财政“资金池”管理,实现100%归集。完善财政“资金池”建设,盘活存量资金,归集资金251.50亿元。做好财政资金和社保基金保值增值运作,对19.20亿元社保基金和39.50亿元财政资金开展竞争性存放,保值增值收益1.28亿元。开展市级行政事业单位房产搬盘整合工作,分类处置闲置资产,完成“十里长街”沿线办公用房拍卖,盘活存量资产7022万元。在教育事业项目领域实行财政资金竞争性分配。开展管理会计应用试点,会计从业资格证书申领实现“网上申请、在线服务、快递送达”。

【强化监督管理】 建立乡镇财政资金管理清单,首次专项统计村干部报酬、村级组织运转补助经费等涉及村级组织建设的补助资金,涉及资金31.11亿元。深化财政支出绩效管理,将绩效评价重点由项目支出拓展到政策、制度、管理等方面,开展科技、社保等领域5个项目的重点绩效评价,涉及资金6908万元。出台《衢州市财政局内部控制基本制度》《衢州市财政局内部控制委员会议事规则》和8个风险控制专项办法等内控制度,搭建起内部控制基本制度、专项内部控制办法和内部操作规程(1+8+X)三级制度体系。推进政府债务项目库建设,梳理存量债券情况,完成债券置换103.28亿元,比上年增加60.76亿元。严控"三公"经费,"三公"经费支出下降15.1%。推动政府投资项目评审电子化,完成项目评审5581个,审减资金16.05亿元,审减率9.6%。落实政府采购活动现场组织管理有关办法,严格政府采购监管,市本级全年完成采购17.09亿元,节约资金3.46亿元,资金节约率16.9%。

【加强队伍建设】 推进全面从严治党主体责任落实,重点监督政府产业基金运营管理情况,开展政府采购、资金竞争性存放等关键领域监督执纪,持续推进党风廉洁建设和作风建设。结合"两学一做"学习教育,开展"为官不为"专项整治、"看党员行动、展财税风采""最美财税人"评选等活动,表彰先进、鞭策后进。推广使用"日志式"干部考核管理系统,强化绩效考核结果应用提振干部精气神。开展"以师带徒""干部讲坛""岗位大练兵、业务大比武"等活动,提升干部队伍整体素质。

(衢州市财政局供稿　毛怡青执笔)

柯城区

【概况】 2016年,衢州市柯城区实现生产总值169.3亿元,按可比价格计算,增长7.1%。其中:第一产业增加值8.7亿元,增长1.9%;第二产业增加值35.7亿元,增长1.4%;第三产业增加值124.9亿元,增长9.2%。三次产业结构比为5.2∶21.1∶73.7,三次产业贡献率分别为1.46%、4.08%和94.46%。全区实现财政总收入11.25亿元,同口径增长6.0%;一般公共预算收入8.88亿元,同口径增长9.6%,占财政总收入的72%,其中税收收入7.64亿元,同口径增长11.8%,占一般公共预算收入的86.1%。全区一般公共预算支出23.81亿元,增长26.3%。全年财政收支平衡。

【组织财政收入】 完善财政、税务部门定期会商研判机制,落实区对乡镇税收考核,科学把握重点税源变化和税收收入进度,全面推进个人所得税全员全额申报,加大各类欠税清缴力度。进一步落实清费减税措施,加强非税收入管理,完成浙江政务服务网统一公共支付平台上线工作。全年组织非税收入6.42亿元。其中纳入一般公共预算管理的非税收入1.23亿元,同比下降2.2%。

【服务区域经济发展】 落实工业企业转型升级、企业技改等扶持政策,兑现财政补助资金5000万元。落实中小企业还贷周转政策,为企业提供还贷周转26次1.42亿元。全年投入3400万元,支持电子商务发展。制定企业上市扶持政策,推动企业股改上市。科学争取债务额度,新增债务限额2亿元,置换存量债务5.68亿元,争取中央专项资金1.6亿元,支持农村公路新改建、杭金衢柯城互通连接线等重大项目建设。落实农业综合开发政策,实施农业综合开发项目7个,总投资5361万元。

【推进财政改革】 推进全区政府购买服务改革。制定《柯城区政府购买服务实施办法》、实施细则及2016年指导目录。规范财政资金竞争性存放。出台《柯城区行政事业单位资金竞争性存放的实施办法》,规范全区部门(单位)财政资金存放工作;实施社保基金竞争性存放,存放资金收益提高20%。推进产业基金和PPP实质性运作。先后制定《推广和运用政府和社会合作模式的实施意见(试行)》《柯城区政府产业基金管理暂行办法》,区财政出资2000万元,成立柯城区盈川产业基金公司;推进柯城区人民医院与物产中大的政企协作办医;与衢州苏河汇投资管理有限公司共同设立规模2400万元的股权投资基金。全面完成行政单位公务用车改革。制定参改公务用车处置办法、执法执勤用车制度改革及用车管理、公务出行经费预算管理、社会化租车管理等办法。扎实推进财政重点信息公开。做好财政预决算、"三公"经费等重点信息公开工作,指导区级各部门(单位)按时公开预决算、"三公"经费信息。深化公务卡改革,推行单位公务卡用于同城委托托收款业务。开展管理会计应用试点,会计从业资格证书申领实现"网上申请、在线服务、快递送达"。

【保障民生和重点支出】 加大民生领域投入力度,各项民生支出20.07亿元,占一般公共财政预算支出的84.3%,增长26.6%,其中,社保和就业、医疗卫生、文化传媒、农林水等支出分别增长76.3%、8.8%、20.1%和26.7%。新建和搬迁小学各1所,投入资金1.65亿元。实施义务教育维修改造提升工程,拨付资金4031万元。开展绿色出行-公共自行车项目建设,拨付资金644万元。实施旧住宅区综合整治,累计拨付资金2875万元。加大资金筹集和整合力度,累计安排2.74亿元,全力保障"五水共治""四边三化""三改一拆"等重点工作开展。争取扶持村级集体经济发展试点、省级村级公共设施运行管护机制建设试点、创新强省农业科技(循环有机农业)示范试点等3项省级试点工作,到位资金6000万元。

【加强国资管理】 制定《柯城区国有不动产管理办法》《柯城区国有企业预算管理办法》《柯城区属国有投资公司资金集中管理统一调剂办法》,健全完善国资、国企监管体系。建立"资产池"

"资金池",开展区级行政事业单位房产搬盘整合工作,统一管理全区国有资产出售、出租,整合国有资产60处资金10.68亿元。

【强化财政监管】 加强"三公"经费动态管理和审核,"三公"经费支出1167万元,下降15.1%。继续开展部门(单位)结余结转资金归集,盘活沉淀资金5379万元。制定财政专户管理办法,规范账户设置,撤销专户7个,清理整合资金8220万元。组织开展小金库专项治理、农业柑橘产业贴息、农村生活污水治理、财政资金使用和差旅费管理规定执行等业务检查,进一步规范各部门(单位)财政资金使用,严肃财经纪律。加强政府采购审批管理,完成服务类审批2695万元,其中公开招标1741万元。强化政府投资项目评审,全年核减财政资金1.37亿元,核减率达16.7%。推进财政内控制度建设,完成财政内控基本制度和8个专项内控办法制定,初步搭建"1+8+X"的内部操作规程三级制度体系。

【加强队伍建设】 落实全面从严治党主体责任,坚持"谁主管、谁负责"原则,制定责任清单,将"一岗双责"内容细化、具体化。以"两学一做"学习教育为载体,丰富学习模式,健全党员干部党性教育和警示教育机制,激发干部干事创业激情。完善干部队伍管理,制定干部岗位绩效考核办法,树立创先争优考核导向。

(衢州市柯城区财政局供稿　姜晓临执笔)

衢江区

【概况】 2016年,衢州市衢江区实现生产总值146.82亿元,按可比价计算,增长7.2%。其中,第一产业增加值21.78亿元,增长1.9%;第二产业增加值63.89亿元,增长5.8%;第三产业增加值61.15亿元,增长10.9%。三次产业结构比由上年的15.0∶46.0∶39.0调整为14.8∶43.5∶41.7。全社会固定资产投资129.23亿元,增长11.1%;社会消费品零售总额60.58亿元,增长11.6%;人均生产总值36289元,增长6.7%。全年财政总收入18.11亿元,同口径增长14.9%,其中,一般公共预算收入12.40亿元,同口径增长22.3%。一般公共预算支出31.40亿元,增长22.1%。全区财政收支平衡。

【组织财政收入】 加强收入分析、预测和管理,完善协税护税网络体系,确保应收尽收,当年完成税收收入9.67亿元,占一般公共预算收入的78%。加强非税收入征管,积极推进非税收入电子化收缴改革,建设浙江政务服务网统一公共支付平台,建立政府非税收入定期缴库制度,全年实现政府非税收入2.73亿元。

【服务经济发展】 执行《工业转型发展十大专项工作实施方案》和《实施商贸兴区战略促进服务业发展的若干政策兑现办法》,统筹施策减轻企业负担。创新投融资机制改革,推动建立PPP项目合作示范机制,吸引社会资本进入基础设施及公共服务领域,依托衢江区产业转型升级股权投资和衢江区中小(科技)发展两项子基金,努力推动政府产业引导基金实质化运作,促进企业转型升级。遵循"区分轻重缓急、集中财力保重点"原则,大力推进重大项目建设。安排政府投资预算项目115个,预算资金30.24亿元,保障重点项目建设。成功创建全省扶持村级集体经济发展试点,争取省财政补助资金3000万元,富里农村综合改革试验区获省农业投资基金2.5亿元。

【保障民生支出】 支持政府十方面实事和民生事业,全区民生支出23.64亿元,占一般公共预算支出的75.3%。支持教文卫事业发展。全面实施学前教育第二轮三年行动计划,安排学前教育发展资金500万元,促进学前教育规范提升,城乡义务教育寄宿制学校的生均公用经费补助标准增加到200元、中职生均公用经费从2300元提高至3340元。稳步提高城乡居民基本医疗保险财政补助标准和基本公共卫生服务财政补助标准。城乡居民基本养老保险基础养老金从100元增加到120元。加快医疗卫生体系建设。安排基层医疗卫生机构改革专项3500万元、公立医院改革专项900万元。安排宣传文化事业发展专项700万元,科技和人才专项800万元,支持杨继洲针灸康养、全国文明城市创建、"最美衢州"等项目。加大"三农"投入。安排美丽乡村建设专项3987万元、循环经济专项5800万元、农村农业政策性保险专项600万元、新农村建设专项1500万元、山区经济发展专项500万元,促进农民增收、农业增效、农村发展。安排大气污染综合防治专项900万元,"五水共治"等专项9297万元,强化农村生活污水治理、生活垃圾清运、饮水安全工程以及生猪整规、水禽整治等经费保障。加强社会综治管理。

【深化财政改革】 贯彻落实《预算法》,完善"四本预算",厘清基本支出和项目支出界限,完善全口径预算体系。依法公开"四本预算"并首次公开细化到项,推进预决算信息公开。全面规范乡镇预算编制。持续深化国库集中支付和公务卡制度改革。盘活存量资金,出台《衢江区区级财政资金竞争性存放实施细则》,竞争性存放财政资金8.90亿元,增加收益668万元。推进公务用车制度改革,公车拍卖收入300多万元。制定《衢州市衢江区政府向社会力量购买服务实施办法》和《衢州市衢江区政府向社会力量购买服务指导目录(2016年度)》,放开公共服务市场准入,促进服务业发展和服务型政府建设。加快实施"互联网+政务"服务,全面开展会计从业资格证书"网上申请、在线服务、快递送达"。

【强化财政监督】 加强预算执行管理,建立预算执行信息交流、进度通报机制,加快预算执行进度,将上年预算执行进度作为下年预算安排的重要依据。完善财政专项资金清单管理,清理、整合、规范区级专项,提高财政资金使用效率。开展全区行政事业单位国有资产清查,加强行政事业单位国有资产管理。推进政府债务项目库建设，完成地方政府债券置换7.13亿元，新增地方政府债务限额3亿元，依法纳入政府预算管理。加快内部控制制度建设，强化内部流程控制。开展财政资金安全检查，自觉接受上级监督检查。

【干部队伍建设】 深入开展“两学一做”学习教育，深化“为官不为”专项整治。发挥党员先锋模范带头作用，不断优化服务质量、提高办事效率。充分利用业余时间开展文体活动，提升精气神。进一步加大年轻干部培养力度，建立财政系统教育培养联动机制。全局连续第十年被区委、区政府评为“满意单位”。

（衢州市衢江区财政局供稿　潘晓梦执笔）

江山市

【概况】 2016年，江山市实现生产总值277.30亿元，增长7.5%，其中：第一、二、三产业增加值分别为22.02亿元、134.95亿元、120.33亿元，分别增长1.8%、5.8%、10.8%。三次产业结构比为7.9：48.7：43.4。按户籍人口计算，人均生产总值45276元，增长7.6%。城镇居民人均可支配收入38080元，增长8.0%；农村居民人均可支配收入19956元，增长9.0%。财政总收入24.10亿元，同口径下降0.7%，其中一般公共预算收入15.86亿元，同口径增长3.3%。一般公共预算支出42.00亿元，增长10.5%。全市财政收支平衡。

【组织财政收入】 *做好税源管理。*关注“营改增”后续影响、房产税改革及结构性减税等税收政策调整因素，开展税收弹性、行业税负和税收关联分析。开展重点行业税源调查，加强重点税源监控，监控面达80.4%。全年一般公共预算收入中税收收入10.72亿元，占比67.6%。*强化征管措施。*加强税收征管信息化建设，推进“金税三期”优化版成功上线。完善个人所得税全员全额扣缴申报管理。开展企业所得税年度汇算清缴及后续审核，汇算应补缴税额6035万元。完成资源税改革调研测算，25户矿产企业全部专项申报。*抓好社保费和非税收入。*提高土地出让社会保障风险金的计提比例，增强风险防范能力。落实土地出让收支国库管理，规范土地出让金的征收、缴库、清算和支出程序。深化非税收入收缴电子化改革，加快统一公共支付平台应用扩面，政府非税收入2.88亿元，下降52.1%。加强社保费征收和结算，做好失地农民基本养老保险费征缴，社保费收入11.38亿元，增长5.7%。

【振兴实体经济】 *推进重大项目建设。*筹措落实“四大百亿”工程*和政府投资重大项目建设财政性资金。支持交通工程、城市建设、保障性住房等基础设施和民生工程建设。建立PPP项目库，并推动对外招商，总投资311亿元。推动锦绣江山外国语学校和经济开发区热电联产项目签约开工建设。*促进企业转型升级。*参与制定实施创新驱动加快工业转型发展意见，加快培育工业龙头和单打冠军企业。设立规模为3亿元的政府产业发展基金，推进产业发展和科技创新。设立规模为2亿元的基础设施投资基金，助力PPP项目建设。降低江山市担保中心担保费收取比例，缓解中小企业融资难。实行城镇土地使用税分类分档差别化减免政策，加大对“亩产税收”贡献大、符合产业转型升级导向企业的扶持力度。*落实财税优惠政策。*兑现涉企财政补助奖励资金2.32亿元。落实税费优惠政策，共减免各类税费2.18亿元。完善企业搭桥资金管理办法，调度资金29.42亿元，为企业转贷34.50亿元。

【保障改善民生】 全年一般公共预算用于民生保障支出33.06亿元，占比78.7%。农业支出8.40亿元，支持省级美丽乡村示范县创建。加大农业基础设施建设投入，推进中小河流治理、病险水库除险加固、中央小型农田水利重点县建设。保障“五水共治”建设。开展村级公共设施运行管护、农村公共服务有效供给新途径等试点。做好“一事一议”财政奖补助推美丽乡村建设。推进机关事业养老改革，在职人员基本养老保险和年金全面纳入地税征缴。启动基层医疗机构财政补偿机制改革试点和公立医院改革。投入专项资金2650万元，推进残疾人全面小康进程。支持“学在江山”品牌建设，健全普惠性民办幼儿园投入保障机制。推进教育布局调整项目、薄弱学校改造及农村集体办幼儿园建设。支持文化产业和广播电视、体育等事业，完善城乡公共文化服务体系。推进“天网”工程实施，打造“平安江山”。

【支持生态环保建设】 加大生态建设投入，着重向环境保护、城市供水、城市保洁、绿化等民生项目倾斜。安排资金用于企业节能减排、农村河道整治“河长制”、污水处理厂运营费用及城乡垃圾收集处理。做好农村生活污水治理，拨付资金1.14亿元。预算安排7000万元专项用于生猪养殖污染整治和规范整规。完善公共自行车服务系统，落实城市公交相关资金，缓解城市拥堵。

【推进财政改革】 加强全口径预算管理，实现一般公共预算、政府性基金预算、国有资本经营预算、社会保险基金预算“四本预算”的“统筹、统编、统批、统管”。对基本支出按经济分类细化到“款”级科目。推进部门预决算公开。深化国库集中支付改革，建立支付动态监控系统，杜绝违规支出发生。推进预算单位公务卡扩面。推进乡镇公共服务平台建设，纳入平台发放管理项目29个，发放补助8435万元。建立财政资金竞争性存放评委库，规范市级财政资金竞争性存放，累计竞争性存放资金15.90亿元。

【深化国资管理】 制定国有企业外派监事管理办法和内部审计管理办法，完善监管制度体系。开展国有企业定岗定员，规范企业用工管理。委托中介机构对国投公司2015年度财务报表及经营性国有企业2014年、2015年的国有资本收益情况进行审计。

开展国有企业“三公”经费检查。加强行政事业单位资产管理,开展行政事业单位资产清查及办公用房搬盘整合。

【强化财政监管】 做好“三公”经费支出统计监测,全年支出3473万元,下降13.3%。加强政府投资项目评审,评审总价10.50亿元,节减财政支出3532万元。强化政府债务管理,规范政府举债行为。开展乡镇财政资金监管工作自查,完善乡镇财政资金监管机制。强化政府采购预算管理,加强现场监管,全年累计纳入监管资金2.91亿元,节约资金3259万元,节约率11.2%。推进全市新增事业单位内部控制建设。

【加强队伍建设】 推进“两学一做”学习教育。制定政治业务学习计划,举办各类培训班17个。开展“树一个标杆、创一项品牌、争一项荣誉”的“三个一”活动,注重更新观念、创新方法、优化过程。开展“财税讲坛”活动,组织“岗位练兵、业务比武”。建立中层以上干部个人廉政档案,在江山“廉政在线”诺廉。

(江山市财政局供稿　徐　平执笔)

注:

*“四大百亿”工程:百亿工业强市工程、百亿服务业提升工程、百亿基础网络工程、百亿惠民安康工程。

龙游县

【概况】 2016年,龙游县实现生产总值209.9亿元,增长7.2%。按户籍人口计算,人均生产总值51714元,增长6.9%,其中第一、二、三产业增加值分别为14.57亿元、103.87亿元、91.49亿元,分别增长1.2%、5.4%、10.5%。三次产业结构比为6.9∶49.5∶43.6。全社会完成固定资产投资161.4亿元,增长11.3%;全年进出口总额4.8亿美元,增长6.7%;社会消费品零售总额128.5亿元,增长11.7%;城镇居民人均可支配收入37334元,农村居民人均可支配收入18621元,分别增长9.2%和8.9%。全县财政总收入20.08亿元,同口径增长7.0%,其中一般公共预算收入14.35亿元,同口径增长10.03%。一般公共预算支出42.13亿元,增长18.3%。全县财政收支平衡。

【组织财政收入】 开展税源多层次管理,加强重点税源监控;做好税收风险比对工作,共补缴税款227万元;强化税务稽查,查补入库税款1930万元。全年实现税收收入11.09亿元,增长8.2%。完善非税缴款渠道,推进浙江政务服务网统一支付平台建设,开通银联和支付宝缴款平台,全年实现非税收入2.94亿元,增长19.2%。推进社保费征缴扩面,缴费基数夯实率70%以上的占统计户数的78%,企业缴费同比增长21.0%。

【服务经济发展】 还贷周转金的服务范围扩大至所有经济实体,通过政府购买服务方式与义商村镇银行合作运行转贷通,全年通过周转金及转贷通共为127家企业提供还贷周转306次,周转金额达19.92亿元;与商业银行开展担保协作,为企业担保14笔,金额8265万元。支持小微企业融资,通过建行助保贷累计为10家企业提供贷款2910万元。抓好奖扶激励,共兑现企业股改、挂牌、做市、直接融资等各类上市扶持资金2308万元,兑付企业资产过户、“一企一策”、亩产税收贡献、外贸出口、电子商务等财政奖扶资金1.25亿元,为企业减负让利1.76亿元。争取地方政府置换债券10.82亿元,新增债券5.3亿元。

【保障民生支出】 推进“一事一议”奖补助推美丽乡村建设、湖镇中心镇建设示范、省级村级公共设施运行管护试点、发展村级集体经济示范等农村综合改革试点工作;兑付农村生活污水治理、畜禽养殖减量拆后土地复垦、“生猪整规”专项支农资金8亿多元。加大教育投入。安排2500万元用于柳村小学扩建工程,安排4200万元支持职教中心建设,安排1900万元保障农村中小学校舍提升改造工程。建立财政对社保基金的可持续补助机制,全年共投入社保补助资金4.67亿元。保障重大项目实施,筹措大南门历史文化街区保护项目拆迁补偿资金8亿元;拨付“四边三化”专项资金3476万元、创国卫专项资金1638万元。

【深化财政改革】 组建龙游联龙股权投资基金,财政以33%的股权投资带动规模2亿元的子基金,重点支持县域内拟上市企业。推进PPP项目建设,完成生活垃圾热解气化项目签约工作,基本完成“一路一桥”项目具体实施方案,大南门历史文化街区保护可行性研究报告和实施方案。完善财政资金竞争性存放机制,竞争性存放8.06亿元财政资金、2700万元社保基金、县会计核算中心2亿元单位公款。实施党政机关和参公事业单位公务用车制度改革,规范保留车辆管理和公务出行经费预算管理。

【强化财政监管】 规范人事考试、体育竞赛、健康体检、事业单位通讯费补助等项目支出行为。制定各类专项资金管理办法。加强财政结余结转资金管理,收回各类存量结余资金1.7亿元。严格支出审核,拒付不合规支出3786万元。规范项目审核管理,评审政府投资项目476个,核减资金0.84亿元,核减率9.46%。规范单位采购行为,完成各类采购项目1077个,节约2326万元,节约率23.1%。

【加强队伍建设】 开展“两学一做”学习教育,落实“一岗双职”“一案双查”机制。开展理论学习和岗位培训。建立“为官不为”问责机制,加大绩效考核力度,建立督查通报机制。推进财税文化建设,开展丰富多彩的党支部活动、工青妇组织、财税法规政策宣传和各类文明创建活动。

(龙游县财政局供稿　余　哲执笔)

常山县

【概况】 2016年，常山县实现生产总值113.57亿元，比上年增长6%。其中：第一产业增加值8.27亿元，增长1.7%；第二产业增加值50.91亿元，增长1.7%；第三产业增加值54.40亿元，增长11.5%。三次产业结构比为7.3∶44.8∶47.9。按户籍人口计算，全县人均生产总值为33128元，增长5.6%。全县财政总收入12.72亿元，同口径增长1.2%，一般公共预算收入9.40亿元，同口径增长9.8%，占财政总收入的73.9%；其中税收收入6.52亿元，同口径下降6%，占一般公共预算收入的69.4%。全县一般公共预算支出35.15亿元，增长23.8%。全年财政收支平衡。

【组织财政收入】 开展营改增体制改革影响测算，研究新一轮省对县财政体制改革，实现营改增平稳过渡。深入重点企业开展税收调研，全面掌握税源变化。按月按户采集重点企业财务数据，加强税收预测分析。开展县内化工、轴承等重点行业专项欠税和房产税、土地增值税清理。密切关注资源税改革，落实县石灰石资源税从量计征工作。加强信息管税，推进“互联网+税务信息”建设。国地税共同成立县纳税人权益保障中心，建设国地税联合办税服务厅。加强非税收入管理，开展非税收入公共支付平台建设，全年非税收入2.88亿元，增长77.3%。

【支持经济发展】 细化企业兼并重组财政补助（奖励）政策实施办法，倒逼企业转型升级。研究提出《常山县石灰石销售管理办法》，鼓励县内石灰石企业加强科技创新。支持企业创新驱动发展，全年安排企业奖补资金4400万元。委托11家金融机构运作管理企业应急专项资金1亿元，办理企业应急专项资金借款业务1100笔资金31.23亿元，帮助企业节约资金成本3000余万元。落实结构性减税和清费减负政策，全年为企业减轻税负6259万元。支持县重点基础设施建设，着力打造常山国际慢城*，提升一江两岸、柚石金路两条风景线，推进320国道“二改一”、跨江改道、九景衢铁路、杭新景高速等工程项目。

【保障民生事业】 全年民生类支出27.19亿元，增长25.3%，占一般公共预算支出的77.4%。全力推动保障性用房建设，开展老小区综合改造、城市绿道网二期工程、城市规划展示馆、中医院等项目，加快公共卫生服务中心、公安技术大楼建设进度。深入推进美丽集镇建设，向上争取省“一事一议”财政奖补资金，其中美丽乡村建设补助资金2000万元、农村产权制度改革探索补助资金1500万元。青石、球川、白石等集镇改造成效明显。全年投入环境保护资金2.98亿元，支持“五水共治”“四边三化”“三改一拆”，落实清塘美河洁村工作，基本完成“蓝天三衢”生态治理*。拨付资金7115万元，支持农村生活污水治理工作，全年治理24个村15811户。做好国家山水林田湖生态修复试点，申报渣濑湾溪湿地改造、龙绕溪流域综合治理等44个项目。落实2016年中国山地自行车公开赛第十站赛事、全国首届油茶文化节等重大活动经费。推进“智汇常山人才强县”工程，支持“质量强县”“平安常山”建设。

【深化财政改革】 完善全口径政府预算编制，推进政府预算体系统筹协调。实现国库集中支付改革全覆盖，192家预算单位纳入支付管理。推进政府投资项目PPP模式，在城市基础设施建设、特色小镇等方面推出31个PPP项目，总投资107亿元，与省建投集团签署战略合作项目6个，县康复护养中心项目列入《浙江省第二批政府和社会资本合作推荐项目清单》。推进产业基金运作，出资3000万元，设立常山联合股权投资基金，撬动社会资本投入7000万元。建立山茶油产业基金，推进常山油茶企业整合、品牌整合，培育油茶龙头企业。创新中央财政支持农民合作社试点工作，成立县两山农林合作社联合社，解决涉农企业融资难、融资成本高等问题。加强地方政府债务管理，完成2016年度地方政府债券置换存量债务9.74亿元，累计节约财务成本4500万元。争取新增地方政府债券7亿元，实施政府购买服务，购买服务项目达到当年指导性目录的80%以上。创新财政财务管理，建立118家规模以上工业企业季度财务分析制度。深化国企市场化、投融资体制改革，重组国有资本运营主体，扩大融资渠道，建立财政、国资两个“资金池”，实现资金集中统一调剂。

【加强财政监管】 科学合理调度财政资金，提高资金使用效率，确保重点支出序时进度。加强财政资金保值增值，开展财政资金竞争性存放招标4期，金额8.90亿元，综合年收益率达2.7%，新增财政存量资金总收益1028万元。开展协定存款竞争性谈判，增加财政资金年利息收入700万元。做好14个乡镇（街道）财政资金安全自查和重点检查工作。落实财政资金项目绩效自评项目17个。加强建设性项目资金监管，全年累计拨付政府投资项目资金7.22亿元。加强政府投资项目审核，全年审核项目765个，送审金额9.22亿元，核减资金1.07亿元，核减率11.8%。规范党政机关公务支出行为，“三公”经费支出下降28.3%。

【推进队伍建设】 落实全面从严治党主体责任，严明政治纪律、政治规矩。开展“两学一做”教育实践活动，边学边做提高党员干部政治素质。探索实践监督执纪“四种形态”，支持和保障纪检组履行监督执纪问责。组织全体干部职工开展警示教育。以基层党校为载体，开展政治理论、廉政建设、法律法规和业务知识等方面的授课学习班，举办“财税大讲坛”活动。2016年在全县部门工作目标考核中蝉联一等奖。

（常山县财政局供稿　李　希执笔）

注：

*“**蓝天三衢**”**生态治理**：对三衢山区域的资源和行业整治，

包括整合矿山、关停立窑和钙加工生产线、整治轻钙和水泥行业等，还青山绿水于全县人民。

* **国际慢城**：是指一种新的城市模式，强调人与自然的和谐发展，强调在悠闲的生活节奏中回归生活本质与体会生命的意义，是人们对幸福生活的一种追求。“慢城”的核心是融入当地文化，挖掘其特色，慢城理念可以推动旅游从观光型向休闲度假型深度旅游转变。

开化县

【概况】 2016年，开化县实现生产总值109.84亿元，比上年增长7.3%，其中一产、二产、三产增加值分别为12.68亿元、41.59亿元、55.57亿元，分别增长2.0%、5.2%、10.3%，三次产业结构比为11.5：37.9：50.6。人均生产总值30528元，增长7.0%；固定资产投资94.31亿元，增长11.2%；社会消费品零售总额70.67亿元，增长11.7%；外贸出口总额15.29亿元，增长5.7%；城镇常住居民人均可支配收入29013元，增长9.0%；农村常住居民人均可支配收入14371元，增长9.5%；城镇失业登记率2.9%。全县财政总收入12.90亿元，同口径增长18.7%，其中一般公共预算收入8.16亿元，同口径增长22.0%。全县一般公共预算支出41.74亿元，增长28.7%。全年财政收支平衡。

【组织财政收入】 关注财政经济形势和“营改增”全面实施等因素影响，围绕收入目标，加强分析、预测，强化税源管理，推进个人所得税全员明细申报，对股权转让业务实施税收前置。加强税收风险管理，清理欠税。全年完成税收收入7.37亿元，增长32.9%，占一般公共预算收入的90.3%。加强社保费征管，做好机关事业单位养老保险和失地农民养老保险费征缴工作，完成社保费年度结算工作，社保费收入12.49亿元，增长267.9%。加强非税收入征管，规范土地出让收支行为，深化非税收入收缴电子化改革，非税收入11.47亿元，增长41.3%。其中纳入一般公共预算管理的非税收入0.79亿元，增长4.7%。

【支持经济发展】 修订完善“工业40条”等财政扶持政策，支持企业发展，全年兑现各项扶持资金1.6亿元。落实工业企业城镇土地使用税亩产税费差别化减免、暂停征收地方水利建设基金等结构性减税和普遍性降费优惠政策，减轻企业负担5235万元。设立“绿色资金风险池”，成立政策性融资担保公司，扶持中小微企业发展。发挥企业应急专项资金作用，全年为157家企业应急周转15.84亿元。争取地方政府新增债券7亿元，支持经济社会发展。

【保障重点支出】 优化支出结构，加大民生领域投入，全年民生支出35.21亿元，增长30.9%。完善教育文化财政投入机制，推进教育现代化县和文化重点县建设。建立和完善医疗救助制度，支持实施医疗机构“双下沉”和基层首诊分级诊疗。开展农村综合改革示范试点，扶持村级集体经济发展。深化村级公益事业“一事一议”财政奖补政策运用。筹措6.35亿元资金，保障百里黄金水岸线、205国道示范线工程和黄衢南高速钱江源互通等政府投资项目建设资金。整合3.5亿元专项资金用于保障环境大提升和集镇建设。

【深化财政改革】 推进预算改革，扩大部门预算上会审查范围。推进部门预决算公开工作，除涉密信息外，所有预算单位预算信息全部公开。推进机关事业单位工作人员养老保险制度改革，全面完成机关事业单位社保费征缴改革和社保费清算工作。履行公务用车改革成员单位职责，保障车改各项政策落实到位。推进政府购买服务，以公开招标方式，完成芹江以东城区环卫保洁市场化服务项目采购工作。深化国资体制改革，起草《关于做大做强开化县文化旅游开发有限公司的实施方案》，促进县文旅公司做大做强。推广政府与社会资本合作（PPP）模式，推进开化县城市污水处理项目、开化火车站站前片区基础设施配套工程PPP项目落地实施，撬动社会资本10.25亿元投资基础设施建设。规范政府产业基金运作，成立政府产业基金投资决策委员会。出台《开化县政府产业基金投资与退出管理暂行办法》，制定《开化县政府产业基金管理委员会议事规则》。

【强化监督管理】 加强政府性债务管理，优化债务结构，争取地方政府债券置换额度11.5亿元，降低债务成本4025万元。强化国库集中支付制度，加快推进国库集中支付动态监控机制建设。加强财政专户管理，全面开展财政资金竞争性存放管理工作，增加利息收入2965万元。加大存量资金盘活和专项资金整合力度，提高资金使用绩效。探索县属国有公司资金集中、统一调剂管理，盘活国有公司闲置资金。加强国有资产管理，开展全县行政事业单位资产清查。开展公务接待、涉农资金等专项检查，严肃财经纪律。规范农业综合开发项目管理，制定农业综合开发土地治理项目实施操作规程，优化项目质量管控、资金审核和竣工验收。加强财政项目审核，全年审核项目291个，核减金额6885万元。规范政府采购管理，全年节约资金1682万元，节支率11.6%。组建财政内部控制管理架构，成立内部控制委员会，初步建立内部控制制度体系，规范财政内部运行。

【加强队伍建设】 扎实开展“两学一做”学习教育，加强廉政效能建设，开展作风纪律检查，细化构建惩治和预防腐败体系工作任务。集中学习《中国共产党纪律处分条例》和《中国共产党党内监督条例》，观看廉政教育片，强化干部廉政意识，增强防腐拒变能力。开展中层干部选配工作，加强岗位轮岗交流。强化干部培训，增强干部职工的思想理论知识和业务素养。加强财税文化建设，开展“重走红军路、重温革命史”主题党建纪念活动，举办文体活动，激发干部干事热情。宣传先进人物事迹，弘扬财税精神。

（开化县财政局供稿　江春笑执笔）

舟山市财政工作

舟山市

【概况】 2016年,舟山市实现生产总值1228.51亿元,按可比价格计算,增长12.3%,增速位列全省各市首位。其中第一、二、三产业增加值分别为130.00亿元、489.34亿元、609.17亿元,分别增长7.9%、11.2%、12.1%。三次产业结构比为10.6∶39.8∶49.6。海洋经济总产出2959.00亿元,增长12.3%;海洋经济增加值862.00亿元,增长11.9%,占GDP比重70.2%。全社会固定资产投资1311.14亿元,增长15.5%。社会消费品零售总额457.40亿元,增长11.2%。外贸进出口总额695.27亿元,下降4.4%。城镇居民人均可支配收入48423元,渔农村居民人均纯收入28308元,分别增长8.0%和9.3%。全市实现财政总收入173.29亿元,同口径增长8.3%。其中:一般公共预算收入120.32亿元,同口径增长10.1%;一般公共预算支出250.54亿元,增长4.4%。市本级财政总收入81.13亿元,同口径增长10.6%。其中:市本级一般公共预算收入56.73亿元,同口径增长12.0%;市本级一般公共预算支出97.09亿元,增长2.3%。全市一般公共预算收入占财政总收入比重69.4%;税收收入97.07亿元,同口径增长7.3%,税收收入占一般公共预算收入比重80.7%。全市和市本级财政收支平衡。

【依法组织收入】 精细化管理税收收入。完善重点税源监控管理办法,对省级以上重点税源企业和市级重点税源企业进行重点监控。密切部门协作,全年推送风险任务5241户次,补缴税款2.36亿元。加强欠税管理,全年共清理欠税2.25亿元。优化地税稽查"四统一"管理模式,稽查查补收入3872万元。组织非税收入。深化"收支两条线"管理,拓宽非税收入渠道,全市地税部门组织社保费收入43.43亿元。

【全力支持建设】 争取政策资金。结合新区发展现状,争取到地方政府债券、海洋经济补助等方面的倾斜支持。全市一般性转移支付补助和专项转移支付补助96.5亿元,争取到地方政府债券置换存量债务额度181.98亿元,全市新增债券18亿元。支持政府投资项目建设。市本级政府投资项目完成投资163.46亿元、筹资203.55亿元,全力保障"三重"项目等政府重点项目推进。整合投融资平台公司,增强项目运作能力。造价中心全年完成218个项目审核,审定金额100.64亿元。出台《关于进一步加强政府性债务管理的通知》,制定五年化债计划,控制债务风险。

【培植海洋经济】 引导产业发展。推动新区财金投资基金有效运作,基金总规模50亿元,到位41亿元;浙江舟山转型升级产业基金20亿元全部到位。基金累计已投金额33亿元,吸引各类资本154.79亿元,撬动资金总规模296.31亿元,放大8.97倍。制订《基金投后管理办法》《财金基金投资退出暂行办法》等,完善基金管理操作流程。顺应营改增改革,调整优化部分产业扶持导向。帮扶企业发展。落实各项减税降费政策,全市减免各类税费14.43亿元,5.99万户次小微企业享受优惠1.02亿元。创新"政银企"合作机制,全年共为22家企业发放工业转贷资金38笔,金额4.54亿元;为28家企业发放航运业转贷资金119笔,金额23.22亿元;为127家企业发放中小企业专项信用贷款167笔,金额3.47亿元。

【优化支出结构】 全市民生项目支出170.27亿元,增长13.4%,占一般公共预算支出的比重68%,比上年提高5.4个百分点。支持社会事业发展。全市教育、城乡社区事务、科技、文体传媒、公共安全、住房保障等民生事业支出分别为29.17亿元、17.24亿元、5.88亿元、5.61亿元、13.24亿元、10.75亿元,分别增长10.8%、16.3%、15.2%、11.5%、15.8%、75.6%。落实各阶段教育资金保障机制,推进教育均衡发展;加大城乡社区公共设施建设投入,推进"两美新区"建设;完善科技人才发展机制经费保障,助推科技事业发展;健全基本公共文化服务体系经费保障,推进服务均等化;加大政法经费投入,做好G20峰会经费保障,支持"平安舟山"建设;加大住房保障支出,推进保障型住房和危旧房改造项目建设。完善社会保障体系。全市社保就业、医疗卫生支出分别为17.07亿元、15.78亿元,分别增长40.3%、-5.3%。推进机关事业单位养老保险制度改革,市本级416家机关事业单位18140人参保。研究出台渔民养老保障政策。完善基本医疗保险、工伤保险等社会保险制度,规范"政保合作"。制定市本级2015~2016年社会保险基金保值增值运作方案,提高基金收益。支持生态环境建设。全市财政农林水事务支出52.18亿元,增长6.3%,深化财政支农体制机制改革,落实各项强农富农惠农政策,全力打造美丽海岛舟山样板,推进节能减排和海洋生态环境保护。控制行政成本。建立健全厉行节约反对浪费长效机制,全市一般公共预算"三公"经费支出1.72亿元,下降5.5%。推进公务用车制度改革,做好市本级321辆涉改车辆处置工作。

【深化改革监管】 推进区域财政体制改革。推进经济功能区财政管理、服务工作,制定新一轮市区和普陀山-朱家尖管委会财政体制。研究舟山绿色石化基地财政收入分配的总体原则。深化专项资金管理,2016年市级共有29项财政专项资金纳入管理清单,预算安排金额8.4亿元。推进预决算公开,市本级189家财政拨款预算单位全部公开部门预算和部门“三公”经费预算。在全省率先实施公款网上竞争性存放，共招标市级公款61.91亿元，中标存款54.51亿元，年综合收益率比基准利率上浮35%以上。完善以事定费的事业单位经费保障办法。推进政务服务网统一公共支付平台应用工作，目前交通违法罚款和教育收费项目均已成功接入省级平台。加强政府采购监管。创新政府购买服务的分类采购管理方法，全年全市政府采购预算金额25.56亿元，实际采购合同金额22.40亿元，节约率12.4%。加强财政支出绩效评价。建立市级财政项目库管理系统，对项目库中已安排项目实行预算分配、执行、监督和绩效评价全过程管理，提高项目资金使用效益。

【加强队伍建设】 *“两学一做”学习教育活动。*根据统一部署，在完成规定动作基础上积极开展各具特色的学习活动，把“两学一做”学习教育与推动局中心工作紧密结合。坚持问题导向，共梳理并整改问题280余条。*财税文化建设。*由市局干部创作的翁州新调坐唱表演《农庄小娘》，获全省财税系统第四届文艺调演二等奖，并荣获浙江省第十五届音乐新作演唱演奏大赛最高奖。组织全体干部开展“慈善一日捐”，参加无偿献血活动。发挥工青妇作用，开展各项主题活动。创建“舟山财税”“舟山财税家园”微信公众号。*学习型机关建设。*采用集中培训、“互联网+”培训等方式，落实干部教育培训计划，举办科级干部研讨班、全市财政人才库及业务骨干培训班、会计基础培训班。组织税务系统“岗位大练兵、业务大比武”，选拔27名同志为“舟山市地税系统岗位能手”。继续开展“以老带新、以师带徒”结对帮扶。*作风效能建设。*严格执行中央“八项规定”等重要精神，深化财税机关纪律作风建设，保持干部队伍风清气正的政治生态。全面启动“日志式”个人绩效管理，实现绩效管理精细化。（舟山市财政局供稿　徐颖娜执笔）

定海区

【概况】 2016年，舟山市定海区实现生产总值502.14亿元，按可比价计算，增长11.6%。按户籍人口计算，人均地区生产总值129152元，增长11.0%。分产业看，第一、二、三产业增加值分别为13.65亿元、226.60亿元、261.89亿元，分别增长7.8%、11.1%、12.1%。三次产业结构比为2.7∶45.1∶52.2。全区财政总收入51.59亿元，同口径增长7.2%，一般公共预算收入32.19亿元，同口径增长6.4%。全区一般公共预算支出36.43亿元，增长1.5%。全年财政收支平衡。

【组织财政收入】 分析财政收入形势及增长潜力，制定“三位一体”的财政收入指标结构图，确保财政收入指标落实到位。定期组织财政部门和国地税联席会议，强化财政收入分析、预测、执行的联动机制，挖掘增收潜力。运用税收收入分析系统，密切关注大型企业、重点行业税收动向，科学分析、测算收入情况。推进非税收入收缴电子化改革，非税收入征管系统成功接入省统一公共支付平台，建立日常收入分析制度，加强对各执收单位非税征收情况的监督，确保非税收入及时足额入库。区本级非税收入3.43亿元，增长9.9%。

【服务经济发展】 充分发挥财税政策导向作用，制定出台电子商务、企业上市等财政扶持政策，完善临港工业、文化创意产业等支柱产业和新兴产业财政扶持政策。兑现海洋经济发展扶持专项资金3.2亿元，扶持石油化工、航运业、道路运输业等行业发展。全面推开营改增试点，新增试点行业全部实现总体税负只减不增目标。拓宽中小企业融资渠道，全年帮扶企业融资逾50亿元。“银、企、保”共同携手，创新推广中小企业应急转贷业务，为351家中小企业应急转贷43.3亿元。强化“优化服务与风险管控并存”理念，开展融资担保业务，为91家中小企业融资提供担保4.05亿元。与市财政局联动，推行中小企业专项信用贷款，向全区58家中小企业发放贷款1.9亿元。继续实施“定海蓝海育苗基金”合作计划和“兴业育苗基金”信贷合作项目，推进海洋农商行等金融机构向全区20家中小企业发放贷款近1亿元。

农村房屋新貌

【保障民生支出】 优化支出结构。全年民生支出24.8亿元，占一般公共预算支出的67.9%。教育支出6.1亿元，占一般公共预算支出的16.8%。推进现代化校园建设，创建全国义务教育发展基本均衡县。全区累计科学技术支出1.2亿元，建设定海区海洋科技创业中心，培育14家高新技术企业和43家科技型中小企业，引进首个“众创空间”，推进大众创业、万众创新。落实精准扶贫政策，动态消除低收入群体年收入9000元以下现象。完成机关事业单位养老保险改革，实现被征地农民养老保险与城镇职工基本养老保险并轨，惠及2.9万人。推进平安建设，投入各类公共安全专项资金2.64亿元，完成G20杭州峰会等重大节庆会议维稳安保任务。创新财政扶持方式，采用众筹模式实施村级公益事业建设“一事一议”财政奖补项目73个。积极争取到村级公共基础设施管护省级试点项目，获得该批试点最高级次补助资金1500万元。基本完成2014年省级农业综合开发现代园子项目，完成2015年省级农业综合开发现代园子项目62%的工程量。

【深化财政改革】 深化政府及部门预决算公开，经济科目公开至款级科目，功能科目至项级科目。首次全面公开2015年度政府及部门决算信息。深化区级财政专项资金改革，公开2016年区级财政专项资金管理清单。开展权责发生制政府综合财务报告试编工作，试编区级部门三年财政规划。加强预算执行进度管理，提高资金使用效益。对部门预算结余资金以及结转两年以上的资金进行统一收回，盘活存量资金6.3亿元。加强预算单位国库集中支付结余资金和财政清理收回存量资金的安排使用，避免形成“二次沉淀”。制定完善教育、农业等8个专项资金管理办法，完成三批次6.7亿元公款竞争性存放招投标工作，积极推进政府购买服务，完成全区重大政府购买服务项目40项，增长48%。全面启动会计从业资格证书网上申办系统，会计从业资格证书实行“网上申请、在线服务、快递送达”申办方式，实现了行政相对人与审批机关“零见面”目标。

【强化财政监管】 实行政府债务限额管理，将政府债务分门别类纳入预算管理，强化“借、用、还”全过程监管。完成地方债券置换存量债务40.91亿元，缓解政府投资项目流动性资金需求，降低债务成本1.2亿元。制定五年化债计划，落实化债举措。实施“四先四后”编审机制，探索实施全过程监管机制，规范政府投资项目。全年完成审核项目1137个，审定调整金额6.61亿元，调整率13.9%。开展食品药品安全监管、就业政策等项目绩效评价工作，涉及资金2.23亿元，强化绩效评价结果应用。

【加强队伍建设】 通过党组专题学习、召开全局干部职工大会学习等方式积极开展“两学一做”学习教育。落实全面从严治党主体责任。组织高校集中培训1期，举办专题讲座6期。开展“一帮一·师带徒”师徒结对活动，提升年轻干部综合业务水平。

（舟山市定海区财政局供稿　刘研研执笔）

普陀区

【概况】 2016年，舟山市普陀区实现生产总值395.27亿元，增长11.2%；按户籍人口计算，全区人均生产总值122959元，增长12.6%。其中：第一产业增加值51.68亿元，增长7.8%；第二产业增加值132.24亿元，增长11.1%；第三产业增加值211.35亿元，增长12.0%。三次产业结构比为13.1∶33.4∶53.5。全区财政总收入35.83亿元，同口径增长5.3%，其中一般公共预算收入25.31亿元，同口径增长8.0%，占财政总收入的70.6%；全区一般公共预算支出(含上级转移支付支出)55.28亿元，增长5.2%。全年预算执行情况良好，财政收支平衡。

【组织财政收入】 *全面推行营改增改革。*财政、地税、国税三部门联动，共同推进营改增试点全面扩围，测算营改增后收入变化情况，做好收入调减应对预案。*加大税源监控力度。*建立和应用集区域、阶段、税种、行业等监控为一体的分析预测机制，提高组织收入风险预警、实时提醒、综合分析及税收失信严控等能力，完善税收收入质量分析和评价体系。加强与国地税部门沟通，做好收入预测，及时掌握收入进度和重点税源变化情况，挖潜增收。全年实现税收收入21.44亿元，增长6.1%，占一般公共预算收入比重为84.7%。*加强非税收入管理。*深化非税收入收缴电子化改革，在全市率先启动浙江省政务服务网统一公共支付平台建设，全年实现非税收入3.87亿元，增长20.1%。

新建操场上小学生快乐运动

【扶持经济发展】 创新财政支持经济发展方式。统筹安排财政资金1.20亿元,建立产业发展引导基金,以让利性股权投资方式,完成对海洋电子信息产业项目的首单投资,带动社会资本投资3000万元。兑现产业扶持政策。全年兑现产业扶持资金1.51亿元,扶持海运业、船舶制造业、水产加工业、旅游服务业、商贸业等支柱产业,惠及企业406家。向上争取资金。沈家门渔港成功申报国家"蓝色海湾整治行动"项目,被列入国家海洋局2016~2017项目计划,获得以奖代补国家资金3亿元。争取地方政府一般债券2亿元。减轻企业负担。巩固行政事业性收费和政府性基金收费清理成果,执行收费清单制度,全年为企业减负741万元。

【优化支出结构】 全年民生支出26.25亿元,占本级一般公共预算支出的73.9%,增长19.9%。完善财政支农体制。制定公布2016年度财政支农政策清单,明确各项目政策目标、扶持环节、补助对象及补助标准。优化财政支农资金拨付程序,推进财政支农政策全过程公开。促进社会事业发展。教育、科技、文化支出分别为7.19亿元、9790万元、1.04亿元,分别增长6.4%、9.5%、9.0%。支持美丽校园建设和民办教育发展,加大科技补助力度,繁荣基层文化。医疗卫生与计划生育支出3.79亿元,增长8.3%。深化医疗卫生机构改革,修订完善公立医院财政补偿办法,加大基层医疗卫生机构保障力度。完善社会保障体系。全面启动行政事业单位养老保险制度改革;继续推进省级养老服务业综合改革试点;落实残疾人两项补贴制度,发放资金1700万元,惠及残疾人6400人。全年社会保障和就业支出2.97亿元,增长17.4%。保障项目建设。全年拨付建设资金10.31亿元,保障"全景普陀"、"五水共治"、沈家门渔港特色小镇、D级危房改造等政府重点投资项目建设。

【深化财政改革】 完善专项资金管理清单。22项专项资金纳入2016年度财政专项资金管理清单,并在区政府门户网站予以公开。修订出台文化、教育、财政支农等14个专项资金管理办法,为预算编制和绩效管理提供政策依据。推进预决算信息公开。按规定公开年度财政预决算和"三公"经费汇总预决算,并督促各部门按规定公开部门预决算和"三公"经费预决算。加快预算支出进度。加强上级专项转移支付管理,建立定期梳理机制,全年一般公共预算省市转移支出进度达到95.5%,增长0.7%。强化预算执行事前、事中、事后动态监控。实施国库集中支付电子化管理改革。配合做好朱家尖区域财政体制调整。根据《关于建立普陀山——朱家尖管委会财政体制的通知》,从2016年1月1日起,朱家尖区域收入级次由区级收入调整为市级收入,相应做好收支调整。开展政府购买服务。建立政府购买服务制度框架体系,全年政府购买服务预算4430万元,涉及购买事业单位及国企财务审计服务项目、公共自行车租赁服务项目、监控视频租赁服务项目及工会旅游服务项目。深化行政审批制度改革。启用"互联网+会计服务"新模式,办理会计从业资格证书实现"网上申请、在线服务、快递送达" 条龙服务。

【强化资金监管】 控制行政成本。全年"三公"经费、会议费、培训费支出分别为3648万元、604万元、1218万元,分别下降4.3%、10.6%、3.0%。完成行政单位公车改革,减少公务用车185辆,节支率7.0%以上。加强债务管理。全年置换存量债务43.92亿元,制定5年化债方案,修订完善地方债务管理办法,规范债务预算管理、债务举借程序、债务风险管控等。实现财政资金保值增值。出台《普陀区区本级公款竞争性存放办法》,实施财政资金公款竞争性存放网上招投标,全年取得增值收益3360万元。控制政府投资项目造价。全年完成造价审核项目101个,送审金额18.02亿元,核定金额17.45亿元,净核减5700万元,净核减率3.1%。强化政府采购管理。加强预算采购与资产配置审核管理,实现电脑批量采购模式,节约资金13.5%。实施绩效评价。开展预算项目事前、事中、事后绩效管理,对52个项目实施事前预算绩效审核,其中5个项目实行事中跟踪监控,完成10个重点项目事后绩效评价。

【优化队伍建设】 开展"两学一做"学习教育、"树标杆、补短板、求突破、走前列"大行动和"负重奋进、敢当善为——项目服务年"作风建设专题教育活动,继续推进"送服务,促理财"党建服务品牌创建,通过"三会一课"、适岗能力培训、"两学"征文等形式,提升干部队伍综合素质。加强党风廉政建设,建立各部门党风廉政建设报告工作机制,层层签订党风廉政建设、效能建设责任书,组织开展各部门党风廉政责任制落实情况督查考评,考评结果运用于衡量干部业绩评定、选拔任用和奖优评先。更新、完善权力清单、责任清单,完成内部控制制度建设,制订并公开财政部门法定途径处理信访投诉请求分类清单,建立"双随机"抽查监管方案。健全中层干部及编外用工管理制度;优化考评机制,强化干部岗位履职的平时考核,落实岗位回避。

(舟山市普陀区财政局供稿 陈轶伦执笔)

岱山县

【概况】 2016年,岱山县实现生产总值231.73亿元,增长11.4%。其中:第一产业增加值36.88亿元,增长7.2%;第二产业增加值116.55亿元,增长12%;第三产业增加值78.30亿元,增长12.3%。三次产业结构比为15.9∶50.3∶33.8。人均生产总值12.47万元,增长13.4%。全县财政总收入20.73亿元,同口径增长7.6%,一般公共预算收入14.09亿元,同口径增长10.0%。一般公共预算支出38.15亿元,增长7.2%。当年财政收支平衡。

【组织财政收入】 巩固收入基础,强化财税征管,确保财税收入平稳增长。加大欠税清理力度,通过联合开展欠税治理、阻止欠税法人出境、司法部门配合强制执行等措施,清缴欠税 8359 万元。完善部门协作机制,加强与国税、国土、住建等部门协作,充分利用第三方信息,落实资源税、房产税、耕契两税等税源比对和年度结算。全年税收收入 11.16 亿元,同口径增长 8.9%,占一般公共预算收入 79.2%。规范非税收入管理,完善政府非税收入信息化建设,完成政府非税收入 4.6 亿元。健全"五费合征"机制,社保费收入 6.2 亿元,增长 42.5%,社会保险费征缴率达 99%以上。多方式筹措社保风险金,提升社保基金抗风险能力,截至 2016 年末社保风险金余额 4.1 亿元。积极向上争取专项资金 18 亿元,有效缓解县级财政压力。

【促进民生保障】 全年民生支出 27.7 亿元,占一般公共预算支出的 72.5%。落实中央、省、市惠农强农政策,稳步推进财政支农机制改革,争取中央农田水利建设、"一事一议"、农业综合开发、水利建设与发展专项、现代农业发展等项目补助资金 3.8 亿元,加大县级配套力度,支持"五水共治"等重点工程建设,促进农业可持续发展。2016 年,岱山县被省财政厅列入全省农村综合改革 20 个试点县之一,上报试点项目 30 个,争取省级资金 4000 万元。支持渔民养老保障改革工作,落实《关于原集体捕捞及相关作业渔民发放生活补贴的指导意见》文件精神,安排补助资金 2400 万元,惠及老年渔民 5625 人。推进机关事业养老改革,采用"先试点运作,后分步推进"的方式,以县社保中心为征缴试点,成功实现月度养老保险费和职业年金征缴,并在全县推广实施。完善贫困群体救助机制,出台残疾人"两项补贴"政策,惠及困难残疾人和重度残疾人护理 3200 余人。健全教育投入机制,中等职业教育生均保障经费由 2200 元提高到 2500 元。促进海岛特色旅游文化产业发展,保障县第八届运动会等重大文体活动经费。支持科技创新,加大人才引进和培养补助。

【服务经济发展】 支持企业转型升级,安排船舶行业龙头企业和特色优势企业专项资金 6100 万元;落实航运业等服务产业扶持政策,拨付相关资金 1272 万元;落实 2015 年度县级工业转型升级补助资金 921 万元,受惠企业 68 家。强化纳税服务,积极开展纳税人培训、辅导,落实税收惠企政策,减免各类税费 1.3 亿元。积极推进 PPP 模式落地,出台《岱山县人民政府关于引导社会资本进入公共设施建设及运营领域的实施意见》及操作办法,开展项目筛选、上报、谈判等工作,列入省政府和社会资本合作推荐项目 1 个。支持中小企业融资,截至 2016 年末,累计为 82 家中小企业发放信用贷款 10.6 亿元,回收 9.0 亿元,专项信用贷款运行良好。

【深化财政改革】 完善全口径政府预算体系,推进政府预算体系统筹协调和重点科目财政资金统筹使用,扩大上级转移支付纳入年度预算范围。盘活财政存量资金,加大财政结余资金清理力度,统筹安排政府性基金结余资金 583 万元,收回两年以上专项结余资金 1777 万元,增加预算稳定调节基金 2384 万元。深化专项资金管理改革,严格控制新增专项资金,清理整合 13 个单位 16 个专项,资金 2.0 亿元。稳步推进财政预决算公开,除涉密事项外全县一级单位公开年度部门预决算和"三公"经费预决算。做好存量债务置换工作,置换到期债务 8.6 亿元,加强债务高风险乡镇预警和监管,切实防范债务风险。做好营改增各项工作,顺利实现 5 月 1 日对房地产、建筑业等 5 大行业 1700 余户纳税人的业务交接。完成"金税三期"上线工作。全面实施会计从业资格证书"网上申报、在线服务、快递送达"便民服务,着力解决服务群众的"最后一公里"问题。

【强化监督管理】 积极创新绩效评价管理机制,完善绩效指标和标准体系,开展重点项目绩效评价 4 个,资金 7456 万元。加强财政性基本建设资金管理,制定《岱山县政府投资项目资金管理办法》,规范基础建设资金管理,加强财政性基建工程概、预、决算评审工作,完成项目审价 29 个,核减资金 5478 万元,核减率 10%。严格按照《政府采购法》,加大政府采购监管力度,逐步实现采购监管由程序为主向全方位监管转变。抓好政府采购审批工作,节减政府采购资金 2129 万元,资金节约率 11.5%。积极配合全县公务用车改革相关工作,结合公车管理制度改革,从严从紧审核特种用车,巩固公车治理成果。深化全县会计管理服务工作,组织乡镇和村级财务人员支农惠农政策培训。拟定《岱山县预算执行动态监控管理办法》,制定内部操作规程,促进监控工作制度化、规范化。

【加强队伍建设】 深入开展"两学一做"学习教育,组织党员全面系统地学习党章党规以及习近平总书记系列重要讲话精神,深化财税机关纪律作风建设,全面启动"日志式"个人绩效管理,出台《工作人员平时考核办法》。全面推进地税绩效管理 4.0 版规范、有序运行。开展窗口单位为民服务创先争优活动。制定实施《2016 年度干部教育培训计划》,派遣新录用公务员赴基层锻炼,派员参加上级部门组织的各类学习培训活动。落实全面从严治党主体责任和监督责任,履行班子成员和部门负责人"一岗双责"职责,严格执行党内监督和廉洁自律各项规定。参与开展城乡统筹基层党建工作,开展岛斗村、虎斗社区等联村帮扶工作,加大"一对一"贫困户帮扶力度,营造和谐社会氛围。完善工、青、妇各项工作制度和计划,围绕深化财税文化建设,通过组织兴趣小组、开展各类比赛活动熔炼团队凝聚力。

(岱山县财政局供稿　金　乔执笔)

嵊泗县

【概况】 2016 年,嵊泗县实现生产总值 98.99 亿元,按可比价计算,增长 11.5%。其中,第一产业增加值 27.93 亿元,增长 9.5%;第二产业增加值 12.81 亿元,增长 10.6%;第三产业增加值 58.25 亿元,增长 12.6%。三次产业结构比为 28.2∶12.9∶58.9。按户籍人口计算，全县人均生产总值 12.81 万元。全年财政总收入 8.44 亿元，同口径增长 5.1%。一般公共预算收入 6.73 亿元，同口径增长 10.1%；一般公共预算支出 23.60 亿元，增长 12.2%。全年财政收支平衡，略有结余。

【组织财政收入】 2016 年，受全面推行营业税改征增值税政策影响，全县地税部门组织税收收入 3.52 亿元，同比减少 12.9%。全年税收可持续增长的基础依旧薄弱，非即期及一次性因素仍是当年税收的重要补充。组织非税收入 3.82 亿元，同比增长 44.7%，其中社保收入 3.57 亿元（占非税收入的 93.3%），比上年增收 1.18 亿元。

【服务经济发展】 保障政府重点项目，全年安排资金 5.55 亿元，用于全县重大项目建设和区域统筹发展。创新财政支持经济发展方式，探索建立政府性引导基金——“嵊泗县美丽海岛投资发展基金”，用于引导金融资本和社会资本支持县域经济发展。对接浙江省农业发展投资基金，成功申请省农业基金 5 亿元用于马关围填海工程项目。助推海洋旅游经济发展。全年安排旅游发展资金 1100 万元，推动海岛旅游基础设施建设和旅游产业化发展。拓展海岛旅游经营模式，推进“到灯塔去”项目落地。

【保障民生需求】 全年用于民生支出 16.4 亿元。其中：教育支出 2.53 亿元，文化教育与传媒支出 0.39 亿元，社会保障和就业支出 1.59 亿元，医疗卫生支出 1.63 亿元。落实各阶段教育资金保障机制，继续推进贫困学生救助、助学等政策，推进教育均衡发展。围绕公共文化服务体系建设，保障重大文体宣传活动。加大公共设施建设投入力度，推进渔农村文化礼堂提质工程，促进基层文化建设。做好特惠菜补贴政策及老年人免费乘车优惠政策的补助落实。实施积极就业创业政策，安排再就业专项资金保障 600 多个公益性岗位、大学生就业创业、创业小额贷款贴息等。加大基层医疗机构及公立医院设备购置投入，完善全县就医硬件条件。继续做好渔民养老保险补助工作。推进生态文明建设。立足海岛实际，将渔农村生活污水治理与美丽海岛建设、旅游产业发展和保护碧海金沙资源相结合，累计投入资金 9500 万元。在省财政“一事一议”财政奖补助推美丽乡村建设试点基础上，结合全省美丽乡村现场会和“美丽海岛”建设工作，整合资金 9100 万元，全面提升美丽乡村建设品质。

【深化财政改革】 推进政务服务网统一公共支付平台应用工作，实现政府非税收入电子化缴款。对接政府非税系统与统一公共支付平台，2016 年 9 月，率先选取道路交通违法罚款和幼儿园的保育费收入作为试点项目，确定银联、支付宝为代收机构，初步实现“让信息多跑路，让群众少奔波”的改革目标。完善预决算信息公开。推进 2016 年政府预算和部门预算、2015 年政府决算和部门决算的公开工作。深化财政支农体制机制改革。制定出台《嵊泗县财政支农体制机制改革三年行动计划》。完善国资监管制度建设，修订完成《县属国企重大事项管理暂行规定》《县属国企重大事项管理操作指引》《关于深化县管企业负责人薪酬制度改革的实施意见》等制度。逐步推进县国有企业整合重组工作，加强国企负责人和国企员工的考核管理。

【强化财政监管】 加强地方政府性债务管理。加快政府融资平台公司转型，强化债务预警分析，防范债务风险。2016 年，全县地方政府债务余额 13.21 亿元，其中当年新增债券 5 亿元，地方政府综合债务率处于安全警戒线内。做好财政资金竞争性存放，对定存 9 个月的 2.7 亿元财政资金首次公开招投标。资金综合收益年利率 2.07%，比基准利率上浮 68%。加强支农专项资金管理，对资金分配结果网上公开，接受社会公众监督。加强对政府投资项目的评审，2016 年委托中介机构完成工程结算审核 76 项，送审总额 9.29 亿元，核减 4796 万元。

【加强队伍建设】 加强党风廉政和作风建设。组织学习中央“八项规定”，以及《中国共产党党内监督条例》《中国共产党纪律处分条例》《中国共产党廉洁自律准则》等有关廉洁规定，开展“两学一做”专题学习教育及警示教育月活动。全面推行个人日志式管理系统及上网行为控管系统，抓好机关纪律建设。深化财税文化和各项创建活动。推进“群众满意基层站所”及“青年文明号”等各项文明评选、先进创建等工作。抓好业务专题学习和培训，结合岗位大练兵活动，提升干部综合素质和岗位业务技能。

（嵊泗县财政局供稿　陈　媛执笔）

居民晨练太极

台州市财政工作

台州市

【概况】 2016年,台州市实现生产总值3842.81亿元,比上年增长7.7%。其中:第一产业增加值254.93亿元,增长4.3%;第二产业增加值1645.14亿元,增长7.6%;第三产业增加值1942.74亿元,增长8.1%;三次产业结构比为6.6∶42.8∶50.6。全市人均生产总值为64172元,增长7.4%。社会消费品零售总额2013.14亿元,增长11.4%。固定资产投资总额2272.63亿元,增长13.9%。全年外贸进出口总额1310.81亿元,下降0.2%。其中出口总额1169.38亿元,增长0.1%;进口总额141.44亿元,下降2.6%。城镇居民人均可支配收入47162元,增长9.0%。农村居民人均可支配收入23164元,增长9.1%。全市财政总收入583.83亿元,同口径增长8.2%。全市一般公共预算收入343.28亿元,同口径增长15.2%;其中税收收入292.19亿元,同口径增长8.3%,税收收入占一般公共预算收入的85.1%。市本级财政总收入52.60亿元,同口径增长20.7%。市本级一般公共预算收入27.78亿元,同口径增长19.3%。全市一般公共预算支出514.40亿元,增长12.5%;市本级一般公共预算支出59.52亿元,下降26.6%,剔除地方政府债券和预算稳定调节基金等因素,实际增长3.8%。全市及市本级财政收支平衡。

【组织财政收入】 坚持"依法征收、应收尽收、不收过头税",在抓好面上征管的同时,通过市县联动、线条联动、国地税联动"三个联动",加强经济与税收联动分析,拓宽征收渠道,开展欠税追缴管理,建立"一月一通报、一季一督查"的督查督评工作机制,深挖增收潜力。收入结构不断优化,全市一般公共预算收入占财政总收入的58.8%,比上年同期增加3.6个百分点。非税收入51.09亿元,增长26.6%,占全市一般公共预算收入的14.9%。

【助推经济发展】 设立政府产业基金15只,总规模94亿元,撬动社会投资200多亿元。筹措外经贸发展资金1.4亿元。实施创新驱动发展战略,安排工业和信息化资金4.7亿元,实施"四换三名"工程,推进"机器人+""互联网+""标准化+",促进科技成果转化,推动产业转型升级。支持实施"小微企业三年成长计划",追加资金1亿元,扩充台州市小微企业信用保证基金规模。全面落实税费优惠政策,减免税费50.20亿元。落实小微企业税收优惠政策,减免税收1.61亿元。暂停向企事业单位和个人经营者征收地方水利建设基金,取消、整合、减征19项行政事业性收费和政府性基金,为企业减负8亿多元。临时性下调失业保险费单位缴费率、对部分企业职工基本医疗保险单位缴费部分临时性减征1个月,减轻企业负担2亿多元。

【支持民生事业】 民生支出增长12.8%,新增财力用于民生支出的比重继续保持在三分之二以上。教育支出108.47亿元,增长1.9%,剔除地方政府债券等不可比因素,实际增长11.9%。医疗卫生与计划生育支出41.74亿元,增长18.9%。文化体育与传媒支出9.49亿元,增长14.9%。社会保障和就业支出48.58亿元,增长17.6%。安排"五水共治"资金41.32亿元,用于水利、城乡污水处理基础设施建设等。安排生态环保资金7.31亿元,推进生态保护和节能减排,促进环境质量改善。开展农村综合改革示范试点,深化村级公益事业"一事一议"财政奖补政策运用,投入2.6亿元,带动社会力量共同建成村级公益事业项目356个。全面建立大病保险制度,实现医保定点医药机构同城互认。推进基层医疗卫生机构补偿机制改革,深化"双下沉、两提升"工程,支持实施基层首诊、双向转诊。推动医疗保险结算平台和医疗保险阳光监管系统建设,支持市民卡实现"一卡多用"。完成机关事业单位养老保险制度改革,安排1.3亿元专项资金支持养老服务体系建设和养老服务业发展,企业退休人员养老金连续十二年上调。安排促进就业资金2.10亿元,着力稳定和扩大就业。落实困难残疾人生活补贴和重度残疾人护理补贴资金,统一城乡最低生活保障标准,推动全市孤残儿童集中代养。筹集市区公交发展专项资金1.77亿元,支持公交事业发展。安排生态市建设专项资金4225万元、长潭水库生态补偿专项资金3192万元,重点支持环境污染防治、饮用水源地生态环境保护等。

【深化财政改革】 完善全口径预算体系,提高预算编制完整性。深化政府部门专项资金管理清单制度改革,加快项目库建设,推动专项资金监管系统全覆盖。建立健全财政存量资金动态管理和定期清理机制,盘活存量资金,统筹安排用于稳增长、调结构、促发展、惠民生。试编市本级中期财政规划和市级部门三年滚动财政规划。推进国库集中支付改革,强化动态监控,提高信息化建设水平。推进财政性资金、行政事业单位公款竞争性存放管理,探索社保基金保值增值运作新模式。加强地方政府债务管理,建立风险预警体系,高风险地区开展化债计划管理。推广应用PPP模式,设立台州市政企合作投资基金,签约项目13个,带动社会资本191.8亿元,5个项目入选财政部第三批PPP示范项目。深化政府购买服务试点改革,在全省率先出台政府向社会力量购买服务操作流程,选择19项公共民生热点项目开展试点,全市政府购买服务金额共计7.90亿元。推进政府非税收入收缴电子化试点改革,启动浙江政务服务网统一公共支付平台接入工作。

【加强财政监督】 强化财税监督职能,开展大监督体系建设,提升财税制度与财经纪律的权威性。出台"1+8+X"内控制度体系。主动配合人大预决算审查监督,硬化预算刚性约束,加强预算执行和监督,严格控制预算追加。全面推进市级部门预决算公开,积极接受社会的监督,规范财政各类支出。加强多部门联合监督执法,开展差旅费检查、单位银行账户专项检查、部门决算报表重点检查和预决算公开情况专项检查。健全预算安排与资金绩效挂钩机制,把绩效管理纳入"金财工程"体系,实现项目绩效目标申报审核全覆盖。市本级预算安排的所有项目全部纳入绩效评价自评范围,对15个关系社会经济发展与人民群众切身利益的重大项目开展绩效评价,提升财政资金使用效益。

【加强队伍建设】 召开"两学一做"专题党课暨专题教育部署会,由局党组书记、局长带头为全体党员干部讲党课;以基层党支部为重点,成立督导组对各单位的学习教育开展情况进行集中督查,推动问题的发现和整改。围绕组织收入、征管体制改革、"营改增""金税三期""便民办税春风行动"等税收重点工作积极开展岗位大练兵活动。获全省财政地税系统庆祝建党95周年暨第四届文艺调演一等奖。获纪念中国共产党建党95周年台州市合唱大赛金奖。举办台州市财政地税系统第八届乒乓球赛。倡导党员干部"学雷锋、做好事",组织开展"爱心捐助""爱心结对""访贫问苦"和"纳税服务"等社会公益活动。

(台州市财政局供稿　沈孔平执笔)

椒江区

【概况】 2016年,台州市椒江区实现地区生产总值487.58亿元,增长5.8%。其中:第一产业增加值20.42亿元,第二产业增加值198.01亿元,第三产业增加值269.16亿元,分别增长4.7%、6.4%、5.4%。三次产业结构比为4.2∶40.6∶55.2。按常住人口计算,人均生产总值91569元,增长5.0%。全区财政总收入67.40亿元,同口径增长6.4%,其中一般公共预算收入40.72亿元,同口径增长9.1%;一般公共预算收入占财政总收入的60.4%,比上年增长1.5个百分点。全区一般公共预算支出36.09亿元,增长12.0%。当年全区财政收支平衡。

【组织财政收入】 关注重点行业对税收收入的影响,分析收入增减变化内在因素,坚持科学施策、分月攻坚,把握收入主动权。围绕全年收入目标任务,抓好重点行业、重点税种的征收管理,实现应收尽收。全年地税部门组织财政总收入39.98亿元,其中一般公共预算收入19.68亿元。全面落实"收支两条线"管理规定,加强和规范非税收入征管。全区政府性基金收入15.99亿元,各类社保基金收入19.90亿元,国有资本经营收入1490万元;安排政府性基金支出16.18亿元,社保基金支出21.66亿元,国有资本经营支出1490万元。另外,实现纳入一般公共预算管理的非税收入3.35亿元。

【服务经济发展】 紧扣供给侧结构性改革主线,实施积极的财政政策,着力提高经济发展的质量和效益。多渠道筹措资金,保障区域建设发展的资金需求,全年累计审核拨付建设资金18.2亿元。支持企业创新"去产能"。支持加快医化产业"腾笼换鸟",全面发展低污染、高附加值的绿色医化产业。修订完善《椒江区企业创业创新发展财政专项资金管理办法》等政策,支持深入实施"四换三名"工程,推进"机器人+""互联网+""标准化+",促进传统产业改造提升。化解房地产"去库存"。调整拆迁安置政策,在城区地块拆迁安置中,提倡和鼓励被征收居民选用货币补偿异地安置和"房票"方式有计划消化存量房。落实国家税收优惠政策"降成本"。落实营改增配套政策,减轻企业税费负担;搭建融资服务平台,积极推广"税微贷"、科技型小微企业专项贷款、优势成长型企业专项信用贷款等创新小微金融产品,降低企业融资成本。

【保障民生支出】 全年一般公共预算民生支出27.88亿元,同比增长8.7%,教育、文化、社保、医疗卫生和城乡社区等社会民生得到重点保障。进一步完善城乡居民基本养老保险制度,调整提高企业退休人员待遇标准,推进机关事业单位养老保险制度改革。创新便民服务举措,25个惠民补贴项目通过乡镇公共财政服务平台发放,涉及公共财政资金7000多万元,惠及8万多名群众。深入实施村级公益事业"一事一议"财政奖补政策,财政投入1264万元,带动社会力量共同建成村级公益事业项目16个。贯彻落实习近平总书记回信精神,积极向上争取资金改善大陈镇社会民生,大陈镇大沙头村等6个村被列为省财政扶持村级集体经济发展试点村。

【落实财政改革】 推进财政专项资金分配改革,对列入区级管理清单的财政专项资金,通过因素法、竞争性分配或政府购买服务等方式进行分配使用。推进专项资金全过程管理信息公开,对列入清单管理的19项、3亿多元专项资金的分配政策、过程和结果及时对外公布,接受公众监督,提升使用绩效。依托数字财政信息平台,加大对涉财重点领域和关键环节的技术监控,规范预算管理和资金拨付。深化政府购买服务改革试点工作办法,加快推进政府购买服务工作。出台《关于深化国有资产管理和投融资体制改革的实施意见》,实现政府性投融资平台市场化转型。发行20亿元公司债,利率为省内相同评级、同期限产业类债券发行利率最低水平。推进绿色药都PPP项目前期准备。出台《政府产业引导基金的实施意见》,明确加快组建区产业基金,初期规模10亿元,其中财政出资2亿元。推进政府性资金竞争性存放与使用管理,2016年招标存放总额7.08亿元,利率比基准利率上浮35%,实现财政资金保值增值。

【加强队伍建设】 开展"两学一做"学习教育,组织领导干部讲党课、集中学习、专题讨论。开展以“从严治党、廉洁从政”为主题的廉政教育文化活动。举办财税改革专题研讨班,选派业务骨干赴上海交大培训。推行权力清单制度、责任清单制度,依法公开权力运行流程。重新修订《局机关财务管理制度》,进一步规范公务接待管理、出差审批及报销、车辆使用管理等。

(台州市椒江区财政局供稿　章佳琦执笔)

黄岩区

【概况】 2016年,台州市黄岩区实现生产总值385.5亿元,增长7.5%。其中:第一产业增加值17.6亿元,增长4.3%;第二产业增加值182.2亿元,增长7.1%;第三产业增加值185.7亿元,增长8.1%。三次产业结构比为4.6∶47.2∶48.2。人均生产总值为63139元,增长6.9%。全区财政总收入61.8亿元,同口径增长6.4%;一般公共预算收入37.1亿元,同口径增长10.4%,占财政总收入的比重为60.0%。一般公共预算支出40.3亿元,增长13.7%。当年全区财政收支平衡。

【组织财政收入】 夯实税收管理基础。加强企业所得税预缴管理,预缴入库率83.1%,排名台州市第一;个人所得税全员申报率95.6%;完善股权转让审核机制,同比增加53户纳税人,共申报缴纳个人所得税2826万元;加强部门间信息交换,全年共补缴入库各项税费6500万元。全年完成税收收入30.9亿元,占一般公共预算收入的83.3%。开展欠税清缴专项行动,全年共清欠入库税款1794万元。完善非税收入管理。完善非税收入“收缴分离”管理,强化“以票管费”,应用新版非税征收信息系统和土地出让收支管理信息系统,全年实现非税收入6.2亿元。加强社会保险费征收管理,全年共征收社保费16.4亿元。

【支持转型升级】 创新扶持企业方式。设立经济转型升级专项资金1亿元;兑现经济转型升级奖补资金2.5亿元;设立科技创新种子资金,支持科技创业创新、创新券、专利权质押等带动效应显著的项目;成立台州市黄岩区美丽经济发展有限公司,注册资金3亿元支持黄岩西部地区旅游经济发展。发挥应急转贷基金防范风险作用,全年共转贷资金61笔,合计金额5.3亿元。创新开展中央财政支持农民合作社试点工作,为23个合作社1160个社员发放贷款1.12亿元。落实税费优惠政策。全年国地税减免退税费18.2亿元;暂停征收地方水利建设基金;阶段性降低企业职工社会保险费率,为3500多家企业减负240多万元;对符合产业转型升级发展方向的企业下浮职工基本医疗保险费比例,为1.3万家企业减负2000多万元。

【保障民生支出】 2016年全区民生支出31.4亿元,人均民生支出5137元,增长16.2%,占一般公共预算支出的77.9%。保障教育优先发展,小学、初中生均公用经费分别提高至650元、850元,教育支出9.7亿元,增长13.7%。医疗卫生和社会保障支出分别为2.8亿元和6.8亿元,分别增长22.8%和117.4%,用于提高各类民生补助和推进医疗卫生改革,城乡居民基础养老金提高至120元,新农合财政人均补助提高至450元,人均基本公共卫生服务经费标准提高至45元。节能环保支出1.1亿元,增长75.8%。加大财政支农投入。建立健全财政支农稳定增长机制,2016年度预算安排支农项目资金5.38亿元。投入1999万元支持水库山塘除险加固工程建设;投入4700万元用于粮食生产功能区建设;投入8162万元用于土地开发和农村综合土地整治项目建设。助推生态文明建设,投入农村生活污水治理1亿元、美丽乡村建设1900万元、市区绿化项目2700万元。

【推进财税改革】 完成营改增改革。5月1日完成了新旧税制交接,代征代开工作进展顺利。推进资源税改革。通过前期调查测算、政策宣传解释、工作责任分解和纳税申报辅导等准备工作,资源税改革于7月1日按时完成。改革首月,全区8家资源税纳税人全部完成申报。创新开展村级公益事业“一事一议”财政奖补工作。在全省范围内首创竞争性立项,该政策自2015年实施以来,政府投入6605万元,拉动筹资筹劳和社会各界捐赠等4700万元。试点开展基金式扶持经济薄弱村发展集体经济。成立黄岩区扶持村级集体经济发展基金,搭建支农金融服务平台,累计为105家农村经济组织、45名农户发放助农贷款150笔,金额9526万元。

【加强财政监管】 全面开展绩效考核。以单位自评为主、财政抽评为辅对74个主管部门、234个预算单位开展绩效考核,涉及财政资金23.8亿元。首次开展对乡镇财政整体支出的绩效评价和对“两癌免费筛查”项目的政策性评价。加强政府采购监管。全区共完成政府采购预算1.97亿元,实际采购金额1.67亿元,节约财政支出3000万元,资金节约率15.2%。加强对政府性投资项目的监督管理。全年审核项目290项,送审金额22.6亿元,净核减资金6730万元,核减率3.0%。开展财政性资金竞争性存放。已开展七期财政性资金竞争性存放,涉及资金37.24亿元。

【加强队伍建设】 加强素质教育。完善“集中学习、网络自学、个人提升”三位一体的培训方式,全年共完成培训内容46项;组织全局干部赴浙江大学进行综合能力提升培训。开展“百名党员进百强企业”“我为财税添份力”等活动。推进廉政建设。强化领导班子主体责任和领导干部“一岗双责”意识,制定责任清单和党风廉政建设约谈工作制度。丰富财税文化内涵。组建各类兴趣小组,开展书画摄影展活动。2016年,获得了全国法治宣传教育先进单位、全省财政地税系统文艺调演一等奖、全省财政信息工作考核第一名、全省基层财政管理工作综合先进单位等荣誉。

(台州市黄岩区财政局供稿　牟　峰　刘慧珺执笔)

路桥区

【概况】 2016年,台州市路桥区实现生产总值522.16亿元,增长7.9%,其中:第一产业增加值13.21亿元,增长4.6%;第二产业增加值209.98亿元,增长6.5%;第三产业增加值298.97亿元,增长9.1%。三次产业结构比为2.5∶40.2∶57.3,第三产业占比提高2个百分点。人均生产总值为106996元,增长7.5%。全年实现财政总收入66.70亿元,同口径增长5.0%。其中一般公共财政预算收入39.58亿元,同口径增长9.3%。全区一般公共财政预算支出30.34亿元,下降2.6%。全年财政收支平衡。

【组织财政收入】 完善综合治税机制,明确财政、国税、地税等部门的职责,强化各涉税部门及板块的联动协作效应,完善涉税信息交换机制,挖掘增收潜力。结合全年增收目标,分月攻坚,强化目标责任、税源监控、重点行业和非税收入四项管理。及时跟踪和摸排税源,掌握结构分布、增减变动情况,有序组织税收入库。完善"五费合征"的征缴机制,科学编制政府非税收入预算,做好政府性基金和国有资本经营收入征管,优化收入结构。全区一般公共预算收入占财政总收入的59.3%,提高2.7个百分点,税收收入35.05亿元,占一般公共财政预算收入的88.6%。非税收入4.52亿元。

【支持经济发展】 *支持企业转型升级*。强化财政资金引导作用,全年共投入区本级科技资金4518万元,构建中小企业成长支撑体系。结合区产业结构特点,加大对金融业、服务业和商贸业发展的扶持力度,全年拨付第三产业各类专项奖补资金9893万元,推动经济结构调整和优势行业转型升级。*支持重点项目建设*。创新资本运营模式,探索通过PPP、城建基金、投资资产债券化等方式,引导社会投资进入更多领域,破解项目建设财力制约。以公开招标方式,选定污水处理项目社会投资合作方,总投资2.83亿元,首个PPP项目正式落地。*支持房地产平稳发展*。加大住房支出财政保障力度,对农村危房改造中涉及的建设用地指标费、耕地开垦费等由区级财政承担。对城乡居民个人购买新建商品住房和二手住房实施财政补贴制度,全年审批、发放购房补贴合计2780套,面积32万平方米,补助财政资金1592万元。

【保障民生事业】 结合市区为民办实事十方面26个项目,加大教育、医卫、社保、环保、公共安全、农林水事、文体等民生相关支出,全年人均民生支出5258元,增长7.6%。积极争取中央和省级资金用于民生工程,及时落实并拨付区级配套资金,全年财政"三农"累计投入11.66亿元,拨付区级专项资金7062万元,保障农村生活污水、农村文化设施、农村公路改造、农田水利建设等,统筹城乡发展。

【推进管理改革】 *调整财政体制*。推进财政事权与支出责任划分改革,划分镇(街道)类型,分类建制,构建和完善权责对等的镇(街道)财政体制。将镇支出纳入镇级国库集中支付,街道支出纳入区级国库集中支付,下沉财力8210万元,保障基层财政运行。*盘活存量资金*。收回上年度部门结余资金1.27亿元,重新安排到本年度部门预算;清理盘活本年进度慢或无法实施和已实施结余的资金9291万元,列入有关部门预算支出。*规范专项资金管理*。梳理已出台的重大支出政策,压减和取消不合理支出或政策环境发生变化的支出,对支持方向、扶持对象相同,或性质相似、用途相近的资金进行归并整合,启动一个专项资金一个管理办法整合工作,建立专项资金项目库,涉及财政专项资金12项,共计1.67亿元。*加强债务管理*。建立健全政府债务风险管控机制,对所有政府或国有投资建设的项目全部列入编制管理,全年置换存量政府债务27.26亿元,防范和化解债务风险。*完善资金存放*。修订和完善财政资金竞争性存放管理办法和具体操作规程,对35.99亿元财政资金开展竞争性存放招标,增加收益1.10亿元。

【加强财政监管】 *严格财经纪律*。联合人力社保、组织、审计等部门成立专项工作小组,开展津补贴发放和差旅费专项检查。对各镇(街道)开展财政资金管理制度建设、内控机制、账户管理、财政资金收付管理、会计核算管理等方面的专项检查,规范财政财务管理。*加强绩效管理*。量化考核指标,细化考核内容,把单位预算支出批复与年末实际支出的执行数、结余率的百分比作为考核的重要内容,促使预算单位提高预算科学性和执行率。*强化支付监管*。对国库集中支付的各预算单位全部实行国库集中支付动态监控,设置动态监控规则20条,全年监控预警信息675条,监控资金1267万元。*严把基建评审*。合理编制年度政府项目投资计划,加强政府基本建设项目事前、事中、事后的全过程监管,全年共审核项目115个,批准概算金额30.35亿元;受理政府性投资项目竣工结算备案登记127项,送审金额7.19亿元,审减6079万元,核减率8.5%。*加强采购管理*。规范政府采购信息和招投标管理,推进电子化采购平台建设,完善监督制约机制,全年采购计划金额1.69亿元,实际采购1.54亿元,资金节约率8.6%。*夯实管理基础*。出台《行政事业单位通用办公设备配置标准》《美丽乡村建设专项资金管理办法》,印发《关于加强行政事业单位内部控制建设的通知》等11个办法和制度,夯实财政管理制度基础。

【加强队伍建设】 落实党风廉政建设主体责任。加强内部控制制度建设,强化内部流程控制,推动行政权力运行规范化。以开展"两学一做"学习教育为载体,全年组织各类机关理论学习、观看电教片32场次,通过局域网《每日学习》平台,推送和更新学习内容。组织机关干部分两批次赴省委党校开展财政知识更新培训,提高财政干部的政治素质、业务素质和文化素质。制订并实施机关工作人员平时考核工作实施办法,运用统一工作平台,加强工作人员的日常管理和考核。

(台州市路桥区财政局供稿　郑宣彬　牟雅谦执笔)

临海市

【概况】 2016年,临海市实现生产总值515.6亿元,按可比价格计算,比上年增长8.8%。其中:第一产业增加值44.25亿元,增长4.3%;第二产业增加值221.89亿元,增长8.0%;第三产业增加值249.47亿元,增长10.3%。三次产业结构比为8.6∶43.0∶48.4。城镇居民人均可支配收入43332元,增长9.2%;农村居民人均可支配收入22932元,增长9.3%。全年完成财政总收入76.42亿元,同口径增长12.7%;一般公共预算收入44.92亿元,同口径增长12.2%,占财政总收入的58.8%;其中:税收收入38.05亿元,同口径增长17.0%,占一般公共预算收入的84.7%。一般公共预算支出86.67亿元,增长47.7%。全年财政收支平衡。

【组织财政收入】 全面深化国地税合作,组成30个联合工作组,开展营业税清理,共清理890户,补征营业税4176万元;5816家营改增企业顺利移交,全年营改增为企业减轻税负2.5亿元,确保行业税负只减不增;设立委托代征点9个,实现东、西、南、北、中全覆盖,打通开票服务"最后一公里",全年联合代征税款2.8亿元,增长62.4%;对东塍彩灯行业等36家企业开展联合稽查,共查补税款1630万元。充分利用营改增的有利时机,强化增值税等税源管理,推进先进制造业发展,全年入库增值税33.07亿元,同比增长19.8%。加强非税收入征管,探索非税征管"互联网+"模式,与浙江政务服务网公共支付平台对接,全年入库非税收入6.86亿元,增长25.1%。

【服务经济发展】 严格执行国家结构性减税和清费减负政策,减轻企业税费负担7.19亿元,其中减免高新技术企业企业所得税1.96亿元;落实1746户小型微利企业企业所得税优惠829万元,受惠面达100%;连续9年实施社保费减征,全年共减征7400多万元。完善财政激励奖补机制,兑现各类奖补资金6.32亿元,重点支持"四换三名""两化融合"等工业企业创新驱动转型升级。创新财政支持经济发展方式,推进首期规模为4亿元的产业基金落地,培育新的经济增长点。全方位帮扶企业,实施"2110"工作机制,成立财政体制改革和税收征管体系创新两个攻关组,建立一项暖心工程,创建十大服务团队。与华海药业、吉利豪情、伟星集团等企业组建了16个课题组,帮助解决了65个难题;走访服务纳税人7568户,累计解决各类问题3850个。

【保障民生支出】 全年民生支出63.75亿元,同比增长33.2%。完善社会保障体系,社会保障和就业支出8.51亿元,增长25.4%,统一城乡居民最低生活保障标准,从每人每月692元提高到705元;出台全省首个《百岁老人优待规定》,全市近50名百岁老人享受全面保障。深化医药卫生体制改革,医疗卫生支出6.76亿元,增长14.4%,医疗救助分类分档执行,一类救助对象住院或大病救治费用给予全额救助。推进教育现代化,教育支出18.10亿元,增长20.8%。大力发展文化事业,文化体育与传媒支出8696万元,增长23.2%,支持农村文化礼堂、全民健身广场等农村文化惠民工程。"三农"支出46.39亿元,增长32.1%,助推农村公益事业发展,支持农田水利等农业基础设施建设。

【深化财政改革】 推进征管体制改革,深入开展国地税体制、行动、机制融合,被评为全国百佳国税地税县级示范区。牵头抓好民政局、人社局、教育局等11个试点部门的政府购买服务工作,每个试点部门确定了1个重点项目,打造典型样板,起到以点带面的效果,相关经验在全省综合工作会议上作典型交流。进一步完善财政资金竞争性存放管理办法,组织14期财政资金竞争性存放,涉及资金81.45亿元,实现资金增值2.48亿元。加强政府债务管理,置换地方政府债务40.32亿元、新增政府债券20亿元,一年节约债务成本1.8亿元。积极稳妥推进公务用车制度改革,完成第一期涉改车辆的拍卖工作。

【强化财政监管】 控制行政经费支出,实行"三公"经费源头控制管理,严格支出报销审核,完善月结月报制度,全年"三公"经费支出同比下降19.7%。加强政府性投资项目管理,出台《临海市政府投资项目工程预算编审和结算审核考核办法》,运行财政项目预算审核管理系统,通过提前介入、全面审核等方式,提高项目审核质效,全年审核府投资项目380项,审核投资额20.90亿元,核减造价3223万元。加强政府采购各环节监管,审核政府采购项目2075批(次),完成采购预算8.36亿元,节减财政支出1.55亿元,平均资金节约率18.7%。加强预算绩效管理,对年度预算安排财政专项资金在100万元(含)以上的项目进行跟踪监控,全年跟踪项目78个,重点评价项目5个,自评项目158个。

【强化队伍建设】 加强廉政建设,全面落实党风廉政建设主体责任,建立党风廉政约谈制度,开展廉政风险干预,通过临海市廉政风险干预系统发出廉政干预信息51次,定期更新系统廉政教育内容。深入开展"两学一做"学习教育,下基层、下企业、走镇街、讲党课,与80余家企业交流、座谈,实地解答企业203个问题,该做法被国家税务总局网站"税务党建"刊登和介绍推广。

(临海市财政局供稿　陈春燕执笔)

温岭市

【概况】 2016年,温岭市实现生产总值900.27亿元,按可比价格计算,同比增长8.50%。其中:第一产业增加值69.93亿元,增长4.6%;第二产业增加值365.36亿元,增长8.4%;第三产业增加值464.98亿元,增长9.2%。三次产业结构比为7.77∶40.58∶51.65。人均地区生产总值74035元。全市财政总收入103.20亿元,同口径增长4.6%。其中:一般公共预算收入61.69亿元,同口径增长9.1%,占财政总收入比重为59.8%;税收收入52.05亿元,占一般公共预算收入比重为84.4%。全市一般公共预算支出94.34亿元,增长29.3%。全年财政收支平衡。

【组织财政收入】 挖掘增收潜力。实施城镇土地使用税分类分档差别化政策,调动全市企业提高"亩产税收"。加强税收征管。对5050户"双定户"开展定额调整,全年调增税额526万元。运用纳税评估等方式,对18项项目、166户纳税人开展风险管理,补缴各项税费700万元,通过涉税信息比对,补征税款415万元。对125户企业开展财税检查,查补税额1727万元。加强欠税控管,配合市场监管、经信、统战部、组织部等部门开展企业税收违法、违章情况审核,提醒相关企业依法纳税。推进土地增值税清算,加强地方小税种管理,实现地方税占税收收入的比重较上年同期提高3.5个百分点。完善非税收入预测机制,健全重点费源监控制度,加强欠费管理,对罚没等非税项目应用统一公共支付平台。全年实现非税收入9.6亿元。

【助力经济发展】 实质运作产业基金,财政首期出资1亿元,成立温岭市金融控股有限公司。拨付工业技改、科技研发、外经贸发展、建筑业、现代服务业等财政奖补资金2.92亿元;推进小微企业金融服务公司筹建工作,为全市小微企业进出口提供融资服务。落实轻税减负政策。实现营改增行业总体税负只减不增的目标,全年降低企业税负3.8亿元。优化企业发展环境。明确即办事项清单,实现项目预算审核全部在承诺期限内完成。

【保障民生支出】 全年一般公共预算支出中用于民生支出62.70亿元,比上年增长11.7%,人均民生支出5159元。加大教育投入,保障教育现代化市创建,2016年增加教育投入3.6亿元,其中,投入2.5亿元用于54个教育基本建设项目。加大卫生投入。城乡居民基本医疗保险和基本公共卫生财政补助标准分别提高至年人均430元和45元;提高普通门诊报销比例,取消特殊病种门诊起付线,发放计生对象奖特扶金1918万元。完善社会保障体系,有序推进机关事业养老改革;统一城乡最低生活保障标准为每人每月705元,制订加快推进养老服务业发展的财政保障制度,加大对敬老院建设的补助力度;调高重点优抚对象抚恤优待定期补助标准;建立困难残疾人生活补贴和重度残疾人护理补贴制度,发放贫困残疾人生活补贴及重度残疾人护理补贴4050万元。加大"三农"投入。加大公共安全投入。保障G20峰会各类安保经费;保障基层行政政法部门装备建设、办案经费及办公用房维修等方面的支出。

【推进财政改革】 深化财政体制改革。按照"四张清单一张网"建设要求,完善财政专项资金管理清单,将本级所有专项资金整合为21个大类。加大存量资金盘活力度,健全动态管理和定期清理机制,累计盘活结转结余资金3.23亿元。深化政府购买服务改革,选择8个公共民生类项目开展改革试点。开展公款竞争性存放,累计对16.3亿元社保资金和0.75亿元国企资金的存放进行招投标。围绕"支出一个口子",推进国库集中支付和公务卡改革,积极推行国库集中支付动态监控系统,实现由人管理监督过渡到系统自动管理监督。推动政府和社会资本合作(PPP模式),实现看守所、技师学院、污水一、二标段等PPP项目开工建设。探索创新政府采购管理,调整政府采购项目审批范围,提高采购效率。牵头做好"两个一般不"财政支农体制改革全省试点工作,做好农业"三项补贴"政策综合改革试点工作,安排5024万元资金推进农业重大项目建设。

【加强财政监管】 推进预决算公开,除涉密事项外,市级部门和各镇(街道)部门预算和"三公"经费预算全部公开。加强市级部门预算执行进度管理,对预算执行率连年偏低的部门,相应核减下一年度项目预算。加强地方政府债务风险防控,健全偿债机制,防止债务违约事件发生。通过争取地方政府债券额度、向银行争取按新利率计息,累计置换存量债务45.57亿元,减少利息支出1.59亿元。组织开展全市预算安排20万元以上的财政支出项目绩效自评,推动绩效目标、项目执行率、绩效自评报告等信息公开。规范公务出差住宿费限额标准,制订公务人员交通费管理办法。开展近两年差旅费执行情况自查和抽查,防范财政风险。开展非税收缴情况、地方预决算公开情况、政法政费绩效情况、公共文化绩效情况等专项检查。

【加强队伍建设】 全面推进"两学一做",开展第二届"财税好干部"评选活动,组织"解放思想大讨论",形成学习先进、崇尚先进、争当先进的热潮。认真执行廉政建设"一级抓一级、层层抓落实"的工作机制,履行"一岗双责",层层压实"两个责任"。推进过程管理,发挥绩效考评"指挥棒"作用,被省委、省政府授予2011~2015年法治宣传教育先进集体。开展"金税三期"业务大比武,组织干部职工参加"点亮微心愿""美丽创建·党员先行"等志愿服务活动,护航G20和多城同创工作。

(温岭市财政局供稿　冯　威执笔)

玉环县

【概况】 2016年,玉环县实现生产总值465.13亿元,增长7.8%。其中:第一产业增加值33.06亿元,增长3.9%;第二产业增加值244.23亿元,增长6.7%;第三产业增加值187.84亿元,增长10%。三次产业结构比为7.1∶52.5∶40.4。人均生产总值107913元,增长7.6%。全县实现财政总收入74.3亿元,同口径增长2.8%,完成预算的116.5%。其中一般公共预算收入

42.6亿元,同口径增长9%,占财政总收入的57.3%。一般公共预算收入中,税收收入37亿元,同口径增长5.3%。2016年地税部门共组织各项收入42.11亿元,同口径增长9.8%,其中税收收入23.67亿元,同口径增长6.8%。全县一般公共预算支出54.4亿元,增长13%。当年财政收支平衡。

【组织财政收入】 加强财税政策分析研判,坚持收入月分析制度,掌握税源动态。扩大信息管税覆盖面,推动"金税三期"上线,实现征管系统顺利过渡;开展营业税专项清理和欠税清缴工作,专项清理942户,清理入库7720万元,1~5月完成营业税入库3.7亿元,增长31.9%。加强耕地占用税、土地增值税清算等税收征管,主动服务企业,争取股权转让和限售股减持等一次性税源,地方十税入库11.29亿元,增长34.1%,规范政府非税收入的征管,全程跟踪收入收缴,建立执收单位、代理银行、财政部门信息共享核对机制,发挥财政票据"以票管费、以票控收"的作用。全年非税收入5.6亿元。

【服务经济发展】 助推产业优化升级,安排工业、农业和服务业产业引导资金共1.72亿元,争取上级各类扶持资金3.39亿元,全年共兑现县级财政扶持资金4.72亿元,以奖励、贷款贴息和政策补贴等方式,支持重点产业,培育新兴产业创新发展。设立小微企业信保基金,财政首期出资5000万元,帮助企业拓宽融资渠道,防范和化解企业资金链风险。落实减税降费政策,实施营改增,停征和归并一批政府性基金,免征行政事业性收费18项。兑现高新技术企业所得税优惠金额8858万元,减免各项税费7.58亿元。支持重点项目建设,全年财政投入交通建设5.34亿元,投入水利建设1.66亿元,投入保障房建设7394万元,投入城市基础设施建设12.72亿元。全年争取上级海洋经济补助资金1.03亿元,"一事一议"财政奖补资金2310万元,支持基础设施建设和农村环境的改善。

【保障民生支出】 全年民生支出38.86亿元,增长11.5%,新增财力用于民生支出的比重达71.4%。教育支出9.77亿元,提高生均公用经费标准,完善义务教育经费保障机制,对教师实行考核奖制度,扶持民办学前教育事业发展,推进教育信息化建设,促进基本公共教育服务均等化。加大社会保障力度,社会保障和就业支出3.87亿元,完善养老服务体系建设,提高最低生活保障、失地农民养老保险和残疾人生活补贴等财政补助标准,推进机关事业单位养老保险制度改革。提升医疗卫生服务能力,医疗卫生与计划生育支出3.39亿元,支持基层医疗卫生机构服务能力提升、县级医院优质医疗资源下沉和卫生人才奖励,落实全科医生签约服务经费,支持实施基层首诊分级诊疗,将城乡居民基本医保财政补助标准、基本公共卫生服务经费筹资标准分别提高至年人均440元、45元。"三农"支出27.35亿元,推进农村综合改革,争取到美丽乡村转型升级、中央财政支持农民合作社创新、村级公共设施运行管护机制、农村公共服务供给新途径、扶持村集体经济等五个改革试点。

【推进财政改革】 落实《预算法》有关规定,做到依法行政、依法理财。推进预算管理改革,提高综合预算编制水平。完善政府预算体系,加大政府性基金预算、国有资本经营预算与一般公共预算之间统筹力度。推进预算公开,在各部门、县人大网站公开除涉密信息之外的财政预决算信息和"三公"经费信息。按照"四张清单一张网"建设要求,建立并完善专项资金管理清单,推动专项资金监管系统全覆盖。财政专项资金分配流程改革项目扩大至31项,涉及资金1.5亿元。清理盘活存量资金19.3亿元,全部列入政府预算统筹使用。强化预算绩效管理,引进第三方机构参与财政支出绩效评价,开展部门整体支出和财政政策绩效综合评价试点,预算绩效管理实现部门全覆盖。全年50个预算单位521个项目开展了自评,涉及财政资金31.1亿元,14个预算单位开展整体支出评价,涉及财政资金2.8亿元。推动政府投融资平台公司转型,争取政府新增债券6亿元,同比增加3.5亿元,置换债券32亿元,缓解政府偿债压力。推进部门预算、国库集中支付、公务卡管理、非税收入征管等一系列改革。

【强化财政监督】 积极构建"内控、内审"和"外控、外审"相结合的财政监督机制,组建内部控制组织管理架构,成立内部控制委员会,建立"1+8+X"内部控制制度体系,强化内部流程控制,防止权力滥用。初步建立和试运行国库集中支付动态监控体系,财政局和审计局两家单位开始试运行。积极防控职务犯罪,在全省范围内首创构建检察院、国税局和地税局三方联动防控职务犯罪体系。压减行政运行成本,努力提高基本公共服务保障能力。

【加强队伍建设】 启动"两学一做"学习教育,推动机关党建工作,优化基层党组织机构设置,将"三会一课"等党的组织生活形式落到实处。依托财税文化平台,开辟廉政文化园地,营造崇廉尚廉良好氛围。推进党风廉政责任制和领导干部一岗双责,开展经常性作风效能检查,通过局领导值班巡查、分组日常检查等方式,加强"四风"问题排查。加强干部教育培训,全年围绕党性修养、廉政建设、财经改革、财税基础等组织培训41期,培训1167人次。2016年,获得全省基层财政管理先进单位、全省"一事一议"工作先进单位等多项荣誉。

(玉环县财政局供稿 吴前哲执笔)

天台县

【概况】 2016年,天台县实现生产总值202.80亿元,同比增长7.1%,其中:第一产业增加值13.57亿元,增长4.4%;第二产业增加值84.66亿元,增长6.6%;第三产业增加值104.57亿元,增长7.9%。三次产业结构比为6.7∶41.7∶51.6。人均生产总值34021元,增长7.1%。全县财政总收入29.89亿元,同口径增长15.2%,其中一般公共预算收入17.04亿元,同口径增长11.1%。一般公共预算收入占财政总收入比重为57.0%,税收收入占一般公共预算收入比重为85.5%。全县一般公共预算支出36.50亿元,增长10.8%。全年财政收支平衡。

【组织财政收入】 实施税种精细化管理。细化各税种抓收入举措,实行"一旬一通报,一月一分析",把握收入主动权。推进国地税合作,建立国地税联席会议制度,全面推开营改增试点,实现"金税三期"上线,提升征管质效。推进企业所得税汇算清缴,辖区内1157户企业全部完成汇算。连续8年推进个人出租房税收社会化管理,入库税款4408万元。全年地税部门组织各项收入29.30亿元,同口径增长28.9%,其中税收收入14.57亿元,同口径增长12.8%。规范非税收入管理。提升非税收入收缴管理水平,做好交警罚没等3个收费项目统一公共支付平台的实施应用,实现非税收入2.47亿元,同比增长2.4%。其中土地出让金入库4.9亿元,同比增长58.1%。

【支持经济发展】 助推转型升级。实施结构性减税政策,累计减免税费1.83亿元。兑现各类涉企政策扶持资金,累计兑现各项扶持资金1.6亿元。推动县政府出台《关于印发促进房地产市场健康发展若干意见的通知》,2000多户房产交易纳税人享受到契税补贴。配合县政府出台《加快创新驱动推进工业经济转型升级的若干意见》等文件,整合财政资金,重点扶持切合天台县产业发展规划、辐射带动能力强、税收收入贡献突出的重点项目和产业集群。保障重点项目建设。积极向上争取各类资金、政府债券等,支持"五水共治"、三改一拆、全域旅游以及高铁、高速、60省道等重大项目建设。

【保障社会民生事业】 全年民生支出28.95亿元,增长13.2%,占一般公共预算支出的79.3%。教育支出10.12亿元,推动省教育现代化县创建,小学、初中生人均公用经费分别提高至650元、850元,义务教育学校标准化比例达到98.3%。完善社会保障体系。提高城乡低保标准,每人每月从530元提高到660元;扩大城乡低保范围,低保人数占比从1.8%到2.82%,达到17120人;全面推行残疾儿童抢救性康复制度,建立困难残疾人生活补贴和重度残疾人护理补贴制度。完善基本医疗保障制度,提高城乡居民基本医疗保障筹资水平和财政补助标准,大病保险基金支出1050万元,人均22元;城乡居民基本医疗保险财政补助标准从408元提高到490元;医疗救助筹资标准从16元提高到18元;公共卫生经费从每年每人40元提高到45元。支持"三农"事业。引导政策、资源、资金、技术等要素向"两区"集中倾斜,新建粮食生产功能区8741亩。"两集双控"* 全面实施,支持省级农产品质量安全放心县创建,投入1588万元促进生态循环农业发展。投入2.82亿元完成106个村的农村生活污水治理。投入7514万元支持农村综合改革,用于村干部报酬、村级组织运转经费等,激活农村发展活力。

【深化财税改革】 稳步推进各项改革试点。纵深推进平桥镇的首批国家级中心镇建设示范试点,区域统筹、产城融合、一体发展的中心镇发展模式逐步形成。深化全省财政支持粮食生产综合改革试点,在粮食生产补贴制度和合作社改革发展等方面,打造天台样本。继续推进省级"一事一议"助推美丽乡村建设改革试点。创新公共服务供给机制。推广应用PPP模式,天台县教育幼儿园、天台县苍山污水处理厂2个项目成功入选第三批省级PPP示范推荐项目库。推行财政资金竞争性存放,全年累计对18亿元社保基金开展竞争性存放。试编政府综合财务报告,推进国库集中支付改革,实施国库现金管理,完善预算执行监控体系。

【加强财政监管】 加强政府性债务管理。全年争取到地方政府存量债务置换额度19.6亿元,置换较高利率存量债务,实现地方政府债务风险总体可控。压缩"三公"经费支出。严格控制行政经费和一般性支出,全县"三公"经费支出2995万元,同比下降12.3%。推进风险防控体系建设。深化"四张清单一张网"改革,加强财政清单项目专项资金的数据采集,实施专项资金管理信息公开。开展银行账户专项清理,对全县237家预算单位和64家国有企业的655个银行账户进行全面排查、清理。加快乡镇财政公共服务平台和"数字财政"建设,解决公共财政管理"最后一公里"问题。加强财政项目预算审核,核减预算8561万元。推进全县行政事业单位内部控制建设,规范单位内部经济和业务活动。

【加强队伍建设】 深化"两学一做"教育,组织开展"三重温""手抄党章晒(赛)"等活动。联合浙江大学开展全员脱产培训,组织全县乡镇财政人员开展业务集中培训。落实党风廉政建设党组主体责任和"一岗双责",定期开展一把手约谈班子成员、班子成员约谈中层干部、中层干部约谈普通干部的全员廉政约谈工作。组建成立"财税文学社"等15个工会活动兴趣小组,组织开展"税税平安健步走"活动,举行以琴棋书画等传统文化为内容的《天台度过》传统文化雅集财税专场,开展"营改增与诗的邂逅"诗歌征文比赛,提升干部生活素养。

(天台县财政局供稿　张玲珍执笔)

注:

*"两集双控":"两集"指畜禽集中养殖、污染集中处理。将养殖户集中到全县各个养殖小区集中养殖,实现畜禽排泄物集中处理,另外还包括对病死动物的统一收集、集中无害化处理。"双控"指"肥药双控",即通过绿色防控、统防统治、测土配方施肥、有机肥施用等措施,控制减少农业生产上化肥、农药的使用。"两集双控"的目的是保障农产品质量安全和推动农业生态环境持续更优。

仙居县

【概况】 2016年,仙居县地区生产总值186.56亿元,增长8.6%。其中,第一产业增加值15.36亿元,增长4.2%;第二产业增加值74.58亿元,增长8.3%;第三产业增加值96.62亿元,增长9.6%。三次产业结构比为8.2∶40.0∶51.8。固定资产投资217.01亿元,同比增长18.2%。城镇居民人均可支配收入34072元,同比增长9.2%。农村居民可支配收入17453元,增长9.6%。2016年全县实现财政总收入26.71亿元,同口径增长13.8%。一般公共预算收入16.25亿元,同口径增长14.3%,其中税收税入13.26亿元;一般公共预算支出43.3亿元,增长26.0%。全年实现非税收入2.98亿元。

【服务经济发展】 积极争取地方政府债券,全年新增地方政府债券7.8亿元,置换政府存量债务7.87亿元,到2016年底累计置换政府债券合计13.08亿元,每年节约利息支出5000万元。争取省财政厅扶持村级集体经济发展和农村综合改革两个示范试点县,到位资金3400万元。安排政府性项目资金8.6亿元,拨付资金5.5亿元;加强国投基金运作,全年投放基金3.53亿元,累计投放14.58亿元;完成首期企业债发行工作,共募集资金4亿元,支持政府性项目和重点工程建设。拨付工业与信息化发展资金3095万元推进产业升级。助力实施"四换三名""互联网+"等战略,改造提升传统产业。支持实施"小微企业三年成长计划",拨付资金124万元,推动优质高效企业发展。

【保障民生支出】 全年一般公共预算民生支出34.96亿元,同比增长28.4%,占总支出的80.7%。教育领域共支出7.7亿元。支持教育现代化创建,扶持民办教育、学前教育发展。下达各类学生资助资金1605万元,受资助学生达2165人。医疗卫生支出3.6亿元。加快医药卫生体制改革,支持公立医院改革和全科医生签约服务,促进"双下沉、两提升"有效实施。城乡居民基本公共卫生服务经费标准提高至年人均45元,城乡居民基本医疗保险财政补助标准提高至人均430元。完善社会保障体系。做好社会救助工作,城乡居民最低生活保障标准统一调整为每人每月660元,支出低保金4164万元。提高救助比例,降低救助门槛,安排城乡医疗救助资金920万元,临时救助资金576万元,救助5301人次。全面实施残疾人"两项补贴"政策,困难残疾人生活补贴2669人,重度残疾人护理补贴3881人,下达补助金1097万元。完善养老服务体系,投入养老服务体系建设资金1153万元。加大财政就业专项资金、失业保险促进就业资金统筹力度,落实和完善各项再就业优惠政策,筹集再就业资金630万元、失业保险促进就业资金502万元。农林水事务支出8.51亿元,同比增长35.5%。加大农民直接补贴投入,发放耕地地力保护资金1591万元。提高公益林补助标准,发放生态公益林补助3400万元。

【深化财政改革】 深化预算管理制度改革。提高预算编制的科学化、精细化,推进预决算公开。按照"一个部门一个专项"的原则,建立财政专项资金管理清单,将18项专项资金,涉及预算金额3.65亿元纳入清单管理。加强预算执行管理,将预算执行进度与2017年的预算编制挂钩。开展财政资金竞争性存放。组织3批次共20.89亿元财政资金竞争性存放,提高财政资金使用效益。推进PPP模式运用,成立县PPP模式领导小组,建立PPP项目库。探索产业基金应用,成立浙江省仙居县产业基金管理有限公司,首期到位资金1.5亿元,并制定出台《仙居县产业基金管理暂行办法》。完善政府购买服务。完成政府购买服务制度框架体系搭建工作,建立政府购买服务工作联席会议制度,出台《仙居县政府购买服务管理暂行办法》。强化内部管理体系建设,出台《仙居县财政局内部控制基本制度》和8个专项风险管理办法。建立健全对各类风险进行事前规范、事中控制、事后监督和纠正的动态过程和机制,提高内部管理和依法理财水平。

水质清澈的仙居永安溪

【加强队伍建设】 发挥党支部的战斗堡垒和党员的先锋模范作用，支部书记上党课，开展机关党组织“星级评定”，拍摄支部“全家福”，重温入党誓词、手抄党章。抓好基层组织建设，落实党建责任制，落实党员十二分制管理制度。采用“走出去、引进来”的方式，加强分层分类培训，增强学习教育的针对性和实效性。发挥“财税论坛”“青年论坛”等平台作用，提高干部职工的业务素质。加强财税文化建设。发挥党团工妇的作用，借助财税文联举办“两学一做”演讲比赛、书法比赛，教育引导广大干部强化纪律和规矩意识。出版《仙居财政年鉴（2011～2015）》，为今后工作提供文献性资料。

（仙居县财政局供稿　朱　力执笔）

三门县

【概况】 2016 年，三门县实现生产总值 184.91 亿元，增长 7.5%，其中第一、二、三次产业增加值分别为 27.51 亿元、67.15 亿元和 90.25 亿元，分别增长 3.9%、9.3%和 7.1%。三次产业结构为 14.9 ∶ 36.3 ∶ 48.8。2016 年城乡居民人均可支配收入 28105 元，增长 9.1%。全县实现财政总收入 24.77 亿元，同口径增长 4.6%。一般公共预算收入 15.58 亿元，同口径增长 8.5%。税收收入 12.99 亿元，同口径增长 6.5%，占一般公共预算收入的 83.4%。一般公共预算支出 32.9 亿元，增长 7.6%。全年财政收支平衡。

【支持经济转型发展】 支持重点项目建设。全年完成政府投资项目 31.30 亿元，统筹推进沿海高速、228 国道三门至宁海、洋市涂围垦、东屏水库、“五水共治”等一大批事关全局的重大工程，城乡基础设施不断完善。鼓励工业经济、现代农业发展，支持高层次、高技能人才的培养，全年累计兑现政策资金 5955 万元。支持企业转型升级，积极向上争取技术创新、转型升级、环保节能资金 3944 万元，安排县级科技项目、技术改造专项资金 1470 万元。推进“个转企”工作，60 户“个转企”办理税务登记证。解决企业融资难，为 93 家次企业办理贷款担保手续，担保额 2.64 亿元。推进支持浙商回归和创业创新，积极培育新的增长点和优质税源。

【保障民生支出】 全年民生支出 24.26 亿元，占一般公共预算支出的 73.7%，增长 10.3%。人均财政民生支出 5469 元，增长 9.7%。完善财政教育投入机制，全年教育累计投入 6.39 亿元。落实教学质量专项奖励资金 1000 万元，提高小学、初中生均公用经费。就业和社会保障支出 4.76 亿元，增长 9.3%。落实城乡居民养老补助政策，完善大学生创业就业扶持政策，城乡居民最低生活保障每人每月 660 元，城乡低保人口占比提高到 2.8%。巩固和完善基本医疗保障制度，医疗卫生支出 3.20 亿元，深入实施“双下沉、两提升”工程。深化政法经费保障体制改革，支持“平安三门”建设。

【统筹城乡发展】 建立健全稳定的财政支农投入机制，全年完成“三农”支出 15.76 亿元。统筹推进农业“两区”建设和“美丽乡村”建设，加快农业转型、农村发展，向上争取各类农业、农村发展资金 3.34 亿元。做好农村住房保险和政策性农业保险工作，落实各级保费补贴资金 651 万元。做好山区经济工作，全年拨付补助资金 3565 万元。加强村级“一事一议”项目管理，27 个项目共安排补助资金 1756 万元。

【深化财政改革】 完善全口径预算编制，深化部门预算管理，建立省级转移支付项目库。独立编制并规范乡镇（街道）预算。推进预决算公开，县级 83 个部门公开部门预决算和“三公”经费预决算。完善政府性债务管理制度，率先推进“全口径”债务管理系统运用。进一步优化债务结构，全年申请政府债券置换存量债务 25.63 亿元，节约债务利息 1 亿元。加快推进产业基金实质性运作，与台州市金投公司签署战略合作协议。做好财政资金竞争性存放工作，开展 8 期次 19.5 亿元财政资金的竞争性存放。试编权责发生制政府综合财务报告。进一步扩大国库集中支付覆盖面，全年国库集中支付资金量达到 29.6 亿元。推进 PPP 模式应用，县职业中专项目成功列入财政部第三批 PPP 示范项目。推进政府购买服务工作，确定试点项目 5 个。深化财政支农体制机制改革，完成支农项目库建设。完成全县公务用车改革。推动“互联网+政务服务”民生实事，统一公共支付平台建设初见成效，实施会计从业资格证书“网上申请、在线服务、快递送达”。

【强化财政监管】 建立和完善“1+8+X”内部控制制度，加强财政自身管理。完善国库集中支付动态监控系统，防范资金支付风险。应用政府投资项目财务软件，规范项目预结算审核。严格落实政府采购制度，实际采购规模 8700 万元（不含工程类），节约预算资金 1055 万元。全面推进“四单一网”政府自身改革，落实财政专项资金“阳光公开”，编制专项资金公开目录共 5 大类 132 项，率先在浙江政务服务网阳光政务专栏公开。

【加强队伍建设】 开展“两学一做”学习教育。组织开展党员集中学习。开展党员亮身份活动，增强党员意识，树立党员良好形象。结合税收宣传月活动，实施企业大走访，在“做”上见真章。建立健全岗位廉政风险教育防范机制，积极履行“四重一大”各项程序，主动做好事前、事中、事后各项备案及汇报工作，接受上级监督。完善党内监督体系，正确运用监督执纪“四种形态”，严守政治纪律和政治规矩。加强干部教育培训。深化“周一学习夜”制度，提升干部整体素质。

（三门县财政局供稿　林祥辉　王一棋执笔）

丽水市财政工作

丽水市

【概况】 2016年，丽水市实现生产总值1200.22亿元，按可比价计算，增长7.1%。其中，第一产业增加值95.63亿元，第二产业增加值536.29亿元，第三产业增加值568.30亿元，分别增长2.9%、6.2%和8.7%。三次产业结构比为8.0∶44.7∶47.3。人均生产总值55772元，增长6.2%。固定资产投资841.65亿元，增长12.0%。社会消费品零售总额571.64亿元，增长11.0%。进出口总额225.46亿元，增长7.1%。全市城镇居民和农村居民人均可支配收入分别为35968元和16459元，扣除价格因素，分别增长7.6%和7.9%。全市财政总收入164.87亿元，同口径增长8.3%，其中一般公共预算收入103.57亿元，同口径增长9.7%；全市地税部门共组织收入170.03亿元，增长16.72%，其中税收收入72.50亿元，同口径增长15.09%。市本级（包括开发区、莲都区，下同）财政总收入65.23亿元，同口径增长10.3%，其中一般公共预算收入39.1亿元，同口径增长11.5%；市本级地税部门共组织收入59.21亿元，同口径增长32.5%，其中税收收入29.55亿元，同口径增长17.5%。全市一般公共预算收入占财政总收入的比重为62.8%，税收收入占一般公共预算收入的81.5%。全市一般公共预算支出341.67亿元，增长22.2%。市本级一般公共预算支出74.24亿元，增长4%。全市和市本级地方财政收支平衡。

【组织财政收入】 加强税收分析预测，发挥税收大数据作用，全面掌握经济形势和税源状况，提升预测准确性，全年综合预测准确率98.4%，名列全省第二。强化税收征管，做好欠税清理，全市共清理欠税3.23亿元。加强税收风险管理，做好堵漏征收，推送风险纳税人户数2.03万户，入库税费2.55亿元。强化税务稽查，查补总额1.21亿元，入库总额1.29亿元，查结大案要案21件。加强非税收入征管，组织国资收益收缴，完成机关公务用车改革，共收缴收入一般公共预算非税收入19.51亿元，其中市本级3.53亿元。依法组织规费收入，在全省率先统一开征机关事业单位养老保险费和职业年金，组织规费收入93.51亿元，增长18.5%。

【支持生态经济发展】 完善、落实发展生态经济扶持政策体系，支持生态工业做大做强，全年共兑付企业扶持资金12.71亿元。加速产业基金实质性运作，生态经济产业基金实际到位资金4亿元，撬动社会资本17.61亿元，在全省率先投资特色小镇并促使项目落地。组建大健康、信息产业等子基金项目，完成“丽水绿谷信息产业基金”签约。深化优质财源综合性培育工作，把财政资金竞争性存放与金融机构支持优质财源培育企业力度相挂钩，扶持优质财源企业发展，市级首批27家优质财源企业共入库税收3.36亿元，增长14.5%。

【保障民生重点支出】 全市民生支出265.16亿元，增长25.5%，占一般公共预算支出的77.6%。社会保障待遇确定和正常调整机制逐步健全，各项保障标准稳步提高。支持科、教、文、卫事业发展，落实更加积极的就业政策。支持高水平研发机构、科技企业孵化器建设，扶持补齐科技创新短板。发挥道路交通事故社会救助基金作用，全年审核救助垫付22件，实际垫付212.3万元。加大“三农”投入，全市“三农”支出56.43亿元，推进乡镇公共财政服务平台涉农补助社保卡“一卡通”发放。保障“五水共治”“六边三化三美”等重点项目建设，强化资金整合，市直基本建设预算支出73.61亿元。

【深化财政改革】 加快PPP示范市建设，植物园等2个项目入选第三批财政部PPP示范项目，13个项目列入第三批省财政厅重点推荐项目。丽阳溪水系整治工程项目作为全省唯一入选项目，纳入财政部PPP十大示范案例。市本级5个财政部示范项目全部落地并开工建设，10个省级推荐项目9个落地，落地率远超全国全省平均水平。完善公款竞争性存放操作办法和评标指标体系，市级财政实行财政资金竞争性存放2期共7亿元。盘活财政存量资金，市本级共盘活存量资金1.15亿元；加大市直存量房产盘活力度，回笼销售资金2.52亿元。扩大政府采购面，全市政府采购实际金额66.47亿元，节约资金7.67亿元。做好管理会计应用试点，筛选三家企业开展管理会计应用试点。分类落实基本建设预算改革，有序推进营运机构转型。实现财政性基本建设预算和国企类基本建设预算平稳运行。

【防范债务风险】 加强政府债务管理，积极争取新增债券，推进政府债券置换，降低利息支出，优化期限结构。全市获得新增债券资金44.6亿元，比上年增长223.2%；全市累计置换政府债券164亿元，政府债券置换率96.6%，预计每年节约利息支出7亿元。争取符合条件的政府存量或有债务转化为政府债务，全市或有债务转化为政府债务3.91亿元，其中市本级2.33亿元。开展社保基金保值增值运作，制定市本级社保基金保值增值运作方案，全市社保基金置换政府性债务5.76亿元，其中市本级4.15亿元。

【推进法治建设】 积极创建省级行政规范性文件示范点，成功创成市级依法行政示范单位。集中开展行政规范性文件清理，清理财税规范性文件122个。落实法治政府建设实施纲要，全面实行税务执法人员持证上岗和资格管理制度。规范机关内部运行，出台“1+8+X”内控基本制度，初步建立内控制度体系。积极打造阳光财税，抓好政务公开和政府信息公开工作，不断细化政府预决算公开内容。

【强化财政监管】 加强预算绩效管理，把部门预算执行率和财政预算绩效纳入市委市政府综合考核，增强部门提升预算绩效主体责任意识。出台市级财政专项资金管理信用负面清单管理办法，规范财政专项资金项目申报和资金使用。完善市对县（市、区）区域统筹补助管理，优化政府财力资源配置。创新开展财政专项资金联评联审工作，规范专项资金分配。建立市本级政府性资金信息管理系统，实时掌握各部门各单位的银行账户资金及变动情况。

【加强队伍建设】 抓实党风廉政建设，将党风廉政建设责任制纳入局年度目标管理绩效考核，在稽查局和两个税务分局分别配备1名分管纪检监察的副局长，在重要处室配备纪检监察员、联络员。扎实开展“两学一做”学习教育，严肃党内政治生活，夯实党建基础。组织开展“归零翻篇开新局”主题大讨论活动，查找财税工作短板104个，全年解决100个。培育财税文化，举办全市财税文艺汇演，打造“财税党团志愿者”服务品牌，参与全国文明城市创建等志愿服务活动。

（丽水市财政局供稿　季圣康执笔）

莲都区

【概况】 2016年，丽水市莲都区实现生产总值303.8亿元，比上年增长5.6%。其中，第一产业、第二产业、第三产业增加值分别为18.07亿元、111.75亿元、173.98亿元，分别增长2.5%、5.7%、5.9%。三次产业结构比为5.9∶36.8∶57.3。人均生产总值75293元，增长4.9%。全区财政总收入23.22亿元，增长8.4%。其中：一般公共预算收入13.58亿元，同口径增长10.6%。税收收入11.43亿元，同口径增长5.0%，占一般公共预算收入的84.2%。一般公共预算支出30.64亿元，增长19.3%。全年财政收支平衡。

【依法组织收入】 强化与国地税部门的工作协调机制，实行重点税源动态管理，培育新增财源，密切关注财政经济运行态势，按季召开收入分析会，按月实行预算执行情况分析，第一时间发现征管中的问题，并解决问题。强化非税收入征管体系，推进非税收入征管工作科学化、规范化、精细化管理，落实“收支两条线”有关规定，使非税收入管理工作逐步制度化、规范化，完成区统一公共支付平台建设。全年组织非税收入3.23亿元，同比增长129.2%。其中纳入一般公共预算的非税收入1.57亿元，增长87.4%。

【服务经济发展】 落实各类财政扶持政策，加大区级财政投入，兑现企业扶持资金2.6亿元，惠及工业企业122家。扶强育小，积极培育“小升规”企业，出台《莲都区加快生态工业发展的若干意见》，从19个方面对全区生态工业实行精准帮扶。扶持电商产业，每年安排1500万元资金奖励优秀电子商务示范企业、示范基地。支持生态旅游发展，与市生态经济产业基金达成合作协议，投资2亿元支持古堰画乡5A景区建设，带动游客接待中心、停车场、景区环境综合整治等政府投资项目，吸引“玩摄影”“铁工厂民宿”等生态旅游产业落地。推进养生农业发展，落实各项强农惠农富民政策，推进农业转型升级。推进政府融资平台转型，完善运行机制，整合资产做大做强莲都区国有投资有限公司和莲都区古堰画乡旅投公司，推进企业化运作。

【强化民生保障】 全年民生支出26.74亿元，占一般公共预算支出的87.3%。完善社会保障体系。健全城乡低保动态调整机制，城乡低保标准每人每月由原城市612元、农村459元统一调整为680元；建立残疾人“两项补贴”，累计发放救助资金1858.2万元，解决困难残疾人和重度残疾人的基本生活和护理难题。推进基层医疗卫生机构补偿机制改革，深化“双下沉、两提升”工程，支持实施基层首诊分级诊疗；建立“建设发展靠政府，运行补偿靠服务”的莲都区人民医院运行补偿新机制；城乡居民基本公共卫生服务年人均补助标准由40元提高到45元，确保基本公共卫生服务项目有效执行。完善基本医疗卫生医疗保障，城乡居民基本医保财政补助标准由年人均510元提高到540元。完善城乡义务教育经费保障机制，按照寄宿生年生均200元标准增加寄宿制学校公用经费补助，落实家庭经济困难寄宿生补助生活费政策。健全基本公共文化服务体系经费保障，支持农村文化礼堂建设，推进公共文化设施和公共体育馆免费开放。

【推进财政改革】 建立县级涉农项目储备库，2016年起所有涉农项目都通过储备库实现项目申报、筛选、信息维护以及信息查询。建立“横向到边、纵向到底”的公款竞争性存放管理长效机制，对全区11家预算单位的账户资金实行公款竞争性存放，金额达5亿元。盘活存量资金，完善动态管理和定期清理机制，全年共清理盘活存量资金1.09亿元，统筹用于重点支出和预算平衡。稳妥推动PPP项目落地实施，签约实施“南山互通至丽新公路建设一期工程”和“天网三期”两个项目，总投资3亿多元。创新公共服务供给模式，在旅游宣传、建设规划、环卫保洁等多个领域开展政府向社会购买服务，涉及金额8148万元。

【加强财政监管】 绩效评价扩面提效，在全面自查基础上，对8个民生项目进行重点绩效评价，涉及财政资金1.98亿元。推进财政投资评审改革，实行事前、事中、事后动态监管，全年净核减财政性资金2.07亿元，净核减率为11.1%。加强内控制度建设，建立“1+8”内控控制制度体系，推行“双随机”制度。加强国有资产监管，成立莲都区国有资产监督管理委员会，完成全区行政事业单位国有资产清查,厘清家底,夯实管理基础。落实中央八项规定,厉行节约,严控“三公”经费,全区“三公”经费同比下降6.2%。开展各类专项检查,在全面自查的基础上,抽取25个重点单位开展经费支出监督检查,规范支出制度;对涉农资金进行专项检查,提高财政专项资金使用效率;对全区14个乡镇(街道)开展财政资金安全检查,全面查堵管理漏洞。强化政府性债务管理,完成18亿元地方政府存量债务置换任务,年节约利息支出7000万元以上。

【加强队伍建设】 加强党风廉政建设,加强制度学习,提高党员干部廉洁自律意识。全面落实主体责任,签订目标责任书。组织开展各类专题培训,结合党员固定活动日制度和夜学制度,全面推进“两学一做”专题活动。依托微电影、相声等文艺形式创新生态文明宣传,提升干部文明素养,推动财政文化建设,增强团队凝聚力。

(丽水市莲都区财政局供稿 李张芬 赵丽珍执笔)

龙泉市

【概况】 2016年,龙泉市实现生产总值117.39亿元,比上年增长7.5%。其中,第一产业增加值为13.87亿元,增长3.1%;第二产业增加值为48.91亿元,增长5.8%;第三产业增加值为54.61亿元,增长10.4%。三次产业结构比为11.8∶41.7∶46.5。人均生产总值49869元,增长6.9%。全市实现财政总收入11.32亿元,同口径增长8.4%,其中一般公共预算收入7.86亿元,同口径增长11.1%;税收收入6.76亿元,同口径增长11.5%;非税收入1.10亿元,增长9.0%。全年一般公共预算支出36.01亿元,增长34.1%。全年财政收支平衡。

【组织财政收入】 强化收入分析预测。加强重点税源监控,建立财政、地税、国税定期联合分析机制,制定组织收入预案,牢牢把握组织收入的前瞻性和主动性。依法强化收入征管。深化税收征管体制改革,推进信息管税,全年地税部门组织各项收入15.47亿元,其中税收收入6.07亿元,剔除营改增因素,增长13.4%;社保基金收入9.0亿元,受上年被征地农民转保影响,下降5.7%。推进税费精细化管理。挖掘和培育小税种税源,坚持以管理促增收,确保收入的可持续增长。优化财政收入结构。一般公共预算收入占财政总收入的69.4%,税收收入占一般公共预算收入的86.0%。强化非税收入管理。全面推行新版非税收入管理信息系统,非税收入网上缴款服务平台正式开通。

【支持经济发展】 支持生态工业发展。兑现工业发展扶持政策资金7200万元,支持企业技改提升和技术创新;落实清费减税相关政策,小微企业税收优惠政策覆盖面达100%,实施普遍性降费,暂停征收地方水利建设基金,阶段性降低社保费,临时性下调失业保险单位缴费费率至1%,全年累计为企业减免各项税费8600万元;降低企业用地成本,出台《龙泉市深化以地控税以税节地工作实施方案》,实施城镇土地使用税分类分档减免,为企业减免城镇土地使用税和房产税730万元。支持生态精品农业发展。全年共安排支农支出15.47亿元,重点支持农业产业结构调整和农业基础设施建设。加强农业综合开发工作。完善项目库建设,引入项目竞争机制;推进黑木耳特色园建设,促进优势特色产业转型升级。

【深化财政改革】 成立政府理财和金融创新团队。积极向上争取政府债券,新增政府债券5亿元,外债转贷资金1102万美元,置换存量债务13.95亿元。加快PPP项目落地,完成溪北污水处理厂提标改造和二期扩建工程社会资本采购并开工建设;完成龙渊公园及地下空间开发项目社会资本采购;芳野标准厂房项目、铁路站前交通枢纽工程、瑞垟引水工程等5个项目列入浙江省第三批PPP项目推荐目录。运作政府产业基金。列入第一批省政府产业基金工作联系点(丽水市唯一),与社会资本联合设立的产业基金进入实质性运作,先后投资复源科技等三个项目,投资额550万元。有序推进政府购买服务。全年政府购买服务项目144个,涉及金额7950万元。推进各项改革试点。争取到全省“财政扶持村级集体经济发展”“建立村级公共设施运行管护机制”等改革示范试点县(市),获得改革补助资金3700万元;争取到省光伏小康工程试点县(市),获得省补助资金9800万元。以项目库建设为依托,推进财政支农体制改革,作为先进县在全省财政支农体制机制改革工作座谈会上作典型发言。推进规范化财政所建设。多次赴乡镇开展乡镇财政专题调研,与编办、人事等部门密切配合,共同探讨新形势下加强乡镇财政所建设的路径方案。

【优化支出结构】 持续加大民生支出。全年民生支出占一般公共预算支出的80.6%,增长39.3%,全年教育、科技、文化、社保、医疗、农林水支出分别增长8.5%、10.3%、11.1%、34.2%、8.4%、35.2%,保障民生事业发展。保障重点项目资金需求。积极筹措和整合资金,全年实现政府性投资项目支出27.63亿元,保障创国卫、全域旅游、海丝申遗等重点工作。严格支出管理。充分发挥国库支付中心、会计委派中心和项目预算审核中心作用,确保财政资金支付高效、安全、规范,不断降低行政成本,全年“三公”经费同比下降23%。

【创新财政监管】 加强省级和本级资金的统筹力度。对省级资金已安排的项目,本级不重复安排,对省级切块资金,年初预算细化到项目,优先安排用于符合资金用途且急需安排的重点领域;清理盘活存量资金,全年通过统筹收回和整合并入部门预算,清理盘活结余结转资金8000万元以上。推进财政资金竞争性存放。制定出台《龙泉市财政资金竞争性存放实施细则(试行)》,完成2亿元财政资金竞争性招标。推进社保基金保值增值。在确保社会保险基金可持续支付和安全运行的前提下，制定社保基金委托运作方案。创新财政支出绩效评价。通过"业务科室初定、管理科调查摸底、联席会议讨论、市局下达"等四个环节，确定15个部门（单位）评价项目和8个财政评价重点项目。加强内部控制制度建设。建立"1+8+X"内部控制制度体系，健全内部控制流程，进一步规范权力运行。

【加强队伍建设】 狠抓党风廉政建设。落实"两个"责任，层层签订党风廉政责任书，开展中层干部廉政约谈，排查廉政风险，加强对干部的提醒和警示；配齐配强机关党委和机关纪委力量，增设了两个专职副书记和一个专职干部，配合好纪检派驻新模式下的纪检监察工作。深入开展归零翻篇开新局和"两学一做"学习教育活动。开展查短板补短板行动，认真学习党章党规，争做合格党员。加强干部任用管理。坚持"德、能、勤、绩、廉"和最大化激发干部潜能的用人导向，建立能上能下的干部使用机制和年轻中层后备干部培养机制。加强财税文化建设。发挥工、青、妇作用，开展职工篮球赛、组队参加丽水首届马拉松比赛、举办茶艺课等活动丰富干部职工生活。

（龙泉市财政局供稿　王盛伟执笔）

缙云县

【概况】 2016年，缙云县实现生产总值206.10亿元，比上年增长7.1%，其中：第一产业增加值为10.69亿元，增长3.2%；第二产业增加值为110.72亿元，增长5.1%；第三产业增加值为84.69亿元，增长5.2%。三次产业结构比为5.2∶53.7∶41.1。人均生产总值56637元，增长6.6%。全社会固定资产投资120.77亿元，增长12.4%。2016年实现财政总收入18.36亿元，同口径增长1.7%。一般公共预算收入12.15亿元，同口径增长7.5%，占财政总收入的66.2%，其中：税收收入9.55亿元，同口径增长6.1%，占一般公共预算收入的78.6%；非税收入2.60亿元，增长13.2%。一般公共预算支出37.67亿元，增长29.7%。全年财政收支平衡。

【组织财政收入】 开展重点税源企业专项检查，优化对重点税源企业的服务，纳入监控的重点税源企业425家。开展营业税专项辅导清理工作，规范营业税管理，实现应收尽收。加大欠税清缴力度，建立纳税信用黑名单，严防"跑冒滴漏"，全年清理欠税2341万元。推动社会化税收征管保障机制建设，全年通过应用第三方涉税信息增加税收收入7846万元。加强国有资源资产管理，摸清底子；强化财政票据监管，"以票控费，以票控收"，发挥源头管控作用。全年地税部门组织收入19.1亿元，同口径增长32.6%，其中：税收收入7.29亿元，同口径增长17.7%；非税收入11.86亿元，增长43.9%。

【服务产业发展】 促进工业转型升级，用好财政、国土、金融、税务"组合拳"，以"亩产税收"等绩效指标促进企业优胜劣汰，安排"科技创新券"鼓励企业开展研发和科技创新活动，全年新增国家高新技术企业5家、省级科技型企业17家，在全市建立首个创客学院，丽缙产业园获批创建省级智能装备高新技术产业园区。为企业减税降负，2016年国地税减免各类税费6.28亿元，为困难企业办理转贷348笔，资金25.65亿元。加快现代农业提质增效，推动建设高标准农田2万亩，新建粮食生产功能区5.6万亩，"两区"建设投入县级财政补助资金500万元。启动全域旅游创建，安排美丽乡村建设和"六边三化三美"建设、"民宿经济"发展资金7452万元，缙云县被认定为省休闲观光农业和乡村旅游示范县。

【支持民生事业】 2016年全县民生支出31.25亿元，同比增长31.1%，占一般公共预算支出的83.0%。完善城乡居民医疗保障体系，城乡居民基本医疗保险筹资标准从每人每年700元提高到780元，其中政府筹资从每人每年480元提高到520元。加大社会救助资金保障力度，全年共发放社会救济救助4088万元。促进农民增收，整合各类扶贫资金2000万元，用于实施"光伏五助"精准扶贫工程，共使500户低收入农户实现年均增收2000元，转化经济薄弱村20个。开展扶贫小额信贷和村级扶贫资金互助组织试点工作，全年借出生产发展周转资金5300万元，财政补助900万元。保障国家卫生县城创建，投入创国卫经费1976万元。支持"防洪水、保供水"项目、小型农田水利项目和水利工程维修项目建设，落实"五水共治"项目资金2.93亿元。优化道路基础设施建设，投入2.49亿元用于推动330国道线综合整治工程，安排800万元用于黄标车整治和县城区域停车位划设。

【深化财政改革】 深化预算管理体制改革，完善全口径政府预算编制。强化部门项目预算管理，规范项目设置，做细做实项目库，强化项目支出预算绩效管理，建立完善项目退出机制。深化财政专项资金管理清单改革，财政专项资金从2014年的23项清理整合为11项。盘活财政存量资金8926万元，统筹用于经济社会发展急需资金领域。深化投融资体制改革，利用政府购买服务项目，获农发行批准政府购买服务资金25.90亿元，2016年到位4.50亿元；加快推进PPP示范项目建设，缙云县养老院、缙云县体育中心、缙云县好溪流域综合治理工程项目等3个项目入选浙江省2016年第一批政府和社会资本合作（PPP）项目名单。

【加强财政监管】 严格控制"三公"经费等一般性支出，压缩行政运行成本，"三公"经费支出2596万元，下降7.9%。加强资金使用监管，开展差旅费管理规定执行情况重点抽查、扶贫资金专项检查等，涉及金额1582万元。开展资金使用绩效考评，组织35个行政事业单位开展2015年绩效自评，涉及项目54个，金额3.59亿元。组织首批额度为3亿元的公款竞争性存放招投标，涉及金额2.19亿元。

【加强队伍建设】 重视廉政教育,定期发送廉政短信,提醒干部遵守相关规定;依托党课、党的十八届六中全会、"两学一做"等各类主题教育活动,开展廉政感悟征文活动;组织全体干部职工观看廉政教育片,参观廉政书画展和红色教育基地;分层次开展廉政谈心、谈话活动150次。丰富文体活动,举办"归零翻篇开新局"主题演讲比赛;组织干部参加全市财税系统第二届文艺调演,获得一等奖。开展公益活动,以各个党支部为小组,深入新建镇7家养老照料中心,开展送温暖活动;以团支部为单位,组建交通督导队伍,倡导文明出行。

(缙云县财政局供稿　田晶晶执笔)

青田县

【概况】 2016年,青田县实现生产总值210.21亿元,按可比价格计算,增长7.8%;人均生产总值60450元,增长6.8%。其中:第一产业增加值8.16亿元,增长2.6%;第二产业增加值117.96亿元,增长7.0%;第三产业增加值84.08亿元,增长9.6%。三次产业结构比为3.9∶56.1∶40。全年全县财政总收入24.17亿元,同口径增长8.5%,其中一般公共预算收入16亿元,同口径增长7.2%,其中税收收入11.47亿元,同口径增长5.19%;一般公共预算支出42.5亿元,增长22.2%。全年财政收支平衡。

【组织财政收入】 强化税收征管。抓好重点行业、重点税源企业日常税收管理,全年纳入省级以上监控企业28户,县级以上监控企业106户,监控面达到60%以上;坚持"抓大不放小",强化地方税小税种征管,完善和规范房土两税征管数据,挖掘税收增收潜能;推进"堵漏增收",深化"管查互动",开展国地税联合稽查,强化欠税征缴,税务稽查累计查补收入412万元,欠税清缴入库税款3033万元。深化非税收入管理。强化土地出让金和土地折抵指标收入征管,全年共收缴土地出让金和土地折抵指标收入8.04亿元;抓好非税收入统一支付平台搭建工作,交警罚没款、幼儿园缴费两个项目纳入统一支付平台,两项目累计收缴资金362万元;创新非税收入票款管理,在全市首创以政府购买服务方式,委托中介对全县非税执收单位进行票款检查,全年组织非税收入12.97亿元,同比增长51.3%,其中纳入一般公共预算管理的非税收入4.53亿元,增长12.8%。加强社保费征收。严格落实行政事业单位养老金和职业年金征收工作,调整工伤、失业、生育三险保险费率,强化社保费年终年度结算工作,全年共组织社保费收入11.69亿元,同比增长16.8%。

【支持经济发展】 保障基本项目建设。细化基本建设项目预算编制,推进基本建设项目竣工财务决算,研究投融资体制改革,全年累计拨付各类项目建设资金28.15亿元,其中,拨付"五水共治"资金2.16亿元、"六边三化三美"资金4042万元、"三改一拆"资金725万元。落实扶工助企优惠政策。加大涉企财政资金扶持力度,全年共拨付企业财政扶持资金1.17亿元,发放信贷帮扶基金助企贷款2亿元,钼业应急周转金9345万元,有效缓解企业融资难题;推进企业研发费用加计扣除、银税互动"税易贷"、地方水利基金暂停征收等税费优惠政策落地,全年累计减免企业各类税费5850万元。加强财税扶持发展的政策供给和制度保障。参与制定青田县委县政府《关于进一步降低企业成本优化发展环境的若干措施》《关于进一步加快推进生态工业发展的若干意见》等政策文件,前移财税扶持发展"端口"。

【强化民生保障】 全年民生类支出32.59亿元,占一般公共预算支出的76.7%。促进社会事业发展。推进城乡一体化义务教育经费保障,扶持民办教育事业,建立中等职业学校生均公用经费标准,强化各类校建资金保障,全年教育支出8.16亿元,增长9.5%;健全基本公共文化服务体系经费保障,保障青田县档案馆、图书馆、规划展览馆"三馆合一"项目建设,支持举办第六届青田石雕文化节,提升公共文化服务供给能力。完善社会保障体系。推进机关事业单位养老保险制度改革,调整提高企业和机关事业单位退休人员待遇标准;落实城乡居民基本医疗保险筹资标准和基本公共卫生服务经费保障标准提标,探索建立专项补助与付费购买相结合、资金补偿与服务绩效相挂钩的基层医疗卫生机构补偿新机制;强化社会救助工作,2016年共筹措医疗救助资金2081万元,提高孤儿、困境儿童基本生活费补助标准,扶持残疾人关爱事业发展,推动残疾人"两项补贴"制度的落实。支持"三农"事业发展。落实村级公益事业"一事一议"奖补政策,全年共立项89个项目,到位各级财政奖补资金4922万元;加强农业综合开发,推进土地治理项目和稻鱼共生特色园项目建设,青田县列入2016年—2018年浙江省国家农业综合开发县名单。

【落实财政改革】 实质性运作政府产业基金。组建青田县生态经济产业基金,制定出台《青田县生态经济产业基金管理办法》,设立青田县金控投资管理有限公司、青田县产业基金管理委员会等管理机构,建设潜在项目库,组建青田县特色小镇发展基金、青田县石雕产业引导基金等各类子基金。开展政府购买服务。编制年度政府购买服务目录和补充目录编制,推进政府购买服务预算管理和绩效管理,完善青田县政府购买服务管理办法,推动政府购买服务工作扩面。推广政府和社会资本合作(PPP)模式。初步建立青田县PPP项目库,青田县金三角污水处理PPP项目开工建设。

【加强财政监管】 强化地方政府性债务管理。推进地方政府债券置换工作,全年累计争取新增地方政府债券5.8亿元,完成存量债务置换5.76亿元,地方政府债务严格控制在21亿元划定限额内。盘活财政存量资金。清理财政专户结转结余资金,统筹使用部门预算结转结余资金,打通政府性基金调入一般公共预算通道，全年累计盘活各类财政沉淀资金2.81亿元。推进社保基金保值增值。完成1.4亿元社保基金与等量政府债务的置换工作，3.1亿元的社保基金实行竞争性存放，基准利率平均上浮38%。推动财政内控机制建设。印发《青田县财政局内部控制基本制度（试行）》，出台各专项风险管理办法和一个内部经费管理办法，初步建成“1+8+X”内控制度体系。

【强化队伍建设】 抓好“两学一做”学习教育。组织召开局党支部讨论会和局周一分线学习会，专题学习党章党规，开展“争做合格党员”主题大讨论。强化党风廉政建设。推进党组党风廉政建设主体责任和派驻纪检组监督责任的落实，深化作风监督检查，严格执行《加强干部作风效能管理规定》，开展廉政警示教育。推进财税文化建设。依托党、工、团、妇组织，开展气排球、登山等文体活动，加强局“书屋”建设和管理，丰富干部职工业余文化生活。连续第16年获得青田县县直部门年度工作综合考核先进单位称号。 （青田县财政局供稿　王　瑞执笔）

云和县

【概况】 2016年，云和县实现生产总值59.55亿元，比上年增长8.6%。其中：第一产业增加值4.62亿元，增长2.7%；第二产业增加值29.48亿元，增长7.6%；第三产业增加值25.44亿元，增长10.9%。三次产业结构比为7.8∶49.5∶42.7。全年财政总收入7.62亿元，其中一般公共预算收入4.66亿元，同口径增长0.5%；税收收入3.90亿元，同口径下降1.2%。一般公共预算收入占财政总收入的61.2%，税收收入占一般公共预算收入的83.7%。一般公共预算支出20.75亿元，增长28.0%。全年财政收支平衡。

【组织财政收入】 开展税源分析和监控，系统摸底税源结构。推进风险管理，强化纵向社会数据集中和横向部门信息共享，加强数据分析应用，有效堵漏增收。坚持全面依法治税，狠抓税收专项稽查，全年累计检查企业36户，查补入库税、费、滞纳金、罚款收入903.31万元。加强规费收入征缴，利用信息比对，开展社保费年度结算，夯实社保缴费基数。规范非税收入管理，健全政府非税收入管理体系，清理和规范行政事业性收费和政府性基金。推进浙江政务服务网统一公共支付平台实施应用及试点，实现公安交通违法罚款项目网上收缴。全年实现非税收入0.76亿元，增长10.7%。

【支持经济发展】 完善财税政策促转型。深入推进“四换三名”工程，改造提升木制玩具等传统产业，协助县政府制定出台《关于促进工业经济平稳健康发展的若干意见》等文件，为实体经济发展和科技创新提供制度保障，全年累计扶持企业5059.11万元，设立旅游发展专项资金，把生态旅游产业作为第一战略产业培育，加大政策扶持、强化基础配套。坚持税收驱动减税负，落实减税降费政策，继续实施城镇土地使用税分类分档减免政策，全年共减免城镇土地使用税703.40万元。落实小微企业税费优惠政策，全年累计减免小微企业税、费395户次，减免金额631万元。设立中小企业发展专项资金，解决中小企业资金周转困难。推广“税银互动”模式，通过税收“好信用”为企业信贷增信，助推建设银行依据纳税信用向企业发放信用贷款1110万元。

云和县坪垟岗乡村文化礼堂

【保障民生支出】 全年民生支出14.81亿元，县本级新增财力用于民生支出的比重为73%。完善城乡一体化义务教育经费保障机制，实施对经济困难寄宿学生的生活补助政策，小学补助标准1000元每年，初中补助标准1250元每年。扶持民办学前教育事业发展，建立中等职业学校生均公用经费标准。健全基本公共文化服务体系经费保障，推进基本公共文化服务均等化。完善社会保障制度。继续调整提高企业和机关事业单位退休人员待遇标准。健全城乡低保动态调整机制，月人均低保标准从552元提高至608元，全年累计救助43664人次，发放救助资金1709.18万元；建立残疾人“两项补贴”，累计发放救助资金737.95万元，解决困难残疾人和重度残疾人的基本生活和护理难题。完善基本医疗卫生医疗保障，城乡居民基本医保财政补助标准、基本公共卫生服务经费筹资标准分别提高至年人均530元、45元。支持农业农村发展。落实各项强农富农惠农政策,农林水支出3.82亿元,增长11.6%。深化村级公益事业"一事一议"财政奖补政策运用,全年财政奖补2448万元,带动社会力量共同建成村级公益事业项目54个,投入1694万元推进农业综合开发,支持农业绿色、生态、可持续发展。

【深化财政改革】 贯彻落实《预算法》,强化预算约束,加快推进现代财政制度建设。推进政务信息公开,及时主动公开全县2016年预算和2015年决算,指导、督促73个部门预决算向社会公开,公开率达100%。规范行政事业单位银行账户及公款存放管理,开展公款竞争性存放,盘活存量资金,定期清理、整合部门(单位)结转结余资金,累计收回部门结余资金3872万元,整合财政专户结余资金3519万元。

【强化财政监管】 严格控制"三公"经费预算,"三公"经费支出1895万元,下降42.6%。完善公务出行经费预算管理办法,开展差旅费管理规定执行情况检查,发现并整改差旅费违规报销428人次。推进国资国企改革,出台《关于进一步深化国资国企改革的意见》,构筑国资国企改革顶层设计方案,全面开展资产清查,厘清家底,夯实国资监管工作基础。加强财政预算项目审核,累计完成送审基建项目预算及项目变更253个,送审金额14.05亿元,审定金额12.88亿元,净核减1.16亿元,核减率8.3%。深化预算绩效管理,开展38个部门预算新增项目绩效联审和10个重点项目绩效评价,深入开展农村生活污水治理等财政资金执行情况专项检查,加大绩效评价结果在预算资金分配中的应用力度,逐步健全预算绩效机制。

【加强队伍建设】 开展"两学一做",利用周一夜学平台,围绕"归零翻篇开新局""两学一做"等专题开展学习研讨。开展"问需求、优服务、促改革"专项活动,疏通服务堵点,优化财税服务。坚持"一岗双责",制定责任清单,健全"内部控制",聚焦核心业务环节,制定八个专项风险管理办法,建立决策、执行、监督的相互制约的财政权力约束机制。

(云和县财政局供稿 杨亨钦执笔)

遂昌县

【概况】 2016年,遂昌县实现生产总值96.88亿元,比上年增长7.4%。其中:第一产业增加值11.22亿元,增长2.8%;第二产业增加值36.46亿元,增长5.9%;第三产业增加值49.20亿元,增长9.7%。三次产业结构比为11.6∶37.6∶50.8。全县财政总收入11.42亿元,同口径增长7.9%;一般公共预算收入7.80亿元,同口径增长10%,一般公共预算支出34.8亿元,增长36.1%。全年财政收支平衡。

【组织财政收入】 强化税收分析预测,及时掌握大额税收变化,紧盯制造业、建筑业、房地产业等行业及重点企业的入库进度,把握组织收入的力度和节奏。夯实征管基础,对企业进行培训,做好企业所得税汇算清缴工作,全县526户企业共入库税款441万元。加强房、土两税信息比对,全年入库房土两税5300万元,增长12.5%。加强小水电企业税收征管,对装机容量在600kw以上的小水电企业实行查账征收。加强稽查执法,查处各类涉税案件37件,查补入库税款、罚款及滞纳金1000万元。加强欠税管理,共清理欠缴税费及滞纳金1647万元。全年实现税收收入6.15亿元,同口径增长3.5%,占一般公共预算收入的78.8%。加强规费征管,把社保费的征缴率、登记率、申报率和零申报率列入日常征管机制,监控"四率"的进度。完成社保费结算工作,结算720户企业,入库370万元,结算率99.58%。全年实现非税收入1.65亿元,增长44.0%。

【支持经济发展】 转变财政扶持经济发展方式,运作政府产业基金,成立县金融控股公司,负责产业基金的日常运作管理,初步搭建"管委会—基金法人机构—基金运营机构"的三级组织管理架构。筹建规模各为2亿元的金谷、银都政府产业发展基金。落地PPP项目4个,总投资8亿元,农村电商创业小镇智慧园、客运中心两个PPP项目入选省第三批推广示范PPP项目。落实各项减税降费政策,减免企业税费2.50亿元,增长47.6%。建立遂昌县正达担保有限公司与省担保公司风险共担的合作机制,注册资本金从3000万元增资到2亿元。设立2000万元的小微企业帮扶基金,缓解小微企业融资难、融资贵问题。开展"百名局长帮百企""纳税人满意度调查"活动,加强财税政策辅导和政策扶持,提供精准化、个性化、"店小二"式的财税服务。争取上级财政支持,全年争取上级专项补助资金27亿元,增长68.8%。争取国家农发项目6个,总投资3396万元,其中省以上财政资金2648万元。

【保障民生支出】 全年民生支出28.33亿元,增长47.0%,占一般公共预算支出的81.4%。确保新增财力三分之二以上用于民生支出。加大农业综合开发和农业两区建设,推进"一事一议"财政奖补和美丽乡村建设工作。完善城乡居民基本养老保险制度和被征地农民基本生活保障转职工基本养老保险制度,全年养老保险基金支出增长8.0%。完善基本医疗保障体系,提高城乡居民基本医疗保障财政补助标准和基本医疗保障最低筹资标准,全年医疗保险基金支出增长20.3%。完善社会救助体系建设,支持残疾人事业、低收入人群,促进社会养老服务体系建设。

落实苏村抢险救援。"9·28"苏村山体滑坡自然灾害发生后,累计拨付救灾应急资金1000万元,采购1500份干粮和矿泉水,募集1.47万元善款送至灾区一线。争取到省财政应急调度资金2亿元,市财政救灾资金500万元。对接落实国开行、农发行两家政策性银行,获得2亿元救灾低息贷款。

【规范财政管理】 制定《遂昌县政府投资项目资金管理实施细则》《遂昌县政府投资项目资金保障及管理办法》《遂昌县国库支付中心报账审核办法》等资金管理办法，规范资金使用、指标管理、审核程序和资金拨付。开展财政资金安全检查，撤并财政专户15个。加大财政结余结转资金清理力度，盘活存量资金1.10亿元。加强预算绩效管理，逐步推行预算绩效目标与经费预算同步编审，继续扩大预算绩效评价自评覆盖范围。加强财政监督工作，开展农村生活污水治理项目财政补助资金、非税收入专项检查。做好项目预、结算审核工作，完成350个项目审核，送审造价16.57亿元，净核减1.75亿元，核减率10.56%。从严控制行政经费和一般性支出，"三公"经费下降23.15%。做好预决算信息公开工作，全年59家单位实现预决算信息公开，公开率100%。

【加强队伍建设】 开展"学党章党规、学系列讲话、做合格党员"学习教育，强化政治素养。开展"归零翻篇开新局、扬长补短创标杆"主题活动，查找财税工作短板、谋划整改举措。建立完善绩效管理各项制度，将考核结果与评优评奖、提拔任用等挂钩，营造"比学赶超、创先争优"的工作氛围。成立"青年党员服务先锋队"，积极参与志愿活动，发挥党员先锋模范作用。组织业务骨干参加"岗位大练兵、业务大比武"活动，提升干部业务能力。

（遂昌县财政局供稿　林文平执笔）

松阳县

【概况】 2016年，松阳县实现生产总值94.36亿元，比上年增长7.9%。第一产业、第二产业、第三产业增加值分别为14.09亿元、42.19亿元、38.09亿元，分别增长3.1%、8.1%、9.5%。三次产业结构比为14.9∶44.7∶40.4。人均生产总值50286元，增长6.7%。全县财政总收入8.86亿元，同口径增长13.6%，其中一般公共预算收入5.86亿元，同口径增长12.0%；税收收入4.50亿元，同口径增长10.2%。一般公共预算支出34.46亿元，增长35.6%。全年财政收支平衡。

【组织财政收入】 编制税收计划，强化重点税源企业税收征管，完成纳税申报清缴、发票管理、网络信息安全工作。推进"个转企""营改增""五证合一"等改革，完善征管体系建设。依法稽查，推进税务稽查信息化建设，完善税收执法监督体系建设，全年共安排责成自查27户，重点检查16户，查补各项税款滞纳金罚款1380万元。全年地税部门组织各项收入12.85亿元。其中：税收收入4.19亿元，同口径增长24.4%。推进社保费的征缴扩面，全年五项社保基金收入8.33亿元。推进政府非税收入收缴电子化改革，全年组织非税收入8.51亿元，其中纳入一般公共预算管理的非税收入1.36亿元，增长25.9%。

【服务经济建设】 清理规范税收等优惠政策工作，依法落实财税扶持政策，兑现财政扶持政策、税收优惠政策及减免税1.47亿元。深化国地税部门合作，通过"银税贷"为纳税人提供信贷5215万元。

【保障重点支出】 优化财政支出结构，保障民生事业，落实好创国卫、智慧教育试点、创建体育强县等社会事业重点任务。全年民生类支出29.51亿元，增长43.78%。推进农村综合改革试点工作，全年投入财政支农资金4.6亿元，用于优势产业培育、农业基础项目、新农村建设，并整合项目资金1.69亿元用于"六边三化三美""一事一议"、农村小型公益事业等项目。

【推进财政改革】 推进投融资体制改革，成立松阳县PPP管理中心，南城幼儿园、城市智能照明管理系统建设、污水处理厂及污水管网3个项目顺利签约。建立松阳县产业基金管理中心，制定《松阳县生态经济产业基金管理办法》。首次开展财政资金竞争性存放工作，竞争性存放财政资金4.89亿元。完善国有资产管理改革，完成全县223家行政事业单位国有资产清查工作，涉及资产24.18亿元。国资营运机构"人财物"统一管理成效进一步显现，调度统筹资金8200万元。

【加强财政监管】 完善全口径预算编制，推进预算信息公开，公开松阳县预算草案、"三公"经费情况和66个部门预算，对20个部门的预算实施审查。深化国库集中支付，完善国库资金流量预测机制，开展存量资金动态管理和定期清理，全年共清理收回结转结余资金1.80亿元。推进预算绩效目标管理体系建设，选取农村公路养护工程和基层医疗卫生单位建设发展两个项目，开展预算绩效目标管理。落实全县自管账户专项检查、差旅费专项检查、文化发展专项资金专项检查。抓好项目造价审核，全年完成311个项目审核，送审造价7.34亿元，净核减额5368万元，净核减率7.3%。加强政府采购管理，严格执行政府采购审批和监督，全县政府采购支付金额1.31亿元，节约2390万元。规范公开专项资金管理清单，修改完善行政权力事项库事项。

【加强队伍建设】 开展"归零翻篇"大讨论、"两学一做"学习教育，落实好民主生活会、组织生活会、全局党课，发挥党员干部先锋作用。加强全局夜学、局干部轮训、课题研究等学习平台建设，运用地税"绩效管理""数字财政""政务服务网"等平台，规范权力运行。构建"1+8+X"内控制度体系，并完善局"分块管理""四个服务""创先争优"等工作机制。用好"风险防控图"和绩效考核评分系统，推进绩效考评。严格执行"三重一大"决策、"两个主体责任"等机制，层层签订党风廉政建设责任书。

（松阳县财政局供稿　阙余斌执笔）

庆元县

【概况】 2016年,庆元县地区生产总值62.10亿元,比上年增长7.6%。人均生产总值45195元,增长7.8%。第一产业、第二产业、第三产业增加值分别为7.93亿元、25.51亿元、28.65亿元,分别增长3.4%、6.1%、10.3%。三次产业结构比为12.8∶41.1∶46.1。全县财政总收入6.33亿元,同口径增长12.5%,一般公共预算收入3.91亿元,同口径增长8.95%。全县一般公共预算支出26.74亿元,增长10.5%。全年财政收支平衡。

【组织财政收入】 深化财政、国税、地税三方合作,加强收入分析、预测和管控,提高收入执行的计划性、均衡性和稳定性。落实财税优惠政策和优质服务,培育优质财源。坚持依法理财治税,严格依法征收、依法减免,防止收"过头税"、乱收费。全年实现税收收入3.24亿元,同口径增长15.0%。加强非税收入征管,严格执行"收支两条线",全年实现非税收入0.67亿元。

【服务经济发展】 以"保重点、保续建、保民生、促发展"为原则,为庆元县大交通网络建设、城市基础设施建设、工业平台基础设施建设、教育强县战略、下山脱贫农民安置、水利基础设施建设等重点项目作好资金保障。发挥财政引导和政策调控作用,全年兑现财政扶持资金2876.68万元。正确引导企业申报各类项目,积极争取上级财政部门的资金支持。加大对旅游、农家乐等第三产业发展的扶持力度,加强农村实用人才培训。建设庆元县范围内赶街农村电子商务服务区域中心和村级赶街农村电子商务服务站网点。加强农业、农村基础建设投入,以农业"两区"、小型农田水利重点县、农业综合开发等重点项目为平台,支持现代农业、循环农业发展,改善农业基础设施。全面推进扶贫开发工作,通过生态搬迁扶贫、产业扶贫、结对帮扶、金融扶贫、合作扶贫、教育扶贫等,实施精准扶贫,促进农民收入持续增长。

【保障民生事业】 2016年实现民生支出19.53亿元,占一般公共预算支出的73.0%。巩固完善城乡义务教育"两免一补"政策,落实小学、初中生均公用经费标准分别为650元、850元。对寄宿制学校出台按寄宿生年生均200元标准补助学校公用经费的政策。继续完善覆盖城乡的公共文化服务体系,组织实施基本公共文化服务绩效考核,促进基本公共文化服务标准化、均等化和城乡一体化发展。深化"一事一议"财政奖补政策运用,支持农村村级公益事业发展,推进美丽乡村建设,改善农业农村生产生活条件。完善社保体系建设。保障低收入群体的基本生活,城镇居民低保标准提高到每人每月581元,农村居民低保标准提高到每人每月436元,低保资金财政补助2282万元;按照户籍人口不低于年人均18元的补助标准要求,落实医疗救助财政补助1239万元。逐步加大残疾人社会救助、残疾人基本医疗康复、残疾人福利补贴等财政保障力度,全面加强残疾人基本民生保障。

【推进财政改革】 结合庆元县实际积极推进PPP、政府购买服务、绿色产业基金等改革。开展公款竞争性存放和社保基金保值增值工作。开展村级公益设施建后管护试点,参与2015年度农村综合改革示范试点补助资金竞争性分配,获得省级试点资金2800万元,完善村级公共设施运行维护机制,确保农村公共基础设施持续、有效、稳定地发挥服务功能。

【提高管财水平】 县、乡预算单位国库集中支付管理全覆盖。逐步推进各类财政资金集中支付改革,全面实施政府性投资项目财政集中支付。推进财税法制建设,建立随机抽查对象名录库和随机抽查执法检查人员名录库,推行"双随机一公开"监管模式。构建财政监督新机制,成立内部控制委员会,建立"1+8+X"内部控制制度体系,强化内部流程控制,防止权力滥用。强化沉淀资金管理,压缩历年结余,加强上级专项资金与本级财力的统筹。深化财政绩效管理,有序推进部门预算编制与绩效管理相结合。加强地方政府性债务管理,防范财政金融风险。

【加强队伍建设】 落实党风廉政建设责任制,按照"一岗双责"要求,实行层级负责制。贯彻落实意识形态工作责任制,促进财税干部加强政治理论学习。组织开展税收知识辩论赛、技能比武大赛等财税文化系列活动,丰富干部职工业余生活,增强队伍的凝聚力和向心力。 (庆元县财政局供稿 陈 思执笔)

庆元县财税干部利用业余时间组织瑜伽兴趣小组活动

景宁县

【概况】 2016年，景宁县实现生产总值49亿元，同比增长8.2%，人均国民生产总值45000元，增长7.7%。其中第一产业增加值6.97亿元，增长2.9%；第二产业增加值13.9亿元，增长8%；第三产业增加值28.12亿元，增长9.8%。三次产业结构比为14.2∶28.4∶57.4。全社会固定资产投资52.98亿元，增长13.7%；社会消费品零售总额27.90亿元，增长12.2%；外贸进出口总额6.04亿元，增长22.2%；城镇居民人均可支配收入30899元，增长9.2%；农村居民人均纯收入14989元，增长9.7%。全县财政总收入11.54亿元，同口径增长8.1%；一般公共预算收入6.23亿元，同口径增长12.7%，占财政总收入的53.9%，比上年提升2.2个百分点；税收收入5.07亿元，同口径增长4%，占一般公共预算收入的81.4%，比上年下降6.9个百分点；全年一般公共预算支出34.51亿元，增长32%。全年财政收支平衡。

【组织财政收入】 加强宏观经济监测和重点行业税源分析，研判收入规模及营改增、结构性减税降费对收入的影响，提高收入征管的针对性和有效性。开展房地产企业汇算清缴，实现企业所得税40%部分收入5886万元，同比增长51%；推进营改增全面试点，营业税和改征增值税收入40%部分收入1.17亿元，同口径增长45.3%；受"营改增"后中央与地方收入划分比例调整的影响，国内增值税地方部分收入8706万元，同口径下降13.9%；由于重点税源企业浙江启力投资分红所得扣缴减收，个人所得税40%部分收入1.02亿元，同比下降12.4%。推进政府非税收入收缴电子化改革，加快浙江政务服务网统一公共支付平台应用，提升非税收入信息化管理水平，实现非税收入1.16亿元，增长78.5%。其中，专项收入5647万元，增长77.4%；行政事业性收费1769万元，增长23.7%；罚没收入1864万元，增长53.3%；国有资源有偿使用收入1520万元，增长530.7%；捐赠收入353万元，增长90.8%。

【服务经济发展】 落实小微企业和"个转企"优惠政策，新增小微企业321户，新增"个转企"33家，4家小微企业在浙江股权交易中心挂牌，1家小微企业实现股权融资，融资金额1650万元。落实景宁畲族自治县新办企业免征或减征企业所得税地方分享部分等优惠政策，引进浙9户企业入住丽景民族工业园。减轻企业负担。落实结构性减免税政策为企业减免税6646万元；阶段性降低社会保险费率，减征、免征水利建设基金，为缴费单位和企业减负1000万元。出台《景宁畲族自治县"精准帮扶企业促发展"行动方案》《景宁畲族自治县小微企业"助保贷"合作平台管理办法（试行）》等政策，对符合条件的小微企业发放贷款1360万元，解决企业融资难等问题。

【保障民生支出】 全年用于公共安全、教育、科学技术、文化体育与传媒、社会保障与就业、医疗卫生、节能环保、城乡社区事务、农林水事务、保障性住房十大类民生支出26.02亿元，增长37.7%；民生支出占一般公共预算支出的76.7%，县级财政新增支出中民生支出占75.4%。多项民生支出大幅增长，社会保障和就业支出2.66亿元，增长85.9%；医疗卫生与计划生育支出3.44亿元，增长21.9%；节能环保支出7870万元，增长37.8%；城乡社区支出3.26亿元，增长94.5%。全年投入各类教育经费4.91亿元，增长26.1%；2016年生均公用经费达到小学710元、初中910元，较上年各增加10元，比省定标准各高出60元。完成第二轮群众致富奔小康工程特扶项目建设，组织实施扶贫开发、产业发展、公共服务共三个大类18个子类51个项目，2014~2016年累计投资16.02亿元，其中省特扶资金6.1亿元。

【推进财政改革】 在公共服务领域推广政府和社会资本合作（PPP），实施8个总投资达19亿元的PPP项目，其中新污水处理厂项目已建设完成并交付使用。设立规模为3亿元的政府产业发展基金，组建金控公司，与光大资本投资有限公司合作，成立景宁县光大生态壹号合伙企业，负责产业基金运作。竞争性存放2.4亿元财政资金和5.25亿元社保资金，年收益率比基准利率上浮35%。对农村居家养老、生态公益林监测管理、农村污水处理工程委托验收等9个项目实施政府购买服务，安排预算596万元。扩大浙江政务服务网统一公共支付平台应用范围，实现"交警罚没收入""捐赠收入""保育费"等5项执收项目依托统一支付平台收缴资金。制定出台《景宁畲族自治县人民政府关于推进财政支农体制机制改革的实施意见》《关于进一步明确财政支农专项资金县级报账制工作的意见》等管理办法，规范涉农资金管理。

【加强财政监管】 制定差旅费、会议费、培训费等公务开支管理规定，规范行政事业单位财政管理。规范公务支出管理，将全县重点工程指挥部全部纳入县核算中心实行统一审核支付。严控"三公"经费，全年"三公"经费支出2196万元，同比下降17.4%。完成地方政府存量债务清理甄别和存量政府性债务置换，置换地方政府债务4.98亿元，减少地方政府债务利息支出1500万元。在政府性债务安全可控的基础上，争取新增地方政府债券1亿元支持重点项目建设。

【强化队伍建设】 制定党风廉政建设领导班子主体责任清单，明确领导班子责任、"一把手"、党组成员、科室及下属单位主要负责人责任，制定"1+8+X"内部控制制度。制定覆盖财政科室和业务工作的绩效管理考核指标体系和结果运用办法，实行绩效考核结果与年度考核、评先评优、岗位轮换、干部选拔任用挂钩的"四挂钩"机制。

（景宁畲族自治县财政局供稿　吴向东执笔）

市县（市、区）图片集锦

杭州市财政局在落实G20杭州峰会资金保障任务的同时，按上级要求，独立负责财金渠道副手磋商服务保障。成立了保障指挥部，选拔代表团联络官79名，志愿者219名，抽调干部100余人，连续67天无休，共迎送和服务保障代表团33个、参会代表184人，顺利完成G20杭州峰会财金渠道副手磋商会议的筹备和服务保障工作。

1 财金副手磋商志愿者队长接受央视采访
2 省财政厅厅长钱巨炎调研G20保障工作
3 市财政局参加全省G20表彰大会
4 美国财长雅各布·卢与财金副手会议联络官合影
5 G20财金渠道副手会议首个代表团——哈萨克斯坦代表团抵达萧山机场
6 部分联络官与财金副手磋商代表西湖合影

杭州市拱墅区全年落实资金2.2亿元，大力提升城区环境品质，支持道路街容提升改造、“美丽家园”环境综合整治、半山国家森林公园望宸阁建设、北延游步道建设等，美化城区公共空间。

7 拱墅区上塘路湖州街路口环境小品《运河风情》
8 运河沿线亮化工程
9 拱宸桥骑行道
10 半山国家森林公园望宸阁

杭州市西湖区大力推进特色小镇建设，以茶产业为特色的龙坞茶镇充分利用当地农业资源，打造西湖龙井茶示范区，积极弘扬茶文化、培育茶产业、开发茶旅游、做强茶经济。

1 龙坞茶镇 PPP 项目签约仪式
2 龙坞茶园
3 龙坞采茶
4 龙坞龙井茶地标

5 上城区南宋皇城小镇人群穿梭
6 南宋小镇宫廷舞蹈表演
7 玉皇山南基金小镇
8 玉皇山南基金小镇二期

杭州市上城区加快特色小镇建设步伐。玉皇山南基金小镇累计引进企业 1090 家，资金管理规模达 5900 亿元，实现税收 10.77 亿元，同比增长 151.6%。南宋皇城小镇项目启动，25 个“韵味杭州”体验点正式开放，三大特色街区全年接待游客 3200 余万人次，同比增长 15.9%；实现营业收入 95.82 亿元，同比增长 6.6%。

杭州高新区（滨江）充分发挥财政保障职能，创新融资模式，保障重点项目资金需求。全年投入城市建设资金157.03亿元，推进扮靓入城口、扮靓主干道、扮靓江（河）岸线、扮靓夜滨江、扮靓科技城“五个扮靓”工程，全域整治、全程加速、全面提升、全方位展示，努力实现全域景区化，向世界展示科技新城独特韵味。

1 奥体中心
2 西兴互通立交
3 滨江科技新城
4 江南大道
5 钱塘江岸夜景
6 樱花跑道

杭州市富阳区进一步整合资源，优化制度、资金、服务供给，支持“三农”发展。大力推进文化礼堂、古村落保护、民宿开发，支持新农村和美丽乡村建设。

7 杭州最大的茶叶种植生产基地——富阳区富春街道拔山村
8 浙江味道，艺居文村——洞桥镇文村
9 最美回迁农居——场口镇东梓关
10 整治后的大源镇大源溪
11 三生三世，十里桃花——新登镇半山

临安市运用“互联网+”思维，加快市、镇、村三级电商平台建设，大力发展以坚果炒货为主的农产品电子商务产业，打造农村电商的“临安样本”。截至2016年底，临安市农村淘宝店已超过3000家，覆盖全市90%以上的行政村。

1 运营中的中国坚果炒货食品城
2 清凉峰镇马啸村林农将山核桃进行脱蒲
3 昌化镇林农在加工刚刚采打来的山核桃
4 清凉峰镇电商产业展示体验中心
5 农村电子商务服务站

2016年，淳安县财政持续加大交通道路建设资金投入，累计投入财政资金8.65亿元，切实打通服务农村百姓的“最后1公里”。

6 淳安县致富彩虹——千汾线
7 美不胜收——上江埠桥
8 画中行走——淳杨线
9 蜿蜒曲折——梓桐连接线
10 施工建设——谭唐公路

2016年，建德市财政加大资金投入，有效保障“五水共治”建设资金需要，全市205条乡镇级以上河道全部达到Ⅲ类及以上水质，严陵坞出境断面水质长期保持在Ⅱ类水质。

1 葫芦湾秋色
2 建德下涯白鹭滩
3 龙舟漂游
4 三都渔村
5 新安江上赛龙舟
6 泷江秋色

1

2

3

4

5

6

7

8

9

10

11

12

2016年，桐庐县着力打造县域大景区，乡村景区、农家乐、民俗经济、休闲养生、智慧旅游等发展蓬勃。全县共接待国内外游客1321万人次，增长14.8%，实现社会旅游业总收入135.28亿元，增长14.4%。

7 全国全域旅游创建工作现场会桐庐主会场
8 美丽乡村
9 富春江畔
10 放飞的游客
11 富春山居图
12 大美桐庐

宁波市奉化区 2016 年以水蜜桃文化节为依托，以桃兴业、以桃促美、以桃为乐，通过啤酒节、马拉松等系列活动，真正唱响“奉化——在那桃花盛开的地方”这一主题，取得了较好的社会效益和经济效益。同时，实现了农业增效、农民增收，商贸流通，有力推进了奉化花园城市和现代化健康美丽名城建设。

1 水蜜桃文化节开幕式
2 啤酒嘉年华现场
3 蒋大为献唱
4 中国·奉化海峡两岸山地桃花马拉松大赛
5 马拉松获奖选手

2016 年，宁波市江北区教科文卫投入 12 亿元。不出远门就可以享受到优良的医疗服务，周末带着家人去城市周边踏青游玩、足不出户在家里做生意……这些崭新的生活方式逐渐融入群众的日常生活中，给人民群众带来了极大的便利，提升了住在江北的幸福感。

6 江北区开网店创业培训
7 家门口的医院
8 山地马拉松
9 中华慈孝节

宁波市海曙区积极推进金融特色小镇建设，其中“月湖金汇小镇”以新金融与月湖商文化、月湖景区旅游资源融合发展模式，通过项目建设和产业集聚，打造以新金融产业为核心、文化旅游为基础、创业创新为补充的宁波招牌类金融特色小镇。

1 金汇小镇俯瞰
2 月湖金汇小镇授牌仪式
3 月湖金汇小镇实景
4 月湖金汇小镇发展论坛

慈溪市本着“强设施建设、补民生短板、谋百姓福祉”的宗旨，加大财政投入力度，2012 年至 2016 年这五年期间，一般公共预算民生支出累计达 367.8 亿元，占到一般公共预算总支出的 81%，教育、卫生、文化、体育等社会民生事业取得显著进步，成功入选中国十大最具幸福感县级城市。

5 慈溪市体育馆
6 胜陆高架夜景
7 客运中心
8 乡村文化礼堂
9 保障房
10 慈溪中学
11 慈林医院

温州市财政按照“政府引导、市场运作、分类管理、防范风险”的原则，认真做好政府产业基金的各项基础工作。2016年市本级基金规模达20.00亿元，指导各县（市、区）基金工作，全市基金规模达到51.20亿元。设立温商新生代基金等3支子基金，规模合计8.50亿元，其中政府投入2.20亿元。

1 瓯海生命健康小镇沙盘
2 浙南科技城开工仪式
3 浙南科技城施工现场

温州市瓯海区财政加大对环境的投入力度，全力打好“五水共治”“四边三化”“三改一拆”等环境综合整治攻坚战。全省最大的水利PPP项目温瑞平原西片排涝工程开工建设。近三年累计建成生态河道81.5公里，完成治水投资87.3亿元，两次夺得全省治水最高奖——大禹鼎。

4 瓯海区茶山街道榕树下溪边小憩
5 瓯海区白门河水岸治理后美景
6 瓯海大道两岸河道全景
7 温州乐园河道清澈如镜
8 南白象文化公园水岸
9 塘河上的新尚婚礼

温州市洞头区财政紧紧围绕“水清、岸绿、滩净、湾美、岛丽”整治目标，全力助推国家级海洋公园核心区蓝色海湾整治项目建设。

1 凸垄底生态渔村
2 洞头村立面彩化改造
3 东沙渔港清淤疏浚
4 东岙沙滩修复
5 东岙小渔村
6 半屏山生态廊道建设

2016 年，平阳县财政投入 1.25 亿元，引导和鼓励社会资本积极投入教育领域，提升育人水平，提高教育质量，改善基础设施，加强队伍，推进教育改革，完善保障机制，开拓教育事业发展新局面。

7 平阳县学生在综合实践山门基地活动
8 平阳县中小学生艺术节
9 PPP 项目平阳新纪元学校蓝田校区美丽校园
10 整洁的儿童阅读室
11 庆祝第 31 个教师节暨表彰大会

瑞安市财政全年投入资金22.93亿元，支持现代职业教育、新区基础教育、城市特殊教育建设，推进城市教育事业全面协调发展。全市拥有各类全日制学校456所，其中幼儿园293所、小学88所、初中53所、普通中学15所、职业中学6所、特殊教育学校1所，满足多样就学需求。

1 崭新的学校体育馆与操场
2 温州职业技术学院瑞安学院
3 瑞安城市学院新校区启用
4 瑞安市虹桥路小学课间活动
5 瑞安市瑞祥实验学校广播体操比赛
6 特殊儿童自我展示表演

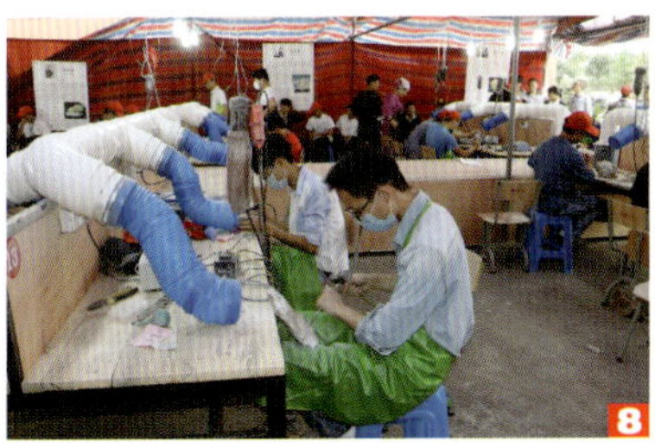

2016年，泰顺县统筹投入资金6.71亿元，保障教育重点项目建设，实施薄弱学校改造工程，改善城乡教育差异，深化平安校园建设，义务教育标准化学校创建率达98.1%，现代化教育县创建再上新台阶。

7 泰顺中学2016年成人仪式
8 泰顺县石雕艺术学校2016年挂牌成立
9 泰顺最“年轻”的省一级幼儿园
——司前畲族镇幼儿园
10 职业教育中心文化节
11 学生参与平安校园灭火演练
12 泰顺实验小学学生受邀参观东航上海总部

乐清市财政鼓励引导企业通过挂牌上市利用资本市场，实现资源优化配置。对乐清前十家新三板挂牌企业各追加30万元财政奖励。2016年，共兑现37家企业股改挂牌上市财政奖励资金1714.7万元。

1 推进民营企业对接资本市场讲座
2 奖励上市公司
3 企业在中小板上市路演
4 企业新三板挂牌
5 企业在证交所上市现场

1

2

3

4

5

6

7

8

9

10

11

苍南县全力以赴打好“五水共治”攻坚战，累计投入财政资金2.96亿元，开展治源控污、防洪排涝、河网整治、蓄水净水、水乡文化、节水社会等六大工程，全力打造“湖光山色、翠谷灵龙、流金海岸、百里水乡”的美丽浙南水乡。

12

6 苍南县江南水乡
7 宜居城市
8 县城新区水景公园
9 画意乡村
10 溪水清清好浣衣
11 河道守护者
12 投放小鱼治水

永嘉县近年来不断加大民生投入，助力办好便民、惠民、利民实事，人民群众生产生活条件不断改善，幸福指数不断提高，赢得群众广泛好评。五年来，一般公共预算民生支出174.93亿元，年均增长16.7%，特别是2016年一般公共预算支出中用于民生的支出达48.45亿元，占比79.6%。

1 创建省级园林城市
2 41省道建设
3 传统文化宣传
4 电子商务进万村
5 居家养老
6 民安视频监控
7 四点半学校舞蹈课堂

1

2

3

4

5

6

7

8

9

10

11

12

2016年，文成县财政统筹安排资金1.03亿元，持续完善旅游要素和产业链，引导全县旅游产业转型升级，推进“全域旅游”建设，实现旅游综合收入28.63亿元，同比增长10.1%。当年该县获“国家全域旅游示范区”“浙江旅游总评榜之全域旅游推进奖”等荣誉称号。

8 文成县培头畲乡百家宴
9 民宿·仙人居农庄
10 2016环浙江自行车公开赛
11 “中华第一高瀑”百丈漈景区
12 大会岭红枫古道

嘉兴市将城市治堵工程列为2016年“十大民生工程”之一，市级财政安排治堵项目资金2000万元，完成中心城区中山路与环城东路交叉口立体化改造、火车站地下人行过街设施建设、中山路与越秀路人行天桥主体建设等工程，建成3条公交专用道、1条快速通道和35个公交停靠站。

1 对中环南路城南路口渠化改造
2 机关人员上路参与文明交通劝导
3 市民代表参观市公交公司智能调度中心
4 在社区内展出交通安全宣传展板
5 中山路与越秀路人行天桥俯瞰
6 城区公共自行车租用点

1

2

3

4

5

6

嘉兴市秀洲区财政推进城乡统筹协调发展，致力于推进环境改善和配套完善，加快中心城区和美丽乡村升级版建设。2016年，共拨付美丽乡村项目资金2412万元。

7 秀洲区美丽乡村
8 浙江师范大学附属秀洲实验学校投入使用
9 光伏太阳能设备进农家
10 改造提升后的农村公路

7

8

9

10

2016年，桐乡市财政加大对公共文化体系建设的投入力度，支持主要特色场馆改造提升、基层公共文化设施完善、"点单式"文化服务及非遗文化保护与传承，不断加快人文名城建设，推动文化大发展大繁荣。

1 桐乡市文化中心
2 改造后的吴蓬艺术院
3 君匋艺术院全景
4 崇福镇文化礼堂文艺演出

海盐县财政加大对旅游业的投入力度，助力旅游业转型，促进旅游产业发展。2016年，海盐县获评中国最美乡村休闲旅游名县、中国最美文化休闲旅游名县。

5 到海盐县喝沈荡老酒
6 柑橘采摘庆丰收
7 吃澉浦红烧羊肉
8 世界名猪文博园
9 旅友们参加演唱会
10 外国友人尝特色小吃

平湖市财政积极助推独山港镇中心镇建设，下拨试点建设资金 6000 万元，为道路交通、环境整治、拆建安置房建设等民生工程提供了资金保障。重点支持港口物流、海滨休闲旅游等产业发展，依托优质港口资源大力发展海洋经济，为对接“一带一路”战略和实现全省港口一体化提供财力支持。

1 文化广场
2 独山港粮食码头
3 港区黄昏作业忙
4 独山港镇新农村建设
5 新修建的海港路宽阔平整
6 滨海风景线上的风力发电设备

嘉善县财政大力支持全县城乡环境整治百日攻坚行动。加大资金统筹，落实扶持政策，联动推进“四美”建设及“五水共治”，保障全国县级文明城市创建，获评生态市建设工作优秀县并位列全市第一。

7 嘉善县绿化整治现场
8 道路整治施工现场
9 河道清理
10 整治之后的清澈河道
11 欢乐锣鼓幸福家园

湖州市 2016年针对405项重点工程累计完成投资536亿元，达年度计划投资的119.2%，超额完成年度计划任务。项目建设方面，全年开工162项，完工216项，城市面貌显著改善，城市出行更加便捷，城市功能更加完善，城市特色更加凸显。

1 仁皇山大桥
2 儿童公园
3 奥体中心
4 状元街
5 霓虹灯下的东吴国际双子楼
6 时代广场夜景
7 月亮酒店

德清县立足独特的生态优势，不断加大财政投入，整合财政资金，通过发挥财政激励引导职能，营造“洋家乐”高端低碳旅游和自然风光旅游新业态。2016年，全县实现旅游收入178亿元，比上年增长36.9%。

8 德清县“洋家乐”裸心谷夯土小屋
9 莫干山镇汽车站
10 下渚湖的夕阳
11 以自然环保为主题的民宿大堂
12 下渚湖国家湿地公园全景

安吉县财政局自觉践行“两山”理论，护美绿水青山、做大金山银山，打响“美丽乡村”的品牌效应，2016 年拨付美丽乡村、生态文明、农村生活污水等新农村建设资金 3.5 亿元，向国开行融资 27.8 亿元支持污水处理、城中村改造和美丽乡村建设等绿色项目，助推安吉县走出一条生态经济化、经济生态化的绿色可持续发展之路。

1 “两山”发源地余村全貌图
2 春林山庄
3 龙庆园
4 荷花山景区
5 荷花山漂流
6 荷花山户外拓展基地

长兴县财政部门紧紧围绕医改“保基本、强基层、建机制”的总体要求，积极推动医疗卫生事业发展，全年落实医疗卫生支出 4.07 亿元，同比增长 3.4%。通过财政资金的宏观调控作用，增强基层医疗卫生机构服务能力，推进工作重心下移，把更多的财力、物力投向基层，把更多的人才、技术引向基层。

7 改造完成的长兴县中医院
8 长兴县人民医院新院
9 环境优美的社区卫生服务站
10 建立社区居民健康档案
11 空中急救医疗院落户长兴
12 120 急救中心设施完成更新换代

绍兴市财政 2016 年组织筹办浙江省政府产业基金投资推进会暨绍兴区域上市公司并购重组论坛，积极助推绍兴市政府与中铁集团、光大证券签订战略合作，全力推进政府产业基金工作，发挥基金对社会资本的撬动作用，为经济发展培育新动能。

1 浙江省政府产业基金投资推进会暨绍兴区域上市公司并购重组论坛
2 绍兴市政府与中铁集团、光大证券签订战略合作协议会议
3 万丰航空小镇奠基仪式
4 印染等传统行业改造提升

2016 年，绍兴市柯桥区财政全力打造金柯桥基金小镇，小镇核心区块位于柯北上方山南的“中国轻纺城创意园”，经过一年的努力，小镇累计入驻金融投资类机构 76 家，注册资金规模 86.6 亿元。

5 柯桥区召开股权投融资对接大会
6 金柯桥基金小镇外景
7 美国美中人才创新发展中心专家团考察基金小镇
8 国家千人计划专家考察团调研基金小镇

2016 年，绍兴市越城区财政积极支持城市建设，推动老城区古城风貌重塑，支持镜湖新区建设，提升城市总体品质，提高人民生活质量。

1 大型城市综合体落户
2 镜湖新区
3 金帝银泰城

2016 年，嵊州市积极支持现代农业发展，落实山区发展资金 2000 万元，促进低收入群体致富。投入 1200 万元，开展蔬菜生产全程社会化服务试点，探索适应现代化农业发展的经营新机制。拨付资金 550 万元，持续提升“越乡龙井”“嵊州香榧”等一批农业品牌含金量。

4 嵊州市蔬菜大棚
5 生态茶园
6 现代农业园采摘

2016 年，新昌县作为全省“一事一议”财政奖补助推美丽乡村建设试点县，坚持以“一事一议”财政奖补政策为抓手，积极发挥村级主体作用，完善基础设施、挖掘旅游资源，共实施“一事一议”奖补项目 35 个，投入资金 4427 万元，其中省级财政奖补资金 2000 万元，改善了 14 个乡镇、33 个村的基础设施。

7 新昌县羽林街道长诏村正在建设的农村新公园
8 东茗乡下岩贝村打造“云上茗居”特色小村
9 外国留学生开展“禅茶之旅”
10 村民组成的秧歌队
11 茶园骑行活动

金华市婺城区按照金华市委“做美大郊区”的要求，2016年深入实施“商旅兴区”战略和四大百亿产业发展计划，投入资金3.21亿元，以旅游全域化发展为目标，积极推动旅游规划编制和实施协调，培育龙头旅游项目，完善旅游基础配套，着力提升旅游接待能力，促进乡村旅游差异化、品牌化发展。

1 竹马茶花节
2 绿道骑行
3 金华斗牛
4 美地南山漂流
5 民俗风情街的民间外交

金华市金东区以澧浦镇为试点，探索推进农村垃圾分类处理。区财政局先后投入资金1.03亿元，助推全区459个行政村全部建立垃圾分类工作体系，在全国率先实现了垃圾分类县域全覆盖，并获评全国2016民生示范工程。

6 全国农村生活垃圾分类现场培训会在金东区举行
7 集中式太阳能辅助垃圾堆肥房
8 垃圾分类投放点
9 垃圾分类模式吸引外地考察团
10 张贴卫生保洁荣辱榜

2016 年，兰溪市安排城乡基本公共卫生服务均等化资金 2975 万元，调整农村居家养老服务中心建设补助制度，安排建设运维经费 2030 万元。

1 黄店镇下包村居家养老场所
2 游埠镇东莞村居家养老中心
3 横溪镇宋宅村养老中心食堂
4 居家养老中心的健身园地
5 后陆村老年食堂

义乌市财政全力支持招商引资“一号工程”，支持企业股改重组挂牌上市，助力发展时尚、信息、装备、健康等战略产业，积极参与招引央企国资、高端外资、优质民资到义乌投资兴业。2016 年一批重大项目相继落户义乌，为“义乌制造”增添了强劲动力。

6 吉利英伦新能源整车项目开工仪式
7 义乌市 BRT 正式运营
8 义乌华灿光电项目开工建设
9 义乌 5 家企业新三板挂牌上市
10 义乌机场飞行区启动改造扩建

浦江县财政立足“五水共治”“美丽乡村”等重大战略决策，2016年投入资金4.78亿元支持治水工作开展。配合开展全县“多规合一”和“一区两廊三湖四小镇”规划建设，建立多元化财政投入机制，全力支持金狮湖环湖景观工程、通济湖湿地、浦阳江生态廊道、翠湖湿地等项目建设，打造一幅贯穿浦江的山水画卷。

1 通济桥水库湿地
2 黄宅镇三江口湿地
3 浦阳江生态廊道
4 金狮湖环湖景观
5 翠湖湿地

2016年，永康市财政投入1560万元支持“街角小品”建设，推进街角口、空闲地建设有品位、有文化、有特色的城乡一景，全年共建成“街角小品”5650个。

6 永康市街角小品——中国梦
7 农村新貌
8 古朴石墙
9 城市绿雕

2016年，武义县整合财政支农资金3.96亿元，增长13％，其中省以上财政资金1.81亿元，县财政资金2.15亿元，重点用于支持农业基础设施建设、农业特色产业发展、有机绿色生态农业发展、农业经营主体培育和农村基础设施建设等方面。

1 石板畈田园风光
2 寿仙谷药业基地
3 陶宅隆平超级稻示范基地
4 王宅蔬菜基地

磐安县以“基地化、绿色化、品牌化”建设为重点，着力提升生态农业品质，安排财政支农资金3.62亿元，重点扶持现代农业园区、农业基础设施建设等项目。培育发展中医药健康产业，“江南药镇”中医药产业园加快建设，“古茶场文化小镇”基本完成一期茶园景观提升和商业古街改造，并入选全省首批特色小镇文化建设示范点。

5 磐安县江南药镇的药农晾晒中药材
6 高山蔬菜喜获丰收
7 全国重点文物保护单位——玉山古茶场
8 玉山浮牌水稻制种基地

衢州市 财政助力“五水共治”，践行“两山”理论。2016 年共安排专项资金 9.73 亿元用于组织开展“清三河”反弹隐患拉网排查、开发区查补短板等一系列“五水共治”专项行动；144 个乡镇交接断面水质监测达标率（达到Ⅲ类水以上标准）从 2013 年的 60.3% 提升至 92.2%，连续两年摘得浙江省“五水共治”工作优秀市“大禹鼎”。

1 柯城区庙源溪鲶鱼湾水清岸绿
2 龙游民居苑
3 开化潭头荷塘
4 乌溪江水总相宜
5 石梁溪司马堰
6 市区西区大草原

2016 年，衢州市衢江区富里农村综合改革试验区以万亩水田垦造及智慧生态农业培育工程为启动点，垦造水田面积 9526.67 亩，总投资 15.41 亿元，并获得省农业投资基金 2.5 亿元，占第一批 7 个项目投资总额的 26.2%。该项目为华东地区面积最大，单体投资额度最大的土地开发项目，已列入浙江省重点项目。

7 衢江区富里万亩水田垦造项目开工仪式
8 富里万亩水田垦造项目
9 万亩水田垦造项目第一项目区施工现场

2016 年，开化县火车站站前片区基础设施配套工程 PPP 项目开工建设，该项目总投资 7.83 亿元，建设期 2 年，运营期 10 年。该项目被财政部评为第三批政府和社会资本合作示范项目，是当年衢州市唯一一个被评为财政部示范项目的 PPP 项目。

1 开化火车站站前广场鸟瞰图
2 开化火车站站前基础设施配套工程 PPP 项目签约仪式
3 开化火车站站前片区基础设施配套工程动工仪式
4 开化火车站站前片区基础设施配套工程施工现场

江山市大力支持文化产业和体育事业发展，通过增加财政投入，完善保障机制，创新管理方式，不断推进基本公共文化服务标准化、均等化。2016 年新年登高、男子举重锦标赛、啦啦操比赛、首届村歌大赛等全国性文体比赛活动在江山召开，文体事业持续繁荣。

5 江山市农村体育设施
6 全国新年登高健身大会
7 全民健身乒乓缘
8 首届全国村歌大赛活动在大陈汪氏宗祠举行
9 全国啦啦操联赛（江山站）
10 “书香・婺韵・茶艺”——“有味道的日子”创意生活
11 江山市第三届农民运动会运粮赛跑比赛

舟山市 市级财政2016年对渔业投入3300万元，重点支持现代渔业、远洋渔业、渔业资源保护、标准渔港建设、海洋牧场前期建设、渔业安全生产管理等项目，推进海洋渔业转型升级和结构优化。

1 沈家门渔港
2 舟山渔船出海开捕
3 清晨的码头鱼市
4 东海海洋牧场
5 闻名遐迩的舟山海鲜夜排档

舟山市定海区推进文化礼堂、健身路径、体育休闲公园等设施覆盖城乡全域，截至2016年末，投入资金5448万元，支持开展海洋文化特色活动。

6 定海区文化礼堂，村民的精神家园
7 山里来了戏班子
8 唱响定海，舞比幸福
9 相约礼堂，丰享文化
10 翁洲走书，传承特色

舟山市普陀区继续深化医药卫生改革。2016年安排“双下沉、两提升”工作经费100万元，促进区级优质医疗资源向基层下沉，海岛支医和远程医疗实现全覆盖。安排城乡基本公共卫生经费1400万元，基层医疗卫生机构标准化率达到96.4%，普陀医院在全市率先通过JCI国际认证，实现城乡基本公共卫生服务均等化。

1 开展2016年基层医疗卫生机构病历大讨论活动
2 普陀仁济医院正式签约落户
3 社区责任医生开展健康宣传
4 开展医疗卫生技能大比武
5 普陀医院JCI评审

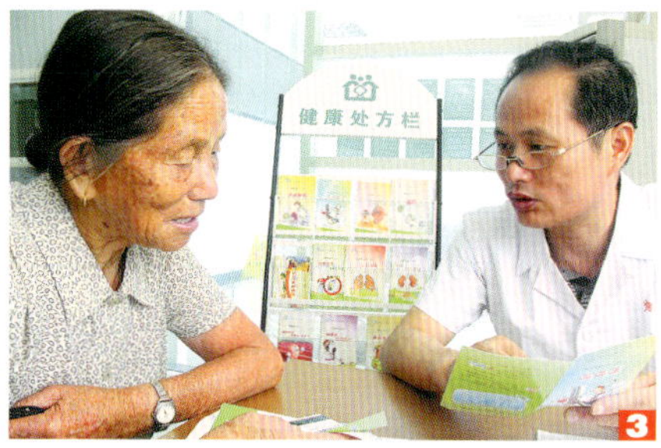

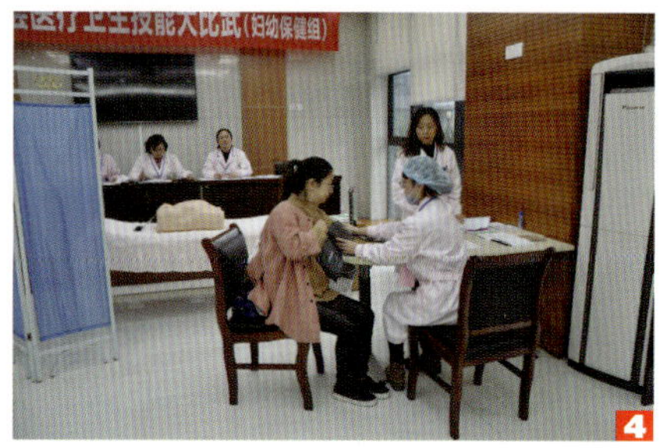

2016年，岱山县落实中央、省、市惠农强农政策，积极推进中央农田水利建设、“一事一议”、农业综合开发、水利建设与发展专项、现代农业发展等项目建设，2016年落实资金3.8亿元，岱山县被省财政厅列入全省农村综合改革20个试点县之一。

6 岱山县高亭镇长坑片农业生态治理项目
7 罗家岙片农业生态治理
8 秀北中低产田改造项目
9 岱东镇高标准农田建设项目
10 岱南片中低产田改造项目投入使用

丽水市财政 2016 年积极争取资金、谋划项目，做好支农资金整合文章，不断加大“三农”投入，全年一般公共预算“三农”支出 56.43 亿元，增长 18.1%，有效保障农业农村发展，带动农民增收。

1 现代农业园区
2 稻鱼共生系统
3 农业综合开发项目
4 三溪乡防洪堤、机耕路、渠道
5 菇田落日

丽水市莲都区财政全力支持全国文明城市创建，2016 年财政共投入文明城市创建经费 6000 多万元，用于文明氛围的宣传营造、垃圾分类、六乱环境整治、消防设施补修建、文化长廊建设等，助推全国文明城市创建成功。

6 莲都区文明城区全景图
7 “小烟头，大文明”启动仪式
8 青林村文明长廊
9 “身边的好人”颁奖典礼
10 最美村庄港口村
11 世界围棋冠军柯洁为家乡创建出力

2016 年，青田县财政积极统筹各类资金，着力保障全县“五水共治”各项工作推进，全年累计拨付“五水共治”资金 2.16 亿元，水环境治理工作得到进一步加强。

1 雨后农村溪流
2 静谧瓯江
3 村镇水库治理后清澈见底
4 工业重镇温溪镇河道治理后引得鸟类驻足
5 碧水家园

龙泉市围绕“增加农民收入、提升民生水平、改善生态环境、增强内生功能”的目标，扎实推进财政支农体制改革。2016 年共安排支农支出 15.47 亿元，重点支持农业产业结构调整和农业基础设施建设，取得了良好成效。中国青瓷小镇和溪头村获中国人居环境范例奖，创成省“清三河”达标县（市），连续两年夺得“五水共治”大禹鼎。

6 龙泉市小梅镇梅溪
7 宝溪乡溪头村乡村公园
8 八都镇章府会村活水进村项目
9 小梅镇黄南村乡村漫游节
10 住龙镇住溪村老街
11 兰巨乡淤头村荷花基地

缙云县坚持“两山”发展理念，将精准扶贫和发展清洁能源产业有机结合，整合各类扶贫资金2000万元，用于实施“光伏五助”精准扶贫工程，实现500户低收入农户年均增收2000元，转化经济薄弱村20个，推动光伏扶贫落地生根。

1 山地农光互补项目
2 红锦村 100KW 光伏助村项目

近年来，松阳县财政整合各类资金2.21亿元，推进传统村落保护工作，深入开展中国传统村落保护发展示范县、全国传统村落保护利用实验区、“拯救老屋”推进试点县工作，坚持保护与开发并存，坚持发展乡村旅游、民宿体验和文化休闲产业，走出了一条绿色发展道路。

3 松阳县樟溪乡黄田村
4 四都乡“过云山居”
5 画家村——枫坪乡沿坑岭头村
6 象溪镇象溪一村
7 大东坝镇石仓古名居
8 三都乡杨家堂晨光
9 四都乡西坑村秋景

景宁县围绕“全域旅游”的产业发展定位，按照国家5A级旅游景区标准，计划五年（2015–2019年）完成投资55亿元，建成规划面积3.9平方公里、建设面积1平方公里的畲乡小镇。随着外舍凤凰古镇建设的推进，“畲乡小镇”雏形初显、效果初现，并入选全省首批37个特色小镇创建名单，成为景宁全域旅游和转型发展的新平台。

1 新的长途汽车客运站落成并投入使用
2 夜色中的景宁廊桥
3 畲乡小镇凤凰古城被列入全省首批特色小镇
4 畲乡小镇凤凰古城的城市景观
5 深垟村生态养殖项目

云和县坚守生态红线，夯实生态基底，发挥生态优势，不断把生态资源转化为生态产业，把生态产业转化为生态效益，拓宽“绿水青山”向“金山银山”转化的通道，实现美丽环境、美丽经济、美好生活“三美融合”。

6 云和县革命老区梅湾美丽新农村
7 中国木制玩具——童话之城
8 云和梯田小木屋
9 浮云溪景观轴游步道
10 瓯江帆影

财政统计资料

zhejiang caizheng nianjian

1978～2016年浙江省财政收支表

年份	财政总收入（亿元）	一般公共预算收入（亿元）		一般公共预算支出（亿元）	增长率（%）				全省GDP值（亿元）	总收入占GDP比重（%）	人均财政支出（元）
			其中税收收入（亿元）		总收入	一般公共预算收入	其中税收收入占比%	支出			
1978	27.45			17.43					124	21.8	46
1979	25.87			17.74	-5.8			1.8	158	16.4	47
1980	31.13			17.34	20.3			-2.3	180	17.3	45
1981	34.34			17.12	10.3			-1.3	205	16.8	44
1982	36.64			18.88	6.7			10.3	234	15.7	48
1983	41.79			21.94	14.1			16.2	257	16.3	55
1984	46.67			28.80	11.7			31.3	323	14.5	72
1985	58.25			37.40	24.8			29.9	429	13.6	93
1986	68.61			50.96	17.8			36.3	502	13.7	125
1987	76.36			51.24	11.3			0.5	607	12.7	124
1988	85.55			63.14	12.0			23.2	770	11.1	151
1989	98.21			74.77	14.8			18.4	849	11.6	178
1990	101.59			80.23	3.4			7.3	905	11.1	189
1991	108.94			88.43	7.2			10.2	1089	10.2	207
1992	118.36			95.31	8.6			7.8	1376	8.7	221
1993	166.64			125.04	40.8			31.2	1926	8.7	288
1994	209.39	94.63		153.03	25.7			22.4	2689	7.9	351
1995	248.50	116.82		180.29	18.7	23.4		17.8	3558	7.0	411
1996	291.75	139.63		213.71	17.4	19.5		18.5	4189	7.0	484
1997	340.52	157.33		240.16	16.7	12.7		12.4	4686	7.3	542
1998	401.80	198.10		286.81	18.0	25.9		19.4	5053	8.1	644
1999	477.40	245.47		344.04	18.8	23.9		20.0	5444	8.8	769
2000	658.42	342.77		431.30	37.4	39.6		25.4	6141	10.7	922
2001	856.00	500.69		597.30	30.5	46.1		38.5	6898	12.4	1263
2002	1166.58	566.85		749.90	36.3	13.2		25.5	8004	14.6	1570
2003	1468.89	706.56		896.77	25.9	24.6		19.6	9705	15.1	1846
2004	1805.16	901.05		1062.94	22.9	27.5		18.5	11649	15.5	2158
2005	2115.36	1066.60		1265.53	17.2	18.4		19.1	13418	15.7	2536
2006	2567.66	1298.20	1184.24	1471.86	21.4	21.7	91.6	16.3	15718	16.3	2902
2007	3239.89	1649.50	1535.35	1806.79	26.2	27.1	93.0	22.8	18754	17.3	3505
2008	3730.06	1933.39	1792.09	2208.58	15.1	17.2	92.7	22.2	21463	17.4	4237
2009	4122.04	2142.51	1983.67	2653.35	10.5	10.8	92.6	20.1	22990	17.9	5029
2010	4895.41	2608.47	2464.96	3207.88	18.8	21.7	94.5	20.9	27722	17.7	5890
2011	5925.00	3150.80	2952.01	3842.59	21.0	20.8	93.7	19.8	32000	18.5	7034
2012	6408.49	3441.23	3227.77	4161.88	8.2	9.2	93.8	8.3	34606	18.5	7599
2013	6908.41	3796.92	3545.66	4730.47	7.8	10.3	93.4	13.7	37568	18.0	8603
2014	7522.55	4122.02	3853.96	5159.57	8.9	8.6	93.5	9.1	40154	18.7	9367
2015	8549.47	4809.94	4168.22	6645.98	8.8	7.8	86.7	21.1	42886	19.9	11999
2016	9225.07	5301.98	4540.08	6974.25	7.7*	9.8*	85.6	10.0*	46485	19.8	12476

注：*2016年数据口径调整原因详见卷首编辑说明。

2014~2016年浙江省一般公共预算收支决算表

单位:万元

收入				支出			
预算科目	2014年	2015年	2016年	预算科目	2014年	2015年	2016年
一、税收收入	38539583	41682182	45400849	一、一般公共服务支出	5277369	5844487	6602591
增值税	7433978	8099141	14722091	二、外交支出	0	0	0
营业税	10865755	12013322	6787795	三、国防支出	79349	92020	85155
企业所得税	6352531	6622112	7048652	四、公共安全支出	3706854	4235531	5185802
企业所得税退税	0	0	0	五、教育支出	10309852	12649312	13000325
个人所得税	2175403	2657383	3170979	六、科学技术支出	2079910	2507893	2690418
资源税	93013	115259	117612	七、文化体育与传媒支出	1153562	1653808	1587186
城市维护建设税	2461134	2749200	3006482	八、社会保障和就业支出	4355381	5416961	6311852
房产税	1584295	1799813	1843028	九、医疗卫生与计划生育支出	4337986	4854983	5424383
印花税	617695	707264	675778	十、节能环保支出	1206530	1678929	1614033
城镇土地使用税	1210429	1328560	1341339	十一、城乡社区支出	3890108	5412138	7889346
土地增值税	2057224	2101610	2345487	十二、农林水支出	5245892	7390814	7224089
车船税	384578	429557	467092	十三、交通运输支出	3883319	5536540	4637461
耕地占用税	632408	625128	826476	十四、资源勘探信息等支出	1916791	3467989	1910162
契税	2670910	2433702	3047898	十五、商业服务业等支出	1036334	1435653	1335057
烟叶税	230	131	140	十六、金融支出	101299	305091	103265
其他税收收入	0	0	0	十七、援助其他地区支出	192024	215715	228034
二、非税收入	2680628	6417218	7618930	十八、国土海洋气象等支出	380607	916638	458793
专项收入	1283275	4466811	4740234	十九、住房保障支出	998230	1407333	1608591
行政事业性收费收入	339015	434653	489996	二十、粮油物资储备支出	145890	246675	187071
罚没收入	936398	1077566	1234042	二十一、预备费	0	0	0
国有资本经营收入	-559954	-615276	-619506	二十二、债务付息支出	96554	204304	767915
国有资源(资产)有偿使用收入	504265	955225	1333512	二十三、债务发行费支出	0	18311	868117
其他收入	177629	98239	440652	二十四、其他支出	1201839	968645	22902
本年收入合计	41220211	48099400	53019779	本年支出合计	51595680	66459770	69742548

2012~2016年浙江省11市及市本级一般公共预算收入排序表

单位:万元

地区	2012年		2013年		2014年		2015年		2016年	
	一般公共预算收入	排序	一般公共预算收入	排序	一般公共预算收入	排序	一般公共预算收入	排序	一般公共预算收入	排序
杭州市	8599875	1	9452020	1	10273169	1	12338820	1	14023826	1
杭州市本级	918148	1	1073595	1	1145038	1	1577942	1	1655861	1
宁波市	7255003	2	7928080	2	8606109	2	10064065	2	11145409	2
宁波市本级	753240	2	720876	3	746322	3	998619	2	1182009	2
温州市	2896419	3	3239752	3	3525253	3	4030735	3	4398744	3
温州市本级	710216	3	768436	2	833970	2	949573	3	1000805	3
嘉兴市	2577319	5	2823092	5	3070675	5	3503450	5	3879341	5
嘉兴市本级	530176	5	561986	6	625537	5	726527	5	848498	4
湖州市	1385508	8	1546646	8	1678400	8	1913116	8	2111792	8
湖州市本级	260455	7	277356	7	296535	7	368329	7	397418	7
绍兴市	2657555	4	2930721	4	3172705	4	3628935	4	3903010	4
绍兴市本级	637549	4	566712	5	477757	6	632361	6	595949	6
金华市	2148889	7	2424720	7	2688673	6	3096885	6	3381394	7
金华市本级	525886	6	585265	4	636948	4	740418	4	820517	5
衢州市	634154	11	727535	11	803239	11	940151	11	1025553	11
衢州市本级	242527	8	264066	8	279893	9	316270	9	338258	9
舟山市	855627	9	926280	9	1010203	9	1127221	9	1203248	9
舟山市本级	212167	9	249850	9	282445	8	331252	8	372222	8
台州市	2204230	6	2477341	6	2652092	7	2980170	7	3432835	6
台州市本级	180689	10	202549	10	228215	10	264538	10	299513	10
丽水市	646121	10	736997	10	809573	10	945064	10	1035667	10
丽水市本级	165692	11	178198	11	197639	11	232871	11	255172	11

2012~2016年浙江省县(市、区)一般公共预算收入排序表

单位:万元

地区		2012年		2013年		2014年		2015年		2016年	
		一般公共预算收入	排序	一般公共预算收入	排序	一般公共预算收入	排序	一般公共预算收入	排序	一般公共预算收入	排序
杭州市	富阳区	420063	21	463611	21	496002	21	543226	24	576102	25
	桐庐县	195063	53	221378	54	239132	56	269668	56	261681	60
	临安市	236616	45	261163	44	281926	46	325622	45	373378	43
	建德市	160046	61	173139	63	187008	63	211944	63	227059	62
	淳安县	112098	70	125465	68	138599	69	171420	68	173613	69
	上城区	541005	11	574322	13	580281	15	664589	16	723906	14
	下城区	771770	4	774960	6	801730	7	856380	7	794139	12
	江干区	529111	12	579681	12	627189	12	740355	11	874915	7
	拱墅区	516112	14	554868	14	603947	13	693773	13	796566	12
	西湖区	757183	5	817772	4	923504	4	1116467	4	1231126	5
	滨江区	640738	8	753969	7	865307	5	1084558	5	1253661	4
	萧山区	1226789	1	1265178	1	1338521	2	1600830	2	1951629	2
	余杭区	1046537	3	1261038	2	1488016	1	1876477	1	2442888	1
	开发区	479221	16	508964	18	510196	20	547970	22	635098	20
	西湖风景名胜区	49375	83	42917	93	46773	93	57599	92	52204	95
	临平工业园区	0		0		0		0		0	
宁波市	慈溪市	650916	7	699670	8	705144	8	777038	9	838982	8
	余姚市	616855	9	596390	10	648070	11	750989	10	811633	11
	奉化市	243728	43	265662	42	290233	44	338192	43	370515	45
	象山县	272793	39	306867	38	331678	37	379485	36	380730	42
	宁海县	298439	33	331354	33	360643	33	415712	34	487899	32
	鄞州区	1097531	2	1228682	3	1318267	3	1504485	3	1644434	3
	镇海区	411273	23	449656	23	485703	23	589188	20	647147	19
	北仑区	321207	30	422666	27	462186	27	464453	30	519487	30
	江东区	421558	20	465810	20	520622	19	600219	19	676630	18
	江北区	361784	28	419047	29	460899	28	542339	25	600080	22

（续表一） 单位：万元

地区		2012年		2013年		2014年		2015年		2016年	
		一般公共预算收入	排序	一般公共预算收入	排序	一般公共预算收入	排序	一般公共预算收入	排序	一般公共预算收入	排序
	海曙区	486306	15	536974	15	568843	16	650215	17	516477	31
	开发区	446227	18	481694	19	555626	18	675623	15	812180	10
	大榭开发区	288939	36	305760	39	337678	35	446952	31	537185	29
	宁波保税区	156578	63	171963	64	175250	64	193977	65	204721	67
	东钱湖区	64701	80	54496	88	65238	84	70718	89	80305	86
	高新开发区	199992	51	249675	47	278700	47	320310	46	353014	47
	杭州湾新区	162936	59	220838	55	295007	42	345551	41	481981	34
温州市	平阳县	171174	57	203581	58	220002	59	256688	58	277720	58
	苍南县	193273	54	236529	50	256366	51	300221	50	318176	53
	瑞安市	406484	24	447415	24	484417	24	547214	23	590481	23
	永嘉县	184454	56	208497	57	223100	58	263580	57	295880	56
	乐清市	457238	17	512937	17	556525	17	641502	18	722325	15
	文成县	49267	84	58317	84	64766	85	72617	85	79189	87
	泰顺县	49193	85	56190	85	61912	86	71496	86	78121	89
	洞头县	33926	93	38344	95	45021	94	54172	94	65182	92
	鹿城区	207578	49	222123	53	235508	57	275765	55	285333	57
	瓯海区	165340	58	210049	56	242396	55	283963	53	321901	50
	龙湾区	145599	64	191462	60	207330	60	226281	60	250665	61
	开发区	122677	67	85872	80	93940	80	87663	81	112966	81
嘉兴市	海宁市	442890	19	524888	16	600260	14	691221	14	720018	16
	桐乡市	417644	22	455301	22	491902	22	550005	21	580002	24
	平湖市	380180	27	422233	28	456780	29	505780	28	567891	27
	嘉善县	273084	38	290035	40	313341	40	355506	39	418002	39
	海盐县	223273	46	246053	49	270280	50	316288	47	351779	48
	南湖区	193040	55	194726	59	169556	65	194006	64	212321	66
	秀洲区	117032	68	127870	67	143019	68	164117	69	180830	68

（续表二）　　单位：万元

地区		2012年		2013年		2014年		2015年		2016年	
		一般公共预算收入	排序	一般公共预算收入	排序	一般公共预算收入	排序	一般公共预算收入	排序	一般公共预算收入	排序
湖州市	长兴县	355087	29	394376	30	402255	31	431752	33	454618	35
	德清县	271938	40	309693	37	337070	36	373614	37	420333	38
	安吉县	210821	48	247043	48	294846	43	329601	44	358511	46
	吴兴区	158431	62	176622	62	197468	62	230851	59	263656	59
	南浔区	128776	65	141556	66	150226	67	178969	67	217256	65
湖州经济开发区		0		0		0		0		0	
绍兴市	柯桥区	704424	6	775655	5	820088	6	978488	6	1060220	6
	上虞区	391888	25	431075	26	465581	26	510882	27	569966	26
	嵊州市	197498	52	227275	51	250538	52	291745	52	320096	52
	新昌县	200008	50	226028	52	247528	54	280028	54	309400	54
	诸暨市	526188	13	596047	11	663386	10	715894	12	717938	17
	越城区	0		107929	74	247827	53	219537	62	329441	49
金华市	兰溪市	161533	60	181333	61	199533	61	221966	61	226467	63
	永康市	301229	31	352966	32	388485	32	444860	32	485289	33
	武义县	124298	66	142338	65	158001	66	186137	66	220386	64
	东阳市	301057	32	353118	31	414838	30	486173	29	562569	28
	磐安县	45345	90	51965	90	60050	88	73220	84	82169	84
	义乌市	574188	10	633101	9	696800	9	792511	8	817904	9
	浦江县	115353	69	124634	69	134018	71	151600	71	166093	71
	金东区	0		0		0		0		0	
	婺城区	0		0		0		0		0	
	开发区	0		0		0		0		0	
衢州市	龙游县	80506	77	90001	78	102129	78	126556	76	140351	77
	常山县	57160	81	65063	83	71903	83	86833	83	94016	82
	江山市	111408	71	124000	70	136610	70	153481	70	158592	74
	开化县	45735	89	50779	91	57685	91	68830	91	81610	85

（续表三） 单位:万元

地区		2012年		2013年		2014年		2015年		2016年	
		一般公共预算收入	排序	一般公共预算收入	排序	一般公共预算收入	排序	一般公共预算收入	排序	一般公共预算收入	排序
	柯城区	43908	91	66392	82	75147	82	86979	82	88762	83
	衢江区	52910	82	67234	81	79872	81	101202	80	123964	79
舟山市	岱山县	97712	75	105928	75	114443	75	126037	77	140863	77
	嵊泗县	48629	86	53670	89	59170	90	69010	90	67301	91
	定海区	256123	41	261361	43	283315	45	305556	49	321886	51
	普陀区	240996	44	255471	45	270830	49	295366	51	300976	55
台州市	临海市	286066	37	325006	35	352566	34	380108	35	449188	36
	温岭市	388678	26	438479	25	478388	25	541213	26	616886	21
	玉环县	251128	42	275990	41	298358	41	344987	42	426217	37
	三门县	106818	73	118035	73	127657	74	144987	74	155766	75
	仙居县	79028	78	92990	77	105588	77	134660	75	162468	72
	天台县	110722	72	122958	71	132867	72	150268	72	170371	70
	椒江区	293429	34	329903	34	326413	39	350386	40	385494	41
	黄岩区	215851	47	249939	46	273714	48	310189	48	371145	44
	路桥区	291821	35	321492	36	328326	38	358834	38	395787	40
丽水市	缙云县	74401	79	86976	79	94876	79	110080	79	121503	80
	景宁县	40850	92	47828	92	47961	92	54513	93	62265	93
	龙泉市	46409	88	54513	87	61381	87	71445	87	135803	78
	青田县	105442	74	119086	72	128629	73	149328	73	78607	88
	庆元县	21511	96	25130	97	30057	97	35508	97	159981	73
	松阳县	33046	94	39071	94	43818	95	52591	95	39101	97
	遂昌县	46747	87	55228	86	60016	89	71160	88	58617	94
	云和县	28696	95	33630	96	36598	96	42899	96	77978	90
	莲都区	83327	76	97337	76	108598	76	124669	78	46640	96

2016年浙江省一般公共预算收支决算分级表

单位:万元

预算科目	决算数合计	省级	地级	其中:地级直属乡镇	县级	乡镇级
一、税收收入	45400849	2457632	6331829	148363	24227977	12383411
增值税	14722091	747855	1712661	61733	7434595	4826980
营业税	6787795	830297	724647	10033	3552587	1680264
企业所得税	7048652	606683	973287	26608	3816733	1651949
企业所得税退税	0	0	0	0	0	0
个人所得税	3170979	136229	307485	4234	1917310	809955
资源税	117612	0	1201	0	54207	62204
城市维护建设税	3006482	90902	621196	13454	1460532	833852
房产税	1843028	25549	206196	11548	947082	664201
印花税	675778	18340	78611	4023	354816	224011
城镇土地使用税	1341339	1777	137841	12598	518678	683043
土地增值税	2345487	0	250258	4132	1566576	528653
车船税	467092	0	70751	0	353780	42561
耕地占用税	826476	0	127216	0	591358	107902
契税	3047898	0	1120479	0	1659583	267836
烟叶税	140	0	0	0	140	0
其他税收收入	0	0	0	0	0	0
二、非税收入	7618930	1021328	1434393	0	4874181	289028
专项收入	4740234	613357	1019025	0	2840237	267615
行政事业性收费收入	489996	20279	70824	0	395144	3749
罚没收入	1234042	37282	364987	0	831151	622
国有资本经营收入	-619506	-20934	-384366	0	-216206	2000
国有资源(资产)有偿使用收入	1333512	275799	229623	0	813515	14575
其他收入	440652	95545	134300	0	210340	467
本年收入合计	53019779	3478960	7766222	148363	29102158	12672439
一、一般公共服务支出	6602591	384443	1235670	8474	3701777	1280701
二、外交支出	0	0	0	0	0	0
三、国防支出	85155	15235	22415	0	44178	3327
四、公共安全支出	5185802	689438	1192290	1332	3186255	117819
五、教育支出	13000325	1004546	1736755	4296	8877626	1381398
六、科学技术支出	2690418	243990	459521	0	1874399	112508
七、文化体育与传媒支出	1587186	216460	368180	545	881140	121406
八、社会保障和就业支出	6311852	395687	1113055	2895	4216591	586519
九、医疗卫生与计划生育支出	5424383	384342	865786	1723	3832042	342213
十、节能环保支出	1614033	47321	286428	2633	1086275	194009
十一、城乡社区支出	7889346	8605	1941428	3964	5080873	858440
十二、农林水支出	7224089	299712	915250	15933	4566853	1442274
十三、交通运输支出	4637461	928574	970525	0	2696578	41784
十四、资源勘探信息等支出	1910162	92394	305214	27	1328869	183685
十五、商业服务业等支出	1335057	26589	211717	293	1023298	73453
十六、金融支出	103265	14364	13558	0	70861	4482
十七、援助其他地区支出	228034	65322	42176	0	120358	178
十八、国土海洋气象等支出	458793	48262	107777	376	287742	15012
十九、住房保障支出	1608591	124912	289028	339	1056893	137758
二十、粮油物资储备支出	187071	80910	19838	0	84970	1353
二十一、其他支出	767915	2062	415409	305	307583	42861
二十二、债务付息支出	868117	20458	203831	0	633305	10523
二十三、债务发行费用支出	22902	1661	5021	0	16203	17
本年支出合计	69742548	5095287	12720872	43135	44974669	6951720

2016年浙江省政府性基金收支决算分级表

单位:万元

项　　目	决算数合计	省级	地级	其中:地级直属乡镇	县级	乡镇级
国有土地使用权出让收入	31929932	0	13603273	0	17390011	936648
城市公用事业附加收入	112530	0	36546	0	75984	0
国有土地收益基金收入	1175285	0	570461	0	604319	505
农业土地开发资金收入	62544	8795	20565	0	32933	251
新增建设用地土地有偿使用费收入	252554	219272	0	0	33282	0
城市基础设施配套费收入	455947	0	127936	0	322891	5120
车辆通行费收入	164401	4372	158729	0	1300	0
彩票公益金收入	365053	142569	132878	0	89057	549
其他各项政府性基金收入	-34518246	-375008	-14650388	0	-18549777	-943073
本年收入合计	39300621	1022879	15673436	0	21639029	965277
国有土地使用权出让相关支出	30727986	482	11366072	0	17544199	1817233
城市公用事业附加相关支出	96556	0	26779	0	68767	1010
国有土地收益基金相关支出	907422	0	345368	0	545095	16959
农业土地开发资金相关支出	53519	0	4878	0	41198	7443
新增建设用地土地有偿使用费相关支出	387216	160	22871	0	295668	68517
城市基础设施配套费相关支出	357493	0	90919	0	209771	56803
车辆通行费相关支出	157993	1080	150751	0	6162	0
彩票公益金相关支出	321131	23143	98493	149	170125	29370
其他各项政府性基金相关支出	-33009316	-24865	-12106131	-149	-18880985	-1997335
本年支出合计	37560211	372845	12917106	188	21928229	2342031

2016 年浙江省国有资本经营收支决算总表

单位:万元

预算科目	决算数	预算科目	决算数
利润收入	440469	解决历史遗留问题及改革成本支出	41547
股利、股息收入	26245	国有企业资本金注入	227186
产权转让收入	203901	国有企业政策性补贴	33666
清算收入	8284	金融国有资本经营预算支出	10850
其他国有资本经营预算收入	64895	其他国有资本经营预算支出	64115
本年收入合计	743794	本年支出合计	377364

2013～2016 年浙江省政府非税收入表

单位:亿元

项　　目	2013 年	2014 年	2015 年	2016 年
行政事业性收费	305. 46	357. 21	386. 23	455. 43
政府性基金收入	364. 56	405. 58	442. 56	442. 84
国有资源有偿使用收入	3929. 65	3657. 19	2206. 72	3566. 29
国有资产有偿使用收入	65. 95	71. 12	89. 79	86. 3
按规定上缴财政的国有资本经营收入	-32. 68	-29. 84	-7. 48	13. 06
行政(刑事)处罚的罚没收入	97. 88	96. 37	108. 58	129. 81
彩票公益金收入	30. 37	33. 25	35. 37	36. 4
以政府名义接受捐赠的收入	1. 38	1. 88	1. 28	1. 49
应当纳入政府非税收入管理的其他资金	129. 15	158. 71	187. 40	192. 92
合计	4891. 73	4751. 46	3450. 46	4924. 54

注:1. 本表所列政府非税收入项目分类标准依照《浙江省政府非税收入管理条例》相关规定,不同于预算科目分类标准;
2. 按规定上缴财政的国有资本经营收入含国有企业计划亏损补贴。

2016年浙江省市县级一般公共预算收支情况表

单位:万元

项目 \ 地区	杭州市	市本级	富阳区	桐庐县	临安市	建德市	淳安县	上城区
一、收入合计	14023826	1655861	576102	261681	373378	227059	173613	723906
(一)税收收入小计	12892211	1446971	493234	226029	334014	204833	155553	689715
增值税	3803453	213875	183148	86530	104365	84518	41060	160612
营业税	1988053	179265	55486	25663	47410	20380	37919	142744
企业所得税	2215439	221061	64880	26463	56399	25753	22622	137337
个人所得税	1155176	15666	36478	16317	23657	10554	7541	109385
资源税	16747	0	5607	1080	1470	6095	321	0
城市维护建设税	890160	144975	35120	11382	25411	13187	7194	36840
房产税	443407	4985	17062	9265	10621	8399	5942	43456
城镇土地使用税	147437	284	15566	10159	14220	8249	2604	3505
土地增值税	851760	14710	24404	13747	23375	10620	12346	44588
耕地占用税	40610	10801	5415	4461	755	3636	2011	0
契税	1056441	633011	37059	15801	17381	9071	13139	0
其他各项税收收入	283528	8338	13009	5161	8950	4371	2854	11248
(二)非税收入小计	1131615	208890	82868	35652	39364	22226	18060	34191
专项收入	1102960	317589	50014	17840	26944	17448	12808	31478
行政事业性收费收入	10968	491	1599	1418	3059	401	280	0
罚没收入	160146	58096	13359	6784	8273	5151	4087	2306
国有资本经营收入	-248902	-204400	-3000	0	-6395	-4700	0	0
国有资源(资产)有偿使用收入	58174	19849	8033	8420	2991	294	393	407
其他收入	48269	17265	12863	1190	4492	3632	492	0
二、支出合计	14043065	3134174	661607	409353	601699	411925	600733	329788
一般公共服务支出	1125425	256303	71022	25949	51450	37077	56171	34250
外交支出	0	0	0	0	0	0	0	0
国防支出	9648	1902	0	461	679	496	252	21
公共安全支出	926471	296608	37811	21690	29790	21419	28544	31199
教育支出	2530114	474086	176693	98204	130041	86857	88862	73675
科学技术支出	749190	176920	34916	16804	31725	15129	10670	13824
文化体育与传媒支出	283936	110605	14879	10374	10318	8776	10885	4149
社会保障和就业支出	1492895	431769	43102	58395	58456	53501	71663	63953
医疗卫生与计划生育支出	970504	218222	47856	42142	47053	38315	52189	19936
节能环保支出	408576	84282	24323	9493	12878	14145	31025	56
城乡社区支出	2338331	346427	24101	12246	41095	13389	60801	53661
农林水支出	914373	183509	93671	65014	59580	70126	88418	29
交通运输支出	518178	137470	22126	18798	79502	19591	50435	10
资源勘探信息等支出	504023	23276	6860	1448	12502	2563	10731	12087
商业服务业等支出	294333	21829	4621	3103	5453	3092	8681	5332
金融支出	15105	3530	97	227	183	13	0	7502
援助其他地区支出	57282	12003	2618	1131	1226	910	0	1404
国土海洋气象等支出	56504	14662	4041	5355	3945	2928	2520	697
住房保障支出	219590	4188	20456	11438	13605	11945	12541	0
粮油物资储备支出	22562	1569	481	3008	403	39	2056	0
其他支出	408919	287843	54	81	750	3944	0	5438
债务付息支出	193926	46774	31333	3921	10882	7349	13937	2565
债务发行费用支出	3180	397	546	71	183	321	352	0

（续表一）　　　　单位：万元

项目＼地区	下城区	江干区	拱墅区	西湖区	滨江区	萧山区	余杭区	开发区
一、收入合计	794139	874915	796566	1231126	1253661	1951629	2442888	635098
（一）税收收入小计	751604	841792	750262	1166149	1184935	1735907	2267761	593712
增值税	207873	200687	212349	324308	392270	554987	718554	306707
营业税	126679	201084	195916	206237	115859	301203	290296	31102
企业所得税	129231	134736	120010	187730	264048	268974	413698	128496
个人所得税	79352	50225	39887	239938	206932	91725	191473	31162
资源税	0	0	0	0	0	1939	235	0
城市维护建设税	42124	51192	49672	64293	86329	141191	125538	53532
房产税	43704	44303	32599	52453	37784	44777	56618	26201
城镇土地使用税	3246	4765	3782	5609	4179	36282	29429	4914
土地增值税	40595	140902	84666	69044	59590	119856	189598	3719
耕地占用税	0	0	0	0	0	13431	100	0
契税	0	0	0	0	0	112697	218282	0
其他各项税收收入	78800	13898	11381	16537	17944	48845	33940	7879
（二）非税收入小计	42535	33123	46304	64977	68726	215722	175127	41386
专项收入	39175	43286	42524	56561	66738	182572	156761	39066
行政事业性收费收入	15	0	87	2249	0	67	1101	169
罚没收入	3167	4585	3108	5225	1698	24526	18733	792
国有资本经营收入	0	-15000	0	0	0	-8407	-7000	0
国有资源（资产）有偿使用收入	178	252	585	942	290	8665	5498	1357
其他收入	0	0	0	0	0	8299	34	2
二、支出合计	325327	535048	385544	695927	1074539	2045491	2214988	477640
一般公共服务支出	32639	46729	44266	63355	29026	157925	171198	43091
外交支出	0	0	0	0	0	0	0	0
国防支出	311	50	29	798	29	1788	2774	58
公共安全支出	38796	42143	40304	59818	30035	110845	94875	26244
教育支出	65830	97642	92756	145960	130012	433599	373331	59587
科学技术支出	11596	38494	13115	32406	117067	73444	118293	44493
文化体育与传媒支出	7418	5251	4774	10014	25311	19389	28731	968
社会保障和就业支出	55500	63129	43213	88871	99270	172186	181712	5666
医疗卫生与计划生育支出	21197	25801	21007	42078	27563	205229	155623	4449
节能环保支出	0	7572	4115	405	6007	111818	100686	1769
城乡社区支出	61782	94366	101810	155417	437021	219966	395588	225724
农林水支出	2192	19589	1360	21999	20530	155363	118118	13497
交通运输支出	0	15	0	30	10	128661	61530	0
资源勘探信息等支出	4970	2806	3320	49103	110573	122112	110976	30534
商业服务业等支出	12595	2075	11159	9134	14221	21691	163011	7851
金融支出	25	324	420	260	750	505	786	483
援助其他地区支出	0	0	1241	3823	7128	8719	11054	5855
国土海洋气象等支出	653	722	1001	3480	1583	6042	7577	1058
住房保障支出	7033	0	0	3728	10905	37689	83491	2571
粮油物资储备支出	0	0	0	0	0	14861	145	0
其他支出	5	79635	1165	601	2499	13096	12944	0
债务付息支出	2701	8705	489	4647	4903	29978	22056	3686
债务发行费用支出	84	0	0	0	96	585	489	56

（续表二） 单位:万元

项目＼地区	西湖风景名胜区	宁波市	市本级	慈溪市	余姚市	奉化市	象山县
一、收入合计	52204	11145409	1182009	838982	811633	370515	380730
(一)税收收入小计	49740	9242194	830686	685182	710448	294462	301400
增值税	11610	3513757	482748	293888	271823	136638	119458
营业税	10810	1113579	-122096	68091	94750	35998	39684
企业所得税	14001	1453382	225100	77816	69704	22748	39219
个人所得税	4884	625100	15378	44261	45389	14551	17476
资源税	0	14086	0	689	1614	1796	3196
城市维护建设税	2180	762228	193090	41219	50074	20349	14913
房产税	5238	368480	17716	39614	38111	12736	11668
城镇土地使用税	644	269809	12870	38929	47729	10004	8808
土地增值税	0	285075	112	11526	17151	5620	11843
耕地占用税	0	64044	0	7871	12773	6677	6018
契税	0	548969	0	41679	43497	20665	21902
其他各项税收收入	373	223685	5768	19599	17833	6680	7215
(二)非税收入小计	2464	1903215	351323	153800	101185	76053	79330
专项收入	2156	1159166	273068	78052	70992	26363	27157
行政事业性收费收入	32	316063	28863	28068	23834	28957	20520
罚没收入	256	153595	32310	13738	13192	12269	15014
国有资本经营收入	0	-164403	-87773	-7600	-21600	2000	0
国有资源(资产)有偿使用收入	20	318298	55429	27056	11773	4645	16637
其他收入	0	120496	49426	14486	2994	1819	2
二、支出合计	139282	12892601	2940403	1051803	936884	630695	613659
一般公共服务支出	4974	1165216	219368	94732	93862	71761	66564
外交支出	0	0	0	0	0	0	0
国防支出	0	19699	8609	1198	1267	128	537
公共安全支出	16350	837480	219149	98281	67442	41005	39310
教育支出	2979	1983694	353865	244840	177132	112187	106792
科学技术支出	294	566230	65057	52627	45935	23434	19483
文化体育与传媒支出	12094	306420	89667	23221	17693	17201	12920
社会保障和就业支出	2509	1163182	164716	118690	158668	79337	46203
医疗卫生与计划生育支出	1844	887157	149691	106813	97336	44558	45636
节能环保支出	2	194654	39543	14668	10302	7042	16397
城乡社区支出	94937	2207294	996144	52377	44608	40111	28438
农林水支出	1378	1042668	166500	109963	119802	101510	141835
交通运输支出	0	535758	167444	57780	35150	33416	27722
资源勘探信息等支出	162	639546	82606	15585	12055	10708	8203
商业服务业等支出	485	539241	50173	11245	7131	3528	4382
金融支出	0	40850	92	298	817	335	351
援助其他地区支出	170	39585	10889	3415	3164	1262	1464
国土海洋气象等支出	240	69787	17965	4262	4930	5116	6660
住房保障支出	0	400757	66242	31935	25050	26724	28404
粮油物资储备支出	0	9387	940	197	0	195	856
其他支出	864	83412	5013	1180	61	1098	137
债务付息支出	0	157457	63603	8496	14479	10039	11365
债务发行费用支出	0	3127	3127	0	0	0	0

（续表三） 单位：万元

项目＼地区	宁海县	鄞州区	镇海区	北仑区	江东区	江北区	海曙区	开发区
一、收入合计	487899	1644434	647147	519487	676630	600080	516477	812180
（一）税收收入小计	359684	1379206	485845	459425	619232	519278	447029	741437
增值税	145541	451207	187182	167470	112893	146336	99302	279538
营业税	47240	247626	66620	88659	169545	88441	99101	80187
企业所得税	47129	164805	68137	64440	108827	61004	66636	169855
个人所得税	21312	83151	28648	24197	43969	46505	48608	71659
资源税	1430	2955	180	1023	0	872	0	0
城市维护建设税	22894	92499	37117	39005	26599	29005	21710	60024
房产税	16320	60117	21048	18987	18841	20990	27015	24771
城镇土地使用税	9312	33725	20437	11126	4032	13801	4267	17089
土地增值税	12569	73394	10183	1299	41573	47253	28037	5015
耕地占用税	7191	7066	3655	1273	0	4727	0	4644
契税	20428	133442	30415	31192	79574	49920	29699	3239
其他各项税收收入	8318	29219	12223	10754	13379	10424	22654	25416
（二）非税收入小计	128215	265228	161302	60062	57398	80802	69448	70743
专项收入	42017	218683	65640	45714	28267	32720	25555	72232
行政事业性收费收入	64441	20882	41103	9803	2992	22926	9035	0
罚没收入	8598	22375	8025	11040	2781	1844	2715	37
国有资本经营收入	-430	-20000	0	-19000	0	0	0	-10000
国有资源（资产）有偿使用收入	8552	7215	45777	3682	22092	23312	30886	7881
其他收入	5037	16073	757	8823	1266	0	1257	593
二、支出合计	677589	1576255	611293	453403	419382	506850	353682	680605
一般公共服务支出	67732	134768	64515	49518	42363	63087	50659	61968
外交支出	0	0	0	0	0	0	0	0
国防支出	567	4524	907	516	90	518	116	641
公共安全支出	46878	91604	40073	34625	31238	36642	37486	20389
教育支出	135467	277301	101267	116257	72503	68649	75841	49145
科学技术支出	18761	61697	28921	22505	42116	21589	11913	53144
文化体育与传媒支出	14876	41848	13511	7455	9238	9003	7928	19386
社会保障和就业支出	83828	134761	60090	59221	44651	40214	44488	73641
医疗卫生与计划生育支出	69745	163980	50621	29947	22879	25225	19178	34986
节能环保支出	11662	31494	12715	6408	2240	17014	1800	902
城乡社区支出	37191	212597	144857	33942	82064	72744	58682	168043
农林水支出	91674	156405	26634	30743	3106	42183	4820	855
交通运输支出	34832	90853	15792	23089	270	13705	392	3422
资源勘探信息等支出	11644	62693	6166	7665	2349	31137	5921	113984
商业服务业等支出	11336	21465	5675	5165	20503	19072	7690	61236
金融支出	907	3757	808	1325	14173	6022	3481	0
援助其他地区支出	1568	5171	1692	1337	1766	1460	1079	1922
国土海洋气象等支出	3764	10330	2657	345	973	2845	836	5358
住房保障支出	26775	54819	25020	18061	24702	21494	20137	7138
粮油物资储备支出	3486	0	3012	72	0	0	261	7
其他支出	270	862	712	957	259	11144	58	60
债务付息支出	4626	15326	5648	4250	1899	3103	916	4378
债务发行费用支出	0	0	0	0	0	0	0	0

（续表四） 单位:万元

项目＼地区	大榭开发区	宁波保税区	东钱湖区	高新开发区	杭州湾新区	温州市	市本级	平阳县
一、收入合计	537185	204721	80305	353014	481981	4398744	1000805	277720
(一)税收收入小计	472330	183102	64450	275135	413863	3713776	842440	232587
增值税	252969	56223	16852	106804	186885	1213739	179407	66509
营业税	12992	13756	15414	25164	42407	572209	149391	29052
企业所得税	99650	58257	6880	49686	53489	463406	97855	30739
个人所得税	41979	19521	3542	34832	20122	193700	56536	15211
资源税	331	0	0	0	0	7243	58	297
城市维护建设税	46102	11065	4311	15821	36431	227483	50432	10286
房产税	4040	7011	1913	9320	18262	164698	41141	10507
城镇土地使用税	4667	3220	2148	4078	23567	86101	12694	10564
土地增值税	587	1060	3071	3016	11766	262598	56326	22991
耕地占用税	0	0	0	0	2149	75781	0	10814
契税	1177	1363	9583	19586	11608	330310	172678	19690
其他各项税收收入	7836	11626	736	6828	7177	116508	25922	5927
(二)非税收入小计	64855	21619	15855	77879	68118	684968	158365	45133
专项收入	48680	20781	5028	27883	50334	354171	82900	21763
行政事业性收费收入	342	42	9178	3168	1909	15067	384	3509
罚没收入	366	124	1044	1711	6412	162322	59325	9670
国有资本经营收入	0	0	0	0	0	-37946	-23000	-1597
国有资源(资产)有偿使用收入	3899	530	541	39171	9220	131785	12118	3452
其他收入	11568	142	64	5946	243	59569	26638	8336
二、支出合计	430247	152267	121757	330478	405349	6667495	898931	546966
一般公共服务支出	18533	14191	11418	16150	24027	803075	115882	55066
外交支出	0	0	0	0	0	0	0	0
国防支出	4	0	3	54	20	7831	2182	783
公共安全支出	6495	663	5245	9511	11444	559197	105590	33045
教育支出	22120	4093	10574	16570	39091	1624404	222004	125025
科学技术支出	12769	34585	1780	28746	21168	134104	32944	7623
文化体育与传媒支出	5368	2867	4084	3147	7007	141671	30919	10136
社会保障和就业支出	23575	2974	6211	11817	10097	514657	57398	52603
医疗卫生与计划生育支出	7957	86	5223	5356	7940	686720	89756	65578
节能环保支出	16113	175	3187	1541	1451	125763	10902	4421
城乡社区支出	118147	15154	32178	58356	11661	490682	38055	50998
农林水支出	775	340	6723	5090	33710	681217	46041	84718
交通运输支出	12629	2508	16493	161	100	382396	47858	9954
资源勘探信息等支出	21362	6327	961	72772	167408	82359	8423	2575
商业服务业等支出	154816	58287	4561	32048	60928	63222	11999	1846
金融支出	73	6930	42	931	508	3587	992	83
援助其他地区支出	1021	655	348	964	408	14696	4554	0
国土海洋气象等支出	822	280	716	786	1142	69938	13462	4762
住房保障支出	6018	1828	10025	3993	2392	148483	45249	9599
粮油物资储备支出	361	0	0	0	0	9863	1978	542
其他支出	83	324	30	61164	0	50642	1478	18814
债务付息支出	1206	0	1955	1321	4847	71504	11238	8575
债务发行费用支出	0	0	0	0	0	1484	27	220

（续表五） 单位：万元

项目＼地区	苍南县	瑞安市	永嘉县	乐清市	文成县	泰顺县	洞头县	鹿城区
一、收入合计	318176	590481	295880	722325	79189	78121	65182	285333
（一）税收收入小计	268677	530830	235967	623831	37015	49565	54123	239939
增值税	87361	192376	91011	272802	7631	7101	12347	71349
营业税	37841	73886	30039	58732	7875	19152	14734	48109
企业所得税	39646	55024	33167	85782	4612	6461	4855	24492
个人所得税	14170	23955	13614	30248	2571	2336	2864	13293
资源税	100	133	122	3575	74	63	2714	47
城市维护建设税	12113	36392	11794	39396	1640	1894	2886	14261
房产税	7343	22795	12067	22620	894	753	1160	13420
城镇土地使用税	4751	14730	5254	16733	681	575	1572	3787
土地增值税	28959	42462	13981	26246	2748	2621	1134	33486
耕地占用税	2043	3058	1613	18431	3147	630	570	5539
契税	25167	48126	14813	31506	3945	6373	8012	0
其他各项税收收入	9183	17893	8492	17760	1197	1606	1275	12156
（二）非税收入小计	49499	59651	59913	98494	42174	28556	11059	45394
专项收入	29700	35521	43156	68078	4637	4098	4193	16516
行政事业性收费收入	1485	391	3634	58	977	3234	12	140
罚没收入	10799	19143	10152	17906	1604	2184	3062	18011
国有资本经营收入	-1800	-6000	-1350	-3500	0	-199	0	0
国有资源（资产）有偿使用收入	3774	3334	1105	15366	31988	18594	3613	7658
其他收入	5541	7262	3216	586	2968	645	179	3069
二、支出合计	701325	927977	608585	862087	412320	388473	203418	382509
一般公共服务支出	104285	87744	69460	78199	42221	43333	32924	58168
外交支出	0	0	0	0	0	0	0	0
国防支出	630	1190	445	677	18	5	442	554
公共安全支出	45806	72200	51751	53603	18467	17920	16286	56368
教育支出	201182	223742	169765	222771	76440	67098	33975	96190
科学技术支出	6987	24293	7114	11526	2789	3021	5280	9269
文化体育与传媒支出	22196	12556	13681	12116	9263	8977	4406	4527
社会保障和就业支出	52885	91782	55630	52413	35707	39258	12332	26001
医疗卫生与计划生育支出	63736	57893	62549	109626	52550	45944	19961	41664
节能环保支出	5552	35396	11236	8560	10912	13550	1963	5070
城乡社区支出	24065	42277	36648	136180	22696	20309	15172	39138
农林水支出	98327	85613	73764	78628	77136	67738	22654	12097
交通运输支出	45052	139188	27142	38652	21096	26939	11524	4116
资源勘探信息等支出	4472	10847	7334	12211	1288	2783	1731	5524
商业服务业等支出	2411	6745	4027	7489	10376	4343	1247	3444
金融支出	94	1265	0	0	8	0	75	934
援助其他地区支出	0	2355	0	3072	0	0	0	1618
国土海洋气象等支出	9548	6043	3506	5267	2717	3674	18277	28
住房保障支出	2124	15944	2345	5936	21045	15130	1672	15126
粮油物资储备支出	306	612	532	767	2161	1439	1015	0
其他支出	3759	463	868	16065	2354	4541	100	111
债务付息支出	7681	9596	10625	7979	3015	2432	2355	2531
债务发行费用支出	227	233	163	350	61	39	27	31

（续表六）　　　　单位：万元

项目＼地区	瓯海区	龙湾区	开发区	嘉兴市	市本级	海宁市	桐乡市	平湖市
一、收入合计	321901	250665	112966	3879341	848498	720018	580002	567891
（一）税收收入小计	295102	200748	102952	3479801	741501	659032	520031	515044
增值税	98624	77978	49243	1237768	235296	222489	174767	217005
营业税	59204	35691	8503	390193	86855	72706	59149	46352
企业所得税	48391	20622	11760	545614	106979	100064	90119	95222
个人所得税	7086	8355	3461	179686	65145	33747	25868	19505
资源税	10	43	7	1238	0	0	0	0
城市维护建设税	21159	15683	9547	236197	54341	39241	30969	37514
房产税	13062	11183	7753	189431	35738	55212	26939	22810
城镇土地使用税	5690	5270	3800	127731	11370	25180	19801	20197
土地增值税	21054	8031	2559	197488	29033	45849	29534	16742
耕地占用税	13517	12441	3978	53888	9417	10113	11347	500
契税	0	0	0	226090	85894	39654	36731	24910
其他各项税收收入	7305	5451	2341	94477	21433	14777	14807	14287
（二）非税收入小计	26799	49917	10014	399540	106997	60986	59971	52847
专项收入	20392	14531	8686	330910	85866	44720	42424	51652
行政事业性收费收入	71	1066	106	9683	4059	1295	1530	634
罚没收入	6359	3186	921	72844	16915	14423	12263	7953
国有资本经营收入	-500	0	0	-71035	-18870	-10505	-7000	-15000
国有资源（资产）有偿使用收入	477	30005	301	37051	9709	8316	8463	5457
其他收入	0	1129	0	20087	9318	2737	2291	2151
二、支出合计	360265	250905	123734	4421926	1021460	780895	640061	564144
一般公共服务支出	66753	33489	15551	405198	82345	66425	55505	60063
外交支出	0	0	0	0	0	0	0	0
国防支出	757	0	148	4290	595	1428	874	737
公共安全支出	44557	28501	15103	302451	65324	48840	44531	37483
教育支出	99647	63590	22975	897234	92179	185865	163774	121934
科学技术支出	6983	8813	7462	179357	27083	33638	27732	20986
文化体育与传媒支出	6603	5689	602	94374	19387	19404	15779	11369
社会保障和就业支出	16332	13455	8861	337918	82103	71640	40473	50027
医疗卫生与计划生育支出	39485	28429	9549	287682	46849	56597	54754	40046
节能环保支出	3935	5730	8536	183038	43692	36368	32190	9674
城乡社区支出	19617	28008	17519	662541	250940	69500	73307	91708
农林水支出	19648	11122	3731	499094	107470	87699	83026	50964
交通运输支出	5074	4770	1031	167939	66451	35018	13483	13189
资源勘探信息等支出	9005	9689	6477	143983	73653	23567	5123	21979
商业服务业等支出	5188	2045	2062	46316	20604	7456	2194	2975
金融支出	98	38	0	1705	749	239	211	111
援助其他地区支出	1394	887	816	10499	2327	2080	1958	2426
国土海洋气象等支出	214	1907	533	17940	2655	2870	2744	1081
住房保障支出	11207	1307	1799	94735	20152	19085	10728	16224
粮油物资储备支出	511	0	0	7230	2082	1219	171	363
其他支出	511	1251	327	7377	2571	238	0	0
债务付息支出	2662	2163	652	68935	12107	11202	11187	10305
债务发行费用支出	84	22	0	2090	142	517	317	500

（续表七） 单位：万元

项目 \ 地区	嘉善县	海盐县	南湖区	秀洲区	湖州市	市本级	长兴县	德清县
一、收入合计	418002	351779	212321	180830	2111792	397418	454618	420333
（一）税收收入小计	386530	313530	185167	158966	1826455	321764	381751	372984
增值税	141889	121193	65011	60118	594517	77465	133074	120270
营业税	47217	35942	25306	16666	317349	93248	52842	41079
企业所得税	52635	54734	22207	23654	209292	45617	31025	50782
个人所得税	20209	14239	631	342	179675	24296	47008	43845
资源税	2	1236	0	0	20519	-680	5345	6485
城市维护建设税	23302	26860	12627	11343	105153	26158	21608	17986
房产税	14948	13555	12258	7971	58425	6663	15072	16442
城镇土地使用税	19559	5904	14683	11037	84466	6266	21059	20061
土地增值税	27591	12511	19944	16284	88159	19977	14087	19047
耕地占用税	4899	6025	4183	7404	12928	100	4480	7391
契税	25046	13855	0	0	105023	8814	22973	20572
其他各项税收收入	9233	7476	8317	4147	50949	13840	13178	9024
（二）非税收入小计	31472	38249	27154	21864	285337	75654	72867	47349
专项收入	30622	37523	20445	17658	173200	50182	36711	25832
行政事业性收费收入	559	600	772	234	3440	2052	400	73
罚没收入	7441	5538	4511	3800	68040	26824	16277	8000
国有资本经营收入	-8960	-10700	0	0	-7657	-13883	0	0
国有资源（资产）有偿使用收入	958	2550	1426	172	33881	3020	19452	7819
其他收入	852	2738	0	0	14433	7459	27	5625
二、支出合计	475056	435080	261549	243681	2886169	658850	574611	460412
一般公共服务支出	54675	36905	22314	26966	289235	61676	49747	51928
外交支出	0	0	0	0	0	0	0	0
国防支出	0	634	0	22	1556	618	372	225
公共安全支出	44581	26115	23141	12436	232984	95574	37249	36946
教育支出	103344	111306	60496	58336	581217	92388	121689	103012
科学技术支出	23072	21587	10956	14303	93215	14178	22073	19828
文化体育与传媒支出	13016	10812	2612	1995	53411	12846	8889	12061
社会保障和就业支出	30272	28026	20042	15335	257827	61358	49367	33245
医疗卫生与计划生育支出	36258	35501	7289	10388	234255	37391	40669	37543
节能环保支出	11225	12113	20923	16853	110348	8904	27252	13468
城乡社区支出	56964	47626	52634	19862	147379	27804	28457	28760
农林水支出	52261	51829	24084	41761	402551	82274	98411	68828
交通运输支出	11362	14685	3139	10612	163461	85590	30630	11310
资源勘探信息等支出	12713	1441	3224	2283	88150	25684	22863	13489
商业服务业等支出	7304	3035	1098	1650	50649	13375	10468	8110
金融支出	285	110	0	0	4144	1380	10	1994
援助其他地区支出	0	854	854	0	6738	3545	1491	1702
国土海洋气象等支出	3974	3565	66	985	16473	1690	6587	1443
住房保障支出	1575	21301	786	4884	52917	6926	2809	3557
粮油物资储备支出	1683	1712	0	0	4481	388	2830	1233
其他支出	2423	24	2121	0	27433	12124	0	175
债务付息支出	7805	5742	5590	4997	65354	13136	11962	11209
债务发行费用支出	264	157	180	13	2391	1	786	346

（续表八）　　单位：万元

项目＼地区	安吉县	吴兴区	南浔区	湖州经济开发区	绍兴市	市本级	柯桥区	上虞区
一、收入合计	358511	263656	217256	0	3903010	595949	1060220	569966
（一）税收收入小计	317060	235212	197684	0	3322536	460942	898562	507196
增值税	103923	78908	80877	0	1013000	120309	251523	183412
营业税	54524	49758	25898	0	425281	50672	116860	60895
企业所得税	26902	28406	26560	0	434375	57878	121713	87117
个人所得税	44814	10306	9406	0	189489	27864	35537	24339
资源税	2171	7198	0	0	4771	271	43	1063
城市维护建设税	15093	12711	11597	0	186775	33145	38201	32793
房产税	10292	7586	2370	0	194475	21117	74473	26242
城镇土地使用税	15405	7446	14229	0	222605	16900	83468	26376
土地增值税	17139	9135	8774	0	211212	8289	65399	25663
耕地占用税	0	922	35	0	131448	32886	41448	3662
契税	19923	19442	13299	0	207275	68852	46307	22399
其他各项税收收入	6874	3394	4639	0	101830	22759	23590	13235
（二）非税收入小计	41451	28444	19572	0	580474	135007	161658	62770
专项收入	22243	22422	15810	0	297697	65589	77370	41946
行政事业性收费收入	618	285	12	0	22822	15924	122	1262
罚没收入	8552	5619	2768	0	112514	34991	21218	13042
国有资本经营收入	6114	0	112	0	-28133	-22000	2006	-7339
国有资源（资产）有偿使用收入	2609	118	863	0	152391	34257	57044	11672
其他收入	1315	0	7	0	23183	6246	3898	2187
二、支出合计	571939	258016	270087	92254	4560959	787067	989490	650296
一般公共服务支出	66151	22665	25660	11408	442852	84710	88490	81124
外交支出	0	0	0	0	0	0	0	0
国防支出	0	143	183	15	4601	444	1026	523
公共安全支出	38373	10963	10785	3094	372921	113609	64474	51933
教育支出	135290	58433	64057	6348	971151	115112	193391	135173
科学技术支出	17587	7654	8202	3693	228725	34824	54303	32683
文化体育与传媒支出	12572	2232	4270	541	100679	26243	23153	10079
社会保障和就业支出	44940	28480	35443	4994	447019	87976	100996	56102
医疗卫生与计划生育支出	41959	30298	39114	7281	383990	71595	81393	53614
节能环保支出	43492	10446	4836	1950	79566	13508	25545	7713
城乡社区支出	19320	16913	16632	9493	353556	25875	94721	41692
农林水支出	81626	27891	34601	8920	574292	70131	142454	115313
交通运输支出	22474	6231	6683	543	241894	39212	18676	32756
资源勘探信息等支出	3057	7629	3192	12236	73900	9122	36713	11391
商业服务业等支出	6124	2717	3355	6500	53673	16662	18970	7368
金融支出	524	200	36	0	3478	1568	0	1355
援助其他地区支出	0	0	0	0	14478	3957	3792	1929
国土海洋气象等支出	6625	128	0	0	18441	7599	1510	1362
住房保障支出	5908	20074	6122	7521	91707	25028	20910	2009
粮油物资储备支出	30	0	0	0	7878	358	3270	749
其他支出	6388	819	1250	6677	28733	27041	1028	0
债务付息支出	18647	3865	5495	1040	65696	12393	14482	5213
债务发行费用支出	852	235	171	0	1729	100	193	215

（续表九） 单位：万元

项目 \ 地区	嵊州市	新昌县	诸暨市	越城区	金华市	市本级	兰溪市	永康市
一、收入合计	320096	309400	717938	329441	3381394	820517	226467	485289
（一）税收收入小计	269840	256440	618190	311366	2905252	686034	185682	398843
增值税	90030	99705	177067	90954	857297	185521	69573	140373
营业税	27747	24978	85988	58141	421713	95971	21300	47856
企业所得税	22001	40107	63497	42062	420887	94378	20713	57056
个人所得税	11753	13497	59910	16589	185657	40973	11679	16963
资源税	658	51	2086	599	4123	1205	1235	84
城市维护建设税	17635	13527	31234	20240	173311	44474	14477	30111
房产税	12667	9211	25676	25089	147685	33681	6988	20883
城镇土地使用税	24104	13955	41645	16157	132046	28750	12369	21397
土地增值税	26800	15610	35727	33724	167623	52625	5980	20403
耕地占用税	12140	10313	30999	0	98080	40513	6664	2428
契税	17617	7415	44685	0	196526	46802	9546	27296
其他各项税收收入	6688	8071	19676	7811	100304	21141	5158	13993
（二）非税收入小计	50256	52960	99748	18075	476142	134483	40785	86446
专项收入	31484	24652	44304	12352	210565	46807	18067	45913
行政事业性收费收入	2232	1296	1384	602	38482	5809	1500	8390
罚没收入	10604	6219	21985	4455	151915	49745	12814	18663
国有资本经营收入	-800	0	0	0	-16450	-7950	0	0
国有资源（资产）有偿使用收入	3824	19370	25558	666	79466	38302	5962	12216
其他收入	2912	1423	6517	0	12164	1770	2442	1264
二、支出合计	516270	414198	972356	231282	5423599	754941	394573	678929
一般公共服务支出	38534	44535	76597	28862	523552	76575	37974	75093
外交支出	0	0	0	0	0	0	0	0
国防支出	494	669	1148	297	4861	2139	69	802
公共安全支出	34355	31272	66058	11220	396106	67879	23917	55212
教育支出	126963	99287	215429	85796	988721	82298	96867	146055
科学技术支出	23080	26557	51884	5394	182163	28036	10907	31632
文化体育与传媒支出	7903	9822	21826	1653	93156	19615	4831	7698
社会保障和就业支出	54731	38261	88989	19964	454740	62243	51861	41032
医疗卫生与计划生育支出	39057	34436	85946	17949	480576	86717	53291	73329
节能环保支出	8037	7218	17178	367	191827	18471	4884	10531
城乡社区支出	29895	19114	116354	25905	526218	116879	12242	64321
农林水支出	57518	69376	105028	14472	574201	38992	65583	55591
交通运输支出	64790	12833	73567	60	578696	61927	13824	97911
资源勘探信息等支出	3288	5468	6694	1224	72808	16452	4907	2885
商业服务业等支出	3741	3969	2929	34	117243	29164	2746	3923
金融支出	329	206	20	0	12137	2658	25	722
援助其他地区支出	956	885	2959	0	9271	2312	0	1457
国土海洋气象等支出	824	2179	4617	350	40119	5930	641	5410
住房保障支出	8544	380	17252	17584	105028	26357	3196	713
粮油物资储备支出	1017	757	1727	0	7219	3949	934	145
其他支出	300	0	235	129	10162	525	1218	0
债务付息支出	11770	6894	14944	0	52711	5391	4626	4258
债务发行费用支出	144	80	975	22	2084	432	30	209

（续表十）　　单位：万元

项目 \ 地区	武义县	东阳市	磐安县	义乌市	浦江县	金东区	婺城区	开发区
一、收入合计	220386	562569	82169	817904	166093	0	0	0
（一）税收收入小计	193145	502999	66664	731315	140570	0	0	0
增值税	77612	145240	26101	172406	40471	0	0	0
营业税	21818	91340	7532	119034	16862	0	0	0
企业所得税	20664	86671	9235	117455	14715	0	0	0
个人所得税	8495	49208	4391	49088	4860	0	0	0
资源税	428	303	506	102	260	0	0	0
城市维护建设税	10653	24093	3500	39836	6167	0	0	0
房产税	8173	12768	2318	49821	13053	0	0	0
城镇土地使用税	11307	15132	1564	30807	10720	0	0	0
土地增值税	9874	20661	2398	50335	5347	0	0	0
耕地占用税	3925	2182	5514	28878	7976	0	0	0
契税	15533	36682	2138	43252	15277	0	0	0
其他各项税收收入	4663	18719	1467	30301	4862	0	0	0
（二）非税收入小计	27241	59570	15505	86589	25523	0	0	0
专项收入	15213	27951	6216	40087	10311	0	0	0
行政事业性收费收入	3270	11972	1125	3952	2464	0	0	0
罚没收入	4746	20229	3278	33673	8767	0	0	0
国有资本经营收入	0	-2000	0	-5500	-1000	0	0	0
国有资源（资产）有偿使用收入	3723	1284	2196	13063	2720	0	0	0
其他收入	289	134	2690	1314	2261	0	0	0
二、支出合计	445352	714162	252729	1144001	425114	232951	209140	171707
一般公共服务支出	39218	46391	31737	122391	28253	29933	21645	14342
外交支出	0	0	0	0	0	0	0	0
国防支出	39	393	32	626	456	236	69	0
公共安全支出	26282	43018	14437	92610	19263	15969	22575	14944
教育支出	74122	145024	50750	200559	70405	37683	52549	32409
科学技术支出	12820	27696	3720	43846	7281	3938	2518	9769
文化体育与传媒支出	9396	10478	6188	21953	5853	2518	3032	1594
社会保障和就业支出	44003	80848	23321	77232	28227	17383	16624	11966
医疗卫生与计划生育支出	31435	57401	15153	81736	33669	20113	12411	15321
节能环保支出	42757	25471	7848	12812	40412	6523	10484	11634
城乡社区支出	46101	92201	12521	147455	5613	12805	4156	11924
农林水支出	55630	63196	33042	85319	69526	58415	34685	14222
交通运输支出	35636	21487	39162	188338	98373	7634	14146	258
资源勘探信息等支出	6378	5429	3837	11712	3399	3253	522	14034
商业服务业等支出	5727	51817	503	15791	1544	2776	682	2570
金融支出	270	897	0	7289	208	68	0	0
援助其他地区支出	0	1298	0	3570	634	0	0	0
国土海洋气象等支出	349	16996	1517	8263	949	64	0	0
住房保障支出	8730	14235	1783	11293	6344	7875	10735	13767
粮油物资储备支出	91	540	501	341	256	216	246	0
其他支出	0	0	2630	3934	0	1154	0	701
债务付息支出	6148	8945	3913	6590	4132	4395	2061	2252
债务发行费用支出	220	401	134	341	317	0	0	0

（续表十一） 单位:万元

项目 \ 地区	衢州市	市本级	龙游县	常山县	江山市	开化县	柯城区	衢江区
一、收入合计	1025553	338258	140351	94016	158592	81610	88762	123964
(一)税收收入小计	827801	275102	110929	65191	129804	73673	76443	96659
增值税	235194	82179	29005	18108	37868	22314	17998	27722
营业税	113689	33107	19781	10544	15296	13099	10327	11535
企业所得税	88217	31584	9780	5407	15940	10662	5056	9788
个人所得税	32273	10712	4567	2038	5966	2742	3494	2754
资源税	6092	-1	162	1651	2993	56	0	1231
城市维护建设税	48849	19771	5267	3053	7409	3462	4585	5302
房产税	33131	10331	6270	2620	5635	2096	2964	3215
城镇土地使用税	60059	21202	11684	3468	6803	2716	5347	8839
土地增值税	58077	22214	10049	4214	4399	3957	7474	5770
耕地占用税	41055	2433	2281	8180	9990	88	5804	12279
契税	86932	34120	9024	4338	12713	10509	11187	5041
其他各项税收收入	24233	7450	3059	1570	4792	1972	2207	3183
(二)非税收入小计	197752	63156	29422	28825	28788	7937	12319	27305
专项收入	83094	33454	10997	5448	11726	5908	9206	6355
行政事业性收费收入	11513	1493	1060	2380	4299	349	385	1547
罚没收入	40145	13511	6698	4970	7614	1369	1733	4250
国有资本经营收入	-4113	-3990	0	0	-83	0	-40	0
国有资源(资产)有偿使用收入	59887	14503	9957	15542	3754	311	932	14888
其他收入	7226	4185	710	485	1478	0	103	265
二、支出合计	2685317	522951	421333	351516	420000	417386	238181	313950
一般公共服务支出	276083	63317	34397	31763	41746	35455	22723	46682
外交支出	0	0	0	0	0	0	0	0
国防支出	2942	785	454	142	600	494	0	467
公共安全支出	162829	63143	20481	21031	24960	16125	9201	7888
教育支出	453017	64676	77346	60296	98084	54451	50513	47651
科学技术支出	75844	20074	9699	11271	12120	10122	5050	7508
文化体育与传媒支出	49856	7962	7569	7863	7029	11700	3420	4313
社会保障和就业支出	289621	38911	50940	36042	41932	43967	43276	34553
医疗卫生与计划生育支出	224653	28810	38033	37660	42669	30348	23523	23610
节能环保支出	88346	26061	7278	6954	5797	38684	1302	2270
城乡社区支出	230786	49240	44122	31004	32039	26362	29356	18663
农林水支出	421743	35271	78161	59742	53842	84995	35120	74612
交通运输支出	180628	55009	19397	26461	25855	35853	236	17817
资源勘探信息等支出	61352	26970	8065	3291	10056	2608	8655	1707
商业服务业等支出	40953	10673	4328	1906	10916	5007	2794	5329
金融支出	1981	511	166	45	64	1195	0	0
援助其他地区支出	0	0	0	0	0	0	0	0
国土海洋气象等支出	9350	2215	1923	2126	1270	1486	289	41
住房保障支出	67786	19151	12763	8311	2341	8183	2148	14889
粮油物资储备支出	11266	2492	1121	1070	1545	970	0	4068
其他支出	2090	41	0	214	100	1735	0	0
债务付息支出	33341	7516	5004	4221	6774	7474	553	1799
债务发行费用支出	850	123	86	103	261	172	22	83

（续表十二）

单位：万元

项目 \ 地区	舟山市	市本级	岱山县	嵊泗县	定海区	普陀区	台州市	市本级
一、收入合计	1203248	372222	140863	67301	321886	300976	3432835	299513
（一）税收收入小计	970728	275659	111611	42096	280803	260559	2921899	230886
增值税	260385	48142	40307	10880	95837	65219	1012917	42819
营业税	171157	86755	9245	12791	21055	41311	322062	39770
企业所得税	95209	29693	6653	3487	31229	24147	408521	34979
个人所得税	41499	15504	4275	1860	11241	8619	192637	19202
资源税	29437	348	17625	1665	8088	1711	9312	0
城市维护建设税	47711	14427	4280	1629	16178	11197	191407	22697
房产税	46054	15273	5034	1128	10136	14483	142690	11701
城镇土地使用税	54172	11504	9963	2492	15196	15017	128627	7901
土地增值税	42233	14616	3337	935	4781	18564	131348	12872
耕地占用税	107611	10179	4283	26	52064	41059	121153	1089
契税	51592	19999	4387	4720	8530	13956	176970	29781
其他各项税收收入	23668	9219	2222	483	6468	5276	84255	8075
（二）非税收入小计	232520	96563	29252	25205	41083	40417	510936	68627
专项收入	57368	17845	8912	3105	15447	12059	287221	28730
行政事业性收费收入	20066	10731	3819	311	4408	797	7470	130
罚没收入	58773	31049	4382	4323	1938	17081	156647	33221
国有资本经营收入	0	0	0	0	0	0	-18871	-2500
国有资源（资产）有偿使用收入	86769	32832	11370	17452	18426	6689	60450	7751
其他收入	9544	4106	769	14	864	3791	18019	1295
二、支出合计	2505417	970858	381482	235991	364257	552829	5143996	595201
一般公共服务支出	285850	142176	37313	28921	31032	46408	556074	73608
外交支出	0	0	0	0	0	0	0	0
国防支出	4178	2276	715	447	124	616	5673	2249
公共安全支出	132420	45965	18393	12767	26389	28906	375460	79457
教育支出	291712	91225	42277	25271	61041	71898	1084686	75869
科学技术支出	58786	24847	8492	3703	11954	9790	115254	18757
文化体育与传媒支出	56082	28872	7520	3888	5448	10354	94947	10164
社会保障和就业支出	170665	67077	33292	15911	24641	29744	485830	32625
医疗卫生与计划生育支出	157784	44595	27535	16327	31445	37882	417362	63922
节能环保支出	33450	16993	3740	2738	3526	6453	84377	17168
城乡社区支出	172449	41349	20853	11216	18944	80087	383773	19241
农林水支出	521795	110159	119277	72223	64102	156034	728122	46898
交通运输支出	244789	168040	32312	13215	12203	19019	438323	83223
资源勘探信息等支出	37259	12200	3154	3188	7541	11176	68161	14279
商业服务业等支出	30937	13408	4105	2903	2809	7712	45706	16840
金融支出	935	607	58	0	30	240	3051	908
援助其他地区支出	1850	1005	0	0	276	569	8313	1584
国土海洋气象等支出	38784	24763	7183	2603	2030	2205	54158	11634
住房保障支出	107528	45268	8291	4680	34547	14742	101143	9971
粮油物资储备支出	2493	1179	798	366	0	150	8552	2621
其他支出	115563	75485	25	11646	18842	9565	22622	2226
债务付息支出	39284	12979	6045	3923	7230	9107	59815	11716
债务发行费用支出	824	390	104	55	103	172	2594	241

（续表十三） 单位：万元

项目＼地区	临海市	温岭市	玉环县	三门县	仙居县	天台县	椒江区	黄岩区
一、收入合计	449188	616886	426217	155766	162468	170371	385494	371145
（一）税收收入小计	380549	520459	369745	129934	132632	145690	352154	309308
增值税	146763	176017	164556	39827	53527	47814	109407	128723
营业税	33100	57738	32967	16354	16709	15715	35870	27726
企业所得税	49912	71607	46290	16550	14919	24572	57957	30323
个人所得税	23165	38930	14647	8346	9333	14387	22153	18947
资源税	1254	2843	1768	1682	425	423	0	650
城市维护建设税	27302	30718	22849	5988	7235	7849	22968	23211
房产税	22132	24955	19189	7925	3859	5375	14736	17887
城镇土地使用税	23712	24373	16055	6953	3701	4270	11364	16553
土地增值税	11504	28895	9034	6369	5357	5149	18101	15073
耕地占用税	15321	20445	19963	3453	6294	7598	24467	7888
契税	17038	27888	13601	13178	7882	8730	24065	14782
其他各项税收收入	9346	16050	8826	3309	3391	3808	11066	7545
（二）非税收入小计	68639	96427	56472	25832	29836	24681	33340	61837
专项收入	33015	55309	38734	9583	17876	15572	22727	34902
行政事业性收费收入	13	3292	314	974	23	1962	29	505
罚没收入	17075	25184	19031	7572	11560	6397	8040	13663
国有资本经营收入	0	-7000	-4000	4137	0	-1000	-1800	-3708
国有资源（资产）有偿使用收入	18536	16015	2191	3334	289	1376	1718	8465
其他收入	0	3627	202	232	88	374	2626	8010
二、支出合计	866722	943353	543880	329046	433121	365007	360889	403357
一般公共服务支出	69038	92221	66375	38864	39724	44034	51246	44038
外交支出	0	0	0	0	0	0	0	0
国防支出	638	53	160	600	269	429	421	799
公共安全支出	41591	52785	46397	22064	25546	26569	30861	22323
教育支出	181033	208821	97718	63856	77009	101154	101632	97384
科学技术支出	16725	16294	21447	2792	3350	5762	10595	15014
文化体育与传媒支出	8696	10800	20507	6220	7486	9654	6318	9109
社会保障和就业支出	85072	66525	38746	47615	51101	30942	32461	68267
医疗卫生与计划生育支出	67643	66530	33939	32007	36328	31760	28251	27841
节能环保支出	8082	6147	4061	4795	4312	9470	4442	11404
城乡社区支出	114753	76150	52060	21880	51763	12642	8750	14463
农林水支出	113899	177373	73718	44801	85081	52150	51119	48065
交通运输支出	110820	90692	52445	14270	31065	19892	6025	24208
资源勘探信息等支出	9285	9088	7836	6711	3103	2617	7691	5172
商业服务业等支出	3542	7321	4764	1577	1585	2904	3187	2364
金融支出	111	403	168	97	62	35	0	170
援助其他地区支出	1425	2638	0	5	0	0	1363	30
国土海洋气象等支出	10768	8284	5630	6077	1951	1470	3988	1935
住房保障支出	10712	31637	9080	9573	7664	8929	4336	5801
粮油物资储备支出	2596	210	789	1128	429	409	358	0
其他支出	2704	11252	3417	163	448	350	1831	171
债务付息支出	7180	7549	4370	3756	4674	3714	5711	4637
债务发行费用支出	409	580	253	195	171	121	303	162

（续表十四）　　单位：万元

项目＼地区	路桥区	丽水市	市本级	缙云县	景宁县	莲都区	龙泉市	青田县
一、收入合计	395787	1035667	255172	121503	62265	135803	78607	159981
（一）税收收入小计	350542	840564	219844	95481	50702	114303	67586	114724
增值税	103464	232209	44900	30614	11967	37884	15898	36395
营业税	46113	122213	31709	12079	8483	18237	9168	15226
企业所得税	61412	107627	28163	7766	5886	23657	5629	16709
个人所得税	23527	59858	16209	3938	10184	6218	4035	6646
资源税	267	4044	0	901	299	147	367	793
城市维护建设税	20590	46306	17686	4954	2155	4482	3466	4697
房产税	14931	29003	7850	3928	1051	3137	2079	3813
城镇土地使用税	13745	26509	8100	3896	505	2168	2671	1761
土地增值税	18994	49914	19484	9329	1658	978	3098	5719
耕地占用税	14635	79878	19798	11410	5568	8903	12352	10252
契税	20025	61770	20528	3921	2063	5492	6737	10399
其他各项税收收入	12839	21233	5417	2745	883	3000	2086	2314
（二）非税收入小计	45245	195103	35328	26022	11563	21500	11021	45257
专项收入	30773	70525	16995	7737	5647	6292	5514	12126
行政事业性收费收入	228	14143	888	2500	1769	830	901	5010
罚没收入	14904	59819	9000	11960	1864	3878	2233	15865
国有资本经营收入	-3000	-1062	0	-550	0	0	-225	0
国有资源（资产）有偿使用收入	775	39561	1853	3104	1520	10500	2003	11993
其他收入	1565	12117	6592	1271	763	0	595	263
二、支出合计	303420	3416717	436036	376690	345066	306355	360060	424986
一般公共服务支出	36926	345588	59710	33946	39634	27505	28585	42421
外交支出	0	0	0	0	0	0	0	0
国防支出	55	4641	616	127	374	636	430	643
公共安全支出	27867	198045	39992	21850	18135	20258	15609	19467
教育支出	80210	589829	73053	87020	49123	57015	54617	81604
科学技术支出	4518	63560	16801	5435	3185	7276	6273	8978
文化体育与传媒支出	5993	96194	11900	5273	23177	7932	8996	10463
社会保障和就业支出	32476	301811	26879	32111	26637	46444	47444	48352
医疗卫生与计划生育支出	29141	309358	28238	28954	34415	46212	33242	46155
节能环保支出	14496	66767	6904	3276	7870	5082	5731	2620
城乡社区支出	12071	367732	29474	67099	32606	18293	45890	34929
农林水支出	35018	564321	28005	53952	56478	48139	68473	65887
交通运输支出	5683	256825	58301	18450	17534	3665	26979	41398
资源勘探信息等支出	2379	46227	12549	1736	11229	3389	2001	4421
商业服务业等支出	1622	26195	6990	1687	3787	1010	4769	1764
金融支出	1097	1928	563	143	253	0	354	357
援助其他地区支出	1268	0	0	0	0	0	0	0
国土海洋气象等支出	2421	19037	5202	1485	1715	146	1386	2566
住房保障支出	3440	94005	20496	7515	8549	10787	3856	7491
粮油物资储备支出	12	15230	2282	697	5288	559	1070	512
其他支出	60	8900	1062	511	1608	150	0	287
债务付息支出	6508	39636	6978	5340	3381	1752	4241	4555
债务发行费用支出	159	888	41	83	88	105	114	116

（续表十五）　　单位：万元

项目 \ 地区	庆元县	松阳县	遂昌县	云和县
一、收入合计	39101	58617	77978	46640
（一）税收收入小计	32377	45005	61517	39025
增值税	9559	11712	17860	15420
营业税	6423	8410	6878	5600
企业所得税	5094	5820	5360	3543
个人所得税	2252	3279	4848	2249
资源税	71	492	740	234
城市维护建设税	1725	2064	2589	2488
房产税	956	2706	1885	1598
城镇土地使用税	638	1196	2652	2922
土地增值税	2111	2401	4038	1098
耕地占用税	869	1893	8703	130
契税	1792	3630	4371	2837
其他各项税收收入	887	1402	1593	906
（二）非税收入小计	6724	13612	16461	7615
专项收入	2836	4474	5753	3151
行政事业性收费收入	1271	216	341	417
罚没收入	1380	7872	3150	2617
国有资本经营收入	-155	0	-132	0
国有资源（资产）有偿使用收入	884	189	6487	1028
其他收入	508	861	862	402
二、支出合计	267383	344598	348015	207528
一般公共服务支出	28633	30923	30750	23481
外交支出	0	0	0	0
国防支出	454	527	410	424
公共安全支出	16122	16116	17739	12757
教育支出	46079	57564	53087	30667
科学技术支出	5473	3753	4047	2339
文化体育与传媒支出	7013	6456	11414	3570
社会保障和就业支出	14771	20600	23699	14874
医疗卫生与计划生育支出	18412	33721	20635	19374
节能环保支出	9533	11208	11327	3216
城乡社区支出	18179	57936	45274	18052
农林水支出	52750	73522	78909	38206
交通运输支出	35005	9959	26156	19378
资源勘探信息等支出	1085	1546	4288	3983
商业服务业等支出	1138	1166	1622	2262
金融支出	0	3	172	83
援助其他地区支出	0	0	0	0
国土海洋气象等支出	1706	1383	2187	1261
住房保障支出	6958	14186	8721	5446
粮油物资储备支出	810	334	859	2819
其他支出	265	113	2812	2092
债务付息支出	2997	3444	3777	3171
债务发行费用支出	0	138	130	73

2016年浙江省各市县财政总收入表

单位:万元

地　区	财政总收入	地　区	财政总收入	地　区	财政总收入
杭州小计	**25584128**	桐乡市	1004535	常山县	127189
杭州市	23844189	嘉善县	731655	开化县	129018
桐庐县	430440	海盐县	630603	**舟山小计**	**1732865**
临安市	647896	**湖州小计**	**3608918**	舟山市	1441223
建德市	388730	湖州市	1486968	岱山县	207270
淳安县	272873	德清县	727860	嵊泗县	84372
宁波小计	**21457622**	安吉县	603302	**台州小计**	**5838322**
宁波市	16565995	长兴县	790788	台州市	2484906
慈溪市	1448006	**绍兴小计**	**6300779**	温岭市	1031980
余姚市	1391109	绍兴市	4160520	临海市	764240
奉化市	626056	诸暨市	1125912	玉环县	743437
宁海县	800396	嵊州市	487822	三门县	247706
象山县	626060	新昌县	526525	天台县	298917
温州小计	**7239592**	**金华小计**	**5551882**	仙居县	267136
温州市	3324554	金华市	1366450	**丽水小计**	**1648720**
乐清市	1281939	兰溪市	373934	丽水市	652253
瑞安市	980092	东阳市	924018	龙泉市	113246
永嘉县	490899	义乌市	1306949	青田县	241732
平阳县	438882	永康市	818380	云和县	76213
苍南县	516573	浦江县	250046	庆元县	63345
文成县	100027	武义县	374582	缙云县	183631
泰顺县	106626	磐安县	137523	遂昌县	114248
嘉兴小计	**6733669**	**衢州小计**	**1550250**	松阳县	88630
嘉兴市	2137129	衢州市	852284	景宁县	115422
海宁市	1238759	江山市	241005		
平湖市	990988	龙游县	200754		

2016年浙江省乡镇(含比照乡镇财政体制管理的街道)一般公共预算收入排序表

单位:万元

排序	所属地区	县(市、区)	乡镇(街道)	一般公共预算收入	排序	所属地区	县(市、区)	乡镇(街道)	一般公共预算收入
1	宁波市	北仑区	新矸街道	235107.00	32	宁波市	奉化市	锦屏街道	75005.00
2	金华市	东阳市	横店镇	185869.48	33	湖州市	吴兴区	织里镇	73160.00
3	绍兴市	柯桥区	马鞍镇	162422.87	34	宁波市	鄞州区	钟公庙街道	71974.00
4	湖州市	安吉县	递铺镇	149854.99	35	宁波市	慈溪市	周巷镇	71008.00
5	宁波市	鄞州区	潘火街道	133454.00	36	金华市	义乌市	北苑街道	70445.00
6	杭州市	西湖区	三墩镇	118529.72	37	杭州市	萧山区	瓜沥镇	69949.61
7	杭州市	余杭区	仓前街道	115310.07	38	嘉兴市	桐乡市	开发区	69817.45
8	杭州市	余杭区	良渚街道	114721.35	39	舟山市	普陀区	六横镇	69022.74
9	金华市	义乌市	稠城街道	113666.00	40	温州市	苍南县	灵溪镇	68798.10
10	宁波市	北仑区	小港街道	113439.00	41	宁波市	慈溪市	观海卫镇	68385.00
11	嘉兴市	平湖市	钟埭街道	112389.88	42	台州市	临海市	杜桥镇	67518.00
12	绍兴市	诸暨市	暨阳街道	110374.14	43	绍兴市	柯桥区	钱清镇	67479.41
13	绍兴市	柯桥区	柯岩街道	102097.05	44	宁波市	象山县	丹东街道	67078.47
14	金华市	义乌市	稠江街道	102032.67	45	宁波市	鄞州区	东钱湖镇	64450.00
15	嘉兴市	平湖市	乍浦镇	101315.63	46	宁波市	鄞州区	首南街道	64034.00
16	绍兴市	越城区	斗门镇	100008.78	47	嘉兴市	海宁市	长安镇	63972.84
17	嘉兴市	嘉善县	惠民街道	98788.17	48	杭州市	富阳区	富春街道	62419.97
18	杭州市	余杭区	五常街道	98012.94	49	温州市	乐清市	柳市镇	60123.43
19	宁波市	北仑区	大矸街道	94324.00	50	温州市	乐清市	乐成街道办事处	59092.52
20	宁波市	江北区	庄桥街道	94114.00	51	杭州市	余杭区	余杭街道	58982.68
21	宁波市	鄞州区	石碶街道	87479.00	52	绍兴市	上虞区	百官街道	58867.00
22	宁波市	江北区	慈城镇	85632.00	53	台州市	三门县	海游街道	58725.35
23	宁波市	镇海区	蛟川街道	85450.97	54	温州市	平阳县	鳌江镇	57721.00
24	绍兴市	柯桥区	齐贤镇	84365.43	55	丽水市	青田县	鹤城街道办事处	57532.00
25	宁波市	余姚市	阳明街道	80710.87	56	宁波市	镇海区	骆驼街道	57054.19
26	宁波市	江北区	甬江街道	80179.00	57	嘉兴市	海盐县	西塘桥街道	56680.35
27	温州市	苍南县	龙港镇	78752.30	58	嘉兴市	桐乡市	梧桐街道	56208.58
28	温州市	瑞安市	塘下镇	78102.13	59	绍兴市	诸暨市	店口镇	55618.31
29	嘉兴市	海盐县	武原街道	76053.20	60	宁波市	江北区	洪塘街道	54425.00
30	湖州市	吴兴区	八里店镇	75890.00	61	杭州市	余杭区	闲林街道	54092.81
31	温州市	平阳县	昆阳镇	75848.00	62	绍兴市	诸暨市	陶朱街道	53527.53

（续表一） 单位：万元

排序	所属地区	县（市、区）	乡镇（街道）	一般公共预算收入	排序	所属地区	县（市、区）	乡镇（街道）	一般公共预算收入
63	湖州市	安吉县	昌硕街道	52903.00	94	绍兴市	越城区	灵芝镇	39577.66
64	台州市	玉环县	楚门镇	51320.00	95	台州市	路桥区	金清镇	39411.20
65	金华市	永康市	东城街道	51262.00	96	嘉兴市	桐乡市	洲泉镇	39311.74
66	金华市	义乌市	江东街道	49706.00	97	杭州市	余杭区	乔司街道	38896.71
67	宁波市	鄞州区	五乡镇	49362.00	98	温州市	乐清市	北白象镇	38258.12
68	湖州市	南浔区	南浔镇	48906.20	99	金华市	义乌市	佛堂镇	37965.80
69	宁波市	鄞州区	古林镇	48864.00	100	宁波市	余姚市	朗霞街道	37950.23
70	宁波市	鄞州区	姜山镇	48712.00	101	舟山市	普陀区	东港街道	37619.57
71	宁波市	奉化市	岳林街道	48696.00	102	台州市	温岭市	大溪镇	37320.30
72	宁波市	宁海县	跃龙街道	47846.00	103	绍兴市	上虞区	道墟镇	37254.00
73	宁波市	鄞州区	邱隘镇	47797.00	104	温州市	乐清市	城南街道办事处	37227.97
74	绍兴市	诸暨市	浣东街道	47121.64	105	宁波市	鄞州区	下应街道	36780.00
75	宁波市	余姚市	兰江街道	47090.20	106	嘉兴市	海宁市	马桥街道	36633.13
76	宁波市	鄞州区	高桥镇	46671.00	107	杭州市	余杭区	崇贤街道	36033.77
77	嘉兴市	平湖市	独山港镇	45945.93	108	宁波市	北仑区	春晓街道	35871.00
78	宁波市	余姚市	凤山街道	45940.19	109	嘉兴市	桐乡市	崇福镇	35144.65
79	宁波市	象山县	西周镇	45693.97	110	杭州市	富阳区	银湖街道	35042.52
80	宁波市	象山县	丹西街道	44787.70	111	金华市	永康市	西城街道	35005.00
81	宁波市	北仑区	戚家山街道	44606.00	112	衢州市	江山市	虎山街道办事处	34951.00
82	绍兴市	上虞区	松下镇	44446.00	113	金华市	武义县	白洋街道	34831.26
83	宁波市	慈溪市	横河镇	44315.00	114	宁波市	鄞州区	云龙镇	34697.00
84	宁波市	宁海县	西店镇	43888.00	115	杭州市	萧山区	义桥镇	33887.41
85	绍兴市	诸暨市	大唐镇	43366.99	116	宁波市	宁海县	梅林街道	33624.00
86	宁波市	慈溪市	宗汉街道	42305.00	117	杭州市	余杭区	仁和街道	33622.99
87	绍兴市	越城区	马山镇	41699.18	118	杭州市	萧山区	衙前镇	33595.22
88	台州市	温岭市	泽国镇	41120.70	119	嘉兴市	海宁市	许村镇	33197.26
89	宁波市	慈溪市	浒山街道	40582.00	120	杭州市	富阳区	东洲街道	33088.40
90	宁波市	余姚市	泗门镇	40334.28	121	宁波市	鄞州区	中河街道	32991.00
91	宁波市	鄞州区	集士港镇	40072.00	122	嘉兴市	嘉善县	魏塘街道	32925.47
92	宁波市	慈溪市	龙山镇	39938.00	123	杭州市	余杭区	瓶窑镇	31958.07
93	绍兴市	柯桥区	安昌镇	39613.19	124	绍兴市	柯桥区	杨汛桥镇	31903.58

（续表二） 单位:万元

排序	所属地区	县(市、区)	乡镇(街道)	一般公共预算收入	排序	所属地区	县(市、区)	乡镇(街道)	一般公共预算收入
125	湖州市	德清县	钟管镇	31548.66	156	金华市	义乌市	苏溪镇	26289.50
126	湖州市	长兴县	煤山镇	31380.44	157	宁波市	慈溪市	逍林镇	26288.00
127	宁波市	余姚市	梨洲街道	31111.20	158	嘉兴市	海宁市	袁花镇	26042.75
128	嘉兴市	桐乡市	濮院镇	30860.87	159	金华市	武义县	熟溪街道	26023.85
129	杭州市	余杭区	塘栖镇	30852.01	160	绍兴市	柯桥区	平水镇	25896.13
130	杭州市	建德市	新安江街道	30687.00	161	绍兴市	柯桥区	福全镇	25369.41
131	宁波市	奉化市	江口街道	30667.00	162	嘉兴市	桐乡市	乌镇镇	24857.29
132	宁波市	慈溪市	古塘街道	30471.00	163	杭州市	富阳区	新登镇	24800.21
133	宁波市	奉化市	溪口镇	30465.00	164	绍兴市	上虞区	章镇镇	24610.00
134	温州市	瓯海区	娄桥街道	30132.28	165	衢州市	江山市	双塔街道办事处	24227.00
135	杭州市	富阳区	春江街道	29772.21	166	舟山市	普陀区	沈家门街道	24205.80
136	湖州市	安吉县	天子湖镇	29763.64	167	宁波市	慈溪市	白沙路街道	24158.00
137	宁波市	宁海县	桃源街道	29694.00	168	温州市	平阳县	水头镇	24075.00
138	嘉兴市	嘉善县	姚庄镇	29304.31	169	嘉兴市	平湖市	新埭镇	23840.46
139	宁波市	北仑区	霞浦街道	29181.00	170	嘉兴市	海宁市	黄湾镇	23750.67
140	湖州市	长兴县	画溪街道	28962.85	171	绍兴市	柯桥区	湖塘街道	23645.35
141	温州市	乐清市	虹桥镇	28791.33	172	绍兴市	诸暨市	枫桥镇	23483.90
142	宁波市	象山县	石浦镇	28595.91	173	湖州市	德清县	乾元镇	23332.98
143	金华市	武义县	壶山街道	28419.30	174	绍兴市	嵊州市	三江街道	23077.23
144	金华市	义乌市	廿三里街道	28250.29	175	温州市	瓯海区	梧田街道	23071.50
145	湖州市	安吉县	灵峰街道	27780.09	176	温州市	平阳县	万全镇	22495.00
146	宁波市	鄞州区	东吴镇	27640.00	177	宁波市	镇海区	庄市街道	22468.44
147	嘉兴市	嘉善县	西塘镇	27596.44	178	绍兴市	越城区	皋埠镇	22412.00
148	湖州市	德清县	武康街道	27590.80	179	宁波市	鄞州区	横街镇	22343.00
149	宁波市	余姚市	马渚镇	27383.79	180	宁波市	慈溪市	庵东镇	22206.00
150	湖州市	德清县	新市镇	27330.17	181	湖州市	安吉县	孝丰镇	22109.59
151	宁波市	余姚市	低塘街道	27300.67	182	湖州市	长兴县	和平镇	21871.53
152	台州市	玉环县	清港镇	27157.00	183	舟山市	定海区	金塘镇	21501.47
153	舟山市	定海区	马岙街道	27048.74	184	衢州市	开化县	华埠镇	21365.92
154	绍兴市	上虞区	沥海镇	26835.00	185	杭州市	余杭区	中泰街道	21198.51
155	嘉兴市	嘉善县	罗星街道	26674.80	186	丽水市	青田县	温溪镇	21060.00

（续表三） 单位：万元

排序	所属地区	县(市、区)	乡镇(街道)	一般公共预算收入	排序	所属地区	县(市、区)	乡镇(街道)	一般公共预算收入
187	嘉兴市	秀洲区	王江泾镇	21002.12	218	嘉兴市	平湖市	曹桥街道	17483.36
188	绍兴市	上虞区	小越镇	20506.00	219	台州市	温岭市	松门镇	17317.00
189	宁波市	奉化市	西坞街道	20409.00	220	金华市	义乌市	后宅街道	17185.00
190	丽水市	缙云县	壶镇镇	20384.41	221	台州市	路桥区	横街镇	17091.71
191	金华市	义乌市	福田街道	20231.00	222	嘉兴市	平湖市	当湖街道	17057.65
192	杭州市	萧山区	临浦镇	19750.13	223	宁波市	象山县	爵溪街道	16940.36
193	湖州市	南浔区	双林镇	19656.00	224	宁波市	余姚市	陆埠镇	16574.01
194	宁波市	慈溪市	坎墩街道	19518.00	225	金华市	武义县	桐琴镇	16442.57
195	金华市	永康市	江南街道	19391.00	226	宁波市	宁海县	黄坛镇	16254.00
196	嘉兴市	海宁市	盐官镇	19274.64	227	湖州市	南浔区	和孚镇	16076.00
197	台州市	温岭市	箬横镇	19193.60	228	温州市	平阳县	萧江镇	16036.00
198	湖州市	南浔区	练市镇	18980.00	229	嘉兴市	嘉善县	干窑镇	15902.74
199	嘉兴市	海宁市	斜桥镇	18966.72	230	绍兴市	诸暨市	牌头镇	15825.07
200	湖州市	德清县	雷甸镇	18944.69	231	金华市	义乌市	上溪镇	15789.26
201	宁波市	奉化市	莼湖镇	18661.00	232	嘉兴市	桐乡市	凤鸣街道	15748.29
202	嘉兴市	平湖市	新仓镇	18405.72	233	杭州市	富阳区	环山乡	15582.21
203	宁波市	镇海区	蟹浦镇	18370.64	234	丽水市	缙云县	五云街道办事处	15552.47
204	绍兴市	嵊州市	甘霖镇	18359.12	235	金华市	永康市	芝英镇	15424.00
205	宁波市	鄞州区	洞桥镇	18353.00	236	杭州市	萧山区	党湾镇	15395.06
206	金华市	永康市	城西新区	18339.00	237	绍兴市	越城区	东浦镇	15384.95
207	宁波市	慈溪市	长河镇	18165.00	238	宁波市	慈溪市	掌起镇	15015.00
208	湖州市	吴兴区	埭溪镇	18156.00	239	杭州市	富阳区	灵桥镇	14929.38
209	温州市	乐清市	城东街道办事处	18085.29	240	宁波市	鄞州区	横溪镇	14829.00
210	嘉兴市	海盐县	百步镇	17945.54	241	金华市	兰溪市	灵洞乡	14785.00
211	绍兴市	柯桥区	兰亭镇	17921.93	242	台州市	路桥区	新桥镇	14751.00
212	台州市	玉环县	芦浦镇	17861.00	243	嘉兴市	嘉善县	大云镇	14711.97
213	宁波市	余姚市	临山镇	17737.87	244	嘉兴市	嘉善县	天凝镇	14539.06
214	宁波市	镇海区	九龙湖镇	17666.79	245	宁波市	慈溪市	匡堰镇	14510.00
215	金华市	永康市	古山镇	17626.00	246	台州市	玉环县	龙溪乡	14417.00
216	宁波市	余姚市	丈亭镇	17555.32	247	台州市	黄岩区	院桥镇	14415.95
217	台州市	天台县	平桥镇	17527.02	248	湖州市	吴兴区	东林镇	14330.00

（续表四） 单位：万元

排序	所属地区	县（市、区）	乡镇（街道）	一般公共预算收入	排序	所属地区	县（市、区）	乡镇（街道）	一般公共预算收入
249	宁波市	余姚市	黄家埠镇	14317.04	280	温州市	瓯海区	郭溪街道	12275.82
250	宁波市	慈溪市	新浦镇	14313.00	281	绍兴市	越城区	鉴湖镇	11941.11
251	金华市	浦江县	黄宅镇	14271.86	282	宁波市	余姚市	河姆渡镇	11925.84
252	湖州市	安吉县	梅溪镇	14230.56	283	台州市	临海市	东塍镇	11852.95
253	杭州市	萧山区	所前镇	14145.78	284	杭州市	富阳区	大源镇	11813.53
254	嘉兴市	桐乡市	屠甸镇	14122.71	285	丽水市	龙泉市	剑池街道	11736.79
255	嘉兴市	桐乡市	石门镇	14098.12	286	台州市	温岭市	城南镇	11717.00
256	台州市	温岭市	新河镇	14022.70	287	杭州市	余杭区	运河街道	11713.21
257	宁波市	余姚市	牟山镇	13911.00	288	丽水市	青田县	北山镇	11599.00
258	湖州市	德清县	洛舍镇	13859.01	289	绍兴市	上虞区	东关街道	11543.00
259	杭州市	西湖区	双浦镇	13695.70	290	嘉兴市	秀城区	余新镇	11434.87
260	嘉兴市	海宁市	海洲街道	13652.59	291	金华市	武义县	泉溪镇	11418.79
261	台州市	临海市	汛桥镇	13539.75	292	嘉兴市	秀洲区	新塍镇	11367.77
262	宁波市	慈溪市	崇寿镇	13500.00	293	绍兴市	柯桥区	漓渚镇	11261.70
263	绍兴市	诸暨市	草塔镇	13487.25	294	宁波市	鄞州区	鄞江镇	11176.00
264	嘉兴市	海宁市	丁桥镇	13469.46	295	宁波市	余姚市	三七市镇	11125.34
265	湖州市	德清县	阜溪街道	13461.04	296	杭州市	萧山区	益农镇	11111.29
266	宁波市	余姚市	小曹娥镇	13412.58	297	衢州市	江山市	贺村镇	11095.00
267	杭州市	富阳区	胥口镇	13411.91	298	金华市	兰溪市	兰江街道	11032.00
268	嘉兴市	秀洲区	王店镇	13396.28	299	宁波市	慈溪市	胜山镇	10992.00
269	湖州市	长兴县	夹浦镇	13140.23	300	湖州市	长兴县	泗安镇	10911.17
270	金华市	东阳市	南马镇	13129.90	301	台州市	温岭市	石塘镇	10908.10
271	绍兴市	诸暨市	应店街镇	13018.24	302	杭州市	富阳区	鹿山街道	10642.13
272	台州市	路桥区	蓬街镇	12999.83	303	杭州市	萧山区	浦阳镇	10614.79
273	金华市	义乌市	义亭镇	12960.00	304	舟山市	定海区	小沙街道	10565.39
274	金华市	浦江县	浦阳街道	12864.59	305	金华市	义乌市	城西街道	10438.00
275	嘉兴市	海宁市	周王庙镇	12778.85	306	宁波市	北仑区	梅山街道	10409.00
276	温州市	瓯海区	新桥街道	12615.29	307	台州市	玉环县	沙门镇	10394.00
277	宁波市	奉化市	尚田镇	12589.00	308	丽水市	缙云县	新碧街道办事处	10358.70
278	湖州市	长兴县	李家巷镇	12580.68	309	嘉兴市	海盐县	秦山街道	10356.82
279	绍兴市	越城区	东湖镇	12469.00	310	杭州市	桐庐县	城南街道	10352.29

（续表五）　　单位：万元

排序	所属地区	县(市、区)	乡镇(街道)	一般公共预算收入	排序	所属地区	县(市、区)	乡镇(街道)	一般公共预算收入
311	金华市	永康市	象珠镇	10350.00	342	杭州市	富阳区	新桐乡	8718.14
312	温州市	苍南县	金乡镇	10339.50	343	嘉兴市	平湖市	林埭镇	8668.65
313	湖州市	吴兴区	环渚街道	10316.00	344	杭州市	富阳区	渔山乡	8615.49
314	绍兴市	嵊州市	剡湖街道	10309.93	345	杭州市	余杭区	径山镇	8593.54
315	宁波市	慈溪市	桥头镇	10299.00	346	金华市	义乌市	大陈镇	8592.80
316	宁波市	慈溪市	附海镇	10246.00	347	嘉兴市	桐乡市	龙翔街道	8588.10
317	舟山市	岱山县	衢山镇	10231.64	348	湖州市	德清县	新安镇	8577.18
318	绍兴市	上虞区	丰惠镇	10146.00	349	温州市	瑞安市	马屿镇	8507.50
319	金华市	东阳市	歌山镇	10007.86	350	绍兴市	上虞区	梁湖镇	8462.00
320	金华市	东阳市	巍山镇	9975.03	351	台州市	临海市	沿江镇	8438.30
321	嘉兴市	海盐县	沈荡镇	9887.90	352	舟山市	定海区	岑港街道	8347.58
322	台州市	温岭市	滨海镇	9861.80	353	台州市	临海市	上盘镇	8278.70
323	台州市	温岭市	温峤镇	9757.00	354	湖州市	长兴县	小浦镇	8229.42
324	嘉兴市	海盐县	澉浦镇	9714.82	355	宁波市	北仑区	柴桥街道	8226.00
325	湖州市	长兴县	雉城街道办事处	9689.07	356	衢州市	龙游县	湖镇镇	8218.00
326	绍兴市	诸暨市	王家井镇	9454.21	357	绍兴市	越城区	陶堰镇	8122.59
327	湖州市	南浔区	菱湖镇	9313.00	358	绍兴市	诸暨市	璜山镇	7990.67
328	台州市	天台县	白鹤镇	9287.03	359	杭州市	桐庐县	桐君街道	7944.34
329	嘉兴市	秀洲区	油车港镇	9190.96	360	嘉兴市	秀城区	凤桥镇	7941.29
330	嘉兴市	秀城区	七星镇	9190.50	361	绍兴市	嵊州市	三界镇	7940.01
331	嘉兴市	秀城区	新丰镇	9141.96	362	温州市	瑞安市	陶山镇	7932.57
332	湖州市	安吉县	天荒坪镇	9128.97	363	嘉兴市	桐乡市	大麻镇	7903.68
333	杭州市	建德市	洋溪街道	9049.00	364	嘉兴市	秀洲区	洪合镇	7869.60
334	宁波市	鄞州区	塘溪镇	9043.00	365	温州市	永嘉县	桥头镇	7828.06
335	嘉兴市	桐乡市	河山镇	9015.45	366	丽水市	遂昌县	妙高街道办事处	7798.72
336	嘉兴市	桐乡市	高桥镇	8978.54	367	宁波市	鄞州区	咸祥镇	7789.00
337	湖州市	德清县	禹越镇	8865.90	368	绍兴市	嵊州市	鹿山街道	7743.72
338	宁波市	宁海县	深甽镇	8852.00	369	绍兴市	诸暨市	次坞镇	7742.55
339	温州市	瓯海区	瞿溪街道	8833.42	370	杭州市	建德市	寿昌镇	7739.00
340	舟山市	岱山县	高亭镇	8798.50	371	杭州市	萧山区	河上镇	7736.82
341	金华市	永康市	龙山镇	8781.00	372	杭州市	建德市	梅城镇	7689.00

（续表六） 单位：万元

排序	所属地区	县（市、区）	乡镇（街道）	一般公共预算收入	排序	所属地区	县（市、区）	乡镇（街道）	一般公共预算收入
373	嘉兴市	海盐县	通元镇	7648.21	404	台州市	玉环县	干江镇	6671.00
374	温州市	瓯海区	南白象街道	7638.62	405	丽水市	庆元县	濛洲街道	6659.80
375	嘉兴市	秀城区	大桥镇	7614.18	406	温州市	苍南县	钱库镇	6656.90
376	舟山市	定海区	盐仓街道	7607.43	407	金华市	义乌市	赤岸镇	6656.82
377	宁波市	象山县	大徐镇	7592.35	408	绍兴市	越城区	孙端镇	6655.17
378	湖州市	安吉县	皈山乡	7591.88	409	杭州市	淳安县	千岛湖镇	6626.00
379	宁波市	余姚市	梁弄镇	7566.63	410	杭州市	萧山区	戴村镇	6604.04
380	绍兴市	柯桥区	夏履镇	7510.11	411	金华市	磐安县	尖山镇	6558.57
381	绍兴市	柯桥区	王坛镇	7489.20	412	台州市	三门县	珠岙镇	6448.40
382	宁波市	宁海县	长街镇	7443.00	413	温州市	泰顺县	罗阳镇	6402.00
383	温州市	永嘉县	桥下镇	7421.01	414	衢州市	柯城区	航埠镇	6397.00
384	杭州市	桐庐县	富春江镇	7418.18	415	丽水市	青田县	油竹街道办事处	6393.00
385	宁波市	奉化市	萧王庙街道	7417.00	416	衢州市	常山县	辉埠镇	6317.00
386	温州市	瓯海区	潘桥街道	7398.84	417	绍兴市	嵊州市	黄泽镇	6302.86
387	绍兴市	诸暨市	山下湖镇	7346.08	418	舟山市	定海区	白泉镇	6302.12
388	舟山市	岱山县	东沙镇	7332.43	419	宁波市	北仑区	白峰街道	6277.00
389	台州市	三门县	健跳镇	7081.90	420	杭州市	临安市	太湖源镇	6243.32
390	湖州市	长兴县	林城镇	7081.50	421	杭州市	建德市	下涯镇	6138.00
391	宁波市	鄞州区	瞻岐镇	7077.00	422	台州市	临海市	涌泉镇	6110.70
392	杭州市	桐庐县	横村镇	7070.49	423	杭州市	临安市	高虹镇	6100.86
393	金华市	永康市	石柱镇	7016.00	424	台州市	三门县	浦坝港镇	6090.00
394	湖州市	长兴县	虹星桥镇	7003.32	425	绍兴市	诸暨市	安华镇	6071.51
395	杭州市	富阳区	场口镇	6964.75	426	杭州市	桐庐县	分水镇	6050.71
396	温州市	瓯海区	仙岩街道	6900.97	427	嘉兴市	平湖市	广陈镇	6048.01
397	嘉兴市	海盐县	元通街道	6859.27	428	绍兴市	诸暨市	阮市镇	6046.42
398	温州市	鹿城区	滕桥镇	6855.82	429	湖州市	长兴县	洪桥镇	5937.68
399	温州市	瓯海区	景山街道	6845.37	430	嘉兴市	海盐县	于城镇	5881.92
400	丽水市	松阳县	西屏街道办事处	6719.84	431	金华市	永康市	花街镇	5860.00
401	金华市	兰溪市	云山街道	6709.00	432	湖州市	德清县	下渚湖街道	5847.89
402	金华市	磐安县	安文镇	6682.63	433	杭州市	萧山区	进化镇	5844.23
403	衢州市	江山市	上余镇	6677.00	434	绍兴市	嵊州市	崇仁镇	5821.24

（续表七） 单位：万元

排序	所属地区	县（市、区）	乡镇（街道）	一般公共预算收入	排序	所属地区	县（市、区）	乡镇（街道）	一般公共预算收入
435	舟山市	普陀区	展茅街道	5705.57	466	宁波市	象山县	贤痒镇	4697.04
436	湖州市	德清县	莫干山镇	5703.52	467	舟山市	岱山县	秀山乡	4694.59
437	绍兴市	嵊州市	仙岩镇	5652.83	468	绍兴市	上虞区	盖北镇	4656.00
438	湖州市	吴兴区	道场乡	5627.00	469	绍兴市	柯桥区	稽东镇	4647.44
439	湖州市	长兴县	太湖街道	5626.48	470	丽水市	青田县	船寮镇	4559.00
440	衢州市	开化县	城关镇	5587.27	471	宁波市	余姚市	大隐镇	4516.21
441	湖州市	南浔区	旧馆镇	5457.00	472	湖州市	长兴县	水口乡	4502.34
442	嘉兴市	嘉善县	陶庄镇	5384.56	473	杭州市	桐庐县	江南镇	4502.19
443	嘉兴市	海宁市	硖石街道	5360.17	474	温州市	瓯海区	丽岙街道	4398.13
444	丽水市	龙泉市	龙渊街道	5351.92	475	嘉兴市	海宁市	海昌街道	4354.54
445	舟山市	岱山县	长涂镇	5331.50	476	宁波市	宁海县	强蛟镇	4260.00
446	宁波市	宁海县	桥头胡街道	5310.00	477	湖州市	南浔区	善琏镇	4235.00
447	绍兴市	上虞区	谢塘镇	5309.00	478	宁波市	宁海县	大佳河镇	4219.00
448	绍兴市	诸暨市	街亭镇	5305.12	479	宁波市	象山县	新桥镇	4216.18
449	杭州市	建德市	乾潭镇	5302.00	480	金华市	兰溪市	永昌街道	4212.00
450	宁波市	象山县	东陈乡	5202.71	481	金华市	永康市	唐先镇	4203.00
451	绍兴市	诸暨市	江藻镇	5170.98	482	杭州市	临安市	昌化镇	4180.33
452	宁波市	象山县	黄避岙乡	5110.91	483	金华市	东阳市	湖溪镇	4168.45
453	绍兴市	嵊州市	长乐镇	5064.21	484	湖州市	长兴县	龙山街道办事处	4111.39
454	湖州市	安吉县	上墅乡	5046.15	485	舟山市	定海区	双桥街道	4067.63
455	舟山市	嵊泗县	菜园镇	5004.75	486	台州市	天台县	坦头镇	3922.57
456	宁波市	宁海县	岔路镇	4885.00	487	金华市	浦江县	浦南街道	3907.93
457	宁波市	宁海县	力洋镇	4876.00	488	湖州市	吴兴区	妙西镇	3883.00
458	绍兴市	上虞区	上浦镇	4875.00	489	金华市	东阳市	画水镇	3829.10
459	台州市	临海市	尤溪镇	4872.05	490	宁波市	宁海县	前童镇	3819.00
460	宁波市	奉化市	裘村镇	4826.00	491	杭州市	临安市	龙岗镇	3805.80
461	杭州市	富阳区	渌渚镇	4814.93	492	台州市	黄岩区	沙埠镇	3791.19
462	杭州市	临安市	於潜镇	4794.13	493	杭州市	建德市	李家镇	3781.00
463	金华市	兰溪市	游埠镇	4774.00	494	宁波市	鄞州区	章水镇	3766.00
464	温州市	洞头县	北岙街道办事处	4771.81	495	金华市	永康市	方岩镇	3749.00
465	舟山市	定海区	环南街道	4705.65	496	台州市	临海市	白水洋镇	3730.95

（续表八） 单位：万元

排序	所属地区	县（市、区）	乡镇（街道）	一般公共预算收入	排序	所属地区	县（市、区）	乡镇（街道）	一般公共预算收入
497	湖州市	德清县	舞阳街道	3724.15	528	金华市	武义县	王宅镇	3036.71
498	绍兴市	诸暨市	同山镇	3622.17	529	台州市	天台县	三合镇	3022.00
499	舟山市	普陀区	桃花镇	3590.10	530	湖州市	长兴县	吕山乡	3020.13
500	绍兴市	嵊州市	浦口街道	3582.00	531	温州市	瓯海区	三垟街道	2987.02
501	绍兴市	上虞区	驿亭镇	3581.00	532	宁波市	奉化市	松岙镇	2986.00
502	宁波市	象山县	泗洲头镇	3559.43	533	温州市	苍南县	宜山镇	2981.40
503	绍兴市	诸暨市	直埠镇	3522.36	534	金华市	浦江县	郑宅镇	2939.83
504	金华市	兰溪市	女埠街道	3477.00	535	舟山市	定海区	干览镇	2922.18
505	丽水市	莲都区	仙渡乡	3472.06	536	杭州市	余杭区	百丈镇	2919.77
506	宁波市	象山县	涂茨镇	3468.03	537	杭州市	建德市	钦堂乡	2903.00
507	温州市	乐清市	雁荡镇	3455.72	538	温州市	平阳县	腾蛟镇	2893.00
508	杭州市	富阳区	里山镇	3421.62	539	温州市	泰顺县	三魁镇	2873.00
509	湖州市	安吉县	溪龙乡	3420.95	540	舟山市	普陀区	虾峙镇	2868.79
510	绍兴市	上虞区	汤浦镇	3402.00	541	温州市	瓯海区	泽雅镇	2853.00
511	杭州市	临安市	板桥镇	3370.40	542	金华市	永康市	西溪镇	2837.00
512	温州市	乐清市	大荆镇	3365.90	543	丽水市	莲都区	碧湖镇	2814.37
513	台州市	黄岩区	北洋镇	3336.95	544	杭州市	建德市	大同镇	2775.00
514	杭州市	建德市	更楼街道	3322.00	545	杭州市	萧山区	楼塔镇	2758.94
515	衢州市	江山市	清湖镇	3291.00	546	台州市	黄岩区	头陀镇	2753.83
516	宁波市	宁海县	越溪乡	3267.00	547	宁波市	宁海县	胡陈乡	2738.00
517	金华市	武义县	茭道镇	3248.33	548	衢州市	常山县	青石镇	2709.00
518	衢州市	衢江区	樟潭街道	3247.00	549	湖州市	安吉县	报福镇	2683.00
519	杭州市	余杭区	黄湖镇	3203.83	550	衢州市	龙游县	龙洲街道办事处	2650.00
520	舟山市	定海区	昌国街道	3189.70	551	宁波市	鄞州区	龙观乡	2649.00
521	金华市	兰溪市	诸葛镇	3184.00	552	衢州市	衢江区	上方镇	2619.00
522	温州市	乐清市	翁洋街道办事处	3171.36	553	绍兴市	上虞区	永和镇	2600.00
523	金华市	浦江县	白马镇	3120.69	554	台州市	仙居县	白塔镇	2575.28
524	衢州市	衢江区	廿里镇	3113.00	555	金华市	兰溪市	梅江镇	2560.00
525	宁波市	象山县	墙头镇	3078.57	556	宁波市	象山县	鹤浦镇	2558.54
526	宁波市	宁海县	茶院乡	3063.00	557	宁波市	宁海县	桑洲镇	2550.00
527	绍兴市	新昌县	儒岙镇	3055.82	558	杭州市	建德市	大洋镇	2523.00

（续表九） 单位：万元

排序	所属地区	县（市、区）	乡镇（街道）	一般公共预算收入	排序	所属地区	县（市、区）	乡镇（街道）	一般公共预算收入
559	金华市	永康市	前仓镇	2505.00	590	金华市	磐安县	新渥镇	1900.15
560	温州市	乐清市	淡溪镇	2491.46	591	杭州市	富阳区	永昌镇	1898.82
561	台州市	临海市	桃渚镇	2475.65	592	温州市	乐清市	天成街道办事处	1873.27
562	台州市	仙居县	下各镇	2473.40	593	金华市	兰溪市	赤溪街道	1871.00
563	金华市	兰溪市	上华街道	2462.00	594	丽水市	缙云县	舒洪镇	1858.69
564	舟山市	定海区	城东街道	2455.66	595	金华市	浦江县	郑家坞镇	1855.80
565	衢州市	江山市	四都镇	2418.00	596	舟山市	嵊泗县	洋山镇	1848.08
566	宁波市	象山县	茅洋乡	2400.19	597	台州市	三门县	海润街道	1847.10
567	金华市	武义县	履坦镇	2399.00	598	杭州市	临安市	潜川镇	1845.50
568	杭州市	临安市	清凉峰镇	2396.47	599	温州市	乐清市	清江镇	1838.97
569	宁波市	象山县	晓塘乡	2393.80	600	舟山市	岱山县	岱西镇	1831.97
570	台州市	黄岩区	宁溪镇	2380.17	601	湖州市	南浔区	石淙镇	1830.80
571	绍兴市	越城区	富盛镇	2288.32	602	绍兴市	诸暨市	岭北镇	1822.46
572	金华市	兰溪市	横溪镇	2190.00	603	宁波市	奉化市	大堰镇	1798.00
573	杭州市	桐庐县	凤川街道	2185.74	604	温州市	苍南县	矾山镇	1786.90
574	台州市	临海市	永丰镇	2173.40	605	丽水市	遂昌县	云峰街道办事处	1776.60
575	台州市	临海市	括苍镇	2165.50	606	杭州市	桐庐县	瑶琳镇	1775.85
576	丽水市	莲都区	岩泉街道	2155.57	607	丽水市	庆元县	竹口镇	1771.80
577	丽水市	缙云县	东方镇	2140.53	608	湖州市	安吉县	杭垓镇	1744.00
578	金华市	东阳市	千祥镇	2126.50	609	舟山市	岱山县	岱东镇	1743.68
579	宁波市	宁海县	一市镇	2124.00	610	温州市	平阳县	海西镇	1738.00
580	宁波市	象山县	定塘镇	2106.95	611	绍兴市	诸暨市	五泄镇	1734.77
581	衢州市	江山市	峡口镇	2106.00	612	台州市	温岭市	石桥头镇	1731.00
582	丽水市	缙云县	东渡镇	2092.26	613	台州市	三门县	沙柳街道	1727.60
583	杭州市	建德市	杨村桥镇	2010.00	614	丽水市	莲都区	大港头镇	1721.21
584	台州市	天台县	洪畴镇	1999.15	615	湖州市	安吉县	鄣吴镇	1709.42
585	温州市	瑞安市	湖岭镇	1973.41	616	杭州市	富阳区	洞桥镇	1704.83
586	杭州市	富阳区	常安镇	1960.11	617	台州市	三门县	亭旁镇	1698.90
587	金华市	磐安县	尚湖镇	1956.80	618	金华市	磐安县	玉山镇	1677.70
588	衢州市	龙游县	小南海镇	1918.00	619	绍兴市	新昌县	澄潭镇	1653.09
589	金华市	兰溪市	马涧镇	1905.00	620	温州市	永嘉县	沙头镇	1649.79

（续表十） 单位：万元

排序	所属地区	县（市、区）	乡镇（街道）	一般公共预算收入	排序	所属地区	县（市、区）	乡镇（街道）	一般公共预算收入
621	丽水市	云和县	凤凰山街道	1599.51	652	衢州市	龙游县	溪口镇	1318.00
622	温州市	乐清市	芙蓉镇	1592.51	653	绍兴市	新昌县	大市聚镇	1312.13
623	温州市	洞头县	大门街道办事处	1570.82	654	绍兴市	诸暨市	浬浦镇	1298.53
624	温州市	苍南县	桥墩镇	1563.30	655	台州市	温岭市	坞根镇	1292.50
625	杭州市	建德市	大慈岩镇	1553.00	656	温州市	瑞安市	桐浦镇	1285.16
626	温州市	瓯海区	茶山街道	1550.49	657	温州市	鹿城区	山福镇	1279.89
627	杭州市	富阳区	万市镇	1547.63	658	绍兴市	新昌县	城南乡	1266.01
628	宁波市	余姚市	鹿亭乡	1541.31	659	金华市	浦江县	仙华街道	1262.54
629	金华市	兰溪市	香溪镇	1532.00	660	衢州市	衢江区	大洲镇	1262.00
630	杭州市	临安市	太阳镇	1521.96	661	丽水市	龙泉市	八都镇	1261.08
631	杭州市	富阳区	春建乡	1521.02	662	温州市	乐清市	盐盆街道办事处	1245.92
632	杭州市	临安市	天目山镇	1500.93	663	衢州市	衢江区	后溪镇	1239.00
633	杭州市	建德市	三都镇	1492.00	664	绍兴市	诸暨市	东白湖镇	1225.46
634	台州市	椒江区	大陈镇	1481.00	665	温州市	永嘉县	岩头镇	1208.67
635	杭州市	建德市	航头镇	1470.00	666	金华市	磐安县	冷水镇	1193.93
636	金华市	磐安县	方前镇	1467.21	667	金华市	磐安县	深泽乡	1184.45
637	舟山市	嵊泗县	嵊山镇	1454.69	668	杭州市	建德市	莲花镇	1180.00
638	杭州市	淳安县	汾口镇	1443.77	669	丽水市	龙泉市	石达石街道	1159.53
639	丽水市	莲都区	紫金街道	1434.98	670	金华市	东阳市	马宅镇	1150.22
640	宁波市	余姚市	大岚镇	1392.54	671	丽水市	龙泉市	安仁镇	1131.85
641	湖州市	安吉县	章村镇	1391.12	672	绍兴市	嵊州市	石璜镇	1126.11
642	绍兴市	新昌县	梅渚镇	1387.91	673	台州市	仙居县	横溪镇	1075.85
643	丽水市	缙云县	新建镇	1385.83	674	金华市	磐安县	仁川镇	1069.41
644	金华市	东阳市	虎鹿镇	1379.39	675	杭州市	余杭区	鸬鸟镇	1068.43
645	温州市	乐清市	石帆街道办事处	1371.47	676	衢州市	柯城区	石梁镇	1053.00
646	丽水市	莲都区	雅溪镇	1362.58	677	衢州市	龙游县	东华街道办事处	1051.00
647	金华市	浦江县	岩头镇	1355.86	678	台州市	仙居县	大战乡	1032.92
648	温州市	乐清市	白石街道办事处	1352.39	679	金华市	兰溪市	黄店镇	1030.00
649	绍兴市	诸暨市	赵家镇	1342.50	680	台州市	黄岩区	上郑乡	1027.00
650	湖州市	南浔区	千金镇	1337.00	681	衢州市	江山市	大陈乡	1023.00
651	舟山市	嵊泗县	黄龙乡	1332.03	682	温州市	平阳县	麻步镇	1022.00

（续表十一）　　　　单位:万元

排序	所属地区	县(市、区)	乡镇(街道)	一般公共预算收入	排序	所属地区	县(市、区)	乡镇(街道)	一般公共预算收入
683	宁波市	余姚市	四明山镇	994.85	714	舟山市	嵊泗县	枸杞乡	810.76
684	温州市	洞头县	东屏街道办事处	994.13	715	温州市	苍南县	南宋镇	810.40
685	杭州市	富阳区	湖源乡	980.85	716	台州市	玉环县	鸡山乡	810.00
686	杭州市	淳安县	姜家镇	972.27	717	杭州市	富阳区	常绿镇	783.45
687	温州市	瑞安市	林川镇	970.66	718	杭州市	富阳区	上官乡	775.04
688	丽水市	云和县	白龙山街道	964.44	719	丽水市	松阳县	古市镇	773.32
689	绍兴市	新昌县	沙溪镇	964.22	720	金华市	兰溪市	柏社乡	769.00
690	金华市	武义县	柳城镇	963.17	721	衢州市	衢江区	高家镇	759.00
691	丽水市	青田县	高湖镇	960.00	722	衢州市	江山市	石门镇	757.00
692	丽水市	莲都区	白云街道	955.69	723	丽水市	青田县	黄垟乡	749.00
693	金华市	东阳市	东江镇	953.74	724	温州市	苍南县	望里镇	744.80
694	台州市	临海市	小芝镇	950.45	725	杭州市	桐庐县	旧县街道	741.70
695	金华市	东阳市	佐村镇	948.23	726	丽水市	青田县	腊口镇	722.00
696	温州市	泰顺县	彭溪镇	945.00	727	温州市	永嘉县	碧莲镇	711.12
697	湖州市	安吉县	山川乡	942.94	728	温州市	苍南县	马站镇	695.50
698	绍兴市	诸暨市	陈宅镇	931.44	729	杭州市	富阳区	龙门镇	684.29
699	丽水市	庆元县	屏都街道	903.20	730	衢州市	常山县	球川镇	674.00
700	杭州市	淳安县	威坪镇	899.17	731	衢州市	衢江区	太真乡	665.00
701	丽水市	龙泉市	西街街道	896.00	732	台州市	仙居县	官路镇	664.65
702	温州市	泰顺县	仕阳镇	885.00	733	衢州市	衢江区	杜泽镇	658.00
703	温州市	泰顺县	泗溪镇	881.15	734	金华市	兰溪市	水亭畲族乡	655.00
704	绍兴市	诸暨市	马剑镇	869.71	735	金华市	磐安县	维新乡	651.40
705	绍兴市	上虞区	长塘镇	862.00	736	衢州市	开化县	池淮镇	644.21
706	衢州市	衢江区	横路街道办事处	861.00	737	衢州市	衢江区	莲花镇	631.00
707	温州市	泰顺县	雅阳镇	850.84	738	衢州市	龙游县	横山镇	626.00
708	金华市	磐安县	大盘镇	833.69	739	丽水市	松阳县	大东坝镇	609.40
709	台州市	临海市	河头镇	831.50	740	杭州市	淳安县	文昌镇	603.35
710	温州市	平阳县	南雁镇	831.00	741	绍兴市	新昌县	双彩乡	598.49
711	台州市	玉环县	海山乡	826.00	742	杭州市	临安市	河桥镇	596.79
712	丽水市	青田县	东源镇	825.00	743	丽水市	龙泉市	小梅镇	595.89
713	绍兴市	诸暨市	东和乡	813.97	744	温州市	瑞安市	曹村镇	593.25

（续表十二） 单位：万元

排序	所属地区	县（市、区）	乡镇（街道）	一般公共预算收入	排序	所属地区	县（市、区）	乡镇（街道）	一般公共预算收入
745	绍兴市	新昌县	巧英乡	591.40	776	丽水市	龙泉市	查田镇	440.95
746	台州市	临海市	汇溪镇	589.00	777	丽水市	遂昌县	三仁乡	433.85
747	温州市	泰顺县	司前镇	583.73	778	台州市	黄岩区	茅畲乡	425.37
748	衢州市	常山县	天马街道	562.00	779	衢州市	衢江区	云溪乡	424.00
749	衢州市	江山市	碗窑乡	562.00	780	温州市	永嘉县	大若岩镇	419.60
750	丽水市	莲都区	联城镇	551.40	781	丽水市	松阳县	望松街道办事处	418.66
751	杭州市	淳安县	临岐镇	547.15	782	衢州市	衢江区	浮石街道	418.00
752	丽水市	云和县	浮云街道	544.25	783	杭州市	临安市	湍口镇	409.24
753	宁波市	象山县	高塘岛乡	543.60	784	温州市	瑞安市	平阳坑镇	409.21
754	丽水市	青田县	瓯南街道办事处	543.00	785	衢州市	龙游县	詹家镇	407.00
755	衢州市	开化县	马金镇	538.69	786	金华市	磐安县	双溪乡	400.78
756	金华市	磐安县	万苍乡	534.44	787	丽水市	遂昌县	湖山乡	399.79
757	衢州市	衢江区	峡川镇	531.00	788	杭州市	桐庐县	钟山乡	398.85
758	绍兴市	嵊州市	金庭镇	523.92	789	丽水市	青田县	祯旺乡	393.00
759	舟山市	嵊泗县	五龙乡	519.29	790	台州市	仙居县	田市镇	390.09
760	绍兴市	嵊州市	谷来镇	502.66	791	衢州市	开化县	村头镇	380.41
761	衢州市	江山市	大桥镇	497.00	792	丽水市	景宁畲族自治县	红星街道办事处	379.57
762	绍兴市	上虞区	丁宅乡	479.00	793	丽水市	庆元县	隆宫乡	379.18
763	衢州市	江山市	新塘边镇	478.00	794	温州市	泰顺县	百丈镇	367.54
764	丽水市	青田县	海口镇	478.00	795	衢州市	柯城区	石室乡	361.00
765	绍兴市	新昌县	回山镇	475.86	796	台州市	天台县	街头镇	359.75
766	杭州市	桐庐县	莪山畲族乡	464.65	797	杭州市	淳安县	大墅镇	355.70
767	台州市	黄岩区	屿头乡	461.35	798	金华市	磐安县	盘峰乡	351.67
768	温州市	泰顺县	筱村镇	460.00	799	金华市	磐安县	胡宅乡	350.47
769	丽水市	青田县	山口镇	455.00	800	台州市	黄岩区	上垟乡	344.76
770	温州市	永嘉县	巽宅镇	452.11	801	杭州市	桐庐县	百江镇	343.17
771	丽水市	莲都区	万象街道	450.61	802	衢州市	江山市	长台镇	338.00
772	衢州市	柯城区	万田乡	449.00	803	杭州市	淳安县	安阳乡	333.64
773	衢州市	常山县	招贤镇	447.00	804	绍兴市	新昌县	小将镇	332.68
774	温州市	瑞安市	高楼镇	446.86	805	绍兴市	新昌县	镜岭镇	332.47
775	衢州市	衢江区	全旺镇	441.00	806	丽水市	龙泉市	上垟镇	324.00

（续表十三） 单位：万元

排序	所属地区	县(市、区)	乡镇(街道)	一般公共预算收入	排序	所属地区	县(市、区)	乡镇(街道)	一般公共预算收入
807	温州市	洞头县	霓屿乡	322.09	838	杭州市	淳安县	浪川乡	242.02
808	杭州市	淳安县	枫树岭镇	319.03	839	衢州市	常山县	紫港街道	241.00
809	丽水市	庆元县	黄田镇	310.25	840	衢州市	常山县	芳村镇	240.00
810	金华市	磐安县	高二乡	310.12	841	舟山市	嵊泗县	花鸟乡	239.85
811	丽水市	莲都区	黄村乡	309.76	842	台州市	仙居县	埠头镇	237.13
812	丽水市	青田县	万阜乡	309.00	843	丽水市	景宁畲族自治县	东坑镇	234.26
813	丽水市	松阳县	板桥乡	308.43	844	台州市	黄岩区	富山乡	229.45
814	丽水市	松阳县	象溪镇	298.53	845	衢州市	常山县	金川街道	223.00
815	衢州市	开化县	桐村镇	295.83	846	温州市	文成县	巨屿镇	220.95
816	台州市	三门县	蛇蟠乡	293.70	847	丽水市	莲都区	老竹镇	214.05
817	金华市	浦江县	中余乡	292.01	848	衢州市	龙游县	模环乡	213.00
818	衢州市	衢江区	湖南镇	292.00	849	温州市	洞头县	元觉街道办事处	207.65
819	衢州市	江山市	坛石镇	290.00	850	丽水市	缙云县	七里乡	206.55
820	杭州市	淳安县	金峰乡	289.57	851	温州市	永嘉县	枫林镇	203.13
821	金华市	磐安县	双峰乡	284.44	852	丽水市	庆元县	安南乡	202.21
822	杭州市	桐庐县	新合乡	284.39	853	绍兴市	嵊州市	北漳镇	201.68
823	丽水市	青田县	祯埠乡	284.00	854	台州市	仙居县	湫山乡	200.12
824	丽水市	景宁畲族自治县	鹤溪街道办事处	283.01	855	丽水市	景宁畲族自治县	英川镇	195.06
825	杭州市	淳安县	里商乡	282.57	856	衢州市	龙游县	石佛乡	195.00
826	金华市	浦江县	前吴乡	280.37	857	衢州市	柯城区	姜家山乡	194.00
827	丽水市	云和县	元和街道	276.29	858	杭州市	临安市	岛石镇	191.01
828	丽水市	莲都区	太平乡	272.97	859	金华市	武义县	桃溪镇	190.00
829	温州市	永嘉县	岩坦镇	271.39	860	丽水市	松阳县	裕溪乡	189.55
830	衢州市	江山市	凤林镇	270.00	861	金华市	磐安县	窈川乡	189.22
831	温州市	乐清市	岭底乡	258.44	862	温州市	乐清市	南塘镇	189.08
832	衢州市	衢江区	黄坛口乡	257.00	863	衢州市	开化县	音坑乡	188.57
833	温州市	文成县	大学镇	253.00	864	金华市	武义县	俞源乡	187.43
834	温州市	平阳县	山门镇	250.00	865	绍兴市	上虞区	下管镇	187.00
835	丽水市	青田县	高市乡	249.00	866	丽水市	景宁畲族自治县	沙湾镇	186.57
836	丽水市	龙泉市	屏南镇	247.35	867	温州市	苍南县	藻溪镇	184.40
837	丽水市	龙泉市	岩樟乡	243.96	868	衢州市	开化县	杨林镇	182.37

（续表十四）　　单位：万元

排序	所属地区	县(市、区)	乡镇(街道)	一般公共预算收入	排序	所属地区	县(市、区)	乡镇(街道)	一般公共预算收入
869	金华市	永康市	舟山镇	180.00	900	丽水市	龙泉市	住龙镇	127.13
870	杭州市	淳安县	中洲镇	177.80	901	衢州市	江山市	塘源口乡	127.00
871	衢州市	常山县	白石镇	167.00	902	金华市	磐安县	九和乡	124.74
872	绍兴市	新昌县	新林乡	162.98	903	衢州市	龙游县	塔石镇	123.00
873	衢州市	衢江区	周家乡	162.00	904	杭州市	桐庐县	合村乡	122.51
874	舟山市	普陀区	东极镇	161.56	905	衢州市	常山县	何家乡	122.00
875	丽水市	龙泉市	兰巨乡	159.31	906	杭州市	淳安县	石林镇	121.76
876	金华市	武义县	西联乡	157.83	907	温州市	文成县	南田镇	119.45
877	丽水市	松阳县	赤寿乡	157.17	908	金华市	武义县	白姆乡	119.24
878	温州市	乐清市	湖雾镇	155.62	909	金华市	浦江县	杭坪镇	117.35
879	温州市	文成县	珊溪镇	154.63	910	温州市	苍南县	沿浦镇	115.50
880	温州市	泰顺县	竹里乡	153.00	911	杭州市	淳安县	鸠坑乡	114.39
881	丽水市	青田县	万山乡	152.00	912	杭州市	淳安县	界首乡	113.95
882	温州市	文成县	百丈漈镇	151.64	913	杭州市	淳安县	王阜乡	111.44
883	温州市	永嘉县	鹤盛镇	150.99	914	丽水市	青田县	季宅乡	111.00
884	杭州市	淳安县	梓桐镇	150.74	915	衢州市	江山市	廿八都镇	109.00
885	台州市	天台县	石梁镇	149.25	916	衢州市	衢江区	灰坪乡	107.00
886	衢州市	江山市	张村乡	143.00	917	台州市	黄岩区	平田乡	106.21
887	丽水市	遂昌县	大柘镇	135.82	918	丽水市	松阳县	水南街道办事处	104.85
888	台州市	仙居县	溪港乡	134.66	919	丽水市	青田县	巨浦乡	104.00
889	衢州市	衢江区	岭洋乡	134.00	920	杭州市	淳安县	宋村乡	103.41
890	衢州市	常山县	同弓乡	134.00	921	衢州市	常山县	大桥头乡	103.00
891	丽水市	遂昌县	石练镇	133.86	922	温州市	乐清市	仙溪镇	102.86
892	丽水市	云和县	石塘镇	133.36	923	温州市	苍南县	赤溪镇	99.60
893	衢州市	衢江区	双桥乡	133.00	924	杭州市	淳安县	屏门乡	98.72
894	杭州市	淳安县	瑶山乡	132.95	925	台州市	仙居县	皤滩乡	96.81
895	温州市	乐清市	南岳镇	131.84	926	杭州市	淳安县	富文乡	96.23
896	杭州市	淳安县	左口乡	131.76	927	温州市	乐清市	磐石镇	91.88
897	丽水市	松阳县	新兴镇	131.22	928	衢州市	开化县	长虹乡	90.92
898	台州市	三门县	花桥镇	131.00	929	丽水市	龙泉市	道太乡	89.33
899	衢州市	开化县	苏庄镇	130.88	930	绍兴市	上虞区	岭南乡	88.00

（续表十五） 单位：万元

排序	所属地区	县（市、区）	乡镇（街道）	一般公共预算收入	排序	所属地区	县（市、区）	乡镇（街道）	一般公共预算收入
931	衢州市	衢江区	举村乡	88.00	962	温州市	文成县	黄坦镇	57.85
932	丽水市	青田县	吴坑乡	88.00	963	绍兴市	新昌县	东茗乡	56.96
933	温州市	苍南县	炎亭镇	85.70	964	衢州市	柯城区	九华乡	54.00
934	衢州市	常山县	新昌乡	82.00	965	衢州市	柯城区	沟溪乡	54.00
935	台州市	三门县	横渡镇	80.85	966	金华市	浦江县	檀溪镇	53.68
936	温州市	文成县	玉壶镇	80.18	967	丽水市	遂昌县	黄沙腰镇	53.24
937	温州市	文成县	周壤镇	79.89	968	丽水市	松阳县	叶村乡	52.86
938	丽水市	云和县	赤石乡	79.60	969	丽水市	莲都区	峰源乡	52.01
939	台州市	仙居县	步路乡	78.34	970	丽水市	青田县	章村乡	52.00
940	丽水市	庆元县	淤上乡	78.16	971	丽水市	青田县	舒桥乡	52.00
941	温州市	瑞安市	芳庄乡	78.04	972	台州市	仙居县	上张乡	51.42
942	丽水市	缙云县	仙都街道办事处	78.04	973	台州市	天台县	南屏乡	50.65
943	金华市	武义县	大田乡	77.25	974	丽水市	景宁畲族自治县	鸬鹚乡	49.24
944	丽水市	景宁畲族自治县	梧桐乡	74.00	975	温州市	苍南县	霞关镇	49.20
945	绍兴市	嵊州市	下王镇	71.73	976	丽水市	青田县	阜山乡	49.00
946	衢州市	开化县	林山乡	71.43	977	丽水市	龙泉市	城北乡	48.53
947	丽水市	龙泉市	龙南乡	71.17	978	丽水市	龙泉市	竹垟畲族乡	48.20
948	衢州市	江山市	保安乡	71.00	979	丽水市	缙云县	胡源乡	47.10
949	丽水市	云和县	崇头镇	70.14	980	衢州市	龙游县	沐尘乡	46.00
950	绍兴市	上虞区	陈溪乡	70.00	981	温州市	文成县	峃口镇	45.91
951	丽水市	遂昌县	柘岱口乡	69.62	982	丽水市	遂昌县	安口乡	44.57
952	衢州市	开化县	齐溪镇	69.38	983	衢州市	开化县	大溪边乡	43.36
953	温州市	平阳县	顺溪镇	69.00	984	台州市	仙居县	朱溪镇	42.41
954	台州市	仙居县	双庙乡	68.44	985	丽水市	松阳县	玉岩镇	41.39
955	丽水市	缙云县	大源镇	68.41	986	丽水市	遂昌县	北界镇	40.12
956	丽水市	莲都区	丽新乡	67.85	987	衢州市	常山县	东案乡	40.00
957	丽水市	青田县	石溪乡	61.00	988	丽水市	景宁畲族自治县	景南乡	40.00
958	衢州市	开化县	中村乡	60.82	989	台州市	天台县	泳溪乡	38.72
959	丽水市	缙云县	前路乡	59.80	990	丽水市	景宁畲族自治县	雁溪乡	38.00
960	丽水市	景宁畲族自治县	澄照乡	59.00	991	丽水市	景宁畲族自治县	九龙乡	38.00
961	丽水市	缙云县	大洋镇	58.33	992	绍兴市	嵊州市	通源乡	37.50

（续表十六） 单位：万元

排序	所属地区	县（市、区）	乡镇（街道）	一般公共预算收入	排序	所属地区	县（市、区）	乡镇（街道）	一般公共预算收入
993	温州市	洞头县	鹿西乡	35.62	1024	丽水市	景宁畲族自治县	渤海镇	20.00
994	丽水市	缙云县	双溪口乡	35.29	1025	丽水市	景宁畲族自治县	梅歧乡	20.00
995	衢州市	柯城区	华墅乡	35.00	1026	丽水市	景宁畲族自治县	郑坑乡	20.00
996	台州市	仙居县	淡竹乡	34.85	1027	丽水市	景宁畲族自治县	大际乡	20.00
997	丽水市	遂昌县	濂竹乡	34.09	1028	丽水市	景宁畲族自治县	家地乡	20.00
998	丽水市	青田县	仁庄镇	34.00	1029	丽水市	景宁畲族自治县	大地乡	20.00
999	衢州市	开化县	何田乡	33.51	1030	金华市	武义县	三港乡	19.08
1000	温州市	文成县	西坑镇	32.93	1031	丽水市	松阳县	枫坪乡	18.74
1001	丽水市	遂昌县	金竹镇	32.04	1032	金华市	浦江县	大畈乡	18.25
1002	衢州市	龙游县	庙下乡	32.00	1033	金华市	东阳市	三单乡	17.67
1003	丽水市	青田县	海溪乡	32.00	1034	台州市	天台县	龙溪乡	17.24
1004	丽水市	遂昌县	王村口镇	31.49	1035	丽水市	松阳县	安民乡	16.49
1005	丽水市	龙泉市	锦溪镇	30.03	1036	丽水市	遂昌县	蕉滩乡	15.95
1006	丽水市	景宁畲族自治县	大均乡	30.00	1037	丽水市	遂昌县	龙洋乡	15.31
1007	丽水市	景宁畲族自治县	毛洋乡	30.00	1038	台州市	天台县	雷峰乡	14.28
1008	丽水市	景宁畲族自治县	秋炉乡	30.00	1039	丽水市	遂昌县	西畈乡	13.85
1009	丽水市	缙云县	溶江乡	29.66	1040	丽水市	云和县	雾溪乡	13.66
1010	绍兴市	嵊州市	贵门乡	29.49	1041	温州市	苍南县	岱岭乡	13.30
1011	丽水市	松阳县	斋坛乡	29.37	1042	丽水市	青田县	仁宫乡	13.00
1012	丽水市	青田县	方山乡	27.00	1043	丽水市	青田县	小舟山乡	13.00
1013	绍兴市	嵊州市	雅璜乡	26.70	1044	丽水市	缙云县	方溪乡	12.72
1014	丽水市	遂昌县	新路湾镇	26.47	1045	温州市	苍南县	凤阳乡	12.50
1015	温州市	文成县	双桂乡	26.30	1046	温州市	苍南县	大渔镇	12.40
1016	丽水市	景宁畲族自治县	标溪乡	25.00	1047	丽水市	青田县	贵岙乡	12.00
1017	丽水市	龙泉市	宝溪乡	24.26	1048	丽水市	遂昌县	高坪乡	11.79
1018	绍兴市	嵊州市	里南乡	23.78	1049	温州市	文成县	铜铃山镇	11.64
1019	丽水市	缙云县	三溪乡	23.38	1050	丽水市	松阳县	三都乡	11.41
1020	温州市	乐清市	蒲岐镇	22.82	1051	金华市	浦江县	虞宅乡	11.22
1021	温州市	文成县	周山乡	22.78	1052	衢州市	龙游县	社阳乡	11.00
1022	丽水市	云和县	紧水滩镇	21.03	1053	丽水市	松阳县	樟溪乡	10.47
1023	金华市	武义县	新宅镇	20.54	1054	丽水市	青田县	章旦乡	10.00

（续表十七） 单位：万元

排序	所属地区	县（市、区）	乡镇（街道）	一般公共预算收入	排序	所属地区	县（市、区）	乡镇（街道）	一般公共预算收入
1055	台州市	仙居县	安岭乡	9.39	1086	温州市	泰顺县	西旸镇	-
1056	丽水市	松阳县	竹源乡	9.33	1087	温州市	泰顺县	雪溪乡	-
1057	丽水市	遂昌县	应村乡	8.89	1088	温州市	泰顺县	大安乡	-
1058	台州市	仙居县	广度乡	8.27	1089	温州市	泰顺县	东溪乡	-
1059	绍兴市	嵊州市	竹溪乡	7.06	1090	温州市	泰顺县	凤垟乡	-
1060	金华市	浦江县	花桥乡	7.04	1091	温州市	泰顺县	龟湖镇	-
1061	丽水市	遂昌县	蔡源乡	6.24	1092	温州市	泰顺县	包垟乡	-
1062	丽水市	松阳县	四都乡	5.96	1093	温州市	瑞安市	莘塍街道办事处	-
1063	绍兴市	嵊州市	王院乡	5.73	1094	温州市	瑞安市	汀田街道办事处	-
1064	金华市	武义县	坦洪乡	5.12	1095	温州市	瑞安市	飞云街道办事处	-
1065	温州市	平阳县	青街乡	5.00	1096	温州市	瑞安市	仙降街道办事处	-
1066	衢州市	柯城区	七里乡	5.00	1097	温州市	瑞安市	南滨街道办事处	-
1067	金华市	武义县	大溪口乡	4.25	1098	温州市	瑞安市	云周街道办事处	-
1068	衢州市	龙游县	大街乡	4.00	1099	温州市	乐清市	智仁乡	-
1069	丽水市	青田县	汤垟乡	4.00	1100	温州市	乐清市	龙西乡	-
1070	台州市	天台县	三州乡	3.76	1101	嘉兴市	秀洲区	新城街道	-
1071	衢州市	龙游县	罗家乡	3.00	1102	嘉兴市	秀洲区	高照街道	-
1072	丽水市	云和县	安溪乡	2.87	1103	金华市	婺城区	安地镇	-
1073	温州市	瑞安市	北麂乡	1.46	1104	金华市	婺城区	白龙桥镇	-
1074	温州市	苍南县	莒溪镇	1.30	1105	金华市	婺城区	蒋堂镇	-
1075	温州市	文成县	平和乡	0.32	1106	金华市	婺城区	琅琊镇	-
1076	丽水市	缙云县	石笕乡	0.29	1107	金华市	婺城区	罗埠镇	-
1077	温州市	文成县	二源镇	0.06	1108	金华市	婺城区	罗店镇	-
1078	温州市	平阳县	凤卧镇	-	1109	金华市	婺城区	汤溪镇	-
1079	温州市	平阳县	怀溪镇	-	1110	金华市	婺城区	雅畈镇	-
1080	温州市	平阳县	南麂镇	-	1111	金华市	婺城区	洋埠镇	-
1081	温州市	平阳县	闹村乡	-	1112	金华市	婺城区	岭上乡	-
1082	温州市	文成县	公阳乡	-	1113	金华市	婺城区	乾西乡	-
1083	温州市	文成县	桂山乡	-	1114	金华市	婺城区	箬阳乡	-
1084	温州市	泰顺县	南浦溪镇	-	1115	金华市	婺城区	沙畈乡	-
1085	温州市	泰顺县	柳峰乡	-	1116	金华市	婺城区	塔石乡	-

2016年浙江省社会保险基金收支表

单位:万元

科目	本年收入	上级补助收入	下级上解收入	本年支出	补助下级支出	上解上级支出	本年收支结余	滚存结余
一、企业职工基本养老保险	19760705	39220	411357	17590794	39220	411357	2169911	32256675
二、城乡居民基本养老保险	1500857	0	0	1436228	0	0	64628	1508009
三、机关事业单位基本养老保险	3893339	0	0	3830874	0	0	62465	275942
四、城镇职工基本医疗保险	7619885	2733	44399	5722886	2733	44399	1896999	12492949
五、城乡居民基本医疗保险	2955319	2440	3774	2849785	2440	3774	105534	742133
六、工伤保险	537579	4167	5783	461105	4167	5783	76474	863666
七、失业保险	937754	0	39544	726503	0	39544	211251	4010156
八、生育保险	377998	0	0	367376	0	0	10622	413336
合　　计	37583436	48560	504857	32985551	48560	504857	4597884	52562866

注:本年收入中含上下级调剂收入,本年支出中含上下级调剂支出。

(续表十八)

单位:万元

排序	所属地区	县(市、区)	乡镇(街道)	一般公共预算收入	排序	所属地区	县(市、区)	乡镇(街道)	一般公共预算收入
1117	金华市	婺城区	莘畈乡	-	1131	金华市	金东区	东孝街道	-
1118	金华市	婺城区	竹马乡	-	1132	金华市	金东区	多湖街道	-
1119	金华市	婺城区	长山乡	-	1133	丽水市	庆元县	松源街道	-
1120	金华市	婺城区	苏孟乡	-	1134	丽水市	庆元县	左溪镇	-
1121	金华市	婺城区	新狮街道	-	1135	丽水市	庆元县	荷地镇	-
1122	金华市	金东区	曹宅镇	-	1136	丽水市	庆元县	贤良镇	-
1123	金华市	金东区	赤松镇	-	1137	丽水市	庆元县	百山祖镇	-
1124	金华市	金东区	付村镇	-	1138	丽水市	庆元县	官塘乡	-
1125	金华市	金东区	江东镇	-	1139	丽水市	庆元县	江根乡	-
1126	金华市	金东区	澧浦镇	-	1140	丽水市	庆元县	举水乡	-
1127	金华市	金东区	岭下镇	-	1141	丽水市	庆元县	岭头乡	-
1128	金华市	金东区	塘雅镇	-	1142	丽水市	庆元县	龙溪乡	-
1129	金华市	金东区	孝顺镇	-	1143	丽水市	庆元县	五大堡乡	-
1130	金华市	金东区	源东乡	-	1144	丽水市	庆元县	张村乡	-

2016 年浙江省财政一般公共服务支出

单位：万元

科　目	决算数	科　目	决算数
人大事务	156114	质量技术监督与检验检疫事务	149524
政协事务	104396	民族事务	7066
政府办公厅（室）及相关机构事务	2482808	宗教事务	14650
发展与改革事务	230372	港澳台侨事务	25045
统计信息事务	115522	档案事务	58387
财政事务	382693	民主党派及工商联事务	48433
税收事务	539919	群众团体事务	144879
审计事务	90948	党委办公厅（室）及相关机构事务	235342
海关事务	16317	组织事务	157700
人力资源事务	172696	宣传事务	124185
纪检监察事务	136327	统战事务	50600
商贸事务	293642	对外联络事务	1150
知识产权事务	2081	其他共产党事务支出	158827
工商行政管理事务	447971	其他一般公共服务支出	254997
一般公共服务支出合计		6602591	

2016 年浙江省教育支出

单位：万元

科　目	决算数	科　目	决算数
教育管理事务	241516	留学教育	17
普通教育	9542149	特殊教育	62267
职业教育	1242649	进修及培训	197064
成人教育	68035	教育费附加安排的支出	1027677
广播电视教育	43241	其他教育支出	575710
教育支出合计		13000325	

2016 年浙江省科学技术支出

单位：万元

科　目	决算数	科　目	决算数
科学技术管理事务	107209	社会科学	14370
基础研究	20405	科学技术普及	66058
应用研究	95307	科技交流与合作	9982
技术研究与开发	1389739	科技重大项目	9482
科技条件与服务	179056	其他科学技术支出	798810
科学技术支出合计		2690418	

2016 年浙江省社会保障和就业支出

单位:万元

科　目	决算数	科　目	决算数
人力资源和社会保障管理事务	445361	残疾人事业	361455
民政管理事务	282558	自然灾害生活救助	28111
财政对社会保险基金的补助	1281803	红十字事业	14799
行政事业单位离退休	1642406	最低生活保障	341976
企业改革补助	2237	临时救助	55739
就业补助	134669	特困人员供养	18060
抚恤	290932	补充道路交通事故社会救助基金	931
退役安置	153459	其他生活救助	89153
社会福利	279670	其他社会保障和就业支出	888533
社会保障和就业支出合计		6311852	

2016 年浙江省文化体育与传媒支出

单位:万元

科　目	决算数	科　目	决算数
文化	725585	新闻出版广播影视	178519
文物	199812	其他文化体育与传媒支出	311566
体育	171704		
文化体育与传媒支出合计		1587186	

2016 年浙江省医疗卫生与计划生育支出

单位:万元

科　目	决算数	科　目	决算数
医疗卫生与计划生育管理事务	213287	中医药	34417
公立医院	991290	计划生育事务	287313
基层医疗卫生机构	724600	食品和药品监督管理事务	145955
公共卫生	630845	其他医疗卫生与计划生育支出	218864
医疗保障	2177812		
医疗卫生与计划生育支出合计		5424383	

2016年浙江省节能环保支出

单位：万元

科　目	决算数	科　目	决算数
环境保护管理事务	135424	已垦草原退耕还草	0
环境监测与监察	29022	能源节约利用	104283
污染防治	374345	污染减排	99454
自然生态保护	292846	可再生能源	31791
天然林保护	0	循环经济	46400
退耕还林	0	能源管理事务	3049
风沙荒漠治理	0	其他节能环保支出	497419
退牧还草	0		
节能环保支出合计		1614033	

2016年浙江省城乡社区支出

单位：万元

科　目	决算数	科　目	决算数
城乡社区管理事务	1403305	城乡社区环境卫生	764608
城乡社区规划与管理	135563	建设市场管理与监督	30436
城乡社区公共设施	3388979	其他城乡社区支出	2166455
城乡社区支出合计		7889346	

2016年浙江省农林水支出

单位：万元

科　目	决算数	科　目	决算数
农业	2619490	农业综合开发	202631
林业	464506	农村综合改革	759579
水利	2285785	普惠金融发展支出	73421
南水北调	0	目标价格补贴	0
扶贫	316732	其他农林水支出	501945
农林水支出合计		7224089	

2016年浙江省交通运输支出

单位：万元

科　目	决算数	科　目	决算数
公路水路运输	3383712	邮政业支出	5621
铁路运输	415696	车辆购置税支出	258999
民用航空运输	80844	其他交通运输支出	255501
成品油价格改革对交通运输的补贴	237088		
交通运输支出合计		4637461	

2016年浙江省资源勘探信息等支出

单位：万元

科　目	决算数	科　目	决算数
资源勘探开发	52910	安全生产监管	111206
制造业	114269	国有资产监管	19486
建筑业	7961	支持中小企业发展和管理支出	742223
工业和信息产业监管	250481	其他资源勘探信息等支出	611626
资源勘探信息等支出合计		1910162	

2016年浙江省商业服务业等支出

单位：万元

科　目	决算数	科　目	决算数
商业流通事务	350092	涉外发展服务支出	221064
旅游业管理与服务支出	170141	其他商业服务业等支出	593760
商业服务业等支出合计		1335057	

2016年浙江省金融支出

单位：万元

科　目	决算数	科　目	决算数
金融部门行政支出	3961	金融调控支出	0
金融部门监管支出	2032	其他金融支出	54470
金融发展支出	42802		
金融支出合计		103265	

2016年浙江省国土海洋气象等支出

单位:万元

科　目	决算数	科　目	决算数
国土资源事务	295710	地震事务	3093
海洋管理事务	85950	气象事务	40896
测绘事务	27946	其他国土海洋气象等支出	5198
国土海洋气象等支出合计		458793	

2016年浙江省住房保障支出

单位:万元

科　目	决算数	科　目	决算数
保障性安居工程支出	772673	城乡社区住宅	48326
住房改革支出	787592		
住房保障支出合计		1608591	

2016年浙江省粮油物资储备支出

单位:万元

科　目	决算数	科　目	决算数
粮油事务	115642	粮油储备	48460
物资事务	19867	重要商品储备	3102
能源储备	0		
粮油物资储备支出合计		187071	

2016年浙江省乡镇财政基本情况表

单位:万元、个、人

项　目	决算数	项　目	决算数
一、一般公共预算收支决算		政府性基金收入	965277
收入总计	18019445	上级补助收入	1403168
一般公共预算收入	12820802	待偿债置换专项债券上年结余	0
上级补助收入	4793833	上年结余	150230
待偿债置换一般债券上年结余	0	调入资金	15993
上年结余	256319	债务(转贷)收入	346307
调入资金	26044	支出总计	2880975
债务(转贷)收入	55461	政府性基金支出	2342219
调入预算稳定调节基金	66986	上解上级支出	22591
接受其他地区援助收入	0	调出资金	10410
支出总计	18019445	债务还本支出	346307
一般公共预算支出	6994855	待偿债置换专项债券结余	0
上解上级支出	10569346	年终结余	159448
调出资金	0	三、国有资本经营收支决算	
债务还本支出	50461	收入总计	0
增设预算周转金	0	国有资本经营收入	0
安排预算稳定调节基金	119350	上级补助收入	0
援助其他地区支出	0	上年结余	0
待偿债置换一般债券结余	0	支出总计	0
年终结余	285433	国有资本经营支出	0
二、政府性基金收支决算		调出资金	0
收入总计	2880975	年终结余	0

2016年全国各省、市、自治区财政收支占全国财政收支 税收收入占一般公共预算收入比重及排序

地 区	一般公共预算收入(亿元)	约占全国一般公共预算收入的比重(%)	占比排序	税收收入(亿元)	约占一般公共预算收入的比重(%)	占比排序	一般公共预算支出(亿元)	约占全国一般公共预算支出的比重(%)	占比排序
北京市	5081	5.8	6	4453	87.6	2	6407	4.0	9
天津市	2723	3.1	11	1624	59.6	30	3699	2.3	24
河北省	2850	3.3	10	1996	70.0	14	6050	3.8	11
山西省	1557	1.8	22	1037	66.6	23	3429	2.1	26
内蒙古自治区	2016	2.3	18	1336	66.3	24	4513	2.8	16
辽宁省	2200	2.5	16	1687	76.7	7	4577	2.9	15
吉林省	1264	1.4	25	873	69.1	15	3586	2.2	25
黑龙江省	1148	1.3	26	828	72.1	10	4227	2.6	21
上海市	6406	7.3	3	5626	87.8	1	6919	4.3	7
江苏省	8121	9.3	2	6532	80.4	4	9982	6.2	2
浙江省	**5302**	**6.1**	**5**	**4540**	**85.6**	**3**	**6974**	**4.3**	**6**
安徽省	2673	3.1	13	1858	69.5	13	5523	3.4	12
福建省	2655	3.0	14	1963	73.9	9	4275	2.7	19
江西省	2151	2.5	17	1471	68.4	19	4617	2.9	14
山东省	5860	6.7	4	4213	71.9	11	8755	5.5	3
河南省	3154	3.6	8	2158	68.4	17	7454	4.6	5
湖北省	3102	3.6	9	2123	68.4	18	6423	4.0	8
湖南省	2698	3.1	12	1551	57.5	31	6339	4.0	10
广东省	10390	11.9	1	8099	77.9	6	13446	8.4	1
广西壮族自治区	1556	1.8	23	1036	66.6	22	4442	2.8	17
海南省	638	0.7	28	505	79.2	5	1376	0.9	30
重庆市	2228	2.6	15	1438	64.5	27	4002	2.5	23
四川省	3389	3.9	7	2329	68.7	16	8009	5.0	4
贵州省	1561	1.8	21	1120	71.7	12	4262	2.7	20
云南省	1812	2.1	20	1174	64.8	26	5019	3.1	13
西藏自治区	156	0.2	31	99	63.5	29	1588	1.0	28
陕西省	1834	2.1	19	1204	65.6	25	4389	2.7	18
甘肃省	787	0.9	27	526	66.8	21	3150	2.0	27
青海省	239	0.3	30	176	73.6	8	1525	1.0	29
宁夏回族自治区	388	0.4	29	247	63.7	28	1255	0.8	31
新疆维吾尔族自治区	1299	1.5	24	869	66.9	20	4138	2.6	22
地方合计	87238			64691			160350		

注：因四舍五入因素，合计数与分项加总数或存有尾差。

财政法规选编

zhejiang caizheng nianjian

浙江省财政厅　浙江省审计厅
浙江省人力资源和社会保障厅
关于加强行政事业单位内部
控制建设的通知

浙财会〔2016〕6 号 2016 年 1 月 29 日

各市、县(市、区)财政局、审计局、人力社保局(宁波不发),省级各有关单位:

为了认真贯彻党的十八届四中全会通过的《中共中央关于全面推进依法治国若干重大问题的决定》关于"对财政资金分配使用、国有资产监管、政府投资、政府采购、公共资源转让、公共工程建设等权力集中的部门和岗位实行分事行权、分岗设权、分级授权,定期轮岗。强化内部流程控制,防止权力滥用"的精神,整合各方力量,进一步提高内部控制建设的有效性,建立健全科学高效的自我约束和监督体系,强化对内部权力的制约和监督,规范权力运行,防止权力滥用,促进单位公共服务效能和内部治理水平不断提高,共同推进浙江省行政事业单位(以下简称单位)内部控制建设,为实现国家治理体系和治理能力现代化提供有力支撑,现将有关事项通知如下:

一、总体要求

《行政事业单位内部控制规范(试行)》(财会〔2012〕21 号,以下简称《内控规范》)依据《中华人民共和国会计法》《中华人民共和国预算法》等法律法规和相关规定制定。进一步推进行政事业单位内控建设应该以贯彻实施《内控规范》为抓手,以制约权力运行为主线,将强化内部流程控制作为制约政府内部权力的一项重要举措,重点规范财政资金分配使用、国有资产监管、政府投资、政府采购、公共资源转让、公共工程建设等的权力运行流程和制约监督措施,建立健全权责对等、制衡有效、运行顺畅、执行有力、管理科学的内部控制体系,进一步提高行政事业单位内部治理水平和权力运行效能。

二、主要措施

(一)建立工作机制,合力推进

由省财政厅牵头,省审计厅、省人力社保厅共同参与,共同负责全省行政事业单位内部控制建设工作。在此基础上,将邀请理论界教授、实务界专家成立浙江省行政事业单位内部控制专家咨询委员会,负责建立健全内部控制建设的指导、咨询、评估等工作。省有关部门共同研究制定了《浙江省行政事业单位内部控制工作基本指引》(详见附件 1),供各地、各单位参考。

各地要加强统筹规划、督促指导,主动争取监察、组织人事等部门的支持,齐抓共管,协同推进,将内部控制建设与规范岗位管理、依法行政、廉政风险防控机制建设、审计工作等结合起来,建立将制约权力运行、内部控制考核评价结果与被考核单位主要负责人落实主体责任、绩效考核、选拔任用、经济责任审计相互衔接的有效机制。

各地财政部门应组织有关部门,做好对内部控制建设情况的监督检查。各地财政部门还应加强与行政事业单位的沟通协调,全面系统了解掌握内部控制建设情况,推动行政事业单位内部控制建设制度化、规范化、信息化。其他有关部门要按照职责分工,加强协调配合,协同推进制约权力运行工作和内部控制建设。

(二)健全单位组织机构,强化流程控制

单位负责人对本单位内部控制建设和有效实施负责,应制定周密详细、切实可行的实施规划,有重点、分步骤实施。各单位应成立专门机构或明确牵头部门负责内部控制建设,配备专业人员。内部控制建设专门机构或牵头部门负责组织协调单位内部控制日常工作;研究提出单位内部控制建设具体方案;组织协调单位内部跨部门的内部控制建设工作。各相关部门应积极配合,对本部门相关的经济活动进行流程梳理和风险评估;按《内控规范》要求,认真执行单位内部控制管理制度;加强对本部门实施内部控制的日常监控,对执行过程中出现的问题提出意见和建议。

单位应当按照本通知要求和《内控规范》要求,对本单位内部控制制度的全面性、合理性和有效性进行自我评价、对照检查,并针对发现的问题,抓好整改落实,进一步健全制度,提高执行力,完善监督措施,确保内部控制有效实施。自我评价、对照检查和整改落实工作应于 2016 年底前完成,自 2017 年起逐年完善、持续优化;各单位应于每年 11 月底前将《行政事业单位年度自我评价报告》(详见附件 2)报送同级财政部门。

(三)加强权力制约,实行定期轮岗

分事行权、分岗设权、分级授权,是制约权力运行、加强内部控制的基本要求和有效措施。单位应当根据本部门、本单位业务性质、业务范围、管理构架,按照决策、执行、监督相互分离、相互制衡的要求,科学设置内设机构、管理层级、岗位职责权限、权力运行规程,切实做到分事行权、分岗设权和分级授权,将制约权力运行有效嵌入内部控制全方位、全过程中。县级以上行政机关和提供公共服务的事业单位必须结合组织人事、机构编制等部门规定,在 2016 年底前全面完成涉及经济活动和业务事项的分事行权、分岗设权和分级授权工作。

实行岗位定期轮换,既是优化干部队伍结构、提高干部队伍综合素质的有效途径,也是规范权力运行、强化内部控制的重要举措。单位应当在健全岗位设置、规范岗位管理、加强岗位胜任能力评估的基础上,建立干部交流和定期轮岗制度,明确轮岗范围、轮岗条件、轮岗周期、交接流程、责任追溯等要求;对从事财政资金分配使用、国有资产监管、政府投资、政府采购、公共资源转让、公共工程建设、面向市场主体的行政审批等关键岗位要严格实行定期轮岗制度；对轮岗后发现原工作岗位存在失职或违法违纪行为的，应当按国家有关规定追责。除组织人事部门另有规定外，全省所有行政事业单位必须在2016年底前建立并实施定期轮岗制度。

（四）建立考核机制，强化监督

浙江省委办公厅下发的《关于印发〈省委十三届六次全会重要工作任务实施规划（2015—2020年）〉的通知》（浙委办发〔2015〕71号），将行政事业单位内部控制规范实施，列入省委十三届六次全会依法治国重要工作任务。为此，各级财政部门应联合有关部门在注重制度建设的同时，更应关注制度实际执行情况和效果。

1. 纳入部门预算管理绩效综合评价。从2016年度起，省财政厅将省级行政事业单位内部控制建设和执行情况作为省级部门预算管理绩效综合评价的内容，一并纳入省政府年度工作责任制目标考核。各级财政部门也应参照省财政厅做法，建立相应的内部控制年度考核机制。

2. 纳入审计工作重要内容。各级审计部门要结合浙江省人民政府《关于进一步加强内部审计工作的意见》（浙政发〔2015〕17号）要求，切实履行监督职责，强化对被审计单位内部审计工作的指导，促进各单位建立健全规范有效的内部控制制度，实现对各项管理活动和权利运行的有效监督和制约。各级审计部门应把内部控制作为重大审计和经济责任审计等重要内容，通过对单位内部控制制度的健全性、实施的有效性审计，揭示单位内部控制的缺陷，有针对性地提出审计处理意见和建议，并督促整改落实。

3. 强化监督。强化单位内部监督，单位应完善内部监督检查和自我评价制度，通过日常监督和专项检查，查找内部控制过程中存在的薄弱环节，进一步改进和加强内部控制；通过自我评价，评估内部控制的合规性、全面性和有效性。内部监督部门与内部控制的牵头部门应相对独立，以保证监督检查的客观、公正。要将内部监督，自我评价与干部考核、问责制度相结合。

强化财政、审计、监察、组织人事部门对单位内部控制的外部监督，既可以对单位内部控制实行专项检查，也可以结合日常工作开展检查，充分利用单位出具的自我评价报告，提高财务管理和审计的效率和效果，接受社会公众监督。将监督检查结果、自我评价情况和专业审计情况作为安排财政预算、实施预算绩效管理与中期财政规划的重要依据。

（五）加强宣传培训，营造良好氛围

各地、各单位要按照因地制宜、注重实效的原则，多形式、多渠道开展广泛深入的宣传，引导单位广大干部职工树立正确的权力观，自觉提高风险防控和抵制权力滥用意识，为贯彻实施营造良好的舆论氛围和社会环境。同时要重视对本通知和《内控规范》等相关政策法规的学习培训，将《内控规范》作为行政事业单位会计人员继续教育的内容，并纳入公务员公共培训内容，加强对行政事业单位领导干部和工作人员有关制约权力运行和严格内部控制方面的培训教育。

各地财政部门应通过专题调研、问卷检查、交流座谈等方式，及时总结本地区内部控制建设中的先进经验、典型案例，明确当地内部控制示范单位，并加以宣传、推广，以点带面，全面推进内部控制建设工作。

附件：1. 浙江省行政事业单位内部控制工作基本指引（略）

2. 行政事业单位年度自我评价报告（略）

浙江省创新强省产业基金管理办法

浙财企〔2016〕25号 2016年3月10日

第一章 总 则

第一条 为规范和加强浙江省创新强省产业基金（以下简称“创新基金”）的使用管理，提高创新基金的使用效益，发挥创新基金对于优化我省产业结构的作用，积极促进创新驱动战略的实施，加快推进创新强省建设，根据有关法律法规规章和财政部、省政府文件规定，制定本办法。

第二条 创新基金设立的宗旨是通过财政资金的引导和激励作用，推进科技创新，促进我省新兴产业、高新技术企业跨越式发展，带动传统产业的转型升级和结构优化布局完善。

第三条 创新基金按照“政府引导、市场运作、科学决策、规范管理”的原则进行运作，支持浙江省内具有产业和技术优势的战略性新兴产业、高新技术产业、高效农业和现代服务业等领域项目，积极鼓励和配合参股子基金对接国家各类引导基金，争取国家资金支持。

第四条 创新基金规模为20亿元。资金来源为省财政预算安排和省创业风险投资引导基金转入。

第二章 组织构架

第五条 创新基金的组织形式为有限责任公司，名称为浙江省创新发展投资有限公司（以下简称基金公司），注册资金为3亿元。

第六条 基金公司由浙江省金融控股有限公司（以下简称省金融控股公司）受省财政厅委托代为依法履行出资人职责，享有出资人权利，履行出资人义务。

第七条 基金公司按照《公司法》及《公司章程》等相关规定，建立法人治理结构，设董事会、监事（会），依法履行相应职责，其成员由出资人委派。

第八条 基金公司不设日常经营机构，委托省金融控股公司全资子公司浙江金控投资管理有限公司（以下简称基金管理公司）对创新基金进行日常经营管理。

第三章 经营管理

第九条 基金公司的经营计划和投资方案由基金公司董事会决定，报省金融控股公司、省财政厅备案。

第十条 基金管理公司作为受托管理机构负责组织实施基金公司的日常经营管理。

第十一条 基金管理公司设投资决策委员会，对项目的投入和退出进行全面评议。投资决策委员会由省金融控股公司选派5名具有丰富投资管理经验的人员组成，并在选派或调整后10个工作日内报省财政厅备案。

第十二条 基金管理公司设顾问委员会，为项目决策提供技术和智力支持。顾问委员会由创新基金重点支持领域的知名专家、具有丰富执业经验的注册会计师和律师等人员组成，必要时，可就特定领域组成若干个项目专家小组，为投资决策委员会提供专业意见。

第四章 风险控制

第十三条 创新基金不得用于股票、企业债券、期货、房地产等投资，不得用于赞助、捐赠等支出，也不得为他人提供担保。闲置资金只能存放优质的商业银行或购买国债。

第十四条 基金管理公司应建立完善的投资项目风险管理体系，对每个投资项目的整个运作过程进行合规审查和风险评价。基金公司董事会在基金管理公司投资决策委员会的全面评议意见基础上进行项目决策。

第十五条 基金公司董事会在决定参与或退出投资项目以及投资项目增加或减少投资份额前，应当先由基金管理公司投资决策委员会对项目进行评议。决策事项需经4名（含）以上成员表决同意后方可提交基金公司董事会审议，其中重大决策事项需全体成员一致同意。根据项目需要，投资决策委员会可聘请临时专家小组对项目的投资和退出进行分析、论证和评价，完善和优化项目方案。

第十六条 基金管理公司应建立完善的投资管理制度，对项目的内部控制、工作流程和绩效评价等进行规范。投资项目严格按照要求开展尽职调查，必要时可以聘请中介机构进行相关调查。尽职调查结果应形成书面报告。

第五章 项目投资和退出

第十七条 基金公司投资主要采用"子基金""战略合作""直接投资"等模式。

第十八条 子基金模式包括与社会资本合作设立市场化子基金和与市县政府合作设立区域基金。创新基金参股市场化子基金的比例最高不超过基金设立规模的30%，参股区域基金的比例最高不超过区域基金设立规模的40%。各子基金应在浙江省内注册。

市场化子基金应重点投向本办法第三条规定范围内的非上市企业，且投资省内该类企业的资金原则上不低于子基金注册资金或认缴资金的50%。创新基金参股比例低于（含）20%的子基金，投资省内该类企业的资金比例可以酌情降低，但市场化子基金的管理机构及其总部实际管理的其他基金或实体投资省内项目的资金总额不得低于创新基金出资金额的2倍。

第十九条 战略合作模式是指针对特定项目引进战略合作伙伴进行投资或联合投资，投资方向适当关注省内战略性新兴产业试点示范基地的投资项目和高新技术企业项目。

第二十条 直接投资模式是指基金公司对创新基金重点支持产业领域内的优质项目进行投资，投资方向适当关注战略性新兴产业公共服务平台建设项目。

第二十一条 因运作需要或项目条件成熟时，基金管理公司可根据项目实际情况或协议（章程）的约定，按照国家对国有股权转让的有关规定退出或减持所持项目股份。参股的区域基金股权向纯国资受让主体转让时，可按创新基金的投资本金与所持基金的评估价值孰高的原则确定转让价格进行协议转让，并报省金融控股公司、省财政厅备案。所有的项目退出须报经基金公司董事会同意后组织实施。

第六章 费用和收益分配

第二十二条 基金管理公司的委托管理费用按照委托管理协议支付，原则上按照投资金额0.6%的比例由基金公司按年支付。

为激励基金管理公司管理团队的积极性，对投资效益特别好的项目，经基金公司申请、省财政厅批准，基金公司可以就该项目的增值收益对基金管理公司进行一定比例的业绩奖励。

第二十三条 基金公司仅限列支法律规定的作为公司存在所必须进行的法律行为所需的成本和费用，以及根据本办法支付基金管理公司的管理费和业绩奖励。

第二十四条 基金管理公司参与创新基金经营管理、投资运作等所发生的各项成本、费用应当在基金管理公司列支，不得在基金公司列支。

第二十五条 基金公司的税后利润在提取法定公积金后不分配，全额留存基金公司，用于投资。

第七章 报告制度

第二十六条 每季度结束后15日内，基金管理公司应向基金公司和省金融控股公司报送创新基金的投资运作和资金使用情况，并报省财政厅备案。

第二十七条 会计年度结束后的4个月内，基金管理公司须向基金公司和省金融控股公司提交经注册会计师审计的创新基金年度会计报告。省金融控股公司应当在收到报告后15日内将年度会计报告报送省财政厅。

第二十八条 创新基金投资运作过程中如发生重大或特殊事件，基金管理公司应当及时向基金公司和省金融控股公司报告，并根据要求编制临时报告书。省金融控股公司应当及时向省财政厅报告相关情况。

第八章 监督管理和法律责任

第二十九条 省财政厅对创新基金的运作进行监督，对资金使用情况进行检查，必要时可对运作情况进行专项审计。创新基金运作业绩纳入省金融控股公司年度考核。

第三十条 基金公司和基金管理公司的管理人员如因滥用职权、玩忽职守或因人为故意、重大过失造成创新基金不应有的损失的，依法追究法律责任。

第九章 附 则

第三十一条 本办法由浙江省财政厅发布并负责解释。

第三十二条 省创业风险投资引导基金转入的项目股权仍按《浙江省创业风险投资引导基金管理办法》（浙政办发〔2014〕24号）《〈浙江省创业风险投资引导基金管理办法〉补充规定》（浙创投办〔2010〕1号）及签订的原协议或章程执行。

第三十三条 本办法自发布之日起施行，原《浙江省创新强省产业基金管理办法》（浙财企〔2013〕272号）同时废止。

浙江省财政厅 浙江省发展和改革委员会 中国人民银行杭州中心支行关于在公共服务领域推广政府和社会资本合作模式的实施意见

浙财金〔2016〕13号 2016年3月10日

各市、县（市、区）人民政府，省政府直属各单位：

为认真贯彻落实《国务院办公厅转发财政部 发展改革委 人民银行关于在公共服务领域推广政府和社会资本合作模式指导意见的通知》（国办发〔2015〕42号）和《浙江省人民政府办公厅关于推广运用政府和社会资本合作模式的指导意见》（浙政办发〔2015〕9号）精神，创新公共服务供给机制，提高公共服务供给质量和水平，增强经济增长动力，经省政府同意，现就在公共服务领域推广政府和社会资本合作（Public-Private Partnership，以下简称PPP）模式，提出以下实施意见。

一、健全组织保障

（一）各地、各部门要充分认识推广PPP模式的重要意义，把思想和行动统一到中央和省委、省政府决策部署上来，精心组织实施，加强协调配合，形成工作合力，切实履行职责，共同抓好落实。

（二）省政府建立PPP工作联席会议制度，由省政府常务副省长担任召集人，财政、发改、人行、国土、建设、交通、环保等部门为成员单位，统筹制定全省PPP工作总体规划，指导和推动各地、各部门开展PPP工作。省财政厅、省发改委、人民银行杭州中心支行等职能部门要加强协调配合，形成工作合力，共同抓好落实。省财政厅、省发改委等相关部门加强政策沟通协调与信息交流，履行PPP工作政策制定、业务指导、信息管理等职责。省发改委、省财政厅等相关部门要加强对社会投资的引导和项目管理，做好PPP项目库建设。人民银行杭州中心支行等金融管理部门要加强对金融机构的监督和指导，引导金融机构按照风险可控、商业可持续原则支持PPP项目融资。教育、科技、民政、人力社保、国土、环保、建设、交通、水利、农业、文化、卫生计生、体育等行业主管部门要按照职责分工，结合行业特点，抓紧完善落实本领域内推广运用PPP模式的政策措施，加强对本领域内PPP工作的指导、协调和监督。

（三）市县政府要根据实际落实本级政府PPP工作的决策管理，切实强化组织保障，建立高效顺畅的协调机制，结合当地实际确定牵头部门，明确工作职责，形成工作合力，确保顺利推进实施。鼓励有条件的地方政府统筹内部机构改革需要，设立专门机构，承担PPP模式推广职责。

二、规范项目实施

（四）加快建立PPP项目库。各地要在能源、交通运输、水利、环境保护、农业、林业、科技、保障性安居工程、医疗、卫生、养老、教育、文化等公共服务领域推广运用PPP模式，建立PPP项目库。省发改委、省财政厅会同相关部门建立省级PPP项目库，做好项目储备，并向社会公开推介，吸引社会资本积极参与。在能源、交通运输、水利、环境保护、市政工程等特定领域需要实施特许经营的，按《基础设施和公用事业特许经营管理办法》执行。

（五）鼓励存量项目转化。鼓励各地将融资平台公司存量公共服务项目转型为PPP项目，引入社会资本参与改造和运营，减轻地方政府债务压力，腾出资金用于重点民生项目建设。推动投融资平台改革创新发展，对已经建立现代企业制度、实现市场化运营的，在其承担的地方政府债务已纳入政府财政预算、得到妥善处置并明确公告今后不再承担地方政府举债融资职能的前提下，可作为社会资本参与当地PPP项目。严禁融资平台公司通过保底承诺等方式参与政府和社会资本合作项目，进行变相融资。

（六）科学决策新建项目。各地政府要根据当地经济社会发展需要，结合财政收支平衡状况，统筹评估论证新建项目的经济效益和社会效益，保证决策质量。建立多部门参与的项目协调联审机制，提高项目决策质量和效率。行业主管部门或政府授权的项目实施机构应编制PPP项目实施方案，明确风险分配基本框架、项目运作方式、交易结构、合同体系、监管架构、采购方式选择等内容。财政部门要会同行业主管部门做好物有所值评估工作，并开展财政承受能力论证，发改、规划、国土、环保、建设等部门要推动PPP项目实施方案联审和项目立项审批的联动，提高审批效率。PPP项目实施方案由行业主管部门报经同级政府批准后实施。

（七）择优选择项目合作伙伴。对使用财政性资金（资产、资源）作为社会资本提供公共服务对价的PPP项目，当地政府或项目实施机构应当根据预算法、合同法、政府采购法及其实施条例等法律法规规定，选择项目合作伙伴。项目实施机构应当依托政府采购信息平台，及时、充分向社会公布项目采购信息。采购中应综合评估项目合作伙伴的专业资质、技术能力、管理经验、财务实力和信用状况等因素，依法择优选择诚实守信的合作伙伴。加强项目政府采购环节的监督管理，保证采购过程公平、公正、公开。

（八）完善PPP项目合作机制。项目实施机构或政府授权机构应与中选社会资本签署项目合同。项目合同要符合国家有关部门制定的合同指南要求，合理确定合作双方的权利与义务，按照权责对等原则合理分配项目风险，明确项目的产出说明和绩效要求、收益回报机制、退出安排、应急和临时接管预案等关键环节，实现责权利对等。

（九）规范项目执行。行业主管部门及项目实施机构要根据项目合同约定，监督社会资本或项目公司履行合同义务，严格按合同约定组织项目建设和运营，确保项目质量，提供安全、优质、高效、便利的公共服务。政府有支付义务的，应按合同约定和绩效指标向社会资本或项目公司支付费用，并执行约定的奖励条款或惩处措施。设置超额收益分享机制的，社会资本或项目公司应及时足额向政府支付超额收益。

（十）完善价格机制和动态补贴机制。加快完善公共服务领域价格的形成、调整和补偿机制。按照补偿成本、合理收益、节约资源、优质优价、公平负担的原则合理确定公共服务价格，并依据项目运行成本、社会承受能力和绩效评价结果，健全公共服务价格调整机制。完善政府价格决策听证制度，广泛听取社会资本、公众和有关部门意见，确保定价调价的科学性。及时披露项目运行过程中的成本变化、公共服务质量等信息，提高定价调价的透明度。对没有经营收入或收入不能覆盖成本和合理收益的，可通过政府付费、可行性缺口补助、资源补偿等方式给予支持。各类政府付费、可行性缺口补助应纳入财政预算，原则上不得承诺商业风险分担、固定投资回报以及法律、法规禁止的其他事项。

（十一）建立综合监督管理体系。各地要建立项目综合监管体系，保障公共服务质量。行业主管部门应根据合同约定和相关领域的行业技术标准、公共产品或服务技术规范，加强对公共服务质量和价格的监管，建立政府、公众共同参与的综合性评价体系，建立事前设定绩效目标、事中进行绩效跟踪、事后进行绩效评价的全生命周期绩效管理机制。行业主管部门、物价部门、财政部门要加强定价和可行性缺口补助监管，政府付费、可行性缺口补助、使用者付费与绩效评价挂钩，并将绩效评价结果作为调价和政府付费、可行性缺口补助的重要依据，确保公共利益。各行业主管部门及审计、国资等相关部门要在各自职责范围内做好项目管理和监督等工作，依法履行监管职责。鼓励社会公众参与项目监督，依法充分披露项目实施相关信息，切实保障公众知情权，接受社会监督。

（十二）健全争议解决机制和退出机制。健全合同争议解决机制，依法积极协调解决争议，确需变更合同内容、延长合同期限以及变更社会资本方的，由政府和社会资本方协商解决，但应当保持公共服务的持续性和稳定性。健全退出机制，政府及项目实施机构应与社会资本明确项目的退出路径，保障项目持续稳定运行，并依托各类产权、股权交易市场，为社会资本提供多元化、规范化、市场化的退出渠道。项目运行过程中社会资本退出的，应符合合同约定并征得项目实施机构同意。项目合作期满后，要按照合同约定的移交形式、移交内容和移交标准妥善做好项目移交。如遇不可抗力或违约事件导致合作提前终止时，项目实施机构应及时做好接管，保障公共利益不受侵害。

（十三）建立预警和应急机制。各地要建立健全安全预警和应急救援工作机制，提高应对突发事件的应急反应能力，妥善应对重大安全和突发事件，防范和及时化解建设运营风险。制订突发事件应急预案，并在突发事件发生后，及时启动应急预案，保障公共产品和服务的正常提供。

三、完善扶持政策

（十四）简化审批程序。进一步推进“四张清单一张网”改革，加大简政放权力度，推进投资审批事项的取消、下放，减少审批环节，提高审批效率。建立PPP项目实施方案联评联审机制，提高审查工作效率。项目合同签署后，可并行办理必要的审批手续，有关部门要简化办理手续，优化办理程序，对实施方案中已经明确的内容不再作实质性审查。项目合同签署前，政府或项目实施机构已完成立项、初步设计审查等程序的，有关部门应在项目合同签署后，按照合同约定和项目建设需要办理变更程序。

（十五）保障项目用地。实行多样化土地供应，保障项目建设用地。对符合划拨用地目录的项目，可按划拨方式供地，建成的项目经依法批准可以抵押，实现抵押权后改变项目性质应该以有偿方式取得土地使用权的，应依法办理土地有偿使用手续。不符合划拨用地目录的项目，以租赁方式取得土地使用权的，租金收入参照土地出让收入纳入政府性基金预算管理。以作价出资或者入股方式取得土地使用权的，应当以市、县人民政府作为出资人，制订作价出资或者入股方案，经市、县人民政府批准后实施。

（十六）做好金融服务。建立投融资对接服务机制，积极向政策性银行、商业银行、信托、证券、保险、基金等金融机构和其他投资者推介 PPP 项目。鼓励银行业金融机构积极探索适合 PPP 项目特点的信贷产品和模式，开展排污权、收费权、特许经营权、预期收益、政府购买协议质押等贷款业务，在政策范围内实行差异化的信贷政策，对符合条件的 PPP 项目可适当延长贷款期限，贷款利率可适当优惠。鼓励符合条件的项目运营主体在资本市场通过发行公司债券、企业债券、中期票据、定向票据等市场化方式进行融资。鼓励项目公司发行项目收益债券、项目收益票据、资产支持票据等。鼓励社保资金、保险资金、股权投资基金以及其他专业投资机构按照市场化原则，创新运用债权投资计划、股权投资计划、项目资产支持计划等多种方式参与项目。创新支持项目公司利用外国政府、国际金融组织贷款和清洁发展委托贷款，为项目提供长期稳定、低成本的融资资金。

（十七）加大财税支持。有效统筹财政资金，综合运用投资补助、财政补贴、贷款贴息等形式，支持 PPP 项目建设。在安排政府投资时，同等条件下优先支持采用 PPP 模式项目。创新财政投入方式，探索采取股权投资等方式支持 PPP 项目，省财政出资 100 亿元设立浙江省基础设施投资（含 PPP）基金，发挥政府性资金杠杆效应，吸引金融资本、产业资本参与，通过股权投资等方式支持 PPP 项目融资。鼓励各地及金融机构、社会资本等发起设立 PPP 领域投资基金。落实税费优惠政策，公共服务项目采取政府和社会资本合作模式的，可按规定享受相关税收和行政事业性收费优惠政策。实施 PPP 综合奖补政策，支持 PPP 示范市县建设，促进 PPP 项目签约、开工。根据中央出台的以奖代补政策，财政部将择优对符合条件、规范实施的转型为 PPP 项目的地方融资平台公司存量项目，按项目转型实际化解地方政府存量债务规模给予一定奖励。

四、优化发展环境

（十八）加强能力建设。大力培养专业人才，加快形成政府部门、高校、企业、专业咨询机构联合培养人才的机制。鼓励各类市场主体加大人才培训力度，开展业务人员培训，建设一支高素质的专业人才队伍。积极培育和引入为 PPP 项目提供第三方专业服务的中介机构和专家库，提高 PPP 项目科学化、规范化管理水平。

（十九）建立信息平台。建立全省统一的信息发布平台和项目管理平台。及时向社会公开项目实施情况等相关信息，确保项目实施公开透明、有序推进。对全省 PPP 项目进行跟踪、监督和管理，保障 PPP 项目规范运作。

（二十）加强宣传引导。加强社会舆论引导，通过媒体宣传增进政府、社会公众与市场主体对 PPP 模式的认可度。建立 PPP 项目公众参与机制，建立及时畅通的信息渠道，保障公众对 PPP 项目经营活动的知情权、建议权。

浙江省财政厅
浙江省国家税务局
浙江省地方税务局
关于全面做好营业税改征
增值税试点工作的通知

浙财税政〔2016〕7 号 2016 年 4 月 12 日

各市、县（市）财政局、国家税务局、地方税务局（宁波不发）：

经国务院批准，自 2016 年 5 月 1 日起，在全国范围内全面推开营业税改征增值税（以下称营改增）。财政部、国家税务总局专门下发了《关于全面推开营业税改征增值税试点的通知》（财税〔2016〕36 号），为全面做好我省营改增试点工作，现提出以下贯彻意见。

一、切实履行职责

全面推开营改增试点是推进供给侧结构性改革的重要举措，也是当前财税体制改革的重头戏。全省各级财政、国税、地税部门要按照财税联动、国地税合作的原则，积极部署准备，健全工作机制，采取切实有效的措施，确保全面推开营改增试点工作平稳有序推进。

二、大力开展宣传

全省各级财政、国税、地税部门要抓好全面推开营改增试点政策的宣传、培训和解读工作，通过宣传培训和政策解读，帮助纳税人理解新税制、遵从新税制、获益新税制，实现税企良性互动，税制平稳转换。

三、密切协调配合

全省各级财政、国税、地税部门要密切配合，通力协作，实现全系统、全过程、全方位的财税联动、国地税合作。特别是国税、地税部门，要讲政治，顾大局，事前、事中、事后全程合作，按时完成各自工作任务，确保改革如期推进。事前，共同做好试点纳税人资料数据移交工作，处理好发票管理、定额管理、欠税管理等税收征管业务衔接与过渡，防止出现漏征漏管；事中，国税、地税部门要加强合作征收税款工作，地税部门按规定做好纳税人销售其取得的不动产和其他个人出租不动产增值税的代征工作，国税部门按规定做好城建税、教育费附加、地方教育附加等相关地方税费的代征工作；事后，国税、地税部门要互相交换涉税数据，实现信息实时全库共享。

经国地税协商，在办税服务厅资源允许的前提下，地方税务局可以在国家税务局办税服务厅增设地税征收窗口，派专人负责征收相关地方税费；国家税务局可以在地方税务局办税服务厅设立“营改增”窗口，派专人负责征收相关税费。

四、深化效应分析

全省各级财政、国税、地税部门要密切跟踪营改增试点运行情况，扎实做好数据采集工作，深入开展改革效应分析评估，要在建筑业、房地产业、金融业和生活服务业中分别选取代表性企业，建立定期的信息交流机制，对试点后企业的税负、经营业绩、利润水平等指标进行动态分析，并且认真做好全面推开营改增试点对税收收入和地方财政收入以及经济社会发展的影响分析，及时提出意见建议。

五、加强舆情监测

全省各级财政、国税、地税部门要建立健全舆情监测处置机制和报告制度，及时发现和解决试点工作中出现的各类问题，密切关注舆情动态，及时回应纳税人关切，认真处理纳税人诉求，确保不发生负面舆情与群体性事件。

浙江省基础设施投资（含 PPP）基金管理办法

浙财建〔2016〕44 号 2016 年 4 月 26 日

第一章 总 则

第一条 为规范和加强浙江省基础设施投资（含 PPP）基金（以下简称“省基金”）的运作与管理，深化政府投融资体制改革，充分发挥政府基金的导向作用，鼓励和引导社会资本进入基础设施和公共服务领域，促进我省经济和社会发展，根据《国务院关于创新重点领域投融资机制鼓励社会投资的指导意见》（国发〔2014〕60 号）、《财政部关于印发〈政府投资基金暂行管理办法〉的通知》（财预〔2015〕210 号）和《浙江省人民政府关于进一步促进全省经济平稳发展创新发展的若干意见》（浙政发〔2015〕18 号）等有关文件精神，特制定本管理办法。

第二条 浙江省基础设施投资（含 PPP）基金由省政府引导设立，按照“政府引导、市场化运作、分级分类管理、风险可控”的原则进行运作管理。

第三条 省基金初期规模为 100 亿元，资金来源为省财政拨款。主要通过参股省级子基金和市县子基金的形式，引导市县政府并共同吸引社会资本投入。以后视运作和管理情况经省政府批准后逐步扩大规模。

第四条 省基金采用承诺制出资，一次认缴，分期到位。省基金存续期：2016—2025 年。确需延长存续期时，须按规定程序报批。

第二章 管理机构和职责分工

第五条 基金成立投资决策委员会（以下简称“投决会”）。省政府授权省财政厅履行政府出资人职责，投决会办公室设在省财政厅。投决会及其办公室职能由省政府另行制定。

第六条 省财政厅授权浙江省金融控股有限公司（以下简称“省金融控股公司”）代行出资人职责，组建省基础设施投资基金有限公司（以下简称“基金公司”）。基金公司按《公司法》规定要求设立董事会和监事会，不设日常经营机构，委托浙江金控投资管理有限公司（以下简称“基金管理公司”）负责省基金的日常经营管理。

基金管理公司主要职责：参与投资项目入股谈判等前期工作，拟定章程或合伙协议，进行基金专业化运作，定期向省金融控股公司报送基金运作情况。

第三章 投资原则、范围和方式

第七条 省基金投资项目应符合国家和省委、省政府经济发展战略和产业政策，符合本地区、本行业中长期发展规划，并已纳入省级投资项目储备库、省级 PPP 推荐项目库、省级政府投资项目计划，着力支持重大基础设施和公共服务项目建设，充分发挥有效投资对经济增长和转型升级的推动作用。

第八条 省基金主要投向浙江省境内的基础设施项目和公共服务项目，包括综合交通、市政公用、环境保护、社会事业、保障房等基础设施和公共服务领域等项目，重点支持通过物有所值评价和财政承受能力论证的纳入省部级项目库的 PPP 项目，以及建成投运后有一定现金流的项目，同时兼顾非收费国省道、国省主干航道等重大公益类基础设施建设项目。

第九条 省基金主要采取母子基金运作模式，与省级平台、市县政府和社会资本合资设立，或以增资方式参与现有基金等各种“子基金”运作模式，对全省性非收费的重大交通基础设施项目实行直接投资。

第十条 省基金与省级平台或其他社会资本合作设立省级子基金，省基金出资比例不超过子基金设立规模的 50%。

第十一条 省基金与市县政府合作设立市县子基金，并吸引金融机构等社会资本出资参股。为更好地发挥政府出资的引导作用，市县政府可适当让利，但不得向其他社会出资人承诺投资本金不受损失，不得承诺最低收益。各类社会资本可根据子基金拟投资项目情况，自行决定是否参股子基金。

第十二条 经省政府批准，省基金对全省性非收费的重大交通基础设施项目实行直接投资。

第十三条 子基金的组织形式由子基金的主发起人自行确定。

第十四条 省基金及子基金均不得从事以下业务：

1. 从事融资担保以外的担保、抵押、委托贷款等业务；

2. 投资二级市场股票、期货、房地产、证券投资基金、评级 AAA 以下的企业债、信托产品、非保本型理财产品、保险计划及其他金融衍生品；

3. 向任何第三方提供赞助、捐赠（经批准的公益性捐赠除外）；

4. 吸收或变相吸收存款，或向任何第三人提供贷款和资金拆借；

5. 进行承担无限连带责任的对外投资；

6. 发行信托或集合理财产品募集资金；

7. 其他国家法律法规禁止从事的业务。

第十五条 省基金及子基金应选择在中国境内设立的商业银行进行托管。托管银行依据托管协议负责账户管理、资金清算、资产保管等事务，对投资活动实施动态监督。

第四章 投资管理程序

第十六条 申请省基金的程序和要求：

1. 合作设立子基金，由子基金的主发起人（包括省级平台或社会资本、市县政府）正式行文向投决会办公室申报，同时抄送省级主管部门。申请省基金直接投资的非收费重大交通基础设施项目，由省交通厅向投决会办公室申请。

2. 省级子基金申请省基金，需提供以下材料：子基金设立方案或框架协议；子基金拟投资项目情况和筹资方案、财务分析；项目可行性研究批复文件等相关材料。

3. 市县子基金申请省基金，必须落实相关的项目，需提供以下材料：子基金设立方案或框架协议；子基金拟投资项目情况和筹资方案、财务分析；PPP 项目的实施方案；项目可行性研究批复文件等相关材料。

4. 省基金直接投资项目申请，需提供以下材料：项目建议书、可行性研究批复文件，项目可行性研究报告等相关材料。

第十七条 基金管理公司参与项目入股谈判等前期工作，及时提出拟投资项目方案。投决会办公室审核后，拟订投资项目清单和子基金建议名单，送省级有关部门征求意见，形成一致意见后报投决会进行审议决策。

第十八条 经投决会审议通过的省基金投资项目清单，应在省财政厅门户网站公示 7 个工作日。无异议的，由基金管理公司拟定章程或合伙协议，正式签署后实施具体投资运作。有异议的，暂停投资。

第十九条 采取设立子基金方式的，省基金出资资金可一次或分期到位，并在公司章程或合伙协议中载明。出资资金分期到位的，首期出资资金应不少于出资总额的 40%，其余资金可根据首期到位资金运行情况分步到位，全部到位期限不得超过子基金审批设立后 5 年。

第二十条 子基金存续期最长不超过 10 年，确需延展存续期的，须按规定程序报批。

第二十一条 省基金及子基金的收益分配，应在章程或合伙协议中载明。

1. 省级子基金的收益按照章程或合伙协议进行分配。

2. 市县子基金的收益按照章程或合伙协议进行分配，同时省基金给予市县政府利益让渡。

第二十二条 省基金及子基金的管理费按照章程或合伙协议支付。

第二十三条 省基金及子基金投资应在章程或合伙协议中载明退出期限、退出条件和退出方式，在达到投资年限或约定退出条件时，适时按照约定方式实现退出。

1. 省级子基金中省基金的出资部分通过到期清算等方式实现退出。

2. 市县子基金中省基金出资形成的股权通过协议转让方式实现逐年退出，并在章程或合伙协议中明确，即省基金每年按投入本金的一定比例分年收回本金。

3. 省基金存续期未满如达到预期目标，可通过股权回购机制等方式适时退出。

第二十四条 省基金存续期内收回的本金和投资收益、利息等，按程序报批后继续用于基金滚存使用。

第二十五条 省基金应在子基金章程或合伙协议中约定，有下述情况之一时，省基金可无需其他出资人同意，按照投资决策程序报批后选择提前退出：

1. 子基金组建方案确认后超过 1 年，其他出资人未按规定程序和时间要求完成设立或增资手续的；

2. 省基金拨付子基金账户 1 年以上，参股子基金未开展投资业务的；

3. 子基金投资领域和方向不符合原定政策目标的；

4. 子基金未按章程约定投资的；

5. 其他不符合章程约定情形的。

第二十六条 省基金终止后，应当在省财政厅监督下组织清算，将清算收回资金和收益，按照财政国库管理制度有关规定及时足额上缴国库。

第五章 风险防控和监督管理

第二十七条 省财政厅应会同相关主管部门对省基金运作管理进行监督检查，确保基金规范运作和管理，更好地发挥基金政策引导作用。

第二十八条 省金融控股公司要认真代为行使、履行出资人的相关权利和义务，加强对省基金运作与管理的指导和监督，定期对基金投资运作情况、资金使用情况、财务收支情况等进行监督检查，并视工作需要委托专业机构开展专项审计，有效防范运作风险，确保基金安全和效益。

第二十九条 基金管理公司要向省金融控股公司报送基金每季度投资运作情况、每季度财务报表、基金年度工作报告和经注册会计师事务所审计的年度会计报告，经省金融控股公司审核后报投决会办公室备案。

第三十条 基金运作和管理中如发生重大问题，基金管理公司应在 7 个工作日内向省金融控股公司报告，并由省金融控股公司提出意见报投决会办公室。

第三十一条 基金接受财政、审计部门的监督检查。对于检查中发现的问题，按照《预算法》和《财政违法行为处罚处分条例》等有关法律法规予以查处。涉嫌犯罪的，依法移送司法机关追究刑事责任。

第六章 附 则

第三十二条 本办法自发文之日起施行，由省财政厅负责解释。

浙江省社会保险基金保值增值运作管理办法（试行）

浙财社〔2016〕45 号 2016 年 6 月 21 日

为贯彻落实党的十八届三中全会决定、预算法和国务院预算管理等相关精神，加快实现社会保险基金的保值增值，结合我省实际，制定本办法。

一、总体目标

按照政府预算管理和相关管理制度的要求，在确保社会保险基金可持续支付和安全运行的前提下，利用社会保险基金结余进行保值增值运作，以有效提高基金收益水平，降低政府性债务融资成本。

二、运作范围和基本原则

（一）运作范围

纳入保值增值运作的社会保险基金结余，包括企业职工基本养老保险基金、城乡居民基本养老保险基金、机关事业单位基本养老保险基金、职工基本医疗保险基金和城乡居民基本医疗保险基金及其大病保险基金、失业保险基金、工伤保险基金和生育保险基金等各项社会保险基金的结余资金。

各级财政社会保障基金结余，包括社会保障风险准备金、被征地农民基本生活保障资金和其他社会保障财政专户的资金结余，一并纳入运作范围。

上述社会保险基金和财政社会保障基金，本办法统称社保基金。

（二）基本原则

社保基金保值增值运作遵循以下基本原则：

1. 统一管理，分级负责。社保基金保值增值运作在省政府的领导下，由省财政厅会同省人力资源和社会保障厅统一管理，各统筹地区政府（以下称市县政府）分级负责。

2. 精算平衡，确保支付。社保基金收支应当精算平衡，按期留足存底备付资金，确保基金支付可持续。

3. 严控风险，确保安全。严格控制社保基金保值增值运作各类风险，落实市县政府兜底责任，确保社保基金安全完整。

4. 锁定目标，保障收益。社保基金保值增值年收益率暂定为 4%—5%。今后，结合社保基金结余、政府性债务负担和基准利率变动等情况适时调整公布。

三、运作方式

（一）市县级社保基金采取“委托——借款”方式运作。

1. 市县政府将符合本办法规定要求的结余基金委托给省社会保险基金管理中心（该中心经省政府批准设立在省财政厅，负责全省社保基金保值增值运作的具体工作，以下简称省社保基金中心），并由市县政府与省社保基金中心签订社保基金保值增值委托协议（以下简称委托协议），委托协议范本另行制定。

2. 省社保基金中心根据市县政府委托的符合本办法规定的结余基金，与市县政府签订社保基金保值增值借款协议（以下简称借款协议），借款协议范本另行制定。

借款协议签订后，市县政府方可按协议约定借用社保基金，并按时足额偿还借款本金和支付保值收益。

3. 经结余市县政府同意，社保基金结余可以跨市县运作，省社保基金中心与相关市县政府分别签订委托协议和借款协议；也可委托省社保基金中心用于省委省政府确定的重大基础设施建设项目借款或用于置换省级政府性债务。

（二）省级社保基金的保值增值授权省社保基金中心以直接借款方式运作。

四、社保基金借款规模、标准和期限

（一）社保基金可以动用的借款规模是指按本办法规定标准计算的留存备付资金后的各项基金滚存结余数额。

（二）社保基金动用应当按照下列支付能力标准留足备付资金：

以基金运作方案报送月份为报告期，各项社会保险基金实际滚存结余资金的期初支付能力必须达到 6 个月以上；其他社会保障基金财政专户期初必须留存足额的备付资金。同时，到运作期末，剔除财政补助收入和上级补助收入，基本养老保险基金滚存结余支付能力必须达到 3 个月以上。

未按上述规定标准留足备付资金的，不得借出社保基金。

（三）社保基金借款期限最长不得超过 5 年。

（四）社保基金借款的基金种类、金额、期限、收益率等应当在委托协议中一一载明。

五、社保基金借款的使用

（一）市县级社保基金借款的使用

1. 社保基金借款限用于置换按规定清理甄别后锁定的、有稳定收益的政府性存量债务。

市县级社保基金借款不得用于新增政府项目。

2. 市县政府应当按照本办法规定，综合考虑债务项目的重要性、公益性、风险性以及负担水平等因素，建立制度化的项目筛选机制，选择优质、良性债务项目进行置换。置换债务期限应当与社保基金可运作期限相匹配。具体置换项目的确定由市县政府负责。置换后当地应当及时准确变更债务项目的债权债务关系，并相应更新债务管理系统的相关信息，做好台账管理工作。

3. 社保基金借款的基金种类、金额、期限及收益率等，应当在借款协议中一一载明。置换债务项目的，新老债权人与债务人重新签订借款协议及解除原协议，借款基金直接拨付债务项目的原债权人。

（二）省级社保基金借款的使用

经省政府批准，省级社保基金结余可以用于省委省政府确定的重大基础设施建设项目借款或用于置换省级政府性债务，也可以用于置换市县政府性债务。

六、收益的计算收取和风险处置

（一）社保基金保值增值运作的年收益率应当在本办法规定的4%—5%区间内，各地根据社保基金借款期限合理确定。

社保基金运作收益按季计算收取，全额纳入基金。

（二）各级财政部门应当采取措施防止发生借款违约行为，不得逾期偿还社保基金借款本金和支付保值收益。

（三）市县政府未按规定使用借款、未按期归还借款或未按规定支付保值收益的，省社保基金中心有权变更协议提前收回或省财政有权直接通过财政扣款方式扣回借款本金和应计保值收益。

（四）当社保基金出现支付缺口时，市县政府可以提出申请变更委托协议和借款协议提前收回，同时可通过财政资金调度等措施确保社保基金按时足额支付。

七、操作主体和程序

（一）省级社保基金保值增值的操作主体是省社保基金中心，市县级社保基金保值增值的操作主体是市县政府的财政部门。

（二）市县级社保基金保值增值委托和借款工作，按照以下程序进行：

1. 市县政府财政部门会同本级人力资源和社会保障部门，按照本办法规定提出本级社保基金保值增值运作的建议方案，报送本级政府常务会议审议。

2. 社保基金保值增值运作建议方案经市县政府常务会议审议通过后，由同级财政部门将经政府常务会议审议通过的社保基金运作方案报送省社保基金中心。

社保基金运作方案原则上一年一报，应当包括：(1)社保基金结余情况。报告期期初基金实际滚存结余情况；(2)精算平衡测算情况。运作基金当年及债务置换期限对应年度内基金收支的精算平衡预测情况；(3)社保基金运作内容。可以运作的社保基金种类、金额、期限和收益率，风险处置和保障措施等。

3. 省社保基金中心会同省财政厅、省人力资源和社会保障厅对市县报送的社保基金保值增值运作方案进行审核。

4. 对经审核确认符合本办法规定的，由省社保基金中心汇总提出意见，报省财政厅厅长办公会议审核同意后，由省社保基金中心与市县政府正式签订委托协议和借款协议。

（三）省级社保基金结余的借款和使用程序另行规定。

八、日常管理

社保基金保值增值运作的日常业务管理工作，由省社保基金中心和市县财政部门分级负责。省社保基金中心和市县财政部门应当分别建立社保基金保值增值运作台账并定期核对，同时分别建立定期报告制度。

社保基金保值增值运作的账务处理和会计核算，按照国家和省现行社会保险基金财务会计制度执行。借出社保基金时，借记“暂付款项”，贷记“银行存款”。收回社保基金借款本金时，借记“银行存款”，贷记“暂付款项”；收回保值收益时，借记“银行存款”，贷记“利息收入”。

各级财政部门应当建立健全社保基金保值增值运作工作机制，明确职责分工；同时要建立健全内部审核制约机制，严格把控运作各个环节，防范各类风险。

九、监督检查

（一）省财政厅负责对已签订的社保基金保值增值委托协议和社保基金保值增值借款协议的执行情况进行监督检查。

（二）省人力资源和社会保障厅、省审计厅按照各自职责对社保基金运行情况进行监督。

（三）社保基金保值增值运营情况和检查结果应当定期报告和公布。

（四）对在社保基金保值增值运营中违规操作或严重失职，造成基金运营不善或重大损失的，应当明确责任，严格依法依规处理。

十、本办法自公布之日起试行。

浙江省省级部门项目支出预算管理办法

浙财预〔2016〕38号 2016年7月8日

第一章 总 则

第一条 为进一步深化预算管理改革，规范和加强省级各部门项目支出预算管理，提高资金使用效益，保障行政工作任务完成，促进各项事业发展，根据《中华人民共和国预算法》《浙江省省级预算审查监督条例》等有关规定，特制定本办法。

第二条 本办法适用于与省财政厅直接发生预算缴款、拨款关系的行政事业单位的项目支出预算管理。

第三条 项目支出预算是省级行政事业单位为完成其特定的行政工作任务或事业发展目标，在基本支出预算之外编制的年度项目支出计划。

第四条 省级部门项目支出预算管理的基本原则：

（一）统筹财力，综合预算。项目支出预算要体现部门预算各项资金统筹安排的要求。省财政厅根据部门向财政申请的预算拨款数、投入项目的其他资金来源情况，对部门申请安排的项目进行全面评估，审核确定部门项目支出预算。

（二）量力而行，合理排序。在对部门申请安排的项目进行可行性论证的基础上，综合考虑国家政治、经济政策，省级财力及部门收入状况，优先安排省委、省政府已经确定的项目以及本部门事业发展迫切需要、切实可行的项目。

（三）严格管理，追踪问效。省财政厅和省级部门对财政预算安排的项目从立项、执行、完成全过程进行审查监督。在立项阶段，要对项目的可行性和预期绩效目标进行评估论证；在执行阶段，要按项目实施进度拨付资金，并督促项目资金按规定的用途使用；项目完成后要开展决算审查和绩效评价，以确保项目资金的使用效益。

第二章　项目分类

第五条　项目分为一级项目和二级项目两个层次。

第六条　一级项目是依据项目单位主要职责，且未纳入日常公用支出范围，单独设立的项目。每个一级项目包括若干二级项目，一级项目集中体现所属二级项目的主要内容和绩效目标，支出总额由二级项目汇总而成。除单位职责调整外，一级项目相对稳定。

第七条　二级项目是项目单位为实现一级项目绩效目标，根据履行职责的具体活动或工作任务，并结合二级项目类别设立。若干二级项目对应一个一级项目。

第八条　二级项目按照其支出性质分为专项公用类项目和发展建设类项目。

第九条　专项公用类项目，是指行政事业单位为履行职能，完成工作任务而发生的一般用于商品和服务支出的特定项目。具体包括：

（一）大型会议、培训类项目：是指行政事业单位为履行职责召开的一类会议、二类会议，根据党章、法律法规和其他有关规定定期举行的会议，以及组织本单位以外人员培训的项目。

（二）重大宣传、活动类项目：是指省委、省政府确定的重大宣传、活动项目。

（三）重大课题调研、规划类项目：是指省委、省政府确定的重大课题调研、规划等项目。

（四）信息化运行维护类项目：是指为保证行政事业单位计算机网络和业务信息化系统正常运行和信息安全，按有关规定用于硬件设备维护、软件维护和数据更新等方面的技术服务、专用通讯网络服务、零配件费用支出项目。

（五）执法办案类项目：是指政法部门和具有执法依据的专设执法机构，为履行职能在基本支出范围外支出的执法服装费、罚没物品的仓储保管和销毁费用及举报奖励等支出项目。

（六）大宗印刷类项目：是指行政事业单位为履行特定职能而发生的图书、杂志等印刷费支出和因特定工作任务而发生的印刷费支出项目。

（七）房租类项目：是指行政事业单位按有关规定承租宿舍、办公业务场所的房租项目。

（八）其他专项公用类项目：是指行政事业单位为履行职责、完成工作任务，在上述项目之外发生的专项公用类项目。

第十条　发展建设类项目，是指行政事业单位为完成其特定行政工作任务和事业发展目标，一次性或阶段性发生的发展建设性支出项目。具体包括：

（一）房屋建筑物购建类项目：是指按基本建设制度规定允许用于购买、自行建造办公业务用房、仓库、职工生活用房、教学科研用房、学生宿舍、食堂等建筑物（含附属设施，如电梯、通讯线路、水气管道等）的支出及前期费用。

（二）大型修缮类项目：是指按财务会计制度和国家有关规定允许资本化的各类设备、建筑物、公共基础设施等大型修缮的支出。

（三）信息网络购建类项目：是指行政事业单位指按有关规定允许用于电子政务工程、信息化网络改造等支出。

（四）设备购置类项目：是指行政事业单位按有关规定允许为完成其特定行政工作任务和事业发展目标或开办时所发生的交通工具购置、办公设备购置、专用设备购置及储备物资购置项目。

（五）其他发展建设类项目：是指行政事业单位指按有关规定允许为完成其特定行政工作任务和事业发展目标在上述项目之外发生的发展建设性支出项目。

第三章　项目库

第十一条　项目库是对项目进行规范化、程序化、动态化管理的数据库系统。

第十二条　项目库管理遵循统一规划的原则。由省财政厅统一制定省级部门项目库管理的规章制度、项目申报文本，统一设计计算机应用软件。

第十三条　项目库分为省级部门项目库和省财政项目库。省级部门和省财政厅按照规定管理项目库。

省级部门项目库，由省级部门按照项目支出预算申报要求，结合本部门特点，对所属单位申报的项目进行筛选排序后设立。

省财政项目库，由省财政厅根据项目支出预算管理要求，结合财力可能，对省级部门所申报项目进行筛选排序后设立。

第十四条　省级部门项目库由省级部门负责本部门预算管理工作的财务主管机构进行具体管理。省财政项目库由省财政厅负责总预算的机构进行具体管理。

第十五条　项目库中的项目应当按照轻重缓急进行合理排序，并实行滚动管理。首先应保证省委、省政府既定的政策规划安排的项目；其次是安排经常性项目；第三是其他项目。

第四章　项目申报

第十六条　省级部门按照部门预算年度编制要求，统一汇总向省财政厅申报一级项目和二级项目支出预算。

一级项目依据项目单位主要职责，以支出功能分类的项级功能科目为基础申报设立，申报内容主要包括项目基本信息、立项依据、主要内容、总体绩效目标及实施计划等。

二级项目依据项目单位为完成一级项目的工作任务或活动内容申报设立，申报内容主要包括项目基本信息、对应一级项目、项目类别、项目属性、重要程度、项目口径、立项依据、支出内容、绩效目标、实施计划、项目资金安排、项目支出明细预算、测算依据等。

第十七条 省级部门向省财政厅申报的项目应当符合以下条件：

（一）符合中央、省有关制度和方针政策；

（二）符合财政资金支持的方向和财政资金供给的范围；

（三）属于本部门履行行政职能和促进事业发展需要安排的项目；

（四）要经过充分的可行性研究和论证，并要有明确的项目绩效目标、组织实施计划和科学合理的项目预算。

（五）按规定须由相关职能部门前置审批的，应完成有关审批手续。

第十八条 省级部门要根据履行行政职能的需要、事业发展的总体规划，合理安排项目立项，要从立项依据、可行性论证、项目绩效目标等方面对新项目进行编制和严格审核。

一级项目由项目单位根据单位职能调整情况，在“一上”时提出调整或修改意见，经省级部门、省财政厅审核后设立。二级项目由项目单位根据需要按“二上二下”程序要求提出，经省级部门、省财政厅审核后设立。

第十九条 项目申报要按照政府收支功能分类和经济分类科目编制预算。

第二十条 专项公用类项目除批准的特殊情况外，应在商品和服务支出类下相应经济分类及其他资本性支出大类下办公设备购置经济分类科目中列支，不得列支工资福利支出、对个人和家庭的补助类下经济分类科目；发展建设类项目，不得列支工资福利支出、对个人和家庭的补助类下经济分类科目。

第二十一条 二级项目申报属性分为新增项目和延续项目。

新增项目是指本年度新增的需列入预算的项目。

延续项目是指以前年度已批准并已确定分年度预算，需在本年度及以后年度预算中继续安排的项目。延续项目必须明确项目的起止年限，未经省财政厅批准，部门不得自行变更项目名称、内容、金额。

第二十二条 二级项目申报口径分为经常性、阶段性和一次性。

经常性是指每个预算年度需要安排经费的项目。

阶段性是指在一定年限内需安排经费的项目。

一次性是指完成后不需再安排经费的单个项目。

第二十三条 二级项目申报重要程度分为重要工作和一般工作。

重要工作是指省委、省政府确定安排的项目，须提供文件依据。

一般工作指履行工作职能所需安排的项目。

第二十四条 二级项目按照部门预算编报要求分专项公用类、发展建设类进行类别申报。

第二十五条 项目申报文本由项目申报书、项目可行性论证报告及相关材料组成。

第二十六条 项目申报文本的填报要求：

（一）省级部门申报当年预算时，应提供项目申报材料，其中：房屋建筑物购建类、大型修缮类、信息网络购建类、信息化运行维护类、设备购置类二级项目须按要求报送相关补充材料。

（二）金额在300万元以上的新增发展建设类项目或专业技术复杂的项目，应当填报项目的可行性论证报告、专家咨询意见。

（三）省级部门申报的二级项目包括上年延续项目和当年新增项目。当年新增项目必须填写项目申报文本；上年延续项目计划及项目预算没有变化的，省级部门应当在项目支出预算总报告中予以说明；项目计划及项目预算发生变化的，须重新填写项目申报文本，并附项目调整依据。

（四）省级部门应当按照规定时间报送申报材料，申报材料的内容必须真实、准确、完整。

第二十七条 项目申报程序：

（一）一级、二级项目由项目单位申报，经省级部门初审汇总、报省财政厅审核后设立。

（二）项目单位应当按照预算管理级次申报项目，不得越级上报。

（三）省级部门对申报的项目进行审核后，将符合条件的项目纳入省级部门项目库。

（四）对进入省级部门项目库的项目，省级部门择优排序后汇总向省财政厅申报。

第二十八条 按照规定属于政府采购的项目，应当编制政府采购预算，并按照政府采购制度的有关规定执行。项目涉及固定资产购置的，应按照核定的资产编制数量和价值标准，编制资产配置预算。

项目内容涉及浙江省政府向社会力量购买服务年度指导目录的，应当按规定同步编制政府购买服务预算，并按照政府购买服务的有关规定执行。

第五章　项目审核

第二十九条 项目审核内容主要包括：

（一）项目单位及所申报的项目是否符合规定的申报条件，依据是否充分。

（二）项目申报书是否符合规定的填报要求，相关材料是否齐全等。

（三）项目的申报内容是否真实完整。

（四）绩效目标填报是否符合相关规定，是否细化量化。

（五）项目的规模及开支标准是否符合规定。

（六）项目排序是否合理等。

（七）延续性项目是否已参考历年绩效情况。

第三十条 省财政厅对省级部门申报的项目进行审核后，对符合条件的项目，排序纳入省财政项目库。

第三十一条 对于纳入省财政项目库的房屋建筑物购建类、大型修缮类、信息网络购建类项目，信息化运行维护类、50万元以上设备购置类项目，以及其他专业技术较复杂的项目，须先由省财政项目预算审核中心进行审核，其审核意见作为预算安排的必要依据。

第六章 项目核定与组织实施

第三十二条 省财政厅根据国家和省有关法律法规、方针政策和制度，结合省级部门行政工作任务、事业发展目标，确定当年省级部门项目安排的原则和重点，并根据年度省级财力状况和项目排序，提出项目支出预算建议，纳入部门预算草案，并按规定程序报批。

第三十三条 项目支出预算一经批复，省级部门和项目单位不得自行调整。预算执行过程中，如发生项目变更、终止或需要调整绩效目标的，必须按照项目支出预算管理规定的程序报批，并进行预算调整。对于在项目支出预算额度内的经济分类科目金额，执行时除按规定不得调整的经济分类科目外，可根据实际情况通过编制用款计划调整。

第三十四条 省级部门应当按照批复的项目支出预算组织项目的实施，并责成项目单位严格执行项目计划和项目支出预算。

第三十五条 省级部门和省财政厅应按照结余资金管理的有关规定，加强对项目支出结余资金的管理，提高财政资金使用效益。

第七章 项目清理与滚动管理

第三十六条 为推动项目滚动管理，在当年部门预算批复后下一年度部门预算编制开始前，省财政厅对当年部门预算批复的二级项目进行清理，即从当年部门预算已批复项目中确定下年度预算需继续安排的延续项目。

第三十七条 省财政厅对当年部门预算二级项目中的一次性项目和执行年限到期的延续项目予以取消；对到期后需继续安排预算的项目，视同新增项目，省级部门须按照规定程序重新申报。

第三十八条 对延续项目要严格按照立项时核定的分年度预算逐年编报。编报延续项目预算时，项目的名称、编码、使用方向不得变动，如发生变动视同新增项目，按照规定程序重新申报。

第八章 机动经费项目的管理

第三十九条 机动经费是为解决部门在年度预算执行过程中不确定的零星支出和临时性开支，减少预算执行中的调整而按年初预算布置要求设立的专项经费，作为专项公用类的二级项目管理。

第四十条 机动经费实行项目预算管理，可用于基本支出，主要用于编制内增人、增编等支出，但不得擅自用于提高人员待遇；机动经费也可用于其他项目支出。

第四十一条 机动经费按以下顺序安排支出：编制内增人、增编增加的支出，当年执行中新增不可预见的项目支出，当年预算已安排项目执行中出现的缺口等。

第四十二条 动用机动经费须按预算申报程序报批。

第四十三条 机动经费预算规模不得超过部门当年支出预算总额的规定比例。

机动经费规模较大的部门可根据本办法规定的原则，单独制定本部门的机动经费管理办法。

第九章 项目预算绩效管理

第四十四条 项目单位、省级部门和省财政厅应当加强项目预算绩效管理，建立健全全过程预算绩效管理机制，提高财政资金使用效益。

第四十五条 项目单位、省级部门要按规定填报项目预算绩效目标，绩效目标分为总体目标和绩效指标，绩效指标是具体化、指标化的绩效目标，可分为产出指标、效果指标。绩效目标应指向明确、细化量化、合理可行、相应匹配。

省级部门和省财政厅要加强绩效目标审核，并将审核结果作为安排项目预算的重要依据。绩效目标审核不通过的项目，不得纳入项目库。

第四十六条 省级部门应当加强项目预算绩效监控，预算支出与绩效目标发生偏离的，应当及时采取措施予以纠正，情况严重的，向省财政厅提出调整、暂缓或者停止该项目执行的建议。

第四十七条 项目单位、省级部门应按照要求及时开展项目绩效自评。省财政厅应加强项目绩效自评指导工作并组织实施项目绩效抽评，并开展重点绩效评价。

项目绩效自评、抽评和重点绩效评价具体工作按照我省绩效评价有关规定组织实施。

第四十八条 省级部门和省财政厅应当加强对项目绩效评价结果的应用，及时向项目单位反馈绩效评价结果，并督促其整改存在的问题，将绩效评价结果作为安排项目预算的重要参考因素。

项目单位、省级部门和省财政厅应当加强项目绩效目标管理，推动绩效目标信息公开，接受社会公众监督。

第四十九条 二级项目完成后，项目单位要及时组织验收和总结，并将项目完成情况报省级部门；省级部门要将项目完成情况汇总报送省财政厅。

第五十条 省财政厅和省级部门要将二级项目绩效考评结果分别录入项目库，作为以后年度省级部门项目审批立项和省财政厅安排项目预算的重要依据。

第十章 监督检查与责任追究

第五十一条 项目单位和省级部门未按规定申报项目或项目可行性论证不够充分，并在项目实施中造成资金损失浪费的，按照有关规定对相关责任人员进行问责。

第五十二条 省财政厅和省级部门要逐步建立绩效问责机制，对绩效较差的项目，应分析原因、查找问题、明确责任，在落实整改的基础上，按有关规定对有关人员进行责任追究。

第五十三条 省财政厅、省级部门以及项目单位等要对项目实施过程和完成结果进行监督、检查。对违反国家有关法律、法规和财务规章制度的，按照《财政违法行为处罚处分条例》等有关规定进行查处；情节严重构成犯罪的，依法追究刑事责任。

第十一章 附 则

第五十四条 省对市县专项转移支付参照本办法申报。

第五十五条 本办法自发布之日起施行。原省财政厅《关于印发〈浙江省省级部门项目支出预算管理办法〉的通知》（浙财预字〔2007〕11 号）同时废止。

浙江省省级社保资金竞争性存放商业银行定期存款业务操作办法（试行）

浙财社〔2016〕50 号 2016 年 7 月 11 日

第一条 为加强省级社保资金存放管理，建立安全有序、运行有效、竞争择优的存放管理机制，根据相关规定，制定本办法。

第二条 本办法所指社保资金，是指纳入省级社会保障资金财政专户管理的资金，包括社会保险基金和其他社会保障资金。

第三条 纳入竞争性存放的社保资金范围，是指除用于置换政府性债务进行保值增值运作、确保支付预留资金外拟转存定期存款的社保资金。

第四条 根据《财政专户管理办法》（财库〔2013〕46 号）相关规定，参与竞争性存放的商业银行范围为：经财政部核准的省级社保基金专户开户银行。符合条件的银行须以省级分行名义参与竞标。

第五条 竞争性存放的招标和中标。

（一）招标标的。招标标的为资金年收益率，采用多重价格招标方式。

（二）中标原则。按照资金年收益率由高到低逐笔募入，直到募满招标额为止，中标收益率为各银行所中标的的实际报价。当竞标银行投标标的相同时，通过对竞标银行评标确定中标结果。评标指标分为可靠性指标、贡献度指标、服务度指标，根据评标指标综合得分高低，确定得分前三位的三家银行作为评标中标银行，并根据适当比例（50%、30%、20%）分配评标额。

各指标具体口径见附件。

（三）标段设置。竞标银行参加每期竞争性存放的投标标段不得超过 5 个，每一标段最小投标限额为 0.5 亿元，投标量变动幅度为 0.1 亿元整数倍。

第六条 竞标资格限定。为保证社保资金安全，每家竞标银行投标截止日上月末的社保资金定期存款余额不得超过该银行一般性存款余额的 10%。

第七条 评委和监督员。社保资金竞争性存放评委库由省财政厅各处室（局）主要负责人和省人力社保厅相关业务处室（中心）主要负责人组成。监督员由省财政厅监督局工作人员担任。每期评标设评委 7 人，由省财政厅监督局派监督员在开标前从评委库中随机抽取。

第八条 中标结果确认。中标结果经省财政厅厅长审定后生效。省财政厅厅长签字确认后，省财政厅向中标银行发出中标通知书，同时将评标结果通知所有竞标银行。

第九条 协议签订和资金划拨。省财政厅依据中标结果，自发出中标通知书 10 个工作日内与中标银行签订相关协议，明确各自的权利和义务。省财政厅根据协议和资金到账情况，及时将资金划拨中标银行，中标银行收到划拨资金后 2 个工作日内向省财政厅开具存款证明。

第十条 到期划回或提前支取。存款到期后，中标银行应按照协议约定将存款本金、利息分别足额划入指定账户。省财政厅可根据情况变化提前全部或部分支取定期存款。

第十一条 定期存款存续期间，中标银行出现以下情形之一的，省财政厅有权提前收回存放资金，并取消该行参加竞争性存放竞标资格：

（一）出现资金安全事故、重大违法违规情况或财务恶化；

（二）监管评级降低，且监管部门认为存在较大运营风险；

（三）进行严重不正当投标；

（四）没有按照中标协议承诺履行相应的责任和义务；

（五）不能及时将到期存款本息足额划入指定账户；

（六）其他妨害社保资金安全的行为。

第十二条 省财政厅社保部门负责组织实施社保基金竞争性存放工作；负责制订竞争性存放招标计划，包括：招标时间、招标金额、存放期限，并委托省政府采购中心具体组织招标工作。省财政厅预算执行部门负责按照生效的中标结果及时办理资金划拨。

第十三条 其他未尽事宜由省财政厅参照相关规定解释。

第十四条 本办法自公布之日起试行。

附件：社保资金评标指标（略）

浙江省政府产业基金投资退出管理暂行办法

浙财企〔2016〕93 号 2016 年 8 月 26 日

第一章 总 则

第一条 为规范政府产业基金退出行为，保护各类出资人及相关当事人的合法权益，更好地发挥各级政府产业基金的政策引导作用，根据《财政部关于印发〈政府投资基金暂行管理办法〉的通知》（财预〔2015〕210 号）、《财政部关于财政资金注资政府投资基金支持产业发展的指导意见》（财建〔2015〕1062 号）、《浙江省财政厅关于规范政府产业基金运作与管理的指导意见》（浙财企〔2015〕70 号）和有关法律法规规定，制定本办法。

第二条 本办法所称政府产业基金的退出行为，是指各级政府出资和归属政府的投资收益在达到特定目标或符合规定情形时，按照规定或章程协议约定从参股投资子基金或直投项目中退出的行为。

上述政府产业基金包括一级政府单独出资或上下级政府合作出资设立的各类政府股权投资基金。政府产业基金从与社会资本合作设立的子基金、直投项目或上下级政府合作设立的子基金中退出的行为均适用本办法。

第三条 政府产业基金退出，原则上应按照“事先约定、市场运作、程序规范、有效监管”的要求进行操作。

各级政府产业基金对外投资运作时，要在章程协议中事先设计好政府出资部分的退出通道，明确让利方式，建立适时退出机制；要充分发挥市场机制作用，实现政府出资合理退出；要严格退出程序，切实支持各类出资人取得合法权益；要加强有效监管，科学评估出资价值，防止暗箱操作、利益输送，杜绝国有资产流失。

第四条 财政部门或人民政府授权的国资监管部门（以下统称基金监管部门）是政府产业基金投资退出的监督管理部门。县级以上基金监管部门对本级管理的政府产业基金退出实施监督管理。上级基金监管部门指导和监督下级基金监管部门的政府产业基金退出监督管理工作。

第五条 政府产业基金出资合作设立子基金或直投项目，一般应当在存续期满后终止并实施退出。确需延长存续期限的，政府出资部分应报经同级政府（或基金管委会等基金管理机构，以下简称基金管理机构）批准后，与其他出资方按照章程协议约定的程序办理。

存在上下级政府合作出资情形的，延长存续期限须取得上级政府出资方的同意。

第六条 政府产业基金从存续期满的子基金或直投项目中退出，按照章程协议约定条件实施退出；存续期未满，但已达到章程协议约定的预期目标或符合规定情形的，经各方出资人协商一致并报基金管理机构批准可适时提前退出。

上下级政府合作设立的政府产业基金，任意一方政府出资人需在存续期未满时退出的，除章程协议约定外，也可根据政府产业基金的绩效考评结果实施提前退出。

第二章 退出方式

第七条 政府产业基金退出主要采取股权转让、份额转让、股票减持、减少资本、清算等方式。

（一）股权转让方式，是指将公司制子基金（直投项目）中的政府出资按照法定程序全部或部分转让给其他股东或以外的法人及自然人。

（二）份额转让方式，是指将合伙制子基金（直投项目）中的政府出资按照法定程序全部或部分转让给其他合伙人或以外的法人及自然人。

（三）股票减持方式，是指政府产业基金参股投资企业公开上市后，政府出资所持有股票按照法定程序在二级市场公开转让减持。

（四）减少资本方式，是指政府产业基金的政府出资部分无法实现转让或回购时，与其他股东协商通过减资程序实现退出。

（五）清算方式，包括破产清算和解散清算。破产清算是参股投资子基金（直投项目）因不能清偿到期债务，政府出资依照破产法相关程序进行清算后退出；解散清算是指参股投资子基金（直投项目）按照章程协议约定的解散事由出现或被责令终止，政府出资按法定程序清产核资后退出。

（六）其他方式，是指政府产业基金采取信托、资产管理计划等契约制模式，政府出资按契约约定条件进行转让或赎回的方式实现退出。

第八条 政府产业基金退出应当在各方出资人的共同监督下组织实施，并将政府出资部分和归属政府的投资收益，按照规定办理政府出资退出及收益收缴手续。

第九条 政府产业基金与各合作出资方应按照“利益共享、风险共担”的原则，明确约定收益处理和亏损负担方式。退出时产生的归属于政府的本金和投资收益，除明确规定继续用于政府产业基金滚动使用外，应按照规定及时上缴财政部门。政府产业基金与社会资本合作设立子基金、直投项目发生的亏损应由出资各方共同承担，政府以出资额为限承担有限责任。

第十条 政府产业基金退出，应当根据有关法律法规并按照章程协议约定的条件、方式办理退出手续；章程协议没有约定的，原则上应当在依法设立的产权交易机构中采取公开挂牌方式办理退出，并事先应聘请具备资质的中介机构对出资权益进行评估，作为确定政府产业基金退出价格的重要参考依据。

第十一条 政府产业基金采取转让方式退出，如转让双方为国有全资公司或国有独资企业的，经双方全体股东一致同意，并报经基金管理机构批准，政府产业基金所持股权（份额）可以协议转让或无偿划转。

在不违反相关监督管理要求和公平竞争原则下，转让方可以对意向受让方的资质、商业信誉、行业准入、资产规模、经营情况、财务状况、管理能力等提出具体要求。

第十二条 政府产业基金出资合作设立的子基金存在《浙江省财政厅关于规范政府产业基金运作与管理的指导意见》第十八条情形的，取得相应证据材料后，无需其他出资人同意，政府产业基金可提前退出。

第十三条 出现下列情形的，经各方出资人协商一致后，政府产业基金应按规定程序报经基金管理机构批准后及时退出：

（一）所投资行政区域发生重大经济形势变化，致使政府产业基金政策目标无法实现的；

（二）参股子基金或直投项目发生重大失误或严重亏损，已无力继续经营的；

（三）参股子基金或直投项目存在违法违规行为，被行政机关责令终止的；

（四）发现存在其他危及政府产业基金安全或法律法规禁止从事业务的。

第三章 退出程序

第十四条 政府产业基金管理机构、基金法人机构、基金运营机构以及基金托管银行等应密切配合、有序衔接、高效组织政府产业基金退出的方案制定、价值评估、材料报送、方案审定、协议签署和价款收取等工作。

第十五条 政府产业基金运营机构根据委托管理协议负责政府产业基金退出的筹划工作，应在参股子基金或直投项目存续期满或符合规定情形时，及时制定退出方案（包括收益分配及政府出资让利或亏损负担内容，下同），按照内部决策程序形成书面决议，并向各出资人报告。

第十六条 参股子基金或直投项目各出资人应对政府产业基金的退出方案进行审议，并按照投资决策程序提出审议意见，形成书面决议反馈给政府产业基金运营机构，由政府产业基金运营机构提交基金法人机构审核后报基金管理机构审定。

第十七条 政府产业基金管理机构会同政府产业基金出资机构负责审核确定基金运营机构提交的政府产业基金退出方案，交由基金运营机构具体组织实施。

第十八条 政府产业基金运营机构应按照基金管理机构审定的退出方案，根据国家有关规定报经基金监管部门审批后及时办理政府产业基金退出手续，完成相关协议签署及价款收取等后续工作。

第四章 让利处理

第十九条 为了更好地发挥政府产业基金的政策引导作用，政府产业基金退出时可适当让利，但不得向其他出资人承诺投资本金不受损失，不得承诺最低收益。国家另有规定的除外。

第二十条 各级政府产业基金实现收益的，可向合作对象进行让利，具体让利对象包括下级政府、子基金运营机构和其他社会出资人；政府产业基金出资部分无收益或亏损的，不得采取政府补贴形式向合作对象支付收益。政府产业基金出资部分实现收益的，不得超出税后收益总额向合作对象让渡收益。

第二十一条 上下级政府合作设立的政府产业基金，按照规定权限层级报批后，对取得重大社会经济效益，推动地方产业转型升级成效明显的，可将上级政府出资收益的一定额度奖励下级政府享有；对运作不规范、投资进度慢，社会经济效益不明显的，上级政府可采取提前收回出资、减少承诺出资、进行通报批评等方式给予处罚。

第二十二条 省级政府产业基金与下级政府合作设立的基金，经考核并按照规定权限层级报批后，在保障省级政府出资取得一定收益的前提下，省级政府产业基金可向下级政府让利。具体考核办法另行制定。其他上下级政府合作设立的政府产业基金之间的让利参照执行。涉及中央政府出资的，从其规定。

第二十三条 各级政府产业基金与社会资本合作设立的子基金及直投项目，可以事先约定让利标准，并在章程协议中通过设置投资规定区域内的金额及倍数、带动社会投资金额及倍数、实现经济社会效益等指标明确让利条件。政府产业基金退出时，经考核达到章程协议约定的让利条件的，政府产业基金按照章程协议约定进行让利。

第二十四条 各级基金监管部门可会同行业部门参照工信部、统计局、发改委、财政部《关于印发中小企业划型标准规定的通知》（工信部联企业〔2011〕300号），发文明确政府产业基金投资本辖区内初创期、中早期及具有正外部性企业的具体划型标准，以及不同让利尺度对应的投资行业、投资比例、投资年限、门槛收益等档次划分标准。

第五章 监督管理

第二十五条 各级基金监管部门应会同行业主管部门研究完善政府产业基金的退出机制，依法依规并根据有关章程协议开展政府产业基金的退出管理，确保合理实现政府产业基金的政策目标和投资收益。

第二十六条 各级基金监管部门应督促政府产业基金法人机构及运营机构健全信息披露制度，对政府产业基金整体运营情况、资产保值增值情况、社会经济效益考核评价情况、政府出资退出方案和监督检查情况等依法依规、及时准确进行披露，切实加强社会监督。

第二十七条 政府产业基金法人机构应在依法保护国家秘密和企业商业秘密的前提下，主动公开基金治理以及管理架构、经营情况、财务状况、关联交易、收益分配及退出等信息，避免发生权力寻租、利益输送、贪污腐败行为。

第二十八条 政府产业基金退出过程中出现下列情形之一的，基金监管部门可以要求转让方立即中止或者终止政府产业基金退出行为：

（一）未按本办法有关规定进行资产评估并在产权交易机构进行公开交易的；

（二）相关机构不履行相应的内部决策程序、批准程序，或者超越权限未按规定报经基金监管部门审批，擅自转让政府产业基金权益的；

（三）转让方、转让标的企业故意隐匿资产，或者向中介机构提供虚假会计资料，导致审计、评估结果失真，造成政府产业基金权益受损的；

（四）转让方与受让方串通，低价转让政府产业基金权益，造成国有资产流失的；

（五）受让方采取欺诈、隐瞒等手段影响转让方的选择以及资产转让协议签订的。

第二十九条 政府产业基金退出过程中，基金运营机构、基金法人机构、基金管理机构、基金托管银行及有关责任人员存在本办法第二十八条规定情形，损害国家利益及其他社会出资人、相关当事人合法权益的，涉及犯罪，按相关法律处理，违纪行为以相关规定处理。

第三十条 会计师事务所、资产评估机构、律师事务所、财务顾问机构等社会中介机构在政府产业基金退出的审计、评估、法律和咨询服务中违规执业的，基金监管部门应当向其行业主管部门通报有关情况，建议依法给予相应处理。

第六章 附 则

第三十一条 本办法自2016年10月1日起施行，由浙江省财政厅负责解释。

第三十二条 市、县（市、区）基金监管部门可结合本办法及实际情况，制定本地区实施细则，并报省财政厅备案。

浙江省省级国库现金管理实施细则

浙财预执〔2016〕95号 2016年10月9日

第一章 总 则

第一条 为深化国库集中收付制度改革，规范国库现金管理工作，提高财政资金使用效益，增强财政政策与货币政策的协调性，根据《中华人民共和国预算法》《中华人民共和国国家金库条例》和财政部、中国人民银行印发的《地方国库现金管理试点办法》（财库〔2014〕183号）等法律法规及有关规定，制定本细则。

第二条 本细则适用于浙江省省级国库现金管理业务。

本细则所称国库现金，是指浙江省人民政府存放在省级国库的财政资金。

省级国库现金管理是指在确保国库现金安全和资金支付需要的前提下，为提高财政资金使用效益，运用金融工具有效运作省级库款的管理活动。

第三条 浙江省省级国库现金管理遵循以下原则：

（一）安全性、流动性、收益性相统一原则。在确保财政资金安全以及支付流动性基础上，实现保值增值。

（二）公开、公平、公正原则。省级国库现金管理应公开、公平、公正开展操作，确保资金安全。

（三）协调性原则。省级国库现金管理应充分考虑对市场流动性的影响，与货币政策操作保持协调性。

第四条 省级国库现金管理操作工具为商业银行定期存款，定期存款期限在1年期以内。

本细则所称商业银行定期存款，是指将暂时闲置的国库现金按一定期限存放商业银行，商业银行提供足额质押并向浙江省财政厅（以下简称“省财政厅”）支付利息。

第五条 省财政厅会同中国人民银行杭州中心支行（以下简称“人行杭州中心支行”）开展省级国库现金管理工作，建立沟通协调机制，每期操作前进行必要的沟通。

第六条 省财政厅负责预测浙江省本级国库现金流量，在确保正常支付的前提下，人行杭州中心支行拟定省级国库现金管理年度计划，并报省政府批准后实施。

第二章 定期存款操作

第七条 本细则所称商业银行，是指国有商业银行、股份制商业银行、城市商业银行、农村商业银行和邮政储蓄银行在浙江省法人银行或浙江省省级分行。

第八条 商业银行参与省级国库现金管理操作应符合下列条件：

（一）依法开展经营活动，近3年内在经营活动中无重大违法违规纪录；

（二）财务稳健，资本充足率、不良贷款率、拨备覆盖率、流动性覆盖率、流动性比例等指标达到监管标准；

（三）内部管理机制健全，具有较强的风险控制能力，近3年内未发生金融风险及重大违约事件；

（四）为当年度浙江省政府债券承销团成员。

第九条 省财政厅会同人行杭州中心支行每年组建省级国库现金管理参与银行团。省财政厅、人行杭州中心支行及参与银行团成员三方共同签订年度浙江省省级国库现金管理定期存款协议，载明各方权利义务以及应承担的法律责任，明确存款银行国库定期存款收款账户等信息。协议签订后，年度内每期国库现金管理不再单独签订协议，如遇重大政策调整，及时变更。

第十条 省财政厅根据省政府批准的年度计划，会同人行杭州中心支行制定分月操作计划。每月25日前，省财政厅、人行杭州中心支行将下月操作计划分别报财政部、中国人民银行总行备案。每次操作前5个工作日，将具体操作信息分别报财政部、中国人民银行总行备案。执行中有调整的，及时上报更新的操作信息。

第十一条 省级国库现金管理采取公开招标方式。成立省级国库现金管理招标小组，小组成员由省财政厅、人行杭州中心支行等部门人员构成。

每次公开招标日前3个工作日，通过浙江政府采购网、省财政厅网站、中国人民银行互联网站杭州中心支行子网站公告信息，招标完成当日公布经招标小组成员一致确认的结果。

第十二条 国库现金管理商业银行定期存款利率，以操作当日同期限金融机构人民币存款基准利率为基础，在浙江省市场利率定价自律机制协商的浮动水平范围内由各商业银行根据商业原则自主投标确定。

第十三条 省级国库现金管理应严格控制单一存款银行存款比例，防范资金风险。单期存款银行一般不得少于5家，单家存款银行参与当期国库现金管理定期存款的额度不得超过当期定期存款总额的25%。单一存款银行存放的国库现金管理定期存款余额不得超过该银行一般性存款余额（不含宁波）的10%，不得超过省级国库现金管理定期存款余额的20%。

第三章 定期存款质押和资金划拨

第十四条 存款银行取得国库定期存款，应按规定及时、足额提供质押品。质押品应为可流通国债或地方政府债券，质押的国债或地方政府债券面值数额分别为存款金额的105%、115%。

第十五条 存款银行应按规定在“国库定期存款”一级负债科目下设置“浙江省省级国库现金管理”账户，用于核算存入、归还的省级国库定期存款。

存款银行应将“国库定期存款”增设及科目变动情况报人行杭州中心支行备案。该科目纳入一般存款范围缴纳存款准备金。

第十六条 省财政厅在中央国债登记结算有限责任公司（以下简称“中债登”）开设浙江省省级国库现金管理质押账户，登记省财政厅收到的存款银行质押品质权信息。人行杭州中心支行负责办理具体质押操作。

第十七条 存款银行应于每期中标结果公布后第2个工作日11:00前足额提供质押品。人行杭州中心支行应在存款银行提供质押品当日通过中债登业务客户端完成质押操作，并将质押情况于当日告知省财政厅。省财政厅确认存款银行足额质押后，次1个工作日11:00前向人行杭州中心支行开具划款凭证，人行杭州中心支行当日通过大额支付系统将资金划拨至存款银行账户。

第十八条 存款银行收款后，最迟次1工作日向省财政厅开具定期存款证明，载明存款银行名称、账号、存款金额、利率、期限、起息日和到期日等要素内容。

第十九条 国库现金管理定期存款存续期内，省财政厅负责对存款银行质押品实施管理，确保足额质押。

第二十条 存款到期日（遇节假日顺延），存款银行将存款本金和利息于当日11:00前通过大额支付系统足额划回。本金和利息分别汇划，不得并笔。其中：本金划入省级国库；利息作为省级一般公共预算收入，同时缴入省级国库，纳入省级财政预算管理。

第二十一条 存款本息划回省级国库当日，人行杭州中心支行将存款本息划回信息通知省财政厅，并通过中债登业务客户端对质押品进行解押。

第二十二条 存款银行应按月向省财政厅、人行杭州中心支行出具国库定期存款对账单进行对账。

第二十三条 人行杭州中心支行按规定设置“国库现金管理”资产类科目，核算存款银行定期存款操作、到期收回以及余额。该余额纳入国库库存表反映（格式见附件1）。

第二十四条 人行杭州中心支行根据每期国库现金管理资金划拨情况，于次1个工作日向省财政厅提供当期国库定期存款资金划出、存款到期本息划回明细表（格式见附件2）。

第二十五条 人行杭州中心支行按月、按年向省财政厅提供国库定期存款操作、存款到期、余额和利息收入等报表及电子信息（格式见附件3），并进行对账。

第二十六条 省级国库定期存款属于省政府财政库款。除法律另有规定外，任何单位不得扣划、冻结省财政厅在存款银行的国库定期存款。

第二十七条 任何单位和个人不得借开展国库现金管理业务干预金融机构正常经营，不得将国库现金管理与银行贷款挂钩。

第二十八条 存款银行应加强对国库定期存款资金运用管理，防范资金风险，不得将国库定期存款资金投向国家有关政策限制的领域，不得以国库定期存款资金赚取高风险收益。

第四章 管理监督与相关责任

第二十九条 省财政厅会同人行杭州中心支行对商业银行参与国库现金管理活动进行监督管理。

第三十条 存款银行违反存款协议规定，未及时、足额汇划国库定期存款本息的，不予解除质押品并按有关规定执行。

第三十一条 存款银行出现以下行为或情形之一的，省财政厅会同人行杭州中心支行视情节轻重，通知该银行划回存放资金、并决定暂停以至取消其参与省级国库现金管理活动。

（一）未按规定及时足额质押或及时汇划到期本息违约两次

及以上，或涉及金额较大的；

（二）出现重大违法违规，导致财务恶化或引起信用危机的；

（三）存在弄虚作假等严重不正当竞争行为的；

（四）可能危及财政国库资金安全的其他情况。

第三十二条 存款银行未按规定办理国库现金管理定期存款业务，造成国库现金管理风险或损失的，承担相应法律责任。

第三十三条 省财政厅、人行杭州中心支行按有关要求向财政部、中国人民银行总行报告浙江省省级国库现金管理开展情况。

第五章 附 则

第三十四条 本细则由省财政厅、人行杭州中心支行负责解释。

第三十五条 本细则自2016年10月15日起施行，原《浙江省省级财政资金竞争性存放管理暂行办法》（浙政办发〔2014〕84号）和《浙江省省级财政资金竞争性存放商业银行定期存款业务操作规程》（浙财预执〔2014〕43号）同时废止。

附件：1. 国库库存表（略）

2. 国库定期存款资金划出、存款到期本息划回明细表（略）

3. 国库定期存款操作、存款到期、余额和利息收入表（略）

浙江省财政厅 浙江省地方税务局关于暂停向企事业单位和个体经营者征收地方水利建设基金的通知

浙财综〔2016〕43号 2016年11月30日

各市、县（市、区）财政局、地方税务局：

为深入贯彻落实中央和省委、省政府关于加强供给侧结构性改革的决策部署，进一步降低企业成本，优化发展环境，推动积极财政政策加力增效，经省政府同意，决定暂停征收（企事业单位和个体经营者）地方水利建设基金，现将有关事项通知如下：

一、自2016年11月1日（费款所属期）起，暂停向企事业单位和个体经营者征收地方水利建设基金。

二、暂停征收之前未申报、欠缴、缓缴等应缴未缴的地方水利建设基金，仍按原政策规定征收。减免政策按照实际征收月份进行落实。

三、暂停征收后，各级财政部门要继续落实好现行水利建设资金筹集政策，进一步加大统筹力度，切实保障水利工程项目的实施。

四、各地要充分认识降低企业成本、优化发展环境的紧迫性和重要性，全面贯彻落实国家和省有关降成本的决策部署，严格执行本通知规定，不得以任何理由拖延或者拒绝执行。

浙江省省属文化企业国有资产监督管理实施办法

浙财文资〔2016〕21号 2016年12月23日

第一章 总 则

第一条 为确保省属文化企业正确发展方向，保护国有文化资产安全，实现国有资产保值增值，促进省属文化企业健康发展，根据《中华人民共和国企业国有资产法》《中华人民共和国公司法》《企业国有资产监督管理暂行条例》《浙江省企业国有资产监督管理办法》等有关法律法规和《关于深化国有企业改革的指导意见》（中发〔2015〕22号）、《关于推动国有文化企业把社会效益放在首位、实现社会效益和经济效益相统一的指导意见》（中办发〔2015〕50号）、《浙江省国有文化资产管理委员会工作规则》等文件规定，结合我省实际，制定本办法。

第二条 本办法适用于省属文化企业（含企业化管理事业单位）国有资产的监督管理。

本办法所称的省属文化企业国有资产，是指省政府对文化企业各种形式的出资所形成的权益，包括省属国有文化企业及其独资、控股和参股企业的国有资产。

第三条 国有文化资产监督管理遵循以下基本原则：

——坚持党对国有企业的领导不动摇，把加强党的领导与完善公司治理统一起来，进一步巩固党组织在公司治理中的法定地位，充分发挥党组织的领导核心和政治核心作用。

——充分体现文化例外要求，建立健全适应文化企业特点和发展要求的国有文化资产监督管理体制和制度体系，推动省属文化企业形成有文化特色的现代企业制度。

——正确处理社会效益和经济效益的关系，围绕推动“四个全面”战略布局在浙江的实践，以社会主义核心价值观为引领，坚持把社会效益放在首位，实现社会效益和经济效益相统一。

——深化国有文化企业分类改革，依据不同省属文化企业的战略定位和功能作用，分为新闻信息服务类、内容创作生产类、传播渠道类、投资运营类和综合经营类，区别对待，分类施策，确保国有文化资产保值增值，增强省属文化企业活力和核心竞争力。

——科学把握依法规范管理和提高经营效率的关系，合理界定国资监管机构和国有文化企业的职责权限，坚持政企分开、社会公共管理职能与国有资产出资人职能分开、所有权与经营权分离和不干预企业依法自主经营的管理原则。

第二章 国有文化资产监督管理体制

第四条 国有文化资产实行党委和政府监管有机结合、宣传部门有效主导的监督管理体制，实现管人、管事、管资产、管导向相统一。按照依法规范的要求，推动主管主办制度与出资人制度的有机衔接。

第五条 省文资委作为省委、省政府监管国有文化资产的议事决策机构，负责审议国有文化资产管理重大事项，统筹协调相关问题。

第六条 省级有关部门在省文资委领导下承担国有文化资产管理相关工作。省委宣传部作为意识形态主管部门，负责国有文化资产管理中涉及宣传导向、文化安全等重大问题的审查把关。省财政厅代表省政府履行省属文化企业出资人职责，负责指导省属文化企业履行国有文化资产保值增值责任。省文化厅、省新闻出版广电局等省级文化主管部门根据出资人委托，负责下属文化企业国有资产的管理。

第七条 省属文化企业的出资人职责根据其行政管理体制采取直接行使和受委托行使两种方式，实行分权管理。

省财政厅直接履行出资人职责的省属文化企业，资产和财务关系在省财政单列。

由省级主管部门负责日常行政管理的省属文化企业，其国有资产出资人职责可全部或部分委托主管部门行使，资产和财务关系根据管理需要确定。受委托履行出资人职责的部门应当按照出资人要求报告相关省属文化企业国有资产监督管理情况。

第八条 省文资委协调相关部门探索建立省属文化企业外派监事会制度，强化内容导向和文化安全监督，建立健全违法违规经营责任追究体系、重大决策失误和失职渎职责任追究倒查机制。

第九条 省属文化企业应当根据《中华人民共和国公司法》和《国有文化企业进一步健全法人治理结构的若干规定（试行）》，完善企业内部法人治理结构，明确党组织在企业决策、执行、监督各环节的权责和工作方式以及与其他治理主体的关系，坚持党管干部原则与董事会依法选择经营管理者、经营管理者依法行使用人权相结合，建立健全有文化特色的现代企业制度。

第三章 日常管理制度

第十条 省财政厅按照省级财政预算编制的要求建立省属文化企业国有资本经营预算制度，对国有资本收入及其支出实行预算管理。

第十一条 省财政厅作为省属文化企业出资人，会同省有关部门按照国家有关法律法规的规定，制定完善省属文化企业国有资产基础管理、资产处置、对外投资、国有产权变动、绩效考核和重要事项报告等制度，加强省属文化企业国有资产监督管理，落实国有资产保值增值责任。

省属文化企业绩效考核以及国有资产管理中涉及宣传导向、文化安全等内容的，由省委宣传部会同省财政厅根据各自职责负责管理。

受委托履行出资人职责的部门按照国家有关法律法规和省属文化企业国有资产监督管理相关制度的规定，制定相关省属文化企业国有资产监督管理制度，报省财政厅、省委宣传部备案。

第十二条 省财政厅和受委托履行出资人职责的部门（以下简称履行出资人职责的机构）按照各自职责，加强省属文化企业国有资产基础管理，指导相关省属文化企业做好产权界定、产权登记、资产统计等基础管理工作，建立省属文化企业资产分布、变动的动态监测机制和统计分析制度。

第十三条 履行出资人职责的机构按照各自职责，加强省属文化企业国有资产处置管理，规范相关省属文化企业出售、出让、划转、对外捐赠、报废、报损国有资产以及核销呆账、坏账等行为。

省属文化企业出售、出让国有资产应进行资产评估，并在市场上公开挂牌交易。采用协议转让方式的，须按规定程序报批。

第十四条 履行出资人职责的机构按照各自职责，加强省属国有独资文化企业、国有独资文化公司和国有资本控股文化公司的对外投资、对外担保等活动的监督管理，对外投资应当符合国家有关法律法规的规定，符合国家政策导向和全省文化产业发展规划。

第十五条 履行出资人职责的机构按照各自职责，加强省属文化企业国有产权变动的管理，规范相关省属文化企业国有产权转让、划转、增资扩股、股权回购、公司制改造、分立、合并、解散等引起国有产权权属变动或比例增减的行为。

国有产权变动事项原则上应进行资产评估。涉及产权转让的应当在具有法定资质的产权交易场所公开进行，采用协议转让方式的须按规定程序报经批准。涉及国有企业职工劳动关系转换以及资产核销、剥离、提留等资产处置的，应当按照国家和省有关文件规定执行。

省属文化企业国有产权变动涉及土地使用权和其他特许经营权转让的，应当按照国家有关规定办理相关手续。

省属文化企业因产权转让致使国家不再拥有所出资企业控股权的，须报省政府批准。

第十六条 履行出资人职责的机构按照各自职责，加强省属文化企业无形资产的监督管理，指导相关省属文化企业做好著作权等无形资产的登记和管理工作。无形资产出资、质押、转让等行为应当依法由资产评估机构进行评估，合理确定价值，防止国有资产损失。

第十七条 省委宣传部、省财政厅和受委托履行出资人职责的机构按照国有企业负责人薪酬制度改革要求，建立省属文化企业绩效考核制度，根据年度考核结果提出企业负责人薪酬分配的建议方案，按规定程序提请省文资委审议。

省属文化企业绩效考核应当坚持把社会效益放在首位、实现社会效益和经济效益相统一，将社会效益和经济效益指标纳入企业的年度考核和综合评价，促进社会效益和经济效益协调发展。

第十八条 省属文化企业应当制定完善全面预算管理制度、重大事项决策制度、经营状况评价分析制度以及与企业经营活动相关的其他管理制度，建立健全内控机制，有效控制经营风险，努力实现国有资产保值增值，促进企业持续健康发展。

国有产权首席代表应当定期（每年）或专项向省文资委报告个人履职情况。

第四章 重要事项管理

第十九条 省属文化企业应当将重要事项向履行出资人职责的机构报告，其中涉及内容导向、文化安全的须同时向省委宣传部报告。

重要事项分为报批事项和报备事项。报批事项须经履行出资人职责的机构（或会同省委宣传部）审核同意后方可实施，报备事项为告知事项。

省属文化企业的报批事项中，需报省文资委批准的重大事项，由省财政厅会同省委宣传部审核后报省文资委审议。省文资委审议事项的范围按照《浙江省国有文化资产管理委员会工作规则》有关规定执行。

第二十条 省属国有独资文化企业、国有独资文化公司和国有资本控股文化公司的以下事项为报批事项：

（一）制定或者修改章程；

（二）企业改制、资产重组，增减注册资本；

（三）国有资本经营预算；

（四）省属国有独资文化企业、国有独资文化公司利润分配方案；

（五）法定代表人薪酬分配方案；

（六）重大资产处置，包括限额以上不良资产核销和处置，限额以上资产减值准备财务核销以及其他限额以上资产处置等事项；

（七）按规定应当报批的国有产权转让事项；

（八）境外投资以及限额以上重大投融资；

（九）重要子企业的报批事项；

（十）按规定应当报批的其他事项，包括按规定由国有文化资产监督机构直接行使股东会职权的所涉其他事项。

第二十一条 省属国有独资文化企业、国有独资文化公司和国有资本控股文化公司的以下事项为报备事项：

（一）企业国有资产产权登记；

（二）企业发展规划、年度经营计划、年度财务决算和审计报告；

（三）企业会计政策和会计估计变更；

（四）企业分管财务负责人以及财务、内审机构负责人变动；

（五）省属国有资本控股文化公司利润分配方案；

（六）限额以下不良资产核销和处置，限额以下资产减值准备财务核销；

（七）限额以下对外投资；

（八）对外担保和捐赠；

（九）企业当期发生的重大亏损或重大资产损失，重大关联交易，重大诉讼仲裁；

（十）重要子企业的报备事项；

（十一）按规定应当报备的其他事项。

第二十二条 履行出资人职责的机构会同省委宣传部根据本办法制定相关省属文化企业重要事项报告的具体规定。由受委托履行出资人职责的部门批准的事项应当报省财政厅（或同时报省委宣传部）备案，其中按企业国有资产管理有关规定需经省级财政部门批准的事项，由受委托履行出资人职责的机构审核后报省财政厅审批。

第五章 监督管理责任

第二十三条 省属文化企业应当接受省级纪检（监察）、审计等部门的监督检查。

任何单位和个人有权对损害省属文化企业合法权益的行为进行检举和控告。

第二十四条 省属文化企业内设监事会依照法律法规及公司章程等规定，对企业负责人履行职务行为和企业财务收支合法性进行监督。

第二十五条 省属文化企业管理者如有滥用职权、玩忽职守等行为，导致国有资产遭受损失的，应当依法依规追究企业负责人和直接责任人员的法律责任，并依照党纪政纪规定移交有关部门处理。

第二十六条 省级有关部门工作人员如有违反国家法律、法规规定，干预省属文化企业自主经营权、谋取私利等违法违规行为的，由有权机关对直接负责的主管人员和其他直接责任人员依法给予处分。

第六章 附 则

第二十七条 法律法规规章对文化企业国有资产监督管理另有规定的，从其规定。

国家对上市公司国有资产监督管理另有规定的，从其规定。

第二十八条 本办法自 2017 年 2 月 1 日起施行。

浙江省基础设施投资（含 PPP）基金投资退出管理规则

浙财建〔2016〕191 号 2017 年 1 月 5 日

第一章 总 则

第一条 为规范省基础设施投资（含 PPP）基金投资退出行

为，更好发挥基金政策引导作用，根据《浙江省基础设施投资（含PPP）基金管理办法》（浙财建〔2016〕44号）及有关法律法规规定，制定本规则。

第二条 本规则所称省基础设施投资（含PPP）基金（以下简称“省基金”）的投资退出行为，是指省基金中省政府出资及投资收益在达到特定目标或符合规定情形时，按照规定或章程协议约定从参股投资子基金或直投项目中退出的行为。

第三条 省基金投资退出（以下简称“退出”）原则上应按照“事先约定、市场运作、程序规范、有效监管”的要求进行操作。

第四条 省财政厅是省基金退出的监督管理部门。

第二章 退出方式和要求

第五条 省基金出资合作设立子基金或直投项目，一般应当在存续期满后终止并实施退出。确需延长存续期限的，应报经省基金投资决策委员会（以下简称“投决会”）批准后，与其他出资方按照章程协议约定的程序办理。

第六条 省基金采取协议转让、到期清算等方式退出，需报经投决会批准。采取无偿划转方式退出，需经投决会审议后由投决会办公室报省政府同意。

1. 省级子基金中，省基金出资部分通过协议转让、到期清算等方式实现退出。

2. 市县子基金中，省基金出资形成的股权（或份额）通过协议转让方式转让给市县政府出资主体，实现逐年退出，并由作为主发起人的市县政府对省基金的退出给予保障。在投资项目批文规定的建设期内，省基金原则上不退出；从投资项目批文规定的建设期结束后次年起至子基金存续期最后一年的上年，省基金每年按出资额的5%收回出资；在子基金存续期最后一年，省基金一次性收回出资额的剩余部分。为提高市县子基金运作效率，按照商事登记制度改革精神，采取简化程序办理省基金退出，原则上在省基金从单个市县子基金中全部退出后，一次性办理工商变更手续。

3. 省基金对重大公益性基础设施项目的投资，可采取协议转让或无偿划转方式实现退出。其中，对投资的全省性非收费重大交通基础设施项目，由省级交通主管部门在投资期5年内组织验收，汇总验收结果一次性报投决会办公室，经投决会审议并报省政府同意后，省基金参股项目形成的股权可无偿划转给市县政府。

第七条 省基金投资项目应在章程或合伙协议中载明退出期限、退出条件和退出方式，在达到投资年限或约定退出条件时，适时按照约定方式实现退出。

第八条 省基金出资合作设立的子基金，应在章程协议中明确约定如发生《浙江省基础设施投资（含PPP）基金管理办法》（浙财建〔2016〕44号）第二十五条情形的，取得相应证据材料后，省基金可无需其他出资人同意，按照投资决策程序报经投决会批准后选择提前退出。

第九条 如出现下列情形，省基金应按投资决策程序报经投决会批准后及时退出：

1. 所投资行政区域发生重大经济形势变化，致使基金政策目标无法实现；

2. 参股子基金或直投项目发生重大失误或严重亏损，已无力继续经营；

3. 参股子基金或直投项目存在违法违规行为，被行政机关责令终止；

4. 发现存在其他危及基金安全或法律法规禁止从事的业务。

第三章 让利处理

第十条 省基金的让利对象原则上为市县政府出资主体。基金无收益或亏损的，不得另行采取政府补贴形式向让利对象支付收益。基金实现收益的，不得超出税后出资收益总额向让利对象让渡收益。

第十一条 市县子基金中，省基金出资收益全部让渡给市县政府出资主体。

第十二条 对运作不规范、投资进度慢，社会经济效益不明显的投资行为，省基金可采取提前收回出资、减少承诺出资等方式进行惩罚，并由省基金投决会办公室进行通报批评。

第四章 监督管理

第十三条 省基金退出过程中出现下列情形之一的，省财政厅会同相关主管部门可以要求转让方立即中止基金退出行为：

（一）相关机构不履行相应的内部决策程序、批准程序，或者超越权限未按规定报经投决会审批，擅自转让基金中省政府出资部分权益的；

（二）转让方、转让标的企业故意隐匿资产，或者向中介机构提供虚假会计资料，导致审计、评估结果失真，造成基金中省政府出资部分权益受损的；

（三）转让方与受让方串通，低价转让基金权益，造成国有资产流失的；

（四）受让方采取欺诈、隐瞒等手段影响转让方的选择以及资产转让协议签订的。

第十四条 省基金退出过程中，基金管理公司、基金公司、基金托管银行及有关责任人员存在本规则第十三条规定情形，损害国家利益的，应按《财政违法行为处罚处分条例》及相关法律法规进行处罚。

第五章 附 则

第十五条 本规则自公布之日起施行，由浙江省财政厅负责解释。本规则未尽事宜，按国家有关法律法规、规范性文件的规定执行。

2016年财政规章及相关政策文件目录(选编)

序号	文件名称	发文单位	文号	印发日期
1	关于印发《关于进一步推进预算公开工作的意见》的通知	中共中央办公厅 国务院办公厅	中办发〔2016〕13号	2016.02.23
2	关于整合城乡居民基本医疗保险制度的意见	国务院	国发〔2016〕3号	2016.01.06
3	公布施行《全国社会保障基金条例》	国务院	国务院令第667号	2016.03.21
4	关于实施支持农业转移人口市民化若干财政政策的通知	国务院	国发〔2016〕44号	2016.07.29
5	关于推进中央与地方财政事权和支出责任划分改革的指导意见	国务院	国发〔2016〕49号	2016.08.18
6	关于加快众创空间发展服务实体经济转型升级的指导意见	国务院办公厅	国办发〔2016〕7号	2016.02.15
7	关于支持贫困县开展统筹整合使用财政涉农资金试点的意见	国务院办公厅	国办发〔2016〕22号	2016.04.15
8	关于健全生态保护补偿机制的意见	国务院办公厅	国办发〔2016〕31号	2016.05.03
9	关于加快推进"五证合一、一照一码"登记制度改革的通知	国务院办公厅	国办发〔2016〕53号	2016.07.01
10	关于印发地方性债务风险应急处置预案的通知	国务院办公厅	国办函〔2016〕88号	2016.10.27
11	印发《关于全面推进政务公开工作的意见》实施细则的通知	国务院办公厅	国办发〔2016〕80号	2016.11.11
12	关于农村综合改革积极支持贫困县统筹整合使用财政涉农资金试点工作的通知	国务院农村综合改革工作小组	国农改〔2016〕1号	2016.07.19
13	关于扩大有关政府性基金免征范围的通知	财政部 国家税务总局	财税〔2016〕12号	2016.01.29
14	关于规范土地储备和资金管理等相关问题的通知	财政部等四部门	财综〔2016〕4号	2016.02.04
15	代理记账管理办法	财政部	财政部令第80号	2016.02.17
16	关于印发《政府非税收入管理办法》的通知	财政部	财税〔2016〕33号	2016.03.15
17	关于建立统计报告制度推进中央稳增长财政政策落实的通知	财政部	财预〔2016〕34号	2016.03.30
18	关于印发《江河湖库水系综合整治资金使用管理暂行办法》的通知	财政部 水利部	财农〔2016〕11号	2016.04.06
19	关于机关事业单位实施养老保险制度改革有关预算管理问题的通知	财政部	财预〔2016〕36号	2016.04.06
20	关于深化地方事业单位改革做好财政相关工作的通知	财政部	财综〔2016〕14号	2016.04.13
21	关于全面推开农业"三项补贴"改革工作的通知	财政部 农业部	财农〔2016〕26号	2016.04.21
22	关于全面推进资源税改革的通知	财政部 国家税务总局	财税〔2016〕53号	2016.05.10

（续表一）

序号	文件名称	发文单位	文号	印发日期
23	关于印发《水资源税改革暂行办法》的通知	财政部 国家税务总局 水利部	财税〔2016〕55 号	2016.05.10
24	关于采取有效措施进一步加强地方财政库款管理工作的通知	财政部	财库〔2016〕81 号	2016.05.12
25	关于印发《工业企业结构调整专项奖补资金管理办法》的通知	财政部	财建〔2016〕253 号	2016.05.12
26	关于中央财政支持实施蓝色海湾整治行动的通知	财政部 国家海洋局	财建〔2016〕262 号	2016.05.19
27	关于进一步共同做好政府和社会资本合作（PPP）有关工作的通知	财政部 国家发改委	财金〔2016〕32 号	2016.05.31
28	关于印发《法治财政建设实施方案》的通知	财政部	财法〔2016〕5 号	2016.06.01
29	关于印发《中央引导地方科技发展专项资金管理办法》的通知	财政部 科技部	财教〔2016〕81 号	2016.06.06
30	关于加强工业企业结构调整专项奖补资金使用管理的通知	财政部	财建〔2016〕321 号	2016.06.08
31	关于农业综合开发积极支持贫困县统筹整合使用财政涉农资金试点工作的通知	财政部	财发〔2016〕4 号	2016.06.21
32	关于开展行政事业单位内部控制基础性评价工作的通知	财政部	财会〔2016〕11 号	2016.06.30
33	关于加强政府采购活动内部控制管理的指导意见	财政部	财库〔2016〕99 号	2016.07.01
34	关于印发《工业转型升级（中国制造 2025）资金管理办法》的通知	财政部 工业和信息化部	财建〔2016〕320 号	2016.07.08
35	财政部关于印发《基本建设项目竣工财务决算管理暂行办法》的通知	财政部	财建〔2016〕503 号	2016.07.08
36	关于机关事业单位基本养老保险基金财务管理有关问题的通知	财政部 人力资源和社会保障部	财社〔2016〕101 号	2016.07.14
37	关于印发《专利收费减缴办法》的通知	财政部 国家发改委	财税〔2016〕78 号	2016.07.27
38	关于印发《大气污染防治专项资金管理办法》的通知	财政部 环境保护部	财建〔2016〕600 号	2016.08.03
39	公布施行《国家农业综合开发资金和项目管理办法》	财政部	财政部令第 84 号	2016.09.08
40	关于切实做好地方预决算公开工作的通知	财政部	财预〔2016〕123 号	2016.09.23
41	关于做好统筹财政沉淀资金增加地方有效投资工作的通知	财政部	财预〔2016〕124 号	2016.09.28
42	关于印发《普惠金融发展专项资金管理办法》的通知	财政部	财金〔2016〕85 号	2016.10.11
43	关于在公共服务领域深入推进政府和社会资本合作工作的通知	财政部	财金〔2016〕90 号	2016.10.12
44	关于印发《政府和社会资本合作项目财政暂行办法》的通知	财政部	财金〔2016〕92 号	2016.10.26
45	关于印发《地方预决算公开操作规程》的通知	财政部	财预〔2016〕143 号	2016.10.28
46	关于印发《地方政府一般债务预算管理办法》的通知	财政部	财预〔2016〕154 号	2016.11.15

（续表二）

序号	文件名称	发文单位	文号	印发日期
47	关于印发《地方政府专项债务预算管理办法》的通知	财政部	财预〔2016〕155 号	2016.11.15
48	关于印发《地方政府性债务风险分类处置指南》的通知	财政部	财预〔2016〕152 号	2016.11.16
49	关于落实降低企业杠杆率税收支持政策的通知	财政部 国家税务总局	财税〔2016〕125 号	2016.11.28
50	关于印发《财政管理绩效考核与激励暂行办法》的通知	财政部	财预〔2016〕177 号	2016.11.28
51	关于印发《增值税会计处理规定》的通知	财政部	财会〔2016〕22 号	2016.12.08
52	关于减征 1.6 升及以下排量乘用车车辆购置税的通知	财政部 国家税务总局	财税〔2016〕136 号	2016.12.15
53	关于印发《水污染防治专项资金管理办法》的通知	财政部 环境保护部	财建〔2016〕864 号	2016.12.22
54	关于加快建立流域上下游横向生态保护补偿机制的指导意见	财政部 环境保护部等四部门	财建〔2016〕928 号	2016.12.23
55	关于印发《地方政府债务管理工作督察方案》的通知	财政部办公厅	财办预〔2016〕43 号	2016.05.09
56	关于进一步加强扶贫资金监督检查促进精准扶贫政策落实的意见	财政部办公厅	财办监〔2016〕6 号	2016.09.02
57	关于地方财政信息化建设的指导意见	财政部 信息化工作领导小组办公室	财信办〔2016〕7 号	2016.07.22
58	关于补短板的若干意见	中共浙江省委	浙委发〔2016〕12 号	2016.05.06
59	关于全面建立困难残疾人生活补贴和重度残疾人护理补贴制度的实施意见	浙江省人民政府	浙政发〔2016〕3 号	2016.01.25
60	关于进一步完善城乡义务教育经费保障机制的通知	浙江省人民政府	浙政发〔2016〕16 号	2016.05.10
61	关于进一步加强地方政府性债务管理的实施意见	浙江省人民政府	浙政发〔2016〕17 号	2016.05.16
62	公布施行《浙江省国家赔偿费用管理办法》	浙江省人民政府	省政府令〔2016〕349 号	2016.12.20
63	关于高质量加快推进特色小镇建设的通知	浙江省人民政府办公厅	浙政办发〔2016〕30 号	2016.03.21
64	关于进一步降低企业成本优化发展环境的若干意见	浙江省人民政府办公厅	浙政办发〔2016〕39 号	2016.04.06
65	关于加快转变农业发展方式的若干意见	浙江省人民政府办公厅	浙政办发〔2016〕58 号	2016.06.12
66	关于明确资源税若干政策的通知	浙江省人民政府办公厅	浙政办发〔2016〕68 号	2016.07.01
67	关于公布取消和调整行政审批事项目录的通知	浙江省人民政府办公厅	浙政办发〔2016〕67 号	2016.07.04
68	关于加快推进深化权力清单责任清单有关工作的通知	浙江省人民政府办公厅	浙政办发函〔2016〕65 号	2016.08.28
69	关于推进全省海绵城市建设的实施意见	浙江省人民政府办公厅	浙政办发〔2016〕98 号	2016.08.30
70	关于深入推进城乡居民基本医疗保险制度建设的若干意见	浙江省人民政府办公厅	浙政办发〔2016〕134 号	2016.10.31
71	关于进一步减轻企业负担降低企业成本的若干意见	浙江省人民政府办公厅	浙政办发〔2016〕152 号	2016.12.09

（续表三）

序号	文件名称	发文单位	文号	印发日期
72	关于印发浙江省道路交通事故社会救助基金核销管理暂行办法的通知	浙江省财政厅	浙财金〔2016〕1 号	2016.01.25
73	关于调整完善山区经济发展专项资金管理有关事项的通知	浙江省财政厅 浙江省农办	浙财农〔2016〕7 号	2016.01.25
74	关于加强行政事业单位内部控制建设的通知	浙江省财政厅 浙江省审计厅 浙江省人力资源和社会保障厅	浙财会〔2016〕6 号	2016.01.29
75	关于重申公务支出开支标准 严肃财经纪律的通知	浙江省财政厅	浙财行〔2016〕6 号	2016.03.01
76	关于调整浙江省国内渔业油价补贴政策的通知	浙江省财政厅 浙江省海洋与渔业局	浙财建〔2016〕14 号	2016.03.09
77	关于修订浙江省创新强省产业基金管理办法的通知	浙江省财政厅	浙财企〔2016〕25 号	2016.03.10
78	关于在公共服务领域推广政府和社会资本合作模式的实施意见	浙江省财政厅 浙江省发展和改革委员会 中国人民银行杭州中心支行	浙财金〔2016〕13 号	2016.03.10
79	关于推进高校涉企服务项目经费管理试点工作的意见	浙江省财政厅 浙江省教育厅	浙财教〔2016〕7 号	2016.03.11
80	关于修订《浙江省美丽乡村建设专项资金管理办法（试行）》若干条款的通知	浙江省财政厅 浙江省农办	浙财农〔2016〕21 号	2016.03.15
81	关于中等职业学校生均公用经费标准的通知	浙江省财政厅 浙江省教育厅 浙江省人力资源和社会保障厅	浙财教〔2016〕3 号	2016.03.16
82	关于印发浙江省城市公交车成品油价格补助专项资金管理办法的通知	浙江省财政厅 浙江省交通运输厅 浙江省经济和信息化委员会 浙江省发展和改革委员会	浙财建〔2016〕22 号	2016.03.23
83	关于印发浙江省学会服务科技创新及科学素质提升专项资金管理办法的通知	浙江省财政厅 浙江省科学技术协会	浙财教〔2016〕23 号	2016.03.30
84	关于提高 2016 年城乡居民基本医疗保险财政补助标准的通知	浙江省财政厅	浙财社〔2016〕33 号	2016.03.31
85	关于印发《浙江省农村土地承包经营权确权登记颁证补助资金管理办法》的通知	浙江省财政厅 浙江省农业厅	浙财基〔2016〕7 号	2016.04.08
86	关于全面做好营业税改征增值税试点工作的通知	浙江省财政厅 浙江省国家税务局 浙江省地方税务局	浙财税政〔2016〕7 号	2016.04.12
87	关于进一步推进财政支持农业“三项补贴”政策综合改革的指导意见	浙江省财政厅	浙财农〔2016〕47 号	2016.04.19
88	关于印发《浙江省省级财政国库集中支付电子化管理暂行办法》的通知	浙江省财政厅 中国人民银行杭州中心支行	浙财预执〔2016〕36 号	2016.04.22
89	关于印发浙江省基础设施投资（含 PPP）基金管理办法的通知	浙江省财政厅	浙财建〔2016〕44 号	2016.04.26
90	关于地方水利建设基金征收有关问题的通知	浙江省财政厅 浙江省地方税务局	浙财综〔2016〕18 号	2016.04.29
91	关于实施地方政府债务风险管控财政奖惩政策的通知	浙江省财政厅	浙财预〔2016〕27 号	2016.05.19
92	关于进一步加强水库移民扶持资金使用管理工作的意见	浙江省财政厅 浙江省水库移民安置办公室	浙财社〔2016〕40 号	2016.05.26
93	关于印发浙江省社会保险基金保值增值运作管理办法（试行）的通知	浙江省财政厅	浙财社〔2016〕45 号	2016.06.21

（续表四）

序号	文件名称	发文单位	文号	印发日期
94	关于印发浙江省普通本科高校 高等职业学校省政府奖学金管理办法的通知	浙江省财政厅 浙江省教育厅	浙财教〔2016〕49 号	2016.07.07
95	关于印发浙江省省级部门项目支出预算管理办法的通知	浙江省财政厅	浙财预〔2016〕38 号	2016.07.08
96	关于印发《浙江省省级社保资金竞争性存放商业银行定期存款业务操作办法(试行)》的通知	浙江省财政厅	浙财社〔2016〕50 号	2016.07.11
97	关于明确有关资源税品目适用税率的通知	浙江省财政厅 浙江省地方税务局	浙财税政〔2016〕15 号	2016.07.11
98	关于印发省级行政单位通用办公设备家具配置标准的通知	浙江省财政厅	浙财资产〔2016〕37 号	2016.07.21
99	关于印发扶持村级集体经济发展试点补助资金管理暂行办法的通知	浙江省财政厅	浙财基〔2016〕17 号	2016.07.26
100	关于印发特色小镇财政政策实施办法(试行)的通知	浙江省财政厅	浙财预〔2016〕45 号	2016.08.08
101	关于加大金融支持加快推进农村综合改革试点项目的意见	浙江省财政厅 浙江省农村信用社联合社	浙财基〔2016〕16 号	2016.08.12
102	关于印发浙江省工业企业结构调整专项奖补资金管理实施细则的通知	浙江省财政厅等四部门	浙财企〔2016〕92 号	2016.08.25
103	关于印发浙江省政府产业基金投资退出管理暂行办法的通知	浙江省财政厅	浙财企〔2016〕93 号	2016.08.26
104	关于印发浙江省省管金融企业负责人经营业绩考核与薪酬核定暂行办法的通知	浙江省财政厅	浙财金〔2016〕35 号	2016.08.30
105	关于印发浙江省电影事业发展专项资金使用管理实施办法(试行)的通知	浙江省财政厅 浙江省新闻出版广电局	浙财教〔2016〕80 号	2016.08.31
106	关于印发浙江省 2016 年政府非税收入项目目录的通知	浙江省财政厅	浙财综〔2016〕33 号	2016.09.01
107	关于印发浙江省义务教育学校家庭经济困难寄宿学生生活补助资金管理办法(暂行)的通知	浙江省财政厅 浙江省教育厅	浙财教〔2016〕79 号	2016.09.14
108	关于印发浙江省省级国库现金管理实施细则的通知	浙江省财政厅 中国人民银行杭州中心支行	浙财预执〔2016〕95 号	2016.10.09
109	关于印发浙江省省级重要商品应急储备管理办法的通知	浙江省财政厅等五部门	浙财企〔2016〕98 号	2016.10.11
110	关于印发浙江省政府向社会力量购买服务指导性目录(2017 年度)的通知	浙江省财政厅	浙财预〔2016〕55 号	2016.11.24
111	关于暂停向企事业单位和个体经营者征收地方水利建设基金的通知	浙江省财政厅 浙江省地方税务局	浙财综〔2016〕43 号	2016.11.30
112	关于印发浙江省省级体育彩票公益金使用管理办法的通知	浙江省财政厅 浙江省体育局	浙财教〔2016〕133 号	2016.12.15
113	关于印发《浙江省财政行政执法全过程记录工作办法(试行)》的通知	浙江省财政厅	浙财法〔2016〕14 号	2016.12.21
114	关于印发浙江省粮食风险基金管理办法的通知	浙江省财政厅 浙江省粮食局 中国农业发展银行浙江省分行	浙财企〔2016〕132 号	2016.12.22
115	关于印发浙江省省属文化企业国有资产监督管理实施办法的通知	浙江省财政厅 中共浙江省委宣传部	浙财文资〔2016〕21 号	2016.12.23
116	关于茶叶市场房产税 城镇土地使用税优惠政策的通知	浙江省财政厅 浙江省地方税务局	浙财税政〔2016〕26 号	2016.12.30
117	关于印发浙江省基础设施投资(含 PPP)基金投资退出管理规则的通知	浙江省财政厅	浙财建〔2016〕191 号	2017.01.05

财政文选

zhejiang caizheng nianjian

厅领导谈财政

在全省财政地税系统党风廉政建设工作视频会议上的讲话(摘要)

省财政厅党组书记、厅长、省地税局局长 钱巨炎

一、深刻领会中纪委全会和省纪委全会精神,切实把思想和行动统一到中央和省委决策部署上来

习近平总书记在十八届中央纪委六次全会上充分肯定了党风廉政建设和反腐败斗争取得的重大成效,深刻分析了当前依然严峻复杂的形势,对进一步正风肃纪、惩贪治腐、落实主体责任、加强纪律建设、强化党内监督等提出了明确要求。夏宝龙书记在省纪委十三届五次全会上强调,要坚决落实全面从严治党要求,深化标本兼治,创新体制机制,健全法规制度,强化党内监督,把纪律挺在前面,营造政治生态上的绿水青山,为浙江省高水平全面建成小康社会提供根本保障。全国财政系统反腐倡廉建设工作会议和全国税务系统党风廉政建设工作会议也分别部署了财政系统和税务系统反腐倡廉建设工作任务。对这些会议和讲话精神,我们要认真学习、深刻领会,把思想和行动统一到中央和省委的决策部署上来,切实增强责任感和紧迫感,不断把财税系统廉政建设和反腐败斗争引向深入。

一要准确把握中央和省委对党风廉政建设和反腐败斗争形势的总体判断。习近平总书记在中央纪委全会上强调,民心是最大的政治,正义是最强的力量。要充分认清"两个没有变"和"四个足够自信"的判断:即党中央坚定不移反对腐败的决心没有变,坚决遏制腐败现象蔓延势头的目标没有变;对党中央在反腐败斗争上的决心要有足够自信,对反腐败斗争取得的成绩要有足够自信,对反腐败斗争带来的正能量要有足够自信,对反腐败斗争的光明前景要有足够自信。"锄一害而众苗成,刑一恶而万民悦。"党中央强力正风、铁腕反腐,顺应了党心民意,有着广泛坚实的政治基础和群众基础。当前,党风廉政建设和反腐败斗争取得了重大阶段性成果,不能腐、不想腐的效应初步显现,反腐败斗争压倒性态势正在形成。但同时,也要清醒认识反腐败斗争形势依然严峻复杂,巩固党风廉政建设成效、防止反弹的任务还很重,反腐倡廉工作只能加强,不能松懈。

二要准确把握中央和省委对全面从严治党的新内涵、新要求。习近平总书记在中央纪委全会上强调,全面从严治党,核心是加强党的领导,基础在全面,关键在严,要害在治,深刻阐释了全面从严治党的新内涵,明确提出了管党治党的新要求,是推进全面从严治党的重要遵循,为管好党、治好党指明了方向。夏宝龙书记要求依规治党与以德治党同向发力、形成合力,使党员干部在有监督的时候不敢腐、不能腐,在没有监督的时候不愿腐、不想腐。当前,要尤其关注全面从严治党向基层延伸问题。习近平总书记指出,相比于"远在天边"的"老虎",群众对"近在眼前"的嗡嗡乱飞的"蝇贪"感受更为真切。"微腐败"也可能成为大祸害。从我省财税系统看,队伍大、层级多、战线长,财税执法权主要集中在基层,组织收入、推进改革、优化服务,关键靠基层。基层财税干部队伍总体上是好的,但近年来违法违纪案件和负面舆情,主要还是发生在基层。全面从严治党向基层延伸意味着我们抓系统的责任更重了、领导班子带队伍的责任更重了,必须引起高度重视。

三要准确把握财税制度源头治腐的工作目标和任务。财税部门一头连着公共资金,一头连着公权力,许多财税法规制度本身就是很好的廉政制度。财税源头治腐工作是反腐倡廉建设的重要内容。中纪委全会提出要加大对侵害群众利益问题的查处力度,严肃查处扶贫领域虚报冒领、截留私分、挥霍浪费问题。全国财政反腐倡廉建设工作会议、全国税务系统党风廉政建设工作会议明确提出要对财政专项资金进行清单管理,全面深化预算绩效管理改革,推进预决算信息公开;完善公务员津补贴制度、严肃财经纪律;深化税收征管体制改革和税务行政审批制度改革,推进税收执法监督、系统督查督办、提升纳税服务等要求。这些都为进一步强化源头治本、系统推进财政地税反腐倡廉建设明确了目标任务,我们要认真领会,细致梳理,逐项抓好落实。

二、深入推进财税体制改革,发挥财税源头预防和惩治腐败的职能作用

推进财税体制改革和制度创新,既是加快转变政府职能、消除滋生腐败的体制弊端的内在要求,也是实现源头防腐治腐的重要举措,在制度反腐方面具有不可替代的作用。各级财政地税部门要提高站位,不断加强财税制度供给,为党风廉政建设构筑一道安全屏障。

(一)深化财税改革

要以贯彻落实《关于加快建立现代财政制度的意见》和《深化国税、地税征管体制改革方案》为契机,围绕重点领域和关键环节,进一步深化财税改革,完善体制机制,扎紧制度"篱笆",切实防范廉政风险。

一要推进预算管理改革。不断完善全口径政府预算体系,加大"四本预算"统筹力度,逐步将政府所有收支都纳入预算管理,全面规范政府收支行为。加强预算支出定额和标准管理,编细、编实预算,并严格落实预算法定原则,增强预算刚性,切实管好公款支出的"水龙头",防止跑冒滴漏,筑牢财政资金使用防线。

二要推进地税改革。加强国地税合作,促进服务深度融合、执法适度整合、信息高度聚合。出台行政处罚裁量基准、加强联合稽查,统一执法尺度,减少随意性。改革属地稽查模式,提升税务稽查管理层级,减少"人情干预",维护税收刚性。简化地方税费减免办理手续,事先制定并公开减免标准,由纳税人自主对

照适用，改变以往“先缴后退”的做法，提高工作效能。

三要加强专项资金管理。按照“四张清单一张网”建设和两个“一般不”的要求，进一步深化专项性一般转移支付和竞争性分配改革，完善专项资金管理清单并向社会公开。加大专项资金清理整合力度，市县要逐步取消由本级财力安排的部门财政专项资金，基本支出以外的支出需求都按规定编制项目预算。创新财税支持经济发展方式，财政资金逐步从竞争性领域退出，积极推广运用政府产业基金等市场化运作模式，减少设租寻租空间。

四要增强财税工作透明度。“阳光是最好的防腐剂”。推进财税政策全方位公开，加大宣传辅导力度，既把政府的政策意图释放出去，引导社会预期，增强政策实施的有效性，又让企业和个人能够了解政策、用足用好政策，使群众有更多的获得感。继续深入推进财政预决算信息公开，进一步扩大公开范围、细化公开内容，将政府账本“晒完整”“晒清楚”，让社会公众知晓财政资金是怎么花的、干了哪些事、花得合理不合理，倒逼政府部门更好地履职尽责。

（二）严肃财经纪律

财经纪律是党的纪律的重要组成部分，是党委政府大政方针在财经领域的具体体现。财税部门既是财经制度的制定者，又是执行者和监管者，要自觉把预算法、税法等各项规定作为从事财税管理活动的行为准则，严格依法行政、依法理财治税，使财经纪律真正成为带电的“高压线”。

一要加强公务支出管理。浙江省已初步形成立体式公务支出管理体系，要根据公车改革等新情况，不断完善，使不该花的钱一分都花不出去，切实维护财经纪律的刚性。严格会议分类和审批报备程序，从严控制会议数量和规模，严禁在会议费中列支公务接待费、宣传费，严禁转嫁和摊派会议费用，严禁套取会议费私立“小金库”。严格实行因公出国、出国培训计划和经费“双控”管理，严格执行公务差旅审批制度，对违反开支标准，超级别乘坐交通和安排住宿，借会议、培训之名变相旅游等行为，要严肃查处、坚决制止。

二要规范津补贴发放。省主要领导多次强调不得违规发放津贴补贴。财税部门既要带头讲政治、讲纪律、讲规矩，坚决制止和纠正私设“小金库”和违规发放津补贴等行为，也要依法依规督促其他部门规范发放。要严格贯彻中央关于《违规发放津贴补贴行为处分规定》的精神，严格执行国家和省规定的改革性补贴政策和考核奖励政策，严禁以各种名义变相提高工资、津补贴标准和发放奖金，做到令行禁止。同时，进一步巩固“小金库”专项治理成果，建立防治“小金库”长效机制，对顶风违纪问题要按照有关规定进行问责，对违反法律法规的，要依法严肃查处。

三要推进公款竞争性存放。2015 年，我们提请省政府出台了《省级行政事业单位公款竞争性存放管理暂行办法》，并会同有关部门修订了《省级预算单位银行账户管理暂行办法》，规范公款竞争性存放。全省财政性资金公开招投标 136 期，资金规模达 1088 亿元，净增收益 20 亿元。应该说，开展公款竞争性存放，既是削自己的权、革自己的命，同时也是给自己解压、为自己撑起一把“安全伞”和“保护伞”。对此，各地要有正确认识，严格执行公款竞争性存放的各项规定，对新开设的财政专户以及存量财政专户变更开户银行，一律通过招投标方式确定开户银行。暂时闲置的专户资金，在留足支付需要的前提下，原则上应全部实行竞争性存放，切实防止利益冲突和利益输送。

（三）加强财税监督

要按照“三位一体”组织体系改革和税收征管体制改革要求，进一步推进大监督体系建设，强化财税监督职能，通过监督检查、绩效评价、问责问效等手段，提升财税制度和财经纪律的权威性和震慑力。

一要着力推动法治财税建设。深化财税行政审批制度改革，切实加强事中事后监管。强化执法监察和执法督查，重点对预算法、财税优惠政策、组织收入原则等落实情况开展监督检查，坚决防止收过头税、越权减免税等问题。

二要加强资金使用效益监管。资金效益不高也是一种变相的浪费。要增强花钱的责任意识和效率意识，加强财政资金绩效管理，推进重大专项资金等重点支出绩效评价，强化评价结果应用，形成“预算编制有目标、预算执行有监控、预算完成有评价、评价结果有应用”的绩效运行机制，把有限的资金用到刀刃上。

三要推进政府采购更加规范。严格落实政府采购法实施条例的新要求，加强采购信息公开和信息化建设，推进阳光采购。针对政府采购活动中多发、易发问题，紧紧扭住需求和评审规则制定、开标评标及履约验收等关键环节，完善管理制度和机制，看住采购中“乱伸的权力之手”。以整合公共资源交易平台为契机，统一政府采购交易规则体系，推进管理交易系统、场所、评审专家等资源整合，实现与公共资源交易平台的信息共享。

同时，要按照十八届四中全会精神和财政部要求，推动贯彻落实好《关于全面推进行政事业单位内部控制建设的指导意见》，在行政事业单位全面建立、有效实施内部控制，不断提高公共服务效能。

三、切实肩负管党治党的主体责任，营造良好政治生态

习近平总书记指出，全面从严治党是各级党组织的职责所在。从党风廉政建设主体责任到全面从严治党主体责任，不只是字面上的变化，更是实践的发展、认识的深化。全省各级财政地税部门要切实肩负起主体责任，固本培元、抓早抓小、防微杜渐，着力营造风清气正的政治生态。

（一）深化认识，解决“为什么抓”的问题

从形势看，目前党风廉政建设工作还存在一些薄弱环节，如地区、单位之间推进主体责任不平衡，有的领导班子和领导干部落实主体责任不到位，“双岗双责”没有落地生根；少数地方财税权力监督制约机制不够健全，重要岗位、重点领域、重点环节还存在一定的廉政风险；少数人员法纪观念淡薄，违反八项规定精神和廉洁从政规定问题仍有发生。2015 年，全省财政地税系统共有 28 人受到党纪政纪处分，其中涉嫌犯罪移送司法机关处理

10人。对这些问题，我们要引以为戒，切实予以解决。要分析原因，清除产生这些问题的土壤。

从要求看，党风廉政建设是政治责任，全面从严治党越是向纵深推进，越要紧紧抓住主体责任这个"牛鼻子"。要树立看齐意识，向中央和省委看齐，在政治上、思想上、行动上与中央和省委保持高度一致。向《党章》和《准则》、《条例》看齐，把纪律挺在前面，严守政治纪律和政治规矩，发现问题就要咬咬耳朵、扯扯袖子，使红红脸、出出汗成为常态。

（二）明确责任，解决"谁来抓"的问题

毫无疑问，各级财政地税部门党组（党委）是党风廉政建设的责任主体，必须做到业务工作与党风廉政建设两副担子一起挑。党组（党委）书记作为第一责任人，要以身作则，肩负起全面领导本单位党风廉政建设的责任，做到既挂帅又出征，真正把党风廉政建设与财税工作一起部署、一起落实、一起检查、一起考核，定期向上级党委、纪委报告落实党风廉政建设责任制情况。班子成员要按照"谁主管、谁负责"和"双岗双责"的要求，对分管范围内的党风廉政建设担负起主要责任，种好自己的"责任田"，确保主体责任落地生根。

当然，党风廉政建设光靠党组抓还不够，所谓"众人拾柴火焰高"，要建立健全"齐抓共管"的工作格局和"一级抓一级、层层抓落实"的责任体系，将主体责任层层传导到厅局内设机构、所属单位和基层财税部门。同时，强化追责问责，认真落实考核制度，实行廉政建设一票否决。坚持"一案双查"，对违规违纪违法问题，既要追究主体责任、监督责任，又要按照党风廉政建设责任制要求，严肃追究相关领导责任。特别是地税部门实行垂直管理，责任链条是一条线，一旦发生问题，就要直接追究上一级班子和主要领导的责任。对此，"一把手"必须切实担负起第一责任人的职责，切实加强提醒督促和检查指导。

落实主体责任还要紧紧抓住"关键少数"这个重点。领导干部特别是一把手既是党风廉政建设的组织者、领导者，又是廉洁从政、干净干事的带头人、示范人，其言行举止直接影响着身边人和周边事，少数人起着关键性作用。因此，领导干部要敢抓敢管，在思想上树立"不抓不管就是失职"的意识；要以身作则、率先垂范，要求别人做到的，自己首先做到；要求别人不做的，自己坚决不做。同时，健全民主生活会、"五不直接分管"、谈话谈心等党内监督制度，多设一些监督"探头"，使领导干部置身于党组织、党员和群众监督之下。

（三）完善机制，解决"怎么抓"的问题

一要积极推进内控体系建设。十八届四中全会《决定》明确指出："加强对政府内部权力的制约，是强化对行政权力制约的重点。"加强财政内控体系建设，是建设廉洁高效、服务型政府的根本要求，是提高现代财政治理能力的迫切需要，同时也是增强风险防控意识和化解能力的有力武器，有利于建立健全权力运行的制约和监督机制、减少自由裁量权、限制公共权力滥用、避免财政政策制定和资金分配过程中的行政风险、法律风险与廉政风险。近年来，全省各级财政部门实施了"三位一体"改革、惩防体系构建、权力清单梳理、"数字财政"建设等一系列举措，为内控建设打下了坚实的基础。财政部要求各级财政部门在2016年全面完成内控制度机制建设。对此，厅党组高度重视，多次专题研究，制定下发了《关于加强全省财政系统内部控制工作的实施意见》，专门成立了厅内控委和内控办，明确提出构建以内控基本制度为主体，8个专项内控办法和各单位内部操作规程为重点的"1+8+X"模式内控制度体系。各级财政部门要抓好落实，由一把手亲自负责，建立分工明确、责任清晰、齐抓共管的内部控制组织管理架构，建立健全具有浙江特色的财政内部控制制度体系，切实发挥风险防控作用。第一，要加强组织领导。领导班子尤其是主要领导要牢固树立内部控制理念，推进内部控制建设，亲自部署、亲自督办，认真学习制度，严格执行制度。班子其他成员要按分工负责落实组织好分管部门（单位）的内控工作。各级财政机关的内设部门和所属单位要按职责落实好本部门、本单位的内控机制和制度建设的各项工作任务。第二，要推进制度体系建设。牢牢把握"权责对等、有效制衡"的原则，按照"分事行权、分岗设权、分级授权"的要求，突出重点、整体推进，构建内容协调、程序严密、配套完备、有效管用的制度体系。深入梳理预算编制、预算执行、预算监督等重点领域和主要流程，抓住重要环节和控制节点，分析风险点，厘清责任边界，综合运用不相容岗位（职责）分离控制、授权控制、归口管理、流程控制、信息系统管理控制等方法，进行有效防控。第三，要抓好执行体系建设。建立及时有序的风险事件应对机制、公平有效的内部控制考评机制和严格的检查问责机制，适时通报检查结果，对做得好的单位和个人予以表扬，对工作不力的单位和个人予以通报。强化结果运用，将单位和个人内部控制制度执行情况与评优评先、干部提拔使用等挂钩，全面提升管理成效。第四，要加强信息化建设。依托"数字财政"综合平台，按照"统一规划、分步实施、逐步完善"的原则，建设覆盖财政各业务系统的内部控制监督管理工作平台。建立风险识别和预警机制，强化流程控制，实施全程监控，做到过程留痕、责任可追溯，实现财政部门内部控制的信息化、程序化和常态化。

同时，要健全地税内控机制，围绕"两覆盖、两优化、两提升"的目标，加快推进内控机制信息化升级版建设。用好内控机制管理信息平台，做好内控机制与财务、人事等管理软件的衔接，将内控制度和要求更好地融入税收征管和行政管理软件中。

二要加强基层财税管理。基层财税干部直接与纳税人和社会公众打交道，基层财税部门和财税干部的作风直接影响整个系统的形象。首先，要严格执法。加强执法督察、执法监察和过错责任追究，增强对财税执法重点岗位和关键环节的监督制约。重点查处不依法落实税收优惠政策和违规审批减免税问题，利用发票管理、税额核定、税务稽查、涉税中介等谋取不正当利益问题，吃拿卡要报等损害纳税人利益的不正之风。其次，要优化服务。深入实施"便民办税春风行动"，加强办税服务厅规范化建设；依托信息平台和数据共享归并减少纳税人报送资料，研究制定"纳税人报送资料"和"纳税人上门办理事项"两张清单，扩大免填单、同城通办业务范围,探索实施全省通办,进一步减轻纳税人办税负担。聘请社会人士担任“浙江财税12366服务热线”和“浙江地税网上办税系统”评价员,促进服务改进。最后,要加强督查督办。综合运用实地督查、案头督查、明察暗访等多种形式,加大对各地落实财税政策、财税执法等方面工作的督查力度,解决好“最后一公里”问题。同时,要研究加强地税系统纪检监察组织建设,全面推行在重点部门、基层单位配备专兼职纪检监察专员制度。

三要持之以恒加强作风建设。要充分认清中央和省委抓作风、正党风、带民风的坚定政治决心,密切关注不正之风的新动向、新表现,查找隐形变异的“四风”,以更高的标准、更严的要求,持之以恒地推进作风建设不断走向深入。当前,尤其要重视家风问题。习近平总书记强调,家风败坏往往是领导干部走向严重违纪违法的重要原因,每一位领导干部都要把家风建设摆在重要位置,廉洁修身、廉洁齐家。财税干部手中握有预算安排、资金分配、税收减免的权力,家属、亲友容易受到“糖衣炮弹”的攻击。对此,要坚持从党性原则出发,正好家风、管好家人、处好家事,处理好公与私、小家与大家的关系,使家庭真正成为自己拒腐防变、永葆本色的稳固“后院”。

最后,我再强调一下自觉接受派驻纪检机构监督的问题。前天,省委召开纪委派驻机构全覆盖工作会议,部署了派驻纪检机构工作方案,强调了派驻纪检机构与各级党组是监督和被监督的关系。纪检监督的目的是把党组织管理好、建设好,是组织上对干部的关心和爱护,也是财税工作顺利推进的重要保障。我们要主动适应并自觉接受监督,积极为派驻机构开展工作创造有利条件,支持派驻机构履行监督职能。

(2016年2月26日)

在省财政厅处长会议上的讲话(摘要)

省财政厅党组书记、厅长 钱巨炎

2016年是“十三五”的开局之年,也是贯彻《关于加快建立现代财政制度的意见》和新一轮财政体制的第一年。政府产业基金、社保基金保值增值、PPP等改革举措,已经开了局、破了题,到底能不能落地生根、开花结果,关键就看怎么抓落实。只有通过真抓实干,把理想变成现实,把文件转化为项目,把嘴上讲的好处转化为实实在在的红利,才能让省委省政府满意,让社会各界和人民群众满意。

一、聚焦重点抓落实

(一)收支运行方面。一要密切关注“营改增”全面扩围和收入分成改革进展情况,及时做好应对预案;二要组织发行地方政府债券,切实降低债务成本,优化期限结构;三要实施正税清费政策,综合分析、研究企业税费负担,提出降低水利建设基金征收比例的具体意见;四要规范津补贴管理,严格各项开支标准。

(二)财税改革方面。一要认真贯彻落实《关于加快建立现代财政制度的意见》和新一轮省对市县财政体制,积极践行五大发展理念,加强制度供给;二要抓紧研究制定政保合作方案,充分发挥政策性保险的杠杆作用和风险分担功能;三要加强政府采购机制建设,加快“政采云”平台开发实施,同时落实好公车改革的相关政策;四要深化政府购买服务改革,加大试点扩面力度;五要实施光伏小康工程,巩固“4600元低收入农户”脱贫成果。

(三)项目推进方面。一要加快推动政府产业基金实质性运作和项目落地实施,建立退出机制和绩效评价办法;二要用好基础设施投资(含PPP)基金,推进PPP项目规范化运作;三要稳妥推进社保基金保值增值运行,完成社保基金运行风险分析报告,提出风险控制措施和建议。

(四)财政管理方面。一要加强内控制度建设,探索建立“内控、内审、内监”和“外控、外审、外监”相融合的机制,强化财政监督职能;二要加快数字财政建设,实现数据充分共享和深度应用;三要加快统一支付公共平台推广使用;四要按照“不做假账”的要求,加强财务会计人员管理,确保会计信息真实性。

二、提振精神抓落实

目标明确了,要有良好的精神状态抓落实。从这个意义上说,精气神就是战斗力,就是生产力。当前,经济社会发展正处于战略机遇期和转型期,如何避开中等收入陷阱,如何成功实现从要素驱动向创新驱动的动力转换,如何应对多元的利益诉求、化解社会矛盾,如何缩小区域、城乡发展和人群之间的差距,处理好财富集聚与公平共享的关系等,都事关政权稳定和百姓福祉,与财政紧密相联,需要我们站在“国家治理的基础和重要支柱”的高度,认真思考,积极参与解决,以“干在实处永无止境、走在前列要谋新篇”的责任和担当,全身心地投入财政工作,争做想抓落实、敢抓落实、善抓落实的“狮子型”干部。

第一,要有虎口夺食的勇气。财税改革说到底,就是利益格局的重构和调整,随着改革向纵深推进,皆大欢喜、利益均沾的“帕累托改进”式的改革越来越少,追求“帕累托最优”过程中,难啃的“硬骨头”越来越多,难度也越来越大。比如,存量债务置换、社保基金保值增值、财政资金竞争性存放,对政府和财政来说,可降低利息支出,增加理财收益,但对银行来说,我们节省的利息、增加的收益,恰恰就是他们原来的收入和利润。再如,政府产业基金,变行政分配为市场化运作,增加的是财政的统筹能力和资金的使用效益,削弱的是部门的资金分配权,有的部门和人员可能会不适应。可以说,现在的很多改革都是在虎口夺食,通过构建更加公平、更加合理、更加高效的体制机制,将原来不合理的既得利益从老虎嘴巴里夺出来,增加公共福利,促进经济发展和民生改善。在这个过程中,肯定会遇到方方面面的阻力和障碍,有时可能还会有各种风险。虎口夺食讲究看得准、出手快,看准了目标,就要有咬定青山不放松的恒心,有明知山有虎,偏向虎山行的勇气,有不达目标不罢休的韧劲。

第二，要有只争朝夕的锐气。财税改革有时间窗口，等不起、慢不得，更拖不了。如果错过了时间窗口，不仅吃不到改革的“头口水”，可能还会陷入被动，支付更多的改革成本，降低实施效果。比如，政府产业基金，很多创业创新项目嗷嗷待哺，商业机会稍纵即逝，早一天投入，就多一分成功的机会，早一天见到成效。再如，存量债务置换和社保基金保值增值，银行贷款平均利率在8%以上，而债券利率仅3.5%左右，早一天置换，就可节约大量的利息支出。还有PPP项目，社会资本顾虑最大的就是政府的办事效率，很多项目不是因为商业模式、盈利水平、合作意愿等出现分歧而失败的，反而是在万事俱备的情况下，被政府部门烦琐的办事程序给硬生生拖黄的。财政是创造价值、提供要素的部门，从某种意义上说，时间就是机会、时间就是价值、时间就是红利，我们一定要有只争朝夕、时不我待的紧迫感和责任感，早抓、早干、早落实，确保财税政策和财政资金早见效。

第三，要有功不在我的大气。一方面，要有“为他人做嫁衣裳”的气量。财政作为国家治理的基础和重要支柱，是经济社会发展过程中最不可或缺也是最能发挥作用的部门，但其作用很多时候需要通过其他部门政策的实施来体现，存在一个“台前与幕后”的关系。对此，只要符合省委省政府决策部署、只要能促进我省经济社会各项事业的发展，无论“军功章”里是否有我们一半，我们都要有“甘做他人嫁衣裳”的气量，努力推进、尽力支持。另一方面，要有“前人栽树后人乘凉”的胸怀。财税改革是一项长期的系统性工程，有些改革可能短期内难以见效，甚至还要支付成本，但对长远发展是有利的。比如，政府产业基金，项目孵化、企业成长有一定的周期性，不可能今天投入，明天就开花结果，也不能保证每个项目都成功，但我们不能因此就不去做这个事情，因为这事关浙江转型升级、事关新兴产业培育、事关新旧动能转换，现在打基础、建机制、播种子，就是为了后来人的收获。

三、改进方法抓落实

抓落实光有良好的精神状态不够，还要用科学有效的方式方法。方法对头，善于借力，可事半功倍，反之，则可能吃力不讨好。要坚持以联系、发展、开放的眼光看待改革过程的问题，统筹研究、综合施策，切忌头痛医头、脚痛医脚，只见树木不见森林。要处理好新常态下收和支的关系，在降成本、降税费的同时，要考虑支出缺口怎么弥补；要处理好发展建设和债务管控的关系，既要堵后门，规范融资渠道，又要开前门，解决建设资金来源问题；要处理好作风建设和主动作为的关系，既要自觉遵守作风建设的各项规定，避免乱作为，又不能将要求严了作为懒政惰政的借口，避免不作为。

在当前形势下，通过查短板、补短板来抓落实是一个有效的手段。省委书记夏宝龙在年初第十一次县委书记工作交流会议上指出补短板是重大的理论命题和实践命题，要求各级各部门认认真真找准短板、扎扎实实补好短板。农历新年第一天，省委、省政府主要领导都深入基层、查补短板。财政是国家治理的基础和重要支柱，财政短板不仅影响自身运行，也会制约经济社会发展。因此，我们更要树立短板意识，围绕生财、聚财、用财，着重从制度建设和工作落实层面，查一查我们的短板在哪里？想一想该采取什么措施才能把短板补上？

第一，要补齐思想的短板。思想是行动的先导，思想的短板必然带来行动的短板。当前，几种思想要不得。一是“多一事不如少一事”。相比以往，现在各方面的要求多了、严了，作风建设、廉政建设、财经纪律等“紧箍咒”更紧了，加上审计监督、问责问效等利剑高悬，有些干部因此产生了“多干多错，少干少错，不干不错”的思想，干事创业激情有所消退，存在慢作为、懒作为、不作为的情况。二是“等靠要”。有的干部认为政策是上面定的，思路是领导想的，自己只要依葫芦画瓢就可以了。习惯于用老思维、老办法思考问题，遇到困难和阻力，等一等、放一放、看一看再说，存在“拿来就用、绕开就走”的实用主义。三是沉缅于“分钱分粮”。市场化改革大背景下，资金分配越来越公开、透明、规范，传统的行政分配正逐渐被因素法、产业基金等市场化模式替代，但有些同志对此不适应，对改革不积极、不主动。这些错误思想与新常态、新形势、新要求格格不入，都是抓落实路上的“拦路虎”，危害很大，希望大家对照检查一下，有则改之，无则加勉。

第二，要补齐制度的短板。要对照经济社会发展短板找财政制度供给重点。教育方面，全省仅浙江大学一所“211”高校，优质高校资源稀缺，一定程度上导致了支撑转型发展的高端人才不足；高校、职业院校课程设计与产业结构、市场需求等对接不是很紧密，存在“两张皮”现象；医疗卫生方面，优质医疗资源过度集中在杭州、宁波等大城市，城乡居民就医特别是享受高水平的医疗资源很不方便；产业发展方面，产业链仍处于中低端、制造水平不高、有效供给不足，“低、小、散”现象依然比较突出，新旧动能转换尚需时日；文化方面，缺乏“航空母舰”级文化企业，规模以上文化企业数量占比低于全国平均水平，基层公共文化设施缺乏有效管理，资源未实现充分共享；扶贫方面，虽然基本消灭了“4600元以下”绝对贫困，但因灾致贫、因病致贫、因残致贫等现象仍不容忽视；交通方面，交通拥堵、交通孤岛、“最后一公里”等瓶颈依然存在。这些问题既是经济社会发展的短板，也是加强财政制度供给的着力点，需要我们深入研究。

第三，要补齐执行的短板。有制度不执行或执行不严，就成了纸老虎，失去其应有的权威性；任务布置了不执行或执行不力，就成为空头支票，失去决策应有的公信力。对于落实上打折扣、做选择、搞变通，抓工作不具体、不深入的，要认真分析，追根溯源，看看“堵点”到底在哪里，卡在哪个环节，并逐个疏通，逐一解决。对中央和省委部署的改革任务，中央和省委有具体要求的，要一竿子到底，不折不扣落实下去；中央和省委提出原则要求的，要结合实际进行细化实化。省财政厅相当于一部庞大的机器，由很多业务链条组成，每个处室、每个人都是这部机器、这个链条上的一个部件、一颗螺丝钉。任何一个环节出现故障，都将影响整部机器的顺利、高效运转。我们抓落实、抓执行，一定要制定时间表、明确责任人，按照规定的时限、流程和职责分工来落实好。

第四，要补齐管理的短板。处长们承担着管业务、带队伍的双重职责，查补短板也要从这两方面入手。业务管理方面，要看看我们的政策合理不合理、符不符合基层实际、具不具有可操作性；内控制度完善不完善，管理严格不严格，有无漏洞和风险点；对系统的管理和指导有没有跟上，是否存在“两张皮”、“上有政策、下有对策”等情况。前几年，我们大力推进“三位一体”组织体系改革，初步构建了预算编制、执行、监督既相互分离、又相互制衡的工作机制，但相比于预算编制和执行，监督是较大的一块短板。财政监督职能还有待进一步强化，大监督体系整合和运作还不够顺畅，对财经纪律的监管和违规行为的惩戒力度还需进一步加大。队伍管理方面，要看看岗位设置和分工是不是合理，有无苦乐不均的现象；有没有充分调动每位干部的积极性，发挥各自的特长；团队的凝聚力和战斗力强不强，精神面貌好不好，有没有相互推诿扯皮等现象。

第五，要补齐服务的短板。我们的服务对象，有省委、省政府等领导机关，有省级预算单位，还有各级财税部门和社会公众。其中预算单位是财政资金的使用者、财税改革的落实者、财经纪律的执行者，可以说，他们对财务工作的重视程度和专业能力，直接影响着财政的工作成效。这几年，我们强调服务基层比较多，对预算单位的服务相对比较欠缺，主动上门调研、听取意见建议比较少，导致有些改革和政策出台得比较仓促，操作性比较差，也经常在不同场合听到预算单位特别是财务人员的抱怨和困惑。这些都需要我们换位思考、切实加以改进。

（2016 年 2 月 26 日）

在全省财政地税工作会议上的讲话（下半年）（摘要）

省财政厅党组书记、厅长、省地税局局长 钱巨炎

一、财政地税主要工作及面临的形势

2016 年以来，全省各级财政地税部门牢固树立五大发展理念，认真贯彻中央和省委、省政府各项决策部署，遵循“促进发展、保障民生、科学理财、加强监管”的理财观，扎实做好“生财、聚财、用财”三篇文章，财税工作取得积极进展，突出表现在几个方面：

一是收支运行总体平稳。1~7 月，全省一般公共预算收入 3521.74 亿元，同口径增长 10.8%，其中税收收入 3045.77 亿元，增长 11.3%，非税收入 475.97 亿元，增长 7.6%。全省一般公共预算支出 3589.75 亿元，增长 15.7%。地税部门组织各项收入 4285.6 亿元，增长 12.4%。总的来说，财政收支继续在合理的区间内平稳健康运行，稳中向好，实现了“十三五”良好开局，为全省经济社会发展提供了坚实保障。

二是服务大局成效明显。围绕供给侧结构性改革，实施财税政策系列组合拳，积极助推“三去一降一补”工作。提请省政府办公厅出台《关于进一步降低企业成本优化发展环境的若干意见》，实施一揽子结构性减税和普遍性降费政策，通过研发费加计扣除、高新技术企业所得税优惠、地方水利建设基金减按 70% 征收、失业保险费率降至 1%、临时性下浮部分企业基本医疗保险缴费比例等措施，切实减轻企业负担。上半年全省地税系统共减免相关税费 617.2 亿元。完善投融资机制，设立 100 亿元的省基础设施投资（含 PPP）基金，吸引社会资本进入公共服务领域，补齐交通基础设施等短板。省财政出资 30 亿元，组建省担保集团公司，着力缓解中小微企业融资难、融资贵问题。

三是重点改革有序推进。进一步深化财税体制改革，加快构建具有浙江特色的现代财政制度。按照财政部、国家税务总局部署，扎实做好全面推进“营改增”试点各项工作，全省地税系统共接待增值税办税人员 40 余万人次，累计代开增值税发票 16.26 万张，代征增值税 7.72 亿元，真正做到“变的是税种，不变的是地税优质服务；降的是税负，不降的是纳税人满意度”。推进资源税改革，完成 37 种矿产品资源税税目、税率设置。加快政府产业基金实质性运作，截至 6 月底，全省政府产业基金总规模 942 亿元，实际到位 471 亿元，合作设立市场化子基金 161 支，总规模达 1028 亿元，已投资实体项目 1043 个，投资总额 1164 亿元，杠杆放大效应明显。提请省政府印发《关于进一步加强地方政府性债务管理的实施意见》，强化主体责任意识和风险管控机制，加强债务限额管理和预算管理。发行地方政府债券 2562.3 亿元，开展存量债务置换，丰富资金供给，降低债务成本，防范债务风险。

四是财税管理不断加强。加快推进财政内控制度建设，各地陆续出台内部控制基本制度以及预算管理、资金分配等专项风险内控办法，强化内部流程控制，有效防范行政执法风险。坚持依法治税，不收过头税，不搞回溯性清税。会同省国税局制定税务行政处罚裁量基准及实施办法，统一行政处罚裁量尺度。建立健全稽查随机抽查制度，依法查处涉税违法行为。持续深化地税系统内控信息化建设，廉政效能风险预警数比去年同期下降 66%。推进信用体系建设，落实税收违法、政府采购“黑名单”制度，配合做好跨部门协同监管和联合惩戒。

在肯定成绩的同时，我们也要清醒地认识到，财政收支运行还存在很多不确定、不稳定、不平衡因素，有不少隐忧。

从基本面看，全省经济呈稳中向好的态势，但短期内波动乃至下行压力依然较大。民间投资下滑，企业投资信心不足、投资意愿不强、投资领域不明确。部分企业生产经营困难，近 4 万家规模以上工业企业中，总产值下降的占四成。9 个行业利润下降，规上工业企业亏损面达 20.3%。新兴产业规模仍然较小，传统产业调整转型难度较大，新旧动能转换亟需加力，财税增收的经济基础还不稳固。

从收入看，虽然全省一般公共预算收入和税收收入均实现两位数增长，但很大一部分原因是存在营业税赶“末班车”的因素。下半年“营改增”减收效应将集中显现，再加上清费减税系

列政策的继续实施,财政减收压力很大。同时地区之间、行业之间不平衡现象有所加剧,个别市县出现负增长,作为实体经济主体的制造业税收仅增长1.7%,回落5.9个百分点。

从支出看,财政支出刚性增长的趋势没有改变,稳增长、调结构、促改革、惠民生、防风险等增支需求不小,支出结构僵化、财政资金使用效益不高等问题仍然存在,"三去一降一补"不仅会带来短期财政减收,还会形成新的支出需求,收支矛盾依然突出。

综合研判,2016年财政收入增长仍有较大的不确定性,紧平衡将成为常态。能否完成全年收入增长7.0%的目标,还要看下半年经济运行总体态势和"营改增"减收情况。

近期,中央政治局召开会议,研究部署下半年经济工作,强调继续实施积极的财政政策,落实各项减税降费措施,保证公共支出能力和力度,发挥财政资金效应,引导社会资金更多投向实体经济和基础设施建设薄弱领域。这些部署对财税工作提出了新要求,明确了新任务。

面对新形势、新情况和新问题,各级财税部门要进一步增强紧迫感、危机感和责任感,密切跟踪经济形势和收入进度,依法严格组织收入;认真落实《预算法》,强化预算刚性,严控新增支出;继续实施积极的财政政策,扎实推进供给侧结构性改革,助力经济社会平稳健康发展。

二、科学把握"营改增"后的财政地税工作重点

2016年是财税改革的攻坚之年,全面"营改增"等重头戏相继推出。"营改增"改的不仅仅是税制,更是一场涉及面广、系统性强的综合性改革,对中央和地方财力分配、地方产业发展、地税征管职能、企业生产经营模式等都将带来深远的影响。对此,我们要增强职业敏感性,立足财税改革的大背景,积极谋划财政地税工作方向和思路,精准把握工作重点,为党委、政府当好参谋、做好服务。

(一)财政方面,关键要算好"三本账"

首先,要算好体制账。体制具有很强的导向性,通过利益链条的传导,告诉地方该发展什么,不该发展什么。如果把握好这个导向,算好体制账,就可长出更多的"真金白银"。全面实施"营改增"后,中央将增值税收入分享比例由中央与地方75∶25调整为50∶50,过渡期为2—3年。这对我们来说,既是挑战,也是机遇。近期,我们多次到基层调研,深入研究体制调整后产业发展的方向和支持措施,并形成了初步方案。其中大力发展先进制造业,不仅符合浙江省产业特点和转型升级方向,而且可直接增加地方可用财力,为下一步体制调整赢得先机。各地也要把握好这个战略机遇期和政策窗口期,结合"营改增"和新一轮省对市县财政体制,积极研究相关政策,真正将体制红利转化为可用财力,把财政"蛋糕"做得更大、更实、更优。总的一条,就是要紧紧抓住实体经济这个根本,运用"互联网+""机器人+""标准化+"的思维,发展先进制造业,改造提升传统产业,增强浙江制造的品牌度和影响力。特别要关注有市场、有竞争力、有口碑、有发展潜力的企业,运用好政府产业基金等政策工具,该扶持的还是要扶持,该倾斜的还是要倾斜。

其次,要算好税源账。市场经济是开放的经济,企业到哪里投资、要素流向哪里,主要由市场主体用"脚"投票,但政府适当的引导也很有必要。财税部门是财税政策的制定部门,要坚持财、税不分家,牢固树立税源导向,在财政支持走出去或引进来的同时,算算投入产出这本账合算不合算。引进企业,要充分考虑其对地方政府的贡献度,看其能否产生税源、能带来多少税收收入。如果不产生税源,甚至还要政府补贴,那么这样的企业就不该引进来。同样,发展外向型经济,鼓励企业走出去,也要坚持税源这个评判标准,通过培育总部经济,将微笑曲线的两端留在省内,做到生产走出去、税源流进来。

当前,尤其要重视增值税的税源培育和征管问题。要主动向党委、政府汇报好"营改增"对地方财政收入的深远影响,深刻认识到加强增值税征管的现实意义,对大企业、大项目进行摸底调查,列出可即期扩大再生产的重点企业和项目清单,主动上门进行财税辅导和政策扶持,提供精准化、个性化、"店小二"式的财税服务。要夯实增值税税源基础,配合国税部门依法收足收好增值税,真正将税源转化为收入,从而既缓解当前收支矛盾,又为长远增长打下基础。

再次,要算好平衡账。近期,东北和中西部地区部分县出现财政吃紧的情况,处于"保工资、保运转"的困境,且有蔓延趋势。从全省情况看,虽然财政收支运行总体平稳,但个别市县资金链紧张、财政困难加剧现象也已初露端倪。对此,我们千万不能掉以轻心。刚才分析了收支形势,数字虽然漂亮,但其中有较大的一次性因素,不能全面、客观地反映当前的经济情况,也不能代表未来的增长趋势。对此,财税局局长要保持清醒的头脑,坚持底线思维,善于拨开"迷雾",看清数字背后的真实家底,既算好当期平衡账,又算好中长期平衡账,切实防范财政运行风险。

当前要重点考虑以下因素:一是按照增值税收入划分过渡方案,将影响我省可用财力近100亿元;二是我省地方政府债务限额近万亿元,虽然通过债券置换,已大大降低了债务成本,但若按4%的债券利率计算,每年列入预算的财务费用仍高达400亿元;三是随着人口老龄化加剧,社保基金收支形势日益严峻,支付风险快速显现,2016年企业职工基本养老保险基金首次出现全省性当期收支缺口;四是机关事业单位养老保险和工资改革,仅省级财政每年就需增加补助24亿元,各地也有不同程度的增支;五是推进万亿综合交通工程、水利设施等重点项目建设,将投入巨大财力。这些因素,无论是减收,还是增支,刚性都很强,各地必须高度关注,切实把好收支盘子。

近期,国务院出台了《关于在市场体系建设中建立公平竞争审查制度的意见》,明确要求最大限度减少对微观经济的干预,促进市场主体公平竞争,这也是我们安排财政支出的重要原则。各地要深刻领会并贯彻落实文件精神,坚持市场化改革方向,进一步厘清公共财政运行边界,扎紧支出"口子",做到"不该花的钱一定不花",学会在紧平衡中过紧日子。

(二)地税方面,关键要提振精气神

首先，要正确认识地税的地位和作用，廓清“无事”“无为”的模糊认识。从管理职能看，“营改增”后，地税部门仍需承担二手房及个人出租房增值税的代征工作，今后还将增加车购税、部分消费税的征管职能，管理税种只增不减。从征管贡献看，改革后，地税部门对一般公共预算收入的贡献率虽然从 68%降至 50%左右，与国税部门的占比几乎相同，但对一般公共预算和社保基金预算收入的贡献仍将超出国税部门近 1 倍，地税部门仍是组织地方收入的主力军。从征管对象看，改革后，地税部门负责征管的企业虽然不再缴纳营业税，但仍需缴纳其他地方税、共享税，地税征管户数不仅没有减少，反而可能因车购税、消费税等加入，征管户数进一步增加，征管范围进一步扩大。从征管税种看，个人所得税、房地产税将是今后的改革重点，征管任务很重。可以说，地税地位高不高，关键看作用发挥得好不好；党委政府重视不重视，关键看我们工作做得出不出色。回顾 1997 年国地税机构分设时，地税部门也面临很多困难，但全省地税系统励精图治、开拓创新，2015 年收入规模比 1997 年增加了 26 倍，信息化建设走在全国前列，纳税人满意度全国第一，地税职能作用充分发挥，社会形象优良。因此，我们没有理由妄自菲薄，也不必灰心丧气，要客观清醒地看待问题与困难，推进改革、不断前行、团结奋斗、化危为机，争取再创辉煌。

其次，要前瞻谋划“零发票”“零审批”后的征收管理模式，克服“无手段”的畏难情绪。全面“营改增”后，地税不再管理发票，原先“以票控税”的征管模式失去根基。同时，将来实行综合与分类相结合的个人所得税制度后，地税部门将直接面对广大自然人纳税人，以源泉扣缴为主的征管机制将无法满足新的需求。必须加快探索构建自然人税收管理体系，善于向“社会共治”借力，实施“信息管税”“信用管税”。

最后，要全面深化国地税合作，更好地为党委政府服务、为纳税人服务。要按照国地税征管体制改革要求，从“服务深度融合、执法适度整合、信息高度聚合”三个层面有效推进国地税合作。通过联合办税、联合稽查，进一步提高办税便利性，减轻纳税人负担，让纳税人有更多获得感。

三、推进重点财税改革落地见效

（一）加快推进政府产业基金实质性运作

经过一年多的实践，各地对政府产业基金的认识不断深化、机制逐步健全、项目持续落地，为全省创业创新和产业转型注入了新的优质要素。但通过调研，也发现了一些问题：一是市县进展不平衡。部分市县存在畏难情绪，专项资金整合受阻，转变支持经济发展方式的创新性、主动性不足，特别是少数经济较发达市县至今尚无实质性进展。二是基金运作不够规范。个别市县将基金定位为基础设施建设的融资平台，支付固定利率回报并承诺回购，以减轻政府债务负担，或将基金以低于银行同期贷款利率的方式用于企业中长期贷款。三是配套机制不够完善。政府产业基金的激励约束、适时退出、考核评价等配套机制尚未建立，在操作时还有一定的制度障碍。四是实质性运作进展偏慢。社会资本的投资意愿不够强烈，专业运营团队及人才比较紧缺，部分市县对基金投向把握不准，对投资风险顾虑较重，这些都制约了项目的落地实施。五是子基金投资省外项目比例过高。据统计，子基金项目省外投资额占总投资额的 44%，影响了基金作用的充分发挥。

根据省政府要求，2016 年全省政府产业基金到位资金规模要达到 750 亿元以上，撬动社会资本投入 5000 亿元左右，目前两个指标的完成率分别为 63%和 33%，还有不小差距。各地要进一步提高思想认识，聚焦问题精准发力，使省与市县同频共振，最大限度地发挥基金优势：一要加快完善制度。出台政府产业基金投资退出管理办法，完善基金投资退出和合理让利机制。建立专家咨询委员会、部门联络员和联系点制度，加强投资项目的投前论证和投后管理。二要加快项目对接。建设政府产业基金对接服务平台，按照“市场化、专业化、可控性”的原则，围绕“一带一路”、特色小镇、“四换三名”“两化融合”等重点领域，加快推进基金实质性运作和项目落地实施。在参股合作过程中，应体现政府产业基金政策性、引导性的特点，采取灵活适当、相对合理的让利措施，增强对社会资本的吸引力。三要规范基金运作。基金必须用于支持产业发展，不能作为政府融资平台的投融资工具。要制定相关办法，规范项目建议、尽职调查、内部决策等程序。定期对基金项目政策目标、政策效果及其资产情况进行评估，确保基金安全运作、发挥效益。四要加强人才培养。坚持“内部培养”和“外部引进”两条腿走路，选配既懂产业政策又懂基金管理的人员从事政府产业基金管理，提高专业化水平。五要强化考核督查。建立政府产业基金考核评价和激励约束机制，对市县政府产业基金设立和运作情况进行考核、督查，确保完成目标任务。

（二）积极推广运用 PPP 模式

政府和社会资本合作（PPP）模式是公共服务供给机制的重大创新，也是当前形势下拉动民间投资和经济增长的重要政策手段。中央对 PPP 工作高度重视，上月国务院常务会议再次专题研究部署 PPP 工作，明确要求财政部发挥好在公共服务领域推进 PPP 工作的牵头作用。2016 年会同有关部门出台了贯彻国办发〔2015〕42 号文件的实施意见，并积极推动 PPP 项目实施，目前已储备项目 245 个，总投资 3586 亿元，9 个国家示范项目中已有 5 个签约，85 个省级推荐项目中已有 42 个项目签约。同时，加快推进省基础设施投资（含 PPP）基金的设立和运作，已有 8 个市县申请设立子基金。

但根据我们对各地 PPP 工作的调研，也发现了不少问题：一是在工作推进上，有的地方流于口号，没有明确部门职责分工，也没有具体的工作计划。二是在观念转变上，有的地方存在认识误区，把 PPP 当成一种融资方式，通过 PPP 来规避政府债务监管，变相举债。三是在项目实施上，项目评估论证流于形式，没有很好地起到甄别遴选项目的作用。项目采购程序不够规范，往往设置不合理的技术、商务、资格等门槛，限制投资人。此外，立法、税收、土地政策等顶层设计也需要进一步完善。

针对这些问题，省财政厅将进一步加大支持和指导力度，各地也要采取切实有效的措施加以解决。一是政府要有诚意。要深化对PPP重要性的认识，真正拿出适合采用PPP模式、能实现合理收益的优质项目，并恪守契约精神，严格按照合同办事，以消除社会资本后顾之忧，鼓励社会资本大胆投资。二是操作要更规范。PPP不是简单的融资工具，不能仅将其作为投融资方式，政府要参与项目全生命周期管理，完善项目评估论证，依法合规采购，严格按绩效付费，杜绝固定回报、"明股实债"的"假PPP"项目。三是引导要更有力。加强项目推介和储备，积极争取国家第三批示范项目。用足用好省基础设施投资（含PPP）基金，加快市县子基金落地，支持重大项目建设。建立健全跨部门工作协调机制，研究完善PPP政策体系，强化政策协同，优化发展环境。

（三）加快推进政府购买服务工作

近年来，我们按照"政府花钱买服务、少办机构少养人"的思路，积极推进政府购买服务改革工作，取得了明显成效。目前全省制度框架体系已基本建立，深化改革试点工作部署到位、稳步推进。2016年全省政府购买服务预算金额159.46亿元，同比增长90.3%。但在改革推进过程中也存在一些问题：一是部分地区和部门重履职性服务、轻公共服务，重增量先行、轻存量改革。二是配套制度不够细化，政府购买服务项目费用标准体系和质量标准体系不够完善，要求增加部门预算的服务项目多、实质推进政府职能转变和事业单位改革的服务项目少。三是协同改革相对缓慢，少数地方财政部门在推动事业单位分类改革、改善部门预算项目经费支出方式等方面主动性不够，协助支持符合条件的事业单位参与承接政府购买服务项目有效手段不足。四是绩效评价相对薄弱，事前、事中参与政府购买服务项目评价考核力度不够，第三方专业机构参与的评审机制有待完善，绩效评估结果的综合运用不够权威等。

按照省政府要求，2017年要在全省基本建立比较完善的政府购买服务制度，形成与经济社会发展相适应的公共服务资源配置体系和供给体系。为此，各地要以改革创新精神进一步加大工作力度。在深化试点方面，湖州、金华、台州要根据已出台的实施方案，抓好项目落实；温州、绍兴要尽快出台方案，抓紧组织实施；其他地区也要结合实际选择重点民生项目深化改革试点，促进各地均衡发展。在配套制度方面，要通过试点引路，形成科学规范的政府购买服务操作流程和服务项目质量标准、费用价格指导标准，建立可复制、可推广的政府购买服务操作模式，以点带面，全面推进政府购买服务工作。在协同改革方面，要加快转变政府职能，推动编制政府职能向社会组织转移目录，并实行动态管理；探索建立财政合理激励机制，推进事业单位改革；采取有效措施，支持培育承接主体，壮大社会力量。在绩效评价方面，要对深化改革试点项目进行全面评估，总结成效；优化绩效和预算管理，对政府购买服务实施效果好、绩效高的项目，优先保障相关部门预算；注重成果运用，将绩效评价结果作为选择承接主体的重要依据。

（四）加强地方政府债务管理

2016年，全省地方政府债务限额9685.3亿元，债务率为90.2%，低于警戒线9.8个百分点，债务风险总体可控。同时，我们积极争取并发行地方政府债券，加快置换存量债务，降低债务成本，防范债务风险。近年来，浙江省已累计争取置换债券6098.6亿元，每年可节约利息支出300多亿元。对政府债务，我们应一分为二地客观看待：

一方面，在紧平衡的大背景下，政府债务仍是建设资金的重要来源，合理、适度的负债有利于实现资金的时间价值，体现代际公平，促进地方经济发展。因此，低风险市县可以合理利用好债务限额这个"天花板"，依法依规适度举债，并切实加强债务管理，统筹债务资金使用，真正将好钢用在"刀刃上"，进一步推进稳增长、调结构、惠民生各项工作。

另一方面，风险总体可控，并不意味着所有市县都可以"高枕无忧"。当前部分市县债务规模较大，风险较高，有些指标超警戒线，需引起高度重视。当年我们建立了"红、黄、绿"债务风险预警体系，并启动实施债务高风险地区5年化债计划管理及中低风地区风险管控奖惩机制。将高风险地区化债计划完成情况列入党政领导目标责任制考核，对完不成化债分年目标任务的市县，实施问责，并扣减相应的财政资金，确保5年内将债务率降低到警戒线以内。各地要按照要求，切实做好化债工作。

这里，还要重申下主体责任问题。根据规定，地方政府性债务管理的责任主体是地方同级政府，各市县区对举借的债务负有偿还责任，省政府实行不救助原则。各地要按照"谁借、谁还、谁管"的原则，履行好主体责任，积极防范和化解债务风险。政府及其所属部门不得在预算之外违法违规举借债务，不得通过企事业单位等举借债务，不得运用建设——移交（BT）模式融资建设政府项目，企业债务不得转嫁给政府偿还。

（五）全力以赴保障金税三期顺利上线运行

浙江省是全国统一的税务征管信息系统《金税三期优化版》的最后一批上线单位，承担着为国家税务总局"落子收官"的重任。8月16日开始，"金税三期"将在全省双系统运行，10月8日正式上线使用。这是全省地税管理上的一次重大变革，将给地税业务流程和信息化管理带来巨大变化。

为此，各地要在思想上引起高度重视，重点做好四方面工作：一是一把手要亲自抓，积极主动向党委政府汇报，争取对上线工作的理解和支持。要协调加强舆论宣传，营造良好的外部环境。二是要坚持资源重点倾斜，一把手要统筹协调好"金税三期"上线必需的人力、财力、物力，全力支持，绝不能因保障不到位而影响上线工作。三是要加强对内对外的各级各类培训，重点抓好培训效果和质量，确保干部操作熟练，纳税人明白会用。四是要建立健全应急管理机制，尤其是在上线初期，要密切关注办税服务厅、网税系统、扣税缴库系统等可能出现的问题，做好预案，做到未雨绸缪，应对有方。

（六）进一步推进"放、管、服"改革

近年来，浙江省财税部门持续推进简政放权、放管结合，成效明显，但服务无止境，要以深化"放、管、服"改革为契机，进一步提升财税服务水平，为经济发展营造良好的财税环境。

一要“放”出活力。深化审批制度改革，巩固全省地税“零审批”改革成果。按照“四张清单一张网”建设和“两个一般不”的要求，完善专项资金管理清单，财政资金逐步从竞争性领域退出，激发市场主体活力。继续推进专项性一般转移支付和竞争性分配改革，完善“因素法”分配，将资金的二次分配权和具体项目安排权下放给市县，调动市县积极性。

二要“管”出绩效。绩效管理是国家税务总局对全国地税系统的一次“统考”。它不是“达标考试”，而是“排位考试”，既有对重点工作完成质量的考核，也有对各省市区的比较。浙江省作为“走在前列”的发达省份、税务总局局长的工作联系点，面临更加严峻的考验。上半年形势不容乐观，不少市县还没有真正引起重视，没有认真贯彻落实。2016年开始，省地税局把绩效考核作为衡量各市县局班子工作的最主要的综合性指标，将绩效考核结果和干部管理等事项挂钩联动，以“绩效考核论英雄”。因此，作为各市县地税局的一把手，不能迟疑观望，必须毫不犹豫、真抓实干，按照税务总局、省局要求，把考核工作抓细抓实，把责任落实到岗、到人，做到“千钧重担大家挑，人人身上有指标”。省、市局都要坚持效果导向，加强结果运用，充分发挥绩效管理“指挥棒”作用，推动地税工作落地见效。

三要“服”出满意。通过“互联网+政务服务”，加大统一公共支付平台建设力度，进一步拓宽支付渠道，扩大平台应用范围，优化公共支付服务。总结会计从业资格证书“网上申请、快递送达”试点经验，加快在全省推广。近日，政务服务网公布了年中排行榜，省财政厅荣获省级部门互动回应情况第一名、办事满意度第三名，公共支付获最受欢迎移动端应用第二名。这些成绩非常不容易，希望继续保持。

当前，要加快推进“政采云”平台项目建设。这是贯彻落实省政府与阿里巴巴集团战略合作协议的具体行动，有利于实现政府采购阳光透明、廉洁高效、物有所值的目标。省政府和财政部高度重视该项工作，对此寄予很高期望。近日财政部已正式批复浙江省为全国首家“政府采购电子卖场”试点单位。省财政厅与阿里巴巴正式签订合作协议，成立政采云公司。目前网上超市采购系统已在部分省级单位试用，计划9月份开始向个别市县试点推广，争取用1~2年时间在全省全面实施应用，并逐步向全国推广。各地要统一思想认识，按照省厅部署，积极做好“政采云”平台推广应用各项工作，尽早发挥平台的作用，全面提升政府采购信息化水平。

地税部门还有一项重要任务——全国纳税人满意度测评，这是纳税人对我们的一次“大考”，事关浙江地税的形象。2015年浙江省位列全国地税系统第一，2016年必须继续保持全国领先。前期各地做了大量工作，现在已经进入“倒计时”，绝不能马虎松懈。各地一把手要亲自过问、亲自参与、亲自协调。重点市县要聚焦短板，做到工作再落实、服务再优化，不留任何死角，决不允许因个别单位“掉链子”而影响全省大局。同时，要发挥好“财税一家”的体制机制优势，利用税收杠杆和财政资源共同为企业做好服务，帮助解决实际问题，以优质服务换取纳税人的满意度。

四、进一步加强干部队伍建设

财税事业的发展离不开一支忠诚、干净、担当的财税干部队伍。总的来说，浙江省财税干部素质是好的、作风是过硬的，充分展现了“实、稳、优”的精神风貌。但近年来，少数地方出现了个别干部违法违纪现象，特别是2016年省财政厅经建处戚国裕案件，给我们敲响了警钟，值得我们深刻反思。应该说，这些案件的发生，除了当事人理想信念滑坡、纪律意识和规矩意识不强外，也暴露了我们在干部日常监管、制度设计和执行、廉政教育等方面的不足，要举一反三、查漏补缺，避免类似事情再次发生。当前，各地正在开展“两学一做”学习教育，学什么、做什么、怎么学、怎么做？各级财税部门要从典型案例入手，带着问题学、提高标准干，进一步增强干部队伍素质，营造风清气正的干事创业氛围。

首先，要讲政治、懂专业。财政财政，“财”为“政”服务。邓小平同志曾形象地说过，“数目字内包括轻重缓急，哪个项目该办，哪个项目不该办，这是一个政治性的问题”，“数字中有政策，决定数字就是决定政策”。作为一名财税干部特别是财税局局长，首先就必须讲政治，要牢固树立政治意识、大局意识、核心意识和看齐意识，在思想上、行动上始终与中央和省委保持高度一致，将讲政治贯穿到财税工作全过程。无论是制定政策，还是安排预算，都要紧紧围绕党委、政府的中心工作，服务于、服从于经济社会发展大局，体现最广大人民的根本利益。

同时，财税部门专业性、技术性很强，预算、会计、税收、财务等岗位，都需要很强的专业知识和实践经验。因此，财税局局长还必须懂专业、懂业务，知道怎么生财、怎么聚财、怎么用财。要深刻把握财税经济运行规律，对财经法规、制度、规则、纪律，要熟稔于心，做到心中有杆秤。只有这样，才能在处理收和支、部门需求和财力可能、当前和长远等复杂关系时，得心应手、游刃有余。现在有个词很热门，叫“工匠精神”。古时候的工匠视手艺、技艺为毕生的追求，对职业和名声充满敬畏，有时甚至将其看得比生命还重要，因此会踏实务实、专注专业、精致精细，从而出很多精品。财税工作尤其需要工匠精神。预算平衡、税收征管，都是专业活、精细活，来不得一分一厘的差错，容不得半丝半毫的马虎，必须如工匠般精雕细琢、精益求精。希望大家能沉下心来，刻苦钻研业务，做财税领域的工匠和业务权威。

其次，要干净做人、积极干事。干净既是财税干部的立身之本，也是履行好财税职责的底线要求。一名财税干部特别是领导干部，能走到这个位置不容易，既离不开组织的长期培养，也离不开个人的努力奋斗。因此，要倍加珍惜自己的“名声”，从严要求自己，算好经济账、自由账、亲情账和法纪账，对自己的职业和前途负责，对事业和家庭负责，做到“常在河边走，就是不湿鞋”。各级党委（党组）和一把手要履行好主体责任，按照“一级抓一级、层层抓落实”的要求，将主体责任和“双岗双责”牢牢扛在肩上、抓在手上，落实到具体行动上，既管好业务，又带好队伍。要按照党风廉政建设向基层延伸的要求，时刻绷紧作风和廉政建设这根弦，常常检省分管范围内有无违反八项规定、“酒局”“牌局”、六个严禁等行为，不当糊涂虫、不做糊涂事。

当然，干净做人并不意味着可以不干事、不作为。相反，应更加积极地作为、更加努力地干事，这样才能体现财税干部的责任和担当。当前，廉政建设、作风建设持续高压，巡视、审计、监督等利剑高悬，干事创业的要求和条条框框也多了，有些同志因此产生“懒政、惰政”的念头，认为“多干多错”“多一事不如少一事”。比如，有的同志怕不小心踩了公务接待、公务用车等方面的红线，下基层调研少了；有的同志怕被人说与企业关系过于亲密，惹来不必要的麻烦，主动上门服务企业少了；有的同志怕经不起各种检查，被追责问责，争取资金和项目的积极性也下降了。之所以出现这些现象，关键是没有处理好公与私、亲与清、干净与干事的关系。公罪不可无，私罪不可有，凡事只要不出于私心，没有个人利益，一切为了工作，光明磊落、坦坦荡荡，有什么好害怕呢？有什么事情不好担当呢？最近中央新出台问责条例，乱作为要问责，不作为也要问责，对此大家一定要心中有数。当然，作为财税局局长，也要实事求是，具体问题具体分析，建立相应的容错机制，给予干部职工更多的人文关怀，减少敢担当、善担当者的后顾之忧。

再次，要文化引领、制度保障。文化具有强大的凝聚力和感召力。近年来，我们不断加强财税文化建设，大力弘扬“实、稳、优”的财税核心价值观，对坚定理想信念、培养职业精神、提升团队战斗力起到积极作用。党的十八届三中全会将财政提升到国家治理的基础和重要支柱的地位，财税事业更加神圣而伟大。大家要有强烈的家国情怀，以从事财税工作为荣，以当一名财税人为荣，切实肩负起国家和人民赋予我们的责任，为国收好税，为民理好财，在促进财税事业健康发展中实现自我价值。有了这种大格局、大情怀、大境界，理想信念的堤坝自然就筑牢了，各种底线、红线、高压线，自然就不会去碰了。

文化引领重在引导“不想为”，要想让人“不能为”，还得靠制度的硬保障。从某种意义上说，财税制度也是很好的廉政制度。这些年浙江省实施的一系列财税改革，如专项性一般转移支付、公务卡、国库集中支付、公款竞争性存放、政府产业基金、税务稽查随机抽查等，目的就是要压缩自由裁量权，减少权力滥用空间，在规范业务的同时保护干部。应该说，这些改革方向是正确的，成效也是明显的。但有些制度设计还不是很完善，存在“牛栏关猫”或“大炮打苍蝇”等现象；有些制度执行还不是很到位，存在选择性执行、讨价还价执行等情况；有些制度监督没有很好跟上，形成了破窗效应，让少数人钻了空子。对此，各地要结合实际，不断查补漏洞和短板，进一步深化财税体制改革，特别是要规范涉企涉农等关键领域的资金分配，把制度笼子扎得更紧、更密、更实，将非分之想、违纪之心、不法之念关在笼子之外。

最后，要特别强调下内控制度建设问题。2016 年是内控建设年，财政部要求各地在年底前全面完成内控制度建设工作。经过省市县三级共同努力，目前总体进展顺利，但也存在地区不平衡现象。各地要在思想上、行动上引起高度重视，由一把手亲自挂帅、亲自抓，按照省厅的部署，加快推进，确保完成目标任务。要将内控建设与反腐倡廉建设有机结合起来，梳理岗位职责和业务流程，编制内部控制操作规程，尽快构建“1+8+X”的制度体系，做到权力有制约、过程有留痕、责任可追溯。要加强预算标准体系建设和审批流程控制，促进行政权力规范化、制度化运行。要加强监督检查，对内控执行不到位的，要严格追究责任，切实避免有制度不执行、执行不严、选择性执行等情况发生。

（2016 年 8 月 4 日）

补齐短板 优化供给 加快建设具有浙江特色的现代财政制度

省财政厅厅长 钱巨炎

省委十三届九次全会作出补短板的战略决策，要求补齐科技创新、交通基础设施、生态环境、公共服务有效供给等六块短板。财政部门承担着制度供给、资金保障等重要职责，必须统一思想认识，把补短板作为当前和今后一个时期的重点任务，精准聚焦、集中发力，加快建设具有浙江特色的现代财政制度，助力补齐经济社会发展短板，为高水平全面建成小康社会服务。

一、深刻认识补短板的重大意义，增强补短板的思想自觉和行动自觉

（一）补短板是实施供给侧结构性改革的关键一招。习近平总书记指出，着力补齐短板，逐步减少城乡区域差距，通过补短板，提高木桶容量，既可以扩大有效供给，也可以增加和激活有效需求。补短板是供给侧结构性改革的制胜要诀。只有把短板补齐，才能提高供给体系的质量和效益，增强供给结构对需求变化的适应性和灵活性，从而提高全要素生产率。财政是国家治理的基础和重要支柱，要大力推进供给侧结构性改革，重点在制度供给、政策供给、资金供给、服务供给上下功夫，优化资源配置，维护市场统一，促进社会公平，推动经济发展行稳致远。

（二）补短板是推进基本公共服务均等化的应有之义。提供均等的基本公共服务，是实现共享发展、增进人民福祉的重要途径，是现代政府的基本职责，也是财政工作的出发点和落脚点。近年来，浙江省财政部门牢固树立协调发展理念，履行好财政分配职责，推进基本公共服务均等化，较发达市县与财力相对困难市县的人均财政支出比率缩小为 1.05∶1，位居全国前列。但与经济发展水平和群众日益增长的需求相比，全省公共服务有效供给仍然不足，城乡之间、区域之间公共服务水平仍存在较大差距，需要进一步处理好全局和局部的关系，坚持“普惠性、保基本、均等化、可持续”的原则，从必须办、办得了、办得好的事情做起，不断提高基本公共服务均等化水平，切实增强人民群众的获得感。

（三）补短板是建立现代财政制度的有效途径。财税改革必须坚持问题导向和需求导向,从反映最强烈、矛盾最突出的问题入手,并以解决问题、破除体制机制障碍为最终目的,从某种意义上说,财税改革的过程就是查问题、补短板的过程。当前,浙江省正加快构建具有浙江特色的现代财政制度,面临着许多新的矛盾、困难和问题,必须聚焦制约财政发展的"短板",在巩固前期改革成果的基础上,进一步改革创新,推动预算管理全面规范、公开透明,事权和支出责任划分更加科学合理,财政资源配置更加公平高效,为经济社会发展注入新的动力和活力。

二、准确把握补短板的精神内涵,增强补短板的针对性和有效性

补短板是一项系统工程,既有顶层设计、又有末端治理,既有长远目标、又有阶段任务,必须准确把握其丰富内涵,厘清责任边界、廓清错误认识,避免财政支出责任泛化、无限化,最终影响补短板的效果。关键要克服三个误区:

一是不能简单地将补短板等同于抓问题。短板和问题,既有联系,也有区别,不能将短板与工作中的具体问题、一般性问题混为一谈。当前有的地方和部门,说到短板,往往就将其归结为工作经费不够、人员编制不够;说到补短板,往往就要求加大财政投入、增加人员编制,却忽视了真正制约工作开展的体制性、制度性矛盾,从而不能"对症下药"。对此,财政部门要保持清醒认识,当好"守门员",正确处理部门需求与财力可能的关系,推动部门多研究"少花钱、多办事"的体制机制,避免打着"补短板"的旗号一味地要钱要粮,真正做到"该花的一定要花,不该花的一定不花"。

二是不能简单地将补短板等同于找劣势。短板是针对自身内部比较而言的,是整体中发展最滞后、最不足的方面。劣势则是针对外部比较而言的,是通过比较发现的差距。比较的坐标和维度不同,结论也不相同。劣势不一定是短板,也有可能是长板;短板也不一定是劣势,也可能是优势。要立足国情、省情,找准比较对象,既不能将与发达国家相比的劣势全部当成短板,提出脱离实际的发展目标,作出超越财力可能的承诺;也不能将与其他省份相比的优势全部当成长板,盲目乐观、停滞不前。比如,省管县财政体制为浙江省首创,并在全国推广,应该说具有比较优势,但经过多年发展,也发现一些问题,特别是在壮大县域经济的同时,弱化了设区市对所属县(市、区)的支出责任,一定程度上影响了区域统筹协调发展。因此,全国各地学习我们经验之时,恰恰也是我们反思工作、提升管理的良机,要善于从优势中查找短板,从而使制度更完善、措施更有效。

三是不能简单地将补短板等同于拉平均。补短板不是静态的而是动态的,不是机械的而是灵活的,不是孤立的而是系统的。补齐短板,最终目的是增加木桶的盛水量,绝非一味地、简单地将最短的木板加长,有时反而需要进一步拉长长板,通过引领示范,带动补齐短板。因此,补齐短板不是平均主义,不能搞"一刀切""一窝蜂",也不必刻意追求"十个指头一般长"。要客观看待不同地区经济发展阶段和自然禀赋的差异,本着实事求是的原则,设置差别化的目标、采取差别化的举措、实施差别化的考核,有多少财力,办多少事,切忌盲目攀比、搞平均主义。

三、切实肩负补短板的重大任务,全面提升财政管理和服务水平

补短板是事关浙江省全局和长远发展的一项重大任务,也是对干部队伍凝聚力、执行力、战斗力的检验。财政干部要牢固树立短板意识,将补短板作为抓工作落实的重要方法,通过查补短板—拉长长板—再查补短板—再拉长长板的螺旋式上升,全面提高财政管理和服务水平。

一是补齐思想的短板。思想是行动的先导,思想的短板必然带来行动的短板。当前,少数干部职工在思想认识上还存在一些误区。如有的干部认为在问责高压下,多干多错,多一事不如少一事,因此干事创业激情有所消退;有的干部习惯于用老思维、老办法考虑问题,遇到困难和阻力,就等一等、放一放,主动进攻不足,被动防守有余。这些认识误区是抓落实、补短板的拦路虎和绊脚石,必须坚决予以破除。要强化担当精神,敢于动真碰硬、立说立行,该办的事情,马上就办,该说"不"的时候,坚决说"不"。要创新思想理念,坚持以市场化、法治化思维推进财税改革,主动适应并引领新常态,多出补短板的新招、实招。

二是补齐制度的短板。供给侧既包括市场层面的产品供给,也包括政府层面的制度供给、政策供给、要素供给。其中制度供给的目的就是要破除体制机制障碍,创造友好的政策和制度环境,降低制度性交易成本,让生产要素更自由高效地流动。财政制度作为制度供给的重要组成部分,一方面,要对照经济社会发展短板找财政制度供给重点。省委全会确定的"六块短板",就是全省补短板的"纲",必须对照这些短板,深入查找财政部门在资金保障、制度供给等方面还有哪些不足,如何才能补上。另一方面,要查找财政制度自身短板,提升制度供给能力。近年来,我们围绕建立现代财政制度做了不少探索,积累了一些经验,但也存在不少短板。比如我们初步建立了会议费、差旅费、培训费、出国费等立体式公务支出管理体系,但随着情况的变化,需要不断进行完善。再如我们建立了专项资金管理清单,大力清理整合专项资金,基本上做到了"一个部门一个专项",但整合后的专项如何真正形成合力,发挥效益,还需要进一步研究、加强。

三是补齐执行的短板。有制度不执行或执行不严,就成了纸老虎,失去其应有的权威性;任务布置了不执行或执行不力,就成为空头支票,失去决策应有的公信力。对于落实上打折扣、做选择、搞变通,抓工作不具体、不深入的,要认真分析,追根溯源,看看"堵点"到底在哪里,卡在哪个环节,并逐个疏通,逐一解决。对中央和省委部署的改革任务,中央和省委有具体要求的,要一竿子到底,不折不扣落实下去;中央和省委提出原则要求的,要结合实际进行细化实化。当前,要着重抓好政府产业基金、PPP、政府购买服务等重大财税改革的落地实施工作,真正将文件、政策转化为具体项目和实际行动,将改革红利转化为发展红利。

四是补齐管理的短板。要坚持业务、队伍两手抓、两手硬。业务管理方面，要多审视政策合理不合理、符不符合基层实际、具不具有可操作性；内控制度完善不完善，管理严格不严格，有无漏洞和风险点；对系统的管理和指导有没有跟上，是否存在“两张皮”“上有政策、下有对策”等情况；财政管理是否真正做到科学化、规范化、信息化等。队伍管理方面，要多审视岗位设置和分工是不是合理，有无苦乐不均的现象；有没有充分调动每位干部的积极性，发挥各自的特长；团队的凝聚力和战斗力强不强，有没有相互推诿扯皮等现象。

五是补齐服务的短板。要正确处理好管理和服务的关系，将服务贯穿于财政管理全过程，以优质服务提升管理效能，切实提高预算单位、社会公众等服务对象的满意度。要服务好预算单位，深化“三位一体”组织体系改革，优化业务流程、统一业务标准、简化办事程序；要学会换位思考，出台政策、实施改革，多听听预算单位的意见和建议，增强可操作性。要服务好企业，深入研究营改增后税源培育问题，建立重点企业目录和服务清单，主动上门提供个性化、精准化、“店小二”式的财税服务，构建“亲”“清”的政商关系。要服务好社会公众，充分运用“互联网+政务服务”，发挥统一公共支付平台作用，加快推广会计从业资格证书“网上申请、快递送达”试点，真正实现“让信息多跑腿、让群众少奔波”，方便群众办事。

（此文刊于《浙江财税与会计》2016年第9期）

打好财税组合拳　持续发力降成本

省财政厅厅长　钱巨炎

打好财税政策组合拳，为身处经济第一线的企业减负，以政府收入做“减法”换取企业效益的“加法”、市场活力的“乘法”，成为当前推动供给侧结构性改革的重要任务之一。近年来，浙江省本着“定向、定期、精准、有力”原则，推出了系列减税降费的财税政策措施，切实减轻了企业负担，帮助企业转型升级，推动经济提质增效。

一、精准施策，降低企业税费成本

为深入贯彻落实中央和省委、省政府“去产能、去库存、去杠杆、降成本、补短板”的战略部署，全省财税部门因势施策，加快推进税制改革，实施清费减负、五险降率减费等政策，切实降低企业税费成本。

（一）加快推进税制改革，用足用好税收政策

一是全面实施“营改增”。根据部署，从2016年5月1日起，全面实施“营改增”。财税部门着力做好配套纳税服务工作，确保“营改增”后所有行业税负只减不增。预计可减轻企业负担300亿元。二是不折不扣落实税收优惠政策。加大政策宣传力度，强化后续管理，突出政策的导向性和公平性，落实好国家出台的各项税收优惠政策。三是出台减免城镇土地使用税政策。对新建国家鼓励和扶持产业项目的企业、占地广的深加工农业龙头企业，享受城镇土地使用税差别化减免优惠政策。

（二）实施减负清费政策，缓解企业费负“痛苦感”

一是开展收费专项清理工作。“十二五”期间，浙江省先后分11批取消、暂停、免征和转出239项行政事业性收费项目，降低32项行政事业性收费和政府性基金征收标准，累计减轻企业负担122亿元。省级设立的行政事业性收费项目从23项减少到14项，政府定价的涉企经营服务性收费项目从39项减少到11项。二是减征、免征、取消相关收费项目。2012年出台地方水利建设基金减免政策，每年减轻企业负担20亿元。2016年，进一步加大减负力度，全面暂停征收地方水利建设基金，每年可再减轻企业负担130亿元。另外，免征小微企业47项行政事业性收费，降低或不再收取部分涉企经营服务性收费，推进行业协会商会与行政机关脱钩，通过减征、免征、取消相关收费项目，2015年合计减轻企业负担20亿元以上。2016年涉企收费免征或停征的范围进一步扩大，部分涉企收费标准进一步降低。三是完善新型墙体材料管理政策。停止向水泥生产企业征收散装水泥专项资金，将预拌混凝土、预拌砂浆、水泥预制件列入新型墙体材料目录，纳入新型墙体材料专项基金支持范围。

（三）推进五险降率减费，减轻企业社保负担

一是实施临时性减征政策。自2011年以来，对困难中小微企业、部分符合产业转型升级方向的工业企业，每年通过减征1~2个月的相关社会保险费，累计减轻企业负担217.3亿元。二是实施临时性费率下调政策。2015年1月1日起，失业保险费单位缴费费率从2%下降到1.5%，每年可减轻企业负担25亿元。2016年5月1日至2018年12月31日，费率由1.5%进一步下调到1%。同时，继续贯彻执行工伤、生育保险费率下降政策。三是实施地区差异性政策。2015年年底职工基本医疗保险基金支付能力达到12个月以上的统筹地区，对符合产业转型升级发展方向的企业，由当地政府确定2016年下浮职工基本医疗保险缴费比例。允许符合产业结构调整方向的困难企业暂缓缴纳社会保险费，缓缴期限不超过1年，预计一年可减轻企业负担75亿元。

（四）实施精准奖补政策，减少创新创业成本

一是降低企业重大科技创新成本。围绕新能源、新材料等战略性新兴产业，紧扣事关产业技术转型升级的关键共性技术研发和成果推广，省财政采取竞争性分配方式，每年安排重大科技专项资金4亿元，降低企业重大科技创新成本，减少科技创新风险。二是降低企业创新人才成本。整合设立引进培育领军型创新团队专项资金1.17亿元，支持引进培育省领军型创业创新团队29个，有效降低了企业人才成本。三是降低企业创业成本。2015年，省财政设立奖补资金3506万元，支持市县推广应用创新券，降低创业者的创新成本。四是筹措落实1.5亿元，大力推进全省中小企业公共服务平台建设，为全省中小微企业提供信息资讯综合服务。

（五）发挥政策引导作用，助力企业转型降成本

一是设立政府产业基金，聚焦信息经济等7大产业，主要投向创业创新领域，通过基金引导、示范，引领企业转型升级，稳定市场预期，平抑创业风险，在一定程度上缓解“投资难、融资难”问题。二是以“四换三名”助力企业转换增长动力降成本。完善“四换三名”工作考核奖励机制，协同推进“四换三名”“两化”融合、战略性新兴产业技术创新重点企业研究院、智慧城市和特色工业设计基地等重点领域试点示范，引领重点行业创业创新，“十二五”期间共安排奖励资金与试点示范补助资金25.6亿元。三是完善小微企业贷款、担保机构风险补偿和小额贷款公司风险补偿、保险机构小额贷款保证保险风险补偿等支持政策，组建省担保集团，建立健全政策性融资担保体系，缓解中小企业融资难、融资贵问题。

（六）优化财税服务环境，降低企业制度性交易成本

一是全面清理减少现有行政审批事项。对国务院、财政部、税务总局明确取消的审批项目，财税部门的初审事项和对应的审批项目一律取消；对没有法律法规依据，未按规定批准的行政审批性质的财政管理措施，一律予以取消。二是坚持依法治税，规范税收执法流程，确保税收执法程序合理，加强内部监督制约，进一步规范自由裁量权使用。三是大力推广网上办税，积极推行企业涉税事项全省通办，并通过简并申报缴纳次数，简化优惠手续办理，进一步优化办税流程。

二、持续发力，进一步挖掘减负政策空间

随着供给侧结构性改革的深入推进，自上半年省政府出台《关于进一步降低企业成本优化发展环境的若干意见》后，近期又出台了《关于进一步减轻企业负担降低企业成本的若干意见》，减负政策再度升级。作为财税部门应本着“正向思维和逆向思维”结合，直接减负和间接减负组合，精准研判企业的显性负担和隐性负担，持续发力，进一步挖掘减负政策空间，切实减轻企业负担，增强企业竞争力。

（一）把握几个原则

1. 结构性。在收支紧平衡的新常态下，大规模全面减税降负会使收支矛盾进一步凸显。因此，合理的减轻企业税费负担，不应全身动刀，而是局部手术，充分挖掘结构性调整的空间，哪些能免，哪些能减，哪些能缓，通过结构性的减负达到降低企业综合负担的目的，帮助企业走出困境、激发活力。

2. 期限性。财政是国家治理的基础和重要支撑，因此任何一项财税政策的出台，都需慎之又慎，既要解决当下的问题，也需着眼于未来，要可承受、可持续。在当前“新常态”的发展环境下，有些减负政策是作出的临时性制度供给和安排，具有应急性质，应有严格的时限要求和明确的执行时间。

3. 针对性。从企业税费负担的实际情况看，不同行业、不同规模的企业，其税费负担各有不同。因此，减负政策一定要对症施治，不能“千人一方”，要区分不同主体，突出差异性，精准有效地实施定向或相机减负。政策导向和预期目标应与整个产业的发展逻辑相匹配，对国家扶持的产业应大力松绑，厚植发展优势，培育壮大新动能；对过剩产能集中的传统产业，应采取结构性减税措施，推动行业淘汰落后产能和产能升级。

4. 实效性。财税政策都是真金白银的政策，不能打水漂。因此，减负的政策不是政府对企业帮扶的一个态度，不能沦为摆设，要见实效，真正把企业税费负担有效降下来。尤其是在结构调整、新旧动力交替的关键期，通过财税减负的有力举措，为企业发展营造更为宽松的制度环境，提升企业发展动能，为实施创新驱动发展战略，推动“两创”拓展更广阔空间，注入更强有力的催化剂。

（二）构建合理的税费负担机制，助力企业稳健发展

1. 深化改革，减轻企业税负痛苦感。税收政策的调整是帮助企业减负的最大利器。但税收政策的调整，决策权在中央，针对企业税负存在的问题，建议中央有针对地完善相关税收优惠政策，有重点地完善相关税种的制度设计，实施“精准减税”。地方层面则要加大政策的宣传力度，并不择不扣地做好政策的落实，将改革的“红包”真正送到企业手中。一是要有针对地完善相关税收优惠政策，实施“精准减税”，如降低小微企业优惠政策“门槛”，扩大相关优惠政策的受惠面，提高优惠力度。二是要有重点地完善相关税种的制度设计，实现“科学征税”，并有计划地推进我国税制的完善，重点是深化个人所得税改革、加快构建以房地产税为核心的地方税体系，通过提高所得税、财产税等直接税比重，优化税收结构，达到减轻企业税收负担的目的。

2. 着眼长远，减轻企业社保负担。社会保障是社会稳定器和安全网，是国家治理体系和治理能力的重要组成部分。长远考虑，应加快社保费改税的推进步伐，从短期看，应在坚持精算平衡的基础上寻求政策调整空间，以减轻企业社保负担。一是算好平衡账，挖掘政策空间。从全省社保基金收支预计情况看，2016年可能首次出现当年缺口，因此，不宜采取降低费率的举措，但可酌情采取临时性的暂缓、减免等方式，帮助企业减轻一定的负担。二是合并同类项，减少社保险种。因生育保险与医保的缴纳主体重合，费用发生地重合，具备合并的条件。可借鉴国际经验，及时合并两个险种，做好报销的无缝隙对接，并对医疗保险制度进行科学的调整和完善。

3. 简政放权，减轻企业规费负担。一是全面清理并完善政府性收费管理。长远计，应加快费改税步伐。短期内，按照简政放权要求，加快转变政府职能，全面清理各类收费项目，取消不合理、不合规的收费。对于确需保留的政府规费，必须严格按照“谁受益、谁付费”原则规范收费管理，建立定期评估与退出机制，科学分摊公共产品提供成本，从根本上降低制度性成本。二是清理规范非政府性收费。清理各部门行政审批中介服务项目，破除中介服务垄断，切断中介服务利益关联。无论是实行政府定价的，还是实行市场调节价的收费项目，都纳入收费目录，并实施目录动态管理。

4. 多措并举，支持企业提升竞争力。在积极寻找降税减费的政策空间的同时，财税政策更应着眼于长远，强化研发支持，通过提升企业的竞争力，提高其盈利能力，达到间接降低企业税费的政策目的。一是发挥财政政策的杠杆作用，助推企业健康

发展。要按照省委、省政府的经济发展规划、产业发展布局，打破原有资金分配格局，对现有的财政政策进行全面梳理整合，形成一套相互衔接、协同推进的系统性政策扶持体系，扶强与扶弱兼顾，放大财政政策叠加效益。二是发挥税收政策的乘法效应，增强企业的创新发展能力。借鉴国外支持企业技术研发的税收优惠政策，加大运用加速折旧、研发支出减免、科研开发基金等优惠手段的力度，鼓励企业加大对技术创新的投入。

（此文刊于《浙江财税与会计》2016 年第 12 期）

以新《预算法》为纲 严肃财经纪律

省财政厅副厅长 罗石林

财经纪律是反腐倡廉的第一道防线，要抓好反腐倡廉工作首先必须要遵守好财经纪律，从源头上预防和治理腐败，把控好廉政风险。财政干部作为财经纪律的执法者和守护者，要带头自觉遵守财经纪律。坚决做到有纪必执、执纪必严、违纪必究，确保各项财经纪律执行有力，为反腐倡廉建设保驾护航。

从广义的角度看，财经纪律涉及面非常之广，只要是党和国家的方针政策、法律规章中涉及经济利益方面的行为规范都是应该遵守的财经纪律。而《预算法》是财经纪律的最高法，从最高法着手，谈谈如何遵纪守法、严肃财经纪律。

《预算法》于 2014 年 8 月作了修订，新的《预算法》俗称经济宪法，它是调整财经领域活动和利益的最高法律。一是统领性高。在财经领域中，《预算法》先为财经纪律体系定好坐标，是整个财经制度体系的核心，其他财经法律法规及各类规范性文件实际上是《预算法》的延伸和拓展。二是涉及面广。新《预算法》既直接包含了财政收入、支出管理等宏观层面的纪律要求，也间接涵盖了财务会计管理等微观方面的纪律要求，涉及政府与企业、中央与地方、财政与政府其他部门等各种利益主体，不仅仅是财政部门应该遵从的纪律，也是各级政府部门和领导干部应该学习和遵从的财经纪律。三是约束力强。新《预算法》开明宗义，第一条就明确是为了规范政府收支行为，从过去的政府管理法转变为规范政府法、管理政府法，政府从管理监督的主体，同时也转变为被管理、被监督的对象。以法律力量来约束政府管理经济的行为。这次新《预算法》的出台，实质上是一次财经纪律的再造、财经秩序的重建。

一、提高认识，牢固树立三种理念

要严肃财经纪律，严格遵守《预算法》，首先必须要牢固树立三种理念。

（一）树立法治理念。只有将法治思维内化于心，才能将法律法规落到实处。在依法治国的大背景下，要充分认识守法守纪的重要性，尤其是公职人员，要进一步增强法治观念，自觉将法治思维内化于心，养成依法办事的习惯，在作决策、处理问题的时候，首先应该考虑到是否符合法律的规定，法定程序是什么，法律责任是什么，这些前前后后都要想清楚、弄明白。

（二）树立底线理念。各级公职人员手中都有一定的权力，这个权力不是私权力而是公权力，不是无限的而是受党纪国法约束的，尤其要受到相关财经法纪的约束，财经法纪是领导干部权力的底线、“红线”。要牢固树立底线思维，时刻紧绷纪律这根弦，“不敢越雷池一步”，充分认识违法违纪的危害性，把各种可能发生的“越线”环节想深、想细、想透，“想一万、想到万一”，认真评估决策处事的风险，着眼于负面后果，用法纪在心中牢牢筑起风险的防范体系，守住底线、防患于未然。

（三）树立敬畏理念。过去，由于法治理念不够深化，尤其是旧的《预算法》对于违纪责任的承担不够明确细化，使得有些财经法规未能严肃执行，财经纪律软化。但在当前中央狠抓作风建设和依法治国的新形势下，我们要充分认识中央抓财经纪律执行的坚定决心。克服惯性思维和侥幸心理，不能再将财经纪律视为“稻草人”，要正确认识到有些做法以前行，现在不行，有些违纪行为以前不追究，现在要绳之以法了，三令五申将变成三令五“绳”。因此，对财经法纪要树立敬畏之心，视财经纪律为不可触碰的“高压线”，严格遵纪守法。

二、落实新法，夯实严肃财经纪律基础

良法促善治，新《预算法》的出台，形成了以法治推动改革、以改革落实法治的互动局面。当前，为落实好新《预算法》，国家推进了一系列改革，这对于严肃财经纪律、维护财经秩序具有重要意义。

（一）完善政府预算体系

在完善政府预算体系方面，浙江省认识较早，实施较先。早在 2007 年时，就提出了“收入一个笼子、预算一个盘子、支出一个口子”的政府预算综合改革，编制了一般公共预算、政府性基金预算、国有资本经营预算和社保基金预算等 4 本预算，实际上就已经将政府全部收入和支出都纳入预算。1997 年，政府性基金预算上人代会审查；2014 年开始，4 本预算全部上人代会审查。下一步，要按照新《预算法》的要求，加快推进政府全口径预算，进一步完善政府预算体系，增强政府预算编制的精细化水平，努力扩大国有资本经营预算范围，加大其他 3 本预算与一般公共预算的衔接力度。因此，做“账外账”，试图逃避预算监管的行为，是严重违反财经纪律的行为，将受到法律制裁。所有政府性资金一律纳入预算中，要建立起定位清晰、分工明确的政府预算体系，做百姓看得全的“明白账”。

（二）推进债务管理改革

浙江省债务总体可控，但也面临着债务规模较大、部分市县偿债压力大、偿债对土地出让收入依赖程度高、部分地方和单位违规融资等问题，需要引起高度重视。继新《预算法》出台后，国务院又连续出台了两个文件来规范债务管理。

一是由“暗”转“明”。按照“开前门、堵后门、筑围墙”的改革思路，赋予地方政府依法适度举债融资权限，要坚决制止地方政府在预算之外违法违规举借债务。换言之，地方政府必须停止融资平台运作，而需要通过省级政府以债券的形式举借债务，否则属于违法行为。

二是控制债务规模。债务规模实行限额管理，在省级政府的统筹安排下进行举债。这里表明两点：一方面，举债权在省级政府中，其他各级地方政府暂无举债权；另一方面，各地要根据地方经济社会发展状况、未来规划、财政能力等综合因素统筹考虑举债计划，不得随意突破限定额度，要控制好债务规模。

三是严格限定用途。政府举债往往有特定的用途，一般主要用于公共资本性项目，这样能够保障代际之间的公平。例如，美国地方政府发行的债券严禁弥补赤字，而主要限定用于基础设施建设和公共设施项目。我国对地方债的用途也作了限定，规定只能用于公益性资本支出，不得用于经常性支出。

四是规范举借程序。新《预算法》规范了举债的程序，举借规模需由国务院报全国人大或常委会批准，省级政府根据国务院下达的限额举借债务，列入本级预算调整方案，报本级人大常委会批准。地方政府不得通过企事业单位等举借债务。

（三）后优惠政策时代扶持经济发展问题

近年来，一些地区和部门为加大招商引资力度、扶持产业转型发展，在国家规定的权限范围外，制定出台了一些税收等优惠政策，这在一定程度上违反了财经纪律，扰乱了市场秩序。为严肃财经纪律，国家将择机推进税收等优惠政策的清理规范工作。在这样的背景下，地区和部门应积极寻求“后财税优惠政策时代”促进经济发展的替代方案，运用市场化手段培育新的区域竞争力。

一是创新扶持方式。政府产业基金是财政逐步改变行政性分配方式，运用市场化手段支持经济发展的有效方式。目前浙江省财政已设立总规模为200亿元的省级政府产业基金，采用市场化运作模式，支持信息经济、环保、健康、旅游、时尚、金融、高端装备制造等7大产业以及农业农村发展。积极引导市县政府加快设立各类产业基金，力争通过三年努力，全省政府产业基金规模达到1000亿元以上，并通过与社会资本、金融资本的充分结合，撬动社会资本投入10000亿元左右，助推产业转型升级。政府和社会资本合作（PPP）模式也是公共服务供给机制的创新模式，通过财政补助等政策激励，吸引社会资本参与公共产品和公共服务项目多元化投资、专业化运营管理，进一步释放民间投资潜力。同时通过加快政府职能转移，推进政府购买服务改革，建立健全政府购买服务制度体系，促进公共服务更好提供。

二是改善发展环境。未来扶持企业发展的手段应由优惠政策向优良服务转变。地方政府要想“筑巢引凤”，关键在于转变职能，提升服务水平，以服务和环境“高地”填补税收“洼地”。要深入推进“四单一网”建设，厘清政府职责边界，压缩权力事项，明确公共服务事项，努力做到“法无授权不可为”、“法定职责必须为”，创新服务模式，寓服务于管理之中，改善企业经营“软环境”。

（四）进一步推进预算公开

从近年来预算公开的实施情况看，效果比较显著，社会反响良好，社会各界给予正面、肯定的评价较多。实行预算公开制度，逐步实现预算公开由“随意公开”向“规范公开”、“被动公开”向“主动公开”、“粗放公开”向“细化公开”、“单一公开”向“立体公开”转变，增进了社会公众和政府之间的理解，严肃了财经纪律，节约了政府行政成本，提升了政府形象和公信力。虽然预算公开取得了一些可喜的变化，但离真正的公开透明还有较大距离。突出问题是预算编制还不够细化、透明，公众普遍反映公开的账目看不懂，从而也影响了公众知情权、参与权、监督权的有效行使。下一步应深入推进预算公开。

一是扩大公开范围。要坚持“以公开为常态，以不公开为例外”的原则，除涉密部门外，所有涉及财政资金部门均应及时、主动公开预决算信息。

二是细化公开内容。这是今后预算公开的主要方向。信息公开要努力做到情况明晰、问题清楚、解释充分、通俗易懂，便于公众查询、比较、监督。尤其要将与人民群众利益密切相关、社会公众普遍关心的重点支出、重点项目进行公开，推进基本建设支出、行政经费支出和执行情况等信息公开，注重公开实效。今后在公开内容上要细化、实化，按功能分类支出要公开到项级科目，专项转移支付要公开到具体项目，积极推进涉及税收、非税收入以及财政政策的公开。

（五）盘活财政存量资金

在2014年年底审计署审计报告反映全国有3万亿资金趴在国库账上，2015年下半年审计署在督查全国稳增长专项审计中，仍查出有部分中央部门和地区的沉淀资金1079亿元，未发挥实际效用。但政府每年仍背负着较重的债务负担，支付高额利息，造成财政资金的极大浪费。国务院高度重视这种低效的财政资金使用状况，于去年出台政策要求盘活财政存量资金。李克强总理也曾多次在国务院廉政工作会议上指出“长期趴窝的沉淀资金一律调整回收”“严格清理财政结余结转资金”，将清理、盘活存量资金作为党风廉政建设和反腐败工作的一项重要任务来抓。因此，要改变以往闲置、沉淀财政资金不违纪的观念，按照相关规范性文件要求做好盘活财政存量资金工作，切实提高资金使用效率，充分释放积极财政政策的有效作用。

一是建立结转结余资金定期清理机制。对结余资金和连续两年未用完的结转资金，一律收回统筹使用。对不足两年的结转资金，不需按原用途使用的，应及时统筹用于经济社会发展急需资金支持的领域。

二是统一预算管理权。逐步将所有预算资金纳入财政部门统一分配，提高政府资金的统筹使用效益。首先要清理规范重点支出同财政收支增幅或生产总值挂钩事项。对重点支出，根据推进改革的需要和确需保障的内容统筹安排，优先保障，不再采取先确定支出总额再安排具体项目的办法。其次要加大政府性基金预算、国有资本经营预算与一般公共预算的统筹力度。从2016年起，国有资本经营预算收入原则上都要由财政统筹安排。强化“存量调结构、增量优方向、增量调存量”的统筹机制。推进跨部门资金的统筹使用。

三是管理好财政资金专户。全面清理财政资金专户，除了经财政部审核并报国务院批准保留的财政专户外，其余财政专户在2年内逐步撤销。严格执行财政专户开立核准程序，各地一律不得新设专项支出财政专户；开立其他财政专户的，必须按照国务院规定报经财政部核准。要严格财政专户资金管理，除法律法规和国务院另有规定外，禁止将财政专户资金借出周转使用或转出专户进行保值增值，已经出借或转出专户的资金要限期收回；专户资金必须按照规定用途使用，清理撤销的财政专户中的资金，要按规定并入其他财政专户分账核算或及时缴入国库。

（此文刊于《浙江财税与会计》2016年第6期）

在全省财政教育工作座谈会上的讲话

省财政厅副厅长 金慧群

"十三五"时期，是浙江高水平全面建成小康社会的决胜时期，也是浙江建成教育现代化的决胜时期。为贯彻中央和省委"十三五"规划关于教育改革发展的要求，落实国家和省中长期教育改革和发展规划纲要（2010~2020年）目标任务，今后5年，全省财政教育工作将继续深化改革、锐意进取，提高质量、促进公平，以提升人民群众的满意度为根本标准，扎实推进各项工作。

一、加大投入，保障有力，积极推动浙江省教育事业快速发展

近年来，全省各级财政坚持社会经济发展规划优先安排教育、财政投入优先保障教育、资源配置优先满足教育，有力地推动了教育事业的发展。"十二五"时期，全省一般公共预算财政教育支出5481.79亿元，比"十一五"时期翻了一番多，年均增长13.9%。

在财政资金和财政政策的支持下，全省教育事业发展取得显著成效，教育质量和水平不断提升，全省各县（市、区）均通过国家义务教育基本均衡县评估，27个县基本达到省教育现代化县标准，高等教育在全国率先进入普及化阶段，浙江教育已全面进入加快实现教育现代化的新阶段。

同时，我们也要看到，教育投入与发展的矛盾始终存在，而且随着财政形势和管理要求的变化，问题的表现形式也更为复杂；尽管领先于全国水平，但学前教育和职业教育仍是全省教育各阶段中相对薄弱的环节，学前教育的质量还有待提升，职业教育与地方产业的结合还不紧密；高水平大学数量与全省经济发展水平极不相称，总体上人才培养的质量与结构与社会需求不匹配。对此，财政部门要从制度、机制入手，提升资源配置的能力和效率，引导并推动教育改革和发展。

二、转变观念，适应要求，找准下一阶段财政教育工作的着力点

党的十八届三中全会以来，特别是新《预算法》和《国务院关于进一步加强预算改革的决定》的颁布实施，对财政改革与管理提出了诸多新要求。新常态下，面对日趋复杂的经济社会环境和严峻的财政收支形势，如何完善教育财政保障体制、健全教育投入机制，既保障公平，又激发活力，提升质量；如何处理当前和长远的关系，平衡好教育支出和整个民生支出盘子，问题很多，任务也很重，必须找准着力点，牵好"牛鼻子"。

（一）适应现代财政制度的要求

1. 更加注重教育支出预算安排机制的科学性。进一步调整财政教育支出机制，不再采取先确定支出总额再定项目的办法，而是根据事业发展需求与财力可能据实安排。因此，要全面梳理教育事业发展现状，紧盯关键领域和薄弱环节，科学规划下一步财政教育支出方向，提高财政资金使用效益。

2. 更加注重全面正确履行政府职能。聚焦支持重点，对于公共财政应该保障的支出要予以保障；对于公共性较弱的教育环节，要遵循规律、完善投入机制，在财力有限的情况下，注重运用市场手段，发挥社会力量，真正做到有所为有所不为。加快政府职能转变，更多地发挥第三方的作用。

3. 更加注重增强中期规划意识和可持续意识。根据实行中期财政规划管理，建立跨年度预算平衡机制的要求，2016年起编制三年财政规划，规划制约2016~2018年三年的预算，可调整，但大方向和框架不允许调整。因此，要善谋大事，立足长远，加强政策储备，减少政策的频繁变动，坚持保基本、守底线，多做雪中送炭的事，不作脱离实际的承诺。

4. 更加注重改革的系统推进。教育是系统工程，涉及方方面面，教育财政保障也是如此，需要考虑系统性。要结合财税体制改革进展情况，加强对重大改革问题的研判，适应全面深化改革的新形势，研究提出改革的新举措。

5. 更加注重加强管理和提高绩效。坚持加大投入与提高绩效相结合，加快建立面向目标与结果的绩效管理机制，将绩效观念和绩效要求贯穿于全过程。

（二）从供给侧发力，推动结构性改革

财政教育工作要转换思维、创新方式，推进供给侧结构性改革，为转变经济发展方式提供新的改革"红利"。

1. 转变职能，改进管理。探索创新管理方式，转变政府"包揽"事业发展的观念，严格依法理财、硬化预算约束；改变过去一提及改革就"增编制、加经费"的思想，多采取市场化方式，经费安排优先考虑政府购买服务、PPP等方式，拓宽社会资本进入教育领域的途径，引入竞争对手和竞争机制，既满足市场对不同层次教育的需求，又激发教育内部活力。进一步简政放权、放松管制，突出绩效导向作用。按照楼继伟部长提出的"谈钱先谈事，花钱买机制"的思路，进一步理顺管理机制。

2. 健全机制，优化结构。逐步落实《规划纲要》及有关行动计划的要求，建立健全经费保障稳定增长机制，在建立生均经费制度的基础上，逐步提高各级各类教育生均经费基本标准和财政拨款标准。省财政将从预算环节提前着手，加强对全省各市县生均经费制度建立情况的总体把握，继续监测分析各地投入状况。继续落实拓宽经费来源的政策措施，坚持多渠道筹资。希望各地根据实际情况，尽快建立相应制度，省里有最低标准文件的，可在此基础上根据本地情况做出调整，省里暂时还没有明确规定的，希望各地先行探索建立。

不同教育阶段的经费来源结构不同、财政政策不同、支持重点也不同，不宜简单对比。财政部门始终要把义务教育特别是农村义务教育作为重中之重，同时统筹安排好其他教育阶段的投入。优化基本支出与项目支出结构，提高学校日常运转保障水平；统筹“硬件”“软件”投入，加大“软件”投入。

3. 聚焦重点，破解难点。学前教育，重在质量提高，建立普惠性民办幼儿园生均补助制度，提高非在编教师收入水平。义务教育，要均衡发展，着力扶贫扶弱，坚持“保基本、补短板、兜网底”，重点要加大对重点县和薄弱学校的支持力度。职业教育，重在深化改革，结合高中生源、经济社会发展需要等实际，加强专业结构调整，做大做强优势专业，支持办学效益好、就业导向好的专业加快发展，实现学校间错位发展、特色发展；总结现代学徒制试点经验，深化办学模式改革，构建校企融合制度。高等教育，要提高水平，在加大财政投入的同时，探索高校新型运行保障机制；加快推进高校分类改革，加强学科专业建设。提高教师素质，推进教育信息化，充分运用“互联网+教育”整合课件资源，推行双师教育，扶持民办教育。

三、提升质量，促进公平，扎实推进下一阶段的财政教育工作

（一）义务教育

一是教师的平均工资水平不低于当地公务员的平均工资水平，特别是绩效工资总量要随基本工资和学校所在县级公务员规范后津贴补贴的调整相应调整。二是日常公用经费外，对寄宿学生额外增加年生均200元的补贴，100人以下的小规模学校，公用经费按100人核定，对民办学校要按照不低于基准定额的标准补助公用经费。三是义务教育教师培训，按照公用经费的10%和教职工工资总额的2%安排资金。四是校舍维修改造，根据浙江省校舍维修改造专项资金管理办法规定，县市财政部门要按照在校生人数和校舍使用面积、使用年限、单位造价，计算安排校舍维修改造专项资金。五是浙江省将出台家庭困难寄宿学生生活费补助政策，自2016年秋季学期起实行，请做好相应准备。

（二）职业教育

一是到2017年，全省公办高职院校生均财政拨款达到本科水平。同时，建立全省中职教育生均经费最低标准制度，到2018年，公办中职学校全面落实中等职业教育生均公用经费达到普通高中1.5倍以上。二是各地抓紧制定中等职业学校生均经费标准和生均财政拨款标准。三是组织实施职业教育质量提升行动计划，加大对职业教育基础能力、专业师资队伍建设的投入力度，重点支持名校名师名专业和名品牌实训基地、继续教育基地建设。

（三）高等教育

2016年，普通本科院校生均财政经费达到全国领先水平，到2017年，高职高专院校生均财政经费不低于本科院校水平，地方高校生均财政经费不低于省属同类院校。省属高校2016年拨款增量较大，这意味着地方高职院校的拨款要增加，各市县财政部门要提前做好准备，特别是差距较大的市县，要做好资金筹划工作。

（四）特殊教育

一是从事义务教育的特殊学校，按不低于普通学校生均公用经费的10倍安排，高中及其他按5倍安排。二是特殊教育教师享有本人基本工资（含基本工资提高10%部分）15%的特殊教育津贴；从事特殊教育满10年的，由同级教育行政主管部门颁发荣誉证书并再加发本人基本工资15%的特殊教育津贴；满15年并在特殊教育岗位退休的，其享受的特殊教育津贴计入退休金。

（五）学前教育

一是建立普惠性民办幼儿园生均经费补助标准；二是建立机制，通过生均经费补助提高普惠性民办幼儿园非编老师收入水平；三是推动普惠性民办幼儿园适当提高收费标准。

（2016年3月24日）

胸怀大志 勤学善思
遵纪守法 敢于担当

——在厅团员青年干部座谈会上的讲话（摘要）

省财政厅副厅长 金慧群

一、希望大家成为胸怀大志有理想的人

“志不立，天下无可成之事。”要做个胸怀大志、有理想的人，首先就是要坚定共产主义理想信念。对马克思主义的信仰，对社会主义和共产主义的信念是共产党人的政治灵魂，是共产党经受住任何考验的精神支柱。没有远大理想的激励和引领，再崇高的事业也可能会失去精神支撑和强大动力。我们每一位共产党员、机关干部，都应该信服、坚守共产主义理想信念。

刚才同志们在谈话中提到，你有多大的格局，你就能走多远。如果我们的视野只局限于自己的“小天地”，只关注自己的利益得失，把工作当作养家糊口的手段，理想是工作多少年后当上什么“长”，那格局就太小了。作为一个财政人，一定要想着“我来这里干什么？应该做什么？我又做了什么？”财政工作定位很高，是国家治理的基础和重要支柱。要担起这一历史重任，离不开每一位同志深入细致的具体工作。无论是部门预算的编制、审核、监督等业务工作，还是办公室、人事处等综合工作，每一项具体工作都是财政工作管理水平和成效的体现。只有每一位同志立足于具体岗位，做好每一项具体工作，汇聚起每一份力量，财政才能更好地成为国家治理的基础和重要支柱。因此，希望大家胸怀大志，有为财政事业做出贡献的“大志”，有为共产主义奋斗的大格局和勇气。

在这一崇高理想信念指引下，发挥自己的才干，为做大做强财政事业做出自己的贡献。根据这个理想再去设计个人的发展规划和目标。不想当将军的士兵不是好士兵，不想当处长的年轻干部也不是好干部。对个人的发展，有理想、有梦想很正常，但晋升最终是靠学、靠干。财政厅是一个风清气正的单位，历来秉承任人唯贤、唯才是举的用人原则，干部的入职、晋升不是靠关系，我们没有这样的风气，不存在关系学、官场术等所谓的“政治文化”。大家要把个人的发展规划和远大理想融合，不忘初心、砥砺前行。

二、希望大家成为勤学善思爱学习的人

要成为一名优秀的财政干部，成为一个有用之才，学习是前提、是基础。“人有知学，则有力矣”。我们正处于改革的攻坚期、发展的关键期、矛盾的凸显期，财政工作会面临一系列矛盾和问题，如果不懂充电，习惯用老思路、老套路来应对，新办法不会用，老办法又不管用，做得再辛苦也未必对路子。只有不断汲取新知，认清形势，才能提高应对复杂形势、驾驭全局的能力，这是确保我们在其位胜其任、履其职、担其责的重要保障。可以说，学习是工作的需要，也是生活的需要，希望学习能够成为大家工作、生活的习惯。

作为一名财政干部，学习要做到精而专、广而博。财政是专业性很强的工作，涉及财政、经济、管理等相关专业知识，需要我们学得专、钻得深、悟得透，做到真学、真懂、真用，通过理论的指导、知识的积累，将理论与实践相结合，研究和解决财政改革发展中的重大问题，提高理财的能力与水平。同时，财政工作又是综合性很强的工作，要求财政干部在加强专业知识学习的同时，做到博采众长，兼收并蓄，尽可能地涉猎政治、哲学、人文、历史等各方面知识，如果有精力，可以看各方面的书籍，甚至包括怎么强身健体、怎么育儿、怎么调节心理，等等，不断扩大自身的知识面，不断扩充认知的广度和思想深度。

学习不局限于书本，交流也是一种重要的学习方式。现在厅办公室、人事处、机关党委、团委、工会、妇委会等方方面面都在为大家搭建各种学习和展示才华的平台。一方面推动大家积极学习，同时也是给大家展示学习成果和才华的机会。因此，希望大家积极参与厅里组织的各种活动，展示自己的学习成果和才华，交流做事和做人的体会，在交流中取长补短、共同提高。

三、希望大家做一个遵纪守法讲规矩的人

财政的固有职能是参与国家分配，通过组织收入参与国民经济的初次分配，再把财政资金用于支持社会经济的发展和民生的保障，进行二次分配。无论是初次分配，还是二次分配，都需要讲规则、照规矩办事，所以财政部门履职过程有一个重要职责就是制定游戏规则，这是履职的一个重要形式和手段。履职过程中，要求别人守规矩，首先自己要学会做一个守规矩的人。守规遵矩是干事创业的基础，讲规矩才能有权不“任性”，作为财政人，我们要始终把人民放在心上、把使命扛在肩上、把法纪悬在头上。

规行矩步方面，我们财政系统氛围非常好，这是财税文化长期积淀的结果。财税文化建设是我们这届党组提出来的重要理念，是厅党组的一个重要任务。事实上，财税文化建设一直在进行中，我们之所以有这么好的一支守规矩的队伍，有这么好的兢兢业业的工作作风，就是靠长期的财税文化的积淀。希望大家把讲规矩、守规矩的传统，把“实、稳、优”的财政精神不断传承和弘扬出去，通过我们的言行去影响带动身边的人，包括我们的家人、我们的服务对象。

遵纪守法是为人处世的底线，而不是一个过高的要求。不守纪律犹如“盲人骑瞎马、夜半临深池”，漠视纪律就会付出巨大的代价。某些干部不守规矩，越过底线，严重损害财政部门形象，是警示我们财政干部的反面教材。希望大家引以为戒，要心存敬畏、手握戒尺，做到自重自省自警自励，真正把纪律规矩内化于心，外化于行，树立起良好的财税干部形象。

四、希望大家做一个敢于担当能作为的人

首先，要为自己是个财政人而感到自豪。财政是国家治理的基础和重要支柱，大家要为能够在如此重要的部门工作，承担如此重要的职责感到自豪！全省有5400多万人，财政干部只有12000多人。我们能够为浙江经济社会的发展和民生保障尽到自己的微薄之力，应该感到无比光荣。

另外，希望大家敢于担当。财政是庶政之母，邦国之本。一项财政政策的制定、调整、执行会引起系列的连锁反应，影响经济社会的方方面面，需要我们在理财过程中把握好分寸、掌握好火候，不断地提升理财的艺术水平。因此，希望大家认真履职，成为专家型干部，成为理财的行家里手。财政部门是一个专业性很强的综合部门，专业性就需要相对的稳定性。干部需要适度的交流，但不能过于频繁，过于频繁的调整，无论对工作，还是对个人的成长都不利。“天地生人，有一人当有一人之业；人生在世，生一日当尽一日之勤。”希望大家珍惜所在的岗位，脚踏实地地站好岗、履好职、担好责，并养成习惯，每天对自己的工作回顾反思，查找不足。

敢于担当是一种责任、一种精神，更是一种能力，希望大家培养良好的职业习惯，做到“真诚坦率、自信乐观、务实严谨、开拓创新”。

真诚坦率，就是待人接物要真诚坦率。我们是公共服务部门履职的人员，担负着为国理财、为民服务的职责，要视权力为责任，按规矩办事，做好服务工作。要有良好的职业习惯，特别是面对服务对象，更要真诚坦率，因为你不仅代表你自己，更代表财政部门。如果耍手腕，把稻草当成权杖，即使很小的事情也会影响到我们财政部门的形象。

自信乐观，要对自己充满自信，乐观面对艰巨的工作任务。工作中肯定会有一些挫折，会有难处理的事情，甚至有领导的批评或者服务对象的责怪、怨言，大家都要乐观面对。这些事情是难免的，只要是真诚、坦率、负责地处事、办事，困难和矛盾都会迎刃而解。事实上，领导的批评体现的是领导的真诚和关怀，是为了你更好的成长。一定要充满自信，乐观面对，不要有负面情绪和思想负担，要提升抗挫折能力和总结经验教训的能力，在挑战困难和挫折中不断成长。

务实严谨。财政工作的责任、使命和自身的鲜明特点,决定了财政工作者必须具备务实的工作态度和严谨的工作作风。财政政策不仅关系着公共服务的供给,也关系着民生的保障,政策背后都是真金白银,怎么筹措、怎么保障,来不得半点疏忽和马虎。因此,财政工作必须建立在扎实严谨的基础上,力戒粗心大意,避免各类差错的发生,严格保证工作质量。财政各种制度文本,力求概念清晰,界定明确,用字规范,用词达意;财政各类数据、资料,务求有根据、有核验,确保准确无误。我们搞的公文比赛,就是制定文件的技能大练兵,引导大家严谨处事、谨小慎微,哪怕一句话、一个字、一个标点符号都要认真对待、细细琢磨。尽管我们不做茶杯、不做桌椅,不是真正的工匠,但也需要工匠精神,以"夙夜在公,寝食不安"的公仆之心对待自己的一职一责。

开拓创新。我们虽然是制定规矩、讲规矩、守规矩的部门,但也不能墨守成规,开拓创新应该成为一种工作习惯、工作常态。我们要熟悉本职业务,履行好本职岗位,还要进一步思考如何把工作流程做到更加严谨,工作方法更加有效率。大家可以从卸任的楼继伟部长身上看到这种精神,他是我们学习的典范。他在把握财政固有规律的基础上,不断地思考怎样开拓创新,改革体制、改革管理方式、改革理念。当然,开拓创新也不是盲目的,是厚积薄发的结果,需要我们在积累的基础上不断开拓创新,奋发进取。

(此文刊于《浙江财税与会计》2016 年第 12 期)

在财政扶持村级集体经济发展试点工作座谈会上的讲话(摘要)

省财政厅副厅长 王广兵

一、提高认识,更好地发挥试点工作的示范引领作用

首先,村级集体经济在我国农村经济社会发展中具有举足轻重的地位。村级集体经济是村民共同致富的根基,是向村民提供公共服务的物质基础,也是实现村级组织自我管理、自我服务的重要支撑。中央对发展村级集体经济工作的指导思想是明确的,不仅仅是给村集体增加一点收入或解决一些村级组织运转经费的问题,而是将其上升到稳定我国农村基本经营制度,巩固党在农村的执政基础,实现我国农村长治久安的高度。开展扶持村级集体经济发展试点工作,就是要充分发挥村集体经济组织功能作用,凝聚群众的力量和智慧,引领大家创业创新,实现村集体和村民群众双增收。

其次,村级集体经济仍然是当前农村发展的一块短板。近年来,浙江省各地大力扶持发展村级物业经济,取得了一定成效,转化了一批薄弱村。但截至 2015 年年底,全省仍有 6000 多个经济薄弱村年经营收入不足 5 万元,发展壮大村级集体经济的任务依然十分繁重。要进一步认识发展壮大村级集体经济的必要性和紧迫性,找差距、补短板,凝心聚力促进村级集体经济发展。

第三,要充分发挥农村综合改革试点的引领示范作用。年初,财政部、国务院农村综合改革工作小组下发了扶持村级集体经济发展试点的指导意见,浙江省列入全国首批试点省份。要充分利用这一政策红利,抢抓先机,积极探索实践,切实发挥好试点工作的示范引领作用,努力走出一条符合本县乃至浙江省实际的村级集体经济发展之路。

二、突出重点,积极探索村级集体经济有效实现方式

指导意见明确了发展村级集体经济的四种途径,即资源有效利用、提供服务、物业管理和混合经营,允许各地自主选择试点内容,并特别强调在发展集体经济的同时,解决农业生产适度规模经营的问题。指导意见还指出,试点的着眼点,应与农业转型升级相结合、与新产业发展相结合、与新型组织管理模式相结合,重点在土地股份合作、农业生产经营合作上实现突破。这些原则和要求为开展扶持村级集体经济发展试点工作指明了方向。

一是重点探索以村集体经济主导引领的土地股份合作制实现形式。土地是农村集体最大、最普遍的资源,也是农村集体经济组织每个成员共同拥有的财产。发展村级集体经济,首先离不开土地资源的开发利用。2015 年,中央印发《深化农村改革综合性实施方案》,明确提出在保持农村土地承包关系稳定并长期不变的前提下,落实集体所有权、稳定农户承包权和放活土地经营权,实现"三权分置"。这是我国农村改革的又一次重大制度创新,有利于更好地坚持集体对土地的所有权,更好地保护农户对土地的承包权,更好地用活土地的经营权,促进土地经营权流转,调动经营主体的积极性,提高农业的综合生产能力,增加农民财产性收入,推进现代农业发展。实行三权分置,农民可以土地承包权作股,组成土地股份合作社;有了土地股份合作社,农业的规模化经营就有了基础,农业增值收益的分享也有了制度保障。村集体领办土地股份合作社,就是由村集体经济组织主导引领,以土地承包权入股的方式,将分散在农户手中的土地集中起来,进行平整规划,统一经营或流转出租,实现土地的规模经营,提高资源的利用效率和效益。因此,通过村集体领办土地合作社这一模式,可以很好地将专业经营主体、农民个人和村集体经济三者利益机制连接起来,通过规模化、专业化经营,达到经营者、村级集体经济和农民共同增收的目的。这是本次试点的一个重点方面,桐乡市已经作了有益的尝试,希望各地学习借鉴。

二是重点探索以村内资源就地开发利用型的实现形式。充分开发利用村集体所有的土地、山林、水面、场地等村内资产资源,鼓励村集体结合国土整治、农业综合开发等项目,领办高效农业、设施农业和综合经营等项目,带领农民发展传统优势和特色鲜明的主导产业。同时,也可采取"量身定制、定向打造"的办法,由村集体兴建生产经营设施,定向出租给生产经营主体使

用,以固定回报的方式壮大村集体经济。各地可积极引导村级集体经济组织充分挖掘村内资源特色等优势,广开发展门路,因地制宜开发利用,实现经济效益。

三是重点探索美丽乡村建设成果转化为美丽经济的途径,积极稳妥发展绿色经济。民宿经济是当前蓬勃发展的农村经济新业态,顺应了当前城市人群向往农村好山好水好空气的新消费趋势。浙江地处长三角城市群,生态资源丰富,交通便利,特别是近年来各地积极践行习近平总书记"绿水青山就是金山银山"的理念,大力推进美丽乡村建设,建成了一大批景新、业盛、人和的宜居宜业宜游美丽乡村,吸引了大批城市人群前来度假、休闲、养生和旅游观光。应当紧盯这一新业态,顺应这一新趋势,大力发展以民宿经济为特色的绿色经济,并不断拓展和延伸产业链,实现从美丽乡村到美丽经济的华丽转身。这其中,村集体经济大有可为之处,关键是找准扶持切入点。安吉、临安、德清、遂昌、桐庐等市县已有许多成功的范例,各地可相互学习借鉴。

三、认真把握,确保试点工作取得实效

本次试点,中央财政和省财政都专项安排了扶持资金,部分市县财政也相应配套补助,扶持力度是前所未有的。因此,要进一步加强扶持资金使用管理,提高财政资金使用绩效。

一是加强计划落实,限期完成项目。本次扶持村级集体经济发展试点工作由财政(综改)部门牵头负责落实。各试点县财政(综改)部门不能只注重资金分配,而忽视项目审定。要切实做好资金项目计划的落实,试点项目要按照好中选优原则把好项目筛选关。在选择试点村和项目时,除考察村级资源资产情况,还要重点考虑村两委主要负责人的能力水平、村级财务管理情况、村集体成员对项目发展的意愿,项目投资盈利模式及未来收益水平等因素,注意规避市场风险,注重培植村级集体经济的可持续发展能力。省里下达的试点项目计划实施期最长为两年,大部分项目原则上要求在2016年内基本完成,少数项目可以延至2017年完成。对在2016年年底仍无法办理建设用地指标手续造成项目无法落地的,请县级及时做好项目计划调整,重新安排扶持项目。如不及时调整的,由省里收回补助资金。

二是发挥市场主体作用,创新发展机制。要认真总结以往集体经济发展的成败得失,着力从发展路径、运行机制、经营模式上进行探索创新,充分依托村内资源资产,运用市场机制,寻求村级集体经济发展有效实现途径。借力发展是现代经济发展的重要途径,要善于利用市场经营主体信息灵敏,机制灵活,管理专业等优势,积极引导村级集体经济组织与诚信经营主体开展合作,通过稳健经营,不断提升村级集体经济发展效益。

三是加强资金管理,确保专款专用和资金绩效。省财政厅已下发《扶持村级集体经济发展试点补助资金管理暂行办法》,对补助资金的扶持对象、权益归属、管理要求都作了明确规定,县级要认真贯彻落实并尽快制订下发具体的资金管理办法。乡镇财政要积极参与,开展资金就地就近监管工作。财政安排的扶持村级集体经济发展试点补助资金必须专款专用,此项扶持资金支持的是村级经营性经济发展项目,不得用作村内其他公益性项目支出,如有违反的,要收回财政扶持资金。各地要积极引导村级组织发挥村民议事、村务公开、民主监督等制度优势,试点项目资金的使用要公开透明,接受村民群众的监督。同时,加强扶持资金的绩效管理,要以银行贷款基准利率水平作为扶持项目投入产出绩效的主要衡量标准。

四是加强财银政策组合,加快项目实施。近期,省财政厅与省农信联社联合下发了《关于加大金融支持加快推进农村综合改革试点项目的意见》,目的是通过财政扶持和信贷支持的政策组合,促进发展村级集体经济、助推美丽乡村建设等农村综合改革试点项目的加快实施。这样做既能解决项目建设期间的资金投入问题,也有利于借助银行信贷监管力量,加强项目建设管理,提高资金使用绩效。这是一项多赢的举措,希望各试点县因地制宜细化具体措施,主动与农信社等金融机构开展合作,相互借力促发展,实现合作共赢。

同时,各地在抓好项目落实的过程中,要高度重视廉政建设工作,以廉政勤政和勇于担当为基本要求,尽心尽力抓好试点,努力把财政扶持村级集体经济发展试点工作做成群众满意、领导放心的项目,切实把好事做实、把好事办好。

(2016年8月23日)

在2016年全省农业财政工作会议上的讲话(摘要)

省财政厅副厅长 王广兵

一、财政支农体制机制改革总体进展和成效

(一)总体情况

2014年,《关于推进财政支农体制机制改革的意见》出台以来,全省各级财政部门切实发挥牵头职责,会同农口部门,围绕改革总体目标和三年行动计划要求,从健全机制、明确责任和细化任务措施着手,不断深化改革。财政支持粮食生产综合改革(农业三项补贴改革)、农业生产全程社会化服务改革试点以及落实"两个一般不"改革示范等多项试点工作稳步推进,成立了省农信担保公司,省级农业发展投资基金也顺利成立,有效运作。

截至2016年11月,除极个别地方以外,各地均已出台改革的实施意见。85.5%的市县完成了部门职责清单,74.7%的市县建立了项目库管理制度。全省各地组织对部分财政支农政策进行了评估,整合政策460项,取消269项。各地均已按要求实现了支农政策信息公开。改革创新已经成为全省农财战线的共识和工作重点。

(二)试点工作进展

1. 农业三项补贴改革

2014年,浙江省率先开展了粮食生产综合改革试点工作,探索整合补贴资金,支持粮食生产适度规模经营。2015年,在省财政厅的积极争取下,财政部将浙江省作为全国粮食补贴改革的5个试点省之一,为进一步扩大整合范围,把粮食补贴改革推向深入创造了有利条件。

三项补贴改革不断深化。在2015年改革试点基础上,省里下发了《关于进一步推进财政支持农业"三项补贴"政策综合改革的指导意见》,进一步完善农业"三项补贴"政策措施,复制推广试点地区的成功经验和做法,将嘉兴市、湖州市全市域纳入改革试点范围。截至11月底,纳入改革试点范围的36个县和4个设区市、7个非改革试点县,共47个市、县(市、区)已制定出台农业"三项补贴"改革试点实施方案;各地累计组建农民专业合作社联合社177家(含农合联),其中44个市县已及时制定联合社章程、内部管理制度、收益分配制度等,积极推进联合社规范化建设;65家联合社已探索承担农业补贴申报、面积审核等事项,为全面推进农业"三项补贴"改革奠定了坚实的基础。

金融支农稳步推进。研究制定浙江省财政支持政策性农业信贷担保体系建设实施方案,出资4亿元组建成立浙江省农业信贷担保公司。支持农民专业合作社联合社组建资金互助会,推进金融资源向农业农村倾斜,探索建立财政金融协同支农新机制。截至11月,改革试点地区已组建联合社内部资金互助会33个,资金规模近1亿元,粮食生产及现代农业发展中"融资难""融资贵"问题得到一定程度的缓解。

2. 全程社会化服务试点

试点工作开展两年来,各试点县根据财政部和省财政厅的相关要求,加强组织领导,强化责任落实,科学制定方案,健全工作机制,推进模式创新。在组织实施方面,加大监督力度,落实监管措施,切实提高试点工作质量。经过各地积极努力,试点工作取得了一定成效。

一是服务面积和受益农户有较大增长。据统计,试点县全程社会化服务已达21万亩,受益农户3.1万户。二是服务主体的农业生产技术水平、设施设备水平均有较大提升。三是经济效益显著增加。四是试点项目推广无害化安全生产技术,减少农药、化肥使用量,使农业生态效益进一步提升。

3. 省农业基金投入运作情况

按照创新财政支农方式,加大市场化导向的改革方向,2015年,经省政府同意,省财政筹集50亿元设立浙江省农业发展投资基金。现在50亿元已经全部到位,是全国规模最大的农业基金。基金运作坚持"政府引导、市场运作、分类管理、防范风险"的原则,成立两年来,省农业基金已投资10个项目,总投入20.05亿元,其中直投的基础设施项目8个,投资18.05亿元,参股子基金项目2个,投资2亿元。通过省农业基金的投入,带动社会资本投资36.48亿元,银行跟贷逾36.32亿元,有效发挥了财政资金的引导作用。省农业基金平均一年投资10个亿,按照3~5年回收期测算可以实现滚动收益。为加快推进全省农业发展方式转型,促进现代种业发展、实现耕地占补平衡、推进新农村建设发挥了积极作用。

(三)成效与经验

第一,全省财政支农政策体系进一步完善,政府与市场的支农责任进一步厘清,初步建立了公益类、准公益类和竞争类三类比较清晰的政策体系,在财政资金投向上,突出公共财政职能,重点投入公益类政策,竞争性领域财政资金逐步退出。改革制度建设和改革共识进一步巩固。

第二,财政支农动态调整机制初步形成。在政策出台或修订各类专项资金管理办法时,都明确了财政支农政策的执行期限,通过政策评估,对于一些绩效不明显或扶持内容重复的政策予以取消或调整,对确需保留的部分政策予以完善,支农政策有进有退。专项资金管理改革以及贯彻落实"两个一般不"的要求等一系列措施的深入推进,省与市县、财政部门与行业主管部门在项目与资金管理中的职责进一步明确,过去财政支农项目"小、散、乱"的问题大为改观,财政资金支持内容、支持对象重复的问题也基本得到解决。

第三,财政支农手段更加丰富。财政资金逐步退出竞争领域,并不意味着财政支农投入的减少,而是通过转变财政支农方式,财政资金有进有退,从而更好地发挥市场之手在农业领域的作用。例如,省农业发展投资基金2015年投资5000万元参股深圳前海中农科联种业基金项目,撬动社会资本投资3.5亿元,财政资金放大7倍。2016年一季度,种业基金在浙江的首批两个投资项目已经正式签约,浙江蓝美科技股份有限公司、杭州恩牛网络技术有限公司分别获得2000万元和1620万元股权投资,对促进企业实现自身战略目标以及进入资本市场提供了有力支持。

第四,涌现了一批可复制可推广的经验,比如说杭州市体制机制改革,完成改革任务有创新。安吉两山合作社、天台县粮食生产合作社等也在联合社建设方面起到很好的创新示范作用。

改革进展顺利,离不开全省各级农财干部的努力。各项成绩的取得说明财政支农体制机制改革的方向正确,也坚定了我们全面推进改革的信心。为确保2017年全面完成改革任务,必须坚持财政引领改革、推动改革的主线,要深刻领会认识"财政是国家治理的基础和重要支柱"这一重要论断,发挥财政部门在推进改革中的责任。在改革思路方面,坚持从全面正确履行政府职能出发,注重改革的系统性,注重政策顶层设计。在具体改革措施落实方面,坚持统筹规划,试点推进的原则,大胆探索,小心求证,避免操之过急。改革方向正确的前提下,形成改革共识,同时要对改革政策进行宣传、解读和辅导,改革路径要合理,改革手段要科学。这些既是财政支农改革三年来的宝贵经验,也是下一步继续完善财政支农管理必须坚持的理念和原则。

二、2017年财政支农重点工作

开展财政支农体制机制改革是对财政支农资金管理的一次系统性完善,为确保2017年全面完成改革任务,基本建立现代财政支农政策体系这一阶段性目标,把浙江省财政支农管理水平提高到一个新的台阶,要重点抓好以下几项工作:

一是着力抓好改革政策落实。2017年能不能全面完成改革任务,关键在于各地是否把各项改革措施真正落实到位,特别是当前进展偏慢的地方要进一步增强紧迫感和责任感,加快推进改革。省里将针对新形势和新问题,完善管理措施,继续深化财政支农领域落实"两个一般不"改革示范,强化部门间的协调配合。各市县也要在完成省里各项改革"规定动作"的同时,查漏补缺,仔细梳理改革进程中的不足,补齐短板,确保改革措施全面落实。

二是切实加大财政支农投入。保持各项强农惠农富农政策的连续性和稳定性,既要通过机制创新,研究发挥财政资金的引导杠杆作用,鼓励带动社会资本投入农业农村;也要主动研究适应新常态,在积极争取增量资金的同时做好存量文章。加强管理,分析存量资金的结构,提出盘活存量资金的措施,做好统筹整合,把有限的资金用足用好,提高财政资金的使用效率,保障"三农"中心工作顺利实施。

三是完善重点财政支农政策。围绕农业增效、农民增收,从政策供给的角度,建立健全各项政策体系。在加大政府投入,重视防控债务风险的同时,引入市场机制,形成异地搬迁的良性循环。在低收入农户增收方面,29个县要进一步提高认识,吃透政策,按照省里的要求,加强协调,加快推进实施光伏小康工程。如有县级层面难以解决的问题,可以及时向省里反馈。各地要结合全省主体功能区规划,研究调整农业结构,促进农业转型升级,探索建立财政支持农业可持续发展的政策体系,推动绿色发展。

四是深化预算管理改革。一是进一步做好项目库管理,提前做好项目储备,实行项目动态管理,为加快项目落地做好准备。二是加快预算执行进度,加快消化存量资金,充分发挥财政资金效益。三是做好预算公开,按照预算公开的总体部署和法律法规要求,从编制环节着手,把预算编实编细,及时主动公开预算信息。

五是加强干部队伍作风建设。进一步加强农财干部队伍建设,强化责任意识、担当意识。贯彻省财政厅关于加强财政干部队伍建设的要求,面对压力和挑战,要做到三个"力",即增强定力、提升能力、激发活力。要树立家国情怀,坚持职业精神,增强职业定力;要加强业务能力建设,为党委、政府当好参谋,增强专业能力;要大力弘扬"实、稳、优"财税核心价值理念,增强干部队伍的凝聚力和战斗力,领导同志要关心、关爱干部职工,帮助解决实际困难,营造轻松活泼、团结友爱的工作氛围,激发队伍活力。

(2016年11月28日)

在全省基层财政管理(农村综合改革)工作座谈会上的讲话(摘要)

省财政厅副厅长 王广兵

一、全省乡镇财政建设目标基本完成

(一)强基础,全面推进乡镇财政管理组织机构建设

认真贯彻落实省政府《关于进一步加强乡镇财政建设的意见》,着力加强乡镇财政管理职责、管理体制、机构设置、队伍建设。近年来先后推出乡镇财政管理规范化建设三年行动计划,提出"四型乡财"建设目标,启动了规范化财政所建设。乡镇财政管理工作基本达到"三个一"的总体建设目标,即:一个机构——乡镇财政管理机构;一个平台——乡镇公共财政服务平台;一个系统——一体的县乡镇财政信息化管理系统。目前,省、市、县、乡四个层面的乡镇财政管理机构已基本实现全覆盖。全省(不含宁波)有10个市和所有县级财政部门成立了乡镇财政管理处科,机构设置率为100%,951个乡镇建立了乡镇财政所(局、办),乡镇财政机构设置率达到97%;乡镇财政所(局、办)共有工作人员4351人,所均4.4人。乡镇财政作为整个财政管理链中的最基础层级,组织建设和业务建设得到了明显加强。

(二)优服务,大力推进乡镇公共财政服务平台建设

围绕提高乡镇财政综合理财能力,提升乡镇政府公共服务水平,促进公共财政管理服务下乡村,在全省全面开展乡镇公共财政服务平台建设。截至2016年11月,全省(不含宁波)74个市县中已有70个县(市、区)共建成乡镇公共财政服务平台946个,占乡镇总数的96%;全省已有47个县(市、区)在推进乡镇公共财政服务平台建设中,对财政补助性资金发放实施了"一卡通"整合归并;40个县(市、区)相关信息链接到浙江政务服务网"城乡居民财政补助"栏目,供社会公众查询。

(三)抓管理,持续推进就地就近资金监管工作

从政策和实践层面大力推进乡镇财政就地就近资金监管这项工作。省财政厅下发《浙江省乡镇财政资金监管实施(试行)办法》,规范了乡镇财政就地就近资金监管工作的基本要求、监管内容、操作流程等,引导乡镇财政所(局、办)事前、事中、事后全过程参与补助性和项目类财政资金监管活动,从政策和管理层面确立了乡镇财政监管的基础地位。实践层面,连续多年组织开展省对市县、市县对乡镇的资金监管工作专项检查。针对检查中发现的监管力量薄弱、监管深度不足等问题,提出相应的改进措施和工作要求。乡镇财政管理机构参与资金监管的工作机制已初步形成。

(四)保运转,推动涉村各项资金保障工作

根据省委、省政府加强基层组织建设,大力推动人财物向基层倾斜的要求,省级财政出台了一系列经费保障政策,不断提高经费保障水平。先后出台村主职干部基本报酬、村级组织运转经费、社区党组织服务专项经费、村级便民服务中心运转补助等财政支持政策,省级财政不断加大转移支付力度,村级组织运转和基层政权建设经费保障工作得到了进一步加强。

二、农村综合改革工作成效显著

(一)形成了一套有效的农村综合改革工作保障机制

一是建立省县两级协调推进机制。明确省县两级改革试点工作的职责任务。二是建立试点工作竞争机制。试点项目均采取竞争性立项方式,由专家评审方案,择优选择试点单位。三是建立年度考核制度。省级对试点单位进行年终考核,考核结果

与省级奖补资金挂钩。这些措施和制度较好地调动了县级开展试点工作的积极性、主动性和创造性，做到试点目标任务明确、工作责任落实、资金保障到位，有力地推动了综改工作多出成果、早出成果。

（二）总结了一批试点工作典型经验

近年来，通过改革试点涌现了一批典型经验，包括以农村产权制改革为突破口，推进就地城镇化的“海盐样本”；美丽乡村建设全国第一个地方标准“安吉标准”；支持发展农村电子商务服务体系助推美丽乡村建设“遂昌模式”；农村生活垃圾“源头分类、减量处理”的“贺田模式”；探索联村物业开发、基金式扶持、土地股份合作、民宿经济等多种村级集体经济的有效实现方式；开展生态发展型和产业集聚型中心镇示范试点，探索城乡一体化发展体制机制等。这些经验和模式有力地提升了农村综合改革工作的影响力，有的已经在各地推广复制。

（三）改革成果得到上级领导的肯定和农民群众的拥护

国务院综改办对浙江省农村综合改革工作十分关注。近年来，财政部、国务院综改办多次来浙江省调研指导工作，总结浙江省改革经验，并给予资金上的大力支持。10月份，国务院综改办在杭州召开了部分省农村综合改革工作座谈会，会上，国务院综改办主任再次对遂昌县发展农村新业态，支持农村电子商务服务体系助推美丽乡村建设的做法给予充分肯定，并以遂昌经验为借鉴，推出“发展农村新业态助推美丽乡村建设”新的试点建设项目。要求浙江省积极探索，深化改革，出更多的经验和模式，为全国面上改革提供可推广复制的经验。同时，各项试点工作以强农、惠农和破解制约农村发展的体制机制为立足点，试点成果惠及千万群众，试点工作得到基层干部群众的普遍欢迎。

三、找差距，补短板，努力推进基层财政管理工作上新台阶

在全省上下共同努力下，基层财政管理和农村综合改革工作齐头并进，取得的成绩有目共睹，但存在的困难和问题也不容忽视：一是乡镇财政机构的职能还没能很好的发挥。一些乡镇财政管理工作依旧没有摆脱乡镇财务的角色。“想管而不敢管、无权管”的现象依然不同程度的存在。二是乡镇财政干部队伍力量较为薄弱。部分乡镇人员配备不足、乡镇财政干部业务素质参差不齐、年龄结构老化、干部队伍不稳定等问题仍然比较突出。三是有的公共财政服务平台运行不够理想。部分地区纳入到平台管理的资金项目数量较少、资金覆盖面窄。四是各地申报农村综合改革试点项目积极性有所下降，有的试点单位改革创新意识不强。个别地方项目操作管理不够规范。

下一步，全省基层财政管理和农村综合改革工作要认真按照“三基五财”管理要求，紧紧围绕“补短板、强基础、抓管理、优服务”的总要求，按照建设“四型乡财”目标任务，坚定不移地抓好乡镇财政机构队伍建设、完善公共财政服务平台体系、强化就地就近资金监管工作，深入推进农村综合改革，促进全省基层财政管理和农村综合改革工作迈上新台阶，建设一支有为、有位，尽职、担当的基层财政管理队伍。围绕这一目标，2017年主要抓好以下工作：

（一）坚持不懈抓好乡镇财政规范化建设

一是要着力落实乡镇财政管理职能。要按照“一级政府、一级财政”的基本要求，转变乡镇财政职能，跳出乡镇财务角色，使乡镇财政切实负起综合财政管理职能。着力巩固和完善乡镇财政组织机构，理顺管理体制，在机构设置上，原则上做到上下对口、单独设置，对于暂时挂靠设置的，要尽量做到上下职能统一。对于人员配备明显较弱的，要抓紧配齐配强，确保所需人员与承担任务相适应。

二是抓好典型示范引领。各地要进一步巩固首批规范化建设先进财政所达标考评的建设成果，建立健全各项长效机制，以典型示范为推动力，加大工作力度，加快建设进度，力争通过几年努力，使全省所有乡镇财政机构全部达到设置的规范化建设要求。2017年省财政厅将继续组织规范化建设乡镇财政所达标评选活动。

三是做好干部队伍培训工作。要高度重视乡镇财政干部培训工作，按照“分级负责、以县为主”原则，加大对乡镇财政干部培训工作的组织指导力度，落实好培训规划和经费保障，努力实现乡镇财政干部全员培训工作目标。

（二）着力提升乡镇公共财政服务平台运行质量

要借助政府的力量，力争将平台建设任务纳入政府年度目标考核，确保平台建设顺利推进。努力抓好平台管理信息系统的上线运行工作，确保到2017年年底实现全省平台建设的全覆盖。要充分发挥平台的资金监管功能，力争经过两年时间的努力，基本实现省级资金全部纳入、当地财政安排的涉农民生补助性资金基本纳入乡镇公共财政服务平台。要本着“成熟一个、上网一个”原则，逐步将符合条件的县（市、区）乡镇公共财政服务平台有关数据纳入到浙江政务服务网。要继续大力推进涉农民生资金整合归并“一卡通”工作，努力将到户、到人的各项财政性资金款项归并成一张卡发放。

（三）进一步深化乡镇财政就地就近资金监管工作

一是要进一步完善信息通达机制。各级财政要根据推进“乡财乡管”、乡镇国库集中支付改革等要求，改革涉乡资金下达方式，确保乡镇能在第一时间掌握资金下达情况。切实提高信息通达的准确性和系统性，努力做到财政资金流到哪里，资金监管就跟到哪里。二是做好公开公示工作。以乡镇、村、单位公开栏常态化公开为基础，继续探索推进“互联网+涉农资金信息”公开模式。三要建立常态化的抽查巡查机制，真正把资金监管措施融入财政日常管理业务之中，推进就地就近资金监管常态化。

（四）围绕“三农”短板，扎实推进农村综合改革工作

一是补足思想意识的短板，切实增强干事担当意识。农村综合改革试点项目，地方想不想参与试点，选择什么项目试点，有很大的主动性。不能因为现在资金管理要求高、承担的责任风险大就采取多一事不如少一事的消极态度，使地方失去改革发展的大好机会。希望财政部门的同志进一步增强大局意识、

担当意识,积极主动地为地方党政领导当好参谋,及时向地方主要领导报告省级推出的各项改革举措,积极申报省级试点项目。

二是补足工作动能的短板,把工作重点放在机制创新上。农村综合改革试点的核心在于体制机制上的创新,试点项目的选择要考虑试点工作对本地区农村经济社会发展的深刻意义,改革试点的系统性和全面性,找准牵一发而动全身的关键环节。列入省级试点的县市,在具体方案设计、政策制定、项目推进、资金使用等各个环节,都要力求有创新举措,并及时加以总结,不是简单地争取到上级资金补助或完成项目建设就完事,否则就失去改革试点的意义。

三是补足试点资金撬动不强的短板,积极探索政银合作新途径。要发挥财政资金的杠杆作用,明确支持重点。如何用好管好财政补助资金,各级财政要共同承担责任。如何利用有限的财政资金撬动更多的社会资本,这是需要大家积极探索的课题。希望各试点县因地制宜,主动与当地金融机构开展合作,争取银行信贷力量支持投入。

四是补足试点项目带动不强的短板,大力推动成熟经验复制和推广工作。通过近年来的试点,不少地方总结了许多好做法好经验,但经验的推广复制工作做得还不够。希望从2017年起,大家重视这个问题,真正发挥试点工作示范引领作用。凡是列入省级试点的项目,每年都要报告工作进展,试点期满要及时开展绩效评价,试点中的亮点要及时通过新闻媒介进行宣传报道,成功的经验和做法要及时在面上推广复制,试点成果要考核,省级可考虑专门对试点经验和模式的推广复制进行奖补。

（2016年12月）

在全省财政资金安全检查工作视频会议上的讲话（摘要）

省财政厅总会计师 赵立妙

一、认真贯彻落实财政部要求,全面开展财政资金安全检查

财政部要求,2016年1~6月组织地方财政部门全面开展财政资金安全检查工作。近期,省财政厅也下发通知,部署具体工作,各地要抓实抓好,切实堵塞资金监管漏洞:

（一）提高认识。财政资金安全无小事。各地要按照自查、核查和整改落实三个时间节点抓紧安排布置,认真落实检查要求,切实做到思想上认识到位,行动上落实到位,并以这次检查为契机,全面加强本单位的资金安全管理,建立健全资金安全管理长效机制。

（二）加强组织领导。各地要尽快成立以主要负责人为组长、预算执行部门和监督检查部门牵头,相关业务部门参加的检查工作小组,周密制定工作方案,2016年2月底前从岗位和人员管理、账户管理、财政资金收付管理、会计核算管理、会计集中核算向国库集中支付转轨落实情况等五方面开展自查。

（三）周密部署。县级以上财政部门在抓好本级自查的同时,应统一部署本地区检查工作,并加强对下级部门的业务指导,3月底前完成核查工作。组织培训,确保检查质量。及时对检查人员开展业务培训,确保检查效果。全面核查,确保不留死角。设区市财政局对所辖县（市、区）财政局进行全面核查,县（市、区）财政局对所辖乡镇进行核查。核查采取听取汇报,现场查看文件、账目、信息系统及与相关职能人员谈话等形式。后续跟踪,确保不走过场。县级以上财政部门要跟踪下级财政部门的整改落实情况,确保有关问题彻底整改到位、不留隐患。

（四）强化责任落实。各级财政部门主要负责人是本级自查结果的第一责任人,要对自查内容真实性和完整性负责。凡在自查中弄虚作假、敷衍塞责,有问题不查,查出问题不报、不处理的,一经发现,将按规定严肃追究财政部门主要负责人和相关责任人的责任。涉嫌犯罪的,移送司法机关处理。针对检查中发现的问题,各级财政部门要于5月底前整改完善,并建立健全内控机制。属制度缺失的,抓紧制定;制度不完善的,尽快完善;制度与国家规定相抵触的,立即废止。

（五）严把队伍关。各地不仅要把好用人关,将一批政治合格、道德优良、业务过硬的人员调整充实到财政资金收付管理工作岗位,更要注重对重要岗位人员的素质教育和日常管理,提高岗位人员职业道德水平和拒腐防变能力。

二、加快实施国库集中支付电子化改革

浙江省已于2015年年底确定了省级电子化支付流程图和实施方案,预计2016年上半年正式实施。

（一）成立实施机构。各地要成立专门工作小组,由财政部门、人民银行、软件公司等相关人员组成,制订任务细化、责任清晰的改革计划。

（二）建立协调机制。内部协调方面,建立由执行、信息等相关人员组成的协调小组,不定期召开碰头会,商议解决改革中遇到的问题;外部协调方面,密切与当地人行、代理银行沟通协调,共同制定细致的工作方案;预算单位协调方面,做细做好培训宣传工作,取得理解和支持。

（三）落实实施方案。落实任务到具体岗位、个人,明确实施步骤。

（四）加强安全保障。将在维持业务系统模式不变的基础上,对电子凭证安全支撑控件采用全省大集中模式,即设区市和县（市、区）共享省级部门的国库集中支付电子化安全支撑体系。各地要按照"统一规划、统一标准、统一支撑软件"的总体要求,通过增加电子校验、电子稽核、电子审计等措施,对电子签章、信息审核等关键节点进行安全"加固";建立信息系统运维管理制度,形成系统操作预先授权、岗位相互牵制、电子信息及时核对的管理体系;对支付电子化管理后的业务数据实行双机热备,加快灾备系统建设;加强信息化建设经费保障,合理编制经费预算。

为确保此项工作顺利推进，省财政厅执行局、数字中心、人民银行杭州中心支行国库处等部门将成立督导组，指导各地财政部门抓紧开展改革工作，确保如期完成改革任务。

三、夯实预算执行各项基础工作

（一）稳步推进权责发生制政府综合财务报告试点

近期，财政部已将浙江省列入全国正式编制权责发生制政府财务报告的7个试点省份之一，2017年将按照新的办法和指南，编制2016年度权责发生制政府财务报告。希望各地认真做好各项准备工作，为顺利完成2017年编制工作打下扎实的基础。

（二）不断强化预算执行动态监控

一是加快动态监控制度建设。尚未建立动态监控制度的地区应根据实际情况，抓紧制定本地区动态监控管理办法。

二是落实动态监控信息系统。省财政厅已开发“省级国库集中支付动态监控系统”，各地可结合实际选择软件实施模式。

三是建立动态监控信息报告制度。各设区市财政部门要及时报送本级及所辖县（市、区）动态监控数据和工作中发现的情况，省财政厅将跟踪各地进展情况并进行督查。

（三）进一步规范财政专户管理

一是规范专户开立程序。各级财政部门一律不得新设专项支出财政专户，开立其他专户的，要严格执行《浙江省财政厅关于印发〈浙江省财政专户管理暂行办法〉的通知》，并按程序逐级报财政部核准。未经财政部核准，不得擅自开立财政专户，也不得在制发的各类文件中擅自规定设立财政专户。

二是全面清理撤并存量专户。2016年4月20日前撤销以下专户：《浙江省财政厅关于下达财政部核准市县级存量专户情况的通知》要求撤销或合并的专户；审计部门在审计意见中要求撤销的专户；以地方制发的各类文件或有关会议纪要等为开户依据设立的财政专户，及其他无政策依据设立的财政专户。

三是加强专户资金管理。加大力度盘活财政专户存量资金，应当调入国库的及时调入国库。严格规范财政专户资金收支管理，应上缴国库的非税收入严格按规定时间缴入国库，严禁违规将财政资金从国库转入财政专户，或违规将财政专户资金支付到预算单位实有资金银行账户。严禁将财政专户资金借出周转使用，已经出借的资金要限期收回。

四是切实规范专户资金存放。严格执行《浙江省财政厅关于做好财政资金竞争性存放管理工作的通知》，对新开设的财政专户以及存量财政专户变更开户银行，一律通过招投标方式确定开户银行。暂时闲置的专户资金，在留足支付需要的前提下，原则上应全部实行竞争性存放，防止发生利益冲突和利益输送。

（四）加快拨付债券资金和置换存量债务

一是加快拨付债券资金。全省初步发债计划为：3月上旬公开招标发行置换债券约260亿元；4月上旬定向承销发行置换债券1500多亿元；6月份根据财政部最终下达的新增债券额度公开招标发行完成全年新增债券；三、四季度，公开招标发行置换债券额度分别为900亿元和301亿元。各地要按照省财政厅发债计划提前做好债券资金拨付前期准备工作，尽快拨付已入库的债券转贷资金，不得将债券资金长期滞留国库。

二是稳妥做好库款垫付。采用公开招投标方式发行债券置换的存量债务，如在债券发行之前到期，各级财政部门可在保障财政支出需要的前提下，由本级国库在置换债券额度内垫付偿还。收到公开发行的置换债券资金后，应及时回补垫付的国库资金，按规定做好账务处理。

三是切实做好定向承销债券置换的存量债务归还工作。采用定向承销方式发行债券置换的存量债务，如在债券发行前到期，债务人应与债权人协商，适当予以展期，债券发行后及时置换，不得动用库款垫付归还。

（五）切实调度好财政库款

各地要加强对库款的预测与分析，合理安排调度好资金，确保正常支出的资金需求。省对市县的调度，原则上根据测算及各地库款情况，对库款余额超出月均支出保障水平1倍以上的市县暂不调度；低于1倍的，在调度总额范围内，且基本确保月度均衡的情况下，予以补足。

（六）加强财政对外借款管理

一是全面清理已经发生的财政借垫款。切实采取可行措施，必要时运用法律手段，抓紧全面清理已发生的财政借垫款。应当由预算安排支出的，抓紧安排预算，原则上应在2017年年底前列支完毕；其他财政借垫款，原则上应在2016年年底前收回。经核实确实无法收回的财政周转金和其他财政借垫款，应在2017年年底前报经同级人民政府批准同意后，按规定核销。

二是严格控制新增财政对外借款。严格按照批准的年度预算和用款计划拨款，对年度预算执行中确需新增的支出项目，按规定通过动支预备费或调整当年预算解决，不得对外借款。对确需出借的临时急需款项，应严格限定借款对象、用途和期限。借款对象应限于纳入本级预算管理的一级预算单位（不含企业），不得对非预算单位及未纳入年度预算的项目借款和垫付财政资金，且应仅限于临时性资金周转或者为应对社会影响较大的突发事件的临时急需垫款。借款期限不得超过一年。

三是严格规范财政对外借款审批程序。制定财政对外借款内部审核程序，详细核查新增财政对外借款的借款对象和借款用途等，符合规定且确需借款的，应报经同级人民政府常务会议批准同意后办理借款手续。财政部门要与借款单位签订借款协议，明确借款金额、借款用途、借款期限、还款来源和违约责任。

四是加强财政对外借款日常管理。完善内部职责分工，落实借款管理责任。建立财政对外借款台账，详细记录每笔借款的对象、期限、金额等信息，并定期与总会计账簿核对。完整保存财政对外借款的审批文件、借款协议、拨付凭证等档案资料。加强对借款单位资金使用情况的监督检查，一经发现有借款用途发生改变等情况，立即收回借款。

五是建立财政对外借款回收保证和责任追究机制。建立到期借款预警机制，督促借款单位按期还款。对不能按期还款的，采取扣减预算等方式确保及时收回借款。存在逾期借款未偿还的单位，不得再新增借款。建立财政对外借款终身负责制，对相关责任人违规对外借款造成出借财政资金损失的，依法提请有关部门追究其法律责任。

（2016 年 2 月 1 日）

在全省统一公共支付平台接入实施应用培训班上的讲话（摘要）

省财政厅总会计师 赵立妙

一、全省统一公共支付平台总体推进情况

浙江政务服务网统一公共支付平台于 2014 年年底上线运行。截至 2016 年 5 月 26 日，通过平台累计受理收缴业务 243.88 万笔，收缴资金 4.88 亿元。其中，2016 年 1～5 月，受理收缴业务 168.93 万笔，收缴资金 2.87 亿元。

二、2016 年工作目标任务

2016 年工作目标是：一是在全省范围内组织推进统一公共支付平台接入实施工作，实现全省全面接入。二是全省各地交通违法罚款项目接入统一公共支付平台，并全面实现网上收缴；大力推进教育收费等项目接入统一公共支付平台运行。三是进一步拓宽接入统一公共支付平台支付渠道，融合线上与线下支付体系，拓宽支付入口。四是构建统一公共支付平台开放接入和运行支撑体系，保障统一公共支付平台安全稳定运行。

三、有关工作要求

统一公共支付平台是浙江省“互联网+政务服务”改革的重要内容之一。2016 年，省政府将派督查组赴省级有关单位和各地开展深化“四张清单一张网”改革专项督查，统一公共支付平台实施应用也是督查内容之一。各地要按照《浙江省人民政府办公厅关于印发 2016 年浙江政务服务网建设工作要点的通知》要求，认真组织实施。

一是统一思想，周密部署。2016 年，省政府工作报告将“互联网+政务服务”列入浙江省十大民生实事之一，依托互联网向社会公众提供方便快捷的公共款项缴纳服务是其中一项重要内容。各地要高度重视平台推进工作，集中业务、技术等骨干力量，点面结合、周密部署。6 月底前接通统一公共支付平台，8 月底前实现全省交通违法罚款项目全面接入统一公共支付平台并实现网上收缴，9 月底前各市县分别至少有 2 个以上执收项目接入统一公共支付平台。省财政厅将适时对各地推进情况进行通报。

二是稳中求进、重点突破。各地各部门要认真组织实施 2016 年省政府工作报告中已向社会承诺，与统一公共支付平台相关的交通违法罚款网上收缴等民生实事推进工作。积极稳妥推进无需与执收单位业务系统进行逐个对接开发的一般公共款项（如教育收费）执收业务的面上推广应用。对部分需要逐个对接开发，但外部条件比较成熟且在全省面上具有示范意义和推广价值的重点项目，各地也要创造条件稳步推进。

三是加强培训、熟悉业务。省财政厅将根据统一公共支付平台推进进度，录制统一公共支付平台实施及操作视频。各地要及时组织财政部门、执收单位、代收机构、收款银行相关人员进行培训。各代收机构（银行）也要加强本系统的培训工作，指导市县网点相关人员熟悉操作业务。

四是落实责任、强化保障。各地各部门要将公共支付业务的运维保障工作摆在重要位置，落实安全管理制度和支持力量，确保统一公共支付平台与相关业务系统连接通畅、运行稳定。各地及有关代收机构（银行）、执收单位应确定负责统一公共支付平台实施应用工作业务、技术等有关人员，落实责任，并通过系统填报相关人员的岗位分工、联系方式等基础信息，完善平台运行保障体系。

五是总结经验、持续改进。各地财政部门、执收单位、代收机构（银行）发挥贴近基层的优势，将实施应用工作发现的问题，以及执收单位、缴款人等提出的功能提升需求，及时反馈省财政厅，持续推进平台改进优化。

（2016 年 5 月 27 日）

在全省财政预算和预算执行管理工作视频会议上的讲话（摘要）

省财政厅总会计师 赵立妙

一、把握好组织收入的力度和节奏

2016 年以来，浙江省财政收入总体实现平稳较快增长。1～10 月，全省一般公共预算收入完成 4742.58 亿元，增长 11.0%，同口径增长 11.6%；税收收入 4057.93 亿元，增长 10.3%，同口径增长 10.9%，总体呈现平稳较快增长态势。从全国各省市一般公共预算收入增幅看，浙江省列第 4 位，在沿海五省市中，浙江省列第 3 位，低于上海（20.6%）、广东（11.6%），高于山东（6.3%）、江苏（1.8%）。全省 11 个设区市中，有 6 个市实现两位数增长。

综合来看，预计全省可实现 7% 的年度增长预期，但也存在一些不平衡因素。

一方面，2016 年收入的较快增长有诸多不可比、不平衡因素。一是房地产市场异常火爆带来较多增收。1～10 月，全省房地产业税收增长 22.5%，土地出让收入增长 69.8%，从土地出让收益中计提的教育资金、农田水利建设资金分别增长 32.6% 和 72.0%。二是杭州市一枝独秀，拉高了全省增幅。1～10 月，杭州一般公共预算收入增长 16.3%，以占全省 26.9% 的总量，贡献了

全省 37.8%的增量。三是“营改增”的全面实施,带来部分清欠入库。

另一方面,2017 年收入增长存在诸多不确定性。一是实体经济增长仍较乏力。全省制造业仅增长 2.3%,28 个行业中,17 个行业税收负增长。二是房地产调控的减收效应将显现。随着限购、限贷等房地产调控政策的实施,房地产市场热度已明显回落,很快也将在税收上反映出来,同时 2016 年的高基数也给 2017 年带来压力。三是清费减税的减收压力大。

鉴于以上情况,要把握好组织收入的力度和节奏,既要考虑完成 2016 年的预期目标,更要为 2017 年留有余地。同时,2016 年是“营改增”体制调整的过渡之年,保持适度增长,也有利于中央与地方财政体制的平稳过渡。

二、狠抓支出预算执行进度

(一)从前 10 月情况看,全省支出进度偏慢

1~10 月,全省一般公共预算支出 5139.52 亿元,增长 5.9%,完成年度预算的 83.4%,其中,10 月当月,全省一般公共预算支出 352.07 亿元,下降 19%,比上年同期减支 82.44 亿元。相较 2016 年一般公共预算支出预计数,1~10 月,全省市县(不含宁波)预算支出进度为 76.4%,落后序时进度 6.9 个百分点。从财政部通报的前三季度情况看,全省一般公共预算支出增幅、进度、已收回存量资金中形成实际支出资金占比在全国 36 个省、市、区中分别排在第 30 位、34 位和 26 位。

从科目支出进度看,全省有 10 个科目慢于序时进度,有 7 个科目慢于序时进度达 16 个百分点以上。

从设区市支出进度看,有 5 个慢于序时进度 10 个百分点以上。

从县、市支出进度看,有 10 个慢于序时进度 10 个百分点以上。

从省级支出进度看,主要有 5 个科目支出滞后严重。1~10 月,省级预算支出进度为 65.7%,慢于序时 17.6 个百分点。

(二)进一步加快支出进度的措施

1. 高度重视加快支出进度工作

加快支出进度,是稳增长的重要举措。省级各部门和各市县要强化主体责任意识,将支出进度作为预算执行的重要工作来抓,力争 1~11 月支出进度达到序时进度。执行进度快于序时进度的省级部门和市县要保持好,确保 1~11 月继续快于序时进度;执行进度慢于序时进度的市县和省厅各归口业务处要认真查找原因,研究提出下一步工作措施,加快重点单位、重点项目的执行进度。

2. 完善支出进度考核问责制度

完善支出考核问责制度的细化措施。一是建立支出进度按月通报制度。省级部门和市县支出进度按月排名,并通报到厅各归口业务处、各部门和各市县;二是启动约谈工作。对慢于序时进度 10 个点以上的 5 个设区市和 10 个县(市)财政局局长,以及月支出进度排名居后的 5 个省级部门、未完成预算金额较大的 5 个省级部门分管财务的厅领导,进行集体约谈。

3. 大力压降库款规模,尽早发挥财政资金效用

浙江省库款高的主要原因:一是收入增长较快;二是支出进度偏慢,特别是项目支出进度慢;三是债券资金置换较慢;四是库款存在地区间不平衡。压降库款,是国务院稳增长的一项重大决策部署,各地一定要统一思想、提高认识。各地预算管理部门、预算执行部门及具体业务管理处(科)室要统筹协调,密切配合,积极督促,努力加快支出进度,及时完成债券资金置换,切实压降库款规模,尽早发挥财政资金稳增长效用。

4. 加快重点项目和重大项目支出进度

省级各部门和各市县要在保证财政资金安全和使用效益的前提下,对于预算安排的重点项目和重大项目,尽快组织实施,加快项目支出进度;对于尚未完成前期准备工作的重大项目,要加快工作节奏,尽快完成项目实施的准备工作,形成实际支出。

各部门和各市县要合理安排工作计划,调整工作步骤,提前做好清算类、评审类的项目准备工作,避免此类项目集中在年底支出。

5. 提高年度预算编制质量

严格按照《预算法》要求,提高预算编制的标准化、公开化、精细化、规范化、科学化和绩效化水平。细化基本支出和项目支出预算编制,对部门的项目支出,要加强事前论证和规划工作,切实提高项目预算编制的真实性和准确性,确保预算的可执行性。加快推进项目库系统建设,解决项目落地“最后一公里”的问题,做好项目储备报备工作,确保专项转移支付尽快形成实际支出。按照规范程序进行项目申报审核,择优排序,保证重点,及时入库,定期清理,滚动管理,全程监管、追踪问效。

(2016 年 11 月 17 日)

在全省财政系统政府产业基金管理培训班上的讲话

省财政厅副厅长 沈 磊

一、全省政府产业基金总体情况

2015 年以来,根据《浙江省人民政府关于创新财政支持经济发展方式 加快设立政府产业基金的意见》精神,浙江省各级政府积极探索建立各种形式的政府产业基金,并取得了初步成效。

一是产业基金初具规模。各地通过深化专项资金改革、清理盘活存量资金和新增公共预算安排,筹措落实财政资金,建立政府产业基金,并采取市场化运作的方式,统筹支持信息经济等 7 大万亿产业、现代农业发展和特色小镇建设,大力促进科技创新和产业转型升级。截至 2016 年 3 月底,全省政府产业基金规模合计 928.09 亿元,已到位资金 443.93 亿元,其中省级产业基

金规模200亿元,已到位资金180亿元;各市县区产业基金规模728.09亿元,已到位资金263.93亿元。

二是管理架构初步建立。省政府成立了省产业基金领导小组、省转型升级基金管委会和省农业基金管委会,负责协调和决策基金相关重大事项,管委会办公室设在省财政厅。省金融控股公司成立浙江省产业基金有限公司作为基金法人,并由浙江金控投资管理公司具体负责基金运作管理,从而搭建起基金管委会——投资决策委员会——基金法人机构——基金运营机构四级组织管理架构。已设立政府产业基金的地方也大都组建了相应的基金领导管理机构,不少地方还设立了专门的管理科室,或者金控公司、基金管理中心等,从而初步形成了基金管理的组织架构。

三是规章制度初成体系。省财政厅牵头制定了《浙江省财政厅关于规范政府产业基金运作与管理的指导意见》《浙江省转型升级产业基金管理办法》《浙江省转型升级产业基金管委会议事规则》和《浙江省转型升级产业基金管委会成员单位职责》等制度办法,2016年又印发了《关于进一步做好政府产业基金工作的通知》《进一步做好政府产业基金信息资料报送工作通知》,起草了《浙江省政府产业基金投资退出管理暂行办法》,初步形成了政府产业基金管理的制度体系,使各项工作开展有章可循,从而规范政府产业基金的运作管理,防控财政资金风险,提高财政资金使用绩效。

四是实质运作初见成效。截至2016年3月底,全省各级政府产业基金与社会资本合作设立子基金140支,总规模达884.34亿元,其中:政府出资173.31亿元,社会资本出资711.03亿元,政府资金一级放大逾5.1倍。上述子基金已投资实体企业(项目)895个,项目投资总额756.19亿元,其中:子基金投资232.52亿元,社会资本投资523.67亿元,政府资金二级放大近3.3倍。此外,政府产业基金直投项目24个,投资总额144.39亿元,其中:政府产业基金投资48.57亿元,社会资本投资95.82亿元。全省各级政府产业基金撬动社会资本投入规模为1330亿元。

在肯定成绩的同时,也要清醒地看到在基金设立、管理、运作过程中依然存在不少问题和困难。一是市县进展不平衡。部分市县认识不够到位,专项资金整合进度慢,存在畏难情绪,担心资金募集困难、管理人才匮乏、优质项目有限等问题,导致一直未建立政府产业基金,其中不乏经济较发达县(市)。二是基金运作不够规范。个别地方产业基金实际操作偏离规定要求,将基金定位为基础设施建设的融资平台,以支付固定利率回报并承诺回购,用以减轻地方政府债务负担,或将基金以低于银行同期贷款利率的方式用于企业中长期贷款,积累新的政府债务风险。三是监督机制不够完善。政府产业基金的激励约束、适时退出、考核评价等配套机制尚不健全,国家层面的顶层设计、相关的政策法规都处于探索完善阶段,缺乏可学习借鉴的成功案例。四是实质性运作进展缓慢。部分地方在政府产业基金具体投向上把握不准,对于投资风险顾虑较重,导致实质性运作进度不快,子基金对外投资项目不多,带动社会资本投入与省政府的要求相比还有较大的差距。

二、下一步主要工作措施

2016年,省财政厅将认真总结、分析全省政府产业基金设立、运作和管理过程中的经验做法和存在问题,采取各种措施,完善工作机制,健全管理制度,积极推进政府产业基金的规范化管理和实质性运作。重点做好以下三方面的工作:

(一)加强督促指导。一是深入分析全省政府产业基金的设立和运作情况,积极开展政府产业基金工作调研,分类了解政府产业基金运作情况,督促指导市县加快设立和规范运作,特别是对尚未设立基金的和虽已设立但资金到位不理想的经济较发达县市逐个进行指导和帮助,并明确落实相应的工作目标。二是进一步加强对省转型升级产业基金与市县政府合作设立的区域基金的指导和管理,积极推动区域基金与社会资本合作,充分发挥政府产业基金对特色小镇建设、创新驱动发展战略和产业转型升级等方面的政策引导作用,并为全省市县区产业基金工作提供示范和引领。三是研究建立示范机制,在重点领域树立典型示范项目,同时借鉴其他省市和市县好的做法,在年内建立省级典型示范项目案例库,积极向全省推广,促进相互学习借鉴。

(二)完善工作机制。一是抓紧修改完善并印发《浙江省政府产业基金投资退出管理暂行办法》,规范产业基金的投资退出和合理让利机制。二是建立健全专家咨询委员会和部门联络员制度,加强投资项目的投前论证和投后管理,健全信息双向沟通渠道,完善部门间高效协调机制,真正形成共管模式,做到协同发力。三是研究建立政府产业基金考核评价和激励约束机制,年内出台考核评价办法并从2016年度开始实施,通过采取相应的激励或处罚措施进一步推进全省政府产业基金工作。

(三)加快实质运作。一是对省转型升级产业基金运作管理情况进行考核评价,督促省产业基金合作设立的市场化子基金对外投资运作。二是会同省级相关主管部门调查了解全省各类产业投资基金的现状,进一步研究落实七大产业和特色小镇适合政府产业基金投资的重点领域,提出精准可行的投资方向和投资指南,引导金融资本和社会资本加大投入,并积极争取国家相关基金的支持。三是推进政府产业基金对接服务平台建设,及时发布政府产业基金的政策信息和投资指南,定期组织全省各级政府产业基金与专业基金管理机构和企业进行对接,进一步推动政府产业基金对外投资和实质性运作,确保完成全年目标任务。

三、有关要求

按照省政府部署要求,年底以前,要争取政府产业基金到位资金规模达到750亿元以上,撬动社会资本投入5000亿元左右。完成这些工作目标,需要各级财政部门的高度重视和共同努力,进一步解放思想,勇于担当,敢于创新。

（一）进一步推进政府产业基金设立工作。目前，除少数市县外，全省共有72个市、县（市、区）设立了政府产业基金，已设立产业基金的市县中，有部分资金到位情况不理想，这里既有地方政府领导和有关部门观念上的问题，也有财政部门本身认识上的问题。因此，各级财政部门要进一步提高认识，增强主动性、创新性和紧迫感，克服畏难情绪，把建立政府产业基金作为深化财政体制改革、推进经济转型升级的重要抓手，抓紧把政府产业基金设立起来。在设立政府产业基金时，要突出财政主导作用，严格按照省政府和省财政厅的规定要求，采取合适的基金规模、设立方式和运作模式。同时，要加强与业务部门的配合，当好参谋，做到权力分散、资金集中，运用更加市场化的方式支持经济发展。

（二）进一步提高政府产业基金管理水平。目前各地基金管理机构和专业人才比较缺乏，影响了政府产业基金的管理水平和投资运作进度。对于基金管理人才，要坚持多条腿走路。财政系统干部财务会计业务能力强，具备了做好政府产业基金管理的先天优势，要立足自身加强培养。同时积极引进并培养善于管理、高素养、操作能力强的人才。要搭建合理的基金管理架构，选配既懂产业政策又懂基金管理的人员从事政府产业基金管理工作，抓紧建立起内部培养基金管理人才、引进专业投资管理团队和建设政府基金管理平台"三位一体"的基金管理模式。既要积极依托国有投资主体的管理队伍，也要大胆借助市场化专业管理团队的力量，并结合当地产业特点和发展优势，整合优化政策资源，探索建立良好机制，吸引更多的投资主体、管理机构、专业人才参与浙江省产业投资基金发展，提升政府产业基金管理水平。在此基础上，要积极督促基金管理机构提高政府产业基金运作管理水平，完善各项规章制度，在项目建议、尽职调查、内部决策机制等方面强化规范管理。同时，要建立健全对政府产业基金的考核评价制度，定期对基金支持的政策目标、政策效果及其资产情况进行评估，确保基金安全运作和发挥效益。

（三）进一步加快政府产业基金对外投资运作。日前，厅长钱巨炎对政府产业基金工作作出批示："下一步重点是用出去，扶持产业发展，真正落地，发挥作用"。各级财政部门要按照钱厅长的批示精神，按照"市场化、专业化、可控性"的原则，紧密围绕"一带一路""特色小镇""四换三名""两化融合"和小微企业三年成长计划等中央和省委、省政府重大决策部署，聚焦信息经济等七大万亿产业、文化创意产业发展和特色小镇建设，采取灵活适当、规范合理的让利措施，加快与社会资本合作建立相关重点行业子基金。对于风险顾虑和退出让利，既要解放思想、敢于担当，又要明确边界、制定规则，不能一补了之。在投向把握上，要因地制宜，大胆创新，坚持政府引导、市场运作，与市场化基金有所差异，不与市场争利，弥补市场失灵，体现政策导向和引导功能，特别是对于省委十三届九次全会提出补齐"六块短板"中的科技创新等短板，要瞄准中小微企业，做好更前端的服务，发挥政府产业基金"风险池""蓄水池"作用，真正做到政府产业基金出得去，回得来。同时，积极依托行业主管部门的管理优势，加快项目搜寻和实质性运作，围绕七大万亿产业、围绕特色小镇和创新驱动，合力推进政府产业基金合作设立的子基金高效运作，确保完成目标任务。

（2016年4月28日）

在全省行政事业单位内控培训班上的讲话（摘要）

省财政厅副厅长 沈　磊

一、准确把握内控制度建立和实施的关键点

（一）单位领导重视和推动是实施内控规范的关键

《内控规范》明确规定："单位负责人对本单位内部控制的建立健全和有效实施负责"。内控规范的实施要靠各单位全员参与，但关键在于单位领导，特别是一把手的重视和推动。行政事业单位内部控制涉及预算、政府采购、资产管理、项目建设、内外监督等各项经济活动，需要单位内部的各有关部门和岗位加强沟通、相互协调，形成联动机制，这些都离不开单位领导的重视支持。为此，将实施内控规范作为"两学一做"学习教育整改落实的一个重要手段来抓，进一步促进单位领导树立风险防范意识，增强责任感和使命感，从"要我内控"向"我要内控"转变，确保内部控制工作顺利有序推进。

（二）内控制度建设应以《内控规范》为基础

《内控规范》依据《预算法》《会计法》等法律法规制定，综合考虑了内部控制的基本原理和我国行政事业单位的实际情况，梳理了相关业务流程，聚焦内部管理中的薄弱环节，并将制衡机制嵌入内部管理制度中，是指导行政事业单位加强内部管理的重要规范性文件。各地、各部门推进行政事业单位内控建设应以贯彻实施《内控规范》为抓手，吃透精神，准确把握内涵和要点。

（三）制衡是实现内部控制的基本要素

内部控制方面的制衡，是指在单位的岗位设置、权责分配、业务流程等方面形成相互制约、相互监督的机制设计。内部控制应抓住单位经济活动的客观规律，实施流程再造，将制衡机制嵌入管理工作中，实现决策、执行和监督相互分离、相互制约。具体而言，着重在四方面形成制衡机制：一是建立议事决策机制，防范资源配置的"一言堂""一支笔"；二是规定不相容岗位相互分离、内部授权审批和强化评价与监督，防止贪污、挪用国有资产等现象发生；三是建立预决算、政府采购、资产管理等部门和岗位间的沟通协调机制，形成管控合力，确保资产的合理配置和有效使用；四是建立关键岗位工作人员的培训、教育、评价和轮岗等机制，牢固树立风险防范意识和拒腐防变的思想道德底线，按照法定权限和程序来履行职责、维护公共利益。

（四）关口前移是实现内部控制的主要特点

内部控制，着眼于"未病先防"。通过制衡机制、流程再造和信息化手段在行政事业单位日常管理中的运用，对单位业务管理活动的市场、操作、法律、声誉等风险等进行事前防范、事中控制、事后监督和纠正，及时堵塞制度漏洞、消除管理隐患。

（五）信息化是实施内控规范的重要手段

《内控规范》明确规定："单位应当充分运用现代科学技术手段加强内部控制"。将内部控制嵌入信息系统中，可实现内部控制的程序化和常态化，改变单位各项经济活动分块管理、信息分割、信息"孤岛"的局面，使管理方式由传统的日常管理向例外管理转变，可集中精力处理重大问题，进一步提高工作效率。

二、扎实做好内控建设的实施工作

（一）加强对实施内控规范的组织领导

各行政事业单位应成立以单位负责人为组长的贯彻实施内控规范领导小组及办公室，或在单位负责人领导下指定专门机构来组织内控规范的贯彻实施工作。领导小组应制定贯彻实施工作规划，指导、督促、检查各部门、单位制定内控制度，确保内控制度的横向制衡和纵向联接。

（二）抓好内控规范实施的重要环节

各行政事业单位要按照内控规范的统一要求，结合自身经济活动的特点，重点关注本单位重要经济活动和经济活动中的重大风险。在实施内控规范时，要与浙江省廉政防控体系建设、"两学一做"学习教育相结合，梳理业务流程，识别关键的风险领域和风险点，有针对性地制定管理措施，规范业务管理。根据内控规范要求建立健全各项内部管理制度，强化信息化系统建设，并定期开展内控自我评价，把内控规范逐项落实到位。

（三）正确处理好内控建设与日常工作的关系

行政事业单位内部控制建设涉及面广、工作量大、专业性强，需要制定好一系列制度、设计好业务流程、建设好信息系统、开展好自我评价等，关键是要做好单位经济活动制度和流程优化，这需要全体干部职工的共同努力，以及一定的时间保证。因此，各单位应正确处理好内控建设与日常工作的关系，注意有效衔接。在建设过程中，可聘请内控专家进行指导，提高工作效率，有条件的单位，可聘请专业机构或中介机构提供必要的支持，确保内控建设与日常工作两手抓、两不误，切实提高内控制度质量。

（四）注重做好宣传和培训工作

行政事业单位内控规范的核心内容是会计控制。因此，各单位特别是财务工作人员要切实做好宣传培训工作，让内控的理念深入人心，使全体干部职工树立起风险意识、底线意识和责任意识，确保全省内控建设有效开展。

（2016年6月13日）

在财政社保工作专题会议上的讲话（摘要）

省财政厅副厅长 沈 磊

一、强化"四个观念"和处理好"六方面关系"

在当前的财政社保工作形势下，各级财政部门要强化"四个观念"：一是全局观，要统筹社会保障改革的全局，系统、全面地开展各项工作，不能头痛医头、脚痛医脚，避免顾此失彼；二是协调观，要把握好工作的节奏和步调，改革推进要与社会、经济发展水平相协调，与政府、社会和个人经济负担能力相协调，制度之间要相互协调；三是公平观，要处理好普惠性政策和特殊群体政策的关系，保障政策的相对平衡、人群待遇的相对公平；四是可持续发展观，要坚持保基本、广覆盖、多层次、建机制的基本原则，确保制度运行平稳、可持续。

同时，处理好"六方面关系"：一是处理好政府与个人、社会、市场关系，要厘清各方责任边界，切实承担好应由政府承担的基本保障责任，不能大包大揽，同时注重发挥市场的活力和作用；二是处理好主动与被动关系，要敢于担当、主动作为，重要工作、重大改革尤其要提前谋划，当好政府参谋；三是处理好眼前与长远关系，在解决眼前矛盾和问题时，要立足于社会保障改革的基本理念、原则和长远发展方向，防止短期思维；四是处理好宏观与微观关系，在宏观层面要注重增强对政策制度的总体把控，在微观层面要注重增强各方面主体活力；五是处理好全局与局部关系，在整体协调推进各项改革的同时，要在改革的关键领域和重点环节争取实现突破性进展；六是处理好集中与分散关系，既要稳步解决当前存在的社保政策碎片化问题，同时也要防止产生新的政策碎片，各地要在国家和省统一规定的制度框架下开展改革，不能随意突破，尤其要注意不得乱开政策口子，同时还要防止盲目攀比社会保障待遇标准、财政补助标准。

二、着力抓好十项重点工作

（一）推进社保基金保值增值工作

2016年6月，经省政府同意，省财政厅印发了《浙江省社会保险基金保值增值运作管理办法（试行）》。7月，又进一步下发了《关于报送社保基金运作方案有关问题的通知》，对运作方案申请报告内容格式、编报程序等进一步细化明确。

打通社保基金和政府债务的通道，既可以提高社保基金保值增值收益，又可以减轻政府债务负担，是社保基金保值增值方式的创新和突破，下一步，省、市、县各级财政部门要按照有关政策要求，积极、稳妥地推进这项工作。

（二）加快社保基金多渠道筹措机制建设

今后一个时期，随着人口老龄化加快，经济结构调整、增速放缓，《关于解决未参保集体企业退休人员及其他相关人员基本养老保障等遗留问题的实施意见》(以下简称"221 号文件")和被征地农民参保政策影响的显现等因素的叠加,社保基金尤其是职工养老保险基金支付风险将逐年加大。2016 年,职工养老保险基金预算首次出现赤字,之后赤字额预计会越来越大,预计到 2021 年,现有的 3000 余亿元滚存结余全部用完后还有缺口。同时,城乡居民基本养老、基本医疗保险的支出压力也越来越大,2015 年城乡居民养老保险政府补贴支出 119 亿元,城乡居民基本医疗保险政府补贴支出 195 亿元,近几年增长比例均在 12%、16%以上。

关于基础养老金全国统筹,人力社保部和财政部一致认为当前不具备实行基金统收统支的统筹方案,过渡时期将采取定比筹集、定额补助的调剂制度。

为应对已经来临或即将来临的支付风险,必须从思想上和行动上高度重视社保资金多渠道筹措工作。2004 年,省政府出台《关于建立社会保障资金多渠道筹措机制的意见》明确建立社会保障资金多渠道筹措机制,要求从国有资产收益中提取不少于 30%的比例,从国有土地有偿使用收入总额中提取不少于 5%的比例等渠道充实社保基金,建立社会保障风险准备金。截至 2015 年年底,全省社会保障风险准备金累计结余 404 亿元。2016 年,省财政厅把多渠道筹措社保资金作为重点课题,各地也要结合当地实际切实开展多渠道筹资机制研究。

(三)规范被征地农民养老保险工作

截至 2016 年 3 月底,全省通过一次性补缴参加职工基本养老保险约 360 万人,其中:未享受待遇人员约 86 万人,占 24%;已领取待遇人员约 274 万人,占 76%。其中:221 号文件一次性补缴人员(含部分已转城镇户籍原被征地农民)约 139 万人,占 39%;被征地农民参保约 221 万人,占 61%。

目前被征地农民参保存在的主要问题:一是参保范围和对象由各地确定,部分地方把关不严,操作不规范,参保范围擅自扩大、参保人员年龄偏大问题比较突出。据统计,被征地农民参保中约 70%的比例当期领取待遇;二是应划转职工基本养老保险基金的被征地农民参保基金没有及时足额划转到位。据统计,截至 2016 年 3 月底,应划转被征地农民参保基金 441 亿元,目前已划转 251 亿元,尚有 190 亿元尚未划转;三是被征地农民参照 221 号文件参保给基金留下巨额缺口。按照被征地农民参保人均一次性补缴额 4 万元,年人均待遇 1.7 万元计,补缴经费不足支付 2.5 年,之后都要基金负担。按照目前一次性补缴人数 360 万人、月均待遇 1400 元静态测算,一年需支付 600 亿元。

下一步举措:一是委托第三方开展被征地农民参保情况审计,摸清被征地农民参保底数和存在的问题,对应划转尚未划转的参保基金提出整改意见,尽快划转到位;二是加强对被征地农民参保范围和对象的规范,进一步明确参保范围,规范操作程序,避免各地擅开口子;三是科学合理测算被征地农民社保资金标准,确保在被征地农民参保时足额筹措资金,减轻社保基金压力,确保基金可持续运行。

(四)完善职工基本养老保险省级调剂补助办法

根据预测,今后一个时期全省统筹地区赤字个数将越来越多,赤字额越来越大。2016~2018 年,预计有三分之二的市县出现当期赤字。2019 年以后,除省本级外,所有市县都将出现赤字。

在此情况下,如果按照现行调剂补助办法,2016~2018 年调剂金收入 134 亿元,调剂金支出需 447 亿元,支出远大于收入,调剂不可持续。现行调剂办法需要进一步完善:一是按照支付能力确定补助范围不合理。支付能力由滚存结余与当期支出决定,以支付能力来划分补助范围,容易导致地方出现消极行为,比如不愿意补贴基金、征缴不积极、有扩大支出冲动等等;二是按照实际缺口确定调剂补助额,忽视缺口产生的原因,缺口越大补得越多,显失公平挫伤积极性;三是部分考核指标不尽合理,容易产生虚报瞒报,影响考核公正性。

完善省级调剂办法总的思路是要体现"四个更加":更加强化地方主体责任、更加强化激励约束、更加强化预算控制、更加强化风险准备。目标是在明晰事权的基础上,建立合理的责任分担机制,有效的激励约束机制,科学的预算控制机制,完备的风险预防机制。

(五)支持"双下沉、两提升"工作

"双下沉、两提升"是省委、省政府非常关注的一项工作,是政府对自然形成的优质医疗资源不合理分布的一种主动调节,既有利于缓解当前县域内优质医疗资源严重缺乏、医疗服务水平不高的燃眉之急,同时对加快建立分级诊疗制度也具有促进作用。这项工作自 2013 年启动至今,已有 15 家省级医院、39 家市级医院与 122 家县级医院建立合作办医关系,实现 90 个县(市、区)全覆盖,其中 7 家省级医院还计划下沉 3 亿元资金,与 8 家县级医院或县级政府合作举办专科中心。

2016 年 4 月份,省财政厅会同省卫生计生委委托中介机构对省级医院及其合作办医医院、部分市级医院及其合作办医医院进行了专项考核,也发现了一些问题,包括合作办医双方间的信任度和配合度不足、责权利关系不够清晰合理、城市医院人员下沉不规范、双方缺乏长期合作的内生动力等,在政府投入和资金使用管理方面问题也比较突出,既存在城市医院违规要求基层医院承担专家劳务费加重基层负担问题,也存在县级政府未按照省政府文件要求承担托管费,转而由基层医院自行解决或违规使用省财政补助资金用于支付城市医院托管费、劳务费等,部分地方甚至存在将省财政补助资金抵顶当地财政安排医院预算资金的情况。下一步,财政部门要着力做好三方面的工作。

一是要切实落实投入责任,助推"双下沉、两提升"。县级政府首先要履行办医的主体责任,在落实好公立医院投入政策的基础上,还要安排好"双下沉、两提升"所需资金。省财政补助资金专项用于基层医院"双下沉、两提升"规定的用途,不得用于其他方面,更不得抵顶。从 2016 年起,省财政厅联合省卫生计生委每年委托第三方机构对全省所有进行考核,并根据考核得分、资金违规使用情况相应调整省财政补助金额。此外,为了鼓励设区市推进资源下沉工作,省财政将考虑在省财政补助中单列一块资金,每年根据第三方机构考核情况进行奖补。

二是要推进资源梯度下沉,由城市下沉县向县下沉乡镇扩展。县、乡两级是资源下沉的重点,与城市下沉县不同的是,县下沉乡镇主要是县域内的资源优化流动,因此,县级财政部门要主动研究完善相关政策措施,发挥财政资金的引导作用,推动县级医疗资源向乡镇下沉。

三是要推动纵向合作整合,探索建立"双下沉、两提升"长效机制。目前"双下沉、两提升"已由启动初期的技术下沉升级为资金下沉,但从长远看,要解决优质医疗资源不合理分布问题,还是要推动医疗机构纵向合作整合,建立以资产为纽带的医联体或医疗集团,使合作双方真正成为利益共同体、责任共同体、发展共同体。目前个别省县合作办医已初具医联体或医疗集团雏形,下一步省财政将重点研究与之相关的卫生管理体制、人事管理体制、财政管理体制等相关问题。

(六)推动公立医院补偿机制改革

包括公立医院财政补助政策在内的公立医院补偿机制改革是公立医院综合改革的核心内容,公立医院综合改革启动后,浙江省先于全国提出了"建设发展靠政府,运行补偿靠服务"的补偿机制改革思路,并得到了财政部的肯定,但由于部门在一些具体问题上意见不尽统一,相关文件一直未能出台。应该说,这个改革思路较好地兼顾了政府与市场的关系,厘清了政府办医的主体责任,有利于调动医院的能动性,也为民营医院与公立医院平等竞争塑造了公平环境。这里要强调的是,虽然政策文件没有出台,但各地在深化公立医院综合改革特别是制定公立医院财政补助的具体政策时,必须坚持这一改革思路和原则,做到有所为有所不为、不缺位也不越位。下一步,将加强与相关部门协调,修改完善后尽快出台。

这里还要强调两个问题:一是"建设发展靠政府"并不是说公立医院的建设发展资金全部由财政预算全额承担,而是明确政府对列入卫生规划的建设发展项目承担主体责任或者说是兜底责任,财政资金安排要结合医院可用于建设发展的事业基金等结余资金统筹考虑。二是机关事业单位养老保险制度建立后,公立医院因其人员结构特点,存在参加养老保险后支出大幅增加、部分医院可能出现运行困难的问题。对这个问题,从政策角度讲不属于财政补助范围,应该通过服务价格调整解决,但短期看调价难以做到。对此,各地要从保障公立医院平稳运行出发。加快落实公立医院财政补助政策,减轻医院财务负担。

(七)完善社会救助制度

社会救助是守住民生底线的一项基本社会保障制度,近几年浙江省在加强最低生活保障制度、调整医疗救助政策、全面建立临时救助制度方面出台了一系列政策,省市县各级财政在这方面的投入不断增加,总体上看社会救助工作成效明显。但是目前还存在着一些问题,比如对社会救助政策的认识不太统一,制度设计还不尽完善,救助待遇简单叠加、悬崖效应问题突出,社会救助工作基础仍然较为薄弱,工作的规范性和精准度有待提高。2015 年以来,中央和省里加大了扶贫工作的力度,要求社会救助在消除贫困、巩固脱贫成果上起到更大的作用,下一步财政部门要着重抓三方面工作。

一是要注重研究完善社会救助政策,合理确定救助范围和救助水平。简单根据收入来划分贫困标准、确定救助对象的做法存在一定的局限性和不合理之处,从长远发展来看今后应该是根据贫困群众的需求来确定救助对象和救助内容。目前一些地方正在开展支出型贫困救助试点,我们要主动参与试点政策的制定,把好关、算好账,注重公平性和合理性,做好社会保险、社会福利与社会救助政策之间的衔接与协调,调整完善社会救助家庭经济状况认定政策,更多地通过完善临时救助、医疗救助等其他专项救助来解决支出性贫困。

二是要注重加强监管,规范社会救助工作。要做好最低生活保障、临时救助等社会救助工作的监督和管理,既要做好资金安排和拨付,还要关注救助对象的确定和救助额度的核定,要严格执行政策,不能因为指标、考核而随意扩大救助范围,做到"应救尽救,应退尽退"。

三是推进社会救助管理能力建设。重点是支持民政部门的收入核对平台建设,开展申请社会救助家庭收入和财产状况核对工作,加强社会救助管理系统信息建设,提高信息化管理水平,增强社会救助管理能力和绩效。

(八)促进养老服务工作

浙江省的人口老龄化问题比较突出,2015 年年底,全省 60 岁及以上户籍老年人口数为 984 万人,占总人口数的 20.2%。预计到 2020 年,全省 60 岁以上老年人口将达到 1186 万人,约占总人口的 24%。与此随之而来的是养老服务供需矛盾急剧显现,一方面,老年人口规模大、高老龄老人增长快,多样化的养老服务服务需求比较强烈;另一方面,养老服务供给总量不足、结构不合理。各级政府对这个问题都非常重视,积极出台政策支持养老服务业的发展,下一步财政部门要重点把握好几点。

一是坚持保基本的原则,确保托底型养老。要正确处理"政府、市场、社会、家庭"的关系,政府主要保障特困供养人员、低收入困难老年人的基本养老需求,其他应该交给市场和社会去解决。

二是树立"市场化+"的理念,采取多种方式,调动社会力量进入养老服务业,扩大普惠型养老服务。各地可以采取公办民营、PPP、政府购买服务等方式,推进民办养老服务业的发展。当前政府购买服务发展的一个瓶颈是缺少有一定规模的专业化社会组织来承接养老服务,特别在农村地区,各地应注重培育从事养老服务的社会化专业组织。

三是完善机制,大力推进居家养老服务。我国的国情决定了居家养老是主要的养老方式,养老服务的重点是居家和社区照护服务。目前浙江省居家养老服务照料中心已覆盖城市社区和大部分农村社区,由于在机制、体制上和服务能力、服务方式上存在问题，这些设施没有很好地利用起来。要按照“政府扶持、社会力量运营、市场化运作”的思路，全面提升浙江省居家和社区养老服务能力。推行居家养老服务照料中心的实体化运作，明确运营管理的主体，可以依托养老机构或者引入专业化组织来参与运营，建立政府补贴、社会投入、个人出资相结合的运营经费长效保障机制。省级下一步将调整养老服务资金的分配因素，增加居家照料中心运营经费的补助。中央财政已决定从2016年开始采用以奖代补的形式支持开展居家和社区养老服务改革试点工作，我们将积极争取多几个市列为试点，被列为试点的地方要按照试点方案做好这项工作。

（九）推动医保支付方式改革

目前浙江省医保基金收支平衡的矛盾不断加剧，已有个别市县出现当期赤字。按现行政策预测，到2020年全省职工基本医保基金将出现当期赤字。因此，加快推进医保支付方式改革，控制医保费用不合理增长、保障基金财务运行可持续是当务之急，这项改革也是2016年省委深化改革领导小组、省医改综合试点方案重点改革任务之一。作为财政部门，要结合医保基金预算管理，全面推进付费总额控制，加快推进手术按病种、基层按人头等付费方式，建立复合式付费方式。

一是要积极参与进一步深化医保支付方式改革的政策制定工作。目前省有关部门正在研究制定包括深化支付方式改革的总体指导意见、按病种支付改革实施方案、省本级总额预算支付方式方案等一揽子政策，同时还将选择在基层卫生医疗机构比较健全、签约医生推进比较顺利的地方开展基层按人头付费和签约医生相结合改革试点。下一步市县财政部门要根据省里部署和要求，与有关部门紧密配合，切实做好贯彻落实工作。

二是要把握好支付方式改革的目的以及与其他改革的关系。支付方式改革的核心是引导医疗机构主动控制成本，规范诊疗行为。改革的目的不仅是控制医疗费用，还要提高医疗服务质量，同时也要维护医院和医务人员的合理收益。因此，在制度设计和具体落实时，一定要把握好支付方式改革与医疗机构薪酬制度改革、人事制度改革、医疗服务价格改革的关系，把握好医保费用控制与医疗服务质量提升、医疗服务行为规范、医疗服务成本控制、医务人员收入稳定的平衡点。做到统筹兼顾、改出成效。

三是要注重医保支付方式政策设计的科学性，合理设置支付标准。要深入分析当地历年医保基金在统筹区内与统筹区外、门诊与住院、医疗服务项目与药品耗材，以及不同机构、病种、人群之间的使用情况，通过大数据分析为协商谈判提供技术支持。同时，对每一种付费方式也要细致分析，针对各自的优缺点制定支付标准及相关措施。

四是要加强和完善激励约束机制，防范医疗费用不合理增长。要强化预算执行情况考核，建立医疗机构控费奖励和超额分担机制，引导医疗机构主动控制医疗费用。同时，也要关注医疗机构内部行为变化，防范医疗机构转嫁成本给患者个人。

（十）深化大病保险政保合作

2014年，浙江省从规范运作、加强监管、提高医保基金使用绩效出发，提出鼓励委托商业保险公司承办大病保险的政保合作模式。2015年，省财政厅和省人力社保厅、浙江保监局联合出台了大病保险招投标指引，进一步加强大病保险招投标管理，规范大病保险招投标行为。从掌握的情况看，目前全省有超过一半以上的地方已经在开展，一些地方也取得了很好的成效。但由于这项工作开展时间不长，很多做法还不成熟，在实际推进过程中还存在着一些问题。如经办模式大多停留在经办机构开设窗口经办，商保经办的优势体现不足；医保数据与商保公司共享存在一定的安全隐患；政府与商保公司盈亏共担的制度设计不是很科学等。下一步，各级财政部门要按照省委、省政府加强政保合作的要求，积极协同人力社保等部门在大病保险制度大框架下，将商保公司参与经办服务与政府主导医疗保险事业有机结合起来。依托商保公司风险管控、项目评估、费率精算、机制灵活等专业优势，进一步加强大病保险经办能力，提升医保基金使用绩效。

一是要选择合理的政保合作运营模式。根据浙江省大病保险指引规定，大病保险市场运营可选择商业保险公司与政府盈亏共同分担模式或政府购买服务与激励考核相结合模式。各地要结合实际，选择适合当地的运营模式。选择盈亏分担的，要遵循收支平衡、保本微利的原则，合理设定商保公司的盈亏率。选择政府购买服务与激励考核结合模式的，要根据当地参保人员规模和商保公司提供服务内容等情况，合理确定服务费标准。同时对商保公司实行盈亏考核，考核结果与服务费支付和激励相挂钩。无论哪种模式，财政部门都要充分发挥主导作用，提出合理的政策建议，既要把控好基金支出和财政支出关口，又要给商保公司合理的利润空间。

二是要加强部门协同配合。人力社保、财政、卫生计生、保险监管、商保公司要建立多部门沟通协调的工作机制，以及信息通报和共享制度，掌握参保明细、支付标准、就诊动态、费用结算等情况，分析政策规定和基金使用的关联影响程度，预测保持基金平衡的筹资水平。要充分利用大数据，分析医疗技术发展、医疗需求变化及现行医保政策实施情况，及时准确地为政策调整和完善提供参考和支撑。

三是要推动经办模式创新，加强信息化建设。在现有驻点医保经办服务窗口的基础上，探索在商保公司各经办网点实现大病保险经办。利用商保公司网点多、人员足、服务规范的优势，方便参保人员就近办理大病保险相关业务。在确保参保人员信息保密的前提下，利用商保公司已开发的监管分析系统，开展监管分析。推动商保公司建立与医保经办机构的结算清算系统和审核系统，加强对定点医药机构的巡查监管，借力“互联网+”在就医、结算、支付、咨询、交流等多方面多环节提供更为便捷、有效的服务。

（2016年9月）

在全省财政地税系统党风廉政建设工作视频会议上的工作报告（摘要）

省财政厅纪检组组长 徐首红

一、2015年工作回顾

（一）认真落实党风廉政建设主体责任，反腐倡廉建设领导得力。省财政厅党组坚持把主体责任扛在肩上、抓在手上，将反腐倡廉建设纳入党组重点工作，制定下发《厅党组2015年度党风廉政建设和反腐败工作组织领导和责任分工》和年度工作要点，召开全省财政地税系统党风廉政建设工作会议，签订廉政建设责任书，做到了反腐倡廉工作与财税业务工作同部署、同检查、同考核、同落实。细化主体责任清单，明确党组成员的主要任务，厅（局）机关处室局、厅（局）属单位主动向党组、纪检组书面报告履行主体责任情况，形成了一级抓一级、层层抓落实的良好局面。厅党组每季度至少研究一次反腐倡廉工作，组织党风廉政建设专题学习6次。厅党组书记钱巨炎同志认真履行党风廉政建设第一责任人责任，重要工作亲自部署、重大问题亲自过问、重点环节亲自协调，逢会必讲党风廉政建设。

（二）落实省委、省政府重大决策部署，服务浙江各项建设作用明显。作为党委、政府重要的经济综合部门，财政地税系统肩负着服务保障全省高水平全面建成小康社会和从源头上预防和治理腐败的双重责任。全省各级财政地税部门坚持一手抓自身反腐倡廉建设，努力打造一支作风优良、纪律严明的财税铁军；一手抓源头治腐，紧紧围绕贯彻落实省委、省政府稳增长、调结构、惠民生等一系列重大政策，深入推进财税体制改革，严格执行财经纪律，加强对重点资金使用情况的监督检查，有力推动了浙江省经济转型升级和经济社会平稳健康发展。

（三）持续发力、常抓不懈，作风建设成果得到巩固和深化。厅党组牢固树立"作风建设永远在路上"的意识，持之以恒、驰而不息抓作风，确保中央八项规定精神落到实处。结合"三严三实"专题教育活动，深入排查作风建设中存在的不实、不严问题，制定和落实整改措施，坚决防止"四风"问题反弹。坚持高标准、严要求，严格执行厉行节约反对浪费各项规定，严控"三公"和会议经费支出。坚持从文风会风、上班下班、窗口服务、待人接物等小事抓起，一点一滴培养严谨细致、文明规范的优良作风。坚持从元旦、春节、"五一"、端午、国庆、中秋等节假日抓起，以整治"酒局""牌局"和出入私人会所为重点，下发通知重申作风纪律要求，开展明察暗访和实地督查，通报典型案例，形成了有力震慑。

（四）坚持挺纪在前、抓早抓小，党员干部干净干事自觉性进一步增强。坚持把纪律挺在前面，加强和改进纪律审查工作，探索实践监督执纪"四种形态"，做到了抓早抓小。实施廉政约谈提醒制度，对苗头性、倾向性问题，由分管厅领导及时进行谈话提醒，共约谈处级干部7名。2015年，全省财税系统共有28人受到党政纪处分，其中涉嫌犯罪被移送司法机关处理10人。加强党的政治纪律和政治规矩教育，组织党员干部认真学习党章。加强反腐倡廉教育，举办廉政建设形势报告会，通报典型案例，观看警示教育片，依托网络教育平台开展宣传教育活动，不断强化党员干部廉洁自律意识。深入推进廉政文化建设，积极营造崇廉尚廉、干净干事的良好氛围。

（五）完善财税特色惩防体系，"阳光财税"建设取得新进展。认真落实《省财政地税系统惩治和预防腐败体系（2013～2017年）实施细则》。厅党组认真落实民主生活会、述职述廉述德述法、一把手"五不直接分管"、个人重大事项报告等制度，坚持"三重一大"事项集体讨论决定，自觉接受监督。完善专项资金管理清单动态调整和公开机制，创新资金分配方式，提高资金分配透明度。积极推进预决算信息公开，及时跟踪信息披露情况，以公开促廉洁。开展涉税中介专项清理行动，组织涉税案件"一案双查"。深化内控机制建设，充分发挥预算编制、执行、监督"三位一体"以及税收稽查选案、检查、审理、执行"四分离"的制度优势。依托"数字财政""税友龙版"等信息平台，优化廉政效能防控功能，开展执法监察，加大对涉财涉税重点领域和关键环节的技术监控，最大限度地堵塞管理漏洞，有效防范廉政风险。认真落实《关于防止领导干部在公款存放方面发生利益冲突和利益输送的办法》，开展领导干部配偶、子女等在金融机构从业、任职等情况的登记摸底，落实回避交流制度，核销5个银行账号，对厅本级及下属25家单位公款存放进行了招标。提请省政府出台《省级行政事业单位公款竞争性存放管理暂行办法》，会同人民银行杭州中心支行出台《省级预算单位银行账户管理暂行办法》，规范公款竞争性存放。2015年，全省财政性资金公开招投标136期，资金规模1088亿元，净增收益20亿元。

（六）支持派驻机构改革，财税纪检监察自身建设得到加强。厅党组高度重视驻厅纪检组工作，及时通报重大事项，征求意见建议，全力支持派驻机构体制改革，自觉接受驻厅纪检组监督。充分发挥机关纪委和兼职纪检监察员的作用，主动承接派驻机构移交的工作。各级财税纪检监察机构高度重视抓好自身建设，进一步落实"三转"要求，带头学习党章、《准则》《条例》，努力提升监督执纪问责能力，有力地推进了全省财税系统党风廉政建设。

二、2016年主要任务

2016年是贯彻落实浙江省"十三五"规划、高水平全面建成小康社会的起步之年，也是财税体制改革的攻坚之年，做好2016年全省财税反腐倡廉工作，责任重大、任务艰巨。今年工作总体要求是：认真学习贯彻习近平总书记系列重要讲话精神，按照十八届中央纪委六次全会、国务院廉政工作会议和省委十三届八次全会、省纪委十三届五次全会以及财政部、国税总局反腐倡廉建设工作会议的部署，坚持全面从严治党、依规治党，以落实党风廉政建设主体责任为“牛鼻子”，以领导干部这个“关键少数”为重点，以严明党的纪律特别是政治纪律为主线，以贯彻落实《廉洁自律准则》《党纪处分条例》为先导，以挺纪在前、抓早抓小为着力点，聚焦监督执纪问责，深化标本兼治，创新体制机制，健全内控制度，持之以恒落实中央八项规定精神，着力解决群众身边的不正之风和腐败问题，营造政治上的绿水青山，造就干净干事的财税干部队伍，不断提升财税工作公信力，服务和推进财税事业创新发展。

（一）认真落实党风廉政建设主体责任，确保管党治党责任落地生根

严格执行《财政部贯彻落实全面从严治党要求实施方案》和省委《关于进一步强化党风廉政建设党委主体责任和纪委监督责任的若干意见》。全省财税系统各级党组织要自觉承担起党风廉政建设主体责任，凡事关财税部门党风廉政建设重点工作、重大事项、重要安排，各级党组织都要集体讨论决策，直接部署、督促落实。党组织主要负责人要认真履行党风廉政建设第一责任人责任，定期向上级党组织和纪委报告履行党风廉政建设主体责任情况，每年报送主体责任报告，做到重要工作亲自部署、重大问题亲自过问、重点环节亲自协调、重要案件亲自督办。各级党组织领导班子成员，要按照“谁主管、谁负责”和“双岗双责”的要求，逐级分解责任，一级对一级负责，层层传导压力，确保主体责任落地生根。机关党委、机关纪委要积极协助党组和主要负责人落实党风廉政建设主体责任和第一责任人责任，及时提醒和督促单位、部门抓好党风廉政建设各项工作落实。

全面落实约谈提醒制度。对反映班子成员工作作风和廉洁自律等苗头性、倾向性问题，党组书记要及时约谈提醒并签字背书；对反映下级领导干部工作作风和廉洁自律等苗头性、倾向性问题，分管领导要及时约谈提醒并签字背书。

强化追责问责。认真落实党风廉政建设责任制考核制度，实行廉政建设一票否决。坚持“一案双查”，对违规违纪违法问题，既要追究当事人的责任，又要综合运用批评教育、诫勉谈话、通报批评、组织处理、纪律处分等多种形式，严肃追究主体责任、监督责任和领导责任。开展税务领域历年积案“一案双查”工作。

积极支持纪检组工作。及时通报党组工作情况和领导班子及其他成员个人有关事项，主动征求对“三重一大”事项的意见和建议，自觉接受派驻机构的监督。

（二）严明党的纪律特别是政治纪律，确保重大决策部署的贯彻落实

把严明政治纪律和政治规矩放在首位。要深入开展党的政治纪律和政治规矩教育，组织党员干部认真学习党章和习近平总书记系列重要讲话，教育引导党员干部进一步强化党章意识、党规意识、纪律意识，时刻把政治纪律和政治规矩立在心头，始终同以习近平同志为总书记的党中央保持高度一致。严格执行集体领导、请示报告等制度，不断强化“四个服从”意识，始终做到对党组织忠诚老实。围绕履行管党治党政治责任、遵守党的纪律，加强对党员干部尤其是处级以上领导干部的监督，严肃查处各行其是、阳奉阴违，拉拉扯扯、团团伙伙，任人唯亲、跑官要官等无组织、无纪律问题和欺骗组织、对抗组织等行为。

保障重大决策部署的贯彻落实。紧紧围绕浙江省高水平全面建成小康社会这个目标，加强对贯彻执行党中央、国务院和省委、省政府有关政策和国家财税法规情况的监督检查，坚决纠正“上有政策、下有对策”，有令不行、有禁不止行为，严肃查处违反财税法规的行为，保证政令畅通。

严格执行《准则》《条例》。把学习《准则》和《条例》纳入党组中心组理论学习、思想政治教育、财税干部培训计划，引导党员干部把准则作为行动指南，把条例作为行为底线，养成纪律自觉。纪检机关要以“六项纪律”为尺子，把监督执纪工作做深做实做细，让党的纪律和规矩真正成为带电的“高压线”。

严肃财经纪律。财经纪律是党的纪律的重要内容。要加强公务支出管理，规范津补贴发放，深化公款竞争性存放工作，加强对经建、扶贫、社保、教育、环保以及“三农”等领域特别是涉及民生资金的监管，保障重大财税政策落实和财政资金安全。

（三）高标准贯彻执行中央八项规定精神，深入持久推进财税系统作风建设

加强作风纪律教育。作风建设永远在路上。全省各级财税机关必须以踏石留印、抓铁有痕的狠劲，持之以恒、常抓不懈的韧劲，抓紧抓紧再抓紧、管严管严再管严，确保中央八项规定精神落到实处。广大财税党员干部要充分认清党中央和省委抓作风、正党风、带民风的坚定政治决心，自觉把作风建设要求落实到行动上。要加强家风建设，尤其是处级以上领导干部要把廉洁修身、廉洁齐家摆在重要位置，在管好自己的同时，严格要求配偶、子女。

推动作风建设常态化。充分发挥财政职能作用，严格执行《党政机关厉行节约反对浪费条例》，严格部门预算管理制度，严控“三公”经费支出和公款消费。加强机关内部管理，进一步完善会议会风、请示报告、公务接待、上班下班等制度。

加强正风肃纪力度。继续紧盯节假日，一个节点一个节点坚守，一个节点一个节点落实，防范“四风”问题死灰复燃。密切关注“四风”新动向、新形式，警惕穿上“隐身衣”的享乐主义、奢靡之风，对不收手、不知止，规避组织监督，出入私人会所，组织隐秘聚会的一律从严查处、点名道姓通报曝光。

（四）加强和改进纪律审查工作，实践好监督执纪“四种形态”

运用好监督执纪“四种形态”。按照“纪法分开、纪在法前、纪比法严”的要求，综合运用诫勉谈话、组织处理、纪律处分等多种形式开展执纪，让咬耳朵、扯袖子，红红脸、出出汗成为常态，党纪轻处分、组织调整成为大多数，重处分、重大职务调整的是少数，而严重违纪涉嫌违法立案审查的只能是极极少数。

始终保持惩治腐败高压态势。坚持无禁区、全覆盖、零容

忍，重点查处政治问题和腐败问题交织，不收敛不收手，问题线索反映集中、群众反映强烈、现在重要岗位且可能还要提拔使用的领导干部，三类情况同时具备的是重中之重。认真剖析违纪违法案件发案原因，查找体制机制和廉政风险防控漏洞，开展案例警示教育，认真做好后半篇文章。

坚决查处侵害群众利益的不正之风和腐败问题。重点查处扶贫领域虚报冒领、截留私分、挥霍浪费问题，为打赢扶贫攻坚战提供保障；重点查处和纠正社保、强农惠农、集体“三资”管理等领域强占掠夺、贪污挪用等严重问题；严肃查处在办理涉及群众事务时吃拿卡要甚至欺压群众的违纪行为，切实维护人民群众利益。

认真做好信访举报工作。及时处置和处理群众反映财税机关和财税干部违反中央八项规定精神、财税纪律等问题，举报线索具体的，认真核实；有苗头性、倾向性问题但尚未违反纪律的，及时进行廉政约谈、函询、诫勉谈话；反映失实的，及时澄清；诬告陷害的，严肃追究责任。

加强日常廉政教育。开展理想信念、党风党纪、廉政法规、职业道德等教育，进一步强化党员干部廉洁从政、干净干事意识；开展示范教育，大力宣传全省财税系统先进集体、先进个人爱岗敬业、清正廉洁的先进事迹；开展警示教育，及时通报违规违纪违法典型案件，组织参观廉政教育基地听取腐败分子现身说法，筑牢党员干部拒腐防变的思想道德防线。加强廉政文化建设，依托网上财税文化平台，营造崇廉尚廉良好氛围。

（五）强化权力监督和制约，不断提升财税系统廉政风险防控能力

加强廉政风险防控机制建设。按照“1+8+X”制度框架要求，把财税系统内控体系建设与廉政风险防控有机结合起来，强化内部流程控制，及时堵塞漏洞，防止权力滥用。进一步完善“四张清单一张网”，办好12366、财税网站、微博微信、手机报等政务平台，增强财税工作透明度，自觉接受社会各界和人民群众的监督。以规范财税权力运行为主线，以全面推进内控制度建设为契机，以公开、透明为目标，加强对PPP、政府产业基金等模式下廉政风险防控工作研究，进一步健全财税系统廉政风险监控体系，全面规范自由裁量权，最大限度地压缩权力寻租和利益输送的空间。加强廉政风险防控技术建设，依托“数字财政”和地税征管信息平台，推广应用地税系统内控软件，加大对涉财涉税重点领域和关键环节技术监控，提高廉政风险防控的科技含量。

深化财税管理改革。继续清理整合专项转移支付，对财政专项资金实行清单管理。加快建立透明预算制度，全面推进预算绩效管理改革。完善国库集中支付运行机制，继续扩大非税收入收缴改革范围，推进政府采购制度改革。加大简政放权力度，深化财税行政审批制度改革。继续强化和改进财政监督，确保财政资金使用安全、规范、有效。

严格执行廉洁从政各项规定。严格执行民主集中制和厅局主要领导“五不直接分管”制度，坚持“三重一大”事项集体研究决定，保障党员干部知情权、参与权、监督权。认真落实领导干部述职述德述廉述法和个人有关事项报告制度，对新任、提任处级干部个人有关事项进行核实，其他处级干部按照10%比例随机抽查，对不如实报告或隐瞒不报的，将根据情节轻重进行处理。严格执行内部审计、干部选拔任用、轮岗交流、下派挂职以及财务预算、资产管理、基本建设、政府采购等规定，对有章不循、违反程序或擅自决定、个人说了算等情形，根据情节轻重进行处理。开展全省会计类收费管理使用情况专项检查，在市县财政机关自查自纠、逐级上报基础上，进行重点抽查。探索财税机关事业单位领导人员任期经济责任审计，离任必审，不断增强财经法规意识。

打铁还需自身硬。各级财税纪检部门要不断深化“三转”，进一步聚焦主业主责，紧紧围绕监督执纪问责，推动工作理念、工作方法和工作作风转变。要加强对财税纪检干部的教育、培训和交流力度，进一步提高综合素质和履职能力。针对财税系统派驻体制改革后机构设置、人员配备出现的新情况、新问题，积极争取上级有关部门的支持，合理调整工作力量，配齐配强专（兼）职纪检监察干部。坚持严字当头，强化自我监督，严守各项纪律，坚决防止“灯下黑”，以铁的纪律打造一支铁军。

三、几点要求

第一，要增强抓好党风廉政建设的工作自觉。党的十八大以来，以习近平同志为总书记的党中央作出了“两个没有变”“四个足够自信”“作风建设永远在路上”“把权力关进制度的笼子”等一系列重要论断，并严肃查处了一批腐败分子，彰显了党中央坚决惩治腐败的信心决心，赢得了全党全军和全国人民的拥护。我们要清醒认识党中央对党风廉政建设和反腐败斗争形势的科学判断，切忌在思想上放松警惕、行动上放松要求，特别是要防止“一阵风”、先紧后松、紧一阵松一阵等错误认识的滋生。各级财税党组织要把全面从严治党管党的标杆拉得更高，增强“越来越紧、越来越严”的工作自觉，做到要求上严而又严、措施上实而又实。

第二，要坚持抓早抓小、防微杜渐。抓早抓小、防微杜渐，是财税系统反腐倡廉工作的经验总结，也是确保财税系统党员干部干成事、不出事的现实需要。要明确抓早抓小的责任分工。要以责任清单的方式，分别明确党组和党组主要负责人、班子成员，机关党委（总支部）和机关纪委，处（科室）党支部和党支部主要负责人等各个层面的责任。要建立抓早抓小的工作制度。以内控和廉政风险防控制度体系为框架，以权力运行轨迹为主线，构建与财税业务工作高度融合的抓早抓小工作制度体系，包括廉政工作部署、责任分解、议事决策、廉政教育、廉政报告、政务公开、监督检查、考评考核、追责问责等具体制度，做到业务工作与抓早抓小工作相互融合、相互促进。要夯实抓早抓小的思想根基。要抓好日常廉政教育，引导大家不断增强法纪意识，在诱惑面前始终保持清醒头脑，提高拒腐防变能力。各级党组织（党

支部)负责人要主动担责,发现党员干部有苗头性、倾向性问题的,要早提醒、早敲警钟,努力把问题消灭在萌芽状态。

第三,要追责问责倒逼责任落实。近年来,浙江省财税系统违纪违法案件时有发生,原因有多方面,其中问责不够有力是一个重要因素。有的认为谁出事谁负责,与组织、与领导无关;有的怕得罪人,敷衍应付,不敢追责问责;有的担心"拔出萝卜带出泥",问题越追越多不好收场,等等。动员千遍,不如问责一次。追责问责的目的,不仅是给当事人和相关领导一个处理或处分,更重要的是通过追责问责,督促责任机关和责任领导剖析原因、查找漏洞、健全机制,防止类似问题再次发生。要通过追责问责,推动各级党组织和领导干部既挂帅又出征,倒逼主体责任和监督责任落实。

(2016年2月26日)

在全省财政系统内部控制工作培训班上的讲话(摘要)

省财政厅副厅长 邢自霞

一、抓住重点,准确把握财政内部控制工作的内涵、方法和任务

(一)深刻理解内控工作的内涵

内控工作的核心是梳理业务流程,聚焦内部管理中的薄弱环节,强化机制建设,将制衡机制嵌入到内部管理制度之中。

首先,制衡是实现内部控制的基本要素。制衡,是在单位的岗位设置、权责分配、业务流程等方面形成相互制约、相互监督的机制,实现决策、执行和监督相互分离、相互制约。具体而言,着重在四个方面形成制衡机制:一是建立议事决策机制,防范资源配置"一言堂""一支笔"现象;二是规定不相容岗位相互分离、内部授权审批、强化评价与监督;三是聚焦政策制定、预算管理等重点领域,针对重要流程和控制节点进行内控,形成管控合力;四是建立关键岗位工作人员的培训、教育、评价和轮岗等机制,牢固树立风险防范意识和拒腐防变的思想道德底线,自觉依法按照法定权限和程序来履行职责、维护公共利益。

第二,"关口前移"是实现内部控制的主要特点。内部控制是"未病先防"。通过制衡机制、流程再造和信息化手段的运用,对法律、政策制定、预算编制、预算执行、公共关系、机关运转、信息系统管理、岗位利益冲突等风险等进行事前的防范、事中的控制、事后的监督和纠正,及时堵塞制度漏洞、消除管理隐患。内控制度的设计,将管控的关口前移,防患于未然,才能做到成本低、损失小,效益高。

第三,信息化是实施内控工作的重要手段。将内部控制嵌入信息系统之中,可实现内部控制的程序化和常态化,改变日常工作中分块管理、信息分割、信息"孤岛"等现象,使单位领导的管理方式由传统的日常管理向例外管理转变,集中精力处理重大问题,进一步提高管理效率。实践证明,信息化能促使单位管控效能迈上一个新台阶。各级财政部门要通过数字财政建设,把财政管理创新成果用信息化手段固定化、程序化,从制度上、手段上延伸到财政运行的细节末梢,将内控工作与数字财政建设有效结合起来。

(二)正确掌握内部控制的主要方法

根据内部控制的原理,财政部门内部控制的主要方法包括七个方面:

1. 职责分工控制。按照权责一致的要求,规范和明确部门中各个岗位的职能、职责及事项,严格划分不同权力的使用边界,建立职权清晰、责任明确,既相互制约又相互协调的权力制衡机制,确保机构设置、职务分工的合理性和科学性。职能部门按要求编制内部岗位职责手册,使部门全体人员掌握权力事项、岗位职责等具体要求,做到各司其职、各负其责,确保权力行使的责任落实到岗到人。

2. 不相容岗位(职责)分离控制。合理设置内部控制关键岗位,明确划分职责权限,实施相应的分离措施,形成相互制约、相互监督的工作机制。

3. 授权审批控制。相关工作人员应当在授权范围内行使职权、办理业务。权力尽量不过于集中,进一步分权和授权,向下级授权的同时,也要求下级承担责任。

4. 归口管理控制。根据本单位实际情况,按照权责对等的原则,采取成立联合工作小组并确定牵头部门或牵头人员等方式,对有关经济活动实行统一管理。归口管理有利于明晰责任,避免出现问题后职责划分不清。归口管理要求该管的要管好,不缺位;不该管不插手,不能错位;超出权责权限范围的,不审批、不能越位。

5. 预算管理控制。作为控制方法的预算控制,主要是发挥预算的约束作用,无论是政府的财政收支还是单位的各项业务活动都必须以编制预算并获得合法程序批复的预算为前提,从而使预算成为单位经济活动开展的硬约束。预算控制作为一种方法体系贯穿于财政业务管理的全过程,是一种核心控制手段。预算管理控制的核心是要强化预算与政策之间的联系,在体现政策意向的使用资源方面进行系统性审核。

6. 流程管理控制。流程管理是针对不同部门的权力事项和用权方式,优化权力运行流程,构建结构合理、配置科学、程序严密、制约有效的权力运行机制,实现权力运行过程的关联制约、程序控制。

7. 信息内部公开控制。财政部门应当建立健全所有业务活动相关信息的内部公开制度,根据国家有关规定和单位的实际情况,基于保密原则,确定信息内部公开的内容、范围、方式和程序。

(三)明晰财政内部控制建设的主要目标和任务

浙江省财政内部控制建设的总体目标是:以建立和完善财

政内部控制基本制度和重点防控的法律风险、政策制定风险、预算编制风险、预算执行风险、公共关系风险、机关运转风险、信息系统管理风险、岗位利益冲突风险内部控制办法及各单位内部控制操作规程（简称"1+8+X"）等内控制度为基础，以数字财政建设为支撑，以规范财政业务活动有序运行为主线，坚持问题导向，扭住关键环节，逐步拓展至财政全部业务活动和内部各类权力运行，构建与浙江特色的现代财政制度相适应，体现分事行权、分岗设权、分级授权的要求，权责一致、制衡有效、运行顺畅、执行有力、管理科学，使决策、执行、监督既相互制约又相互协调，防范、控制、纠正财政业务风险和廉政风险相结合的内部控制体系。具体任务有四项：

一是健全内部控制体系，强化内部流程控制。全面梳理业务流程，明确业务环节，分析风险隐患，建立和完善财政内部控制基本制度和重点防控的法律风险、政策制定风险、预算编制风险、预算执行风险、公共关系风险、机关运转风险、信息系统管理风险、岗位利益冲突风险等内部专项控制办法及各单位内部控制操作规程。

二是加强内部权力制衡，规范内部权力运行。根据财政业务性质、业务范围、管理架构，按照决策、执行、监督相互分离、相互制衡的要求，科学设置内设机构、管理层级、岗位职责权限、权力运行规程，切实做到分事行权、分岗设权、分级授权，并定期轮岗。对重点领域的关键岗位，通过明确轮岗范围、轮岗条件、轮岗周期、交接流程、责任追溯等要求，建立干部交流和定期轮岗制度，不具备轮岗条件的应当采取专项审计等控制措施。

三是建立内控报告制度，促进内控信息公开。积极开展内部控制自我评价工作，评估内部控制的全面性、重要性、制衡性、适应性和有效性，进一步改进和完善内部控制。积极推进内部控制信息公开，通过面向内部和外部定期公开内部控制相关信息，逐步建立规范有序、及时可靠的内部控制信息公开机制，更好地发挥信息公开对内部控制建设的促进和监督作用。

四是开展内控督查工作，加大考评问责力度。建立健全内部控制的监督检查制度，通过日常监督和专项监督，检查内部控制实施过程中存在的突出问题、管理漏洞和薄弱环节，进一步改进和加强内部控制。将内控自我评价、监督检查与干部考核、奖惩任免、追责问责结合起来，强化自我监督、自我约束的自觉性，促进内控机制的不断完善。

二、真抓实干，扎实推进财政内部控制建设工作

近年来，全省各级财政部门十分注重内部控制工作。为促进财政事业健康发展，积极构建符合浙江财政特色的预算编制、预算执行、财政监督"三位一体"的组织架构模式；建立健全财政系统反腐倡廉惩防体系；清理行政职权，规范事中事后监管，公开行政权力清单；加强系统各类规章制度的建设，规范内部管理；推进数字财政建设，进一步梳理各项业务规范、操作流程和岗位职责等。这些工作的开展，为全省财政系统加强内部控制建设打下了扎实基础。2016 年，省财政厅党组把内部控制建设作为年度重点工作之一，按照厅党组和厅内控委的统一部署，厅内各相关部门相互配合，分工协作，内控制度建设工作进展有序。主要做了以下工作：

一是研制方案，统一部署。拟定《加强内控工作实施方案》，并经厅长办公会议审议通过；印发《关于加强全省财政系统内部控制工作的实施意见》，明确全省财政系统内部控制工作的总体目标和主要任务。年初全省财政地税系统工作会议和党风廉政建设工作会议也将推进全省财政系统内控建设作为重点内容进行动员部署，要求各地加快推进内部控制工作。

二是加强领导，构建厅内部控制管理架构。省财政厅成立由厅长钱巨炎任主任，相关厅领导任副主任，各相关处室局负责人为成员的厅内部控制委员会，统筹规划协调厅内控工作，加强对内控工作的领导。厅内控委下设办公室，承担内控委日常工作。同时，厅属各单位设内控管理岗和内控管理联络员，落实内控工作责任人员。

三是分工协作，落实内控工作任务。制定《省财政厅 2016 年内部控制工作计划》，印发厅属各单位及各市县财政部门，进一步明确具体工作任务。层层分解"1+8+X"内部控制制度建设任务，并将任务和完成时间落实至各牵头部门和单位。

四是研究制定相关制度办法。由厅监督局负责制定《省财政厅内部控制基本制度（试行）》和《省财政厅内部控制委员会议事规则》，经厅内控委审议通过后印发。由厅办公室等六个牵头单位分别制定的八个专项风险内部控制办法。下半年，将把重点放在内部操作规程的制定上，各处室局、单位都将制定具体可行的内部操作规程，力争在年底前全面完成三层次内部控制制度建设工作。

各地财政部门也积极行动起来，努力推进内部控制工作，但工作进展上差距仍较大。2015 年 12 月，财政部下发的《关于加强财政内部控制工作的若干意见》明确要求：内部控制制度尚未建立或不健全的市、县（市、区）财政部门，必须在 2016 年年底全面完成内部控制制度建设工作。因此，各地应充分认识加强内部控制工作的重要性和紧迫性，全面梳理整合历年来内控建设成果，从健全组织领导机制、完善内控各项制度等方面入手，加快推进财政内部控制建设。

（一）加强组织领导。财政内部控制工作必须由一把手亲自抓。领导班子尤其是主要领导要牢固树立内部控制理念，推进内部控制建设，亲自部署、亲自督办，认真学习制度，严格执行制度。各地要结合实际成立内控委员会，明确内控委领导和委员构成，明确内控委下设的办公室、内控办成员单位的职责分工；明确本部门各单位的内控管理岗和内控管理联络员，建立分工明确、责任清晰、齐抓共管的内部控制组织管理架构，层层抓好落实。

（二）扎实推进制度体系建设。内部控制制度建设要坚持突出重点、整体推进，构建内容协调、程序严密、配套完备、有效管用的制度体系。要结合当地实际情况研究制定内部控制基本制度，将业务、流程进行分类，明确内部控制制度的适用范围及控制目标，提出内部控制的主要要素和应当遵循的原则，明确专项风险内部控制的种类、方法、主要内容以及职责分工。要按照风险种类不同，科学制定符合本单位实际情况的专项内部控制办法和操作规程。深入梳理预算编制、预算执行、预算监督等财政业务重点领域和主要流程，抓住重要环节和控制节点，分析存在的业务风险和廉政风险，厘清责任边界，综合运用不相容岗位（职责）分离控制、授权控制、归口管理、流程控制、信息系统管理控制等方法进行有效防控。

（三）抓好执行体系建设。一是建立及时有序的风险事件应对机制。发生风险事件的单位，第一时间报告内控办，同时采取有效措施防范次生危害、降低风险事件危害、弥补制度和流程漏洞。内控办及时向内控委报告相关事宜，完善相应制度办法，督促整改，并按照内控委决定进行通报。二是建立公平有效的内部控制考评机制。组织对内部控制制度执行情况的考核与评价，科学确定考核评价的重点和标准，将专项风险内部控制办法及操作规程当中的风险进行量化，设定合理的分值，将各单位内部控制制度执行情况、自查自纠情况、风险事件应对情况、专项检查处理及整改落实情况等纳入考核评价范围和指标体系，逐步形成科学、合理、公平、公正的考核评价指标体系。三是建立严格的检查问责机制，对内部控制失职失察单位和干部职工违规行为进行责任追究。组织开展定期检查和不定期检查，适时通报检查结果，对做得好的单位和个人予以表扬，对工作不力的单位和个人予以通报。根据风险事件不同等级，制定对应的惩戒措施，坚持有责必问、问责必严。要强化结果运用，将单位和个人内部控制制度执行情况与评优评先、干部提拔使用等挂钩，全面提升管理成效。

（四）加强信息化建设。按照“统一规划、分步实施、逐步完善”的原则，积极推进内部控制信息化建设。依托浙江省数字财政综合平台，逐步将内部控制制度、操作规程、内部控制理念、控制活动、控制措施等固化融入业务生产系统、专项业务系统和办公自动化系统，建设覆盖财政各业务系统的内部控制监督管理工作平台。建立风险识别和预警机制，通过信息采集、风险预警等技术手段，强化流程控制，对财政资金运行全过程等财政主要业务的内部控制有效性进行监控，对财政内部控制各项业务进行管理，做到过程留痕、责任可追溯，实现财政部门内部控制的信息化、程序化和常态化。

（五）做好宣传教育。加大宣传教育力度，深入推广内部控制理念，广泛宣传财政部门规范权力运行、严格内部控制的先进经验和典型做法，引导广大财政干部职工树立正确的权力观，适应内部控制新常态，自觉提高风险防范意识。加强内部控制业务培训，使财政干部职工紧密结合工作实际，深入领会、积极探索财政内部控制的特点和方法，让内部控制理念深入人心，为全面推进财政内部控制建设营造良好的内部环境和社会氛围。

（2016年7月）

扬帆起航　努力拼搏　开创法治财政建设新局面（摘要）

省财政厅副厅长　邢自霞

一、充分肯定“六五”普法工作

（一）开展学法，讲究方法，普法教育突出实效

各级财政部门扎实推进领导干部和公务员学法工作，建立健全法制宣传教育目标考核、党委中心组集体学习、领导干部任前法律培训、公务员法律学习制度。“六五”普法期间，各地深入推进全员参与、分层分级的财政普法教育机制建设，编印发放财政学法手册资料、财政普法资料32.8万册，开展法律讲座、演讲、组织法律知识培训及考试等活动40.3万人（次）。

各地学法突出重点、讲求实效，做到“新法必学、学法必新”。各地紧密结合财政工作实际，在《预算法》《行政诉讼法》《政府采购法实施条例》等与工作紧密相关的法律法规出台后，第一时间组织全体干部职工认真学习相关法律知识，并进行考核以确保学法实效。

（二）形式多样，突出特色，法治宣传生动多彩

“六五”普法期间，各地采取多形式、多载体开展特色普法宣传工作。“六五”期间，通过发放普法资料、组织参加广场法律咨询、运用报章杂志宣传、组织开展法律知识竞赛等形式，大力开展财政普法活动，其中组织参加法律知识竞赛53万多人次。

各地适应新形势新要求，不断创新普法载体。浙江省“12366”综合服务平台年均财税政策咨询服务量从最初的20多万人次增加到200多万人次，优评率98.8%。各地紧紧围绕财政中心工作，立足财政工作实际，创作财政法治动画、微电影，积极参加“法治财政”动漫普法宣传活动，并通过公交车载视频滚动播放财税普法公益动漫片等。

各地组织300多万人（次）会计人员认真学习财经法律法规，增强依法理财、规范做账的自觉性和主动性；建立健全“一本教材、一份手册、一张光盘、一支队伍”的支农政策培训体系，累计培训农村财务人员18.5万多人次，覆盖所有行政村。

通过这些贴近实际、贴近生活、贴近群众的活动内容与创新载体，广泛宣传了与群众生活息息相关的各项财政惠民、惠企政策，使社会各界更加理解财政、关心财政、支持财政，进一步树立了公共财政的良好形象。

（三）普治并举，依法理财，加快法治财政建设

各地将法治宣传教育与依法理财工作相结合，为财政改革发展提供了坚实的法治保障。

“六五”普法期间，新《预算法》颁布实施，各地认真贯彻落实新《预算法》，深入推进财税体制改革，加快现代财政制度建设。

《浙江省政府非税收入管理条例》《浙江省政府投资预算管理办法》相继颁布施行，财政法制建设不断完善。各地财政部门也通过建章立制规范权力运行，进一步规范执法行为，推进依法理财。各地还将保障和改善民生作为公共财政的根本任务，全面推进基本公共服务均等化，加快城乡区域统筹发展；进一步完善财政体制，推进专项性一般转移支付改革，完善预算管理制度。

回顾过去，"六五"普法给我们带来的经验和启示，一是规划引领是前提，结合工作实际制定五年规划，确定重点普法内容及重点普法对象，并将普法纳入到年度法制工作计划，做到普法工作年初有计划、年中有检查、年底有总结，使各项任务得到全面落实。二是领导重视是关键，法治宣传教育工作硬性指标少、数字统计难，是一项软任务，要卓有成效做好这项工作，关键是看领导是否重视。三是创新载体是动力，创新是事业兴旺发达的不竭动力，紧密结合互联网时代的新形势、新需求，不断创新普法载体，才能推动财政法治宣传教育事业更好发展。四是法治实践是根本，法治宣传教育的生命力在于实效性，法治财政是法治宣传教育的试金石。

二、深刻认识财政"七五"普法的重要意义

党的十八大以来，党中央作出了全面推进依法治国的战略布局，对法治宣传教育提出了新的更高要求，习近平总书记多次对法治宣传教育作出重要指示。省委夏宝龙书记也指出，要深刻认识法治宣传教育在全面深化法治浙江建设中的长期性、基础性作用，大力弘扬社会主义法治精神，建设社会主义法治文化，在全社会形成办事依法、遇事找法、解决问题用法、化解矛盾靠法的良好法治环境。我们要认真学习领会，充分认识新形势下法治宣传教育的重要性。

（一）做好"七五"普法工作，是全面深化财政改革的重要途径。随着财政部门各项改革的深入，做好"七五"普法工作，有助于把全面深化改革与全面加强法治建设结合起来，把全省财政改革事业纳入法治轨道，以规范有序的法治环境助推财政工作的全面深化。

（二）做好"七五"普法工作，是服务经济社会发展的重要保障。今后五年，是浙江省高水平全面建成小康社会的关键时期，实现"十三五"规划的各项目标，离不开良好的法治环境和强有力的法治保障。这就要求我们深入开展法治宣传教育，做到重点工作推进到哪里，财政职能就出现在哪里，普法就跟进到哪里，服务浙江经济社会发展。

（三）做好"七五"普法工作，是推进法治财政建设的重要基础。要通过加强法治宣传教育，学会用法治的思维和法治的方式解决问题和矛盾，用法律规范财政权力的运行，实现各项工作的法治化、规范化，从而加快建立现代财政制度，推进法治财政建设。

三、全力做好财政"七五"普法工作

2016年是财政"七五"普法启动之年。全省各级财政部门要以习近平总书记重要讲话精神为指导，继续按照"干在实处永无止境、走在前列要谋新篇"的要求，全面推进财政"七五"普法工作，积极服务和服从于全省经济社会发展大局，努力推动财政法治宣传教育持续深化。

（一）进一步强化财政普法的组织领导

全省各级财政部门领导要充分认识加强财政法治宣传教育工作的重要性，把财政法治宣传教育作为推进依法理财、建设法治财政的重要手段，增强新形势下做好财政法治宣传教育工作的使命感和责任感。各地要进一步建立健全普法领导和办事机构，明确目标、落实责任，努力形成各负其责、齐抓共管的工作格局。要关心和支持法制机构的工作，加强法制机构和人员队伍建设。各地财政法制工作人员要加强政治业务学习，积极投身财政法制工作实践，准确把握立法的适度、普法的角度、执法的力度。

（二）进一步创新普法宣传教育工作机制

要积极创新普法宣传教育机制，确保"七五"普法《规划》落实到实处。各地要建立健全普法工作领导体制，健全完善协调协作工作机制。要结合实际抓紧出台"七五"普法规划，要根据"七五"普法规划提出的目标任务，制定年度实施计划和工作方案，抓好推进落实。要建立健全有关工作制度，推进财政法治宣传教育的制度化和规范化。完善健全财政干部学法制度，坚持和完善党组中心组集体学法制度、领导干部法律讲座制度、法律知识年度考核制度。

（三）进一步优化财政法治宣传教育服务

要充分发挥法治宣传教育在服务财政工作大局中的先导性、基础性作用，将法治服务融入各项财政中心工作中，普法工作紧紧跟着财政中心工作走。

要创新财政普法服务。适应社会发展和科技进步的趋势，努力使财政法治宣传教育更好地体现时代特点，发挥新媒体力量，大力运用微博、微信、微电影、动漫、公益广告以及网站、手机等手段，推广"互联网+财政法治"服务模式。

要整合普法资源。法治宣传教育不光是法制工作机构的事，财政部门内部机构也要联合起来，开展普法宣传。同时，发挥部门的政策资源、业务资源优势，利用政府购买服务等形式，调动专业力量参与普法活动的策划、宣传。

（四）进一步推进法治宣传教育的结果导向机制

要将法治宣传教育与法治实践紧密结合，通过大力开展法治宣传教育工作，深入推动财政法治宣传教育与深化财政改革相结合、与科学民主决策相结合、与规范行政行为相结合、与社会监督相结合，全面深化浙江法治财政建设。

要建立健全法治宣传教育的结果导向机制，进一步完善财政法治宣传教育考核评估制度、检查督促制度和工作激励制度，突出对法治宣传教育实效的考核，促使法治宣传教育更好地服务法治财政建设。

（此文刊于《浙江财税与会计》2016年第10期）

处、县领导议财政

大力推广 PPP 模式 增加公共产品服务供给

江山市委副书记、市长 叶美峰

近两年来,江山市委、市政府审时度势、不等不靠,积极抢抓国家大力推广应用 PPP(政府和社会资本合作)模式的机遇,成功实施了第二污水处理厂、峡口水库引水工程、中机国能热电联产、锦绣江山外国语学校 4 个 PPP 项目,引入社会资本 7.3 亿元,被评为浙江省 PPP 工作示范县,4 个项目均被列为省级示范项目。

科学选择、互惠共赢是项目成功实施的前提条件。资本都是逐利的,没有足够的利益回报,PPP 合作模式只能是“纸上谈兵”。只有充分考虑平衡政府、社会资本和公众三者之间的利益,才能使有限的财政资源发挥最大的效用。一是精心储备。“PPP 是良药而非万能药”,并不是所有基建项目都适用该模式,对项目进行筛选储备就显得尤为必要。江山市坚持“两条腿”走路,不断充实项目储备库,从新建、改扩建项目和融资平台存量公共资产中盘活存量项目,根据各行业公共服务需求谋划增量项目。至今已谋划 PPP 项目储备 2 批次 30 多个,拟引入社会资本 300 多亿元。二是精细论证。从源头上控制项目的利益平衡点,健全项目联合审查机制,对每个项目都进行规范的“物有所值”及“财政承受能力”评估论证,最大限度地优化项目实施方案。如江山市第二污水处理厂项目,聘请专业投资咨询公司参与评估论证,完善项目财务方案、法律边界设定、争议解决机制等相关内容,最终顺利实现招投标。三是精准测算。以央行的基准利率为基准,在上浮比例 8%以内控制合理利润率,以降低财政支付压力;统筹考虑同期地方政府债券收益率、物价上涨指数,测算给予 4%以内的年折现率,激发社会资本参与积极性。通过“有微利、无暴利”的项目测算,倒逼企业提供高效优质服务。

上下一心、协同配合是项目成功实施的关键所在。PPP 项目涉及多行业、多领域,顶层设计和部门合作是关键,只有协同配合、统筹推进,才能避免相互掣肘,才能保障项目有序推进。一是抓统筹。2015 年 4 月,在衢州地区率先成立由市政府主要领导任组长,各分管副市长任副组长的项目推进工作领导小组,并成立 PPP 管理中心,统筹推进项目指导。明确要求每个副市长在分管领域年度内至少完成 1 个 PPP 项目,在全市上下形成齐抓共促的浓厚氛围。二是抓协同。专门组建“3+X”项目推进团队,明确职责分工,即由发改局负责项目库建设、招商洽谈,财政局负责评估,法制办负责合法性审查,主管部门负责前期可行性研究等。在项目重点环节上,发改、财政等部门做到分工不分家,同时识别论证项目、同时招商洽谈和前期指导,实现工作无缝对接,协同“并联”推进。三是抓基础。明确项目操作流程及招商政策,按照“项目谁主管谁负责”原则,由项目主管部门超前做好项目选址、投融资方案、规划设计、土地供应方案等一系列基础性工作,为项目快速推进创造良好条件。如锦绣江山外国语学校(文溪初中),在教育政策框架下,双方合作界限明确、底线清晰,从 2015 年 12 月提出项目建议,到 2016 年 4 月,短短 5 个月从洽谈到签约,已基本完成主体基础建设,被省教育厅誉为“文溪速度”。

超前服务、强化保障是项目成功实施的坚实基础。PPP 模式具有复杂性、专业性、长期性特点,参与项目建设必须有一定的资本实力,拥有投融资、法务、运营的专业人才,加上“保姆式”项目服务,才能取得“事半功倍”的效果。一是提供便捷“现金流”。应对项目资金流的高需求,积极探索设立 PPP 项目投资基金,专门用于重点领域的项目建设。设立规模 2 亿元的江山基础设施(含 PPP)投资基金,争取省级配套资金 9000 万元。强化对接争取,积极申报国家和省 PPP 试点项目,争取更多资金和政策支持。二是打造专业“人才库”。积极“走出去”,选派业务骨干参加省直部门业务专题培训;主动“请进来”,邀请财政部专家开展专题讲座;编印“流程图”,将项目政策文件分解为易于操作执行的流程图,分发给操作人员学习;建立“交流群”,通过项目中心微信公众号、学习交流微信群和项目交流群,实时沟通工作经验和实施心得;组建“专家库”,通过多管齐下,培养出一批熟悉市情的“土专家”,使 PPP 项目在教育、城建、水利、能源等领域遍地开花。三是畅通服务“直通车”。深入推进“店小二”项目服务,发扬真着急、真操心、真挑担的“三真”精神,积极为业主提供主动服务、全程服务、精准服务。如中机国能热电联产项目,经济开发区建立项目推进“日例会”制度,做到当天反映、当天协调、当天解决、当天反馈,“托底”解决热负荷不稳定等问题,解除业主后顾之忧。

扎牢笼子、正向激励是项目成功实施的重要保证。PPP 模式涉及政府和社会资本,与社会公众利益密切相关,存在比较复杂的风险因素,有效监管、长期稳定运维是项目推进的难题。一是注重后续运维。项目建成后,能否有一支专业团队来运营、管理和维护,使其发挥最佳的经济社会效益,是衡量 PPP 项目是否成功的重要标志。因此,在具体招商洽谈中,首要环节就是认真甄别每位投资业主的后续运营能力,重点考察其之前实施过的项目运行情况,对热衷 BT 模式、倾向于工程融资的投资主体实行一票否决,确保“让专业的人做专业的事”。二是完善监管体系。主动厘清政府部门的角色定位,从之前的主导角色向监督、指导以及合作者角色转变。完善相应的监管规则,纪委监察局、审计局和监管办等提前介入,规范 PPP 项目建设管理,建立标准化流程,实施“全生命周期”监管,确保项目规范实施。三是推行绩效考核。完善项目评估和监督体系,开展项目运营绩效评价,对项目运作、公共服务质量和资金使用效率等进行综合考核评价,确保项目建设运营达到预期效果。同时,将PPP项目建设纳入市政府年度招商引资考核和部门单位综合考核的重要内容,将项目工作经费纳入年度政府预算,充分调动和激发项目牵头责任部门与工作人员的积极性和创造性。

(此文刊于《浙江财政研究》2016年第5期)

牢牢把握五大发展理念 推进绍兴财税"十三五"新发展

绍兴市财政局局长 王水君

"十三五"时期,财税工作面临的时代背景较为复杂,机遇与挑战并存。从国家宏观层面看,经济发展面临增长速度换挡期、结构调整阵痛期、前期刺激政策消化期"三期叠加",处于全面实施五大发展理念和"四个全面"战略布局阶段。从绍兴看,全市经济也面临大城市建设的关键期、产业转型升级的攻坚期、高水平全面建成小康社会的决胜期,处于全面实施省委"八八战略"和市委"两重战略"阶段。从财税角度看,也存在"三个期",即财政收入增长速度换挡期、深化财税改革攻坚期、工作理念方式转换期,处于全面实施《预算法》和"法治财税"建设阶段。

在新形势下,财税工作也面临"新常态",突出表现在以下五个方面:一是财政收入中低速增长成为新常态。财政是经济发展的"晴雨表",经济增速调挡,财政收入增速下降成为新常态。如何进一步培育壮大税源,确保财政收入持续稳定增长,是当前及今后一个时期财税工作的首要任务。二是财政收支平衡难成为新常态。财政支出刚性增长、重点支出项目有增无减,社保扩面提标逐年推进,重点工作、公共民生领域对财力的需求越来越大。如何加强支出管理,保障收支平衡,成为今后一个时期财政工作需要破解的难题之一。三是地方政府债务管理日益规范成为新常态。2014年开始中央加强地方政府性债务管理,对债务发行实行规模控制,统一由省代发市县一级债,同时剥离融资平台的融资功能。如何既保障地方项目建设需求,又规范债务管理,防范债务风险,成为财政部门又一个工作难题。四是"公开透明、精细规范"成为财政管理新常态。近年来,随着财政改革的深入,特别是新《预算法》的实施,对财政规范管理的要求越来越高,预决算公开的范围和内容越来越广,强化财政基础管理已成为当务之急。五是依法理财治税成为新常态。十八大以后,中央着手清理规范扶持政策和地方优惠财税政策,虽然由于客观形势变化暂停,但老政策只有一个过渡期。如何按照依法理财治税的要求,既严格执行国家的有关政策,又充分发挥财税杠杆作用,推动经济转型升级,推动绍兴大城市建设,推动区域协调发展,是财政工作的一个基本点,也是事关绍兴科学发展的大事。

基于以上判断,绍兴"十三五"财税发展总体考虑是四句话,即把握一个总体要求,坚持四个原则,力争实现"五新目标",着力推进"五大建设"。

把握一个总体要求。以五大发展理念为指导,深入贯彻"五位一体"格局和"四个全面"战略布局,紧紧围绕"八八"战略和"干在实处永无止境、走在前列要谋新篇"新使命,全面实施"两重战略",积极适应和引领经济发展新常态,以生态文明建设为统领,以依法理财治税为主线,以构建现代财政制度为方向,进一步重创新、抓统筹、促规范、优服务、强基础,着力打造"稳健、阳光、民生、效率、法治"财政,为加快现代化绍兴建设提供财力保障。

坚持四个原则。即坚持"远近结合、统筹兼顾、规范透明、精细高效"四个原则。远近结合,就是坚持即期增收和长远增长、收入组织与税源培育、远期规划与梯次推进并举;统筹兼顾,就是坚持组织收入和优化支出、通盘谋划和兼顾重点、扶持发展与保障民生并重;规范透明,就是坚持深化改革与规范管理、依法理财与严明纪律、主动公开与社会监督并进;精细高效,就是坚持细化标准与夯实基础、强化绩效与提升效率、加强监管与优化服务并行。

力争实现"五新目标"。一是财政收入有新增长。"十三五"时期,全市一般公共预算收入年均增长7%左右。二是支出结构有新优化。"十三五"时期,全市一般公共预算支出年均增长6%左右,用于民生支出占比维持三分之二以上,各项收支总体平衡。三是财税改革有新深化。基本建成现代财政制度,财政体制不断优化完善,地方政府债务指标保持在警戒线以下,税制改革稳步推进,现代征管体系基本成形。四是监管水平有新提升。财税法治化水平有效提升,财税监督和财经纪律有效加强,财政资金监控不断加强,资金绩效有效提升。五是队伍建设有新加强。"三型"机关、"五型"干部创建成效显著,实现财税系统"零有效投诉、零违法违纪案件发生、高满意率"。

着力推进"五大建设"。

推进"稳健财政"建设。做精做深税源引进培育与税收征收管理文章,保障财政收入平稳可持续增长,重点是制定落实和用足用好相关扶持政策,推进"八大产业"发展;谋划实施政府投资项目年度资金计划,推进政府投资项目建设;研究完善市区财政体制、税源培育机制,调动各方积极性,合力增收入;加强税制改革应对工作,努力确保稳定税源;加快信息化建设,深化税费专业化管理举措,做到应收尽收,不收过头税。

推进"民生财政"建设。不断优化财政支出结构,加大民生投入力度,完善落实农业农村配套政策,推进财政支农体制机制改革,支持"三农"事业提升发展;稳定推进社保扩面提标,探索多渠道筹资办法,努力确保社保资金收支平衡;完善文化产业扶持政策,支持文教卫事业均衡发展;探索生态补偿机制,支持环保科技事业加快发展。推动创新型试点城市、知识产权示范城市、海绵城市、智慧城市创建;支持社会管理创新,完善立体社会安全防控体系,推进法治政府建设。

推进"阳光财政"建设。推进阳光预算、阳光支付、阳光采购、阳光绩效建设,深化完善预决算信息公开工作,实现部门预决算全部上人代会审查;推进预算执行改革,建立市县(区)两级动态监控体系,编制政府综合财务报告;推进绩效管理改革,探索财政专项资金第三方评估和绩效评价信息公开;创新政府采购模式,拓展政府购买服务范围,完善政府采购制度体系。

推进"效率财政"建设。构建完善提升财政运行效率的制度体系,强化专项资金管理,完善财政扶持政策审核审批流程,提高资金和政策使用效率;加快政府投资项目竣工结算进程,促进在建工程结转为固定资产,提高政府投资资金使用效率;加强国有资产管理,完善行政事业单位国有资产管理体制,盘活提高国有资产使用效率;推进"数字财政"和金税工程建设,探索运用大数据和"互联网+",提高财政和地税数据使用效率。

推进"法治财政"建设。研究制定法治财政建设实施意见,规范政府预算编制,构建预算定额标准体系,探索建立跨年度预算平衡机制;规范地方债务管理,推进债务信息公开;加强财政监督和税务稽查,构建立体多维监督机制;规范财税执法行为,公正、合理地行使自由裁量权;规范财会工作环境,推进中高端会计人才"十百千万"培养工程。

(此文刊于《浙江财税与会计》2016 年第 1 期)

以创新理念推动财税改革
加快建立现代财政制度

台州市财政局局长 林仁方

十八届五中全会提出了"创新、协调、绿色、开放、共享"五大发展理念,集中体现了今后五年乃至更长时期我国的发展思路、发展方向和发展着力点。作为财政部门,必须听令而行,要以"翻篇归零"的心态,以奋发有为的精神,促发展、保民生,更好地服务于全面建成小康社会大局。2015 年,浙江省人民政府下发了《关于加快建立现代财政制度的意见》(以下简称《意见》),要求各地根据党的十八大关于全面深化改革的战略部署和三中全会关于深化财税体制改革的目标任务,加快建立具有浙江特色的现代财政制度。在五大发展理念中,创新作为引领发展的第一动力,是核心所在。如何让创新理念贯穿财政各项工作,推动加快现代财政制度建设在台州落地,是一个值得思考的问题。

在创新理财机制方面,要树立为民理财、民主理财、依法理财、廉洁理财理念。在公共财政框架下,要转变支持发展重点、方式和环节,核心是将解决制约发展的公共性问题作为财政发挥职能的着眼点和着力点,这就要求必须紧紧扭住发展不放松,提出跨越式发展的新举措。深化"四张清单一张网"改革,积极发挥政府产业基金作用,都是在树立依法理财、为民理财工作思路下创新财政支持经济发展方式的体现。台州不断深化行政事业单位收费清单建设,全市均已建立了收费目录清单。整合财政资金,化零为整,使"劲往一处使",设立了产业转型升级股权投资基金等 8 个产业基金,不断助推产业转型升级。在大力推动公共基础设施多元化投入中,台州创新公共产品供给机制,大力推广政府和社会资本合作(PPP)模式,完成了首个通过政府采购的 PPP 项目杭绍台高速台州段,这是浙江省第二个高速公路 PPP 项目。通过创新投入方式,政府不再负债,在中央一系列严格加强地方政府债务管理措施出台后,为地方政府重大基础设施建设开辟了新途径。在积极稳妥推进社会保险基金保值增值中,采取竞争性存放办法,以招投标的方式,使社保基金银行存放利率最大化,同时也起到了廉洁理财的目的。要树立全社会共推民生发展,就要遵循为民理财、民主理财的原则,创新民生保障渠道,调动市场、社会和个人各方共推民生改善的积极性。

在深化财政体制改革方面,要树立善于学习、善于研究、善于落实、善抓机遇、善谋善干理念。深化财政体制改革,有很多是新内容、新政策、新事物,需要我们在工作中加强学习、研究、落实,不能"守株待兔"等待改革时机的出现。要善于抓住改革的机遇,既能谋又能干,把财政体制改革深化下去。按照党的十八届三中全会的要求,要进一步调整中央和地方的财政关系,建立事权和支出责任相适应的制度。中央要求 2016 年要基本完成这一项重点工作和任务。《意见》也对合理划分事权和支出责任提出了要求。要做好这项工作,不仅要了解分税制和转移支付制度,了解存在的一些部门化、碎片化问题,还要对完善转移支付制度进行研究,认真梳理和厘清各级政府的事权和责任。在建立现代财政制度的意见中,提出了建立高新技术产业地方税收增量返还财政奖励、优化收入激励奖补等政策。要建立和优化这些政策,就要善于研究各种财政政策,以及这些政策对地方财政产生的影响。《意见》提出要健全生态文明建设财政政策、加大区域统筹发展激励奖补政策力度,就要在财政支出中不断创新,善于落实,践行"绿水青山就是金山银山"的理念。要有效推动高新技术企业加快发展,为地方财力增长作贡献。

在完善财政预算制度方面,要树立从投入预算向产出预算转变的理念。投入预算的侧重点在于预算资金的投入、分配、使用等过程,对预算资金的使用结果较为轻视,重过程轻结果。产出预算的侧重点在于预算资金投入所产生的结果,讲求效率。《意见》提到"加大预算统筹力度,发挥资金使用效益""深化专项资金管理改革,促进绩效提升",可以说,现代财政制度更注重于财政资金的使用结果,即财政资金的使用绩效。《意见》在"完善政府预算体系,推进预算公开透明"中也提到,"强化预算绩效管理,凡是使用财政预算资金的部门和地区,都应当对预算支出绩效情况开展绩效评价;同时,加大绩效评价结果在预算资金分配中的应用力度"。这充分说明,建立现代财政制度,完善财政预算制度,必须将原有的投入预算理念向产出预算理念转变。惟其如此,才能在财政工作中做到创新,加快建立现代财政制度。

台州市将紧紧围绕贯彻落实五大发展理念,加快建立现代财政制度,着力在建立财政理财机制、深化财政体制改革、完善财政预算制度等方面不断创新工作理念和方式、方法。在创新中转变,以转变促创新,让创新成为推动财政事业发展的力量源泉。

(此文刊于《浙江财税与会计》2016 年第 1 期)

建立健全财政“资金池”运营管理机制的实践与思考

衢州市财政局局长 吴宝骏

一、财政“资金池”运营管理的实践与成效

（一）财政“资金池”建立基本情况

1. 建立归集平台网络系统。借鉴兄弟单位资金归集经验，引进新开发的资金结算管控系统，将结算平台、各项政府性资金管理单位及开户银行连接成一个结算体系。结算体系具备资金实时归集、支付、清算、核算、对账等功能，涵盖资金运作的全过程。

2. 设立资金归集结算总账户。成立初期，国库支付中心利用开设在工、农、中、建四家银行用于国库集中支付业务的银行账户作为结算总账户。2016 年 5 月，经市人民银行批准，国库支付中心根据结算账户招标结果，又在柯城农商、泰隆和邮储 3 家银行开设了资金结算总账户。

3. 明确资金归集范围。通过全面清理，对照现有财政资金管理要求，明确两类资金列入归集范围：一是除上级规定专户管理（如社保资金、粮食风险金等）外的所有财政资金；二是尚游离财政国库支付之外的单位账户资金。

4. 加强机构及制度建设。在国库支付中心增设资金结算科，配备专职业务骨干 4 名，全面负责资金结算平台的管理和日常业务处理。同时，根据平台日常管理和资金营运需要，出台了《衢州市政府性资金结算平台业务管理暂行办法》《衢州市市级财政“资金池”存量资金竞争性存放操作暂行办法》《资金安全管理规定》《加强大额资金支付内部监督办法》等基础性制度。

（二）财政“资金池”运营管理情况

1. 全力推进资金归集。一是国库支付中心对市财政局开设在工农中建四大行确定应纳入归集的财政专户资金开展资金归集工作；二是在做好预算单位银行账户检查、清理的基础上，对预算单位开设在工农中建四大行确定应纳入归集的银行账户开展资金归集；三是开设 3 个资金归集结算总账户，国库支付中心对开设在这 3 家结算总账户银行应纳入归集的财政专户和单位银行账户开展了资金归集工作。对开设在未开设资金归集结算总账户银行的账户，要求不定期手工划转归集，或撤销原账户并选择在开设资金归集结算总账户的银行开户后再签订资金归集协议，至 2016 年 6 月底基本完成了市本级政府性资金的全口径归集。

2. 组织开展资金竞争性存放。在确保被归集单位日常资金支付需要的前提下，适时开展公款竞争性存放，取得了较高的资金收益。截至 2016 年 8 月，共组织了 6 次公款竞争性存放招投标，招标总金额 34.8 亿元，平均资金综合收益率为 3.37%，到期可取得利息等收益为 1.17 亿元，较平均定期存款基准利率上浮 88.5%，资金综合收益率在省内同期财政资金竞争性存放工作中名列前茅。在保证招投标工作公开透明、规范有序的同时，还在浙江省率先实施存款保证制度，中标需按照中标金额 120% 进行担保，确保政府性资金存放安全。

3. 实施资金调剂业务。通过账户间资金调剂，既能满足日常支付需求，又能保障政府重点项目建设，避免出现提前支取定期存单、对外借款等产生的利息支出，降低财务成本。截至 2016 年 8 月，共对外调剂资金 9.48 亿元，主要用于土地储备、政府工程项目建设、归还贷款等方面。

（三）财政“资金池”运营管理取得的成效

1. 财政资金使用效率不断提高。财政“资金池”建立前，各预算单位资金分散在各个单位的银行账户上，存量资金分布范围广，涉及部门多，部门之间、项目之间资金不能统筹使用，同时资金流动性差，资金使用效率低下。财政“资金池”归集资金集中管理后，打破了原有资金条块分类管理的局面，极大地盘活了存量资金，充分发挥了财政资金“四两拨千金”的作用。

2. 政府投资建设项目融资成本大大降低。由于支出与收入进度的不同步，政府投资建设项目经常会出现融资需求。通过银行贷款融资，周期长，不可确定因素多，资金使用成本高。通过财政“资金池”归集资金的调剂，可有效保障融资需求，节省时间，加快项目推进速度，大大降低财务费用。截至 2016 年 8 月，共对外调剂资金 9.48 亿元，按同期贷款基准利率计算，可节约利息支出 4125 万元以上。

3. 财政资金竞争性存放收益提高。“资金池”的规模效应不断显现，能更好地促使财政资金保值增值提升存放收益，实现有限的财政资金效益最大化。

4. 引导信贷资金助力本地企业发展。通过将银行放贷情况和财政性资金存放挂钩，设置银行贷款余额、小微企业贷款增量、涉农贷款增量等正向指标和贷款平均利率等负向指标，引导金融机构扩大信贷投放总量、优化信贷结构、降低融资成本，加大对实体经济的信贷支持。新增贷款主要用于普惠金融服务，支持“三农”和小微企业发展，促进本地经济的转型升级。

二、健全财政“资金池”运营管理机制的建议

（一）着力提升“资金池”整体管理水平

财政“资金池”在运营管理中不断碰到新问题，因此需要不断优化调整相关业务流程，改良和引进新的核算软件系统，并通过修订《政府性资金结算平台业务管理暂行办法》，进一步补充完善会计核算、资金调剂、利息给付、大额资金支付用款计划等方面的内容。同时要根据扩面后的业务流程，明确岗位设置、工作职责、考核办法，确保“资金池”业务运营管理有章可循，也要不断通过加强岗位人员配置和业务培训，努力提升运营管理的精细化和系统化水平。

（二）着力提升系统功能和归集效率

着手改良优化现有的结算系统，通过引进更加完备的跨行结算软件，力争早日实现跨行自动归集。同时，要督促新开设结算总账户银行不断优化内部核算系统，并加大技术力量完善与“资金池”系统的接口功能，整合各银行不同的系统，实现业务数据的自动交换，协调加快国库资金的拨付进度，做大“资金池”规模，强化资金池的归集、调度功能。

（三）着力规范提升资金管理水平

在利率市场化的情况下，要更好地发挥资金的规模效应，在灵活支取、收益锁定、落实担保等基础上，提高资金存放议价能力，同时探索做好财政性资金在引导金融机构放贷上的导向作用，实现收益率优先兼顾营造本地良好金融生态环境的管理目标。积极探索资金增值理财的运作新模式，对少部分存量资金可通过公开招标购买银行表内保本保收益理财产品，以及参与政府 PPP 基金等方式实现保值增值，确保在合规、安全的前提下，进一步提高资金收益。

财政工作大事记

zhejiang caizheng nianjian

浙江省

一月

1月12日 全省财政地税工作会议在杭州召开,省长李强讲话,省财政厅厅长兼省地税局局长钱巨炎作工作报告。

1月19日 省财政厅党组召开"三严三实"专题民主生活会。厅党组书记、厅长兼省地税局局长钱巨炎主持会议,省委组织部派员到会指导。

1月25日 省财政厅成立浙江省财政资金安全检查工作小组,厅长钱巨炎任组长。

1月28日 省十二届人大四次会议审议通过省人民政府提出的2016年省级政府预算,同意省财政厅受省人民政府委托所作的《关于2015年全省和省级预算执行情况及2016年全省和省级预算草案的报告》。

1月29日 省财政厅会同省审计厅、省人力社保厅印发《关于加强行政事业单位内部控制建设的通知》。

二月

2月4日 根据省编委《关于调整省纪委派驻纪检机构设置的批复》,撤销省监察厅派驻省财政厅监察室编制,设立省纪委驻省财政厅纪检组,编制7人,负责归口监督省财政厅、省地税局2家单位。

2月5日 省财政厅成立厅内部控制委员会,厅长钱巨炎任主任。

2月6日 根据浙江省机构委员会办公室《关于浙江省省级机关会计核算中心更名的函》,浙江省省级机关会计核算中心更名为浙江省省级财政国库支付中心。

2月16日 浙江政务服务网发布省级财政专项资金管理清单。2016年,省级政府部门专项资金管理清单的专项全部细化编入年初预算。

是日 省财政厅与中国银行浙江省分行签订厅机关及厅属单位公款竞争性存放协议,协议存款1.98亿元。

2月22日 根据《浙江省人民政府办公厅关于2015年度省政府直属单位目标责任制考核情况的通报》,省财政厅在2015年度省政府工作目标责任制考核中获优秀单位,连续第13年获此殊荣。

2月26日 省财政厅召开全省财政地税系统党风廉政建设工作会议,省财政厅党组书记、厅长兼省地税局局长钱巨炎主持会议并作工作报告,驻厅纪检组组长徐首红出席会议并讲话。

是日起 浙江省城乡居民基本公共卫生服务财政补助标准提高至每人每年45元。省财政在维持2015年补助标准的基础上,对增量部分按两类六档转移支付系数确定补助标准,各档增量标准分别为:3.8元、3.4元、3元、2.3元、1.5元和0.8元。

2月29日 召开中共浙江省财政厅直属机关委员会四届三次党员代表会议,厅机关党委书记金慧群作2015年度党建工作报告。

三月

3月7日 省财政厅出台《关于同意浙江省担保集团有限公司章程的批复》。

3月13日 根据省政府浙政干〔2016〕11号文件,免去宋培军的浙江省财政厅副巡视员职务。

3月15日 省财政厅出台《关于印发浙江省对口支援西藏那曲地区资金管理办法(修订)的通知》和《关于印发浙江省对口支援新疆阿克苏地区和兵团农一师(阿拉尔市)建设资金管理办法(修订)的通知》。

3月16日 省财政厅成立公务用车制度改革领导小组,厅长钱巨炎任组长。

3月25日 设立浙江省基础设施投资(含PPP)基金,规模100亿元。

3月27日 省财政厅印发《关于完善宁波市上交省财政机制的通知》,调整宁波市上交省财政的基数及递增比例。

3月29日 省财政厅印发《厅内部控制基本制度(试行)》,明确厅内部控制总体框架,规范厅内部控制工作。

3月31日 省财政厅印发《关于提高2016年城乡居民基本医疗保险财政补助标准的通知》,明确2016年我省城乡居民基本医疗保险各级财政补助标准提高到每人每年430元。省财政对全省两类六档地区转移支付标准分别提高到每人每年273元、247元、218元、165元、110元和58元。

四月

4月5日 根据省委组织部浙组干通〔2016〕128号文件,明确章启诚、楼梅芳职级为副厅级。

4月11日 省财政厅会同省国税局、省地税局印发《关于全面做好营业税改征增值税试点工作的通知》。

4 月 15 日　省财政厅出台《浙江省基础设施投资(含 PPP)基金管理办法》,进一步规范和加强基金的运作与管理。

4 月 18 日　省财政厅印发《关于进一步推进财政支持农业“三项补贴”政策综合改革的指导意见》。

4 月 20 日　经省政府购买服务工作联席会议办公室研究并报省政府同意,印发《浙江省政府购买服务工作联席会议办公室关于进一步深化政府购买服务改革试点工作的通知》,选取 5 个地区、11 个行业部门、16 个公共民生热点项目开展深化改革试点。

是日　省财政厅印发《关于进一步细化差旅住宿费限额标准的通知》,将差旅住宿费限额标准细化到地市,并自 2016 年 5 月 1 日起执行。

4 月 22 日　省财政厅印发《浙江省省级财政国库集中支付电子化管理暂行办法》,6 月 1 日起实施。

4 月 26 日　根据省编办浙编办函〔2016〕72 号批复,省财政厅所属的省财政厅招待所成建制划转移交浙勤集团管理。

4 月 28 日　根据省政府浙政干〔2016〕19 号文件,王俭任省财政厅副巡视员。

4 月 29 日　省财政厅印发《关于地方水利建设基金征收有关问题的通知》,自 2016 年 4 月 1 日(费款所属期)起,向企事业单位和个体经营者征收的地方水利建设基金按现有费率的 70%征收。

是日　省财政厅印发《关于规范机关工作人员夜餐费开支管理的通知》,明确夜餐费适用范围、条件,开支标准、报销规定等。

五月

5 月 1 日起　浙江省全面推开“营改增”试点工作。

5 月 10 日　省政府印发《关于进一步完善城乡义务教育保障机制的通知》,全面落实义务教育经费保障的“两免一补”政策。

5 月 16 日　省政府印发《浙江省人民政府关于进一步加强地方政府性债务管理的实施意见》,对地方政府债务管理提出四项强化要求。

5 月 19 日　省财政厅、省地税局召开“两学一做”专题党课暨学习教育动员部署会。省财政厅党组书记、厅长兼省地税局局长钱巨炎讲专题党课,并就“两学一做”学习教育作动员部署。

是日　省财政厅印发《关于实施地方政府债务风险管控财政奖惩政策的通知》。

5 月 25 日　浙江省第十二届人大常委会第二十九次会议审议通过了《浙江省人民政府关于提请审议浙江省 2016 年地方政府债务限额及新增债务预算调整方案的议案》。财政部核定 2016 年浙江省地方政府债务限额 9685.3 亿元,地方政府债务限额比上年新增 497 亿元。

5 月 30 日　省财政厅等八部门印发《关于开展财政支农领域落实“两个一般不”改革示范工作的通知》。

六月

6 月 2 日　经省政府同意,省财政厅印发《浙江省社会保险基金保值增值运作管理办法(试行)》。

6 月 15 日　省财政厅成立“政采云”项目推进领导工作小组,厅长钱巨炎任组长。

6 月 17 日　财政部部长助理戴柏华一行来浙江调研,并参观省财政厅陈列室。

6 月 20 日　省财政厅印发《浙江省省级部门项目支出预算管理办法》,突出项目支出预算的标准化管理。

6 月 22 日　省财政厅内控委会议研究通过《浙江省财政厅机关运转风险内部控制办法(试行)》等八个厅内部控制专项办法,有效防控各项财政风险。

是日　省财政厅会同省科技厅、省国资委联合转发《财政部　科技部　国资委关于印发〈国有科技型企业股权和分红激励暂行办法〉的通知》。

6 月 23 日　举办“共筑财税梦想,增添党旗光彩”全省财政地税系统庆祝建党 95 周年暨第 4 届文艺调演,厅党组书记、厅长兼省地税局局长钱巨炎出席并致开幕词。

6 月 29 日　省政府办公厅下发《关于明确资源税若干政策的通知》,明确我省资源税从价计征改革从 2016 年 7 月 1 日起执行。

七月

7 月 1 日　省财政厅印发《关于组织开展创新强省农业科技(循环有机农业)示范试点的通知》。

7 月 5 日　省财政厅机关妇委会全国“巾帼文明岗”创建工作领导小组成立,副厅长金慧群任组长。

7 月 6 日　省财政厅印发《省级社保资金竞争性存放商业银行定期存款业务操作办法(试行)》,建立安全有序、运作有效、竞争择优的存放管理机制。

7 月 11 日　根据省财政厅浙财人事〔2016〕31 号文件，批复同意省金融控股有限公司组建浙江省基础设施投资基金有限公司。

是日　财政部批复同意《浙江省政府采购电子卖场试点工作方案》，浙江省被财政部列为全国第一个政府采购电子卖场试点。

八月

8 月 4 日　省委办公厅、省政府办公厅联合印发《关于进一步推进预决算公开工作的实施意见》，对预决算公开的主体与范围以及预决算公开的内容、时间与方式进行了规范与明确，推动全省建立健全全面规范、公开透明的预决算制度。

是日　全省财政地税工作视频会议在杭州召开，分析财税经济形势，研究部署下一阶段财政地税工作，省财政厅党组书记、厅长兼省地税局局长钱巨炎讲话。

8 月 8 日　省财政厅与阿里巴巴集团签署《浙江省"政采云"平台项目建设框架合作协议》，省财政厅厅长钱巨炎出席"浙江政采云网络有限公司"成立仪式并讲话。

是日　浙江省财政厅出台《关于印发特色小镇财政政策实施办法（试行）的通知》，对特色小镇内符合条件的新投资企业，其缴纳税收形成的地方财政收入中当年征收上交省部分，前 3 年全额返还，后 2 年返还一半给当地财政。

是日　省财政厅印发《浙江省地方政府债务高风险地区化债计划管理考核办法和浙江省地方政府债务中低风险地区风险管控质量考核办法的通知》。

8 月 23 日　经省政府同意，省科技厅、省财政厅出台《深化省级财政科技计划（专项、基金等）管理改革方案》。

8 月 29 日　省财政厅印发《浙江省政府产业基金投资退出管理暂行办法》。

九月

9 月 1 日　省财政厅公布《浙江省 2016 年政府非税收入项目目录》。

是日　财政部楼继伟部长赴淳安县考察调研。

9 月 2 日　财政部楼继伟部长赴义乌市考察调研。

9 月 19 日　根据浙委发〔2016〕29 号文件，省财政厅在服务保障 G20 杭州峰会工作中作出突出贡献，荣获集体及个人通报表扬。

9 月 23 日　浙江省农业信贷担保有限公司成立，为省财政厅管理的省级国有企业，一级法人单位，首期注册资本金 4 亿元。

9 月 26 日　全省会计从业资格证书全面实现"网上申请、在线服务、快递送达"改革。

9 月 27 日　省十二届人大常委会三十三次会议审议通过了省财政厅受省政府委托提交的《关于浙江省 2015 年财政总决算和省级财政决算草案的报告》。

9 月 30 日　完成全省 20996 户行政事业单位资产清查数据收集、审核汇总工作。

十月

10 月 9 日　经省政府批准，省财政厅会同人民银行杭州中心支行印发《浙江省省级国库现金管理实施细则》。

是日　省财政厅会同省林业厅印发《关于提高森林生态效益补偿资金标准的通知》，明确省级以上公益林的最低补偿标准提高到 35 元/亩，2017 年再提高到 40 元/亩。

是日　省财政厅、省人力社保厅等 3 部门联合印发《关于做好机关事业单位养老保险基金清算工作的通知》，在全国率先开展机关事业单位养老保险清算工作。

10 月 13 日　省财政厅整合原有猪肉、食糖、棉花、化肥、农药、医药等 7 项重要商品储备制度，出台省级重要商品应急储备管理办法，自 11 月 1 日起实施。

10 月 24 日　省政府办公厅印发《关于深入推进城乡居民基本医疗保险制度建设的若干意见》，建立完善全省统一的城乡居民基本医保制度。

10 月 27 日　浙江省财政厅印发《关于加强省级"三公"经费管理的通知》。

10 月　省财政厅公布 86 个总投资达到 1942 亿元的浙江省第三批 PPP 推荐项目，并举行 PPP 论坛暨项目推介会。

十一月

11 月 7 日　省编办浙编办函〔2016〕213、214 号文件批复同意撤销省世界银行业务培训中心，6 名在职在编人员由省财务开发公司接收安置。

11 月 23 日　省财政厅会同省住房和城乡建设厅出台《浙江省小城镇环境综合整治资金管理办法》，支持全省小城镇环境综合整治，自 2017 年 1 月 1 日起施行，实行期三年。

11 月 24 日　省财政厅会同省国资委、证监会浙江监管局联合印发《关于贯彻落实国资发改革〔2016〕133 号文件精神开展国有控股混合所有制企业员工持股试点工作有关事项的通知》，正式启动全省国有控股混合所有制企业员工持股试点工作。

11 月 29 日　根据省编办浙编办函〔2016〕227 号文件，省财政厅所属的省莫干山财政干部休养所成建制划转移交浙勤集团管理。

11 月 30 日　省财政厅、省地税局印发通知，决定自 2016 年 11 月 1 日起（费款所属期），全省暂停向企事业单位和个体经营者征收地方水利建设基金。

十二月

12 月 5 日　省财政厅代拟的《浙江省国家赔偿费用管理办法》经省政府常务会议审议通过，于 2017 年 3 月 1 日起实施。

12 月 8 日　浙江、安徽两省人民政府在杭州举行了新一轮（2015 ~2017 年）新安江流域上下游横向生态补偿协议签署仪式，新一轮新安江流域上下游横向生态补偿机制正式确立。

12 月 16 日　全省首个法开署贷款项目，即仙居县域生物多样性保护及发展利用示范工程项目获得法开署董事会批准，该项目利用法开署贷款 7500 万欧元。

12 月 28 日　省财政厅等部门印发《浙江省粮食风险基金管理办法》，加强粮食风险基金的筹措和管理。

12 月 31 日　省财政厅承建的统一公共支付平台列入 2016 年国务院办公厅“互联网+政务服务”技术体系建设试点项目。

截至 12 月 31 日　省财政厅做好省级单位办公用房和经营用房集中统一管理工作，完成 45 家经营实体划转浙勤集团统一管理工作，并按要求完成省级在杭党政机关及全额拨款事业单位办公用房产权划转省机关事务局统一管理工作。

截至 12 月 31 日　省财政厅做好省级公务用车制度改革中涉改车辆公开处置工作，完成 6 批共 753 辆涉改车辆的公开拍卖。

截至 12 月 31 日　全年选拔任用正处级领导 6 名，副处级领导 14 名，调研员 4 名，副调研员 10 名。对 39 名处级领导干部进行了岗位交流，其中，正处级领导 12 人，副处级 27 人。

（浙江省财政厅供稿　俞　薇执笔）

杭州市

1 月 7 日　杭州市财政地税局召开 2016 年财税工作务虚会。

1 月 15 日　省长李强、常务副省长袁家军分别批示肯定“杭州财税直通车”服务有关经验做法和工作成效。

1 月 21 日　张鸿铭市长批示表扬杭州市财政地税局工作，希望财税部门圆满完成服务保障 G20 峰会任务。

2 月 5 日　杭州市十二届人大六次会议高票表决通过《关于杭州市及市本级 2015 年财政预算执行情况和 2016 年财政预算的决议（草案）》，赞成率比上年提高 7.4%。

2 月 18 日　杭州市财政地税局组织召开全市财税系统干部大会。

2 月 23 日　杭州市政府召开全市财政和审计工作电视电话会议。

3 月 11 日　驻浙江省财政厅纪检组组长徐首红等一行来杭州市局调研指导。

3 月 17 日　浙江省财政厅财政监督局楼梅芳局长带领省厅相关处室负责人调研杭州市财政监督工作。

3 月 30 日　杭州市财政地税局党委书记、局长金翔做客民情热线，解读“公共财政就是民生财政”理念。

4 月 21 日　在 2015 年度综合考评中，杭州市财政（地税）局位列第六，连续第 8 次被评为优胜单位（满意单位），并荣获“落实经济工作责任制”和“治理城市交通拥堵”两个重点工作单项奖。

4 月 22 日　杭州市财政地税局召开 2015 年度局综合考评总结暨决战 G20 峰会再落实视频大会。

4 月 27 日　杭州市信用杭州建设领导小组组织召开全市信用杭州建设工作会议，杭州市财政（地税）局被评为信用杭州建设先进单位。

5 月 19 日　全市财政地税局长工作座谈会举行。

6 月 20 日　财政部部长助理戴柏华一行来杭开展改革专题调研。省财政厅钱巨炎厅长、财政部浙江专员办张天强专员陪同调研考察。

8 月 3 日　杭州市财政地税局举办首期党建讲堂。

8 月 7 日　清华大学公共管理学院与中国经济周刊在北京联合发布《2016 年中国市级政府财政透明度研究报告》，杭州市在 295 个地级及以上市政府财政透明度排行中，名列第六。杭州市财政局副巡视员吴文兴在发布会上作为城市代表发言。

8 月 19 日　杭州市市政府召开 2017 年市级预算编制工作会议。

8 月 24 日　杭州市财政地税局组织召开全局中层干部会议，进一步强化职责，严明纪律，为 G20 峰会顺利召开保驾护航。

9 月 12~13 日　杭州市财政地税局连续两天走进 FM89 杭州之声民情热线，围绕杭州百姓关心的财政地税问题给予答疑解惑，增加沟通交流。

9 月 19 日　根据浙江省委省政府下发文件，通报表扬在服务保障 G20 杭州峰会工作中作出突出贡献的集体和个人。杭州市财政地税局荣获集体和个人通报表彰。

11 月 7 日　杭州市财政（地税）局和杭州市国家税务局首次联合举办处级领导干部综合能力提升班。

12 月 15 日　“杭州财税情况通报会”举行，市政协领导和相关部门负责人出席会议。

12 月 31 日　根据杭州市人民政府杭政干〔2016〕26 号文件，免去吴文兴的杭州市财政局巡视员职务。

（杭州市财政局供稿　刘　淮执笔）

宁波市

1 月 7 日　市纪委常委卢文祥带队的市委、市政府检查组来市局检查党风廉政建设主体责任落实情况。党委书记、局长叶双猛汇报 2015 年度落实党风廉政建设主体责任工作情况，党委班子全体成员参加汇报会。

1 月 14 日　召开财源建设工作专题会议。大榭财税局、鄞州地税局等 5 家单位介绍财源建设工作经验和做法。

是日　召开党风廉政建设特邀监督员座谈会。

2 月 1 日　召开全市财政地税工作电视电话会议。市委副书记、市长出席会议并讲话，市委常委、常务副市长陈奕君主持会议。财政局、地税局（分局）班子成员等相关人员在分会场参加会议。

是日　召开 2015 年度党员领导干部专题民主生活会，市委副书记、市长、市政府秘书长王建社，市委组织部常务副部长陈安平等领导到会指导。

2 月 2 日　召开全市财政地税系统党风廉政建设工作会议，回顾总结 2015 年全市财税系统党风廉政建设工作，研究部署 2016 年任务。党委书记、局长叶双猛讲话，党委领导班子成员参加会议。

3 月 3 日　召开 PPP 工作情况交流暨市级首批存量改革项目推介会，介绍 PPP 工作推进机制、政策体制、操作流程等情况，推介 20 多个 PPP 项目库市级重点项目。

3 月 7 日　召开宁波市政府债券发行工作会议，回顾总结 2015 年全市债券发行工作，介绍 2016 年债券发行工作安排，对置换债券发行中涉及银行等金融机构的有关事项进行说明。

3 月 8 日　召开专题民主生活会情况通报会，党委书记、局长叶双猛作局党委年度工作报告和个人述职报告，开展领导班子年度考核评议和干部选拔任用工作评议。

3 月 9 日　市财政局、地税局、国税局三方联合举行“营改增”联席会议，商讨联席工作机制的建立、征管业务衔接方案等相关问题，探讨加强部门间协调、做好试点准备工作。

3 月 18 日　召开宁波市管理会计应用试点方案论证会。上海国家会计学院、特邀专家、鄞州第二医院等试点单位管理团队及财政会计管理部门干部等 40 余人参加会议。

4 月 22 日　在 2016 年海绵城市试点竞争性评审答辩会上，宁波市成功申报第二批全国海绵城市建设试点城市，未来三年可获 12 亿元国家补助资金。

4 月 25 日　召开市级社保基金财政专户开户与资金结算服务项目开标会，16 家市级商业银行参与竞标，最终确定了工商银行、宁波银行、建设银行、农业银行、中国银行等 5 家银行为中标银行。

5 月 12 日　省财政厅党组成员、总会计师赵立妙一行来局调研工作，党委委员、副局长高国平，市政府电子政务办、市交警局相关业务负责人等参加调研座谈。

5 月 13 日　代表市政府在上海通过财政部国债招投标（承销）系统，成功发行 2016 年第一批宁波市政府债券 301.6 亿元，其中，新增债券 32 亿元，置换债券 269.6 亿元。

5 月 17 日　召开“两学一做”学习教育动员部署会议，局党委书记、局长叶双猛作动员讲话。

5 月 25~26 日　举办为期两天的全市财税系统纪检监察业务培训，邀请市纪委常委王伟明、党风政风监督室副主任饶频等纪检监察行家授课。

5 月 27~29 日　组织举办第 36 届大中专学生珠算技术比赛、第 31 届职业高中学生珠算技术比赛、第 34 届小学生珠心算技术比赛和第 17 届幼儿珠心算技术比赛。

6 月 20 日　市财政局、市国税局、市地税局合作共建的宁波财税 12366 服务热线成功开通，不再区分国地税业务，一号接入、统一受理来电咨询业务。

6月30日　局机关召开庆祝中国共产党成立95周年大会，表彰局机关2015年度优秀共产党员。

7月15日　召开全市财政地税系统纪检监察工作座谈会。

7月21日　召开落实市政府企业降本减负“三十五条”政策专项工作会议。

是日　召开落实市党风廉政建设主体责任检查反馈意见整改暨党风廉政建设源头治理推进会，传达《中国共产党问责条例》精神和要义。

8月7日　全市财税系统组织举行“学业务、比技能、强素质”岗位练兵考试。各县(市)区地税局(分局)、市局稽查局、直属分局、契税中心及市局机关行政管理岗位共1573人参加了考试(市局机关财政及税务岗位暂未考试)。

8月10日　根据甬财税干〔2016〕67号等文件通知，江波任宁波市金融控股有限公司董事长，张法权任副总经理。

8月12日　召开2017年市级部门预算工作布置会议。

8月18日　根据甬纪干〔2016〕17号等文件通知，郭宗庆、谢鲁、胡丹岳、俞姬娜为宁波市纪律检查委员会驻宁波市财政局(地方税务局)纪检组成员。撤销市局内设机构监察室。

9月19日　驻省财政厅纪检组组长徐首红一行赴宁海县就加强财政扶持资金监管、推进党风廉政建设源头治理工作进行调研。

9月21日　召开“问计求策补短板、优化服务展形象”作风效能建设工作动员会，深入服务对象问计求策、补齐短板，通过答疑解惑、座谈交流和业务辅导等多种方式，优化服务、展现形象。

是日　召开机关党风廉政建设巡查工作动员会。

11月11日　根据甬党干〔2016〕234号文件通知，余龙达同志任中共宁波市财政局(宁波市地方税务局)委员会副书记。

12月21日　市财政局与市统计局联合举办学习贯彻党的十八届六中全会精神专题研讨会，两局局级以上领导干部参加研讨。

12月28日　省委常委、市委书记、代市长唐一军就2016年以来我市财税工作作出重要批示，充分肯定全市财税系统为推动宁波经济社会平稳健康发展作出的重要贡献。

(宁波市财政局供稿　翁公羽执笔)

温州市

2月26日　局长余中平受温州市人民政府委托，在市第十二届人民代表大会第六次会议作《关于温州市2015年全市和市级预算执行情况及2016年全市和市级预算草案的报告》。该报告于3月1日通过审议。

3月2日　中共温州市委副书记、市长张耕，市政协副主席、市政府秘书长谢树华等到市局开展调研。

3月9日　全市财税审计国资会议、全市财政地税工作会议暨“金税三期”上线动员大会在温召开。市委副书记、市长张耕到会讲话。市委常委、常务副市长陈作荣主持会议。市领导王毅、孟建新、黄兆鸽、谢树华等参加会议。

是日　召开温州市财政工作会议。党组书记、局长余中平在会上作《强化“五种思维”深化财税改革助推打造迈人全面小康社会标杆城市建设》的工作报告。会议总结了2015年和“十二五”期间工作完成情况，部署“十三五”和2016年工作任务。

3月21日　召开全市财政系统党风廉政建设暨作风建设、文明单位创建视频会议。

3月22日　局党组成员、总会计师张国光一行到青山控股、友好笔业等龙头企业走访调研，洽谈政府产业基金合作，宣传企业扶持有关政策。

3月25日　获得浙江省财贸系统“生活后勤保障先进单位”称号。

3月31日　召开全市管理会计试点工作座谈会。省财政厅会计处副处长周克俭和省高校教授参加，市财政局党组成员陈胜利、全市管理会计应用试点单位相关负责人、市高校相关负责人和会计处人员参加会议。

4月6日　印发《关于建立温州市市级行政事业单位财政管理绩效评价信息综合平台的通知》，推进市级部门预算绩效管理工作。

4月20日　获得2015年度市人大代表建议、政协提案办理工作先进单位。

是日　举办全年首期20.00亿元财政资金(主要是社保资金)竞争性存放招标会，温州银行等6家银行机构中标。

5月12~13日　市局分四期开展资产清查工作动员暨业务培训，规范和加强市级行政事业单位国有资产管理，推进资产管理与预算管理、财务管理相结合。市本级347家单位800多人参加。

5月16日　召开“两学一做”专题党课暨学习教育和“万人双评

议”动员会。局党组书记、局长余中平上专题党课并作动员讲话，局领导及市局中层以上干部、党支部书记、直属单位监察室主任参加会议。

5月23日　会同市发展和改革委员会、市城市管理与行政执法局、市水利局印发《温州市超计划用水累进加价水费征收实施办法》的通知，加强节约用水管理。

5月30日　会同市国税局印发《2016年度支持温州市重点税源企业和成长型企业发展的工作方案》。

6月23日　召开全市2016年度财政法治工作会议。各县（市、区）财政局法规处室负责人参加会议。市局党组成员潘强讲话。

7月19日　召开温州市直机关单位“两学一做”学习教育推进会。全市120余家单位“两学一做”学习教育分管领导、机关党委（党总支）专职副书记200余人参加。

7月25日　印发《温州市财政局关于开展会计从业资格证书“网上申请、在线服务、快递送达”工作的实施方案》，全面推广会计从业资格证书“网上申请、在线服务、快递送达”工作。

8月9日　首期温州会计领军人才培训班完成三年学业，在上海国家会计学院举行毕业典礼。

9月7日　召开市直单位第四作风巡察组巡察市财政局工作动员会。党组副书记、财政局副局长朱定钧主持会议，党组书记、局长余中平作工作报告和表态发言，巡察组组长陈虹作动员讲话。

9月26日　召开温州市管理会计应用试点方案论证会。

11月1日　省财政厅副厅长邢自霞一行在温州开展财政工作思路调研。

11月21日　印发《温州市市级行政事业单位国有资产管理信息系统管理规程》的通知，进一步规范和加强行政事业单位国有资产管理信息系统管理。

是日　印发《温州市市局失信黑名单管理办法（试行）》，加大对财税领域各类严重失信行为和失信主体的惩戒力度。

12月2日　省委副秘书长、省工委书记施利民一行来温州市局调研机关党建工作。

（温州市财政局供稿　李　侠执笔）

嘉兴市

1月6日　市政府印发《嘉兴市政府产业基金管理办法》，加强和规范政府产业基金的使用管理。

2月2日　召开全市财政地税工作暨党风廉政建设工作会议，学习贯彻全省财政地税工作会议精神，表彰2015年度先进集体和先进个人，总结和部署全市财政地税工作及党风廉政建设工作，局长许农作工作报告。

3月10日　嘉兴市政府产业基金管委会召开第一次会议。市政府常务副市长、管委会主任楼建明主持会议，副市长、管委会副主任盛全生及管委会成员单位主要负责人参加会议。

3月25日　市七届人大七次会议通过《关于嘉兴市2015年全市和市本级预算执行情况及2016年全市和市本级预算草案的报告》。

4月20日　财政部社保司副司长秦斌率财政部、人社部调研组到嘉兴调研社保资金信息化建设。

5月9日　市人大副主任王马青到市财政局调研嘉兴政府性债务管理情况。

5月26日　省财政厅总会计师赵立妙率省财政厅、省交通厅、省文化厅调研组到嘉兴和海宁调研政府购买服务工作。

6月1日　市政府印发《嘉兴市（市级）政府投资项目资金管理办法》。

6月16日　全省区域基金运作研讨会在嘉兴召开，省财政厅、省金控公司有关领导，全省各区域基金所在地财政局和区域基金公司负责人，嘉兴市局副局长吴贵敏、合作基金团队及企业代表等参加会议，共同探讨加快区域基金投资工作。

6月23日　由嘉兴市局、海宁市局承办的“共筑财税梦想，增添党旗光彩”全省财政地税系统庆祝建党九十五周年暨第四届文艺调演在浙江财经大学东方学院成功举办。省财政厅党组书记、厅长、省地税局局长钱巨炎出席并致开幕词。

6月27日　市政协主席高玲慧、副主席李跃到市财政局调研财政地税工作。

7月1日　举办纪念建党95周年表彰会暨七一诗歌会，表彰“五强”先进党支部、“三型”好党员和优秀党务工作者，展示“金水桥”服务品牌创建成果。

7月5日　印发《嘉兴市本级美丽乡村建设资金管理办法（试行）》。

7月7日　印发《关于进一步推进财政支持农业“三项补贴”政

策综合改革的实施意见》。

7月8日　印发《嘉兴市市级预算单位课题研究项目经费预算管理办法》。

是日　市财政局牵头召开全市行政事业单位内控建设动员大会。

8月4~5日　财政部浙江专员办监察专员张天强到嘉兴调研中央稳增长政策落实情况。

8月12日　浙江省金融控股有限公司董事长、总经理杜祖国到嘉兴调研嘉兴市政府产业基金投资运作情况。

8月20日　印发《市级行政事业单位办公设备配置和办公用房装修标准的通知》,加强行政事业单位国有资产配置管理。

9月9日　印发《嘉兴市级大型活动经费预算管理办法》。

10月14日　市政府召开市本级加快财政支出进度工作专题会议。

11月1~2日　省财政厅副厅长罗石林到嘉兴、桐乡调研,实地走访嘉兴科技城、濮院有机更新项目。

11月4日　印发《关于明确新一轮市级小城市培育试点专项补助政策的通知》,加大市级财政对试点镇的资金扶持力度。

11月30日　印发《嘉兴市污染源自动监控系统设备更新和运行维护补助办法》,提升环境监督管理能力。

12月1日　印发《关于明确嘉兴市政府采购支持中小企业信用融资互联互通机制有关事项的通知》,在嘉兴全市范围内建立政府采购支持中小企业信用融资互联互通机制。

12月7日　印发《关于进一步加强农作物秸秆综合利用扶持的政策意见》,加快推进农作物秸秆综合利用。

(嘉兴市财政局供稿　徐力超执笔)

湖州市

1月19日　市人大召开2016年度部门预算听证会,市人大常委会各专业委员会主任委员、市人大代表、市政协委员、社会公众代表、相关领域专家等二十多名听证代表对市民政局和市建设局环卫处部门预算进行询问听证。

1月27日　湖州市非税收入管理平台与省政务服务网统一公共支付平台顺利贯通。

1月30日　市七届人大六次会议听取《关于2015年全市和市本级预算执行情况及2016年全市和市本级预算草案的报告》,该报告于2月2日通过大会审议。

2月17日　市政府召开全市财政地税工作会议。市委副书记、市长陈伟俊出席会议并作重要讲话。

是日　召开2016年度全市财政地税工作会议暨党风廉政建设工作会议。市局党组书记、局长周建明作工作报告,并与领导班子成员、各县局局长签订党风廉政建设责任书。

2月22日　印发《湖州市财政资金安全检查工作实施方案》。

3月14日　会同市农业局、市供销社印发《湖州市农信担保公司风险补偿准备金使用办法》。

3月31日　财政部政研室王卫星主任一行来湖调研财税体制改革情况,省财政厅罗石林副厅长等陪同调研。

5月3~4日　财政部预算司在湖州召开"中央与地方增值税收入划分调研会",财政部预算司吴海军副司长、体制管理处王法忠处长、浙江省财政厅罗石林副厅长、总预算局章启诚局长以及全国部分省、直辖市财政厅预算局负责人参加会议。

5月5日　市财政局被省财政厅评为2015年度财政综合工作目标考核优秀单位。

5月9日　召开"两学一做"专题党课暨部署动员会。

5月18日　会同市公安局等九部门印发《湖州市道路交通事故社会救助基金管理操作规程(试行)》。

5月23日　省财政厅钱巨炎厅长一行来湖考察调研,湖州市委副书记、市长陈伟俊陪同调研。

6月7日　省财政厅沈磊副厅长一行赴德清县调研政府产业基金运作情况。

7月8日　会同市人社局印发《关于调整市级机关规范津贴补贴标准的通知》和《关于进一步规范市级机关津贴补贴工作的通知》。

8月3日　市财政局召开全市半年度财政地税收入分析会。

8月22~24日　省财政厅赵立妙总会计师一行来湖调研指导

工作。

8月24日　市七届人大常委会第三十一次会议审议批准《2015年全市和市本级财政决算报告》。

9月5日　会同市商务局重新修订印发《湖州市电子商务专项资金管理办法》。

9月12日　印发《湖州市财政局内部控制基本制度(试行)》。

9月20日　印发《湖州市市级机关工作人员公务出行经费预算管理暂行办法》。

9月26日　会同市发改委、经信委、住建局印发《湖州市清理偿还政府欠款专项工作方案》。

10月12日　市财政局被评为2011~2015年全省法治宣传教育先进单位。

10月25日　国务院综改办农业司巡视员赵杰、农业司农村改革处副处长左丞明、省财政厅基层财政处处长何新星赴德清县调研农业新业态、民宿经济工作。

10月25~27日　省财政厅罗石林副厅长一行来湖开展财政工作思路调研。

10月28日　会同市住建局印发《湖州市本级农村生活污水治理设施运维奖补资金管理暂行办法》。

11月2~3日　财政部驻安徽监察专员办党组书记、专员黎昭一行来湖考察工作。

11月28日　印发《湖州市市级国库集中支付动态监控管理暂行办法》。

12月7日　印发《湖州市政府产业基金管理办法》。

12月14日　市政府印发《湖州市生态文明建设财政政策》。

12月19日　市政府印发《关于进一步加强融资平台公司债务管理的通知》。

(湖州市财政局供稿　朱晨龙执笔)

绍兴市

1月11日　印发《绍兴市市级行政事业单位公款竞争性存放实施细则》,对市级行政事业单位公款竞争性存放的实施方式、工作流程、职责分工、后续管理等环节作了明确规定。

1月18日　浙江省副省长朱从玖来绍兴市财政局调研政策性担保开展情况。

2月3日　印发《绍兴市财政局关于全面开展财政资金安全检查工作的通知》,决定组织全市各级财政部门全面开展财政资金安全检查工作。

2月4日　绍兴市委副书记、市长俞志宏来绍兴市级机关财务结算中心慰问工作人员。

2月5日　召开全局干部大会。

3月22日　绍兴市委常委、常务副市长吴晓东来绍兴市财政局调研。

3月25日　全市财政地税工作会议召开。

3月28日　印发《绍兴市财政局关于开展市级行政事业单位公款竞争性存放落实情况检查工作的通知》,开展市级行政事业单位公款竞争性存放落实情况检查。

3月29日　绍兴市委常委、组织部部长徐晓光来绍兴市财政局调研。

3月30日　印发《关于开展"优化财税环境建设年"活动的实施意见》。

4月4日　印发《绍兴市市级国库集中支付动态监控管理暂行办法》,加强市级财政国库集中支付管理,提高财政资金使用的安全性、规范性和有效性。

5月16日　召开"两学一做"专题党课暨学习教育部署动员会。

5月17日　印发《绍兴市财政局内部控制基本制度(试行)》的通知,明确内部控制方法、主要内容、职责分工等有关事项。

5月24日　全省法规工作会议在绍兴召开。

5月25日　召开查补短板专项会议。

6月6日　市委副书记、市长俞志宏来绍兴市财政局调研指导工作并作"两学一做"专题党课。

6月13日　省财政厅厅长钱巨炎一行赴绍兴市调研。

8月6日　组织2016年度岗位业务知识考试,222名在职干部参加了考试。

8月15日　印发《中共绍兴市财政税务局委员会关于补齐财政地税工作短板的实施意见》,提出5大类共28条补齐财税短板举措,并明确了各处(室、局)的查补责任。

8月17日　省财政厅纪检组组长徐首红一行来绍兴市财政局指导贯彻落实中央八项规定精神"回头看"工作。

8月24日　省财政厅副厅长邢自霞来绍兴调研PPP项目和海绵城市建设相关工作推进情况。

10月24日　召开"三观四做"专题教育活动动员部署大会,局党委书记、局长王水君作动员讲话暨部署工作。

11月10日　省财政厅副厅长王广兵来绍兴调研2017年工作思路。

11月28日　浙江省政府产业基金投资推进会暨绍兴区域上市公司并购重组论坛在绍兴市召开。

(绍兴市财政局供稿　陈剑波执笔)

金华市

1月8日　金华市政府第118次常务会议听取市财政局关于调整完善新一轮市区财政体制情况、2015年财政收支预算执行情况及2016年收支预算(草案)安排情况及市转型升级产业基金参股投资新隆基金有关情况的汇报。

1月22日　网上自行申报的基本养老保险费开票扣款成功,金华市本级行政事业单位养老保险制度改革步入实质性征缴阶段。

2月1日　金华市政府第119次常务会议听取市财政局关于2015年金华市地方政府债务限额情况的汇报。

2月15日　金华市政府第120次常务会议听取市财政局关于市本级2016年政府投资预算编制情况的汇报。

2月29日　召开全市财税系统作风大会。

是日　金华市政府第121次常务会议听取市财政局关于金华市市级行政事业单位账户管理和公款竞争性存放暂行办法制订情况和金华市区国有资源有偿使用收入征收管理办法制订情况的汇报。

3月7日　市政府出台《金华市人民政府办公室关于印发金华市市级行政事业单位账户管理和公款竞争性存放管理暂行办法的通知》。

3月13日　召开2016年全市财政地税审计工作会议。市长暨军民作重要讲话。

3月14日　金华市政府第123次常务会议听取市转型升级产业基金参与投资组建金义新区绿色汽车传动产业发展基金有关情况的汇报。

3月18日　财政部国库司司长刘祝余一行在省财政厅总会计师赵立妙的陪同下,赴义乌就公款竞争性存放等有关情况进行调研。

3月22日　市局组织召开全市财税系统党风廉政建设工作会议。

3月29日　金华市政府第124次常务会议听取市财政局关于《金华市人民政府关于进一步降低企业成本减轻企业负担推进实体经济健康发展的若干意见》制订情况的汇报。

4月1日　义乌在全市范围内推广会计岗位实名登记改革,实施会计信用管理,规范会计人员管理,明确会计人员责任。

4月7日　会同市旅游局联合印发《金华市区旅游发展专项资金使用管理办法(试行)》。

4月28日　市长暨军民听取市国税局及市地税局关于营业税改征增值税工作进展情况的汇报。

5月5日　金华市政府第127次常务会议听取市财政局关于金华市与杭州绩优投资管理有限公司产业基金合作框架协议起草情况的汇报。

5月6日　会同市科学技术局联合下发《关于印发金华市科技创新专项资金管理办法等文件的通知》。

5月9日　组织召开"两学一做"专题党课暨学习教育部署会。

5月11~13日　省财政厅厅长、省地税局局长钱巨炎一行赴金华、磐安、永康等地调研工作。

5月26日　出台《金华市农业三项补贴政策综合改革实施方案》,并根据方案完成了市本级5家、县(市)10家粮食生产专业合作社联合社组建。

6月12日　金华市政府第129次常务会议听取市财政局关于金

华转型升级产业基金参与投资组建金华市文化影视时尚产业基金、金华市"专精特新"成长基金、中国电子信息新材料产业投资基金——华锦基金等情况的汇报。

7 月 1 日　组织召开庆祝中国共产党成立 95 周年大会暨先进表彰会。

7 月 12 日　浦江县政府与浙江金控投资管理有限公司、浙江金华转型升级产业基金有限公司签订《关于省市县三级产业基金合作支持浦江水晶产业发展的战略合作协议书》。

7 月 27 日　省财政厅副厅长王广兵一行到磐安县对精准扶贫工作进行调研。

8 月 24 日　出台《金华市财政局关于印发〈金华市市级机关公务交通费管理暂行办法〉的通知》。

9 月 2 日　财政部部长楼继伟在省财政厅厅长钱巨炎陪同下赴义乌,就营改增、政府债务、PPP 等工作开展调研。

10 月 11 日　义乌市垃圾焚烧发电厂提升改造 PPP 项目成功入选财政部第三批政府和社会资本合作示范项目。

10 月 20 日　省财政厅副厅长邢自霞一行到武义县调研经建领域政府购买服务工作。

10 月 24 日　省纪委派驻省财政厅纪检组组长徐首红一行到金华开展工作思路调研。

10 月 29 日　举办三创业务大赛第二季暨全市财政系统示范项目成果展示会。

11 月 2 日　会同市文化广电新闻出版局、金华市体育局联合下发《关于印发〈政府向社会力量购买公共文体服务的管理暂行办法(试行)〉的通知》。

11 月 7 日　市长暨军民一行来市财政局调研 2016 年财政工作情况及 2017 年财政工作思路。

11 月 10 日　金华市政府第 140 次常务会议听取市财政局关于强化精准服务引导企业做大做强相关政策制定情况的汇报。

11 月 15 日　金东区被省财政厅列入"2017 年度扶持村级集体经济发展"试点范围。

11 月 17~18 日　全省道路交通事故社会救助基金会议在金华召开。

12 月 29 日　金华市政府第 144 次常务会议听取市财政局关于金华市区轨道交通建设资金筹措有关事项的汇报。

12 月 31 日　市局获得全国财政"六五"法治宣传教育先进集体。

（金华市财政局供稿　孔英瑛执笔）

衢州市

2 月 17 日　召开全局干部职工大会,局党委书记、局长吴宝骏作工作报告。

2 月 29 日　市六届人大八次会议审议通过《关于 2015 年全市和市本级预算执行情况及 2016 年全市和市级预算草案的报告》。

4 月 8 日　国家农发办主任卢贵敏赴衢调研国家农业综合开发现代农业园区试点项目。省财政厅副厅长王广兵等陪同调研。

5 月 3 日　印发《衢州市财政局内部控制基本制度(试行)》和《衢州市财政局内部控制委员会议事规则(试行)》。

5 月 16 日　召开"两学一做"学习教育动员部署会,局党委书记、局长吴宝骏为全体党员干部上专题党课并作动员讲话。

7 月 4 日　召开全市财税系统"为官不为"专项整治行动推进会暨纳税人满意度调查工作推进会。

7 月 27 日　省财政厅厅长、省地税局局长钱巨炎赴衢调研指导工作。衢州市委常委、市纪委书记李伯来陪同调研。

8 月 10 日　衢州市会计从业资格证书申领实现"网上申请、在线服务、快递送达"。

8 月 25 日　市委常委、常务副市长赵建林赴市财政局联系村——峡川镇东坪村调研指导工作,市财政局局长吴宝骏陪同调研。

10 月 26 日　省财政厅党组成员、浙江省金融控股有限责任公司董事长杜祖国赴衢开展 2017 年财政工作思路调研,并赴开化、龙游等县实地考察。

11 月 3 日　市政府建立衢州市加快推进政府和社会资本合作(PPP)联席会议制度,联席会议办公室设在市财政局,吴宝骏兼任办公室主任。

11 月 24 日　市财政局"干部讲坛"第一期开讲。

11 月 27 日　市公车改革车辆拍卖工作落幕,共拍卖车辆 402

辆，总成交价1625万元，成交率100%，总溢价率71.0%。

12月1日　市财政局召开党的十八届六中全会精神学习会，市纪委常委、监察局副局长蔡方林作专题宣讲。

12月7日　召开第五届工会代表大会。

（衢州市财政局供稿　毛怡青执笔）

舟山市

1月29日　召开全市财政地税工作会议。回顾2015年和“十二五”时期全市财政地税国资工作，部署2016年各项工作，表彰2015年度各类先进，签订党风廉政建设、效能作风建设责任书。

2月24日　市级会计核算中心被全国妇女联合会授予全国级“三八红旗集体”荣誉称号。

4月8日　印发《舟山市平安建设专项资金管理办法》。

4月12日　印发《舟山市现代职业教育发展专项资金管理办法》《舟山市生态环境保护专项资金管理办法》。

4月22日　印发《舟山海域溢油应急专项资金使用管理办法》。

5月16日　组织2016年市本级公款竞争性存放第一期网上公开招投标，首期招标挂牌总标的7亿元财政资金，年综合收益率为2.5%。

5月27日　市人大常委会副主任李善忠调研2015年市本级财政决算、重点财政收支和政府性债务管理等工作。

5月30日　印发《舟山市“菜篮子”专项资金管理办法》。

6月12日　印发《舟山市食品安全监管专项资金管理办法》。

6月27日　印发《舟山市市级财政项目库管理暂行办法》，在各功能区管委会及市属各行政事业单位全面实施项目库管理，加强和规范市级财政项目管理。

6月29日　市六届人大常委会审议并批准《关于舟山市2015年市本级财政决算工作情况的报告》。

7月4日　印发《舟山市本级行政事业单位国有资产处置管理暂行办法》。

7月7~8日　省财政厅副厅长沈磊一行赴舟山调研浙江舟山群岛新区财金投资基金和浙江舟山转型升级产业基金的运作情况。

8月9日　印发《舟山市文化体育事业发展专项资金管理办法》。

9月19日　印发《舟山市宣传文化专项资金管理办法》。

9月20~21日　驻省财政厅纪检组组长徐首红一行赴舟山调研指导。

10月12日　舟山市入选“十三五”首批海洋经济创新发展示范城市，中央财政将分年度给予每个示范城市共计3亿元的奖励扶持资金。

10月24~26日　省财政厅厅长、省地税局局长钱巨炎一行赴舟山调研。

12月11日　印发《舟山市2016年新能源汽车推广应用地方配套补助办法》。

12月21日　印发《舟山市科技专项资金管理办法》。

（舟山市财政局供稿　徐颖娜执笔）

台州市

1月27日　召开全市财税系统党风廉政建设工作会议、全市财政地税系统会议。

2月4日　召开全局干部总结大会。

3月9日　召开全局干部大会。

3月25日　召开全市财税和审计工作会议，市长张兵到会讲话。

3月28日　省财政厅副厅长邢自霞一行考察台州金融与PPP工作。

3月30日　台州市首个PPP项目杭绍台高速公路（台州段）成功签约。

4月30日　市财政局荣获“全国五一劳动奖章”。

5月6日　台州政务服务网统一公共支付平台正式上线。

5月10日　召开“两学一做”专题党课暨学习教育部署会。

5月24日　首次开展机关事业单位养老保险基金账户招标工作。

8月2日　台州市级三个PPP项目被推荐为财政部示范项目。

9月23日　省财政厅厅长钱巨炎到台州调研。

10月17日　台州市5个项目入选财政部第三批政府和社会资本合作示范项目，列全省第一。

10月27日　全省财政内部控制工作座谈会在台州市召开。

（台州市财政局供稿　沈孔平执笔）

丽水市

1月20日　丽水市本级2015年地方政府债务限额提交市人大常委会审议通过。

2月2日　市委书记史济锡一行到市财政局看望慰问干部职工。

2月19日　召开全局干部职工大会，表彰上年度工作先进，部署2016年财政工作。

3月2日　召开全市财政地税系统反腐倡廉建设工作会议，学习贯彻各级纪委全会和财政地税系统党风廉政建设会议精神，回顾总结2015年党风廉政建设工作，部署2016年工作重点。

3月9日　省财政厅副厅长王广兵、省林业厅副厅长王章明等一行到丽水调研湿地生态补偿制度。

3月10日　召开全局“归零翻篇开新局”主题大讨论活动动员大会，动员部署为期3个月的主题大讨论活动。

3月15日　丽水市第三届人民代表大会第七次会议审议通过《丽水市2015年全市和市本级预算执行情况及2016年全市和市本级预算的草案》。

3月16~18日　省财政厅副厅长罗石林一行赴丽水市、青田县调研。

4月9~10日　国家农业综合开发办公室主任卢贵敏、省财政厅副厅长王广兵一行到丽水调研农业综合开发工作。

4月12~15日　省财政厅厅长钱巨炎到丽水开展调研工作，先后实地走访青田县、莲都区、庆元县、松阳县等地。

4月14日　丽水市人民政府办公室印发《丽水市市直财政专项资金信用负面清单管理办法》，进一步规范财政专项资金项目申报和资金使用，提高市直财政专项资金使用效益。

5月11日　召开浙江丽水生态经济产业基金投资决策委员会2016年第一次评审会议，审议通过莲都古堰画乡项目和龙泉青瓷小镇项目两个直接投资项目，支持特色小镇发展。

6月27日　市人大常委会党组副书记、副主任金建新一行到市财政局调研上半年预算执行情况。

7月28日　根据市政府文件，任命陈磊为丽水市金融投资控股有限责任公司董事长、总经理，丽水市生态经济产业基金管理有限责任公司董事长、总经理。

7月29日　召开全市财政地税工作会议，分析上半年财政地税运行情况。

8月18~19日　省财政厅副厅长王广兵一行调研丽水市农村金融改革综合试点项目工作和中药材产业循环有机农业示范试点工作。

9月5日　召开市本级2017年部门预算编制布置会议，正式启动2017年市本级部门预算编制工作。

9月13日　印发《2016年度党风廉政建设和反腐败工作组织领导及责任分工》，进一步加强党风廉政建设和反腐败工作，确保党风廉政建设主体责任履行到位。

9月29日　紧急拨付救灾资金200万元，支持遂昌县北界镇苏村山体滑坡灾后救助。

10月25~27日　省财政厅副厅长沈磊一行到丽水开展工作思路调研。

11月4日　印发《重大事项集体决策规程》及流程图，提高重大事项决策科学化、民主化水平，深化惩治和预防腐败体系建设。

11月22~23日　省财政厅副厅长王广兵一行赴丽水调研“光伏小康工程”推进情况和地质灾害防治工作。

12月6日　印发《关于进一步落实全面从严治党主体责任加强全市财税系统党的建设实施意见》，全面落实从严治党要求。

12月16日　举办丽水市信息产业基金暨绿谷信息产业投资合伙企业（有限合伙）签约仪式，丽水市生态产业基金首支子基金正式落地。

12月23日　印发《机关运转风险内部控制办法（试行）》《关于印发公共关系风险内部控制办法（试行）》等8个内控制度，初步建立内控体系。

（丽水市财政局供稿　季圣康执笔）

财政机构人员

zhejiang caizheng nianjian

浙江省财政厅厅领导名单

（2016 年 12 月 31 日）

党组书记、厅长、省地税局局长	钱巨炎
党组副书记、副厅长、巡视员	罗石林
党组成员、副厅长	金慧群
巡视员	魏跃华
党组成员、副厅长	王广兵
党组成员、总会计师	赵立妙
党组成员，省金融控股有限责任公司党委书记、董事长、总经理	杜祖国
党组成员、副厅长、省两新工委委员	沈　磊
党组成员、纪检组组长	徐首红
党组成员、副厅长	邢自霞
副巡视员	罗跃琴
副巡视员	俞建人
副巡视员	王　俭*

浙江省财政厅机构设置及处级干部名单

（2016 年 12 月 31 日）

一、厅机关

办公室

主任：莫红民

副主任：杨慧芳

副主任：高　翔*

副主任：陈亚谊

副主任：徐小俊*

调研员：林圣才

调研员：朱军华*

副调研员（援藏工作）：汤建新*

副调研员：吴晗英*

人事处（离退休干部处）、直属机关党委

处长：章忠良

调研员、副处长：姜明路

机关党委专职副书记：金洪根

副处长：费　萍

副处长：叶茂乐

机关纪委专职副书记：杨一斐*

调研员：何小媛*

副调研员：陈津津

副调研员：李亚东

省纪委派驻省财政厅纪检组

副组长（正处长级）：卜　敏

副组长（副处长级）：杨维智

正处级纪检员：金国荣

副处级纪检员：王　伟*

政策法规处

处长：陈建中

副处长：富德荣

调研员：朱炳仁

副调研员：应海燕*

总预算局、地方预算处、债务管理处

局长：章启诚（副厅级*）

地方预算处处长：陈　孝

债务管理处处长：周爱明*

地方预算处副处长：陈　栋*

债务管理处副处长：杨格来*

副调研员：翟晓真

副调研员：蒋旗江*

税政处

处长：尹红平*

副处长：邵　健

预算执行局、国库支付处

局长：侯余兴（副厅级）

国库支付处处长：张胜凯

国库支付处副处长：包尧兴

国库支付处副处长：戴晔沸

副调研员：吴月宝

副调研员：陈　珍

副调研员：蒋小聪

副调研员：朱仰军*

综合处

处长：姚龙飞*

副处长：吴凤珍

副处长：肖艳菱*

副处长：邬达贵

调研员：姚如华*

副调研员：孙继霞

会计处

处长:江中亮

副处长:杨树圣

副处长:周克俭

调研员:蒋振成

调研员:汤　淮

调研员:李雪萍

副调研员:郑肖亮

副调研员:程少春

行政政法处

处长:童黛铭

副处长:管海燕

副处长:陈　达

副处长:赵巧丽

副处长:李　杰

副调研员:苗林炯*

教科文处、省级文化企业国有资产监督管理办公室

处长:金　涛

省级文化企业国有资产监督管理办公室主任:董立国

副处长:傅彩莲

省级文化企业国有资产监督管理办公室副主任:虞劲松

副处长:童　盈

调研员:戴祥波

副调研员:袁艺侨

副调研员:胡　红*

行政事业资产管理处

处长:陈百平

副处长:牟晨晖

副处长:潘朝晖*

农业处

处长:徐来兴*

副处长:王　静

副处长:赵　虹

副处长:王振权(援疆工作)

副处长:康国梁*

基层财政管理处(省农村综合改革办公室)

处长:何新星*

副处长:孙建苗*

副调研员:许建全

企业处

处长:叶光胜

副处长:王林尧*

副处长:吴新芳

副处长:叶伟光

调研员:朱　玲*

副调研员:冯　洁

副调研员:张　卉

金融处

处长:周　瀛

副处长:洪小然

副处长:罗亭林*

社会保障处

处长:王雯琳

副处长:李　鸣

副处长:陈志远

副处长:吴益民

副处长:黄　青*

副调研员:幸春平

副调研员:王柳霞

副调研员:全龙江

经济建设处

处长:倪学军*

副处长:马　勇*

副处长:楼慧芬

副处长:马建胜

副处长:何喜平

副调研员:丁万钧*

财政监督局、绩效管理处

局长:楼梅芳(副厅级*)

绩效管理处处长:赵利明

绩效管理处副处长:颜明波

副局长:赵春伟*

绩效管理处副处长:刘　虹*

副调研员:周学伟

省农业综合开发办公室

主任:沈江平*

调研员、副主任:赵国瑛

副主任:支炳义

副调研员:何维君

副调研员:方优良

政府采购监管处

处长:郭定方*

副处长:费国炎

副处长:俞小青

副处长:张旭东(援青工作)
调研员:徐剑锋
调研员:梁妙其
副调研员:何一平*

二、直属单位

省财务开发公司、省金融控股有限公司

省财政厅党组成员,省金融控股有限公司党委书记、董事长、总经理:杜祖国
省金融控股有限公司党委委员,省财务开发公司副总经理,杭州金溪山庄董事长:姚 战
省金融控股有限公司党委委员,省财务开发公司副总经理:叶 忠
省金融控股有限公司党委委员、副总经理:倪一冰
省金融控股有限公司党委委员、副总经理:盛 亮*
省财务开发公司管理五级职员,浙江金溪服务管理公司董事长、总经理,杭州金溪山庄总经理:朱 蕾*
浙江金控投资管理有限公司董事长、总经理:杜金良*
省金融控股有限公司党委委员,省财务开发公司总经理办公室主任:黄志明*
省财务开发公司财务内审部经理:柴会荣
省财务开发公司投资管理一部经理:汪一兵
省财务开发公司投资管理二部经理:於亚雄
省财务开发公司投资管理三部经理:徐晓坚
省财务开发公司投资管理四部经理:张宝健
省财务开发公司对外联络部经理:贺贤文
浙江金控投资管理有限公司副总经理:邵建协
浙江金控投资管理有限公司副总经理:夏慧民
省财务开发公司管理五级职员:华山月
省财务开发公司管理六级职员,浙江金溪服务管理有限公司副总经理:程智灵*

省级财政国库支付中心*

主任:郑 耀*
副主任:宋万生*
副主任:何玮富*
副主任:甘建辛*
副主任:黄哲强*
副调研员:和繁荣*
副调研员:周小燕*
副调研员:陈燕燕*

省财政项目预算审核中心

主任:沈 湧*
副主任:沈应庚
副主任:俞富桥
副主任:魏成勇*
副调研员:吴春桃
副调研员:徐孝土

省财政票据管理中心(非税收入服务中心)

主任:张亚平
副主任:叶时宝*
副主任:杨仕聪
调研员:斯志洪
副调研员:刘 宁

省级部门预算编制中心

主任:张远东
副主任:陈志光
副主任:范 愿*
副调研员:邵 奕

省财税政策研究室

主任:杨慧芳
副主任:王非文
副主任、《浙江财税与会计》主编:冯 健*
副主任:陈优芳*
副调研员:唐礼萍
副调研员:钱衍强

省数字财政管理中心

主任:李 军
副主任:寿建钢
副主任:金永勤
副主任:陈健东

省会计人员服务中心

主任:陈丽君
副主任:童联新*

省农业综合开发项目审核中心

主任:陆龙泉
副主任:许锡田
副主任:林金松*

省财政干部教育中心(省中华会计函授学校)

干教中心主任、专职副校长:余丽生
干教中心副主任、专职副校长:吴小明
干教中心副主任、专职副校长:沈幼华*

省道路交通事故社会救助基金管理中心

主任:周 瀛
副主任:许智敏

省社保基金管理中心

主任:赵雅玲

省注册会计师服务中心、省注册会计师协会(资产评估协会)

主任、秘书长:石琪琪*

副主任、副秘书长:张光敏*

副主任、副秘书长:韩江南

浙江财政后勤服务中心

主任:陈相良

管理六级职员:章小朝*

省农业信贷担保公司

董事长、总经理:李建斌*

董事、副总经理:王新江*

(注:有标示者为当年职务有新变动)

浙江省各市、县(市、区)财政局领导名单

(2016年12月31日)

杭州市财政局

党委书记、局长:金　翔

党委副书记:王　希　龚　萍

党委委员、驻局纪检组组长:陈　平

党委委员、副局长:谢　永　朱党斐　许　杭

党委委员、预算执行局局长:万　强

党委委员、总预算局(税政处)局长、处长(副局长级):汪生祥

党委委员,财政监督检查局书记、局长:刘　强*

党委委员,杭州投资发展有限公司董事会董事、董事长:寿学军*

党委委员、办公室主任:毛慧敏*

副巡视员:吴文兴

副局级纪检员:王娟娟

上城区财政局

局长:石荣祥

局党委成员、区派驻第四纪检组组长:俞浪进

副局长:欧阳杰　蒋晓斌

调研员:朱红卫

副调研员:王皆兵

下城区财政局

书记、局长:蔡延平

副书记:朱　捷

副局长:娄　瑾　林广瑶

江干区财政局

党委书记、局长:项伟荣

党委委员、第五纪检组组长:张松贵

党委委员、副局长:余　焱　宋进军　傅启贵*

拱墅区财政局

党委书记、局长:黄　仁

党委委员、副局长:许　斌　罗敏翔

西湖区财政局

党委书记、局长:楼　俊*

党委委员、副局长:陈岳毅*　仰红英　袁　骏

党委委员、区纪委派驻第七纪检组组长:翁　强

副局长:赵水林*　章文琴*　沈丽芬

调研员:祝春霞　梁　进*

副调研员:兰兆军*　洪启然

高新区(滨江)财政局

局长:屠国平

副局长:汤　茵　邵　臻　张　军

萧山区财政局

党委书记、局长:何兴良

副书记、副局长:金国升

副局长:徐成梁　杨月万　钱建华

余杭区财政局

党委书记、局长:梅建胜

党委副书记、副局长:施成华

党委副书记:楼建琴

党委委员、副局长:姜根军　楼志燕　袁俊军

富阳区财政局

局长、投融资办主任、国资办主任:刘学军

副书记:潘国明

区纪委派驻第十一纪检组组长:鲁秀利

副局长:金卫泉　俞　杲

副局长、投融资办副主任、国资办副主任:李向明

临安市财政局

党组书记、局长:吴云川

临安市纪委派驻第五纪检组组长:赵树春

副局长:周　佳

副局长:胡　钧

副局长:戚峥嵘

建德市财政局

党委书记、局长:高建军

党委委员、副局长:金　革

党委副书记:封纪祥

党委委员、副局长：何国良
党委委员、纪检组组长：刘金文
党委委员、副局长：孟　洁
党委委员、副局长：陈　刚
党委委员、副局长：郭少伟*
总会计师：方卫荣*

桐庐县财政局
局长：徐志勇
副书记：倪金夫
副书记、副局长：毕文浩
副局长：申屠逸清　俞　斌　徐　华　钟　竑

淳安县财政局
书记、局长：毛夏平
副书记、副局长：叶建乐*
副局长（兼）：唐诗谷
党委委员、纪检组组长：王旭明
党委委员、副局长：徐夏冰

宁波市财政局
党委书记、局长：叶双猛
党委副书记、副局长：张镇岳
党委副书记：余龙达
副局长：王　晓　范国伟　苏丹旦　张立权　高国平　张　颖
纪检组组长：华　平
总经济师：竺培楠

鄞州区财政局
局长：徐源忠
党组书记：涂更生
党组副书记、副局长：岑卢艳
副局长：杨国定
国资办副主任：江　泳　郑少军
总会计师：虞文萍

海曙区财政局
局长：舒建国
副局长：蔡　锐　金群辉
总会计师：邱顺年

江北区财政局
局长：孙新土
副局长：邬文珍　宋伟官
总经济师：林　剑

镇海区财政局
党组书记、局长：顾　舰
副书记、副局长：汤文东　孙　灵
副局长：徐洪涛　邵坚宏　陈　晓

北仑区财政局
党组书记、局长：朱晓雄
副局长：李　军　孙军泽　桂　桦　陈建平　胡颖琛

奉化区财政局
党委书记、局长：鲍飞海
党委副书记、副局长：俞　峰
纪检组组长：奚际朗
副局长：胡志春　李　清　江洪平　林志锵
总经济师：陈玲萍

余姚市财政局
党委书记、局长：施建苗
副书记、副局长：鲁永飞
副局长：施钧旻　宋建忠　韩胜余　周益忠

慈溪市财政局
局长：周爱国
副书记、副局长：范哲慰　龚建冲
副局长：沈鸣学　潘钊先
纪检组组长：费　洁
总会计师：史　军

宁海县财政局
党委书记、局长：柳正维
党委副书记、副局长：胡忍标
副局长：薛　慧　胡盛华
总会计师：吴林恩

象山县财政局
局长：董连胜
副局长：姜乐平　陈忠祥　郑世敏
总经济师：胡　斌

温州市财政局
党组书记、局长：余中平
党组副书记、副局长（正县处级）：朱定钧
党组成员、中共温州市纪律检查委员会派驻温州市财政局纪律检查组组长：卢小平*
党组成员、副局长：黄夏日　孙建伟　林江帆
党组成员、机关党委书记、调研员：陈胜利
党组成员、总会计师、财政监督局局长：张国光

鹿城区财政局
党组书记、局长：胡向阳

党组副书记、副局长:陈幼彦

党组成员、副局长:孙丽娟　陈　辉

党组成员:何　军(区纪委派驻第八纪检组组长)

党组成员、总会计师:徐　丹

瓯海区财政局

党组书记、局长:李中方

党组副书记、副局长、区国资办主任:项瞻文

党组副书记、副局长:陈小秋

党组成员、副局长:叶国蒙

党组成员、区国资办副主任、城投公司董事长:徐　教

党组成员、副局长:欧胜武

党组成员、区国资办副主任:杨海慧

党组成员:徐前荣

党组成员:吴丽佳

龙湾区财政局

党组书记、局长、国资办主任:余安江

党组副书记、国资办副主任:吴鸿炜

副局长:方　微

党组成员、副局长:方崇敏

党组成员、副局长:陈启兴

党组成员、国资办副主任:施寒毅

党组成员、总会计师:吴祖岭*

洞头区财政局

党组书记、局长、国资办主任:吕东辉

局党组副书记、副局长:陈后平

党组成员、副局长:颜跃平

党组成员、副局长:董希勇

党组成员、国资办副主任:汪秀琪

党组成员、区纪委派驻第七纪检组组长:张海文

党组成员、总会计师:彭晓东

乐清市财政局

局长:王友闻

副局长:董法朗　钱乐洋　卢正文

驻财政局纪检组组长:李　华

财政总会计师:郑清华

雁荡管委会财政局副局长:杨宏辉

瑞安市财政局

党委书记、局长:林政洪

党委副书记:张筱珍

党委委员、副局长:黄亚平　李建中　林孝昭*

党委委员、纪检组组长:陈捷亮

党委委员:李盛华　陈大青

永嘉县财政局

党委书记、局长:陈芝双

党委委员、副局长:徐忠诚

党委委员、副局长:叶玉庭

党委委员、副局长:叶显勇

党委委员、副局长:吕金满

党委委员、总会计师:叶强忠

党委委员、驻局纪检组组长:谢选年

平阳县财政局

党组书记、局长:林海涵

党组成员、副局长(正科级):林　文

党组成员、副局长:王　炼

党组成员、副局长:洪益平

中共平阳县纪委派驻第九纪检组

(驻县财政局纪检组)组长:张业逊*

总会计师:余炳亮*

总会计师:林　毅*

党组成员、预算执行局局长:谢秉煌

党组成员、人教科科长:张晓慧

苍南县财政局

党组书记、局长:徐象广

(局长至2016年5月6日)

党组书记、局长:杨　雷*(2016年5月6日任职)

党组成员、副局长:池长辉

党组成员、副局长:沈志安

党组成员、副局长:黄朝晖

党组成员、总会计师:许明稀

党组成员、县纪委派驻纪检组组长:王雪琴

泰顺县财政局

党组书记、局长:尤联辉

党组副书记:毛方酬

副局长:王官玉　徐　光　毛旭升

党委委员:包晓忠

文成县财政局

党委书记、局长兼国资办主任:朱明阳

党委委员、副局长:金宪树　叶信钏　王光远

党委委员、纪检组组长:王彩梅*

国资办副主任、办公室主任:胡国鑫

国资办副主任:王晓宗*

嘉兴市财政局

书记、局长:许　农

副局长:吴贵敏　姜　东　王海荣
纪检组组长:周曙光
党委委员、副调研员:沈建忠

南湖区财政局
局长:孔　俭
书记:叶涵初
副书记、纪检组组长:王嘉红
副局长:马立申　张　磊　夏　峰　张　恺

秀洲区财政局
书记、局长:张惠明
党委副书记:张　军*
副局长:陈　嵘　姚颖娟　莫放路　龚慧群　孙艳斌*
总会计师:陈宏义*

海宁市财政局
书记、局长:许建明
副局长:曹立群　蒋雪标　孙　伟
纪检组组长:朱建忠

平湖市财政局
局长:沈幼锋*
副局长:丁根林　全　骏　姚春元　王祥甫
纪检组组长:曹海平

桐乡市财政局
局长:朱政华*
书记:杨顺坤*
纪检组组长:沈玉林
副局长:徐国平　吴鉴伟*
总会计师:王晓丹

嘉善县财政局
书记、局长:沈建伟
副局长:张红兵　徐金连　徐忠明　章立耘
纪检组组长:连怀冬
党组成员:刘　春

海盐县财政局
党组书记、局长:俞汉烈
副局长:陆国华　曹继旻　陶照明　戴海华
党组副书记:朱海洪
县委组织员、党组成员:徐桂华
党组成员:郭　涛

湖州市财政局
党组书记、局长:周建明
党组副书记、副局长(正局级):屠培红
党组成员、副局长:姚　温
党组成员、副局长:钱汇丰
党组成员、纪检组组长:王红明
党组成员、副局长:张向阳
党组成员、副局长:黄长泉
党组成员、总经济师:袁学平
总会计师:孙倩如

吴兴区财政局
党组书记、局长:沈国强
党组成员、副局长:杨卫华
党组成员、总会计师:施江红
党组成员、副局长:叶　青
党组成员:俞勤仕

南浔区财政局
党组书记、局长:何琪虎
党组副书记、副局长、正科级组织员:陈有富
党组副书记、副局长:崔正云*
党组成员、副局长:孙　晖
党组成员、副局长:沈利明

德清县财政局
党组书记、局长:嵇金星
党组副书记、副局长:陈兴炎
党组成员、副局长:陈　强*
党组成员、副局长:沈漪萍*
党组成员、总会计师:钱伟国
党组成员、副局长:沈新惠
副局长:丁红明*
党组成员、副局长:嵇月红*

长兴县财政局
党组书记、局长:葛铭松
党组副书记:李丰红*
党组成员、副局长:顾群伟
党组成员、副局长:王佳平
党组成员、副局长:彭　琳
党组成员、总会计师:刘志新*

安吉县财政局
党组书记、局长:徐　勇
党组副书记、副局长:周江龙*
党组成员、纪检书记:姚法根*
党组成员、副局长:俞土良
党组成员、副局长:楼建成
党组成员、总会计师:郑　立

党组成员、副局长:童升明

绍兴市财政局

党委书记、局长:王水君

党委委员、副局长:蔡文良　赵雄飞　邢玉清

党委委员、总会计师:沈志新

党委委员、副调研员:詹　超

纪检组组长:杨成林

越城区财政局

党组书记、局长:唐国梁

党组副书记:唐关荣

党组成员、副局长:张国昌

党组成员:汤晓燕*　陈　红*

柯桥区财政局

党工委书记、局长:喻光耀

党工委副书记、副局长:吕铁辉*　赵忆怀

党工委委员、副局长:徐利忠　方　荣

党工委委员、纪检组组长:徐姗萍

党工委委员:来建祥　严　炜*

上虞区财政局

党委书记、局长:茅国清

党委副书记、副局长:邵百尧

党委委员、副局长:陈志坚　卢坚钢　金惠君　朱政荣

党委委员、总会计师:俞　军

党委委员:谢岳雷　金浙平

诸暨市财政局

党组书记、局长:王孔羽

党组副书记:赵一平

党组成员、副局长:吴　伟　戚俏新　周国新

党组成员:孟伟苗

嵊州市财政局

党委书记、局长:孙元东

党委副书记:钱夏平

党委委员、国资办副主任:茹万红

党委委员、副局长:竹贵光　裘建东*　叶　平

纪检组组长:裘建东

党委委员:张茂雄　王小燕

新昌县财政局

党委书记、局长:俞剑锋*

党委委员、副局长:丁利平　求伟清　章　政*

党委委员:梁晓富

金华市财政局

局长:方卫民

市纪委派驻财政局纪检组组长:郭云龙

副局长:严国鑫　倪小波　徐京红

总会计师:张　宁

婺城区财政局

局长:傅得樟

党组成员、国资办主任、副局长:顾再进

党组成员、副局长:陈根成　俞叶青

党组成员、总会计师:胡　伟

金东区财政局

局长:吴一平

副局长、国资办主任:陈春华

副局长:姜韶军

党组成员:邵国盈

总会计师:孙岳彪

兰溪市财政局

局长:陈玉祥(兼)

党组书记:施廷涌

党组副书记、国资办主任:童洪基

副局长:周季容　邓培昌　张海湘*

总会计师:严师东*

东阳市财政局

党组书记:吕良勇

党组副书记、局长:沈银福

党组副书记、副局长:杜希庭

党组副书记、国资办主任:徐生银

党组成员、副局长:吴正华

党组成员、财政总会计师:韦向东

党组成员、国资办副主任:曹晓红

党组成员、财政监督局局长:严徽华*

党组成员、开发区财政局局长:张雪飞*

义乌市财政局

党委书记、局长:朱竣文

副书记、副局长:赵绍辉

党委委员、副局长:李晓玲　何愫洪　缪永明　孙柳媚(挂职)

党委委员:毛新生　杨成林

总经济师:傅晓平

总会计师:黄健勇

永康市财政局

党委书记、局长:施建民

党委委员、国资办主任:施贺龙
党委委员、副局长:杜奕铭
副局长、总会计师:吕美红
党委委员、副局长:胡高峰*

浦江县财政局

党委书记、局长:楼向阳
党委副书记、副局长:杨寿贤*
党委委员、国资办主任:王卫平
副局长:许尔清
党委委员、副局长:黄苏安
党委委员、副局长:黄英俊
总会计师:黄小莲　郑雄亮*
国资办副主任:张晓宇
党委委员:朱正军*
党委委员:朱鑫尧

武义县财政局

局长、国资办主任:邹子伟
副局长、国资办副主任:王柏宜
党委委员、副局长:张立新　徐飞云
总会计师:徐国强　张建平
党委委员:王献良
党委委员、国资办副主任:陈武阳
国资办副主任:周立民

磐安县财政局

党委书记、局长:陈国慧
副书记、副局长:吕贤德
党委委员、副局长:羊荣华　施逢杰
党委成员:陈忠明　施国萍
党委委员、预算局局长:林永平
总会计师:黄　强

衢州市财政局

党委书记、局长:吴宝骏
党委副书记、副局长:吴小聪
总会计师:方孝琳
党委委员、副局长:王德华　叶浙青　叶旭泉　翁文斌
党委委员:张　庆
党委委员、纪检组组长:林祥庚
党委委员、副局长:王学勤
党委委员:徐国富

柯城区财政局

党组书记、局　长:吴国清
党组成员、副局长:姚建峰
党组成员、副局长、国资委主任:张吉青
党组成员、纪检组组长:王　舟
党组成员:姜晓临

衢江区财政局

党组书记、局长:王　典*
党组副书记、副局长:秦　勇
党组成员、副局长:袁康彬　马文革
党组成员、区纪委派驻第十三纪检组组长:钱　江
党组成员、政府投资项目评审中心主任:黄晓春
党组成员、农业综合开发办公室主任:王利民
党组成员:方莹莹*　李荣才*

龙游县财政局

局长:徐志明
副局长:蒋澄宇　琚柏华　金志鸿　倪　斌
总会计师:钱　宇

江山市财政局

局长:周立武
副书记:王智荣
副局长、国资办主任:张晓华
副局长:毛水芳
总会计师:周金富
副局长:郑建青
党委委员:毛培泉
副局长:王雁斌
党委委员:赵立文
纪检组组长:郑晓岗

常山县财政局

党委书记、局长:戴根林
党委委员、纪检组组长:徐朝威
党委委员、农综办主任:李炳根
党委委员、国资办主任:蒋淑萍*
党委委员、副局长:徐光明　叶晓春

开化县财政局

局长:方忠明
副书记:廖继军
副局长:汪　涌　廖继军　廖建忠
局党委委员:汪福海　程小汉　曹长洪　余素琴　余红敏　詹炳法　方焰飞

舟山市财政局

党委书记、局长:顾央军
党委副书记、副局长(正县处级):曹国英

党委委员、纪检组组长：陈建庆
党委委员、副局长：王志杰　江立安　邬传统　王海平　韦晓红
党委委员、总会计师：邵裕龙　金伟平
党委委员、预算局局长：宁小军*

定海区财政局
党组书记、局长：何　红*
正科级组织员：周兆军
党组成员、副局长：戴水婷　李汉定　杨英俊*
党组成员、总会计师：蒋科卫
党组成员、纪检组组长：钟国勇

普陀区财政局
党组书记、局长：史海祥*
党组副书记、国资办主任：张友夫
区纪委派驻第六纪检组组长：张永迪
党组成员、副局长：陈宇宙　杨琪恒　夏　毅　刘科峰
国资办副主任：林文海
区纪委派驻第六纪检组副组长：周吉瑜*

岱山县财政局
党组书记、局长：方信伦
党组成员、副局长：沈三五　蒋伟若
党组成员、财政总会计师：翁燕敏
党组成员、纪检组组长：陈　宇

嵊泗县财政局
党组书记、局长：罗奇辉*
党组副书记、副局长：张菊花
党组成员、纪检组组长：郑海定
党组成员、副局长：何海国
党组成员、总会计师：刘白羽
党组成员、总经济师：马　俊
党组成员：李俊杰

台州市财政局
党组书记、局长：林仁方
驻局纪检组组长：孙　鑫
党组成员、副局长：蒋天平　许天鸿
党组成员：王以南
调研员：吕仁苗　张卫平
副调研员：戴　峰　许伶敏

椒江区财政局
党组书记、局长：阮建明
党组副书记：陈忠贤
党组副书记、副局长：谷建斌
党组成员、副局长：唐诗虎　章光辉
党组成员、区派驻第八纪检组组长：李雪芳

黄岩区财政局
局长：陶慧敏
党组副书记：郭建明
党组成员、副局长：柯卫凌
党组成员、总会计师：韩　华
党组成员、区派驻第八纪检组组长：叶军伟

路桥区财政局
党组书记、局长：张崇华
党组副书记、国资局局长：苏忠贵
党组副书记：蔡金虎
党组成员、副局长：牟晓燕　冯道明　吴芳霞　金明初
党组成员、区派驻第八纪检组组长：沈　党

临海市财政局
党组书记、局长：胡寿坚
党组成员、副局长：王礼福　方　虹　沈国材　蒋向阳
党组成员：卢国富

温岭市财政局
党委副书记、副局长、国资局局长：余海波
党委副书记、副局长：柳　敏　朱永宁
党委委员、市派驻第八纪检组组长：梁　骏
党委委员、副局长、国资局副局长：周崇友
党委委员、财政总会计师、预算局局长：潘建华

玉环县财政局
党委书记、局长：林仁斌
党委委员、副局长：张素燕　姜仁武
党委委员、纪检组组长：方建波
总会计师：张作民
副科级纪检专员：郑声福

天台县财政局
党组书记、局长：戴敏华
党组副书记：范永友
党组成员、第八纪检组组长：杨周吉
党组成员、副局长：丁伟生
党组成员、总会计师：朱丰强
党组成员：陈邦信

仙居县财政局
党组书记、局长：姚文浩
党组副书记、国资局党委书记、国资局局长：徐林飞

党组成员、副局长:潘天虎　李琦瑛

党组成员、县派驻第八纪检组组长:崔翁勤

财政总会计师:应强华

财政监督局局长:张　健

三门县财政局

党组书记、局长:叶坚强

党组成员、国资局局长:马加品

党组成员、财政局局副局长:陈小撑　尤福跳

党组成员、第八纪检组组长:方匡礼

党组成员、财政总会计师:章日胜

丽水市财政局

党组书记、局长:刘志伟

党组成员、副局长:魏叶华　张　栋

副局长:陈肇平

党组成员、总会计师:叶芳儿

党组成员、纪检组组长:李　萌

党组成员、办公室主任:蔡焕义

莲都区财政局

党组书记、局长:赖志平

党组成员、副局长:黄于林

党组成员、副局长:林　伟

党组成员、总会计师:吕焕祺

龙泉市财政局

党组书记、局长:吴小波

党组副书记:赵晓星(2016 年 8 月退二线)

党组成员、副局长、国资办主任:陈龙根

党组成员、总经济师:商越敏

党组成员、纪检组组长:周丽丽

党组成员、副局长:项海峰

党组成员、副局长:陈正松

党组成员:王为武

党组成员:姜苏民

党组成员、农发办主任:叶惠君

党组成员、办公室主任:朱光泉

青田县财政局

党组书记、局长:周冠华

党组副书记、副局长:王伟伟

党组成员、副局长:季耀武

党组成员、副局长:陈升华

党组成员、纪检组组长:单黎勇

党组成员、总会计师:徐松娥

云和县财政局

党组书记、局长:柳成东

党组成员、总会计师:任乐群

党组副书记、副局长:陈文平

党组成员、副局长:王建平

党组成员、派驻纪检组组长:方有德

党组成员、副局长兼预算执行局局长:黄金娟

党组成员、农综办主任:彭石伟

庆元县财政局

党组书记、局长:叶华成*

党组副书记、副局长:江旭奎

党组成员、副局长:陈本新(2016 年 9 月退二线)

党组成员、总会计师:叶　斌

党组成员:姚善武*

党组成员、人教科科长:叶少华

缙云县财政局

党组书记、局长:蒋根阳

党组副书记、副局长:叶伟民

副局长:赵德灿　王伟民

总会计师:俞根文

遂昌县财政局

党组书记、局长:张仪辉

党组成员、纪委派驻第七纪检组组长:朱永平

党组成员、副局长:叶宏放

党组成员、副局长:方文初

党组成员、农发办主任:谢法文

党组成员、办公室主任:叶樟土

松阳县财政局

党组书记、局长:李剑飞

县委正科级组织员、党组成员:王寿康

党组副书记、副局长:李一鹏

党组成员、副局长:冯汉饶

党组成员:毛汇草

党组成员、纪委派驻第七纪检组组长:李枝伟

党组成员、总会计师:占　友

党组成员、副局长:刘青华

党组成员、办公室主任:黄黎伟

党组成员、人教科科长:夏　兰

景宁县财政局

党组书记、局长:叶　峰

党组成员、副局长:陈华星　周　东

党组成员、纪检组组长:赵慧聪

党组成员、总会计师:李建伟

党组成员、办公室主任:梅忠敏

(注:有*标示者为当年职务有新变动)

2016年浙江省财政系统职工基本情况统计

单位：人

项目		总计	性别		民族		学位			学历					
													中专及以下学历		
			男	女	汉	其他	博士	硕士	学士	研究生	大学本科	大学专科	人数	其中35岁及以下	其中36岁至45岁
总计	合计	13590	7154	6436	13518	72	9	902	3069	755	9926	2301	608	28	78
	厅(局)级	19	15	4	19		1	3	2	3	16				
	地市局(处)级	690	484	206	689	1	2	141	124	134	507	47	2		
	县局(科)级	4065	2312	1753	4048	17	5	433	617	319	3092	591	63		1
	一般干部	8173	3895	4278	8125	48	1	325	2317	299	6126	1455	293	15	19
	工勤人员	643	448	195	637	6			9		185	208	250	13	58
省(区、市)厅局	合计	1061	580	481	1051	10	6	315	278	237	747	58	19		4
	厅(局)级及以上	19	15	4	19		1	3	2	3	16				
	处(局)级	407	262	145	406	1	1	116	75	97	289	20	1		
	科级	371	168	203	366	5	3	142	107	83	279	9			
	一般干部	236	113	123	233	3	1	54	94	54	158	18	6		2
	工勤人员	28	22	6	27	1					5	11	12		2
市(地、州)局	合计	2858	1448	1410	2847	11	3	318	820	269	2196	276	117		35
	局(处)级及以上	283	222	61	283		1	25	49	37	218	27	1		
	科级	1516	776	740	1509	7	2	220	337	167	1199	138	12		
	一般干部	897	340	557	893	4		73	433	65	738	73	21		3
	工勤人员	162	110	52	162				1		41	38	83		32
县(市、区)局	合计	6904	3843	3061	6870	34		258	1543	231	5325	1057	291	20	36
	局(科)级及以上	2178	1368	810	2173	5		71	173	69	1614	444	51		1
	股级	1697	1120	577	1694	3		88	333	63	1444	181	9		4
	一般干部	2617	1057	1560	2596	21		99	1033	99	2152	285	81	7	7
	工勤人员	412	298	114	407	5			4		115	147	150	13	24
乡(镇)所	合计	2767	1283	1484	2750	17		11	428	18	1658	910	181	8	3
	所(股)级及以上	885	547	338	881	4		4	56	6	447	366	66		
	一般干部	1841	718	1123	1828	13		7	368	12	1187	532	110	8	3
	工勤人员	41	18	23	41				4		24	12	5		

（续表一） 单位：人

项目		总计	政治面貌				年龄							
			中共党员	共青团员	民主党派	其他	25岁及以下	26岁至30岁	31岁至35岁	36岁至40岁	41岁至45岁	46岁至50岁	51岁至54岁	55岁至59岁
总计	合计	13590	8941	995	215	3439	624	1674	1551	1794	2096	2370	2547	933
	厅（局）级	19	19									1	9	8
	地市局（处）级	690	632		15	43			15	40	114	147	246	128
	县局（科）级	4065	3009	35	106	915	2	91	301	495	755	909	1120	392
	一般干部	8173	5033	931	89	2120	610	1550	1189	1178	1080	1186	1066	314
	工勤人员	643	248	29	5	361	12	33	46	81	147	127	106	91
省（区、市）厅局	合计	1061	834	33	23	171	21	74	140	155	193	167	221	89
	厅（局）级及以上	19	19									1	9	8
	处（局）级	407	365		10	32			11	30	76	80	144	66
	科级	371	285	7	12	67		21	99	81	80	56	29	5
	一般干部	236	151	26	1	58	21	53	29	41	33	24	30	5
	工勤人员	28	14			14			1	3	4	6	9	5
市（地、州）局	合计	2858	1933	180	82	663	72	325	358	432	517	506	469	179
	局（处）级及以上	283	267		5	11			4	10	38	67	102	62
	科级	1516	1107	25	58	326	2	63	163	273	344	326	281	64
	一般干部	897	491	155	17	234	70	262	185	129	87	78	62	24
	工勤人员	162	68		2	92			6	20	48	35	24	29
县（市、区）局	合计	6904	4290	535	104	1975	320	797	744	851	1104	1245	1354	489
	局（科）级及以上	2178	1617	3	36	522		7	39	141	331	527	810	323
	股级	1697	1286	25	41	345	4	63	199	306	406	404	282	33
	一般干部	2617	1235	490	24	868	307	708	475	350	275	231	191	80
	工勤人员	412	152	17	3	240	9	19	31	54	92	83	71	53
乡（镇）所	合计	2767	1884	247	6	630	211	478	309	356	282	452	503	176
	所（股）级及以上	885	742	4	4	135	7	28	52	102	107	232	273	84
	一般干部	1841	1128	231	2	480	201	436	249	250	172	217	228	88
	工勤人员	41	14	12		15	3	14	8	4	3	3	2	4

（续表二）　　　　单位：人

项　目		总计	参加工作时间						劳模（先进工作者）	
			1970年前	1971年至1980年	1981年至1990年	1991年至2000年	2001年至2010年	2011年以后	省（部）级	全国
总计	合计	13590		1094	4412	3667	2683	1734	3	
	厅（局）级	19		8	10	1				
	地市局（处）级	690		130	354	174	32		2	
	县局（科）级	4065		509	1773	1164	537	82	1	
	一般干部	8173		343	2083	2124	2016	1607		
	工勤人员	643		104	192	204	98	45		
省（区、市）厅局	合计	1061		102	345	308	239	67	2	
	厅（局）级及以上	19		8	10	1				
	处（局）级	407		73	197	112	25		2	
	科级	371		7	76	128	151	9		
	一般干部	236		6	49	60	63	58		
	工勤人员	28		8	13	7				
市（地、州）局	合计	2858		218	800	861	656	323		
	局（处）级及以上	283		57	157	62	7			
	科级	1516		89	490	539	329	69		
	一般干部	897		37	100	191	315	254		
	工勤人员	162		35	53	69	5			
县（市、区）局	合计	6904		655	2299	1867	1274	809	1	
	局（科）级及以上	2178		413	1207	497	57	4	1	
	股级	1697		68	612	690	304	23		
	一般干部	2617		118	361	554	834	750		
	工勤人员	412		56	119	126	79	32		
乡（镇）所	合计	2767		119	968	631	514	535		
	所（股）级及以上	885		52	540	196	84	13		
	一般干部	1841		62	421	433	416	509		
	工勤人员	41		5	7	2	14	13		

（续表三） 单位：人

项 目		专业技术人员					特贴专家
		总 计	高级职务	其中：正高级职务	中级职务	初级职务	
总计	合计	7857	1212	13	3991	2654	
	厅(局)级	16	13	4	2	1	
	地市局(处)级	514	241	8	213	60	
	县局(科)级	2799	553		1600	646	
	一般干部	4526	405	1	2175	1946	
	工勤人员	2			1	1	
省(区、市)厅局	合计	712	313	11	300	99	
	厅(局)级及以上	16	13	4	2	1	
	处(局)级	339	185	7	120	34	
	科级	239	80		126	33	
	一般干部	118	35		52	31	
	工勤人员						
市(地、州)局	合计	1725	330	1	1039	356	
	局(处)级及以上	175	56	1	93	26	
	科级	1077	226		673	178	
	一般干部	473	48		273	152	
	工勤人员						
县(市、区)局	合计	4063	542	1	2203	1318	
	局(科)级及以上	1483	247		801	435	
	股级	1310	217	1	769	324	
	一般干部	1269	78		632	559	
	工勤人员	1			1		
乡(镇)所	合计	1357	27		449	881	
	所(股)级及以上	518	14		184	320	
	一般干部	838	13		265	560	
	工勤人员	1				1	

附录

zhejiang caizheng nianjian

专题经验介绍

PPP 模式推广的浙江实践

浙江省财政厅金融处

2014 年以来，浙江省财政厅按照“理解要准、责任要担、机制要新、工作要实、推动要快、管理要活”的原则，积极探索推广运用 PPP 模式，规范有序推进 PPP 项目进展，形成了浙江特色的 PPP 推广之路。

一、重基础，着力完善工作机制和制度体系

加强组织协调。积极发挥财政部门的牵头作用，加强对 PPP 工作的组织领导和工作部署，形成全省协调推广的良好局面。

加快构建制度体系。提请省政府办公厅出台《关于推广运用政府和社会资本合作模式的指导意见》，并制定和转发了关于推进 PPP 模式的一系列制度文件。省政府出台的《关于推进全省海绵城市建设的实施意见》《关于推进全省城市地下综合管廊建设的实施意见》等系列文件，也明确鼓励各行业采用 PPP 模式吸引社会资本广泛参与公共基础设施建设运行管理，分行业、分领域推进 PPP 工作。

二、重规范，着力推进项目的规范实施

认真识别、筛选 PPP 项目，建立全省 PPP 推荐项目库。2015 年、2016 年分三批发布 171 个 PPP 推荐项目，总投资 4290 亿元。

加强对推荐项目的跟踪指导，建立能进能出的项目库管理机制，对于已丧失实施条件、不再适合 PPP 模式的，及时从项目库中移除。认真履行财政管理职能，会同相关部门做好物有所值评价、财政可承受能力论证，提升项目实施方案的科学性、规范性和可行性。做好 PPP 项目识别、准备、采购、执行等阶段的财政监管工作。规范 PPP 项目的操作流程，严格按照财政部《政府和社会资本合作项目操作指南》操作，确保项目规范实施。

三、重保障，着力构建财政支持政策体系

认真评估和控制项目的财政支出，强化对 PPP 项目中政府资本金、基础设施项目配套资金及后期运营补贴的管理，把财政支出责任纳入中长期财政规划，确保运营项目长期可持续，保障社会投资人的合理收益。

积极对接中国 PPP 基金，争取基金对浙江 PPP 项目的支持，促进项目落地实施。海宁市政府已与中国政企合作投资基金公司签订了 13 亿元长达 29 年的战略合作协议，投资建设海宁至杭州城际铁路项目，加快海宁融入杭州都市圈的步伐。

积极探索财政资金撬动社会资本和金融资本参与 PPP 项目的有效方式，省财政出资 100 亿元设立省基础设施投资（PPP）基金，通过与市县合作设立子基金，以财务投资者的形式对纳入省级 PPP 项目库的项目进行投资，增强社会投资者对 PPP 项目的信心。第一批 7 个子基金已完成投资前尽职调查。

实施综合奖补政策，对工作扎实、实施规范、成效明显的 PPP 示范市县及列入省财政推荐项目库按规范完成项目签约落地的项目所在市县给予奖补，2016 年省财政通过体制结算下达综合奖补资金 1.04 亿元，支持市县加快推进 PPP 工作，促进项目落地实施。

四、重公开，着力推动社会各方参与 PPP 项目

按照平等参与、公开透明的原则，加大 PPP 政策和项目信息的公开力度，充分披露和公开 PPP 项目信息，方便社会资本和公众查询。

公开向社会征集 PPP 咨询机构和 PPP 专家，组建 PPP 咨询机构库和专家库，发挥专业机构和专业人才的作用。

加强 PPP 项目的政府采购管理，营造公开、公平、公正的合作环境，增强各类企业参与的信心。

五、PPP 模式成效显现

截至 2016 年 10 月，浙江省在财政部 PPP 综合信息平台审核通过的项目达 261 个，总投资 3688 亿元，涵盖市政、交通、文化、体育、旅游、片区开发、教育、科技、医疗卫生、保障性安居工程、政府基础设施、能源、生态环保等领域。

2015 年推出的 85 个推荐项目中，有 45 个已经签约，项目签约落地率为 53%。PPP 模式的推广运用，在稳增长、促改革、调结构、惠民生、防风险等方面发挥了积极作用，PPP 模式的各项政策功能得到初步体现。

（一）提高了公共服务供给水平

供给效率大大提高。通过和社会资本合作，把政府目标、社会目标和私营部门的运营效率、技术优势和管理经验结合起来，充分提高公共服务的供给水平。一大批项目通过 PPP 模式成功引入了社会资本的资金、技术和管理经验，如北京碧水源、龙元建设、物产中大、上海基建、富春紫光环保等具有技术和管理优势的企业通过 PPP 模式参与浙江的公共服务和基础设施建设，提高了项目建设和运营效率。

供给数量得到增加。因地方财力、债务水平等原因，原本一些百姓急切需要建设的公共服务设施项目无法实施，通过 PPP 模式引入社会资本，有效减轻了政府财政压力。同时，PPP 模式通过市场测试、竞争性采购等市场机制，促进潜在投资人之间的有序竞争，降低了项目建设运营成本。因此，同样的财政支出可以实施更多的公共服务项目，增加了当期公共服务供给，让百姓提前享受更多优质的公共服务。

供给质量有效保障。与传统的政府投资项目相比,PPP 模式要求对项目进行全生命周期的管理,既有建设也有运营,政府根据绩效付费,建立起了激励相容的保障机制,提高公共服务的供给质量。

(二)促进了企业发展和转型升级

PPP 模式利用公开透明的竞争性采购机制选择投资人,鼓励各类所有制企业积极参与提供公共服务,有效打破了企业投资的"玻璃门""弹簧门",为各类企业特别是民营企业拓展了新的发展空间。

浙江 PPP 项目中标的各类投资主体中,民营企业占 38%,上市公司及子公司占 33%,国有企业占 16%,联合体占 13%。由此可见,民营企业的中标占比是最高的,而部分国企通过 PPP 模式也加快了转型升级的步伐。

(三)加强了政府财政预算管理

通过 PPP 模式提供公共服务,财政部门着眼于做好 PPP 项目"全生命周期"的预算管理,从以往的"单一年度"预算收支管理,逐步转向跨年度、中长期预算平衡管理,将运营补贴等财政支出责任,纳入财政中期规划和政府财务报告,提高了财政的规划性和可持续性,有利于防范和化解中长期财政风险。

(四)推进政府职能转变,提升政府治理能力

PPP 模式下,政府不再"亲力亲为""大包大揽"提供公共服务,而是按照平等协商原则,和社会资本订立合同明确权责关系,社会资本负责提供符合要求的公共产品,政府依据项目绩效评价结果向社会资本支付相应对价,保证社会资本获得合理收益,政府由公共服务的单纯提供者转为"合作者""监督者",有利于简政放权,更好地实现政府职能。同时,PPP 项目执行过程中,要求合作双方按合同办事,有利于培育契约精神,加快推进政府法制化建设,提升政府治理水平。

杭州财税综合施策
打好降成本"组合拳"

杭州市财政局

一、创新财税服务,降低企业制度成本

深化行政审批改革。杭州市在全省率先启动、率先公布权力清单和责任清单,简政放权、放管结合,清减行政审批事项。涉审中介服务费用由行政机关支付并纳入部门预算。凡列入市公共资源交易目录的项目,各项交易服务费减按 50%收取。其中对市公共资源交易中心承担的项目继续实行免费服务。

简化税务登记条件。税务登记部门与工商、卫生等部门合作,积极巩固"五证合一、一照一码"改革成果,在"一址多照"基础上,面向股权投资企业、电子商务、文化创意、软件设计、动漫游戏设计等现代服务业进一步放宽住所登记条件,同一个房间可以作为 2 个以上企业住所。高新区在全省首推区级以上众创空间工位注册制。

优化财税服务管理。向社会公开发布财政、地税服务清单,明确 35 项财税服务的设立依据、服务对象、承诺时限、受理窗口、申报材料、服务流程等事宜,其中有 20 项服务承诺即时、当场或当日办结,上述服务均不收取费用。方便、快捷、优质的服务大大方便了纳税人,节约了时间成本和计划成本,受到普遍好评。在 2016 年国家税务总局组织的纳税人满意度调查中,杭州地税再次蝉联全国第一。

二、大力减税清费,降低企业税费成本

积极落实全面"营改增"政策。2016 年 5 月 1 日,按照中央统一部署,将建筑业、房地产业、金融业、生活服务业纳税人全部纳入"营改增"试点范围,新增试点行业的原营业税优惠政策原则上予以延续,对老合同、老项目以及特定行业采取过渡性措施,确保全面"营改增"试点后,所有行业全面减税、绝大部分企业税负降低,2016 年减税约 90 亿元。

减免部分行政事业性收费和政府性基金。取消或停征征地管理费等 56 项行政事业性收费。新型墙体材料专项基金减按规定标准的 80%征收,并对浙商回归项目实行"即征即退"。对企业改革、改组、改造过程中办理房产转让免收手续费。2017 年起还将继续暂停征收其他部分行政事业性收费和降低部分收费标准。

清理规范涉企收费。提高涉企收费政策透明度,实行目录清单管理并动态更新,凡清单目录之外的涉企收费一律不得收取。政府定价或指导价的涉企经营服务收费,一律按下限执行。严禁行业协会商会等社会团体以各种非法方式强制企业赞助捐赠、订阅报刊、参加培训、加入社团、指定服务。

降低小微企业税费负担。免征小微企业土地登记费等 47 项行政事业性收费。自 2016 年 2 月 1 日起,对按月纳税的月销售额或营业额不超过 10 万元(按季纳税的月销售额或营业额不超过 30 万元)的缴纳义务人,免征教育费附加、地方教育附加、地方水利建设基金。

三、调减社保收费,降低企业用工成本

杭州市社会保险费的单位缴费费率远低于全国平均水平,并且因政策和支付能力限制,降费空间已非常有限,但市财政、社保部门仍精打细算,在确保支付能力的前提下,出台系列社保缴费优惠政策,助力企业降低用工成本。

2015 年对部分工业企业社保费缴费比例实行临时性下浮,杭州地区共减征企业 3.7 万余户,减征金额 8.76 亿元,其中市区减征企业 5863 户,减征金额 4.25 亿元。自 2016 年 2 月 1 日至 2017 年 12 月 31 日,全市工伤保险和生育保险费率下调 0.2 个百分点,预计主城区当年减负 2.6 亿元。自 2016 年 9 月至 2017 年 9 月,对企业缴纳的职工基本医疗保险费临时性减征 1 个月,主城区当年减收近 10 亿元。2016 年 5 月 1 日至 2018 年

年底,失业保险费单位缴费临时性下调,费率从1.5%下降为1%。

四、推动银企合作,降低企业财务成本

针对企业融资难问题,财税部门创新工作理念,挖掘财税信用,实现服务增值,为企业穿针引线、牵线搭桥,拓展融资渠道,降低融资成本。

推出政府采购信用融资。市财政出台《杭州市政府采购支持中小企业信用融资暂行办法》,明确政府采购中标供应商可以凭借政府采购合同,直接向相关合作银行申请贷款。已有建设银行等6家合作银行加入政府采购信用融资平台。承诺贷款年利率不超过基准利率上浮10%,贷款审批和放款时间分别不超过5个和3个工作日。

探索纳税信用贷款。2014年起全市税务部门推出"税易贷",帮助纳税信用良好的企业及时、方便地获得信贷支持,即银行根据企业近2年的营业税、增值税、所得税的完税凭证确定贷款额度,无抵押免担保。

搭建资本项目对接平台。联合有关机构,组织开展创业者论坛、创投企业论坛、创业青年论坛、项目路演等专题服务活动,邀请意向投资者与小微企业面对面沟通,开展资本相亲会,构建项目与资本的对接平台。

加大财税支持力度。对金融机构与本市小微企业签订的借款合同,免征印花税。各区、县(市)政府对有市场、有回款、有效益但暂时资金周转困难的小微企业给予贷款贴息,同时市财政按照实际支付贴息总额的30%给予区县一次性奖励。

五、调整政府定价,降低企业要素成本

下调企业用电、用水、用气、用地价格,进一步降低企业生产要素成本。例如,用电方面,2016年起,一般工商业用电价格每度下调4.47分;用气方面,2015年11月20日起,市区非居民管道天然气最高销售价格从每立方米4.64元降至3.86元;用水方面,对列入杭州市战略性新兴产业培育的企业执行每立方米降低0.3元的优惠差别水价政策;用地方面,推行工业用地弹性出让制度,出让年限按30年确定的,可以按0.6的系数确定土地出让起价;符合产业导向的战略性新兴产业、先进制造业、信息经济产业等用地项目,可按工业用地最低限价标准的70%确定土地出让起价。

杭州市各项减税降费举措减轻了实体经济负担,企业降成本取得实效。据统计,2016年1~8月,杭州市规模以上服务业企业期间费用增长15.7%,不仅低于主营业务收入增长水平,且低于上年同期14.9个百分点。前三季度规模以上工业企业每百元营业收入税金及附加为2.48元,比上半年低7.5%;主营业务成本占主营业务收入的比重为79.5%,同比下降0.8个百分点。企业利息支出下降12.0%,降幅同比扩大3.0个百分点;企业成本费用利润率为7.8%,分别比上半年、2015年同期提高0.1和0.5个百分点,获利能力有所增强。

以产业发展基金为引导
加快企业上市步伐
推动区域经济转型发展

宁波市北仑区财政局

近年来,宁波市北仑区通过设立产业发展基金,推动区域内特色优势企业加快上市步伐,加速区域经济结构转型发展。基金设立5年来,先后推动5家企业登陆A股市场,通过上市募集资金76.61亿元,为北仑的实体经济发展注入了鲜活"血液"。

一、成立产业发展基金,搭建上市项目储备库

2010年1月,北仑区人民政府(宁波经济技术开发区管委会)出资5亿元成立金帆投资有限公司,2011年5月由金帆投资出资1亿元成立开发区创业投资有限公司,以两个公司为主体,成立专门的产业基金运营班子运作,此基金的设立推动区域内企业上市,提升区域整体竞争力;以国有资金为引领,吸收民间资本建立股权投资基金并在上市推动过程中适当参与PE投资;参与创业及风险投资,为正处在初创期的优秀企业发展提供帮助与支持;探索金融创新,搭建、监管各类区域金融小平台,为区域"三农"经济、中小微企业和创新类企业及人才提供金融服务。

区域产业基金定位以服务北仑区内企业为根本,以助力北仑区产业结构优化为目标,以促进北仑区经济可持续发展为使命,自2010年以来,对区内200多家企业进行走访调研,筛选出一批成长性良好、具有上市潜力的优质企业作为储备项目,将一批优秀企业列为重点观察对象,形成上市拟投项目储备库。

二、引导+服务,扶持企业上市

在走访调研过程中,发现区域内部分规模以上企业对上市存在一定误区和顾虑,有的不愿上市,小富即安,不想露富;有的不敢上市,担心上市后,企业相关信息必须公开披露,涉及商业机密,或是牵涉到补税、补交社保等规范性问题;有的不懂上市,企业主不知道上市标准,不清楚能不能上,也不知道该怎么上。

针对上述问题,北仑区积极发挥"千言万语、千山万水、千方百计、千辛万苦"的"四千四万"精神,从引导、服务和政策扶持三大方向开展工作。

一是悉心指导。积极向区内企业普及上市知识,协助做好上市成本调研,使企业真实了解上市带来的好处,消除企业上市顾虑。

二是贴心服务。针对企业在筹备和上市过程中遇到的各类问题,积极协调对接,一对一跟踪,帮助清除上市障碍,并联系券商等优质中介机构,帮助企业策划上市方案,尽快启动IPO程序,助力企业上市。

三是政策保障。公开发布《关于上市企业扶持政策的若干意见》,进一步调动企业上市积极性,激发企业上市热情,扶持企

业上市。

三、严格风险把控，积极参与投资

在服务企业的同时，北仑区始终按照慎重稳健、风险可控的原则，积极开展基金各项投资业务。

一是严格把控风险。按照《股权投资操作管理办法》做好拟投项目的尽职调查等相关工作；专门设立投资项目管理部对已投资的项目进行后续管理及时掌握所投企业经营动态，将风险扼杀在萌芽阶段；在项目投资之初制定完善投资项目风险预警体系，设定转让退出、大股东回购退出、股票减持退出以及清算退出等退出预案；专门外聘专业的法律顾问，对于项目进行全程跟踪，确保所有投资项目合法合规，不留法律死角；积极加强与基金管理公司合作，通过对其引进项目做好分析、决策、监管等工作严控投资风险。

二是以国资背景身份适当参与PE投资，为拟上市企业带来信用背书，同时兼顾国有资产保值增值，双方实现共赢。通过产业基金推动企业上市，企业获得更大发展空间及后续发展资金，产业基金在内生增长机制作用下发展壮大，助推更多企业发展，国有资产实现保值增值，为社保基金获得大额资金补充提供财力支撑，多方共赢的大好局面逐次展现。

三是试水金帆公司以LP（有限合伙）形式成立基金并参与项目投资。北仑区以"政府引导，市场运作"为核心理念，制定《基金投资相关业务流程规范》等文件。通过与民营企业合作，由民营企业担任普通合伙人，金帆公司担任有限合伙人（根据合伙企业法，国有独资公司不可担任普通合伙人），共同搭建有限合伙企业作为投资基金主体的形式进行项目投资。采用基金投资的方式，充分发挥国有资本投资的杠杆效应和引导作用来服务区域内的各种企业。金帆公司在与宁波本土股权投资企业合作后，陆续发起了金仑、金开、金翰、金投、金旭等15支基金，募集资金约10亿元左右，其中约3.5亿元为国有资金，成功撬动了约6.5亿元的民营资本，先后投向28个股权投资项目，现已有4个项目实现安全退出。产业基金80%左右的资金投向了北仑区内，投资放大和民资引导的效用非常明显。

四、壮大产业基金，增添发展动能

北仑区通过近六年的探索运营，产业基金已在扶持企业上市、拉动有效投资、推动经济转型等诸多方面发挥了巨大的作用，为今后的发展增添了新动能。

一是产业基金壮大。截至2016年一季度末，产业基金已在上市项目中浮动收益11.6亿元，其中分红收益约为6000万元。金帆公司从2010年成立时的5亿元注册资本，已达到约18亿元市值。

二是上市企业成群。产业基金成立后，共有5家企业登陆A股市场，另外2家企业已过会。与此同时，在这些企业的影响带动下，北仑区域企业的上市积极性明显提升，有很多企业主动咨询上市相关的各种问题，谋求与产业基金合作。经调查，北仑有意向、有能力登陆A股市场或挂牌新三板的企业有约20家，上市企业增量可期，经济效益、社会效益双丰收。

三是融资效应明显。通过首次公开发行募集约28.07亿元投向北仑区。另有2家企业通过定向增发的方式募集资金约30.6亿元，投向北仑区内。比起传统的对外招商，通过上市募集的资金不仅可以确保有效到位，切实拉动区内经济发展，更不占用区内各商业银行的可贷款总量额度，从而增加区内中小微企业取得贷款的可能性，解决中小微企业融资难的问题，进行资源的有效分配，促进区域内实体经济进入良性发展。

松阳县来料加工"联姻"电子商务产业扶贫开创新路

松阳县财政局

近年来，松阳县立足欠发达山区的实际，深入实施低收入农户收入倍增计划，通过锁定帮扶对象、分类施策帮扶、落实责任清单，实施精准扶贫举措，取得了初步成效。在扶贫过程中，县政府尤其注重产业帮扶，走出了一条来料加工与电商协同发展的新路径。

松阳县自2005年、2009年分别逐步启动来料加工和电子商务以来，通过政府的政策支持和财政的扶持，两个产业得到较快发展，已成为全县的亿元产业、朝阳产业、富民产业，成为就业增收的新渠道、素质提升的新平台、社会和谐的新载体、经济发展的新亮点。其中，来料加工业带动全县2万余名熟练加工农民增收致富，拥有245名诚信优秀且具备较强实力的经纪人，2015年发放加工费1.92亿元，发展加工队伍2.3万人；电子商务业辐射带动农村青年2619人创收，人均收入8.5万元，年人均增收2.5万元，全县农村电子商务的网店数566家。

有了良好的开端和基础，全县着手搭建来料加工对接电子商务平台，提出"来料加工"与"电子商务""联姻"，将两个新业态进行结合，提升竞争力。其中，建于古市镇筏铺村的"松阳县来料加工电商一条街"作为全县来料加工和电子商务对接发展模式的先行区域，在硬件设施、软环境提升等方面都具有示范引领地位。

一、政策扶持

近年来，松阳县不断加大对两个产业发展的政策支持力度，并通过县扶贫办和县财政局出台和落实了多项帮扶措施及财政奖励政策。2011~2013年第一轮省特扶期间，安排资金510万元；2014~2016年第二轮省特扶期间投入资金494万元，主要用于义乌联络处、服务中心、经纪人协会平台建设，从业人员队伍培训，经纪人和专业村奖励等，助力来料加工发展。2015年已对25家销售本地农副产品和50家销售其他类目产品的网店发放一次性资金补助20万元；76个来料加工经纪人低收入农户发展来料加工项目资金80万元；90名来料加工经纪人特扶项目贡献奖资金72万元；水南街道寺岭下村等4个来料加工专业村奖励资金 6 万元；2014 年“松阳县来料加工电商一条街”建设经费补助 8 万元；对入驻“松阳县来料加工电商一条街”的经纪人场所租金补助 6 万元。

在 2014~2016 年的《松阳县来料加工业发展扶持政策》和《松阳县农村电子商务项目规划》中，对“松阳县来料加工电商一条街”的扶持都作了单列和专项计算。来料加工方面，县政府 2014~2016 年安排资金 42 万元专门扶持“一条街”的来料加工业发展（全县普惠的资金不包含在内）。主要资助：一是“一条街”内经纪人的店租、外部门面统一装修等；二是经纪人来料加工和电子商务方面的培训；三是对经纪人自主设计和自创品牌的奖励；四是来料加工对接电子商务服务平台的技术研发和市场开拓等。在此基础上，古市镇政府出台《“松阳县来料加工一条街”扶持政策》，明确 2014~2016 年县财政每年安排专项资金，用于鼓励扶持入驻“一条街”的来料加工经纪人。

电子商务方面，松阳县高度重视电子商务发展，出台《松阳县人民政府办公室关于印发松阳县促进电子商务发展的奖扶细则（试行）的通知》，发挥财政资金的导向作用，进一步优化电子商务发展环境，加快推进电子商务发展。县财政统筹安排不少于 1800 万元电子商务专项资金用于培育发展电子商务公共平台、应用电子商务开拓市场、完善电子商务发展的基础保障以及电子商务产业集聚区、电子商务龙头企业培育等工作（其中一事一议奖扶资金 600 万元）。一是培育壮大电子商务经营主体。扶持电子商务企业做大做强；推进村镇电子商务发展；鼓励跨境电子商务发展。二是完善电子商务配套支撑体系。扶持电子商务集聚发展；支持网上公共服务平台建设；扶持电子商务活动推广；培养与引进电子商务人才；扶持物流企业发展；培养行业组织。

“松阳县来料加工电商一条街”内建立的占地 3000 余平方米的电子商务公共服务平台引入物流快递公司，将来料加工业与电子商务业紧密结合。主要服务包括：对来料加工经纪人的电子商务培训；创业孵化；电商相关技术日常指导与服务；建设实施松阳县电子商务营销体系、研发服务中心以及公共分销平台，一体化服务来料加工经纪人。

二、整合资源

发展“扶贫重点村、农民异地搬迁安置小区、山区乡镇”等特殊区域来料加工是松阳县一直以来关注的重点，在新一轮来料加工省特扶项目中，也依然保持对特殊区域的政策倾斜。对向特殊区域发放加工业务或在特殊区域设来料加工点的经纪人给予运费补贴；对创建成为专业村的给予双倍奖励等。2015 年，全县安排发放对特殊区域来料加工补贴资金 60 万元。

通过培育“一条街”、创业园、孵化基地等集聚区块和“一村一品”“多村一品”的专业村模式，扩大来料加工辐射力，全县累计培育了 25 个来料加工专业村和 3 个来料加工集聚区块。其中，不到 1 公里的“松阳县来料加工一条街”已经集中了 11 个来料加工点，成为全县来料加工点最多的集聚区块，吸纳了该小区和周边 1000 多人从事来料加工，适应了多数居民在家门口就业和“后代”“钱袋”兼顾的就业需求，基本实现了小区居民人人有事做，成为下山移民安置小区居民增收的一大亮点。

三、培育企业

松阳县创新来料加工的发展模式，做到抓大不放小，通过各种途径培育企业发展，提升县来料加工的区域竞争力和可持续发展能力：一是引导经纪人扩大规模，鼓励个转企，实现来料加工点升级为小微企业。全县共有 37 个加工点注册成为来料加工企业，向规模化又迈进了一步。其中“一条街”内 80% 的加工点都实现了个转企。二是引导经纪人加入电子商务队伍，鼓励条件成熟的经纪人在为电子网商提供产品设计、打样、加工的同时，自主设计产品上网销售，促进利润增长。对申请注册商标的经纪人，每成功注册一件商标，一次性补助 3000 元。在“一条街”内建成松阳县首个集营销、仓储、物流、服务等为一体的松阳县农村电子商务公共服务平台，共吸纳 103 家网商（企业）入驻（包括入驻“一条街”的经纪人 6 人）。三是出台《松阳县农村电子商务示范企业、示范村创建及资金奖励办法》，对成功开办网店（企业），并达到一定要求的给予一定奖励。四是开展示范网店（企业）和初创型网商评比活动，评选“松阳县十大杰出网商”，营造浓厚的创业创新氛围。

四、培养人才

松阳县十分重视来料加工和电子商务队伍的培养。2015 年县财政安排发放补助资金 35 万元用于 2014 年全县 19 个乡镇、街道及县妇联组织的共计 1574 人次的“特扶来料加工项目”队伍培育；并将来料加工队伍培养纳入省特扶项目。2014~2016 年新一轮特扶政策中，对组织人员进行来料加工技能培训的乡镇（街道）给予每班每人次 200 元的补助、经纪人素质提升培训每班每人次补助 1200 元、服务干部培训每班每人次补助 1000 元，并针对不同层次经纪人的特点和水平，推荐参加电子商务的基础培训和提升培训，拓展培训的广度和深度。

五、营造环境

松阳县古市镇将县电子商务公共服务中心选址在“一条街”内，并引进一家快递公司，以便更好地服务来料加工经纪人对接电子商务，目前该中心运行正常。

松阳县城城北服装加工区块、城南鞋帮加工区块、松阳县来料加工一条街等 3 个产业集聚区块的日趋成熟，带动了一大批农村妇女创业和下岗女工再就业，发挥了辐射带动、引领示范作用。这种集聚效应既吸引了更多的客商前来洽谈业务，也帮助解决了经纪人招工难问题。同时，集聚区块干净整齐的环境、便捷的交通和较多的关注度不仅解决了经纪人招工问题，更潜在地提升了加工点的形象。

为了更好地解决来料加工经纪人和加工队伍的饮食起居问题，“一条街”电子商务公共服务中心的食堂向从事来料加工的经纪人和加工队伍开放，只收取成本价；在“一条街”内新增儿童活动乐园和幼儿园等配套设施，为妇女们解除孩子安置的后顾之忧，给孩子们提供了一个娱乐和学习的地方。

调研报告精选

创新完善财政支农政策
推进农业供给侧结构性改革

省财政厅农业处课题组

一、研究背景与意义

改革开放以来，伴随着中国经济的快速发展，我国农业发展也取得了举世瞩目的成就，特别是进入新世纪以来，粮食总产量实现十二连增，不仅解决了十几亿中国人的吃饭问题，也为世界的粮食安全作出了重要贡献。近年来，国内外农业发展环境发生了一系列显著变化。一是农业生产受成本"地板"抬升与国际农产品价格"天花板"双重挤压，比较效益进一步下滑，生产积极性受挫。二是伴随着人们收入水平的不断提高与消费需求层次与结构的变化，对生态安全农产品需求日益增加，但优质农产品市场有效供给明显不足。三是农业生产资源与生态环境日益衰退，农业可持续发展基础依然薄弱。我国农业生产的结构性矛盾日益凸显，农业供给侧结构性改革势在必行。

如何根据浙江省农业发展阶段与特点，创新构建财政支农政策体系，正确处理好政府与市场的关系，助推农业供给侧结构性改革，确保浙江农业发展继续走在全国前列，是财政支农改革面临的重大现实问题。

二、浙江省农业发展特点与短板分析

（一）浙江省农业发展特点

浙江省位于我国东部沿海发达地区，素有"七山一水二分田"之称，农业资源相对匮乏，但现代农业发展走在全国前列。自20世纪90年代以来，浙江省根据自身农业生产资源禀赋条件与特点，率先探索以市场化为导向、生态高效为特色的现代农业发展道路，形成了蔬菜、茶叶、果品、畜牧、水产养殖等十大特色主导产业，先后获得我国现代农业示范省、现代生态循环农业试点省等称号。浙江省农业发展具有如下特点：

农业资源相对匮乏，综合生产能力较高。浙江省多山的地形地貌特征决定了耕地总量少且较为分散，农业资源相对匮乏。据统计，全省耕地面积为2964.9万亩，人均耕地面积为0.56亩，仅为全国人均水平的三分之一，且耕地后备资源紧缺，耕地碎片化程度较为严重。尽管如此，但其农业综合生产能力较高。据测算，2015年浙江省粮食单产为392公斤/亩，耕地产出率为3375元/亩，农业劳动生产率为3.6万元/人，农业科技贡献率为62%，处于国内领先水平。2015年浙江省农村居民人均可支配收入达到21125元，连续30年位居全国省区第一。

农业产业结构不断优化，生态高效特色明显。自20世纪90年代开始，浙江省率先进行农业领域市场化改革，基于区域优势与农业发展特点，先后提出了积极发展"效益农业"、"生态高效农业"等战略；从总体上来看，浙江省粮食作物所占比例较小，非粮经济作物所占比重大。据统计，2015年，浙江省粮食播种面积为1916.8万亩，总产量为752.2万吨，粮食自给率仅为36.2%；蔬菜播种面积为932.9万亩，茶叶播种面积为295万亩，十大特色农业主导产业总产值占农业总产值的80%以上，"三品"（无公害农产品、绿色食品、有机农产品）总数达到7395个，农业生态高效特色明显。

新型经营主体成长迅速，经营体系初具雏形。自20世纪90年代开始，浙江省开始注重农业新型主体培育和规模化经营，先后出台了《浙江省农民专业合作社条例》（2004年）、《关于鼓励投资发展现代农业的意见》（2014年）、《关于引导农村土地经营权有序流转促进农业现代化建设的若干意见》（2015年）等一系列政策措施，旨在通过培育新型农业经营主体，引导土地经营权规范有序流转，积极拓宽农业融资渠道，促进农业适度规模经营，完善农业经营体系，提升现代农业发展水平。据统计，到2015年，全省拥有家庭农场21436家，农民专业合作社45746家，农业龙头企业7600多家；在此基础上，积极探索农业生产合作、供销合作、信用合作"三位一体"的农民合作与联合服务模式，初步形成了多元的农业经营体系。

（二）浙江省农业供给侧短板

浙江省现代农业发展在取得可喜成绩的同时，也存在着供给侧短板与不足，比较突出的可归纳为：

1. 三次产业融合程度不高

三次产业融合是现代农业发展的趋势。尽管浙江省农业发展水平相对较高，但农业三次产业融合程度并不高。据统计，浙江省规模以上农业龙头企业仅有4937家（山东省为9200家），浙江省农产品加工与鲜销产品比约为2∶1，与发达国家（4∶1）相比有较大差距，龙头企业加工带动作用与能力不强；同时，以农旅结合为特色的多功能农业也亟需进一步拓展。目前仅在茶叶等少数产业进行了示范性农业全产业链探索，农业三次产业融合任务十分艰巨。

2. 农业基础设施依然薄弱

浙江省2500万亩基本农田中，高标准基本农田仅占42%；全省旱涝保收农田比例仅有65%，仍有三分之一左右的农田处于靠天吃饭的状态，抗自然风险能力低；农田灌溉有效用水系数仅为0.579，与发达国家相比差距显著。

3. 农业生产环境有待改善

虽然浙江省生态循环农业发展起步较早，并被列为农业部现代生态循环农业试点省，但是，农药、化肥等过度使用带来的农业生产环境问题仍然突出。全省单位面积化肥施用量370公斤/公顷，与国际公认的化肥施用安全上限（225公斤/公顷）相比仍然较高；单位面积农药施用量24.2公斤/公顷，是全国平均水平（11.7公斤/公顷）的2倍多，是世界发达国家上限值（7公斤/

公顷)的3倍多;农田土壤重金属镉、镍含量分别超标10%和9%;农作物秸秆综合利用率为89%,主要农作物化肥、农药利用率不足40%,农膜残留率为11%,农村清洁能源利用率为71%,农业面源污染不容乐观。

4. 新型经营主体功能不强

全省家庭农场、农民专业合作社、规模以上农业龙头企业等新型主体自身建设与服务功能尚有待提升,主要表现为:一是相当部分新型农业经营主体的自身建设不规范,以农民专业合作社为例,目前真正活跃并发挥作用的仅有8000多家,仅占总数的1/6;二是新型经营主体再带动服务功能弱,能够为普通农户提供的服务大多以生产领域的信息、农资供应等初级服务为主,而在品牌推广、金融支持等方面的功能发挥明显不足。同时,新型主体在推动农业规模化经营方面的作用也仍有待加强,全省10亩以上经营规模的耕地面积不足总面积的40%。

5. 公共服务供给相对不足

农业生产面临自然与市场双重风险,比较效益低,是典型的弱质产业;同时,农业生产事关粮食安全与社会稳定,是国家战略基础产业。政府需要做好农业生产基础设施建设,为农业发展稳定持续发展提供物质基础。同时,应该为农业发展建立公平的市场竞争环境与制度保障,实现良性竞争,提高农业竞争能力。但就目前而言,政府在农产品质量安全监管与追溯体系建设、农业生产保险、金融支持等方面发挥的作用十分有限,农业生产公共服务供给相对不足。

6. 农业科技创新与应用能力有待提升

农业科技进步是农业现代化的关键。浙江省农业科技贡献率虽然已经达到62%,但与现代农业发展对科技贡献要求还有一定差距,科技创新及其应用能力有待进一步提升,尤其在农技人才培养、农业"互联网+"、农业新品种选育等领域需要大力加强,在农业科技创新平台构建、农业科技产学研协同创新机制建设、现代农业科技创新主体培育等方面需要强化,农业科技在农业全产业链建设中的重要作用还没有得到充分发挥。此外,政产学研推用一体化的农技创新推广体系还不完善,农科教产学研之间存在脱节现象,农业科技供需对接不够。

三、浙江省财政支农政策体系、成效及其面临的挑战

(一)浙江省财政支农政策体系

多年来,浙江省不断加大财政支农投入,完善财政支农管理体制机制,逐步形成较为完善的财政支农政策体系。主要包括:农业补贴支持政策、农业基础设施投入政策、农业产业发展支持政策、可持续发展支持政策、新型农业经营主体扶持政策、农业科技发展支持政策以及扶贫开发支持政策。

1. 农业补贴支持政策

农业补贴主要包括:对农民的直接补贴政策和对农产品的价格支持政策两大类。2002年以来中央和省陆续出台农作物良种补贴、粮油大户直补、农资综合补贴等对种粮农民的直接补贴政策。2015年开始实行农业三项补贴改革,将良种补贴、粮食直补、农资综合补贴等整合为农业支持保护补贴。对农产品的价格支持政策包括粮食最低收购价政策和粮油临时收储政策。粮食最低收购价政策主要用于保护种粮农民的利益、调动农民种粮积极性、促进粮食生产稳定发展。

2. 农业基础设施投入政策

农业基础设施投入政策主要包括农田水利设施建设、高标准农田建设、土地整治政策。重点支持小型农田水利设施、田间工程等的新建、修复、续建、改造和"五小水利工程"建设;开展农村土地整治示范、滩涂围垦、灾毁耕地复垦、基本农田保护以及土地开发等。

3. 农业产业发展支持政策

农业产业发展支持政策主要是以农业"两区"建设为平台促进农业产业发展的政策,包括农业产业综合开发和现代农(林、渔)业生产发展等产业扶持政策,重点扶持农业产业化发展,延伸农业产业链,提高现代农业发展水平。

4. 可持续发展支持政策

农业生产资源保护和生态循环农业发展的政策主要包括对耕地资源、森林资源、渔业资源等资源的保护政策和畜牧业转型升级政策等。耕地资源保护政策主要为了鼓励和支持农民提高耕地质量,改善农业生态环境,支持推广应用秸秆还田腐熟技术、建立绿肥种植示范区。森林资源保护政策主要用于支持完善森林生态效益补偿制度,实施省级生态公益林扩面。畜牧业转型升级政策主要用于支持畜牧业转型升级,开展中央畜禽污染防治和资源化综合利用试点。渔业资源保护政策主要用于支持"一打三整治"、渔民转产转业、远洋渔业及捕捞业转型升级、渔业资源增殖放流、海洋生态修复等工作以促进渔业的可持续发展。

5. 新型农业经营主体扶持政策

扶持新型农业经营主体发展的政策是培育壮大农业生产经营主体,提升农业劳动者素质的政策。包括专项扶持农民专业合作社发展的政策、专门针对农业产业化龙头企业的贷款贴息政策等以及"千万农民素质提升工程"、中高级农村"两创"实用人才培训项目、新型职业农民培训项目等。

6. 农业科技发展支持政策

重点支持农业科技推广和成果转化,深入实施现代种业发展工程,积极推进育繁推一体化建设,着力提升现代农作物种业发展水平,采用政府购买服务方式实施农产品质量安全检测、农作物种子贮备、蚕种贮备等。同时,大力支持农业标准体系修订和基层农业公共服务中心建设。

7. 扶贫开发支持政策

扶贫开发支持政策主要包括支持实施低收入农户奔小康工程、低收入农户收入倍增计划、重点欠发达县特别扶持计划和山区经济发展项目等,重点支持低收入农户增收,促进区域协调均衡发展。

(二)浙江省财政支农政策的成效

近年来,浙江财政不断加大对"三农"的投入力度,2011—2015年,省级财政累计安排财政支农和农村综合改革相关专项

资金740.22亿元，年均增长14.16%。通过建立健全财政支农投入稳定增长机制，有效发挥财政对“三农”发展的保障和引导作用，实现了农业基础设施明显改善，农业新型经营主体不断壮大，农业科技支撑能力显著提升，农业主导产业竞争力进一步提升，农业农村环境持续改善，农民收入水平持续提高。

1. 农业基础设施明显改善

2011—2015年，省财政累计安排49.17亿元，支持“百万”造地保障工程、“812”土地整治工程实施，通过支持省统筹补充耕地建设、土地开发、农村土地综合整治等，推动低丘缓坡、滩涂、农村建设用地等资源的合理开发利用，有效改善了耕地质量。

2011—2015年，省财政累计安排水利专项资金215.3亿元，支持重大水利项目、面上水利项目和水利工程维修养护等项目建设。同时，累计安排资金34.57亿元，争取中央资金35.93亿元支持农业综合开发，解决了农业发展中的基础瓶颈问题。

截至2015年年底，通过财政支持全省设施农业面积达到372万亩，占基本农田面积的15%。新增各类农业机械装备63.8万台(套)，钢架大棚、玻璃温室3650.9万平方米；水稻耕种收综合机械化率达73.5%；大宗茶类修剪采摘机械化水平达90%，畜牧业自动喂料系统覆盖一半以上规模养殖场，冷藏保鲜库容实现翻番。

2. 农业新型经营主体不断壮大

2011—2015年，省财政累计安排3.5亿元，实施农业产业化贷款贴息。支持培育壮大农业产业化龙头企业，推动龙头企业与农户建立紧密利益联结机制；支持农业生产专业大户、职业农民和家庭农场等农业新型主体的发展壮大，进一步提高农民生产经营组织化和规模化程度。

2011—2015年，省以上财政累计安排4.41亿元，实施“千万农民素质提升工程”，重点支持农村创新创业实用人才培训，安排1.2亿元支持农家乐休闲旅游业提升发展，培育省级农家乐项目。

截至2015年年底，全省拥有家庭农场21436家、农民专业合作社45746家、规模以上农业龙头企业4937余家，带动农户415.1万户，每年引导工商资本投资农业160亿元以上。在此基础上，2015年，浙江省委、省政府下发《关于深化供销合作社和农业生产经营管理体制改革构建“三位一体”农民合作经济组织体系的若干意见》，通过“三位一体”的构建改革，进一步提升新型经营主体服务能力。

3. 农业科技支撑能力显著提升

2011—2015年，省财政累计安排7亿多元，大力支持农业科技推广和成果转化，深入实施现代种业发展工程，积极推进育繁推一体化建设，着力提升现代农作物种业发展水平。采用政府购买服务方式实施农产品质量安全检测、农作物种子贮备、蚕种贮备等。

2011—2015年，全省科技部门围绕十大农业主导产业的关键共性技术攻关，共组织实施196个省重大科技专项，省级财政共投入经费1.59亿元，带动社会资金的不断投入，仅2015年，浙江省级以上农业龙头企业科技研发投入达20.5亿元。

2013—2015年，省财政共安排省级基层农业公共服务中心建设以奖代补资金1.02亿元，累计建成基层农业公共服务中心1109个(其中示范性中心324个)，全面完成基层农业公共服务中心建设任务。在财政资金支持下，标准化良种繁育基地和保障性苗圃建设、农业产业技术创新与推广服务团队建设、产学研相结合等方面明显改善，科技对现代农业支撑作用显著提升。

4. 农业主导产业竞争力进一步提升

2011—2015年，财政累计投入资金205亿元，建成粮食生产功能区7886个，现代农业综合区107个，主导产业示范区200个，特色农业精品园511个，国家现代农业示范区12个，形成了十大特色鲜明的主导产业，其总产值占农业总产值的80%以上。

2011—2015年，省以上财政累计安排现代农业生产发展资金21.8亿元，集中支持水稻、鱼类、木本油料和茶叶四个主导产业发展，着力解决制约产业发展的关键环节，根据区域布局支持优势产业相对集中开发，发展优势产业生产带，带动浙江省优势主导产业的转型升级。目前，浙江省的茶叶已经成为国内市场占有率最高与竞争力最强的特色产业。

与此同时，浙江省十分注重农业标准化生产和“三品一标”(无公害农产品、绿色食品、有机农产品和农产品地理标志)认证，努力提升农产品质量与品质，截至2015年年底，全省有效期内“三品”总数达到7395个，产地认证面积累计达到1662.87万亩，农产品质量与品质总体水平不断提高，市场竞争力明显提升。

5. 农业农村环境持续改善

近年来，浙江省大力支持生态循环农业发展，2011—2015年，省财政累计安排4亿多元，进一步加大对农作制度创新、农作物秸秆等农业废弃物综合利用、生态循环农业节点工程建设等的支持力度，加快生态循环农业发展；同时，省级财政资金安排7亿多元，用于千万亩标准农田地力提升和沃土工程，推进规模化测土配方施肥，支持商品有机肥推广应用，加快改善耕地质量。加大对农业投入品管理支持力度，继续实施小品种农作物农药申报登记补贴。

2014年起，按照“五水共治，治污先行”的工作要求，省财政进一步加大统筹整合力度，共计整合专项资金59.8亿元，集中支持74个县(市、区)开展农村生活污水治理。截至2015年年底，已完成1.6万个村353万户的农村生活污水治理，79.98%的村实现生活污水有效治理，农户收益率达到65.52%，为全省农村生活水环境改善奠定了良好的基础。

按照“五年绿化平原水乡，十年建成森林浙江”的宏伟目标，进一步加大对现代林业、森林(湿地)资源保护和森林(湿地)资源管理的投入。2011—2015年财政共安排补助资金37.18亿元，进一步完善森林生态效益补偿制度，提高生态补偿标准，2016年省级以上公益林最低补偿标准提高到35元/亩·年。

6. 农民收入水平持续提高

2011—2015年，省财政安排农业补贴资金24.87亿元，切实加大粮食生产等扶持力度，直接增加了种粮农民的收入。

2011—2015年，省财政累计安排专项资金135.3亿元，支持实施低收入农户奔小康工程、低收入农户收入倍增计划、重点欠发达县特别扶持计划和山区经济发展项目，全面推进精准扶贫，促进欠发达地区农民收入增长、民生水平提升和内生功能增强。2015年全省全面消除家庭人均纯收入4600元以下的贫困现象，欠发达市县全部摘帽。

2011—2015年，财政累计安排1.2亿元，推动农旅产业融合，促进农民增收。至2015年年底，休闲观光农业、创意农业、互联网农业等新产业、新业态不断涌现，休闲观光农业产值227亿元，农产品电子商务年交易额超过300亿元；农村居民人均可支配收入21125元，历史性跨上2万元台阶，连续30年位居全国省区第一位。

（三）浙江省财政支农政策面临的挑战

经过多年的稳定发展，浙江省财政支农取得了显著成效，浙江省农业已经到了从传统农业向现代农业跨越的关键期，各类矛盾逐渐显现，财政支农政策也面临着众多挑战。突出表现在：部门职能交叉重叠，财政支农方式有待创新，财政支农重点领域需要调整，财政支农政策评价制度尚不完善。

1. 部门之间管理职能交叉重叠

从财政支农政策体系看，财政支农政策的管理落实涉及多个部门，这些部门在不同领域、不同角度支持“三农”工作很有必要，也取得了较好的效果。但在现行体制下，由于综合统筹不够，部门间协调不紧密，信息沟通不畅，各渠道财政支农项目安排、监督管理上很难完全协调一致，从横向看各平行部门之间管理职能交叉重叠，从纵向看上下级之间职责界限不清。同类项目多头申报、重复立项时有发生，导致财政资金浪费、使用效率低下。理顺部门层级之间的职责关系，应是改革财政支农政策的重要内容。

2. 财政支农方式有待创新

目前财政支农方式往往是以政府直接、无偿资助为主，这种财政支农方式在我国农业生产基础薄弱，农业主体能力较低时期发挥了重要的作用，有力地促进了“三农”事业发展。然而，随着农业发展环境的变化，这种补贴方式逐步暴露出不良的后果。主要表现为：一是政府对微观主体经济活动进行直接干预，导致资源配置低效率；二是增强了微观主体对政府的依赖程度，导致主体自我发展能力弱；三是财政资金难以有效引导社会资本参与农业项目建设，导致财政支农支出压力大；四是上述财政支农方式还容易滋生寻租腐败问题。因此，现有的财政支农方式亟待创新与改革。

3. 财政支农重点领域需要调整

随着农业发展阶段与环境的变化，农业面临的主要问题也随之发生改变，财政支农的重点领域也需要做出相应调整。具体而言，财政政策主要在农产品生产环节，在农产品质量安全监管、促进农业三次产业融合、提升新型农业经营主体能力、农业保险与金融支持等方面公共服务功能尚十分有限，良好的农业生产与市场竞争环境尚未真正形成，今后财政应该加强对农业公共服务供给领域的支持。

4. 财政支农政策评价机制尚不完善

政府根据不同时期农业发展目标与重点，出台一些临时性的财政支农政策，这对于解决农业发展面临的阶段性问题具有重要作用，但对这些临时性政策措施，在其完成使命后，理应进行及时清理与退出，但目前尚未形成财政支农政策的评估与退出机制。此外，对于一些长效性、普适性财政支农措施，理应以法律法规形式出现，以提高财政支农的权威性、稳定性和有效性，却未能上升为法律形式。

四、浙江省财政支农政策改革的对策与建议

（一）浙江省财政支农政策改革的总体思路

1. 指导思想

以转变财政支农方式为导向，稳步提升财政支农水平，逐步理顺财政支农的管理体制机制，积极创新财政支农方式，不断优化调整财政支农结构，着力建立健全财政支农绩效评价制度，到2020年，基本形成适应浙江省现代农业发展的财政支农新体系，助推浙江省特色生态高效现代农业建设迈上新台阶。

2. 基本原则

财政引导，社会参与。财政支农资金重在发挥杠杆作用，引导社会资金广泛参与，形成农业基础设施和公共服务平台等公益类建设由财政资金投入，农产品品牌构建和市场竞争力提升等非公益类建设由财政资金引领社会资金广泛参与的多渠道支农资金体系。

保障重点，优化结构。调整财政支农重点领域，重点保障特色优势产业和产业链建设，优先满足基础设施、生态环境、科技能力提升等重点领域。财政支农政策有所为有所不为，优化政策结构，以增加农业可持续收益为目标，全面促进农业节本降耗和提质增效。

公平竞争，使用有偿。在竞争性领域，以市场需求为导向，财政支农政策以提供支持平台为主，各类农业经营主体在同一平台上公平竞争，财政专项资金逐步退出竞争性领域，重点支持建设和维护良好的市场环境，助推优质农业经营主体快速成长。

育强主体，激发活力。创新财政支持新型农业经营主体成长机制，在完善现有财政支农市场竞争机制的基础上，适度打破传统的财政支农体制机制，促进农业主体增强市场竞争力，调动广大农业经营者的积极性和创造性，激发各类农业生产要素的内在活力。

（二）浙江省财政支农重点领域的选择

1. 发展农业特色产业，促进三次产业融合

发展农业特色产业，加快三次产业融合，是实现农业资源要素集聚、产业层次提升、产业链条延伸、农业功能拓展的主要任务，是创新农业生产经营管理方式和资源利用方式的重要手段。通过加大财政支持力度，创新财政支持方式，培育种植、养殖、加工、流通等产业融合发展的农业产业集聚区，建设集农业生产、休闲旅游、公共服务等功能为一体的特色农业强镇，以助力现代农业发展。

2. 加强基础设施建设，改善农业生态环境

改善农业基础设施和农业生态环境，是提升农业公共服务水平的重要体现，也是提升农产品质量安全的基础。重点加强农田基础设施、农业“机器换人”、设施增地，强化农业生态化经营和农业污染综合治理，以提升农业现代化水平。

3. 加强质量监管体系建设，提高农产品质量安全

健全质量体系，保障农产品质量安全，是现代农业发展的根本保证。重点构建科学有效的农产品质量安全生产模式和监管机制，推进农产品质量安全监管与追溯体系建设，强化农业标准化生产、农产品品牌发展战略，以提高农产品市场竞争力。

4. 拓展社会化服务功能，完善农业经营体系

积极培育新型农业经营主体，拓展社会化服务功能，是完善现代农业经营体系的重要途径。通过政策扶持，大力发展家庭农场，深化农民专业合作社和联合社规范化建设，积极探索农业生产合作、供销合作、信用合作“三位一体”的农民合作与联合服务模式，培育一批产业关联度大、带动力强的骨干龙头企业，形成适应现代农业发展所需要的新型农业经营体系。

5. 加强科技创新与应用，提升科技支撑能力

推进科技创新与应用，增强科技支撑能力，是促进现代农业发展的重要驱动力。重点发展现代种业，加强农业科技创新与示范推广，培育新型职业农民和基层农技人员，强化产业技术创新与推广服务团队和示范基地建设，促进农科研、产学研结合，以提升现代农业科技水平。

（三）浙江省财政支农政策改革的建议

浙江省财政支农政策改革，要依据深化财税体制改革和建立现代财政制度基本要求，结合浙江省农业供给侧改革所面临的主要问题，正确处理好政府与市场之间的关系，重构财政支农政策体系，创新财政支农方式，优化财政支农结构，提高财政支农资金使用绩效，为农业发展构建良好的公平竞争环境，助推农业供给侧改革取得实效。

1. 理顺财政支农管理体制机制

理顺财政支农管理体制机制，主要是要实现政府部门之间以及上下层级之间合理分权，明确各自职责权限，这是提高财政支农资金管理能力和管理水平的关键。

财政部门主要职责应该是积极参与农业农村经济社会发展战略制定，研究制定财政支农政策，负责支农资金预算安排、资金分配，监督预算执行；农口部门主要职责是研究制定农业、农村经济社会发展战略，参与制订财政支农政策，提出支农政策目标和资金分配建议，负责支农项目管理、监督和技术指导等。除重大项目或中央有明确规定的项目以外，原则上不再进行联合审批、评审、验收等。

明晰不同层级财政部门与农口部门各自管理权限，实现合理授权，把该放的权力下放到位。原有的一些“多、小、散”项目，且分配因素相对固定的财政支持政策，转为专项性一般转移支付，由市县统筹解决。全面下放项目、资金审批权，除管理办法另有规定的以外，省级不再对市县项目进行审批或备案审核等变相审批。

2. 创新财政支农方式

财政支农方式应逐步实现三个转变，即从直接支持为主向间接支持为主转变，从无偿资助为主向有偿使用为主转变，从行政分配为主向市场竞争为主转变，从而提高财政资金的引导与激励作用，提高财政资金使用效率。

具体而言，财政支农补贴从直接补贴为主向间接引导为主转变，从无偿支持向有偿使用转变，就是要从特惠支持向普惠支持的转变；在促进农业生产能力改善的同时，更加注重促进体制机制创新，重在调整生产关系；在扶持生产供应端、支持农业生产的同时，更加注重产品消费端，以规范消费需求引导拉动农业生产的标准化；最终为农业发展创造良好的公平竞争环境服务。

同时，省级财政还将通过盘活财政结余结转资金、调整到期政策资金、压减竞争性领域专项资金和预算新增资金，并引入相关社会资本共同出资等方式筹集资金，建立农业发展投资基金，实行市场化运作。对事关全省现代农业产业发展的重大项目，通过基金模式进行扶持，引导社会资本投向现代农业。同时，积极探索风险补偿、担保补助、贷款贴息、股权投资、以奖代补等其他市场化运作模式。

3. 优化调整财政支农结构

围绕“三农”重点工作，从政府与市场的关系和支出责任两个方面，不断优化支农政策结构。有计划、按步骤地探索推动基础设施投资、引导生态环境投资、加快技术装备的现代化步伐、提升农产品的品质与安全。支持发展多种形式的适度规模经营和发展壮大新型经营主体，充分发挥家庭农场、农民合作社、农业产业化龙头企业统防统治和统运统销等市场化和专业化服务等功能，引导其重点发展农产品加工流通、电子商务和农业社会化服务，在增强供给效率的同时，带动农民增收致富。

同时，财政支农工作要贯彻落实绿色发展理念，一是把支持农业可持续发展和生态建设摆在重要位置；加强资源保护和生态修复，积极推动农业绿色发展。二是探索农业突出环境问题治理和农业废弃物综合利用的有效扶持政策，推进农作物秸秆综合利用和畜禽粪污资源化利用，支持化肥、农药减量增效和绿色防控。

4. 建立健全财政支农政策评价制度

建立科学合理的政策评价指标体系，注意遵循定量分析与定性分析相结合、经济效益和社会效益相结合、短期效益和长期效益相结合、理论选择与可操作性相结合等原则。注重引入第三方参与政策评价，发挥智囊作用，提高评价的公正性和科学性。引入激励机制，重视评价结果运用，对于评价结果较差的政策要及时调整或取消，实现财政政策的动态调整。

课题组

组长：王广兵

成员：徐来兴、王静、赵虹、康国梁、王姣、黄建勇、何法顺、吴伟光（执笔）

整合背景下浙江省城乡居民基本医疗保险财政压力分析

浙江省财政厅政研室、社保处课题组

2016年1月,国务院出台了《关于整合城乡居民基本医疗保险制度的意见》,整合城镇居民基本医疗保险和新型农村合作医疗两项制度,建立统一的城乡居民基本医疗保险制度(简称城乡居民医保)。整合后,城乡居民医保制度将实现覆盖范围、筹资政策、保障待遇、医保目录、定点管理、基金管理六方面的统一。这有利于消除城乡医保制度的多元分割与碎片化现象,避免重复参保、漏保现象,增强城乡医疗资源合理配置,提高城乡医保的效率性和公平性,实现人员流动和社会融合,促进城乡经济社会均衡发展。

随着人口老龄化加剧、医疗费用的不断增加、医保政策支付范围的不断扩大,城乡居民医保基金收支平衡的难度日益加大,各级财政对城乡居民医保基金的补助压力也日益加大。做好城乡居民医保基金收支测算,分析未来城乡居民医保财政支出责任,对于合理界定政府筹资责任、实现城乡居民医保基金的可持续运行具有重要意义。

一、浙江省城乡居民医保财政责任现状及面临的问题

(一)城乡居民医保财政责任现状

1. 制度规定。

从国家层面看,2009年出台《关于深化医药卫生体制改革的意见》中明确要求,2010年各级财政对城镇居民基本医疗保险和新型农村合作医疗的补助标准提高到每人每年120元。2015年和2016年国务院办公厅印发的深化医药卫生体制改革当年重点工作任务中要求,2015年和2016年分别将城乡居民医保人均政府补助标准提高到380元和420元。从浙江省看,2015年,各级财政对城乡居民医保人均补助标准为不低于400元;2016年,将这一标准提高到430元以上,比国家标准高10元。

2. 实际责任。

表1 2010—2015年城乡居民医保财政补助情况

年份	已整合城乡居民医保		城镇居民医保		新农合		总计	
	总额(亿元)	人均(元)	总额(亿元)	人均(元)	总额(亿元)	人均(元)	总额(亿元)	人均(元)
2010	——	——	13.76	217.02	49.14	177.18	62.89	184.59
2011	48.17	302.80	8.07	269.75	37.23	252.56	93.47	277.85
2012	77.17	345.96	6.55	334.31	33.02	361.35	116.74	349.49
2013	108.78	415.45	8.63	586.85	22.02	429.37	139.43	425.31
2014	137.34	486.54	7.84	640.77	17.65	580.86	162.83	501.16
2015	169.84	594.49	9.52	844.44	15.90	686.76	195.26	609.97

注:本表第2大栏(包括第2、3小栏)所表述整合城乡居民医保仅包含已整合的部分县市。

从总的城乡居民医保看,财政补助总额由2010年的62.89亿元,增加到2015年的195.26亿元;人均财政补助额(包括按标准的人均缴费补助和基金赤字兜底等其他财政补助)由2010年的184.59元增加到2015年的609.97元。

从分项看,2011—2015年,已整合城乡居民医保财政补助总额由48.17亿元增长到169.84亿元,人均财政补助额由2011年的302.80元增长到2015年的594.49元;2010—2015年,由于部分县市整合了城乡居民医保,城镇居民医保财政补助总额由13.76亿元下降到9.52亿元,人均财政补助额则由217.02元增加到844.44元;新农合财政补助总额由49.14亿元下降到15.90亿元,人均财政补助额则由177.18元增加到686.76元。

因此,从人均财政补助额看,浙江省各级财政对城乡居民医保的补助金额要高于国家和本省提出的最低标准。

(二)面临的问题

1. 财政补助增速较快。

2010—2015年,城乡居民医疗保险财政补助从62.89亿元增长到195.26亿元,年均增速为25.04%,远高于同期浙江省一般公共预算支出15.69%的增长速度。究其原因有:一是政策推动。从国家层面和省级层面,规定了城乡居民医疗保险财政补助的最低标准。二是相互攀比。部分地区领导存有政绩思维,基于民生考核得分的需要,同时与相邻县市攀比补助标准,自主不自主地加大财政补助力度,远高于政策规定的最低标准。三是支出压力。随着城乡医疗的建立和完善,城乡居民的就医需求得到释放,待遇支出不断增加,城乡居民医疗基金支出快速增长,推动城乡居民医保筹资的增长。

2. 财政保障刚性较强。

与项目性财政资金相比,城乡居民医保财政补助资金具有刚性较强的特点。一方面,这部分财政补助资金具有民生性的特点。城乡居民医保的确为解决城乡居民"看病贵"发挥了重要作用,与此同时,节节攀升的财政补助标准也提高了城乡居民对政府筹资责任的期望,财政补助一定程度上为民粹主义所捆绑。因此,城乡居民财政补助资金只能升不能降。另一方面,财政补

助资金与城乡居民医保制度运行密切相关。城乡居民医保制度的运行必须可持续，由此财政补助资金也必须持续投入以保障医保制度的可持续运行，财政补助具有长期性。

3. 财政补助责任过高。

表 2　2010—2015 年城乡居民医保筹资情况

年份	总额（亿元）	政府		家庭（个人）和集体	
		绝对值（亿元）	占比（%）	绝对值（亿元）	占比（%）
2010	90. 42	62. 89	69. 55	27. 53	30. 45
2011	128. 83	93. 47	72. 55	35. 36	27. 45
2012	161. 34	116. 74	72. 36	44. 60	27. 64
2013	193. 36	139. 43	72. 11	53. 93	27. 89
2014	226. 45	162. 83	71. 91	63. 62	28. 09
2015	274. 04	195. 26	71. 25	78. 78	28. 75
平均	——	——	71. 62	——	28. 38

资料来源：浙江省财政厅社保处《（2010—2015）社会保险基金决算表》。

社会保险是一种为丧失劳动能力、暂时失去劳动岗位或因健康原因造成损失的人口提供收入或补偿的一种社会和经济制度。其本质是利用大数法则，将小部分人的风险分摊到众人头上，从而减轻困难个体的经济压力。从表 2 看，2010—2015 年，浙江省城乡居民医疗筹资体系中，政府财政补助责任平均占 71. 62%，家庭（个人）和集体缴费责任平均占 28. 38%，政府在筹资责任中负主要责任。与城镇职工医疗保险自收自支、自我运行为主相比，城乡居民医疗保险的政府财政补助责任过高，具有较强的福利特征，不利于制度长期稳定运行。

4. 兜底风险日益凸显。

表 3　2010—2015 年城乡居民医保兜底财政补贴情况

年份	兜底补助（亿元）	总补助额（亿元）	占比（%）
2010	4. 82	62. 89	7. 67
2011	1. 94	93. 47	2. 08
2012	8. 09	116. 74	6. 93
2013	6. 85	139. 43	4. 91
2014	11. 02	162. 83	6. 77
2015	17. 89	195. 26	9. 16
平均	——	——	6. 25

资料来源：浙江省财政厅社保处《（2010—2015）社会保险基金决算表》。

从总体看，浙江省城乡居民医保基本实现了“以收定支、收支平衡”的目标，但由于部分地区精算不准确，医保基金支出大于收入，使得财政不得不发挥兜底作用，弥补医保基金发生的赤字。从绝对值看，2010—2015 年，财政兜底补助的金额在逐步上升，2015 年达到了 17. 89 亿元；从相对值看，财政兜底补助额占财政总补助额的比重也在波动中上升，2015 年达到了 9. 16%，接近 10%。由此可见，城乡居民医保的财政兜底风险在逐步凸显。

二、浙江省城乡居民基本医疗保险财政压力分析

（一）现行政策条件下城乡居民基本医疗保险财政压力分析

1. 浙江省人口预测。

本文根据 2010 年浙江省第六次人口普查资料，对浙江省的死亡率、生育率和迁移率等因素进行假设和计算，然后对人口进行预测。预测区间为 2011—2050 年。

（1）死亡率。

本文根据 2010 年第六次人口普查的数据，通过 2009—2010 年死亡人数和生存人数计算出浙江省分年龄、性别、城乡的人口死亡率。将采用蒋正华（1983）提出的自修正迭代算法，直接计算编制生命表所需要的死亡概率。

（2）生育率。

2010 年第六次人口普查数据显示，浙江省妇女总和生育率为 1. 02，其中城镇和农村妇女总和生育率分别为 0. 96 和 1. 18。全国的总和生育率为 1. 18，由此可见，浙江省的妇女总和生育率要低于全国妇女总和生育率。由于全面实行了“二孩”政策，所以对生育率进行重新修正，以确保生育率更加接近真实情况。根据省卫计委相关分析资料，结合相关研究机构的预测，本文采用均匀性生育方案：假设浙江省从 2016 年开始实施“普遍二孩”政策，若生育水平有小幅上升且维持相对稳定的水平，在此情况下，生育势能在 8 年内缓慢释放，到 2024 年总和生育率达到最高值 2. 8，随后保持相对均匀的速度缓慢回落至 2. 1，2030 年后恢复到世代更替生育率。

表 4　全面“二孩”政策后浙江省总和生育率预测

年份	总和生育率	年份	总和生育率
2016	1. 7	2024	2. 8
2017	1. 85	2025	2. 7
2018	1. 9	2026	2. 6
2019	2. 2	2027	2. 45
2020	2. 45	2028	2. 28
2021	2. 6	2029	2. 15
2022	2. 7	2030	2. 1
2023	2. 76	2030 年以后	2. 1

数据来源：浙江大学人口与发展研究所预测。

（3）人口迁移。

根据研究的需要并结合实际情况，本文将迁移人口分为两类：一类是浙江省农村向浙江省城镇迁移人口；一类是外省向浙江省城镇净迁移人口。从实际情况看，浙江省农村向城镇迁移人口、外省向浙江省城镇净迁入人口的绝对值均为正。

2011 年，浙江省城镇人口为 3403.4 万人，农村人口为 2059.6 万人；2015 年，浙江省城镇人口数为 3644.7 万人，农村人口数为 1894.3 万人。2011—2015 年，浙江省城镇人口增加 241.3 万人，农村人口减少 165.3 万人。由此粗略估算，本省农村平均每年向城镇净迁移人口数为 41.33 万人，而外省平均每年向浙江省城镇净迁移人口数为 19 万人。为了简便起见，这里假设本省农村每年向城镇迁移净人口数为 41 万人，即城镇每年增加 41 万人，而农村每年相应减少 41 万人，同时，外省每年向浙江省城镇净迁移人口为 19 万人。按照发达国家的发展经验，城镇化率达到 75%后将趋于稳定水平。因此，本文假设迁移进程直至浙江省城镇化率达到 75%之后停止。

在人口迁移过程中，不同年龄的人口迁移率是不同的。这里假设 1—19 岁的迁移人口占总迁移人口的 17.5%，20—49 岁的青壮年占迁移人口的 65%，50—89 岁的迁移人口占总迁移人口的 17.5%（0 岁人口不迁移）。各年龄的迁移人口等于该年龄人口数占对应年龄段人口数乘以该年龄段的迁移人口数。

（4）浙江省人口预测。

从表 5 看，2011—2050 年，浙江省总人口演变趋势，呈现先上升后下降的倒“U”型形状。2011 年浙江省总人口为 54725165 人，此后一直呈上升趋势，预计到 2039 年达到人口的顶峰，为 63094934 人，2040 年以后总人口数开始下降，预计到 2050 年总人口数下降为 62265725 人。

浙江省城镇人口的演变趋势大致如下：2011 年浙江省城镇人口数为 34286752 人，此后也呈上升趋势，预计到 2049 年城镇总人口数达到顶峰，为 49973999 人，2050 年，人口数为 49810661 人。浙江省农村人口演变趋势如下：2011 年，农村人口数为 20438413 人，随着农村人口向城镇迁移，城镇人口比重增加，农村人口比重逐步降低，预计到 2050 年，农村人口数为 12455064 人，人口数接近 2011 年的一半。

表 5　浙江省总人口演变趋势

单位：人

年份	总人口			城镇人口			农村人口		
	合计	男性	女性	合计	男性	女性	合计	男性	女性
2011	54725165	28114297	26610868	34286752	17610165	16676587	20438413	10504132	9934281
2012	55065824	28280662	26785162	35070824	18011396	17059428	19995000	10269266	9725734
2013	55390547	28438335	26952212	35849589	18409592	17439997	19540958	10028743	9512215
2014	55697844	28586435	27111409	36621325	18803825	17817500	19076519	9782610	9293909
2015	55985939	28724133	27261806	37383357	19192718	18190639	18602582	9531415	9071167
2016	56252107	28849955	27402152	38132583	19574560	18558023	18119523	9275394	8844129
2017	56493463	28962304	27531159	38865760	19947691	18918069	17627702	9014613	8613089
2018	57033806	29235019	27798787	39819266	20438578	19380688	17214541	8796442	8418099
2019	57548176	29493648	28054528	40754363	20919484	19834879	16793813	8574164	8219649
2020	58124023	29785042	28338981	41735613	21424883	20310730	16388410	8360159	8028251
2021	58736099	30095767	28640332	42745408	21945434	20799974	15990691	8150333	7840358
2022	59344233	30404237	28939996	43753932	22465156	21288776	15590301	7939082	7651219
2023	59930167	30700617	29229550	44746863	22976361	21770502	15183304	7724256	7459048
2024	60484915	30980246	29504669	45717894	23475762	22242132	14767021	7504484	7262537
2025	60817432	31144598	29672834	46067002	23652786	22414216	14750429	7491811	7258618
2026	61080584	31271655	29808929	46356355	23797542	22558813	14724229	7474113	7250116
2027	61281053	31365135	29915918	46592342	23913504	22678838	14688710	7451630	7237080
2028	61411205	31420923	29990282	46770822	23998487	22772335	14640383	7422436	7217947
2029	61468944	31438035	30030909	46891691	24052490	22839201	14577254	7385545	7191709
2030	61466045	31422913	30043132	46965228	24081082	22884146	14500818	7341831	7158987
2031	61423432	31386796	30036636	47007893	24093054	22914839	14415539	7293742	7121797
2032	61354216	31337001	30017215	47029768	24093930	22935838	14324447	7243070	7081377

续表

年份	总人口			城镇人口			农村人口		
	合计	男性	女性	合计	男性	女性	合计	男性	女性
2033	61257058	31272942	29984116	47030581	24083624	22946957	14226478	7189318	7037160
2034	61132121	31194778	29937343	47010918	24062435	22948483	14121203	7132343	6988860
2035	61557203	31403231	30153972	47548611	24330949	23217662	14008593	7072282	6936311
2036	61962004	31602313	30359691	48073044	24593042	23480002	13888959	7009271	6879688
2037	62349722	31793994	30555728	48585585	24849642	23735943	13764136	6944351	6819785
2038	62725895	31981261	30744634	49088947	25102232	23986715	13636947	6879028	6757919
2039	63094934	32166505	30928429	49585642	25352202	24233440	13509292	6814303	6694989
2040	62886784	32050776	30836008	49502839	25299058	24203781	13383945	6751718	6632227
2041	62676853	31935561	30741292	49413395	25242892	24170503	13263458	6692669	6570789
2042	62467646	31822283	30645363	49318863	25184640	24134223	13148783	6637643	6511140
2043	62261434	31712290	30549144	49220609	25125229	24095380	13040825	6587061	6453764
2044	62059577	31606218	30453359	49119407	25065101	24054306	12940171	6541117	6399054
2045	62150405	31656151	30494254	49304181	25156577	24147604	12846224	6499574	6346650
2046	62246053	31710130	30535923	49487422	25248016	24239406	12758630	6462114	6296516
2047	62340071	31764897	30575174	49663433	25336598	24326835	12676638	6428299	6248339
2048	62426398	31817316	30609082	49827338	25419958	24407380	12599060	6397358	6201702
2049	62499354	31864443	30634911	49973999	25495560	24478439	12525354	6368882	6156472
2050	62265725	31751410	30514315	49810661	25408803	24401858	12455064	6342607	6112457

数据来源:根据死亡率、生育率、迁移人口等指标计算。

2. 城乡居民医保参保人数预测。

(1)预测基本思路。

城乡居民医保参保人数为城乡居民总人口数减城镇职工医保参保人数乘以参保率。

由此可得基本公式:

城乡居民医保参保人数=(城乡居民总人口数-城镇职工医保参保人数)×参保率

(2)城镇职工医保参保人数预测。

对浙江省城镇职工医保参保人数的测算分为两步:第一步,根据城镇总人口数和各年龄段的就业率分别测算出城镇就业人口数;第二步,在测算出城镇就业人口数的基础上,结合假设的参保率,测算出城镇职工医保参保人数。

A. 就业人口测算。

按照《中华人民共和国劳动法》的相关规定,假设男性和女性的就业年龄区间分别是16—59岁和16—54岁。本文根据2010年浙江省第六次人普查数据得到各年龄段男女性就业率,并假设测算区间内各年龄段就业率保持不变。各年龄段的就业率如表6所示。

表6 浙江省城镇男女性各年龄就业率情况

年龄	城镇就业率(%)		年龄	城镇就业率(%)	
	男性	女性		男性	女性
16	15.25	14.74	32	96.25	82.24
17	28.13	26.25	33	96.30	81.65
18	46.10	43.89	34	96.40	81.89
19	56.11	50.55	35	96.30	82.56
20	59.86	54.24	36	96.27	82.67
21	67.08	61.18	37	96.22	82.82
22	78.57	71.43	38	96.28	83.17
23	87.57	78.97	39	95.80	83.07
24	91.06	80.18	40	95.74	83.27
25	92.80	80.27	41	95.55	82.55
26	94.60	80.90	42	95.25	82.12
27	95.04	81.27	43	95.23	81.84
28	95.69	81.62	44	94.94	80.70
29	96.11	81.92	45	94.52	78.84
30	96.52	81.48	46	93.66	76.71
31	96.12	81.66	47	93.16	73.89

续表

年龄	城镇就业率(%)		年龄	城镇就业率(%)	
	男性	女性		男性	女性
48	92.92	71.29	54	85.33	38.90
49	91.03	67.22	55	80.79	——
50	90.13	51.65	56	78.40	——
51	89.52	46.66	57	75.86	——
52	88.53	44.19	58	73.39	——
53	87.17	41.67	59	68.76	——

数据来源:根据 2010 年浙江省第六次人口普查数据的计算。

根据预测的总人口数和就业率,可以测算出城镇就业人口数。从表 7 看,浙江省就业人口与总人口演变趋势大致相同,呈现先上升后下降的趋势。其中以 2022 年为分界点,该年浙江省就业人口达到顶峰,为 22378955 人,之后逐步下降,到 2050 年,就业人口仅为 16876767 人,约最高峰时的 3/4。

B. 城镇职工参保人数测算。

从实际看,并非所有城镇就业人员都参加城镇职工医保。2015 年,城镇在职职工参保率为 76.75%。本文以 2015 年参保率为基础,加上 2011—2015 年参保率平均年增加值 3.12%,设定未来在职职工的参保率,直至在职职工参保率达到 100%为止。加上退休职工可以得到城镇职工医保参保人数。具体见表 8。

表 7　2011—2050 年浙江省就业人口情况　　单位:人

年份	城镇就业人口			年份	城镇就业人口		
	合计	男性	女性		合计	男性	女性
2011	19781300	11364295	8417005	2031	19422681	11855756	7566925
2012	20280776	11665711	8615065	2032	18986705	11608053	7378652
2013	20688004	11930277	8757727	2033	18545476	11358319	7187157
2014	21038276	12154866	8883410	2034	18151913	11137660	7014253
2015	21334661	12348188	8986473	2035	18138207	11141042	6997165
2016	21616321	12537962	9078359	2036	18179012	11167762	7011250
2017	21845384	12697902	9147482	2037	18217751	11225711	6992040
2018	21959457	12824119	9135338	2038	18285136	11300670	6984466
2019	22076291	12971179	9105112	2039	18394396	11391249	7003147
2020	22178264	13105972	9072292	2040	18203756	11303241	6900515
2021	22282850	13249794	9033056	2041	18056205	11251558	6804647
2022	22378955	13372075	9006880	2042	17838948	11139522	6699426
2023	22346296	13375729	8970567	2043	17626724	11035391	6591333
2024	22294843	13377034	8917809	2044	17436807	10949487	6487320
2025	21899084	13184918	8714166	2045	17407407	10963269	6444138
2026	21495211	12980500	8514711	2046	17374508	10943433	6431075
2027	21116353	12797970	8318383	2047	17313980	10869834	6444146
2028	20714638	12592101	8122537	2048	17224210	10772809	6451401
2029	20279081	12348079	7931002	2049	17136438	10677299	6459139
2030	19849869	12100960	7748909	2050	16876767	10457475	6419292

数据来源:根据人口数和就业率计算。

表 8　2011—2050 年浙江省城镇职工医保参保情况　　单位:人

年份	城镇参保职工	年份	城镇参保职工	年份	城镇参保职工	年份	城镇参保职工
2011	15143882	2016	20368880	2021	25126384	2026	26786092
2012	16709505	2017	21339031	2022	26084279	2027	26698622
2013	17762277	2018	22291353	2023	26670836	2028	26602424
2014	18685896	2019	23234767	2024	26947290	2029	26496469
2015	19393904	2020	24176255	2025	26867933	2030	26385087

续表

年份	城镇参保职工	年份	城镇参保职工	年份	城镇参保职工	年份	城镇参保职工
2031	26267983	2036	26342714	2041	27210068	2046	27455021
2032	26128088	2037	26619320	2042	27219719	2047	27547831
2033	25974756	2038	26908213	2043	27221226	2048	27618085
2034	25849292	2039	27216721	2044	27205777	2049	27666331
2035	26078088	2040	27205469	2045	27340246	2050	27530511

注:2011—2015 年为实际数据,2016 年及以后为预测数据。

(3)城乡居民医保参保人数预测。

A. 城乡居民医保参保率。

浙江省总人数减城镇职工医保参保人数并未全部参加城乡居民医保,但从 2010—2015 年的参保趋势看,参保率逐步在提高,由 2010 年的 86.36% 提高到 2015 年的 95.33%,年均提高 1.79 个百分点,由此,假设 2015 年后城乡居民参保率每年提高 1.79 个百分点,直至参保率达到 100%。

B. 浙江省城乡居民医保参保人数预测。

已知全省总人口数、城镇职工医保参保人数、其他参保人数和参保率的预测情况,由此可以预测浙江省城乡居民医保参保人数。从表 9 看,2016—2020 年,浙江省城乡居民医保参保人数呈现波浪型趋势;2016—2023 年,参保人数呈现逐步下降的趋势;2024—2039 年,参保人数呈现略微上升的趋势;2040 年以后呈现逐步下降的趋势。主要原因在于:第一阶段,城镇在职职工和退休职工均稳步上升,导致城镇职工医保参保人数逐步上升;第二阶段,城镇在职职工人数下降,退休职工人数上升,但城镇在职职工下降人数高于退休职工上升人数;第三阶段,城镇在职职工人数继续下降,退休职工人数继续上升,但城镇在职职工下降人数低于退休职工上升人数。

表 9　2011—2050 年浙江省城乡居民医保参保情况

单位:人

年份	参保居民	年份	参保居民	年份	参保居民	年份	参保居民
2011	33637504	2021	32641755	2031	34142972	2041	34445342
2012	33402800	2022	32302067	2032	34211615	2042	34232788
2013	32782580	2023	32301462	2033	34266172	2043	34031050
2014	32489143	2024	32571741	2034	34266684	2044	33850011
2015	32011486	2025	32971753	2035	34457317	2045	33807626
2016	34849790	2026	33306811	2036	34593454	2046	33789050
2017	34141984	2027	33586456	2037	34701367	2047	33790223
2018	33741871	2028	33806288	2038	34786132	2048	33805834
2019	33325183	2029	33965268	2039	34844920	2049	33829832
2020	32970072	2030	34070627	2040	34653693	2050	33734840

注:2011—2015 年为实际数据,2016 年及以后为预测数据。

3. 城乡居民医保财政补助预测。

(1)测算思路。

本文假设城乡居民医保财政补助由两部分构成:一是筹资环节缴费补助;二是发生赤字风险时的兜底补助。由此可知:

城乡居民医保财政补助=城乡居民医保缴费补助+兜底补助

其中:城乡居民医保缴费补助=参保人数×人均缴费财政补助

(2)相关假设。

A. 兜底补助假设。

从 2010—2015 年看,兜底财政补助占财政总补助额的 6.25%,而从发展趋势看,财政兜底责任又有加重的趋势,2015 年,其兜底财政责任占到总财政补助的 9.15%。因此,本文假设兜底财政补助占总补助额的 10%。由此,公式可以转换为:

城乡居民医保财政补助额=城乡居民医保缴费补助额×10/9

=参保人数×人均缴费财政补助额×10/9

B. 人均缴费财政补助增长率假设。

城乡居民医保要遵循"收支平衡"原则,由此本文假设人均缴费财政补助增长率(假设现行条件下人均缴费财政补助和个人缴费之比恒定为 7∶3,因此个人缴费部分的增长率与人均缴费财政补助增长率相同)与城乡居民人均待遇支出增长率一致,即缴费财政补助增长率等于人均待遇支出增长率。从近年实践看,城乡居民医保人均待遇支出由 2010 年的 241.08 元增长到 2015 年的 796.25 元,年均增长 26.99%,远高于同期一般公共预算支出15.69%的增长率，属于超常规增长速度。这主要是自2009年推出医疗改革计划以来，政策层面给予大力支持的结果。从长期看，如果某项财政补助增长率远高于一般公共预算支出的增长率，不具有可持续性。因此，需要采取更加合理的方法模拟出人均缴费财政补助增长率。

在之前的研究中，学者对人均待遇支出增长率或人均医疗费用增长率的预测往往与人均收入（工资）增长率相挂钩。何文炯等（2009）设置将城镇职工人均统筹基金支出增长率比人均工资增长率高1%；曾益等（2012）设置人均医疗费用增长率比人均工资增长率高约0.9%。简单地将人均待遇支出增长率与人均收入（工资）增长率挂钩与实际情况有所偏离，同时，这种挂钩方式没有考虑到人口因素对医疗基金的影响。为此，本文参考借鉴Mayhew（2000）使用的“增长因子”方法[1]，分析人口因素对人均待遇支出增长的影响，以更好地分析基金未来的发展趋势。同时，综合已有的研究成果，假设浙江省非人口因素对人均待遇支出增长率比城乡居民可支配收入增长率高1%。根据统计资料显示，2010—2015年浙江省城乡居民可支配收入年均增长率为10.89%，但2014年和2015年城乡居民可支配收入增长率为9.7%和8.8%，已经有放缓的迹象。考虑未来经济放缓等因素，假设浙江省城乡居民可支配收入年均增长率呈现逐步下降的趋势，假设：2016—2020年，城乡居民可支配收入年均增长率为9%；2021—2030年，城乡居民可支配收入年均增长率为8%；2031—2040年，城乡居民可支配收入年均增长率为7%；2041—2050年，城乡居民可支配收入年均增长率为6%。由此可得城乡居民医保人均待遇支出增长率，即人均缴费财政补助增长率。具体见表10。

表10　2011—2050年浙江省城乡居民医保人均缴费财政补助增长率

年份	增长率（%）	年份	增长率（%）	年份	增长率（%）	年份	增长率（%）
2011	43.68	2021	13.02	2031	12.27	2041	10.34
2012	39.39	2022	12.88	2032	12.10	2042	10.30
2013	21.75	2023	13.47	2033	12.09	2043	10.32
2014	18.48	2024	13.92	2034	12.09	2044	10.24
2015	14.33	2025	14.01	2035	12.58	2045	10.52
2016	13.09	2026	13.59	2036	12.33	2046	10.29
2017	13.07	2027	13.46	2037	12.37	2047	10.35
2018	14.29	2028	13.87	2038	12.25	2048	10.25
2019	14.14	2029	13.59	2039	12.06	2049	10.09
2020	14.10	2030	13.30	2040	11.35	2050	9.61

注：2011—2015年为实际增长率，2016年以后为预测增长率。

（3）补助情况。

根据已知条件，城乡居民医保财政补助计算公式可以变化为：

当年城乡居民医保财政补助额=参保人数×上年人均缴费财政补助额×（1+当年人均缴费财政补助增长率）×10/9

以2015年的数据为基期，即可得到至2050年的城乡居民财政补助额。从表11看，2011—2050年，在现行的政策环境下，浙江省城乡居民医保财政补助额将呈现逐步上升的态势，2049年，将突破万亿元大关，2050年将达到11701.46亿元，将给财政带来巨大的压力。

表11　2011—2050年浙江省城乡居民医保财政补助额

单位：亿元

年份	补助额	年份	补助额	年份	补助额	年份	补助额
2011	93.47	2021	432.30	2031	1595.21	2041	4977.53
2012	116.74	2022	482.90	2032	1791.84	2042	5456.52
2013	139.43	2023	547.95	2033	2011.67	2043	5984.39
2014	162.83	2024	629.47	2034	2254.86	2044	6561.98
2015	195.26	2025	726.50	2035	2552.56	2045	7242.93
2016	242.63	2026	833.64	2036	2878.72	2046	7983.77
2017	268.77	2027	953.80	2037	3244.91	2047	8810.02
2018	303.58	2028	1093.18	2038	3651.28	2048	9717.25
2019	342.23	2029	1247.57	2039	4098.53	2049	10705.54
2020	386.33	2030	1417.85	2040	4538.54	2050	11701.46

注：2011—2015年为实际补助额，2016年以后为预测补助额。

4. 财政压力分析。

根据相关模型预测，已经得到2011—2050年浙江省城乡居民医保财政补助额，如果得到未来一般公共预算支出数，则可得到城乡居民医保财政补助额占一般公共预算支出的比重。

（1）相关假设。

从未来经济形势看，我国经济增长将由高速向中高速新常态转变，经济增长速度将逐步降低。财政与经济发展密切相关，由此假设财政支出的增长速度也将逐步降低。这里借鉴和参考国家统计局许宪春的《预测未来中国GDP》的处理办法，同时支出对收入也具有较强的依赖性，结合当前一般公共预算收入增长速度，假设一般公共预算支出增长率为：2016—2020年增长率为9%，2021—2030年增长率为8%，2031—2040年增长率为7%，2041—2050年增长率为6%。

（2）财政压力分析。

根据城乡居民医保财政补助和一般公共预算支出的预测数据，可以得到2011—2050年城乡居民医保财政补助占一般公共预算支出比重。从表12看，在现行的政策条件下，浙江省

1　具体方法见附件。

城乡居民财政补助占一般公共预算支出比重呈现逐步上升的态势，当前占比已接近3%，如果未加政策调整，则比重将逐步上升，到2050年，其比重将达到15.04%，这比重将是财政所难以承受的。

表12　2011—2050年浙江省城乡居民医保财政补助占一般公共预算支出比重情况

年份	占比（%）	年份	占比（%）	年份	占比（%）	年份	占比（%）
2011	2.43	2021	3.91	2031	6.75	2041	10.81
2012	2.80	2022	4.05	2032	7.09	2042	11.18
2013	2.95	2023	4.25	2033	7.44	2043	11.57
2014	3.16	2024	4.52	2034	7.79	2044	11.96
2015	2.94	2025	4.83	2035	8.24	2045	12.46
2016	3.35	2026	5.14	2036	8.69	2046	12.96
2017	3.40	2027	5.44	2037	9.15	2047	13.49
2018	3.53	2028	5.77	2038	9.62	2048	14.03
2019	3.65	2029	6.10	2039	10.10	2049	14.59
2020	3.78	2030	6.42	2040	10.45	2050	15.04

注：2011—2015年为实际数据，2016年以后为预测数据。

（二）调整筹资责任条件下城乡居民基本医疗保险财政压力分析

1. 调整筹资比例。

之前的财政补助均按照政府70%的筹资比例进行假设，现在假设调整筹资比例对财政补助重新模拟测算。

（1）相关假设。

兜底假设：仍按照财政补助总额的10%进行模拟测算。

政府筹资比例：按照40%、50%、60%进行模拟测算。

（2）测算公式。

以政府筹资40%为例，测算公式如下：

当年城乡居民医保财政补助额＝参保人数×上年人均缴费财政补助额×（1＋当年人均缴费财政补助增长率）/70%×40%×10/9＝参保人数×上年人均缴费财政补助额×（1＋当年人均缴费财政补助增长率）×4/7×10/9

政府筹资比例50%和60%以此类推。

（3）模拟结果。

从总体趋势看，不同的筹资比例城乡居民医保财政补助额基本一致，均呈现逐步上升的态势。但不同的筹资比例城乡居民医保财政补助额有不同程度的减少。从公式分析，当筹资比例为40%时，城乡居民医保财政补助额将减少3/7；当筹资比例为50%时，城乡居民医保财政补助额将减少2/7；当筹资比例为60%时，城乡居民医保财政补助额将减少1/7。具体补助额及减少额见表13。

表13　2011—2050年不同筹资比例浙江省城乡居民医保财政补助占比情况

单位：亿元

年份	40%筹资比例		50%筹资比例		60%筹资比例	
	补助额	减少额	补助额	减少额	补助额	减少额
2011	93.47	——	93.47	——	93.47	——
2012	116.74	——	116.74	——	116.74	——
2013	139.43	——	139.43	——	139.43	——
2014	162.83	——	162.83	——	162.83	——
2015	195.26	——	195.26	——	195.26	——
2016	138.65	-103.98	173.31	-69.32	207.97	-34.66
2017	153.59	-115.19	191.98	-76.79	230.38	-38.40
2018	173.47	-130.11	216.84	-86.74	260.21	-43.37
2019	195.56	-146.67	244.45	-97.78	293.34	-48.89
2020	220.76	-165.57	275.95	-110.38	331.14	-55.19
2021	247.03	-185.27	308.78	-123.51	370.54	-61.76
2022	275.94	-206.96	344.93	-137.97	413.91	-68.99
2023	313.11	-234.83	391.39	-156.56	469.67	-78.28
2024	359.70	-269.77	449.62	-179.85	539.55	-89.92
2025	415.14	-311.36	518.93	-207.57	622.71	-103.79
2026	476.37	-357.28	595.46	-238.18	714.55	-119.09
2027	545.03	-408.77	681.29	-272.52	817.55	-136.26
2028	624.67	-468.50	780.84	-312.34	937.01	-156.17
2029	712.90	-534.67	891.12	-356.45	1069.34	-178.22
2030	810.20	-607.65	1012.75	-405.10	1215.30	-202.55
2031	911.55	-683.66	1139.43	-455.77	1367.32	-227.89
2032	1023.91	-767.93	1279.89	-511.95	1535.86	-255.98
2033	1149.53	-862.14	1436.91	-574.76	1724.29	-287.38
2034	1288.49	-966.37	1610.62	-644.25	1932.74	-322.12
2035	1458.60	-1093.95	1823.26	-729.30	2187.91	-364.65
2036	1644.98	-1233.74	2056.23	-822.49	2467.48	-411.25
2037	1854.23	-1390.68	2317.79	-927.12	2781.35	-463.56
2038	2086.44	-1564.83	2608.05	-1043.22	3129.66	-521.61
2039	2342.02	-1756.51	2927.52	-1171.01	3513.02	-585.50
2040	2593.45	-1945.09	3241.81	-1296.73	3890.18	-648.36
2041	2844.30	-2133.23	3555.38	-1422.15	4266.45	-711.08
2042	3118.01	-2338.51	3897.51	-1559.01	4677.02	-779.50
2043	3419.65	-2564.74	4274.56	-1709.83	5129.48	-854.91
2044	3749.70	-2812.28	4687.13	-1874.85	5624.55	-937.43
2045	4138.82	-3104.11	5173.52	-2069.41	6208.23	-1034.70
2046	4562.15	-3421.62	5702.69	-2281.08	6843.23	-1140.54

续表

年份	40%筹资比例		50%筹资比例		60%筹资比例	
	补助额	减少额	补助额	减少额	补助额	减少额
2047	5034.30	-3775.72	6292.87	-2517.15	7551.44	-1258.57
2048	5552.72	-4164.54	6940.89	-2776.36	8329.07	-1388.18
2049	6117.45	-4588.09	7646.82	-3058.73	9176.18	-1529.36
2050	6686.55	-5014.91	8358.18	-3343.27	10029.82	-1671.64

注：2011-2015 年为实际数据，2016 年以后为预测数据；减少额以“-”表示。

（4）调整筹资比例后的财政压力分析。

不同的筹资比例对浙江省城乡居民医保财政补助有不同的影响。以 2016 年为例，当政策承担 40%的筹资比例时，城乡居民医保财政补助占一般公共预算支出的比重下降 1.43 个百分点；当政策承担 50%的筹资比例时，城乡居民医保财政补助占一般公共预算支出的比重下降 0.96 个百分点；当政策承担 60%的筹资比例时，城乡居民医保财政补助占一般公共预算支出的比重下降 0.48 个百分点。由此，印证了直观的判断，政府筹资比例越低，浙江省城乡居民医保财政补助占比就越低，对财政造成的压力将越小；反之亦然。从中也可以看出，即使政府承担 40%的筹资比例，到 2050 年，城乡居民医保财政补助占一般公共预算支出的比重也达到 8.59%，财政压力仍然较大。

表 14　2011—2050 年不同筹资比例浙江省城乡居民医保财政补助占比情况

单位：%

年份	40%筹资比例		50%筹资比例		60%筹资比例	
	占比	减少占比	占比	减少占比	占比	减少占比
2011	2.43	——	2.43	——	2.43	——
2012	2.80	——	2.80	——	2.80	——
2013	2.95	——	2.95	——	2.95	——
2014	3.16	——	3.16	——	3.16	——
2015	2.94	——	2.94	——	2.94	——
2016	1.91	-1.43	2.39	-0.96	2.87	-0.48
2017	1.94	-1.46	2.43	-0.97	2.92	-0.49
2018	2.01	-1.51	2.52	-1.01	3.02	-0.50
2019	2.08	-1.56	2.60	-1.04	3.13	-0.52
2020	2.16	-1.62	2.70	-1.08	3.24	-0.54
2021	2.24	-1.68	2.80	-1.12	3.35	-0.56
2022	2.31	-1.73	2.89	-1.16	3.47	-0.58
2023	2.43	-1.82	3.04	-1.21	3.64	-0.61
2024	2.58	-1.94	3.23	-1.29	3.88	-0.65
2025	2.76	-2.07	3.45	-1.38	4.14	-0.69
2026	2.93	-2.20	3.67	-1.47	4.40	-0.73
2027	3.11	-2.33	3.89	-1.55	4.66	-0.78
2028	3.30	-2.47	4.12	-1.65	4.95	-0.82
2029	3.49	-2.61	4.36	-1.74	5.23	-0.87
2030	3.67	-2.75	4.59	-1.83	5.50	-0.92
2031	3.86	-2.89	4.82	-1.93	5.79	-0.96
2032	4.05	-3.04	5.06	-2.02	6.07	-1.01
2033	4.25	-3.19	5.31	-2.12	6.37	-1.06
2034	4.45	-3.34	5.56	-2.23	6.68	-1.11
2035	4.71	-3.53	5.89	-2.35	7.06	-1.18
2036	4.96	-3.72	6.20	-2.48	7.45	-1.24
2037	5.23	-3.92	6.54	-2.61	7.84	-1.31
2038	5.50	-4.12	6.87	-2.75	8.25	-1.37
2039	5.77	-4.33	7.21	-2.88	8.65	-1.44
2040	5.97	-4.48	7.46	-2.98	8.95	-1.49
2041	6.18	-4.63	7.72	-3.09	9.27	-1.54
2042	6.39	-4.79	7.98	-3.19	9.58	-1.60
2043	6.61	-4.96	8.26	-3.30	9.91	-1.65
2044	6.84	-5.13	8.55	-3.42	10.26	-1.71
2045	7.12	-5.34	8.90	-3.56	10.68	-1.78
2046	7.40	-5.55	9.25	-3.70	11.11	-1.85
2047	7.71	-5.78	9.63	-3.85	11.56	-1.93
2048	8.02	-6.01	10.02	-4.01	12.03	-2.00
2049	8.34	-6.25	10.42	-4.17	12.50	-2.08
2050	8.59	-6.45	10.74	-4.30	12.89	-2.15

注：2011—2015 年为实际数据，2016 年以后为预测数据；减少占比以“-”表示。

2. 调整兜底责任。

（1）相关假设。

根据实际情况，本文假设财政补助总额的 10%属于兜底责任，这部分金额均由财政承担。现假设两种情况：一是完全遵从“以收定支、收支平衡”原则，无需承担兜底责任；二是兜底责任扩大化，将兜底责任提高到财政补助总额的 20%。

（2）模拟结果。

当兜底责任进行调整，则测算公式变化如下：

无兜底责任：

当年城乡居民医保财政补助额=参保人数×上年人均缴费财政补助额×（1+当年人均缴费财政补助增长率）

兜底责任提高到 20%：

当年城乡居民医保财政补助额=参保人数×上年人均缴费财政补助额×（1+当年人均缴费财政补助增长率）×5/4

从公式可以分析，当城乡居民医保无兜底责任时，城乡居民医保财政补助额将减少 1/9；当城乡居民医保兜底责任提高到 20%时，城乡居民医保补助额将增加 7/20（5/4—10/9）。具体补助额和减少（增加）额见表 15。

表 15　2011—2050 年不同兜底责任浙江省城乡居民医保财政补助额　单位:亿元

年份	无兜底责任		兜底责任 20%		年份	无兜底责任		兜底责任 20%	
	补助额	减少额	补助额	增加额		补助额	减少额	补助额	增加额
2011	93.47	——	93.47	——	2031	1435.69	-159.52	1794.61	199.40
2012	116.74	——	116.74	——	2032	1612.66	-179.18	2015.82	223.98
2013	139.43	——	139.43	——	2033	1810.50	-201.17	2263.13	251.46
2014	162.83	——	162.83	——	2034	2029.38	-225.49	2536.72	281.86
2015	195.26	——	195.26	——	2035	2297.30	-255.26	2871.63	319.07
2016	218.37	-24.26	272.96	30.33	2036	2590.85	-287.87	3238.56	359.84
2017	241.90	-26.88	302.37	33.60	2037	2920.42	-324.49	3650.52	405.61
2018	273.22	-30.36	341.53	37.95	2038	3286.15	-365.13	4107.68	456.41
2019	308.01	-34.22	385.01	42.78	2039	3688.67	-409.85	4610.84	512.32
2020	347.70	-38.63	434.63	48.29	2040	4084.69	-453.85	5105.86	567.32
2021	389.07	-43.23	486.34	54.04	2041	4479.77	-497.75	5599.72	622.19
2022	434.61	-48.29	543.26	60.36	2042	4910.87	-545.65	6138.58	682.06
2023	493.15	-54.79	616.44	68.49	2043	5385.95	-598.44	6732.44	748.05
2024	566.52	-62.95	708.15	78.68	2044	5905.78	-656.20	7382.22	820.25
2025	653.85	-72.65	817.31	90.81	2045	6518.64	-724.29	8148.30	905.37
2026	750.28	-83.36	937.85	104.21	2046	7185.39	-798.38	8981.74	997.97
2027	858.42	-95.38	1073.03	119.23	2047	7929.02	-881.00	9911.27	1101.25
2028	983.86	-109.32	1229.82	136.65	2048	8745.53	-971.73	10931.91	1214.66
2029	1122.81	-124.76	1403.51	155.95	2049	9634.99	-1070.55	12043.74	1338.19
2030	1276.06	-141.78	1595.08	177.23	2050	10531.31	-1170.15	13164.14	1462.68

注:2011—2015 年为实际数据,2016 年以后为预测数据;减少额以“-”表示。

(3)调整兜底责任后财政压力分析。

不同的兜底责任对浙江省城乡居民医保财政补助有不同的影响。以 2016 年为例,当无兜底责任时,城乡居民医保财政补助占一般公共预算支出的比重下降 0.33 个百分点;当兜底责任提高 20%时,城乡居民医保财政补助占一般公共预算支出的比重提高 0.42 个百分点。由此同样可以印证直观判断:兜底责任越小,城乡居民医保财政占比越低;反之亦然。

表 16　2011—2050 年不同兜底责任浙江省城乡居民医保财政占比情况　单位:%

年份	无兜底责任		兜底责任 20%		年份	无兜底责任		兜底责任 20%	
	占比	减少比	占比	增加比		占比	减少比	占比	增加比
2011	2.43	——	2.43	——	2019	3.28	-0.36	4.10	0.46
2012	2.80	——	2.80	——	2020	3.40	-0.38	4.25	0.47
2013	2.95	——	2.95	——	2021	3.52	-0.39	4.40	0.49
2014	3.16	——	3.16	——	2022	3.64	-0.40	4.55	0.51
2015	2.94	——	2.94	——	2023	3.83	-0.43	4.78	0.53
2016	3.01	-0.33	3.77	0.42	2024	4.07	-0.45	5.09	0.57
2017	3.06	-0.34	3.83	0.43	2025	4.35	-0.48	5.44	0.60
2018	3.17	-0.35	3.97	0.44	2026	4.62	-0.51	5.78	0.64

续表

年份	无兜底责任		兜底责任 20%		年份	无兜底责任		兜底责任 20%	
	占比	减少比	占比	增加比		占比	减少比	占比	增加比
2027	4.90	-0.54	6.12	0.68	2039	9.09	-1.01	11.36	1.26
2028	5.20	-0.58	6.50	0.72	2040	9.40	-1.04	11.75	1.31
2029	5.49	-0.61	6.86	0.76	2041	9.73	-1.08	12.16	1.35
2030	5.78	-0.64	7.22	0.80	2042	10.06	-1.12	12.58	1.40
2031	6.08	-0.68	7.59	0.84	2043	10.41	-1.16	13.01	1.45
2032	6.38	-0.71	7.97	0.89	2044	10.77	-1.20	13.46	1.50
2033	6.69	-0.74	8.37	0.93	2045	11.21	-1.25	14.02	1.56
2034	7.01	-0.78	8.76	0.97	2046	11.66	-1.30	14.58	1.62
2035	7.42	-0.82	9.27	1.03	2047	12.14	-1.35	15.17	1.69
2036	7.82	-0.87	9.77	1.09	2048	12.63	-1.40	15.79	1.75
2037	8.24	-0.92	10.29	1.14	2049	13.13	-1.46	16.41	1.82
2038	8.66	-0.96	10.83	1.20	2050	13.54	-1.50	16.92	1.88

注:2011—2015 年为实际数据,2016 年以后为预测数据;减少比以“-”表示。

三、减轻城乡居民医保财政压力的政策建议

(一)应把握好的几点原则

1. 合理共担原则。

从属性看,城乡居民医疗保险属于准公共产品,既具有一定的公共性,也具有一定的私有性,这就决定了需要全社会共同努力,充分发挥政府和个人(家庭)的作用。政府要承担好相应责任,不能“缺位”,但要充分考虑当地经济发展水平和政府财力的可承受性,着眼于长期性和可持续性,不能大包大揽,防止筹资责任过度向政府集中;个人(家庭)在居民收入可承受的范围内也要承担相应责任。要坚持合理共担原则,进一步还原城乡居民医保的社会保险属性,切合实际划分政府与个人(家庭)的责任,适度均衡分担各方责任,在城乡居民医保制度运行中形成强大合力,促进城乡居民医疗保险公平可持续发展。

2. 精算平衡原则。

城乡居民医保作为政府建立的重要社会医保制度,政府有责任保障其运行的长期可持续性,这就要求坚持精算平衡原则。要对现有政策进行梳理,对制度运行环境进行评估,坚持公平与效率、权利与义务、统一性和灵活性相结合,充分考虑影响基金运行的相关因素,科学合理设定筹资水平、待遇支出等参数,以预测出未来财政投入数据,为政府长期可持续投入提供科学依据。

3. 发挥合力原则。

城乡居民医保运行高度依赖政策和经济社会环境。要减轻城乡居民医保财政压力,不仅要调整筹资比例,合理均摊各方筹资责任,还要积极调整相关政策。比如,可以采取措施积极控制医疗费用的不合理增长,降低医保人均待遇支出;进一步采取措施发挥全面“二孩”生育政策,扭转人口老龄化趋势;鼓励发展商业医疗保险,分摊社会医疗保险运行压力,等等。要通过全社会的努力,调整相关政策,形成政策合力,进一步减轻财政压力,营造出有利于城乡居民医保可持续运行的良好氛围。

(二)具体政策建议

1. 调整筹资责任,避免财政责任过大。

财政责任过重,则不体现社会保险的特性,可能给财政带来巨大压力和较大风险。

一是适度降低政府筹资比例。从政策模拟的情况看,降低政府筹资比例可以有效减轻财政支出压力,因此,要逐步降低政府筹资比例,减轻政府筹资压力。当然,城乡居民医保待遇支出的刚性决定了政府筹资绝对值只能提高不可降低,通过“保存量、优增量”的方式逐步降低城乡居民医保的筹资比例。

二是适当提高个人缴费比重。从缴费水平占城乡居民可支配收入看,2015 年浙江省城乡居民医保人均个人缴费标准为 246.09 元,城乡居民人均可支配收入为 35537 元,人均个人缴费标准占城乡居民人均可支配收入为 0.69%(246.09/35537)。从国际看,美国老年和残障健康保险的缴费率为 2.9%,其中个人缴纳 1.45%;德国法定医疗保险的平均缴费率工资收入的 14.3%,其中单位和个人各缴纳 50%,则缴费率为个人工资收入的 7.15%;法国的社会医疗保险缴费个人缴费部分为税前工资的 7%。而我国的城镇职工医保的缴费率为个人工资的 2%。由此可见,城乡居民医保个人缴费标准还有较大的提升空间,应逐步建立个人缴费标准与城乡居民可支配收入相衔接的机制。

2. 做好精算平衡,防止兜底风险扩散。

作为政府建立的医保制度,政府承担做好城乡居民医保兜底责任。从政策模拟看,兜底比例越高,财政压力越大,因此,必须坚持精算平衡原则,控制城乡居民医保兜底风险。

一要做好精算平衡分析。随着经济新常态的出现、人口结构的变动、制度政策的调整，城乡居民医保基金运行会面临诸多不确定因素。要通过做好精算测算工作，采用短期与长期风险监测相结合的方法，加强基金运行监测，为财政投入提供科学依据，确保基金稳定运行。

二要严格坚持“以收定支，收支平衡”原则。在做好精算平衡测算的基础上，严格贯彻“以收定支，收支平衡”的原则，必须着眼于长期可持续性，不得随意突破基金收支平衡态势，严格控制基金兜底风险，将基金收支缺口带来的财政兜底责任最小化，以减轻财政压力。

3. 建立合理调整机制，控制医保筹资速度。

在政策的推动下，城乡居民医保缴费标准调整密度过大，近年来几乎一年一调整，医保筹资速度明显过快，由于城乡居民医保刚性特征较为明显，逐步积累了巨大的基金风险和财政风险。为此，需要建立和完善合理的缴费调整机制，化解基金收支赤字风险。

一要严禁攀比。要树立正确的政绩观，避免将城乡居民医保“工具化”，禁止各地为了获得高考核分，相互攀比，不断调高标准，要积极稳定公众对政府提供服务的期望值，避免给财政带来过大的压力。

二要稳步调整。要本着“迈小步、不停步”的原则逐步提高城乡居民医保缴费和待遇支出标准，稳步提高财政补助标准，严禁“命令式”的底线调整、“攀比式”的高限调整、“捆绑式”的民意调整，防止以拔苗助长的方式提高城乡居民医保缴费标准和待遇支出标准，避免陷入“高福利”陷阱。

三要科学有序。要积极完善动态调整机制，根据当地经济发展水平、政府财力可承受力、居民收入水平、人口结构变化、人口预期寿命、疾病谱变化、医疗费用增长等实际情况，在精算平衡的基础上，建立与实际情况、各方承受能力相适应的稳定筹资机制，科学有序地提高政府补助标准。

4. 完善其他相关政策，减轻医保财政压力。

实现城乡居民医保可持续发展，减轻城乡居民医保财政压力，需要系统性的政策配合，加强政策之间的协调性，形成政策合力。

一是控制医疗费用快速增长。控制好不合理的医疗费用增长有利于减轻政府筹资压力。要改革医保支付方式，推进按人头付费、按病种付费和总额预付等复合付费方式，加大医药卫生体制改革力度，建立健全医保经办机构与医疗机构及药品供应商的谈判协商机制和风险分担机制，推动形成合理的医保支付标准，引导定点医疗机构规范服务行为，有效控制医疗费用快速增长。

二是激发生育政策效果。在总和生育率低下和人口预期寿命不断延长等因素的推动下，浙江省的人口结构已经发生了显著变化，老年人口比重不断上升，人口老龄化高龄化日益突出。实施全面“二孩”政策以来，生育率水平有所上升，但与政策实施的预期仍有一定差距。因此，可以借鉴日本、新加坡、瑞典等国家的经验，在住房、社会保障、教育、家政服务等方面给予优惠政策，激发“二孩”政策效果，从长期改变人口结构，扭转人口老龄化趋势。

三是发展商业医疗保险。立足于社会医疗保险基础保障作用，发挥社会医疗保险的补充作用，切实减轻城乡居民医疗保险支出和财政支出压力。要放松对医疗保险政策的制约，拓展其发展空间；要完善相关支持政策，扶持商业医疗保险积极发展；同时也要加强对商业医疗保险的引导与规范，确保其在健康有序的轨道上运行。

课题组组长：杨慧芳

课题组成员：王雯琳、冯健、吴益民、陈优芳、虞斌（执笔）、朱家立（执笔）

附件：增长因子法

“增长因子法”的特点是将基金支出增长率（或医疗费用）分解为几个独立的增长因子，这些因子包括了人口老龄化、医疗技术的发展、疾病模式的转变、治疗成本的变化等，同时假设各因子之间相互独立，没有交互影响。基于该假设，基金支出与这些增长因子之间的关系可以表示为：

$$H_t = H_0 e^{t\sum_i r_i} \qquad (1)$$

H_0 表示初期的基金支出，H_t 表示 t 时的基金支出，$\sum_i r_i$ 为各增长率之和，本文为了分析人口因素在其中的作用，将人口数量和人口结构变化产生的影响，从其他因素中分离出来，统称为人口因子；而将其他因素，如医疗技术的发展、医疗成本的变化等整合成一个一个增长因子，统筹为非人口因子。则模型形式变为：

$$H_t = H_0 e^{t(\mathrm{rp}+\mathrm{ru})} \qquad (2)$$

变形后的模型仅为两个因子，rp 代表人口因子，即人口因素带来的基金支出增长，人口因子里又包括人口数量变化和人口结构变化；ru 代表非人口因子，即非人口因素带来的基金支出的增长。

如果以 I_t 代表人口数量和结构的指数，即以 I_t 表示 $e^{t\times \mathrm{rp}}$，指数中的 rp 为人口因素带来的增长率，则 rp 可以表示为：

$$rp_t = \frac{1}{t}\ln I_t \qquad (3)$$

将公式（3）代入（2）得到：

$$rp_t = \frac{1}{t}\ln \frac{H_t}{H_0 I_t} \qquad (4)$$

当时间 t=0 时，指数 $I_0 = e^0 = 1$，非人口因素引起的增长率可表示为：

$$ru_t = \frac{1}{t}\ln \frac{H_t/I_t}{H_0/I_0} \qquad (5)$$

因此，ru 可以看成被人口规模和结构指数标准化后的人均基金支出。

人口相关基金支出增长指数定义为：

$$I_t = \frac{\sum_i p_{i,t} C_{i,t}}{\sum_i p_{i,0} C_{i,0}} \qquad (6)$$

$p_{i,t}$是年龄组 i 的人口，$C_{i,t}$是年龄组别相对基金支出指数，在此情况下 I_0 也等于 1。

因为考虑人均基金支出增长率问题，所以只要考虑人口结构对基金支出增长率的的影响即可。

$$rp_t = \ln \frac{\Sigma_i p_{i,t} C_{i,t}}{\Sigma_i p_{i,0} C_{i,t}} \quad (7)$$

供给侧改革背景下的县级政府财源建设初探

安吉县财政局课题组

郡县治则天下安，县域强则国家富。县级政府作为供给侧改革的重要一环，承上启下，地位至关重要，探讨县级政府在供给侧背景下的财源建设问题极为迫切。近年来，经济在下行通道中低迷运行，宏观政策从以往的"需求侧"管理为主转型过渡到"供给侧"为主的改革，给县级政府财源建设提出了新的问题和挑战。县级政府要主动适应供给侧结构性改革的大背景，需要转变传统的在需求刺激政策引导下的聚财、理财思路，需要调结构、转型和内涵发展。本文以安吉县为例，试图对经济新常态和供给侧改革背景下县级财源建设作初步探讨。

一、供给侧改革与刺激需求政策的主要区别

所谓"供给侧改革"，是针对长期以来依靠扩大总需求刺激经济从而达到提升经济发展速度的需求侧管理政策而言的一种宏观政策适度"纠偏"。在需求侧管理背景下，主要通过扩展性的财政和货币政策刺激"三驾马车"综合发力，拉动经济增长。"四万亿"是近十几年来需求管理政策的最直白的标注，其利弊交互，毁誉参半。最大的功效是摆脱经济萧条并有效增长，但由此也引发了产能过剩、供给过度等系列问题，埋下了经济虚假增长和迟滞结构转型的隐患。

因此，决策层做出了转换思路、修正宏观政策的重大决策，供给侧改革的实质就是从供给、生产端入手，通过供给端的质量提升从而提升竞争力促进经济发展。具体而言，就是清理僵尸企业，淘汰落后产能，将发展方向锁定新兴领域、创新领域，创造新的经济增长点。供给侧改革是一种寻求经济新增长新动力的新思路，主要强调通过提高社会供给来促进经济增长。政策手段上，包括简政放权、减轻税费负担、放松管制、金融改革、国企改革、土地改革、提高创新能力等，本质上都是提高全要素生产率的方式。需求侧管理认为需求不足导致产出下降，所以拉动经济增长需要"刺激政策"（货币和财政政策）来提高总需求，使实际产出达到潜在产出。

供给侧改革的主要内涵，一是要形成新主体，即要发挥市场在资源配置中的决定性作用，发挥企业、企业家、创业者等在经济发展中的主导作用，同时要简政放权，转变政府职能，约束政府的"有形之手"，正确发挥政府的作用；二是要培育新动力，即通过全面改革培育新的增长动力，通过全面创新形成新的经济增长点，通过提高全要素生产率来实现经济可持续发展；三是要发展新产业，即一方面要尊重和顺应经济规律、市场规律，及时淘汰过剩产能和僵尸企业等，让市场及时出清，避免资源浪费，及时化解经济泡沫，避免系统性风险，另一方面要大力发展新产业、新技术、新业态等。

基于宏观政策的转向，县级政府财源建设的传统路径必然受到影响，县级政府亟待创新财源建设思路，研究拓展新的财源增长渠道。

二、需求侧管理背景下县级财源的特征分析

县级财源建设是县域经济发展的重中之重。安吉县在"十一五"期间，依托宏观政策调整带来的历史机遇，确立了"生态立县、工业强县、开放兴县"的发展战略，进行了有益探索与实践，坚持立足生态，率先推进美丽乡村建设，重点抓工业强县，集中推进骨干企业和民营经济的财源建设思路。大力发展基础财源，重点扶持主体财源，积极培育群体财源，构建起前景看好、独具特色的城乡财源建设体系，有力促进地方财政收入稳步增长。尤其在"十二五"期间，安吉县在财源建设工作中围绕财源建设抓经济，围绕效益提升抓财源，从巩固基础和传统财源、壮大骨干和核心财源，开辟新兴财源和后续财源着手，坚持重点扶持，优化结构，培植后劲的原则，注重工业发展与生态建设、经济增长与财政增收的协调发展，实现由数量型、速度型财源向效益型、质量型财源转变，由吃饭型财政、粗放型财政向建设型、公共财政的跨越，促进了县域经济持续、快速、健康的发展。

（一）"十二五"期间安吉县财力增长情况

资料显示，"十一五"期间，安吉县在 2007 年实现了财政总收入破 10 亿元大关，"十二五"期间，2014 年实现了财政总收入破 50 亿元大关，主要得益于推行激励财政政策，包括"两保两挂政策"、县乡财政体制、亩产税收奖励政策、财政达标奖励、定额补助，贷款贴息，减税减负等，激活了企业，搞活了产业，形成了独具特色、多元化效益财源格局（表一、表二）。

表一：2010—2015 年安吉县财政总收入和地方财政收入情况表 单位：万元

	2010 年	2011 年	2012 年	2013 年	2014 年	2015 年
财政总收入	235128	291066	363006	423888	500518	556855
地方财政收入	139268	166628	210821	247043	294846	329601
税收收入	126320	163981	199717	231321	275242	297651

续表

		2010 年	2011 年	2012 年	2013 年	2014 年	2015 年
其中	增值税	20597	25714	32953	42631	49441	50090
	营业税	38785	53339	63492	72744	68297	92196
	企业所得税	14269	21399	26513	28316	34500	25341
	个人所得税	8100	9726	8900	10234	12458	37162
	资源税	1341	1339	727	787	1263	2132
	城市维护建设税	7003	9595	9980	12741	11806	14998
	房产税	4352	4419	7639	8619	9603	9496
	印花税	1857	2497	2446	2554	3964	4339
	城镇土地使用税	4928	5076	9710	12405	12022	12027
	土地增值税	4718	9168	10765	15526	15544	18847
	车船税	1114	1454	1832	2186	2573	3085
	耕地占用税	3837	5800	3957	3553	19206	3508
	契税	15419	14455	20804	19025	34565	24430
非税收入		**12948**	**2647**	**11104**	**15722**	**19604**	**31950**
其中	专项收入	4328	5669	6057	7141	7042	25077
	行政事业性收费收入		759	756	1048	500	760
	罚没收入	18834	8201	7350	12129	12276	6838
	国有资本经营收入	-10338	-12151	-3163	-4767	-461	-1000
	国有资源(资产)有偿使用收入	124	169	104	171	247	275

表二:2010—2015 年安吉县土地出让金收入情况表

单位:万元

		2010 年	2011 年	2012 年	2013 年	2014 年	2015 年
国有土地使用权出让收入		247902	256250	112460	228666	697609	175379
其中	土地出让价款收入	246856	253028	110251	225941	694790	170395
	补缴的土地价款	1046	459	2049	1833	382	3053
	划拨土地收入	0	84	3	1067	2113	4646
	教育资金	0	2212	1062	1750	1465	0
	农田水利	0	1770	680	1120	937	0
	缴纳新增建设用地土地有偿使用费	0	-1303	-1693	-3045	-2088	-2715
	其他土地出让收入	0	0	108	0	10	0

(二)“十二五”期间安吉县财源建设特征分析

1.“十二五”安吉县财源增长特点。

(1)财政收入呈现较高增长态势。“十二五”期间,面对国内外复杂多变的经济形势、频繁发生的自然灾害和财政改革全面推进等困难与挑战的情况下,安吉县财政收入保持了稳健增长,从 2011 年的 29.11 亿元增加到 2015 年的 55.68 亿元,年均增长 18.25%;二是财政收入增长“先高后低”、出现“回档”现象。2011 年全县财政收入 29.11 亿元,增长 28.11%,2012 年财政收入 36.3 亿元,增长 24.7%,2013—2015 年分别增长 16.75%,18%,11.25%。“十二五”前期财政收入增长幅度大大高于 GDP 增长幅度,似脱缰野马,增速极不正常,主要是“四万亿”投资拉动背景下,全县固定资产投资、房地产业和建筑业大幅攀升带来的税收效应。后三年经济步入新常态,财政收入增速“回档”,增长逐步回归理性。“十二五”期间,全县非税收入年均维持在 1

亿元左右，2011—2015 年国有土地出让收入累计入库 147.04 亿元，年均入库 29.4 亿元。2014 年国有土地出让收入呈现非正常飙升，达 69.76 亿元，主要由于集中办证。“十二五”期间，县财政共争取中央预算内基建投资国债资金达 3.75 亿元，带动社会资金和银行资金投入 16.5 亿元，分别拉动 GDP 增长 0.85 和 3.7 个百分点，提供就业岗位 6000 个以上，形成税收 1.2 亿元。

(2)财源建设成果斐然。农业财源不断壮大。“十二五”期末，全县农业生产平稳发展。据统计，2015 年年末全县农林牧渔业总产值为 39.45 亿元，同比增长 1.4%。完成农林牧渔业增加值 26.39 亿元，同比增长 1.6%，增速比去年同期提高 0.6 个百分点。其中：完成农业增加值 17.44 亿元，增长 0.8%；林业增加值 6.39 亿元，增长 4.1%；牧业增加值 0.99 亿元，下降 6.0%；渔业增加值 1.24 亿元，增长 6.4%；完成农林牧渔服务业增加值 0.34 亿元，增长 6.5%。工业财源结构优化。2015 年安吉县规模工业总产值首次突破 500 亿元大关，达到 508.64 亿元，同比增长 3.2%，步入浙江省工业强县第二方阵；增加值达到 107.16 亿元，同比增长 6.2%。“十二五”期间，安吉县运用税收政策、财政手段等组合措施，加大招商引资力度，先后引进项目“高大上”项目 200 多个，有力地促进了金属压延、医药、化工、建材、新型材料等产业快速发展，成为全县骨干财源，新建了一批重点企业财源，发展壮大了骨干企业财源，确保了县财政收入稳健增长和可持续运行。

(3)乡镇财源建设得到巩固。“十二五”期末，全县乡镇财政收入完成 39.62 亿元，占财政总收入的 71.16%。其中 1000—5000 万元的乡镇 6 个，5000 万元—1 亿元的乡镇 1 个，1 亿元—3 亿元的乡镇 4 个，3 亿元的乡镇 2 个，2 个超 3 亿元的乡镇分别是递铺镇(开发区)27.47 亿元和天子湖镇 3.46 亿元，占乡镇总收入的 78.5%。乡镇财政运行效益呈良性常态。

2.“十二五”安吉县梯形财源特色。

(1)在主体财源和骨干财源建设上“扶优扶强”。工业经济是国民经济的主导产业，也是财政收入的主要来源，安吉县运用积极财政政策，全方位强化工业财源。优化企业结构调整，在优化企业结构调整中和财源建设中，扶持产品生产向拓展产品市场，由单纯资金投入向政府综合扶持转变，由财政直接扶持向中介服务转变，如向中小企业融资担保公司奖补财政资金。发挥财政资金调控职能，根据产业发展规划，整合设立十五项产业发展资金，2015 年产业发展资金规模 5.45 亿元。引导企业转型升级，良性发展。运用财政政策手段对骨干企业和重点项目建设实行税收返还政策对出口企业实行出口退税、税收减免等优惠政策打造一批最具活力的财源增长点。据统计，2015 年安吉县主营业务收入超亿元企业达到 125 家，占全部规模工业企业主营业务收入 74.1%，拉动全县规模工业增长 3.0 个百分点；其中，超 5 亿元企业 19 家，占全部规模工业企业主营业务收入 33.2%；超 10 亿元企业 6 家，占全部规模工业企业主营业务收入 16.9%。全县利税超千万企业达到 145 家，占全部规模工业企业利税总额 83.9%，拉动全县规模工业增长 10.9 个百分点；其中，超 5 千万元企业 13 家，占全部规模工业企业利税总额 42.6%；超 1 亿元企业 6 家，占全部规模工业企业利税总额 27.0%。浙江永艺家具股份有限公司成为安吉第一家上市企业，成立了全资子公司，并在着手拓展沙发业务的同时与县内多家上游企业洽谈投资意向，现已收购一家企业；永裕竹业、兴华电力、精通科技、纳美新材料等多家企业在新三板挂牌。预计今、明年两年还有申吉钛业、惠佳生物、鹏大钢管等多家企业申请新三板挂牌。

(2)在基础财源和传统财源建设上“做细做实”。安吉县在大力招商引资和发展引进骨干龙头企业的同时，每年更新出台《工业三十条》，对传统和基础财源择优扶持，奖补政策做细做实。2015 年全县 30 个工业大类行业中有 20 个行业利润总额呈正增长。对全县规模工业利润贡献居前的 3 个行业分别是家具制造业、电力、热力生产和供应业、木材加工和木、竹、藤、棕、草制品业，利润总额依次达到 9.44 亿元、5.45 亿元、3.63 亿元，分别同比增长 32.2%、10.9%、15.2%。其中家具制造业和竹木加工业是安吉县的传统产业和基础财源。两大支柱产业全年实现增加值 47.08 亿元，同比增长 4.7%，占全部规模工业企业增加值的 43.9%。其中，椅业实现工业增加值 36.42 亿元，同比增长 4.6%；竹产业实现增加值 10.66 亿元，同比增长 5.1%。三大行业利润总额占全县规模工业利润总额的 52.7%，拉动全县利润增长 10.7 个百分点。此外，优化调整农业产业结构，以发展生态农业、绿色农业、高效农业为目标，加大农业投入力度，重点向基础设施建设科技推广，农业产业化建设倾斜，发挥财政支农资金引导和使用效益，实现农业经济为地方经济提供有效的收入来源。支持农业产业结构优化与调整，实施农业产业化发展战略，稳步推进以毛竹、竹笋、白茶等为重点特色农业和高效农业发展，全面整合农业产业资源发展特色农业，提高农业产业收益水平和农民增收能力。支持农业科技示范项目，加快农业科技推广力度，为了加大农业科技推广力度，加大对农业投入，改善农业产业发展环境和生产条件，“十二五”期间，先后通过农业综合开发的投入、资金倾斜和政策优惠等办法，建立了一批高产高效高附加值农业财源体系。2015 年年末安吉县拥有现代农业示范园 93 个，其中省级 22 个；年末拥有农业龙头企业 43 家，省级农业龙头企业 6 家。年末拥有省级无公害农产品基地 22.06 万亩，本年新增 3.21 万亩；拥有无公害产品 240 只，本年新增 47 个；拥有绿色食品 85 只，本年新增 7 只。

(3)在后续财源建设上“扩面求新”。安吉县从政策、舆论、外部环境等组合性的措施为开辟新的经济增长点和培育新的财源提供了有力的政策、资金服务等机制性、体制性保障。近五年来，安吉县大力发展以租赁和商务服务业，文化、体育娱乐业，信息传输、软件和信息技术服务业，金融业为代表的新兴服务业行业崛起，增速和占比均有所上升。2015 年全县服务业增加值 137.20 亿元，同比增长 13.0%，增速全市第二，比全市平均增速高 1.1 个百分点，服务业增加值占比达 45.22%，同比提高 2.52 个百分点，占比全市第一。服务业经济的稳中有升主要得益于凯蒂猫家园、大年初一、乐翻天等一大批重点产业项目竣工投产的拉动。2015 年全县重点营利性服务业企业营业收入增长 136.06%，营利性服务业增加值增长 49.1%，对全县服务业增长贡献率达 38.6%。其中，租赁和商务服务业和文化、体育娱乐业等营利性服务业增速比 2014 年提高 33.2 个百分点，占比提高 4.0 个百分点；信息传输、软件和信息技术服务业增速提高 10.6 个百分点，占比提高 0.2 个百分点；金融业增速比 2014 年提高 7.8 个百分点。2015 年全县规模以上服务业企业完成税收（营业税金及附加、应交增值税、管理费用税金）5883 万元，同比增长 57.2%。分行业看，占比最高的是水利、环境和公共设施管理业，以及科学研究和技术服务业，税收分别达到 1186 万元和 1121 万元，占规模以上服务业 20.2% 和 19.1%，分别增长 18.7% 和 6.0%。此外，文化、体育和娱乐业完成税收 1058 万元，是 2014 年的 5.84 倍。

三、县级财源建设中存在的主要问题

“十二五”期间，在以需求为主导的宏观政策背景下，安吉县梯型财源建设进行了有效的实践和探索，县级财政总体实力逐年增强，财政运行的趋向呈现良好状态。财政总收入从 2007 年的 11.1 亿元，增加到 2015 年的 55.68 亿元，8 年时间总量增长 5 倍。但是，在强劲增长的光环下，尚存在一些不容忽视的问题。主要表现为：

1. 财政收入占 GDP 比重不稳定，低于全省平均。2010—2015 年安吉县财政收入占 GDP 的比重分别为 21.17%，13.12%，14.8%，15.97%，17.56%，18.36%。“十二五”期间平均达 15.96%，低于全省平均 18.43% 的比重 2.47 个百分点。且最低年份与最高年份相差 5.24 个百分点。财源增长与 GDP 增速匹配度较低，说明财源增长的稳定性不高、产业或行业对税收的贡献率波动起伏较大，同时或存在对收入的人为调节因素（表三）。

表三：2010—2015 年安吉县 GDP 财政收入增长比较 单位：亿元

	2010 年		2011 年		2012 年		2013 年		2014 年		2015 年	
	总量	增长	总量	增长	总量	增长	总量	增长	总量	增长	总量	增长
GDP	190.02	13.11%	222.01	10.80%	245.23	9.50%	265.43	8.50%	285.06	7.20%	303.35	8.30%
财政总收入	23.50	28.40%	29.11	28.11%	36.30	24.70%	42.38	16.72%	50.05	18%	55.68	11.25%
财政总收入占 GDP 比重	21.17%		13.12%		14.80%		15.97%		17.56%		18.36%	
地方财政收入占 GDP 比重	7.33%		7.50%		8.60%		9.30%		10.34%		10.86%	

2. 财源结构有待优化，财政宏观调控力度有待加强。财源的产业结构不合理，财源的各产业之间规模比例不协调。从财源构成来看，支柱财源规模不大，工业产业财源质量不高，给财政回报率还不尽人意。2015 年，全县完成财政收入 55.68 亿元，比上年增长 11.25%，占 GDP 比重 18.36%。其中税收收入完成 52.1 亿元，占 GDP 比重 16.97%。第一产业税收收入 329 万元，占 GDP 比重微不足道；第二产业税收收入 28.1 亿元，占 GDP 比重 9.12%；第三产业税收收入 23.97 亿元，占 GDP 比重 7.81%。表面看来，地方财政收入连年增长，实质上占国民经济产出量的份额难于有效提高，2011—2015 年，地方财政收入占 GDP 的比重仅为 9.32%，县级财政宏观调控能力不强。

3. 财源结构中一次性和不可持续因素加大。2014 年国有土地出让收入 69.76 亿元，是正常年份的 3.5 倍，主要原因是国有土地集中办证等一次性因素影响；2015 年个人所得税入库猛增，共入库 9.29 亿元，增幅达 198.3%，主要原因是总部经济中个人股权转让所得收入，从长远角度看，此系不可持续因素，不仅存在一定的政策风险，且对未来财源建设带来较大隐性压力。

4. 宏观政策变动影响财源结构的稳定性。根据安吉县“十三五”规划中对新的产业分类方式的要求，第二产业可分为“1+2+3”产业模式，各产业增幅分别为：家具制造业 8.78%、木材加工和木、竹、藤、棕、草制品业 4.31%、装备制造业 -14.74%、健康休闲制造业 20.74%、纺织业 -11.58%、信息技术装备制造业 23.33%。2014—2015 年各产业占财政总收入比重如下图（单位：万元）：

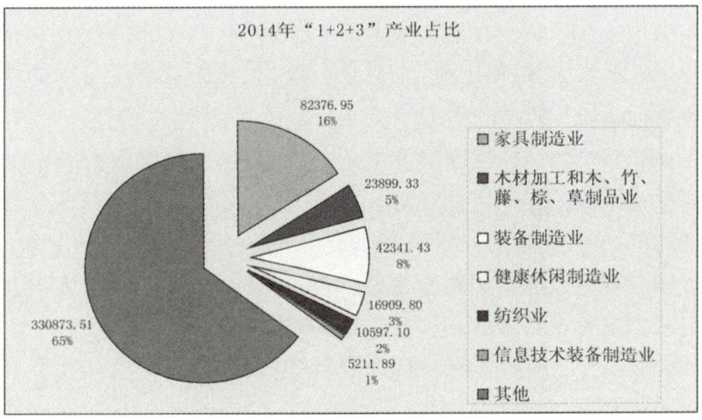

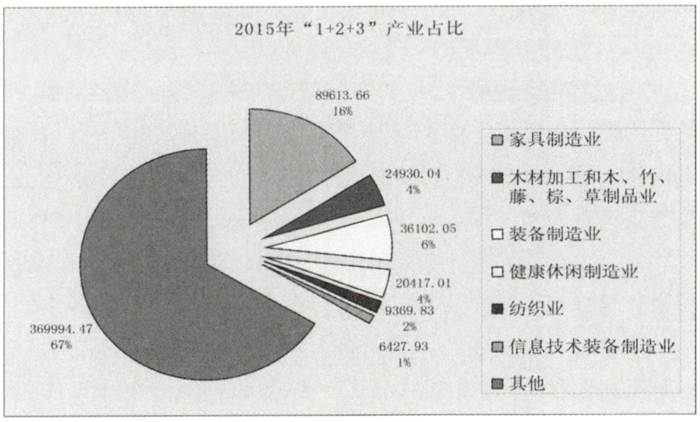

2015年,二产税收完成28.1亿元,下降3.52%。增幅比上年下降22.62个百分点,占财政总收入的50.47%,占比较上年下降7.73个百分点。一是受工业经济低迷影响,制造业税收增幅偏低,完成22.15亿元,增长3.31%,其中,传统行业继续保持平稳健康发展,家具制造业完成税收8.96亿元,增长8.78%;竹制品业完成税收2.49亿元,增长4.31%;服装、纺织业0.94亿元,下降11.58%;非金属矿物制品业(主要是水泥、膨润土等行业)1.52亿元,增长8.82%。新兴产业下滑趋势明显,专用(通用)设备等制造业0.92亿元,下降26.4%;有色金属冶炼(主要是南方铜业)1.06亿元,下降28%;医药制造业0.42亿元,下降2.99%。二是受固定资产投资和房地产调控影响,房地产建筑业税收大幅度下降,全年完成3.79亿元,下降32.97%。

三产税收完成23.97亿元,增长28.92%,占财政总收入的43.05%,占比较上年上升5.91个百分点。其中金融业增长势头较好,完成8.81亿元,增长186.01%,增收主要得益于个人所得税的贡献,增幅为674%。由于楼市受多项政策利好以及央行多次降息影响,市场逐步回暖,房地产税收完成8.46亿元,下降17.13%,降幅进一步缩窄,剔除上年同期一次性入库因素3.8亿元,则比上年增长31.98%。由此可见,产业、行业税收贡献率受宏观经济政策的变动而呈现出较大的起伏,影响财源结构的稳定性。

四、供给侧背景下县级财源建设的初步思考

经济新常态下,工业企业面临的困境较大,部分行业、企业经营困难。2016年上半年,全县规模工业总产值241.57亿元,同比下降2.8%;工业增加值54.05亿元,按照可比价格计算,同比增长3.6%,比一季度回落1.1个百分点。几个重要的经济指标同比增长放缓,用电量、主营业务收入、利润总额等指标的增幅均低于去年同期。

在供给侧结构性改革背景下,财源建设需要突破传统的发展思路,在牢固树立"发展第一要务"理念的同时,要不断深化财税改革,坚持以信息化带动工业化,以工业化带动农业产业化,以服务调整经济结构和转变经济增长方式为载体,以推进效益财源为出发点和落脚点,巩固基础传统财源,壮大支柱财源,发展立体财源,培植后续财源,构建科学财源体系,按照构建公共财政要求,调整和优化财政支出结构,狠抓增收节支,加强财政监管,严肃财经纪律,促进全县经济社会全面协调可持续发展。

(一)立足实体经济

1. 提升传统产业。从2016年上半年经济运行来看,椅、竹两大传统产业依然支撑全县规模工业利润增长。1—6月,椅业实现利润总额6.56亿元,同比增长29.2%,新增利润1.48亿元;竹产业实现利润总额1.98亿元,同比增长15.6%,新增利润0.27亿元。椅、竹产业共实现新增利润1.75亿元,相当于全部新增利润的157.7%。因此,立足传统产业并提升其发展空间,是财源建设的首要任务。加大企业双破工作力度,争取大企业尽早恢复生产,继续关注企业发展状况,做好服务企业工作,在帮助大企业保持发展势头的同时配合其他部门,帮助企业减轻负担,改善企业财务状况和偿债能力,引导资金注入实体经济,增强企业活力。

2. 引导新兴产业。统计显示,安吉县"新"产业发展势头良好。一是新产业快速发展。2016年1—6月,七大产业中,信息经济产业利润总额1.25亿元,同比增长7.8%;节能环保产业利润总额3.39亿元,同比增长11.3%;时尚制造业利润总额2.56亿元,同比增长33.7%;但健康制造业利润总额0.48亿元,同比下降7.3%;高端装备制造业利润总额1.08亿元,同比下降18.6%。二是新技术、新产品快速发展。上半年以来,全县规模工业科技经费活动支出同比增长较快,新技术加速发展。1—6月份累计科技经费活动支出3.09亿元,同比增长11.0%;新产品产值同比增长较好,占总产值比重逐月提高。一季度新产品产值占总产值比重为28.7%,1—6月份累计占比达到29.1%,高于上年同期3.4个百分点。有鉴于此,政府应引导新兴产业的良性发展,在财政政策扶持上,要整合利用产业基金向"新"产业倾斜,以期不断培育和壮大后续财源。用好财政扶持企业发展基金,用好财政技改建设贴息资金,提高财政资金实用效益。引导规范目前大量社会闲散财力,运用民间资本,使财源建设有充足资金保证。

3. 发展绿色经济。安吉县传统工业经济相对较弱,财源发展的主要空间是生态经济、绿色经济。但是,如果仅仅依靠原生态的农业、旅游业,依靠原生态的山山水水,要做大做强安吉县的经济和后续财源建设难度较大。要通过创新驱动发展,要引入、拥有经济社会各方面的人才,和人才带来的高层次项目,构建一个更高层次的生态工业经济、绿色工业经济体系,就此意义而言,大力推进人才建设就是大力推动财源建设。

(二)防范财政风险

财政的隐性风险和显性风险是实现财源建设目标的最大障碍。建立财政风险防范和规避机制是财源建设的必要举措。为营造更好的产业发展环境,"十三五"时期,国家将继续实施积极的财政政策,进一步加大结构性减税降费政策实施力度来"放水养鱼",这对财政收入减少的影响不可低估。建立与市场经济相适应的偿还机制,把偿还纳入预算,降低财政的债务风险,可探索有计划、有步骤地出售部分国有资源和企业,筹集资金偿还债务,解决财政历史包袱。认真贯彻落实中央和省加强债务管理有关规定,研究出台加强地方政府性债务管理的意见及配套政策措施,建立健全政府债务风险防控机制,防范化解财政风险。分清政府债务责任主体,或有债务由债务单位按原渠道承担,政府直接债务纳入政府预算管理,由一般公共预算或政府性基金预算安排资金偿还。积极探索使用PPP模式,鼓励社会资本通过特许经营权等方式参与城市基础设施等公益性事业投资和营运。按规定程序及时向社会公开政府债务存量情况,妥善处置存量债务和在建项目后续融资。继续推进中小企业融资担保公司发展,为中小型企业提供发展资金保障。要强化风险分析和预测,对竞争性项目财政一律不参与其融资过程,对纯公共产品,财政有重点的分期组织实施,但切忌债台高筑、负债

建设。

（三）注重可持续财源建设

1. 围绕国家生态保护、发挥地方传统优势，争取上级转移支付、生态补偿、重大项目投入等方面的财源增收潜力。

2. 促进三次产业协调发展，提升产业发展的层次，深入分析一、二、三产业的税源潜力，逐户对纳税企业和单位分析其对地方税收的贡献。

3. 持续壮大优势主导产业，对产业内部具体行业，特别是对工业经济、重点项目发展的税源潜力进行分析。

4. 推动市场主体的发展壮大，激发大众创业、万众创新的活力，鼓励发展非公有制经济，共享利用市场监管、税务部门数据，从“个转企、小升规、规改股、股上市”等方面的税源潜力进行梯次分析。

5. 强化公共资源的市场化配置，着重就经营性用地、闲置土地利用、国有资产资源盘活等方面的收入潜力进行分析。

6. 深化税收征管体制改革和全面营改增，对文化旅游业、农业加工业等行业税收征管、提高税收征管效率等方面的收入潜力进行分析。

（四）摒弃“面子财源”建设思路

在供给侧结构性改革背景下的财源建设思路，务必要摒弃原来在刺激需求为主的一些“面子财源”建设思路，包括：

1. 卖地财政思路。“卖地财政”或者“土地财政”一般是指地方政府依靠出让土地使用权的收入来维持地方财政支出。土地出让后，地方政府还能获取包括建筑业、房地产业等营业税为主的财政预算收入，这些收入全部归地方支配。仅此两项就可以占到地方税收的近四成。“土地财政”造就了“征地—卖地—收税收费—抵押—再征地”的模式，其中地方政府、开发商、银行成为最大的受益者。但是“土地财政”是不可持续的。造成资金过度流向房地产领域，不利于优化经济结构。地方政府土地抵押收入的增长，则加大了金融风险。“土地财政”的收取和使用严重透支未来收益。

2. 举债财政思路。在需求政策主导的时期，政府举债搞建设、举债搞平衡、举新债还旧债成为常态化，如果债务在可控范围内是能够带动经济发展和有利于财源建设的，但是如果脱离实际和背离经济增长空间，债务规模无限扩大势必加重财政负担，进而严重影响财源建设。在供给侧改革背景和新预算法约束下，要建立政府债务问责制，如有违规担保、盲目举债、搞低水平的重复建设造成的浪费、损失，截留、滞压、挪用项目资金，或因工作失职，造成无法按期还本付息的，要追究有关责任人的责任。把政府债务的借、用、还纳入领导干部任期经济责任审计范围。对一些地方政府为急于求成，甚至脱离实际大搞形象工程而盲目、超常举债现象进行有力遏制。

3.“引税”财政思路。所谓“引税”实际上是各级地方政府为了提高财政收入指标而进行的一种违规的财源建设的扩张行为。财政部、国家税务总局早在 2006 年就向各地发出《关于开展引税问题调研和整改的通知》，明确指出“拉税”、“借税”、“买税”、“混税”等违法现象，扰乱了正常的税收秩序，造成国家财政收入的大量流失。要求制止“引税财政”，但是收效甚微，有的县、乡镇甚至愈演愈烈。引税行为不仅给国家造成了严重的税收流失，而且扰乱了税收征管秩序，给县、乡镇财政的正常运转埋下了隐患。可以预见，在新常态、新预算法和供给侧结构性改革背景下，此类财源建设行为必然受到政策的打压和制止，因此，县级财源建设中务必摒弃此类思路。

财源建设是一项长期工程，随着国内外宏观经济形势变化和国家宏观经济政策取向的调整，县级财源建设势必面临新情况、新问题，创新财源建设工作思路，探讨财源建设的新路径，使财源建设不断取得新成果，才能确保县级财政收入持续稳定增长，促进县域经济更好更快发展。财政政策对经济发展起逆周期调节作用，经济下行时，实行积极财政政策，政府减收增支，通过结构性减税和普遍性减费，放水养鱼，涵养税源，保持市场活力，支持经济发展。对于安吉县而言，在经济下行时期，保持合理的财政收入增幅，实行减收增支的结构性财政政策，有利于促进财政与经济良性互动、健康发展，有利于增加城乡居民收入，也有利于争取上级财政更多的转移支付。过度追求财政收入增长速度，竭泽而渔，不利于经济持续稳定增长。

课题组组长：徐勇

成员：王方金（执笔）、张凌、汪舒、杨丽华、饶立新、徐佳

降低企业税费成本的财税对策研究

省财政厅政研室课题组

近年来，为改善企业生存的政策环境，各项降税减负政策密集出台，动作多、力度大，但调研发现企业税费“痛苦指数”仍然不低，减负呼声较高。因此，打好财税政策“组合拳”，为身处经济第一线的企业减负，以政府收入的“减法”换取企业效益的“加法”、市场活力的“乘法”，成为当前推动供给侧结构性改革的重要任务之一。课题组分类别、分区域对浙江省企业税费负担开展了调研并发放调查问卷，根据调研数据，剖析了当前税费负担的现状，本着“定向、定期、精准、有力”原则，提出相应的财税政策建议，以期能切实减轻企业负担，助力企业转型升级，推动经济提质增效。

一、财税部门降低企业税费成本的做法

为深入贯彻落实中央和省委、省政府“去产能、去库存、去杠杆、降成本、补短板”的战略部署，浙江省财税部门因势施策，精准发力，加快推进税制改革，实施清费减负、五险降率减费等政策，切实降低企业税费成本。

（一）加快推进税制改革，用足用好税收政策

一是全面实施“营改增”。根据国务院、财政部和国家税务

总局部署，从2016年5月1日起，进一步扩大“营改增”试点范围，实现行业全覆盖；同时，加强“营改增”配套纳税服务工作，确保“营改增”后所有行业税负只减不增，全力保障“营改增”平稳过渡。预计可减轻企业负担300亿元。二是不折不扣落实税收优惠政策。税务部门牢固树立“不落实好税收优惠政策就是征过头税”的理念，加大政策宣传力度，强化后续管理，突出政策的导向性和公平性，落实好国家出台的各项税收优惠政策，切实减轻企业税收负担。三是出台减免城镇土地使用税政策。对新建国家鼓励和扶持产业项目的企业、占地广的深加工农业龙头企业，可在一定期限内作为“确属发展前景较好，但目前亩产税收贡献不大”的纳税人，享受城镇土地使用税差别化减免优惠政策。

（二）实施减负清费政策，缓解企业费负“痛苦感”

一是开展收费专项清理工作。“十二五”期间，浙江省先后分11批取消、暂停、免征和转出239项行政事业性收费项目，降低32项行政事业性收费和政府性基金征收标准，累计减轻企业负担122亿元。省级设立的行政事业性收费项目从23项减少到14项，政府定价的涉企经营服务性收费项目从39项减少到11项。二是减征、免征相关收费项目。2012年，浙江省出台《地方水利建设基金征收和减免管理办法》，配套33条优惠政策，每年减轻企业负担20亿元。2016年，进一步加大减负力度，暂停向企事业单位和个体经营者征收地方水利建设基金，每年可至少减轻企业负担130亿元。另外，免征小微企业47项行政事业性收费，降低或不再收取部分涉企经营服务性收费，推进行业协会商会与行政机关脱钩。通过减征、免征相关收费项目，2015年合计减轻企业负担40亿元以上。三是完善新型墙体材料管理政策。停止向水泥生产企业征收散装水泥专项资金，将预拌混凝土、预拌砂浆、水泥预制件列入新型墙体材料目录，纳入新型墙体材料专项基金支持范围。

（三）推进五险降率减费，减轻企业社保负担

一是实施临时性减征政策。2011年，对困难中小企业减征1个月的除基本养老保险外的四项社会保险费，减轻企业负担15.6亿元；2012年、2013年，对困难中小微工业企业分别减征2个月的基本养老保险费和2个月的社会保险费，合计减轻企业负担102.6亿元；2014年，对部分工业企业减征2个月的社会保险费，减轻企业负担78.2亿元；2015年，对部分工业企业减征1个月的基本养老保险费和基本医疗保险费，减轻企业负担36.5亿元。二是实施临时性费率下调政策。2015年1月1日起，失业保险费单位缴费费率从2%下降到1.5%，每年可减轻企业负担25亿元。2016年5月1日至2018年12月31日，费率由1.5%进一步下调到1%。同时，继续贯彻执行工伤、生育保险费率下降政策。三是实施地区差异性政策。2015年年底职工基本医疗保险基金支付能力达到12个月以上的统筹地区，对符合产业转型升级发展方向的企业，由当地政府确定2016年下浮职工基本医疗保险缴费比例，下浮幅度相当于企业单位缴费部分1个月的额度。允许符合产业结构调整方向的困难企业暂缓缴纳社会保险费，缓缴期限不超过1年，预计一年可减轻企业负担75亿元。

（四）实施精准奖补政策，减少创新创业成本

一是降低企业重大科技创新成本。近年来，围绕新能源、新材料等战略性新兴产业，紧扣事关产业技术转型升级的关键共性技术研发和成果推广，省财政采取竞争性分配方式，每年安排重大科技专项资金4亿元，降低企业重大科技创新成本，减少科技创新风险。二是降低企业创新人才成本。近两年来，省财政整合设立引进培育领军型创新团队专项资金1.17亿元，支持引进培育省领军型创新创业团队29个，有效降低了企业人才成本。三是降低企业创业成本。2015年，省财政设立奖补资金3506万元，支持市县推广应用创新券，降低创业者的创新成本。到2015年11月，市县推广应用创新券1.4亿元，使用创新券4141万元。四是筹措落实1.5亿元，大力推进全省中小企业公共服务平台建设，为全省中小微企业提供信息资讯综合服务。

（五）发挥政策引导作用，助力企业转型降成本

一是设立政府产业基金，聚焦信息经济等7大产业，主要投向创业创新领域，通过基金引导、示范，引领企业转型升级，稳定市场预期，平抑创业风险，在一定程度上缓解“投资难、融资难”问题。二是以“四换三名”助力企业转换增长动力降成本。完善“四换三名”工作考核奖励机制，协同推进“四换三名”“两化”融合、战略性新兴产业技术创新重点企业研究院、智慧城市和特色工业设计基地等重点领域试点示范，引领重点行业创业创新，“十二五”期间共安排奖励资金与试点示范补助资金25.6亿元。三是完善小微企业贷款、担保机构风险补偿和小额贷款公司风险补偿、保险机构小额贷款保证保险风险补偿等支持政策，组建省担保集团，建立健全政策性融资担保体系，缓解中小企业融资难、融资贵问题。

（六）优化财税服务环境，降低企业制度性成本

一是全面清理减少现有行政审批事项。对国务院、财政部、国家税务总局明确取消的审批项目，财税部门的初审事项和对应的审批项目一律取消；对没有法律法规依据，未按规定批准的行政审批性质的财政管理措施，一律予以取消。二是坚持依法治税，规范税收执法流程，确保税收执法程序合理，加强内部监督制约，进一步规范自由裁量权使用。三是大力推广网上办税，积极推行企业涉税事项全省通办，优化办税流程。简并申报缴纳次数，对增值税小规模纳税人实行按季缴纳增值税，对小型微利企业实行按季预缴企业所得税。简化优惠办理手续，对符合规定条件的企业享受优惠政策，除法律、法规、规章另有规定外，按照规定只需备案，无须税务机关审核批准。

二、企业税费负担总体情况

（一）全省企业税费总量情况

从全省税费统计数据看，2013—2015年，全省税费三年平均为8255.89亿元，其中，税收年均数为6905.41亿元，占税费比重的83.64%；社保五险基金年均数为954.43亿元，占税费比重的11.56%；其他费年均数为396.05亿元，占税费比重的4.80%。

表 1　2013—2015 年全省企业税费情况

项目	三年平均数(亿元)	占税费比重(%)
税收收入	6905.41	83.64
五项社保费	954.43	11.56
其他费	396.05	4.80
合计	8255.89	100

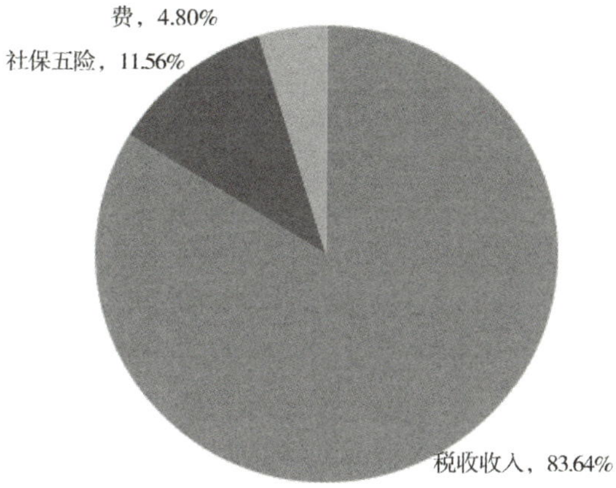

图 1　全省企业税负结构

(二)企业税费负担结构情况

1. 税收负担结构情况。

(1)分税种税收负担情况。

分税种看，2013—2015 年，四个主要税种中企业负担最重的为增值税，三年平均税额为 2484.58 亿元，企业所得税次之，为 1420.86 亿元，营业税再次之，为 984.13 亿元，消费税最小，为 460.45 亿元，其他税为四税之外的小税种，但累加额也较为可观，达 1555.41 亿元，超过企业所得税税额。

表 2　2013—2015 年全省企业分税种税收负担情况

税种	绝对值(亿元)	占税费比重(%)
增值税	2484.58	35.98
营业税	984.13	14.25
消费税	460.45	6.67
企业所得税	1420.86	20.58
其他税	1555.41	22.52
合计	6905.42	100

(2)分产业税收负担情况。

分行业看，2013—2015 年全省主要行业中，制造业三年平均贡献税收 3039.70 亿元，占税收总收入 41.14%，成为税收贡献最主要的行业；另外，批发和零售业(777.72 亿元、10.52%)和房地产业(1023.02 亿元、13.84%)税收占比均超过 10%，成为中坚力量；而住宿和餐饮业，居民服务、修理和其他服务业，文化、体育和娱乐业的税收占税收总收入的比重分别为 0.76%、0.19%、0.47%，合计未超过 1.5 个百分点。

表 3　2013—2015 年全省主要行业年均税收贡献情况

行业	绝对值(亿元)	占总税比(%)
制造业	3039.70	41.14
房地产业	1023.02	13.84
批发和零售业	777.72	10.52
金融业	676.27	9.15
建筑业	400.13	5.41
租赁和商务服务业	267.03	3.61
信息传输业、软件和信息技术服务业	193.62	2.62
交通运输业、仓储和邮政业	123.30	1.67
住宿和餐饮业	56.10	0.76
文化、体育和娱乐业	34.87	0.47
居民服务、修理和其他服务业	14.40	0.19

2. 五项社保基金结构情况。

分险种看，2013—2015 年，社保五险累计平均数为 954.43 亿元，其中企业负担最重的为企业职工基本养老保险基金，三年平均数为 530.37 亿元，占五险的半壁江山，占比达到 55.57%。城镇职工基本医疗保险基金次之，为 291.07 亿元，占比 30.50%。失业保险基金、工伤保险基金、生育保险基金分别为 55.74 亿元、46.48 亿元、30.78 亿元，三个险种合计占比不足 14%。

表 4　2013—2015 年全省企业五项社保基金平均数及占比情况

险种	三年平均数(亿元)	占比(%)
养老	530.37	55.57
医疗	291.07	30.50
失业	55.74	5.84
工伤	46.48	4.87
生育	30.78	3.22
合计	954.43	100

3. 其他费结构情况。

从 2013—2015 年全省其他费结构情况看，占比较大的主要为教育费附加、水利建设专项、地方教育费附加，费额三年平均数分别为 118.06 亿元、106.83 亿元、80.69 亿元，占费比分别为 29.81%、26.97%、20.37%，三项合计占比达到 77.15%，是费构成的主体；其余费的数额相对较小，占比均在 10%以下，合计占比为 22.85%。

表 5　2013—2015 年全省费负担年均结构情况

行业	绝对值(亿元)	占费比(%)
教育费附加收入	118.06	29.81
水利建设专项收入	106.83	26.97
地方教育附加收入	80.69	20.37
城市基础设施配套费收入	34.43	8.69
残疾人就业保障金收入	28.62	7.23
城市公用事业附加收入	9.19	2.32
文化事业建设费收入	8.37	2.11
港口建设费收入	3.59	0.91
新型墙体材料专项基金收入	3.45	0.87
小型水库移民扶助基金收入	1.30	0.33
散装水泥专项资金收入	1.07	0.27
大中型水库库区基金收入	0.45	0.11

三、抽样调查企业的税费结构及特点分析

为真实了解企业税费负担状况，课题组对全省 30 个市、县(市、区)的 2000 家企业进行了 2013—2015 年税费成本的抽样调查，回收有效的调查问卷 1613 份，结合企业的实地走访座谈情况和问卷数据，对企业税费负担作进一步分析。

(一)总体税费成本情况

1. 税费总量及结构情况。

2013—2015 年，抽样企业税费总额三年平均数为 234.54 亿元。其中，税额三年平均数为 195.7 亿元，占税费总额的 83.44%；费额三年平均数为 38.84 亿元，占税费总额的 16.56%。抽样调查税费比例结构基本与全省税费比例结构相一致。

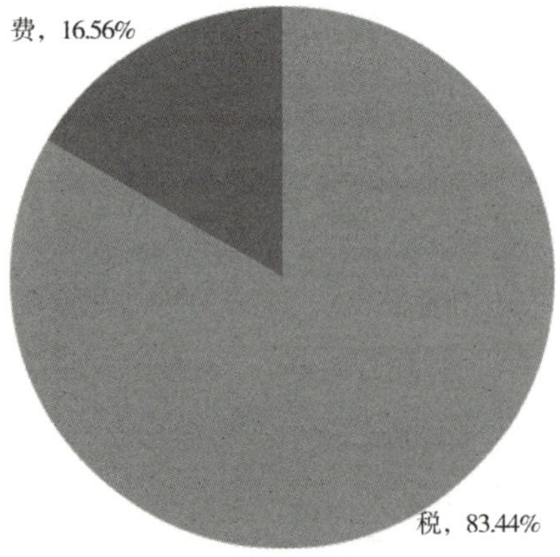

图 2　全省税费结构图

从费的结构看，五项社会保险基金、教育费附加、地方教育费附加、水利建设基金缴费额三年平均数分别为 26.03 亿元、3.53 亿元、2.43 亿元、3.98 亿元，占费总额分别为 67.00%、9.09%、6.25%、10.25%，其他费额(包括其他行政事业性收费等)三年平均数 2.88 亿元，占费总额的 7.41%。由此可见，“五险一金”、教育费附加、地方教育费附加和水利建设基金是费的主体，与全省费结构基本一致。

表 6　2013—2015 年调查企业费负担年均结构情况

行业	绝对值(亿元)	占费比(%)
社保五险	26.03	67.00
教育费附加	3.53	9.09
地方教育费附加	2.43	6.25
水利建设基金	3.98	10.25
其他费	2.88	7.41
合计	38.85	100

2. 税费成本情况。

(1)总体税费成本情况。

2013—2015 年，抽样调查企业的成本平均数为 3770.43 亿元，税费总额平均数为 234.55 亿元，税费额占成本的比重为 6.22%，扣除财政奖补资金年均数的 29.22 亿元，实际税费总额三年平均数为 205.34 亿元，实际税费占成本的比重为 5.45%。企业成本包括用工成本、用能成本、税费成本、融资成本、用地成本、材料成本等，从平均大数来看，在众多成本中税费成本占比仅在 5%左右，显然，税费并不是最重的负担。

表 7　2013—2015 年调查企业总体税费成本情况

年份	税费额(亿元)	财政奖补(亿元)	实际税费(亿元)	总成本(亿元)	名义占比(%)	实际占比(%)
2013	202.97	25.97	177.00	3579.95	5.66	4.94
2014	259.36	30.92	228.44	3868.73	6.70	5.90
2015	241.33	30.77	210.57	3862.63	6.25	5.45
年均	234.55	29.22	205.34	3770.43	6.22	5.45

(2)分地区税费成本情况。

2013—2015 年，各地抽样调查企业税费成本存在一定的差异性，其中，实际税费成本最高的地区是丽水市，高达 11.97%，是全省平均水平的 2 倍多，最低的是湖州市(1.19%)，仅达到全省平均水平的 1/5。杭州(5.55%)、嘉兴(6.20%)、绍兴(5.04%)、金华(4.79%)、衢州(5.44%)、台州(5.89%)六个地区，其税费成本与全省水平相当；温州(9.05%)、丽水(11.97%)出现了畸高，其中，丽水的财政奖补力度最弱，税费负担的名义水平与实际水平几乎相当；湖州(1.19%)和舟山(2.21%)的实际税费占比则远低于全省平均水平(5.45%)，两个地区的财政奖补力度都较大，尤其是舟山市，奖补额度占到税费额度的 56.4%，直接降低了企业的实际税费成本。可见，财政奖补政策和力度对企业的实际税费负担有很大的影响。

表 8　2013—2015 年调查企业分地区年均税费成本情况

地区	税费额（亿元）	财政奖补（亿元）	实际税费（亿元）	总成本（亿元）	名义占比（%）	实际占比（%）
杭州	25.61	3.69	21.92	395.19	6.48	5.55
温州	21.41	3.02	18.39	203.28	10.53	9.05
湖州	9.01	3.84	5.17	435.63	2.07	1.19
嘉兴	17.54	1.13	16.41	264.55	6.63	6.20
绍兴	22.34	2.02	20.32	40.35	5.54	5.04
金华	61.26	4.05	57.21	1194.64	5.13	4.79
衢州	29.31	3.43	25.88	476.18	6.16	5.44
舟山	6.33	3.57	2.76	125.06	5.06	2.21
台州	12.62	2.48	10.15	172.31	7.33	5.89
丽水	12.46	0.48	11.98	100.11	12.45	11.97

（3）分行业税费负担情况。

2013—2015 年，调查企业中不同行业的税费负担差异较大。实际税费占成本的比重远高于全省平均水平的主要有住宿和餐饮业（23.35%）、文化体育和娱乐业（13.84%）、商务服务业（11.30%）、金融业（18.38%）、房地产业（11.51%）、信息传输、软件和信息技术服务业（8.74%），分别是全省平均水平的 4.3 倍、2.5 倍、2.1 倍、3.4 倍、2.1 倍和 1.6 倍。负担较轻的行业主要是制造业（3.88%）、交通运输业（2.75%）、建筑业（3.94%）、仓储和邮政业（3.94%）。批发和零售业（4.68%）和居民服务、修理和其他服务业（6.99%）则与全省平均水平数相当。相比较而言，第三产业税费负担高于第二产业。

表 9　2013—2015 年调查企业分行业年均税费成本情况

行业	税费额（亿元）	财政奖补（亿元）	实际税费（亿元）	总成本（亿元）	名义占比（%）	实际占比（%）
住宿和餐饮业	3.33	0.18	3.15	13.47	24.73	23.35
制造业	100.44	24.39	76.06	1960.39	5.12	3.88
信息业	6.12	0.76	5.36	61.32	9.98	8.74
文化、体育和娱乐业	3.92	1.06	2.86	20.66	18.97	13.84
商务服务业	5.36	0.18	5.18	45.83	11.70	11.30
批发和零售业	5.75	0.20	5.54	118.56	4.85	4.68
居民服务、修理和其他服务业	0.65	0.11	0.54	7.67	8.45	6.99
金融业	41.05	1.05	40.00	217.66	18.86	18.38
交通运输业	0.53	0.27	0.25	9.27	5.69	2.75
建筑业	45.02	0.67	44.35	1125.44	4.00	3.94
房地产业	19.61	0.29	19.33	167.97	11.68	11.51
仓储和邮政业	0.72	0.08	0.64	16.23	4.43	3.94

（4）分规模税费成本情况。

2013—2015 年，从绝对值看，大、中、小微型企业实际缴纳税费三年平均数分别为 136.87 亿元、57.91 亿元、10.53 亿元，平均到每个企业来看，其缴纳税费数分别是 6844 万元、717 万元、170 万元，可见，大型企业税收贡献最大。从大、中、小微型企业税费占企业成本的比重看，名义占比分别为 5.55%、7.91%和 9.82%；扣除其获得的财政奖补，实际税费占比分别为 4.90%、6.74%、8.87%。可见，小微企业税费占成本比重最重，相当于大型企业的 1.8 倍，大型企业纳税贡献最大，但负担也相对最轻。

表 10　2013—2015 年调查企业分规模税费成本情况

规模	税费额（亿元）	财政奖补（亿元）	实际税费（亿元）	总成本（亿元）	名义占比（%）	实际占比（%）
大型	154.94	18.08	136.87	2792.32	5.55	4.90
中型	67.91	10.01	57.91	858.54	7.91	6.74
小微型	1.17	1.14	10.53	118.75	9.82	8.87

四、存在的问题

（一）优惠政策效应不明显，并存在重复征税现象

一是扶持政策惠及面不广。长期以来，各级政府积极扶持小微企业发展，不断出台针对小微企业的税收优惠和减费清负政策。但从抽样调查结果看，小微企业税费成本比重（8.87%）远高于大中型企业，几乎达到大型企业（4.90%）的 2 倍，小微企业减负政策效果不明显。调研发现，由于政府政策宣传途径、效应，以及小微企业限于人力无法及时关注政策，导致双方信息不对称，一些企业不清楚能享受什么政策。据杭州市对 1000 家服务业企业调查显示，享受过人才公寓、大学生公寓等人才房政策的企业 77 家，仅占 7%；不知道该项政策的企业 485 家，占 44.4%。同时，不少企业反映，很多政策的门槛过高，真正能享受优惠政策的企业并不多，政策惠及面与需求尚有一定差距。

二是税费政策的行业导向不够明晰。加快第三产业发展，尤其是服务业的发展，有利于产业结构转型升级。但从调查企业看，与制造业（3.88%）和建筑业（3.94%）相比，服务业税费占

企业成本比重较高，名义税费成本为12.83%，实际税费成本为12.21%，是制造业和建筑业的税费成本的3倍多。其中住宿和餐饮业、文化、体育和娱乐业、金融业的税费实际成本占比较高，分别为23.35%、13.84%、18.38%，相当于制造业的6倍、4倍和5倍。调研发现，一些服务业企业即便具备条件，仍不能享受到相关优惠政策。如互联网金融企业和部分物流企业虽有大量IT人才和研发投入，但无法认定为高新技术企业，难以享受高新技术企业的优惠政策。过高的税费成本加重了服务业企业的负担，不利于经济结构优化和转型升级。

三是存在重复征税、抵扣不全等现象。如企业所得税和个人所得税的重复征税问题，即企业投资者从企业获得股息、红利等权益性投资收益，不仅要缴纳企业所得税，还要缴纳个人所得税。又如城镇土地使用税和房产税重复计征问题，某企业反映，“自2011年起，在计征房产税时，将已经缴纳过城镇土地使用税的土地价值计入房产税税基，据以计算房产税，每年房产税需缴纳70多万元。”再如所得税抵扣受限较大，如旅游业中对餐饮费、给职工发放的交通、车改等补贴不能据实税前扣除；研发加计扣除中，未将市场调研纳入扣除范围，对企业技术创新形成一定阻碍。

表11　2013—2015年调查企业行业税费成本情况

行业	税费成本比(%)	
	名义	实际
制造业	5.12	3.88
建筑业	4.00	3.94
服务业	12.83	12.21

（二）财政奖补资金分配不合理，影响减负效应

财政奖补资金在一定程度上降低了企业实际税费负担，但从调查的情况看，财政奖补资金还存在一些不合理之处，影响了财政奖补资金的有效发挥。

一是财政奖补资金产业导向不明确。从全省调查的企业看，一方面，财政奖补资金产业导向不甚明确，存在“撒胡椒面”现象，调查的行业均有财政奖补资金。另一方面，对产业结构优化影响较大的服务业，获得财政奖补扶持的力度相对较弱，税费占成本的比重看，名义占比与实际占比相差无几。

二是对少数企业存在过度奖补现象。调研发现，2013—2015年，某企业三年利润为3.35亿元，缴纳税额为1.57亿元，但财政奖补资金达到了8.20亿元，某种意义上，该企业之所以能生存，是因为有大量可观的财政奖补资金的支撑。这种情况不是个案，很多市县存在个别企业包揽地方财政奖补资金大头的现象，有些企业获得的财政奖补甚至超过了其对地方的税收贡献。

三是大中型企业占据多数财政奖补资金。从调查企业看，大型、中型和小微型企业的财政奖补资金分别为61.86%、34.25%和3.89%，由此可见，财政奖补资金主要得益者为大中型企业，小微企业获得的财政奖补几乎可以忽略不计，占比不到4%。这与各地财政奖补资金的导向存在密切关系。根据对相关市县财政奖补政策的调研，各地出台的奖补政策一般与生产设备投资规模、企业规模、税收增长幅度、品牌建设、技术改造等相挂钩，支持的对象一般明确为重点企业、重点项目、品牌企业，鼓励企业做大做优，一般小微企业很难达到相关指标，获得奖补资金比较困难。由此导致财政奖补政策存在“逆调节”现象。

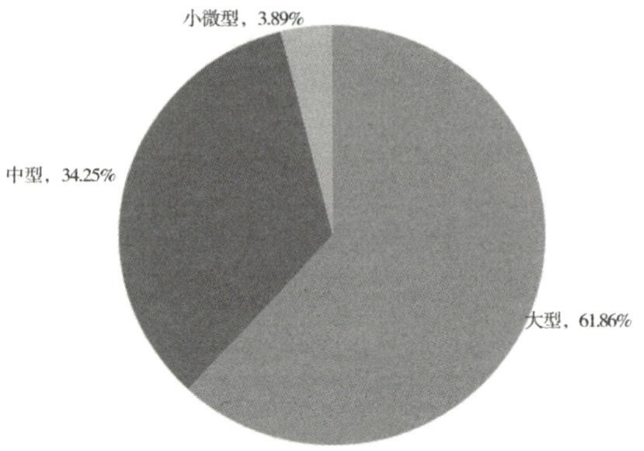

图3　全省企业分规模财政奖补资金情况

（三）亏损企业仍需缴纳较多税费

根据对调查企业的统计，2013—2015年，亏损企业缴纳的税费为31.44亿元，实际缴纳税费为30.32亿元，占全部调查企业税费比重分别为4.47%和4.92%，意味着，在总税费成本中，亏损企业贡献了税费近5个百分点，这对于亏损企业恢复发展显然是不利的。究其原因在于，我国税收收入体系以流转税为主体，费则与企业的某些行为相挂钩，只要企业发生了相关经济行为，必然要缴纳税费。

表12　2013—2015年亏损企业缴纳税费情况

年份	名义税费（亿元）	实际税费（亿元）	占总税费比(%)	
			名义	实际
2013	7.85	7.44	3.87	4.20
2014	9.72	9.48	3.75	4.15
2015	13.88	13.41	5.75	6.37
三年总和	31.44	30.32	4.47	4.92

（四）部分税费征管的合理性有待提高

一是社保缴费基数高低问题。社保缴费基金各地各企业执行标准不一，有些以城镇单位在岗职工平均工资为准，有些按工资总额。调研反映，一些企业实际支付的工资水平低于城镇单位在岗职工平均工资，而缴纳社保则按城镇单位在岗职工平均工资，于企业而言，社保缴费基数虚高了。一些企业以工资总额作为缴费基数，但工资总额中包含了返聘的退休员工、已在外省缴纳社保的员工工资，不能剔除这部分工资不尽合理。

二是部分市县土地使用税调整幅度大，调整频率高。如某县在短时间内将土地使用税从6元/平方米上调至16元/平方米。

三是水利建设基金征收存在不合理性。水利建设基金征收依据缺乏细分，所有行业均按营业收入征收，部分行业营业收入

较高，缴费较重；集团公司中一个公司的产品是另一个公司的原材料，按现行的计征方法，这些产品存在重复征收。

四是环境治理相关收费负担重，如杭州市某水泥企业反映，2015 年实施排污权初始登记，需要一次性缴纳 20 年的排污权使用费，实际支出高达 3000 多万元，另外，还需要一次性缴纳金额较大的环保治理保证金，大大影响了企业现金的充裕度，加重了企业负担。

五是进出口环节收费项目繁多，计征不甚合理。调研发现，进出口环节收费多，物流行业收费不规范，收费项目设置和费用标准混乱，特别是港口码头收费项目多，宁波港拖车费、报关费、订舱费等收费项目达到 15 种。某企业反映，港口码头收费的一张发票上有十几个项目，一个 40 尺的货柜，收码头费用 1200 元，企业对于码头费用是哪个单位征收、征收的依据和标准都不清楚。对进出口商品所用的木头包装箱存在重复检验问题，即便企业已经有熏蒸处理的证明，到宁波港后仍需要重新验证，导致货物滞留宁波港口 4—5 天，直接增加了时间成本和滞港费用。

（五）非政府性收费名堂多，企业“痛苦感”加重

近年来，浙江省规费清理力度较大，地方性收费项目所剩不多，且征收依据、标准和范围明确、公开、透明。调研发现，企业反映的规费项目多、负担重，究其原因，主要是一些非政府性收费的存在。

一是存在隐形收费。譬如摊派刊登广告和订购报刊、杂志、书籍等，强制企业出资编写目录、大全、画册等资料，部分企业存在非自愿参会并要缴纳会费、会议费、培训费等情况。某外贸企业反映近些年来海关和商检的行政收费大大减少，但与之相关的隐形收费较多，海关查验表面不收费，却实际上可能要承担掏箱费、查验服务费、封箱费、推存费、改船期费、改提单费、滞箱费等。国际集装箱班轮公司在海运费之外，还要缴纳 20 多种附加费。

二是存在“红顶中介”收费。诸如测绘费、白蚁防治费、电费扩容费等，这些收费与政府机构无直接关系，但其中介机构均存在政府背景。企业反映，这些中介收费不规范，如审批前置、年检、上岗资格培训等中介服务收费较高且乱；检验、检测、检定、检疫等种类繁多，重复送检、收费现象普遍存在，且存在较多的隐形收费。

三是存在垄断性收费。譬如电力企业装机容量费，无论是否用电，每月均按照每千瓦一定金额进行收费。某企业反映，无论该企业是否发电，均需每个月向电力公司缴纳备用容量费高达 1080 万元，企业认为备用容量费相当于装机费用，年年缴纳不合理。

四是工会费收取不尽合理。工会费不是政府规费收入，但多数地区由地税按照工资总额的 2% 代征，相比失业保险，征收率较高。对于工会组织健全的国有企业和行政事业单位而言，可以留用部分比例的工会会费，为企业职工提供多方面的工会服务；但对于民营企业（尤其是小微企业）而言，工会组织及相关服务缺失，却还要按照标准缴纳工会会费，不少企业认为不合理。如 2015 年杭州某企业缴纳工会会费高达 30 万元，但企业并未享受到相应的工会服务。

五、深化财税改革，切实减轻企业税费负担

减轻企业税费负担，要走出“减负举措多，企业感受少”的怪圈，关键在于提高政策的针对性和实效性，不为减负而减负，要正向思维和逆向思维结合，直接减负和间接减负组合，精准研判企业的显性负担和隐形负担，给出强筋健骨的“财税综合方子”，切实增强企业的竞争力。

（一）把握几个原则

1. 结构性。在收支紧平衡的新常态下，大规模全面减税降负会使收支矛盾进一步凸显。因此，合理的减轻企业税费负担，不应全身动刀，而是局部手术，充分挖掘结构性调整的空间，哪些能免，哪些能减，哪些能缓，通过结构性的减负达到降低企业综合负担的目的，帮助企业走出困境、激发活力。

2. 期限性。财政是国家治理的基础和重要支撑，因此任何一项财税政策的出台，都需慎之又慎，既要能解决当下的问题，也要着眼于未来，要可承受、可持续。因此，此轮减负政策，是在当前“新常态”的发展环境下，做出的临时性制度供给和安排，更多的是应急性的，要有严格的时限要求和明确的执行时间。

3. 针对性。从企业税费负担的实际情况看，不同行业、不同规模的企业，其税费负担各有不同。因此，减负政策一定要对症施治，不能“千人一方”，要区分不同主体，突出差异性，精准有效地实施定向或相机减负。政策的价值取向和预期目标应与整个产业的发展逻辑相匹配，对国家扶持的产业应大力松绑，厚植发展优势，培育壮大新动能；对过剩产能集中的传统产业，应采取结构性减税措施，推动行业淘汰落后产能和产能升级。

4. 实效性。财税政策都是真金白银的政策，不能打水漂。因此，减负的政策不是政府对企业帮扶的一个态度，不能沦为摆设，要见实效，真正把企业税费负担有效降下来。尤其是在结构调整、新旧动力交替的关键期，通过财税减负的有力举措，为企业发展营造更为宽松的制度环境，提升企业发展动能，为实施创新驱动发展战略，推动“两创”拓展更广阔空间，注入更强有力的催化剂。

（二）构建合理的税费负担机制，助力企业稳健发展

1. 深化改革，想法设法减轻企业税负痛苦感。

税与费的负担中，税负占比较高，税收政策的调整是帮助企业减负的最大利器。但税收政策的调整，决策权在中央，针对企业税负存在的问题，建议中央有针对地完善相关税收优惠政策，有重点地完善相关税种的制度设计，实施“精准减税”。地方层面则要加大政策的宣传力度，并不择不扣地做好政策的落实，将改革的“红包”真正送到企业手中。

（1）有针对地完善相关税收优惠政策，实施“精准减税”。

小微企业的税负相对较高，虽然有较多的优惠政策，但政策“门槛”较高，享受范围较窄。对于面广量大的小微企业，建议降低政策“门槛”，丰富政策举措，扩大受惠面。就政策“门槛”而言，应适当放宽相关指标，或设定弹性的区间，方便地方根据形势相机执行政策。如小微企业减半征收企业所得税的政策，建议提高享受对象在年应纳税所得额上的规定，放宽标准，或进一

步降低税率，让更多中小企业可以享受优惠政策。再如增值税起征点的规定，建议调高最高限额，将更多的小微企业纳入享受范围。就优惠形式而言，可以由单一的直接减免税，改为直接减免、降低税率、加速折旧、放宽费用列支、设备投资抵免、再投资退税等多种形式。企业所得税的加计扣除项目和扣除标准上，应根据新形势、新业态、新需求做出合理的调整，以扩大相关优惠政策的受惠面，提高优惠力度。

（2）有重点地完善相关税种的制度设计，实现“科学征税”。

一是抓好“营改增”改革。“营改增”是供给侧结构性改革的重头戏，更是结构性减负的最大实招，减税规模大、范围广。2016年5月1日全面推开的“营改增”扩面工作，应精心组织实施，把改革落到实处。为确保改革后所有行业税负只减不增，“营改增”设置了很多的优惠条款，要做好政策解读，引导纳税人吃透吃准用好政策。及时跟踪分析运行情况，为保证行业税负只减不增提出可操作的过渡性措施，让所有行业共享减税红利。从长远计，应将增值税税率简并为一档基本税率和一档优惠税率，辅以出口零税率和一档征收率，并适当降低基本名义税率。基本税率可设为13%—15%，优惠税率设为5%—6%，税率可按照每年增加或降低1%—2%的方式逐步过渡到设定的基本税率或优惠税率，且税率升降不可同时进行，以减缓改革对市场的振动。

二是完善相关税种。从大局着眼，应尽快完善关税的制度设计，助推企业提升国外市场的竞争力。目前我国出口企业实际税率为3%—4%，而全世界对出口都不征税，对外国游客购物还实行退税。建议完善关税的制度设计，加大出口退税力度，尤其要充分考虑新兴业态的特殊性，将跨境互联网+外贸的企业纳入出口退税政策范围内；实行“点对点”地降低部分关税，引导海外消费回流。这既可发挥消费对经济的拉动作用，也能一定程度上稳定进出口。实施差别化城镇土地使用税，建议各地在经济下行的特殊时期，征税税率易“就低不就高”，调整频率不应过快，应运用企业综合分类评价结果，分类适当下调征收标准，尽可能给企业减轻税收负担。同时，支持标准厂房建设，将标准厂房建设用地纳入年度土地供应计划，鼓励标准厂房微利出租或按土地出让合同约定分割转让。

（3）有计划地推进我国税制的完善。

发达国家税收以所得税为主体，2007年美国个人所得税、企业所得税、社会保障税占税收比重高达72.5%。从长远考虑，建议增加所得税等直接税的比重，改变中小企业“挣得少交得不少”的现状。重点是深化个人所得税改革、加快构建以房地产税为核心的地方税体系。一是按照宽税基、严征管、体现量能纳税的原则，加快推进以“综合与分类相结合”的个人所得税改革。二是在保证全环节税负不增加的前提下，对房地产税负结构进行调整，即降低房地产流转环节税负、增加保有环节税负，并适时开征房地产税。通过提高所得税、财产税等直接税比重，优化税收结构，达到减轻企业税收负担的目的。

2. 着眼长远，千方百计减轻企业社保负担。

社会保障是社会稳定器和安全网，是国家治理体系和治理能力的重要组成部分。长远考虑，应加快社保费改税的推进步伐，从短期看，应坚持精算平衡的基础上寻求政策调整空间，以减轻企业社保负担。

（1）算好平衡账，挖掘政策空间。

从浙江省社保基金收支预计情况看，2016年可能会首次出现当年缺口，滚存结余支付能力预计下降到21个月，到2021年基金滚存结余用完，并产生缺口400多亿元。加之浙江省的社保总费率（单位24.35%、个人10.5%）远低于很多省市，因此，不易采取降低费率的举措，但可酌情采取临时性的暂缓、减免等方式，帮助企业减轻一定的负担。如特殊困难时期对符合浙江省七大产业导向的企业，年底时暂停征收养老保险，期限不得超过3个月；对于创新型企业、不能按照统筹地最低职工工资标准发放职工工资的小微企业、人员流动性较大的劳动密集型行业（如商贸流通企业），在维持费率、缴费基数不变的前提下，实施延后缓交政策，缓缴期限最长不超过1年；对于企业返聘的退休人员、已在外地缴纳社保人员，社保缴费基数中可剔除这部分人员的工资；对于吸纳僵死企业失业人员的企业和当年用工人数增幅较大的企业，暂停征收失业保险，期限不得超过半年；对于上年度未裁员或裁员率低于当地城镇登记失业率的企业，减按80%征收失业保险费等；完善工伤保险行业基准费率政策，对于行业基准费率较高的，积极实施阶段性下调费率。

另外，积极探索符合社保基金风险收益特征的新型产品、投资工具，创新固定收益投资策略，利用市场机制的方式提高基金的保值增值能力，并强化各项社保基金的支出管理，更好地应对因减负造成的支出风险。

（2）合并同类项，减少社保险种。

社保五险种中，生育保险费率虽然最低，但因各地待遇不规范、生育险和医保界限不清等各种问题，企业缴纳的积极性不高。基于生育保险是全体员工都要缴纳的保险，与医保缴纳主体重合，费用的产生在医院，与医保费用发生地重合，加之有较多的资金结余（全国有近600亿元的资金结余），具备与医保合并的条件。建议借鉴国际上很多国家将生育保险和医疗保险合并的做法，及时合并两个险种，并做好报销的无缝隙对接，同时，规范或适度扩大纳入医保后的生育报销范围，将生育过程的产检、分娩及相关费用按照医保标准报销。合并两个险种后，兼顾基金的收支平衡和不增加企业负担的目的，及时对医疗保险的制度进行科学的调整和完善。

3. 简政放权，全力以赴减轻企业规费负担。

规费负担相比较轻，大部分收费项目是中央设置的，地方层面的收费并不多。根据调研反映的问题，建议从政府性收费与非政府性收费两个方面，双管齐下进一步减轻企业规费负担。

（1）全面清理并完善政府性收费管理。

一是加快推进费改税改革。长远计，应加快费改税步伐，如可考虑以环境保护税取代环境治理类收费，以开征房地产税取代教育费附加和地方教育费附加等，以提高燃油消费税、汽车消费税、车船使用税等方式为道路、港口等交通基础设施筹集资金。

二是全面清理并取消或暂停相关收费项目。按照简政放权要求,加快转变政府职能,全面清理各类收费项目,取消不合理、不合规的收费。对于暂停征收的水利建设基金,要做好预算统筹安排,保障水利建设所需资金。对其他一些杂费,如暂停或取消各类电子政务平台收费、海关政务性数据处理和政务性技术服务费等,建议也尽可能取消。对月销售额或营业额不超过一定限额的小微企业,免征教育费附加、地方教育附加、文化事业建设费,并合理设置执行期限。对安排残疾人就业未达到规定比例的小微企业(如在职职工总数20人以下),免征残疾人就业保障金。同时,深化"四张清单一张网"改革,建立政府定价或指导价的涉企经营服务收费目录清单、进出口环节涉企经营服务收费目录清单和涉企行政审批前置服务收费目录清单等制度,把收费项目和收费标准向社会公布,接受公众监督。

三是完善科学的征管机制。对于确需保留的政府规费,必须严格按照"谁受益、谁付费"原则规范收费管理,明确政府性基金或收费的征收目的、征收金额、征收时限,建立定期评估与退出机制,科学分摊公共产品提供成本,从根本上降低制度性成本。严禁擅自提高收费标准、扩大收费范围;严格执行涉企行政事业性收费和政府性基金下限标准,涉企服务价格方面,分区不同行业,设置不同比例执行,体现政府产业政策导向。

四是完善相关收费制度设计。对企业反映较大的环境保证金对企业资金占用问题,建议制定科学合理的收费标准及缴费期间政策,并允许企业采用银行保函的方式缴纳,给企业喘息的机会,稳步有序地增加环境保护投入。对一些收费项目,在收费标准上做出适当的调整,可在现行收费标准的基础上下调一定的比例。

(2)清理规范非政府性收费。

一是清理各部门行政审批中介服务项目,破除中介服务垄断,切断中介服务利益关联。无论是实行政府定价的,还是实行市场调节价的收费项目,都纳入收费目录,目录以外的项目不能收费。同时,根据各行业发展情况对收费目录实行动态管理。对一些中介收费实行目录管理,明确各项前置性评估、年检收费。对一些审查费等,如果可以改为政府采购服务方式的,建议费用改由财政承担。

二是清理规范社会团体、行业协会等收费。加快推进社会团体与行政部门脱钩,禁止其利用行政资源向企业收取费用,严禁行业协会以各种形式强制企业赞助捐献、订购报刊、参加培训、考核评比、加入社团、指定服务。加大对各种违规收费查处力度,坚决制止乱收费、乱罚款、乱摊派的行为。适当降低工会会费征收比例或完善工会服务。同时,加快推进服务市场化改革,放开竞争性服务和收费,降低企业相关成本。

4. 多措并举,精准发力助企业提升竞争力。

在积极寻找降税减费的政策空间的同时,财税政策更应着眼于长远,通过提升企业的竞争力,强化研发支持,提高其盈利能力,达到间接降低企业税费的"痛苦指数"的政策目的。

(1)发挥财政政策的杠杆作用,助推企业健康发展。

按照浙江省委、省政府的经济发展规划、产业发展部署,打破原有资金分配格局,对现有的财政政策进行全面梳理整合,形成一套相互衔接、协同推进的系统性政策扶持体系,扶强与扶弱兼顾,放大财政政策叠加效益。

一是改变财政对企业的专项扶持方式,加快政府产业基金有效运营,进一步细化明确相关行业投资方向和投资需求,推动浙江省七大万亿产业发展,促进大众创业,万众创新。全力打造基金综合服务体系,搭建项目对接网络平台,提高基金运作服务能力,提高政府产业基金与社会投资机构的对接效率。

二是降低企业创新成本。探索建立创新风险基金,构建民营企业创新风险补偿机制,在创新失败后可按损失额的一定比例,对创新企业进行风险补偿。减轻企业维护专利负担,引导鼓励高质量发明专利,建议省级专利保护与管理专项资金对其所缴年费,按其有效年限,分档设置补助额度。加强科技服务平台建设,促进科技成果的及时应用。并积极发挥专业科技中介机构作用,通过为小型企业提供更加便利的技术咨询、技术交易、市场开拓等方面的服务,加速科技成果产业化。加大政策扶持企业技改投入,鼓励企业开展"机器换人",提高生产自动化水平,减少劳动力数量,压缩劳动力成本开支。继续加大重大科技创新,采取竞争性分配方式,紧扣战略性新兴产业,重点支持事关产业转型升级的关键共性技术研发和成果推广。

三是降低企业融资担保成本。积极推广"转贷通"模式,省财政每年安排专项资金,用于奖励开展"转贷通"业务的银行业金融机构,鼓励其为企业提供低息转贷服务。加快政策性融资担保体系建设,进一步扩大省担保集团再担保业务的覆盖面。

(2)发挥税收政策的乘法效应,增强企业的创新发展能力。

借鉴国外支持企业技术研发的税收优惠政策,加大运用加速折旧、研发支出减免、科研开发基金等优惠手段的力度,鼓励企业加大对技术创新的投入。完善企业研发费用计核方法,扩大研发费用加计扣除范围,适当放宽扣除标准,或加大抵扣的力度,可采用负面行业、行为的方式,排除不适合进行研发费用加计扣除的行业和行为,便于研发费用投入较多的行业进行加计扣除。允许企业在享受优惠政策时可追溯前三年符合规定的研发费用,使得企业在公平的原则下确保充分享受优惠。非关联企业委托研发按照实际发生额的80%计入研发费进行加计扣除,解决委托研发安排中委托方需要取得受托方成本费用清单的难题。允许企业按销售收入的一定比例,计提科研开发准备金并在计征所得税前扣除,专项用于企业产品开发和技术创新。对于创新型企业,针对其产品高附加值而增值税负较重问题,给予一定期限的税收减免;或降低税率征收增值税;对于其土地使用税和房产税等税收,实行差别税率或者先征后返的方式予以补贴;对于创新型企业获得的政府补贴资金,无需征税。

课题组组长:杨慧芳

成员:冯健、陈优芳(执笔)、虞斌(执笔)